KB243036

미셸 푸코, 1926~1984

Michel Foucault: 1926~1984

by Didier Eribon

Copyright © 1989, 2011 3e édition revue et enrichie, Flammarion.
All Rights Reserved.
Korean translation copyright © Greenbee Publishing Co.
Korean translation rights arranged with Flammarion SA through Milkwood Agency.

그린비 인물시리즈 he-story 01

미셸 푸코, 1926~1984

초판1쇄 펴냄 2012년 02월 15일
초판4쇄 펴냄 2023년 06월 16일

지은이 디디에 에리봉
옮긴이 박정자
펴낸이 유재건
펴낸곳 (주)그린비출판사
주소 서울시 마포구 와우산로 180, 4층
대표전화 02-702-2717 | **팩스** 02-703-0272
홈페이지 www.greenbee.co.kr
원고투고 및 문의 editor@greenbee.co.kr

편집 이진희, 구세주, 송예진, 김아영 | **디자인** 권희원, 이은솔
마케팅 육소연 | **물류유통** 유재영, 류경희 | **경영관리** 유수진

이 책의 한국어판 저작권은 Milkwood Agency를 통한 Flammarion SA와의 독점계약으로 (주)그린비출판사에 있습니다.
저작권법에 의하여 한국 내에서 보호를 받는 저작물이므로 무단전재와 무단복제를 금합니다.
책값은 뒤표지에 있습니다. 잘못 만들어진 책은 구입처에서 바꿔 드립니다.
ISBN 978-89-7682-370-0 93100

독자의 학문사변행學問思辨行을 돕는 든든한 가이드 _(주)그린비출판사

미셸 푸코, 1926~1984

디디에 에리봉 지음 | 박정자 옮김

그린비

그린비

세번째 판본의 서문

이 책의 초판은 1989년에 나왔다. 1년 반 뒤 약간의 수정과 미발표 원고의 색인 추가와 함께 샹플라마리옹 총서로 포켓판으로 재출간되었다. 그것이 수많은 언어로 번역되어 국제적인 판본으로 자리 잡았다.

몇 쇄를 거듭 찍은 후 거의 다 출고되어 새 판을 제작하려 한다는 이야기를 얼마 전에 듣고 나는 약간의 주저와 함께 욕심이 생겼다. 이번 기회를 이용하여 1980년대 후반기에 쓰여진 이 저작을 새롭게 고치면 어떨까?

그 첫번째 이유는 이 저서 이후에 새로운 증언들이 나왔고, 그것들이 나의 저작물을 보완하거나, 설명하거나, 수정하는 데 큰 도움이 됐기 때문이다. 이 증언들은 내가 설명하고자 했던 어떤 시기들을 좀더 잘 밝혀 주고 좀더 잘 알게 해주었다. 예컨대 루이 알튀세르(Louis Althusser)의 전기 혹은 서간문들이 그러했다. 나는 그 자료들을 『미셸 푸코와 동시대인들』 (1994), 그리고 『게이 문제에 대한 고찰』(1999) 중 「미셸 푸코의 헤테로토피아」 장에서 활용했다. 이 결과물의 일부를 새로운 판에 삽입해 넣으면 어떨까? 오, 물론! 완전히 고칠 생각은 없다. 나 자신도 과거의 나와 똑같지는 않다. 전기(傳記)는 내 작업에서 우선 순위가 아니다. 완전히 고치려면 몇 년을 투자해야 하는데, 다른 일들이 나를 압박하고 있다(『렝스 귀환』 *Retours sur Retour à Reims*이라는 제목의 책을 집필하기 시작했고, 이 '자기분석 시론'의 후속편도 준비해야 한다). 그러니 이야기의 내적 일관성과 구조는 그대로 유지한 채 새로운 요소들을 보완해 좀더 내실을 기하려 한다.

역시 분명한 또 다른 이유가 머릿속에 떠올랐다. 푸코 자신도 20년간 많이 변했다! 여하튼 그의 저작물은 매우 두터워졌다. 증식했다고나 할까. 『말과 글』(*Dits et Écrits*)은 과거에 알려지지 않고 흩어져 있던 원고들을 찾아 수록했고, 사후 출판이 꾸준히 이어졌다. 특히『콜레주 드 프랑스 강의록』의 경우가 그러하다.

나도 '증보 수정판' 작업을 해야 할까? 잠시 망설였다. 많은 핑계가 떠올랐다. 그러고는 결심했다. 이것이 푸코에 대한 나의 시선을 수정하게 될 것인가라고 자문하면서. 나는 다른 모습의 푸코를 제시하게 될 것인가? 그의 실루엣과 얼굴은 내 최초의 작업을 벗어나 기대 이상으로 멀고먼 것이 될까? 아니, 그 반대다. 사생활에 대해서건 저작에 대해서건 내가 애초에 제시했던 그의 초상화가 오늘날 새롭게 밝혀지는 자료들에 의해 단순히 확인되는 정도가 아니라 더욱 강화되고 있다는 사실에 나는 놀라움을 느낀다. 짧지만 매우 긴밀했던 그와의 만남이 그의 지적 행동의 저변을 잘 이해할 수 있게 해주었고, 그의 글쓰기의 근원에 있는 정열과 충동을 확인할 수 있는 직관과 지각을 내게 주었다. 나의 책은 이 모든 것을 복원하는 데 성공했다고 나는 생각한다.

*　*　*

푸코의 이론 작업은 그의 개인적 경험에 뿌리박고 있다(그의 책 한 권 한 권이 모두 '자서전의 한 조각'으로 읽힐 수 있다고 할 정도다). '통치의 기술'(art de gouverner)이라는 이론 작업을 논하는 1978년의 강의에서 그는 15~16세기의 서구 사회에서 "통치(gouverner)란 무엇인가?"라는 질문이 널리 대두되었다는 사실을 언급했다. 그런데 이 질문은 그 반대의 질문인 "어떻게 하면 통치받지 않을 수 있을까?"라는 질문과 분리해서 생각할 수 없다고 그는 덧붙였다. 이것은 전혀 통치를 받지 않는다는 의미가 아니라, 다만 이러저러한 식으로, 이러저러한 원칙들에 따라, 이러저러한 목적을 위해, 이러저러한 과정을 거쳐 통치받는 것은 싫다는 의미라고 그는 말했다. 소위 '비판적 자세'인 것이다. 푸코의 말은 다음과 같이 이어졌다.

"만일 통치화(gouvernementalisation)가 실제 사회 안에서 진실을 독점한 권력의 메커니즘에 의해 개인들을 복종시키는 것이라면, 주체는 비판이라는 운동을 통해 권력에 대한 진실 효과, 또는 진실 담론에 대한 권력 효과를 질문할 수 있는 권리를 스스로 획득해야 한다. 이것은 자발적 해방과 반성적 불복종을 이끌어 내는 기술이다. 본질적으로 비판의 기능은 소위 진실의 정치라 일컬어지는 게임 속에서 예속을 해체시키는 것이다."[1]

자발적 해방, 그리고 자신을 분석의 대상으로 삼는 반성적 불복종이라는 관념은 푸코가 자신의 이론 작업과 개인적 경험 사이의 밀접한 관계를 언급했던 이유를 더욱 잘 이해하게 해준다. '비판적 행동으로서의 사유', 또는 원칙으로서의 비판이 아닌 '에토스'로서의 비판을 정의할 때 그가 묘사했던 기획 혹은 참여가 바로 이런 것이었다. 현재의 세계에 대한 불복종, 자유와 주체의 가능성들을 옥죄는 규범과 권력에 대한 저항은 역사

---

1 미셸 푸코, 「비판이란 무엇인가?(비판과 계몽)」Qu'est-ce que la critique?(Critique et Aufklärung), 『프랑스철학회 회보』Bulletin de la Société française de philosophie, 84ᵉ année, n° 2, avril-juin 1990, pp.35~63과 p.39에서 인용.

적 정치적 분석의 출발점이다. 그리고 존재의 필연성이기도 하다. '반성적 불복종'이라는 개념은 그러니까 푸코에게 있어서는 그의 모든 책들이 자기 자서전의 한 조각이라는 것을 확인하는 우회적인 방법에 다름 아니다. '현재를 진단'하고 더 나아가 역사-비판적(historique-critique) 조사를 실행함으로써 현재를 변혁하는 것이 철학자의 역할이라고 그가 정의했던 이유도 좀더 잘 이해할 수 있다. 역사-비판적 조사를 통해 우리는 우리가 역사의 산물이고 또 역사에 의해 변형될 수 있음을 잘 알 수 있기 때문이다. 그는 '우리 자신의 존재론'이 요구하는 아카이브 속에 깊이 잠겨 박식함의 유희가 주는 느린 우회의 길을 택하겠다고 말했는데, 이때 그가 사용했던 멋진 구절, 즉 "자유의 조급함에 형식을 부여하는 참을성 있는 작업"이라는 말의 의미가 이제서야 가슴에 와 닿는다.[2]

2010년 11월 22일,

파리에서

---

2 푸코, 「계몽이란 무엇인가」What is Enlightenment?, 폴 라비노Paul Rabinow, 『푸코 읽기』*The Foucault Reader*, New York: Pantheon Books, 1984, pp.32~50.(『말과 글』*Dits et écrits*, tome2, texte n° 339, Paris: Gallimard, pp.1381~1397.)

차례

| 일러두기 |

1 이 책은 Didier Eribon의 *Michel Foucault: 1926~1984*, Paris: Flammarion SA, 2011를 완역한 것이다.

2 본문의 주석은 모두 각주로 표기되어 있다. 본문에서 1, 2, 3 ……으로 표기되어 있는 것은 원저자의 것이고, *, **, *** ……으로 표기된 것은 옮긴이의 것이다.

3 푸코의 인터뷰, 신문·잡지 등 기고문, 다른 저자의 책에 쓴 서문 등은 푸코 사후 발간된 『말과 글』(*Dits et écrits* tome1 & 2, Paris: Quatro Gallimard, 2001)에도 실려 있다. 『말과 글』에 재수록된 글들은 본문 각주에 텍스트 번호와 쪽수를 다음의 예시처럼 표기해 두었다. ex)푸코, 「광기는 사회의 산물이다」*La folie n'existe que dans une société*, 『르 몽드』*Le Monde*, 2 juillet 1961.(『말과 글』*Dits et écrits*, tome1, texte n°5, pp.195~197.)

4 본문에 푸코 저작이 인용된 경우 국역본이 있는 것은 국역본을 참조했으나 그 번역을 반드시 따르지는 않았다.

5 독자의 이해를 돕기 위해 옮긴이가 추가한 내용은 대괄호([ ])로 표기했다.

6 단행본·정기간행물에는 겹낫표(『 』)를, 논문·인터뷰·신문이나 잡지 기고문·회화명 등에는 낫표(「 」)를 사용했다.

7 외국 인명이나 지명, 작품명은 2002년 국립국어원에서 펴낸 외래어표기법을 따랐다.

1부 / 지옥에서의 심리상태

1장

내가 태어난 도시

그림 엽서 뒷장에 휘갈겨 쓴 다음과 같은 몇 줄의 글. "내가 태어난 도시의 모습은 이러했다. 참수된 성자들이 손에 책을 들고 재판은 공정한지, 성채는 굳건한지, 고요한 정원의 비밀을 아이들이 헤집고 다니지나 않는지 감시하고 있는 곳. 내가 상속받은 지혜는 그런 것이었다."[1] 자신의 유년기와 청소년기를 보냈던 푸아티에(Poitiers)에 대해 미셸 푸코가 즐겨 하던 말이었다. 도시 전체가 로마네스크 양식의 교회들과 15세기의 재판소 건물 위로 웅크리고 있는 지방 도시, 그곳의 석상들은 세월의 풍상에 깎여 모두 머리가 잘려져 있었다. 발자크의 소설에서 금세 튀어나온 듯한 도시. 이 도시는 아름다웠다. 약간 답답하기는 해도 그러나 아름다웠다. 고색창연한 옛 도시 전체가 바다로 뾰족하게 튀어나온 갑(岬) 위에 올라앉아 흘러가는 세월과 그 세월이 뒤흔들어 놓은 혼란에 감연히 맞서고 있는 듯이 보였다.

푸코 가문이 아버지에서 아들로 대를 이어 모든 아들들에게 폴이라

---

1 푸코가 1981년 8월 13일 필자에게 보낸 그림엽서. 푸아티에 법원 건물과 모베르종 탑이 그려져 있다.

는 똑같은 이름을 붙인 것은 아마도 세월을 거역하기 위한 것인 듯하다. 할아버지 폴 푸코, 아버지 폴 푸코, 아들 폴 푸코……. 그러나 푸코 부인은 이 전통에 완전히 굴복하기를 원치 않았다. 그의 아들 이름은 폴 푸코이어야만 한다. 그건 좋다! 그러나 그녀는 거기에 짧은 줄을 하나 긋고 두번째 이름인 미셸을 집어넣었다. 호적이나 학적부에는 폴이라고 적힐 것이다. 그녀는 그 정도에서 만족했다. 정작 이해당사자는 어떻게 생각했는가? 행정서류와는 정반대로 그는 미셸 하나만을 선택했다. 푸코 부인에게 있어서 그는 항상 폴-미셸이었다. 죽기 얼마 전에 아들의 어린 시절을 회상할 때에도 그녀가 부른 것은 언제나 폴-미셸이었다. 오늘날까지도 그의 가족들은 아직 그를 폴-미셸이라고 부른다. 왜 그는 이름을 바꿨을까? "그의 이니셜이 P-M F로 되어서 '피에르 망데스 프랑스'(Pierre Mendès France; 1907~1982. 프랑스의 좌파 정치인. 총리 겸 외무장관을 지냄)와 혼동될 염려가 있기 때문이다"라고 푸코 부인은 말했다. 그녀의 아들이 그렇게 설명했다는 것이다. 그러나 친구들에게 그는 전혀 다르게 설명했다. 청소년 시절에 자신이 그토록 증오했던 아버지의 이름을 물려받고 싶지 않았다는 것이다.

폴 푸코. 그것은 아버지의 이름이었다. 아버지는 푸아티에에서 개업한 외과의사였고 의과대학 해부학 교수였다. 할아버지 역시 퐁텐블로의 외과의사였다. 아버지는 안느 말페르와 결혼했다. 장인도 푸아티에의 외과의사이며 의과대학 해부학 교수였다. 두 신혼부부는 말페르 박사가 1903년 도심지 근처에 지은, 별 특징이 없는 흰색 건물에서 살았다. 이 집은 아르튀르 랑 가와 베르댕 가에 동시에 면해 있었는데, 베르댕 가는 도시의 고지대에서부터 클랭 계곡으로 급하게 경사져 내려가고 있었다.

폴 푸코 박사와 그의 아내는 세 자녀를 두었다. 맏딸 프랑신, 그리고 15

개월 뒤 폴을 낳았다. 정확히 말하면 1926년 10월 15일이었다. 둘째 아들 드니는 몇 년 뒤에 태어났다. 세 아이들은 전형적인 유복한 시골 부르주아 가정에서 자랐다. 그 가족은 아주 풍족하게 살았다. 푸코 부인은 그 도시에 서 20킬로미터 떨어진 방되브르 뒤 푸아투(Vendeuvre du Poitou)에 자기 소유의 집을 갖고 있었다. 넓은 정원에 둘러싸인 웅장한 집이어서 그 고장 사람들은 그것을 '성'이라고 불렀다. 그 외에도 그녀는 땅과 농장과 전답을 소유하고 있었다. 푸코 박사는 아주 유명한 외과의사여서 푸아티에의 두 병원에서 번갈아 가며 하루 종일 수술을 했다. 그는 그 도시의 명사였다. 요컨대 푸코의 가정은 돈이 아쉽지 않은 집이었다. 유모가 아이들을 돌보 았고, 가정부가 집안일을 맡아 했으며, 나중에는 운전수까지 있었다…….

비록 푸코 부인은 "스스로 알아서 하는 것이 제일 중요하다"라는 자 기 아버지 말페르 박사의 좌우명을 자신의 것으로 삼고 있기는 했지만, 가 정교육은 엄한 편이었다. 종교에 대해 말하자면, 그것은 별로 이 가정의 큰 문제가 아닌 듯했다. 물론 일요일이면 온 가족이 시내 중심가에 있는 생프 로세르 성당에 가 미사를 드렸다. 그러나 푸코 부인은 가끔 빠지는 적도 있 어서 그녀의 어머니, 즉 아이들의 외할머니가 아이들을 데리고 성당에 가 는 일도 있었다. 폴-미셸은 얼마 동안 성가대에서 노래를 부르기도 했다. 전통은 따라야 했다. 나중에 미셸 푸코는 자기 가정이 오히려 반종교적이 었다고 한 인터뷰에서 밝혔다. 아마도 관습의 존중과 신앙의 냉담이라는 서로 모순적인 양상이 공존했던 듯하다.

폴-미셸이 예수회 교단의 학교에서 공부하기 시작한 것은 순전히 우 연의 장난이었다. 또는 역사의 장난이었다. 종종 이 두 낱말은 같은 의미를 지니는 것이다. 예수회 교단의 앙리 4세 학교(lycée)는 부속 유치원과 초등 학교까지 있어서 아주 어린아이들로부터 큰 아이들까지 모든 연령의 아이들을 다 받아 교육시켰다. 이 학교는 루이 르나르 가의 오래된 건물 안에 있었다. 공립학교였으나 예배당 건물과 맞붙어 있었다. 아니 예배당이라기보다는 그 크기나 당당한 위용이 차라리 수도원 같았다.

푸코 박사의 아들이 이 학교 마당에 처음 들어섰을 때 그는 네 살이 채 되지 않았다. 본관 입구 문 위에는 수세기의 역사가 그 아래 지나가는 아이들을 내려다보고 있었다. 이 학교의 '설립자'인 앙리 4세의 초상화와 '후원자'인 루이 14세의 초상화가 돌에 새겨져 있었다. 수많은 왕들의 석판 초상화는 어린아이들에게 큰 인상을 남겼음이 틀림없다. 폴-미셸은 아직 학교에 다닐 법적 나이가 아니었다. 그러나 그는 누나와 떨어지기를 원치 않았다. 푸코 부인은 여교장에게 그 이야기를 했고, 그녀는 아주 친절하게 다음과 같이 말했다. "아이를 데리고 오세요. 제일 뒷자리에 색연필을 쥐어서 앉혀 놓겠어요." 그래서 1930년 5월 27일 그는 교실 구석에서 색연필을 가지고 앉아 있게 되었다. "하지만 거기서 그 애는 글자를 깨우쳤어요"라고 푸코 부인은 회상했다. 그는 1932년까지 2년 동안 거기서 '유아 수업'을 받았고, 이어서 초등학교와 중등학교를 계속 이 학교에서 다녔다. 초등교육은 1936년까지 이어졌다. 그가 앙리 4세 학교를 떠난 것은 1940년이었다. 1년간의 성적 부진 끝이었다. 그는 생스타니슬라스 중학교(collège)로 옮겼다.*

이때까지는 학교에서 별 문제가 없었다. 그는 수학을 잘 못했지만 프랑스어, 역사, 그리스어, 라틴어 등의 점수가 수학의 나쁜 점수를 벌충하여

---

* 프랑스의 중등학교에는 리세(lycée)와 콜레주(collège)가 있다. 리세에는 초등학교 졸업자를 받아 장기 중등교육을 행하는 7년제 학교가 있고 보통 교육 콜레주는 초등학교 졸업자를 입학시켜 5~6년제로 운영되는 학교가 있다. (이외 기술 리세와 기술 교육 콜레주도 있다.) 보통 콜레주는 우리의 중학교에 리세는 고등학교에 해당한다.

언제나 우등상을 휩쓸었다. 그런데 제3학년[우리의 중3에 해당] 한 해 동안 도대체 무슨 일이 일어났길래 이렇게 갑자기 성적이 내려간 것인가? 푸코 부인이 스스로 찾아낸 해답은 뇌졸중으로 한 번 쓰러진 적이 있는 교장이 전쟁으로 인한 새로운 상황 속에서 더 이상 학교를 관리할 능력이 없다는 것이었다.

상황이 많이 변한 것은 사실이다. 피난민들이 몰려오는 바람에 인구가 갑자기 폭등했고, 초·중등학교는 파리에서부터 온 선생과 학생들을 다 받아야만 했다. 앙리 4세 고교도 푸아티에로 철수해 온 장송 드 사이 고교에게 학교의 일부를 내주어야만 했다. 따라서 고요하고 평화로웠던 시골 도시의 학업 분위기는 심각하게 훼손되고 말았다. 학생들의 성적 등급도 완전히 뒤죽박죽이 되었다. 미셸 푸코는 나중에 자기 친구에게, 비록 자신이 일등은 아니지만 항상 상위권이었는데 새로 전학해 온 아이들에게 석차를 빼앗겼을 때 큰 당혹감을 느꼈다고 말한 적이 있다.

그 당시 푸코의 친구였던 사람들은 또 다른 해석을 내놓고 있다. 프랑스어 선생이 그를 미워했다는 것이다. 사실 프랑스어 선생이었던 기요 씨는 부르주아 출신의 아이들을 별로 좋아하지 않았다. 급진당을 지지하는 볼테르주의자이고 전형적인 '제3공화국* 시대 사람'인 이 선생은 유명인사의 자제에 대한 자신의 반감을 감추지 않았다. 자기 반에 전학해 온 파리의 부유한 동네 아이들도 미워했다. 그리고 이 이중의 증오 속에 그는 고상한 도시 푸아티에에 숨어 있다고 믿는 일부 천대받는 종족(유대인)도 포함시켰다.

---

* 프랑스 제3공화국은, 1817년 프랑스-프러시아 전쟁 이후부터 1940년 제2차 세계대전 때 독일군에게 점령당한 후 해방될 때까지의 프랑스 정부이다. 파리 시민들의 민주주의 실험인 파리 코뮌이 일어난 것도 제3공화국 때 일이었다.

당황하고 어찌할 바를 모른 폴-미셸 푸코는 학업의 확실성이 자기 발밑에서 꺼져 들어가는 듯이 느꼈다. 그의 성적은 그에게 가혹한 영향을 미쳤다. 라틴어 강독을 제외하고는 모든 과목의 성적이 떨어졌다. "10월에 진급 재시험을 보겠다"는 교장의 결정은 푸코 부인에게는 도저히 받아들일 수 없는 평결로 보였다. 그래서 그녀는 선수를 쳐, 당시 장 조레스 가와 앙시엔 코메디 가의 모퉁이에 있었던 생스타니슬라스 학교에 자기 아들을 전학시켰다. 종교재단에서 운영하는 이 학교는 별로 인정받는 학교는 아니었다. 예수회 교단에서 운영하고, 그 도시의 상층 부르주아나 토지 귀족의 자제들을 받았던 생조제프 학교가 훨씬 더 유명했다. 생스타니슬라스 학교는 그보다 한 단계 아래였고, 돈 많은 상인이나 소규모 자영업자의 자제들이 주로 다녔다. 그리고 수업의 질도 모든 사람들이 인정하는 생조제프 학교의 수준에는 훨씬 못 미쳤다. 1869년부터 생스타니슬라스 학교는 기독교 수사(修士)학교의 수도사들이 운영하고 있었다. 사람들은 그 수도사들을 '아무것도 모르는 사람들'(les ignorantins)이라고 불렀다.

폴-미셸 푸코가 그 학교에 들어간 것은 1940년 9월이었다. 당시 그 도시는 몇 주 전부터 독일군이 점령하고 있었다. 푸아티에에서 20킬로미터 떨어진 곳에 자유지대가 있었다. 분계선 저편은 완전히 다른 세계였고, 그곳에 가려면 통행증이 있어야 했다. 독일의 강제 노력봉사에 동원될 나이는 아니었던 2학년[우리의 고 1에 해당] 학생들은 학업을 계속했으나, 농촌 봉사에는 동원되었다. 여름방학에 6주간 의무적으로 농촌 봉사를 해야만 했는데, 특히 감자잎벌레 박멸이 주요 목표였다.

그 학교 졸업생들은 모두 이상한 역사선생 몽사베르 신부를 기억한다. 그는 리귀제 수도원의 베네딕트파 수도사였고, 그 도시 근교의 작은 마을 크루텔의 신부였다. 수도원과 성당 사이를 걸어 다녔기 때문에, 푸아티에에서 리귀제에 이르는 거리에서 순례자의 지팡이를 손에 잡고 때에 전투박한 모직물의 헐렁한 사제옷을 입은 그를 보는 것은 아주 흔한 일이었다. 사람들은 그를 보면 비록 역겹도록 더러운 행색에도 불구하고 자기 차에 태워 주곤 했다. "나도 그를 한 번 태워 주었는데, 나중에 보니 차 안이 온통 벼룩투성이가 되었지 뭐예요"라고 푸코 부인은 말했다.

이 기인은 박학한 학자이기도 해서, 항상 책이 가득 찬 바리를 어깨에서 허리로 둘러메고 다녔다. 그의 강의는 학교에서 유명했다. 1981년에 나온 어떤 책에서 그 학교의 한 동창생은 다음과 같이 회고했다. "그의 강의는 잊을 수 없다. 사건과 인물에 대한 놀라운 지식에서 출발하여 거기에 신랄한 비판을 퍼부었는데, 그 비판에는 항상 쾌활한 유머가 곁들여져 있었다. 스스로의 주제에 감동되어서, 그리고 마치 그에 대한 생생한 이미지를 눈앞에서 보기라도 하는 듯 열정적이던 그의 강의는 어김없이 학생들의 폭소를 자아냈고, 그 폭소는 마침내 수업 분위기를 시장판으로 만들기에 족한 것이었다. 그제서야 자기가 도를 지나쳤다고 생각하지만, 학생들의 소란을 진정시킬 방법이 없어, 그는 어린애처럼 울면서 '난 몰라, 난 몰라'라고 말하며 교실을 나가곤 했다. 학생들이 진정해서 다시는 그런 소란을 피우지 않겠다고 약속하면 그는 돌아와 더할 나위 없이 차분하게 수업을 다시 시작했다. 하지만 새로운 주제, 새로운 열정에 사로잡혀 그의 목소리는 점점 더 높아지고, 마침내 몇 마디 괴상한 말로 학생들의 새로운 폭소를 끌어냈다."[2]

---

2 장 보델Jean Vaudel 편저, 『푸아티에의 생스타니슬라스 학교와 생조제프 학교: 연보와 동창들의 회고』*Les Collèges Saint-Stanislas et Saint-Joseph de Poitiers: Notes historiques et souvenirs d'anciens*, Poitiers: Le Bouquiniste, 1981.

푸코 부인에 의하면 이 사람은 어린 폴-미셸에게 얼마간 영향을 준 거의 유일한 사람이었다. 그 이후 미셸은 역사에 관심이 많아졌다. 폴-미셸은 자크 뱅빌(Jacques Bainville)의 『프랑스 역사』(*Histoire de France*)를 아주 열심히 읽었고, 특히 그 책 안의 삽화에 깊은 인상을 받았다. 한 인물이 유별나게 이 어린아이의 관심을 끌었는데 그는 샤를마뉴 대제였다. 열두 살 때부터 그는 자기 누이와 동생을 앞에 놓고 역사 강의를 했다. 결국 몽사베르 신부의 수업은 그를 즐겁게 하기에 충분했다. 에피소드와 교훈을 드문드문 삽입시킨 이 역사 수업은 모든 학생들을 열광시켰다. 위에서 인용한 증인은 다음과 같은 평가로 끝을 맺고 있다. "그런 방식의 역사 수업은 학생들을 사로잡지 않을 수 없다."

폴-미셸은 그러니까 고교 3년 과정을 장 조레스 가의 학교에서 보냈다. 그의 성적은 만족스러운 것이었다. 학년 말의 시상식에서는 언제나 2등 정도의 우등상을 받았다. 프랑스어 작문은 3등, 프랑스 문학사는 2등, 그리스어 2등, 영어 2등, 라틴어 번역 2등, 라틴어 문학 1등, 역사 준우수상 등이었다. 그러나 모든 과목에서 그를 앞지른 친구가 있었는데, 그의 이름은 놀랍게도 피에르 리비에르(Pierre Rivière)였다. 미셸 푸코는 그로부터 35년 후 '19세기의 친부살해'에 관한 기괴한 회고록을 발굴하여 거기에 주석을 붙여 책으로 내었는데, 그 책 제목은 『나, 피에르 리비에르: 내 어머니와 누이와 남동생을 죽인』(*Moi, Pierre Rivière, ayant égorgé ma mère, ma soeur et mon frère*)이었다.

누가 예상이나 했겠는가? 여하튼 공부에서는 라이벌이었지만 두 소년은 아주 친했다. 둘은 똑같이 앎에 대한 갈증과 책 읽기에 대한 열정이 대단했다. 그들은 이 갈증을 푸아티에의 '미랑돌 곡괭이'라는 별명을 가진 기인 사제 에그렝 신부에게서 풀었다. 그는 앙제의 가톨릭대학 교수였으며 몇몇 잡지에 음악비평문을 기고했고 엄청난 장서를 갖고 있었다. 그는 자기 집에 찾아오는 대학생, 고등학생들에게 주로 역사와 철학 분야의 책을 추천하거나 빌려 주곤 했다. "나도 그랬지만 푸코도 열심히 그 집에 드나들었어요. 신부님의 장서는 우리에게 매우 귀중한 것이었죠. 그것들은 우리가 학교 공부에서 얻을 수 없는 지식을 제공해 주었어요"라고 피에르 리비에르는 말했다. 학교 수업 밖에서의 독서라, 오, 얼마나 매혹적인가! 폴-미셸은 이런 과외 지식을 그의 가족 친구인 르네 보샹(René Beauchamp)으로부터도 얻었다. 초기 프로이트주의자인 그는 프랑스에 정신분석학을 도입하는 데에 크게 기여한 인물이다.

1학년[우리의 고2] 때에 폴-미셸 푸코는 아주 좋은 성적을 냈다. 1942년에 그는 최종학년반[우리의 고3]에 들어갔고 철학을 선택했다. 당시 그 학교의 철학교사는 대학 교수들도 와서 자문을 구할 정도로 우수한 교사였다. 모든 학생들이 그와 함께 공부할 날을 손꼽아 기다리고 있었다. 그러나 교회의 참사회원(參事會員)이며 레지스탕스의 일원이기도 했던 뒤레 선생은 개학 첫날 아침에 게슈타포에게 체포되었다. 그후 아무도 그의 모습을 볼 수 없었다. 그래서 다른 선생으로 대체되었는데 그 선생도 며칠 후 병에 걸리고 말았다.

결국 철학교사를 맡은 것은 리귀제 수도원의 한 수도사였다. 푸코 박사는 1차대전 당시 오리엔트 부대에서 그들과 함께 복무한 적도 있던 터라, 그 수도원의 몇몇 수도사들을 잘 알고 있었다. 그래서 푸코 부인이 생스타니슬라스 학교에 철학을 가르칠 사람을 보내 달라고 그들에게 부탁했던 것이다. 수석 사제는 돔 피에로(Dom Pierrot)에게 이 임무를 맡겼다. 이 사제는 교육 과정에 충실하기 위해 교과서를 보충설명하는 데 만족했다. 학생들에게 바칼로레아[대학입학자격시험] 준비를 시켜야 했으므로 그 외의 일을 벌인다는 것은 엄두도 내지 못했다. 그러나 교실 밖에서는 학생들과 이야기하기를 좋아했다.

대체교사의 임무를 마친 후 어느 날 그는 자전거를 타고 리귀제까지 온 '어린 푸코'의 방문을 받았다. 그들은 플라톤, 데카르트, 파스칼, 베르그손 등등을 이야기했다. 돔 피에로는 이 제자를 아주 잘 기억하고 있었다. "철학반의 학생들은 두 부류로 나뉜다. 하나는 철학이 호기심의 대상이고, 따라서 위대한 체계, 위대한 작품을 알려는 커다란 욕망을 지니고 있다. 또 하나는 철학이 개인적 불안의 문제, 생명의 불안감과 연결되어 있는 사람들이다. 전자는 데카르트에 관심을 갖고, 후자는 파스칼의 영향을 받는다. 푸코는 전자의 카테고리에 속한 학생이었다. 그에게서 엄청난 지적 호기심을 느낄 수 있었다."

생스타니슬라스 학교에서의 철학수업이 부실했으므로 푸코 부인은 문과대학 교수들에게 자기 아들을 지도할 과외교사를 한 명 보내 달라고 부탁했다. 루이 지라르(Louis Girard)는 대학의 철학과 2학년 학생이었는데 어느 날 아르튀르 랑 가 10번지 푸코 씨 집의 초인종을 눌렀다. "일주일에 세 번 갔다. 내가 대학에서 배운 철학은 19세기 식으로, 혹은 부트루(Émile Boutroux; 프랑스 정신주의에 속하는 철학자. 뒤르켐 등에 큰 영향을 미쳤다) 식으로 정리된 다소 모호한 칸트주의였는데, 나는 이 칸트철학을 그에게 그대로 가르쳐 주었다. 꽤 열심히 했다. 그때 나는 스물두 살이었으니까. 그러나 내 자신이 그렇게 철학공부를 열심히 한 것은 아니었다"라고 그는 말했다. 푸코에 대해 그는 어떤 추억을 갖고 있는가? "꽤 까다로운 학생이었다. 그 이후에도 상당히 머리 좋은 학생들을 가르쳐 보았지만 그처럼 본질을 재빠르게 파악하고, 자기 생각을 정확하게 정리하는 학생은 본 적이 없다."

학년 말에 ——후임 철학교사였던 뤼시앵 신부도 나중에 뒤레 참사의 비극적 운명을 따랐다 ——폴-미셸 푸코는 철학에서 2등을 했다. 1등은 나중에 최고행정재판소 위원이 된 피에르 리비에르에게 돌아갔다. 푸코는 지리, 역사, 영어, 자연과학에서 1등을 했다.

두 철학교사가 독일군에 의해 강제수용소에 보내졌다고 해서 생스타니슬라스를 '레지스탕스의 보루'라고 생각해서는 안 된다. 당시 모든 학교에서 반드시 그래야 했던 것처럼 이 학교에도 페탱(Philippe Pétain; 프랑스 군인 정치가. 독일 점령 후 총리로 히틀러와 강화. 공화정을 폐지하고 국가 주석이 됨. 1945년 전범재판에서 사형 선고를 받았으나 감형되었음. 복역 중 사망) 원수의 초상화가 벽에 걸려 있었다. 학생들은 운동장에 모여 '원수님, 우리가 여기에 있습니다'라는 노래를 불러야 했고, 성의 없이 부르면 호되게 야단을 맞기 일쑤였다. 비록 몇몇 레지스탕스 조직원들이 이곳을 신분증이나 제대증을 교환하는 접선 장소로 사용하기는 했지만 대체적으로 비시(Vichy) 정권을 지지하는 분위기였다. 물론 몇 명의 학생들이 나중에 체포되기는 했다.

미셸 푸코는 나중에 한 인터뷰에서 어린 시절의 어려웠던 시기를 다음과 같이 털어놓았다. "내게 새겨진 인상을 되돌아볼 때, 가장 나를 놀라게 하는 것은 나의 모든 감정적 추억들이 정치적 상황과 연결되어 있다는 점이다. 1934년 독일의 돌푸스(Engelbert Dollfuss) 수상이 나치 당원들에게 암살되었을 때 크게 공포감을 느꼈던 게 생각난다. 지금 같으면 우리와 아무 상관도 없는 일일 텐데, 그때는 큰 충격을 받았다. 그것이 죽음에 관한 나의 최초의 공포가 아니었나 싶다. 스페인에서 온 피난민들도 생각난다. 내 나이 또래의 소년 소녀들은 모두 그와 같은 큰 역사적 사건들을 유년의 기억 속에 깊이 각인시켜 놓았을 것이다. 전쟁의 위협은 우리들의 지평이었고 우리들의 실존의 테두리였다. 그리고 정말로 전쟁이 터졌다. 우리 세대의 기억의 실체는 가정생활보다는 세계적 관점의 사건들이었다. 나는 '우리들'이라고 말했는데, 그 당시 대부분의 소년 소녀들이 똑같은 체험을 했을 것이라고 확신하기 때문이다. 우리들의 사사로운 개인 생활은 정말로 위협을 받았다. 내가 역사에 매혹되었던 것은, 그리고 우리가 처한 사건과 개인적 체험 사이의 관계에 그토록 관심이 끌렸던 것은, 아마도 이런 이유 때문일 것이다. 그것이 내 이론적 욕망의 핵이라고 나는 생각한다."[3]

1943년 6월에 바칼로레아 시험이 있었다. 그 당시에 그것은 두 파트로 나뉘어 있었다. 1학년 말에 학생들은 프랑스어·라틴어·그리스어 등의 시험을 치른다. 그 다음 해에는 철학·언어·역사·지리 시험을 친다. 푸코는 1942년 6월에 '양호'라는 평가와 함께 제1부에 합격했다. 제2부도 똑같은 평가를 받았다. 역사는 10점 만점에 8점, 자연과학은 7점, 그러나 철학은 20점 만점에 10점이었다.

중등교육 과정을 마친 후 무엇을 할 것인가? 푸코 박사는 아들이 가야 할 방향을 선택했다. 자신이 걸었던 것과 같은 길이었다. 폴-미셸은 의사가 되어야 한다. 그러나 폴-미셸이 그것을 원치 않는다는 사실이 문제였다. 그는 오래전부터 자기 아버지를 실망시키려고 작정한 것만 같았다. 역사와 문학에 열중했고, 의학공부에 대해서는 두려움을 느끼고 있었다. 그가 자신의 결심을 말하던 날 부자간의 논쟁은 폭풍이 몰아치듯 험악했을 것이다. 아버지는 실망을 감추지 않았고 타일러서 아들에게 이성을 되찾아 주려 했다. 그러나 푸코 부인은 항상 "스스로 알아서 처신하라"는 자

---

3 푸코, 「스티븐 리긴스와의 인터뷰」Entretien avec Stephen Riggins, 『에토스』Ethos, tome1, n° 2, automne 1983, p.5.(『말과 글』Dits et écrits, tome2, texte n° 336, pp.1344~1357.)

기 아버지의 가훈에 충실하기를 원했다. 그녀는 남편의 말에 끼어들어 "고집부리지 말아요, 여보. 공부를 잘하는 아이니까, 자기가 원하는 걸 하도록 내버려 둡시다"라고 말했다. 푸코 박사는 더 이상 고집을 부리지 않았다. 그는 둘째 아들이 의학공부를 시작하는 것을 보고 위안을 삼았다. 그 아들은 나중에 외과의사가 되었다.

이렇게 해서 폴-미셸은 자기가 선택한 길에 들어설 수 있었다. 그는 파리 윌름 가에 있는 고등사범학교(École normale supérieure)*에 들어가기 위한 입시공부를 시작했다. 그리고 이를 위해 이포카뉴[hypokhâgne; 일부 고교에 설치된 고등사범준비반을 가리키는 학생들의 속어]와 카뉴[khâgne; 고등사범준비반 2년차]에 들어갔다. 바람직한 것은 물론 합격률이 높기로 유명한 파리의 유명 고교 준비반에 들어가는 것이다. 그러나 거기에 들어간다는 것 자체가 전쟁을 치르듯 어려운 데다가, 푸코 부인으로서는 17세의 아들을 파리에 혼자 떨어뜨려 놓는 것이 불안한 일이었다. 그래서 그는 푸아티에 고교의 준비반에 등록했다. 기독교 학교에서 3년을 보낸 후 다시 전학한 학교였다. 이 가톨릭 학교에 대해 그는 아주 불쾌한 추억을 간직하고 있다. 그는 그곳의 분위기와 그곳에서 받았던 수업을 싫어했다. 종교를 싫어했고 수도사들도 싫어했다. "그가 수도사들에 대해 말할 때면 혐오감과 반감을 숨기지 않았다"고 당시의 친구 중 하나가 회상했다.

여하튼 폴-미셸 푸코는 1943년 개학과 동시에 시내 중심지의 고교를 다시 다니기 시작했다. 그는 이포카뉴 수업에 들어가, 윌름 가[고등사범을

---

* 고등교육기관인 그랑제콜(Grandes Écoles)의 하나로, 그랑제콜이나 대학의 교원, 연구자 양성을 목적으로 설립된 기관이다. 현재 프랑스에는 총 3개의 고등사범학교가 있다. 단순히 '고등사범'이라고만 하면 파리 윌름 가의 고등사범을 가리키는 경우가 많다.

지칭]의 입시에 대비한 공부를 시작했다. 학생은 30여 명 남짓했는데, 카뉴와 이포카뉴를 한데 뒤섞어 두 클래스로 나누어 놓았다. 2년간 푸코는 가스통 데(Gaston Dez)의 역사 강의와, 장 모로 레벨(Jean Moreau-Reibel)의 철학강의를 아주 흥미 있게 들었다. 모로 레벨은 윌름 가의 졸업생이었고, 클레르몽페랑의 고교 교사였으며, 동시에 오베르뉴의 도청 소재지로 철수해 온 스트라스부르 문과대학에서 강의를 했다. 그의 강의는 치밀하게 조직돼 있지도 않고 강의계획도 없었으며 약간 다변이고 두서가 없었기 때문에 처음에는 학생들을 다소 어리둥절하게 만들었다. 그중의 한 학생이었던 뤼세트 라바테는 1943년 9월 첫 강의에 실망했던 기억을 털어 놓았다. 그러나 차츰 학생들은 이 교수의 강의를 좀더 잘 따라갈 수 있게 되었고, 좀더 잘 이해할 수 있게 되었다.

그의 강의를 참관했던 장학관이 이런 무질서한 양상을 놓칠 리 없었다. 그는 1944년 3월 2일자 보고서에서 푸코의 선생에 대해 아주 가혹한 어조로 다음과 같이 말했다. "내가 들은 강의는 '사회적 의지와 가치들'이란 시리즈의 한 편이었는데, 제목도 약간 모호하지만 강의 전개방식도 매우 모호했다. 모로 레벨 씨는 말을 쉽게 하는 사람이었고, 아마도 이런 좋은 말솜씨에 너무 의존하는 것 같았다. 강의가 좀더 엄격하고 좀더 정교한 구조를 갖췄으면 좋았을 것이다. 핵심 개념이 강의 전개 속에 완전히 익사해 버린 느낌이다. 디테일의 정확성도 충분치 않았다. 성격 규정이 불충분한 이론들을 자주 암시하는 것도 흠이었다. 모로 레벨 씨는 좀더 자신에게 엄격하고, 즉흥적인 발언은 줄여야 했다."

그러나 푸코는 그 강의에 사로잡히기 시작했다. 약간 애매한 이 교수의 강의 내용에 더욱더 관심을 기울였으며, 모로 레벨 선생이 특히 높이 평가하는 베르그손과 플라톤, 데카르트, 칸트, 스피노자 등을 읽기 시작했다.

모로 레벨은 대화 방식으로 강의를 했으므로, 그에게 가장 적절하게 대답할 수 있는 학생, 즉 폴-미셸 푸코를 그의 상대방으로 지정했다고 뤼세트 라바테는 회상한다. "두 사람이 대화하고 있을 때 다른 학생들은 무슨 이야기인지 몰라 헤매었다"고 그녀는 덧붙였다.

푸코에게 매우 중요했던 또 다른 선생은 가스통 데였다. 그는 6학년[우리의 중1에 해당]용 말레-이삭 교과서의 공동 집필자였다. 서부지역 골동품상인 협회지에 정기적으로 글을 기고하기도 했고, 『푸아투의 얼굴』(Visages du Poitou)이라는 제목의 문집에도 참가했다. 그의 수업 방식은 다른 철학교사들과는 판이하게 달랐다. 그는 자신의 강의를 아주 천천히 받아쓰도록 했다. 강의 진도를 깡그리 무시하는 듯이 아주 천천히. 그 결과 그는 고등사범 예상문제 범위의 아주 조금밖에는 다루지 못했다. 그래서 학생들은 지난해 강의노트를 찾아나섰다. 푸코도 그 노트를 손에 넣어 복사하고 친구들에게도 빌려 주었다.

1943~45년의 기간은 분명 아주 어렵고 혼란한 시기였다. 겨울이면 난방 문제가 고교 수업을 더욱 어렵게 만들었다. 기숙생들은 밤이면 학교 옆에 주둔해 있는 군 막사에 가서 장작을 훔치는 일을 감행했다. 그들이 의심받는 것을 막기 위해 뤼세트 라바테와 폴-미셸 푸코가 교장실에 가서 자신들이 장작을 가져왔다는 자술서를 쓰고 서명을 한 적까지 있었다. 그 문제는 그쯤에서 해결되었다. "다행히 교장 선생님은 우리가 어디서 장작을 구해 왔는지는 묻지 않았다. 그랬다면 대답할 말이 없었을 텐데." 뤼세트 라바테의 말이다. 생활조건이 극심하게 어려웠음에도 불구하고 교실에는 '학생 특유의 쾌활함'이 넘쳐흐르고 있었다.

학생들은 한 달에 한 번씩 시내 극장에 가 '고전극 아침 공연'을 관람하곤 했다. 연극 공연의 수준이 너무나 형편없고, 또 사소한 일에도 웃음을 터뜨리는 어린 나이였기 때문에 학생들은 비극적인 장면에서도 폭소를 터뜨리곤 했다. 「앙드로마크」(Andromaque)* 공연 때 푸코가 계속해서 농담을 하고 웃어 댄 생각이 나네요." 뤼세트 라바테의 말이다. 그것은 약간 가식적인 쾌활함이기도 했다. 그녀는 다음과 같이 덧붙였다. "우리는 중요한 주제에 대해서, 특히 정치적인 주제에 관해서 말하는 것은 될 수 있으면 피했지요. 아주 다양한 가정 출신의 학생들이었으니까요. 우리 급우 중에는 부모가 강제수용소에서 죽은 여학생도 있었고, 해방(독일 점령으로부터의) 당시 아버지가 총살당한 남학생도 있었습니다. 그러니까 모두가 모두를 약간은 의심하고 있었던 것이죠."

특히 푸코는 좀 고독한 편이었다. 그는 온종일 공부만 했고 다른 학생들과는 별로 어울리지 않았다. "시험 직전의 어느 날엔가 나는 그와 함께 대학 사무실에 뭔가 문의하러 간 적이 있었다. 15분쯤 걸었을 때 그가 '금년 들어 처음 갖는 휴식시간이야'라고 말하는 것이었다." 1년 동안 처음 가진 15분간의 휴식이라니!

가장 심각하고, 가장 위험하고, 가장 몸서리쳐진 것은 푸아티에라고 비켜 갈 리 없는 폭격이었다. 영국군은 역과 철로를 목표로 삼았다. 공습경보가 내리면 학생들은 방공호에 뛰어들어가 숨었다. 1944년 7월 역 근처의 몇몇 동네 주민이 예방 차원에서 다른 지역으로 소개되었다. 아르튀르 랑 가도 그중의 일부였다. 그래서 푸코 가족도 여름 동안 방되브르에 가 살았다. 그리고 그해 고등학교의 학사일정은 매우 빨리 끝났다. 1944년 6월 6일 학교 수위는 복도를 돌아다니며 "상륙 성공, 상륙 성공"이라고 소리쳤

---

* 17세기 프랑스의 대표적 극작가 라신(Jean Baptiste Racine)의 비극적 희곡. 프랑스 학교에서 가장 많이 읽히는 고전주의 연극이다.

다. 연합군이 노르망디 해변에 발을 디딘 것이다. 학생들은 기쁨의 함성을 지르며 교실에서 나왔다. 당연히 그 이후 그 누구도 수업을 할 생각은 하지 않았다. 며칠 후 전쟁이 이 지역을 휩쓸었고, 수업은 모든 학교에서 중단되었다. 다음 해는 이보다 좀 덜 소란스러웠다.

그러나 학생들은 여전히 입시공부를 계속했고, 푸아티에 학군에서 14명이 1945년 5월 24일에서 6월 5일 사이에 시행될 시험을 치기 위해 센느 가 퓌메관의 법과대학 문 앞에 모여들었다. 프랑스어 시험은 뜻하지 않은 부정사고 때문에 두 번이나 취소되었다. 첫번째는 소르본의 한 교수가 시험 며칠 전 자기 학생들에게 시험문제를 알려 준 일 때문이었다. 두번째는 시험지가 전국에 동시에 도착하지 않아서였다. 모든 입시생들이 시험을 다시 쳐야만 했다. 그러니까 다 해서 세 번, 여섯 시간이나 시험을 치른 것이었다. 시험 결과는 7월 16일에 나왔다. 푸아티에에서는 두 명이 합격했다. 미셸 푸코는 그 안에 없었다. 그는 필기시험의 석차가 101번째였는데 구술 시험에 응시할 수 있는 것은 100등까지였기 때문이다. 폴-미셸은 윌름 가의 고등사범에 들어가지 못하게 된 것이다. 지독히 열심히 공부했지만 역시 충분치 못했던 것이다. 그의 실망은 엄청났다. 그러나 낙담하지는 않았다. 다음 해에 다시 치기로 결심한 것이다. 그러나 여기서 그는 푸아티에에서의 학창생활을 끝마치게 된다. 1945년의 개학은 그의 일생에서 아주 중요한 전기가 되었다. 이제부터 그는 파리에 정착하게 된다.

*　　*　　*

푸아티에, 숨막히는 도시. 그 시대를 증언하는 모든 사람들의 입에서 튀어나오는 말이다. "이런 분위기에서 유년기를 온통 보냈다는 것은 참 끔찍한 일이다"라고 1944년에 푸아티에로 이사 온 푸코의 한 친구가 말했다. "편협하고 천박한 도시." 그 도시를 떠나고 싶어 했던 다른 사람들의 말이다.
푸코는 그러니까 1945년 가을에 푸아티에를 떠났다. 그러나 그는 자기 고
향과 완전히 결별하지는 못할 것이다. 왜냐하면 자기 가족과 완전히 결별
하지 않을 것이므로. 앞에서 우리가 보았듯이 그는 자기 아버지를 별로 좋
아하지 않았다. 푸코 박사는 아마도 자녀들과 많은 시간을 보낸 것 같지는
않다. 그는 하루 종일 일했고 저녁 시간에 일을 하기도 했다. 그러니까 집
에 있는 시간은 아주 적었다. 만일 뭔가 단절이 있었다면 그건 아버지와의
단절이다. 푸코는 언젠가 이렇게 회상한 적이 있다. "가족이란 갈등의 관계
이지만, 비록 가족을 떠난 다음에도 결코 완전히 단절할 수 없는 어떤 끈끈
한 관심의 관계다."

　　파리에서 공부하는 동안 그는 방학 때마다 푸아티에에 갔고, 그후에
도 정기적으로 부모님을 찾아뵈었다.[4] 1959년 푸코 박사가 별세한 후 그의
어머니가 피루아르에 낙향하여 방되브르의 집에서 기거할 때에도 그는 매
년 휴가철마다 어머니를 뵈러 갔다. "그 애는 언제나 8월을 나와 함께 보냈
지"라고 어머니는 말했다. 어느 때는 크리스마스에도, 또는 봄에도 와서 며
칠씩을 보내곤 했다. 어머니는 아예 1층에 아들의 방을 마련해 놓고 있었
다. 그가 와서 작업하기에 좋은 작은 아파트였던 셈이다. 대부분 혼자 왔고
친구를 동반한 적은 아주 드물었다. 푸코 부인은 아들이 롤랑 바르트를 데
리고 온 것을 기억한다.

---

4 티에리 뵐첼Thierry Voeltzel, 『20년 후』*Vingt ans et après*, Paris: Grasset, 1978, p.55. 1978년에
　발표되었으나 1976년에 이루어진 이 일련의 대화 속에서 푸코는, 이름은 밝히지 않은 채, 히치하
　이크로 만나 관계를 계속해 온 스무 살의 이 청년에게 묻는다. 클로드 모리악이 서문을 쓴 이 책에
　서 푸코는 그 청년의 삶과 정치적 견해 — 특히 동성애 운동 — 에 대해 묻는다. 그리고 간혹 길어지
　는 이 질문에서 푸코는 자기 자신의 경험을 얘기하고, 자신의 견해를 제시하기도 한다.

　1982년, 푸코는 그 근처에 집을 하나 살 생각을 했다. 그래서 남동생과 함께 자전거를 타고 마을마다 돌아다니며 팔려고 내놓은 집을 빠짐없이 찾아가 보았다. 마침내 방되브르에서 수킬로미터 떨어진, 베뤼에 위치한 예쁜 집을 찾아냈다. 그것은 옛날 사제관이었다. 자기가 '베뤼의 사제'가 될 것이라고 푸코는 웃으면서 말한 적이 있다. 이 별명이 그의 마음에 들었다. 그는 그 집을 사들이고 필요한 수리를 했다. 그러나 결국 그 집에서 살 시간은 갖지 못했다.

헤겔의 목소리

판테온 뒤편, 생에티엔 뒤몽 교회 옆에 있는 프랑스의 가장 유명한 고교 중의 하나인 파리의 앙리 4세 고교는 해마다 연말이면 타 고교 고등사범 준비반의 우수 학생들을 편입시킨다. 푸코 부인이 푸아티에 대학의 한 교수를 만났을 때, 그는 단도직입적으로 "푸아티에 고교 졸업생이 고등사범에 들어가는 거 봤어요?"라고 말했다. 결정은 즉석에서 내려졌다. 폴-미셸은 재도전하게 될 것이다. 그러나 그의 성공을 위한 조건은 모두 준비되어야 한다. 1945년 가을에 그는 파리에 도착하여 그 탑의 높이로 보나 월름 가의 높은 합격률로 보나 라탱지구를 오만하게 내려다보고 있는 이 성소(聖所)에 들어갔다. 이 젊은 '촌뜨기' ── 그의 급우들은 당시의 그를 이렇게 기억했다 ── 는 옷을 아무렇게나 입었고, 놀랍게도 나무창 달린 구두를 신고 있었다. 그가 파리에 왔을 때는 전쟁이 끝난 직후여서 살기가 아주 어려웠고 물질적인 문제, 특히 식료품 조달이 큰 문제였다. 게다가 젊은 푸코는 기쁜 마음으로 파리에 온 것이 아니었다. 대도시의 새로운 생활이 그에게 매혹적으로 보이기에는 그곳의 생활조건이 너무나 어려웠다. 푸코 부인은 아파트를 하나 사지도, 빌리지도 못했다. 방되브르 출신으로 장송 드 사이

고교 교사인 모리스 라 씨 집에서 며칠을 묵은 후 폴-미셀 푸코는 라스파유 가에 있는 한 초등학교 여교장 집에 방을 얻었다. 그것이 다른 학생들에게는 좀 이상한 모습으로 비쳤다.

에마뉘엘 르 루아 라뒤리가 기억하듯이 그 당시 파리의 고등사범 준비반 학생들은 대개 두 부류로 분류되었다. 그 하나는 파리 부르주아 가정의 자제들로서 매일 저녁 자기 집으로 돌아가는 통학생이고, 또 하나는 지방 출신의 기숙생이었는데 이들은 파리 시내에 방을 하나 얻는다는 것을 상상도 하지 못했다.[1] 그런데 폴-미셀은 이런 특권을 누렸다. 그의 부모가 금전적인 여유가 있기도 했고, 또 허약하고 불안한 아들이 특히 싫어하는 공동생활을 피하게 해주려는 배려 때문이었다. 물론 그는 가끔 몇 평방미터 되지 않는 하숙방의 난방에도 어려움을 겪었던 게 사실이다. 그러나 최소한 그는 혼자 있을 수 있었다. 이런 외로운 생활이, 거의 모든 증언에서 보이듯이, 좀 거칠고 이상하고 극도로 내성적인 소년의 이미지를 만들어낸 것이다. 게다가 그해 파리에서의 그의 활동은 매우 제한적인 것이었다. 기껏해야 역시 파리에 와 공부하고 있던 누나와 영화 구경을 가는 것이 고작이었다. 그들은 미국 영화에 열광했는데 그것도 전쟁통에 끊기고 말았다. 그 나머지 시간에는 입시에 합격하기 위해 미친 듯이 공부만 했다.

앙리 4세 고등학교 고등사범 준비반의 'K1' 클라스는 학생이 50명이었다. 50명! 고등사범 문학부의 정원이 38명이므로 이 숫자만으로도 정원

---

1 에마뉘엘 르 루아 라뒤리Emmanuel Le Roy Ladurie, 『파리-몽펠리에: 지방 출신 학생과 파리 학생, 1945~1963』*Paris–Montpellier: P.C.-P.S.U., 1945-1963*, Paris: Gallimard, 1982, p.29. 당시 파리의 루이 르 그랑 고등사범 준비반에서 기숙사에 있는 '지방 출신(provinciaux) 학생'과 집에서 통학하는 '파리 학생'(parisiens) 사이의 사회적 구분에 대해서는 피에르 부르디외, 『자기 분석에 대한 초고』*Esquisse pour une auto-analyse*, Paris: Raisons d'agir, 2004, p.126을 볼 것.

이 넘었다. 그러나 역시 50명 남짓되는 'K2' 클라스도 있었다. 그뿐인가? 바로 옆의 유명 고교인 루이 르 그랑 학교도 높은 합격률을 자랑하고 있었다. 그해 초 클로비 가의 학교 건물 앞에 미셸 푸코와 함께 모여 섰던 49명의 학생 중 다음 해 여름 고등사범에 합격한 사람은 몇이나 될까? 기라성 같은 교수진이 효과적인 입시준비를 위해 전력을 기울였다. 같은 해에 이포카뉴에 들어갔던 에마뉘엘 르 루아 라뒤리는 '변함없는 공화주의자이며 건전한 반(反)종교적 부르주아' 역사 선생이었던 앙드레 알바(André Alba)가 좌익과 극좌의 학생들, 다시 말해서 모든 계층의 학생들에게 두루 인기가 있었다는 것을 기억하고 있다. "1914~18년 전쟁에 크게 상처를 입은 것 같았고, 그 움푹 파인 상처가 그에게 좌·우익의 경계선을 허물어뜨린 것 같아요"라고 그는 말했다. 요컨대 "이 상처는 어린 시절의 정신적 외상에 기인한 것"[2]이라는 이야기였다. 또 다른 제자들은 "그의 뇌가 파닥거리는 것을 보지 않은 것만 해도 다행이었다"고 말한다.

푸코는 또한 디에니 선생의 고대사 강의도 들었다. 젊은 청강생들이 뒤메질(Georges Dumézil)이라는 사람의 이름을 들은 것도 그를 통해서였다. 뒤메질의 명성은 그때 막 전공자들의 좁은 영역을 벗어나 일반에게도 조금씩 알려지기 시작했다. 문학을 가르치던 장 부두(Jean Boudout)도 있었는데 그는 중세에서 20세기, 아폴리네르의 시까지 자유자재로 인용하며 박식한 지식을 학생들에게 전달했다. 그 당시에는 생존한 작가를 학교에서 거의 가르치지 않았으므로 그것은 아주 특이하게 보였다.

그러나 학생들에게 가장 큰 영향을 미친 것은 철학 선생이었다. 그의 이름은 장 이폴리트(Jean Hyppolite)였다. 우리는 나중에 미셸 푸코가 그

---

2 라뒤리, 『파리-몽펠리에 : 지방 출신 학생과 파리 학생, 1945~1963』, pp.27~29.

의 이름을 몇 번 인용하는 것을 보게 될 것이다. 그보다 2년 전에 이 학교를 다녔던 장 도르메송은 "교단 뒤에 어깨를 둥글게 구부리고 앉아 있던" 이 권위 있는 스승을 다음과 같이 묘사했다. "말씨는 사근사근하고 뭔가 주저하는 듯, 꿈꾸는 듯, 수줍은 듯했다. 말끝을 장엄하게 깊이 들이마셨고, 억제되었다가 한꺼번에 터져 나오는 다음 말은 힘찬 웅변이었다."[3]

이 유명한 학자는 「젊은 파르크」(La Jeune Parque; 폴 발레리의 장시), 「주사위 던지기는 결코 우연을 지워 버리지 못할 것이다」(Un coup de dés jamais n'abolira le hasard; 말라르메의 시)[4]를 통해 헤겔을 설명하려 애썼다. "나는 아무것도 이해하지 못했다"고 도르메송은 회상한다. 아마 대부분의 학생들이 그랬을 것이다. 그러나 이폴리트는 학생들을 매혹시켰다. 특히 푸아티에에서 활기 없는 강의만 듣다가 온 푸코에게는 교수의 입에서 쏟아져 나오는 마치 폭포처럼 장엄하고 신비하고 영감에 차 있는 이 강의가 눈에 번쩍 뜨이도록 멋진 것이었다. 때는 1945년, 철학이 특히 매혹적으로 보이던 시대였다. 장 도르메송이 썼듯이 우리는 그것을 잊지 말아야 한다. "전쟁이 끝난 후 몇 년 동안 철학의 권위는 그 어느 것과도 비견할 수 없는 것이었다. 우리에게 있어서 철학이 무엇이었느냐를 말하라면 우리는 결코 그것을 남의 얘기하듯 냉정하게 할 수는 없으리라고 나는 생각한다. 19세기는 아마도 역사의 시대였을 것이다. 20세기의 한 중간은 철학에 바쳐진 듯이 보였다. 문학·미술·역사·정치·연극·영화가 모두 철학의 손아귀에 있었다."[5]

---

3 장 도르메송 Jean d'Ormesson, 『안녕 그리고 감사』*Au revoir et merci*, Paris: Gallimard, 1976(2ᵉ édition), p.71.
4 같은 곳.
5 같은 책, p.76.

이폴리트는 학생들에게 헤겔의 『정신현상학』(*Phänomenologie des Geistes*)과 데카르트의 『기하학』(*La Géométrie*)을 설명했다. 그러나 특히 학생들에게 강한 인상을 주고, 그들의 기억 속에 깊이 각인된 것은 헤겔에 대한 강의였다. 푸코도 이 매혹에서 벗어나지 못했다. 이때까지 역사에만 관심이 있던 그는 난생처음으로 철학의 유혹을 받았다. 선생은 그에게 역사를 서술하는 철학을 설명했고, 이성의 자기실현을 향한 꾸준한 역정을 이야기해 주었다. 거기에는 모든 역사가 포함되었다. 그리고 앞으로 의미를 갖게 될 하나의 역사도.

푸코의 운명에 있어서 장 이폴리트가 길잡이 역할을 했다는 것은 의심의 여지가 없다. 이 사람에게 빚진 것이 많다는 것을 푸코 자신도 끊임없이 말했었다. 그는 이폴리트를 고등사범에서 다시 만났고, 나중에는 그의 뒤를 이어 콜레주 드 프랑스의 교수가 되기도 했다. 1968년 장 이폴리트가 죽었을 때 푸코는 다음과 같이 말했다. "전쟁 직후 카뉴에 다녔던 사람들은 이폴리트 선생의 『정신현상학』 강의를 모두 기억한다. 마치 명상하듯 고요히 말을 이어 가던 그의 목소리에서 우리는 교수의 목소리만 들은 것이 아니라 그 너머로 헤겔의 목소리, 아니 철학의 목소리를 듣는 듯했다. 마치 바로 옆에 있는 듯 그가 끈질기게 환기시켰던 헤겔과 철학의 그 강력한 존재감은 도저히 잊지 못할 것 같다."[6]

헤겔의 목소리, 철학의 목소리! 영감이 넘쳐흐르고 머리 좋은 이 교수가 젊은 학생들의 열광을 불러일으킬 수 있었으리라는 것은 쉽게 납득이

---

6 푸코, 「장 이폴리트, 1907~1968」Jean Hyppolite, 1907~1968, 『형이상학과 도덕 리뷰』*Revue de métaphysique et de morale*, 74ᵉ année, n° 2, avril-juin 1969, p.131. (『말과 글』*Dits et écrits*, tome1, texte n° 67, pp.807~813.)

된다. 그는 카뉴의 우수한 교수진이라는 위대한 전통 속에 한자리를 차지하고 있다. 그 위대한 전통의 중심 인물은 알랭이었다. 장 프랑수아 시리넬리가 말했듯이 그들의 역할은 "일깨워 주는 사람"이었다. 시리넬리는 『지적 세대: 양차 대전 사이의 카뉴와 고등사범 학생들』이라는 글에서 지극히 프랑스적인 제도인 "고등사범 준비반"[7]에서의 교수 역할의 중요성을 말하며 그렇게 명명했었다.

그러나 푸코가 자기 스승에게 느끼는 빚은 청소년기에 자신의 직업적인 소명감을 일깨워 주었다는 단순한 고마움을 넘어서는 것이다. 1960년에 박사논문을 마쳤을 때 미셸 푸코는 오늘날 『고전주의 시대 광기의 역사』로 불리는 이 논문을 몇 사람에게 바쳤다. 이 저작에 영감을 준 사람이라고 그가 거론한 사람들은 조르주 뒤메질, 조르주 캉길렘(Georges Canguilhem) 그리고 장 이폴리트였다.[8]

이 책이 나오고 10년 후 콜레주 드 프랑스 개강 연설에서 푸코는 다시한번, 이번에는 더 강도 높게 고등사범 준비반 시절의 은사에게 경의를 표했다. 어떤 사람들은 연설 말미에 나온 이 경의가 단순히 전임자에 대한 의례적인 예의라고만 생각했다. 왜냐하면 푸코는 이폴리트의 후임으로 콜레주 드 프랑스의 교수가 되었고, 후임자는 정년퇴임을 했거나 또는 사망한 전임자를 찬양하는 것이 관례였기 때문이다. 그러나 푸코는 의례적인 찬사 몇 마디로 끝맺음을 한 것이 아니라 강연의 마지막 부분을 완전히 이

---

7 장 프랑수아 시리넬리Jean François Sirinelli, 『지적 세대: 양차대전 사이의 고등사범과 그 준비반 학생들』*Génération intellectuelle: Khâgneux et normaliens dans l'entre-deux-guerres*, Paris: Fayard, 1988.
8 푸코, 「서문」Préface, 『광기와 비이성: 고전주의 시대 광기의 역사』*Folie et déraison: Histoire de la folie à l'âge classique*(문학박사학위 청구 주논문), Paris: Plon, 1961, pp.10~11.

폴리트에게 할애했다. 더 나아가 그는 앞으로의 그의 작업이 "스승의 별자리 밑에서"[9] 행해질 것이라고 단언하기까지 했다. 이폴리트가 죽고 7년 후 1975년에 푸코는 그의 부인에게 『감시와 처벌』 증정본을 보냈는데, 거기에는 "이폴리트 부인에게, 내가 모든 것을 빚지고 있는 스승을 추모하며"라는 헌사가 쓰여 있었다.

푸코가 옛 은사를 이처럼 중요하게 생각한다는 것은 조금 놀라운 일이기는 하다. 왜냐하면 이폴리트는 앙리 4세 고교에서 1945~46년 학년의 처음 두 달밖에는 가르치지 않았기 때문이다. 물론 이폴리트는 사르트르, 메를로-퐁티 등의 동시대인이며 또 그들의 친구이다. 그는 1907년에 태어났고 사르트르가 1905년, 메를로-퐁티는 1908년에 태어났다. 그들은 윌름 가 고등사범의 동창들이다. 사르트르가 1924년에 들어갔고(아롱, 니장, 캉길렘 등과 동기), 이폴리트는 1925년에, 그리고 메를로-퐁티는 1926년에 들어갔다. 그러나 세 사람의 신분을 비교하기는 좀 힘들다. 이폴리트는 사르트르나 메를로-퐁티와 같은 의미에서의 '철학자'는 아니었다. 다시 말하면 사상의 분야에서 무엇을 새롭게 만들어 낸 사람은 아니고, 차라리 철학사가 혹은 과도적 중개자라는 말이다.

그러나 좀더 자세히 들여다보면 그의 영향력이 겉보기보다 훨씬 막강하다는 것을 알 수 있다. 왜냐하면 이폴리트는 아직 프랑스 대학의 철학강의에서 헤겔이 언급되지 않던 시기에 『정신현상학』을 번역하고 학생들에게 가르쳤기 때문이다. 그리고 그때부터 하이델베르크, 아니 예나(헤겔은 예나 대학의 철학교수였다)의 사상가의 대변인이며 주석가가 되었기 때문이다. 그는 무엇보다도 이 독일 철학자의 청년 시절 저작에 관심이 많았다.

---

9 푸코, 『담론의 질서』 *L'Ordre du discours*, Paris: Gallimard, 1971, pp.80~81.

1939년과 1941년에 오비에 출판사에서 두 권으로 나온 『정신현상학』 번역본은 그때까지 이 책을 전혀 모르고 있던 독자들에게 처음으로 소개된 것이며, 나중에 프랑스의 철학 연구논문에서 가장 많이 인용되었다. 그리고 1947년에 통과되어 출판된 그의 박사논문 『『정신현상학』의 구조와 기원』은 완전히 하나의 사건이었다.

1948년 『현대』지의 기고문에서 롤랑 카유아(Roland Caillois)는 이 작품의 중요성을 다음과 같이 강조했다. "헤겔주의가 커다란 문제라는 것, 다시 말해서 철학이 사느냐 죽느냐 하는 문제가 거기에 달려 있다고 생각하는 사상가들이 상당히 많이 있다. 지금 문제로 떠오른 것은 철학 그 자체다. 장 이폴리트의 박사논문을 우리가 주목해야 하는 이유가 거기에 있다. 그것은 단순히 꼼꼼한 역사학자의 작업이기만 한 것이 아니다……. '철학이라는 기획 그 자체가 정당한 것인가?'라는 심각한 문제가 담겨 있는 것이다."[10] 과연 전쟁이 끝난 후 카유아가 말한 대로 헤겔의 동상을 세우려고 애쓰는 사상가들이 '줄을 이었다'. 왜냐하면 10년 동안에 프랑스에서 헤겔주의의 위치가 완전히 바뀌었기 때문이다.

물론 장 이폴리트가 이와 같은 사태 전환의 유일한 장본인은 아니다. 1929년부터 장 발(Jean Wahl)은 『헤겔 철학에서의 불행한 의식』(*La Conscience malheureuse dans la philosophie de Hegel*)이라는 책을 통해 헤겔에 대한 관심을 유도하고 있었다. 롤랑 카유아에 의하면 이 책에서 그는 '신비한 헤겔'의 상을 제시하고 있었다. 이보다 앞서 1938년에는 앙리 르페브르(Henri Lefebvre)가 『레닌 노트』(*Cahiers de Lénine*)라는 평론집에서 헤겔의 변증법을 다룬 적이 있다. 엘리자베트 루디네스코의 표현에

---

10 『현대』*Les Temps modernes*, n° 31, avril 1948.

의하면 오랜 '반추'의 시간인 것이다.

그녀는 전진과 저항이 계속 이어졌던 프랑스의 헤겔사상 도입을 정신 분석학의 도입과 비교하며 두 사상의 도입이 비슷한 과정을 밟았다고 했다.[11] 그 두 운동은 각기 중요한 시기에 서로 마주친 적이 있었는데 그것은 알렉상드르 코제브가 고등연구원(École pratique des hautes études)에서 세미나를 개설했을 때였다. 1933년에서 1939년 사이의 수강생 중에는 알렉상드르 코이레(Alexandre Koyré), 조르주 바타유(Georges Bataille), 피에르 클로소프스키(Pierre Klossowski), 자크 라캉, 레몽 아롱, 모리스 메를로-퐁티, 에릭 베유(Éric Weil) 등 나중에 유명하게 될 쟁쟁한 인물들이 있었으며, 앙드레 브르통(André Breton)도 가끔 모습을 나타냈다.[12]

이폴리트가 박사학위를 받은 1947년에 역시 이 세미나의 청강생이었던 레몽 크노(Raymond Queneau)가 코제브의 강의노트를 『헤겔 강의 입문』(Introduction à la lecture de Hegel)이라는 제목으로 출판했다. 헤겔주의 운동이 매우 강했으므로 조르주 캉길렘은 1948년에 다음과 같이 썼다. "세계 혁명의 시대, 세계 전쟁의 시대에 프랑스는 글자 그대로 프랑스혁명과 동시대에 나왔던, 그리고 프랑스혁명의 상당 부분이 그 의식 형성에 영향을 미쳤던 한 철학을 뒤늦게 받아들였다."[13]

장 이폴리트는 그러니까 2차대전 이후 프랑스에서 헤겔주의가 대대적인 성공을 거두는 데에 기여한 중심적인 인물이었다. 그것은 이폴리트

---

11 엘리자베트 루디네스코Élisabeth Roudinesco, 『백 년 전쟁: 프랑스 정신분석학의 역사』La Bataille de cent ans: Histoire de la psychanalyse en France 1925~1928, tome2, Paris: Seuil, 1986, p.150.
12 레몽 아롱Raymond Aron, 『회고록』Mémoires, Paris: Julliard, 1983, p.94를 참조할 것.
13 조르주 캉길렘, 「프랑스에서의 헤겔」Hegel en France, 『종교철학과 역사 리뷰』Revue d'histoire et de philosophie des religions, Strasbourg, 1948~1949.

스스로 아주 가깝다고 말한 실존주의의 유행에 힘입어 더욱 강화되었다. 그는 1955년 12월 웁살라의 프랑스 문화원에서 열린 강연회에서 그것을 상기시켰다. 이 웁살라 문화원장 자리를 나중에 미셸 푸코가 맡게 될 것이다. 강연 제목은 '현대 프랑스 사상에서의 헤겔과 키르케고르'[14]였다.

그때야말로 헤겔의 인기가 폭발적으로 치솟던 중요한 시기였다. 사람들은 헤겔을 '탁월한 교수' 혹은 '체계의 발명자'로 읽는 것이 아니라 후세의 사상가들, 예컨대 포이어바흐, 키르케고르, 맑스, 니체 등과 비교되는 작품의 저자로만 읽고 있었다. 1947년 2월에 장 이폴리트가 헤겔에 있어서의 실존주의라는 주제로 행한 연설을 즉각 논평하면서 메를로-퐁티는 그것을 적절하게 지적했다. "헤겔은 한 세기 전부터 유명해진 모든 것, 예컨대 맑시즘, 니체, 독일 현상학과 독일 실존주의, 정신분석학 등의 근원이다. 그는 비합리성을 탐사하여 그것을 좀더 넓은 이성 속에 편입시키려 시도했는데, 이러한 시도는 우리 시대가 해야 할 과업이기도 하다."[15] 그는 이어서 "헤겔의 후계자 중에는 자신이 헤겔에게 빚진 것보다는 그의 유산 가운데에서 자신이 거부하고 싶은 것만을 강조하는 사람들이 있다"고 말했다. 메를로-퐁티는 "헤겔의 근원을 잊으려는 배은망덕한 이론들을 헤겔과 다시 연결시키는 것"[16]보다 더 시급한 작업은 없다고 결론지었다.

헤겔 '발견'의 중요성을 좀더 잘 이해하기 위해서는 그 후계 중의 한

---

14 장 이폴리트Jean Hyppolite, 『철학 사상의 위인들』*Figures de la pensée philosophique*, tome1, Paris: PUF, 1971, pp.196~212. 프랑스의 헤겔 소개에 대해서는 같은 책의 「헤겔의 '현상학'과 프랑스 현대 사상」*La "Phénoménologie" de Hegel et la pensée française contemporaine*, pp.231~241을 볼 것.

15 모리스 메를로-퐁티Maurice Merleau-Ponty, 『의미와 비의미』*Sens et non-sens*, Paris: Nagel, 1948, p.109.

16 같은 책, p.110.

분파를 그 당시 관점의 계보에 따라 헤겔과 연결 지어 보는 일이다. 그것은 다름 아닌 맑시즘이다. 장 이폴리트 자신도 1955년 역시 웁살라의 프랑스 문화원에서 가진 강연에서 이 이중의 과정을 선언했다. "프랑스만 제외하고 온 유럽을 침공한 헤겔주의에 우리는 아주 늦게 도달했다. 그러나 우리는 그의 가장 덜 알려진 청년기 저서 『정신현상학』을 통해, 그리고 맑스와 헤겔 사이에 어떤 관계가 있을지 모른다는 막연한 생각에서만 헤겔사상을 접했다. 프랑스에도 사회주의자와 철학자들이 있었지만 헤겔과 맑스는 아직 프랑스 철학에 들어오지 않았었다. 오늘에서야 그것이 이루어졌다. 맑시즘과 헤겔사상에 대한 논의는 우리 사회의 시급한 문제다." [17]

철학 영역에서의 이 급진적인 변모는 아주 무거운 결과를 가져왔다. 맑시즘이 당당한 시민권을 갖게 되어, 사르트르가 『변증법적 이성 비판』 (*Critique de la raison dialectique*)에서 썼듯이 "우리 시대의 넘어설 수 없는 지평"이 되었고, 여하튼 2차대전 후 30년간 수많은 지식인들의 지평이 되었다.

결국 이폴리트는 푸코의 세대를 열광시켰던 맑스, 니체, 프로이트 등을 젊은이들에게 소개한 주도적 인물이었다. 그리고 미셸 푸코가 1970년 콜레주 드 프랑스 개강 연설에게 자기 스승을 추모하여 다음과 같이 말했을 때 그의 생각도 메를로-퐁티의 그것에서 그리 먼 것은 아니었다. "우리 시대는 논리학을 통해서건 인식론을 통해서건, 그리고 맑스를 통해서건 니체를 통해서건 간에, 모두 헤겔에서 벗어나려는 몸부림을 하고 있다. 그러나 진정 헤겔에서 벗어나려면 우리가 그와 유리됨으로써 치르게 될 대

---

17 이폴리트, 「역사와 존재」Histoire et existence, 『철학 사상의 위인들』, tome2, Paris: PUF, 1971, p.976.

가를 정확히 평가하는 일이 선행되어야 한다. 비록 공공연하게는 아니더라도 암묵적으로나마 헤겔이 우리와 얼마나 가까이 있는가를 알아야 하며, 우리가 헤겔에 대항하여 사고할 때조차 그것이 여전히 헤겔적이라는 사실을 알아야 하고, 그를 상대로 한 제소(提訴)가 실은 그가 우리에게 마련한 계략이며 그 끝에서 그는 여전히 요지부동인 채 우리를 기다리고 있다는 사실을 알아야만 한다. 우리 중 누군가가 장 이폴리트에게 빚진 듯한 느낌을 갖고 있다면 그것은 그가 우리를 대신해서, 그리고 우리를 앞질러서 헤겔과 멀리 떨어지는 길을 지칠 줄 모르고 답파했기 때문이다. 그 길을 통해 우리는 헤겔과 거리를 유지했고, 비록 다른 방식이기는 하나 그 길을 통해 헤겔에게 당도했으며, 이어서 다시금 그에게서 떠나게 되었다."[18]

메를로-퐁티가 배은망덕한 사상을 그 헤겔적 근원에 다시 연결시키는 것이 철학의 임무라고 말하던 시기에서부터 푸코가 철학 견습생이었던 자기 세대의 눈에 비친 이폴리트의 작업을 평가한 1970년대까지는 20년의 세월이 흘렀다.

미셸 푸코는 이폴리트가 죽은 직후인 1968년 10월 루이 알튀세르가 윌름 가에서 주재한 추모식에서 다음과 같이 선언했다. 이 내용은 다음 해에 잡지 『형이상학과 도덕 리뷰』에 수록되었다. "어제의 그의 제자였던 우리의 모든 문제들은 전부 그가 생각하여 또박또박 우리에게 일러 준 것이었다. …… 그는 그것들을 우리 시대의 위대한 책 중의 하나인 『논리와 실존』(*Logique et existence*)에서 논리정연하게 전개해 놓았다. 종전 직후 그는 우리에게 폭력과 담론의 관계를 생각하는 방법을 가르쳐 주었다. 어제 우리에게 논리와 실존의 관계를 생각하도록 가르쳤는데 지금도 그는 우리

---

18 푸코, 『담론의 질서』, pp.74~75.

에게 앎의 내용과 형식적 필연성의 관계를 사유하도록 제안하고 있다. 결국 그는 우리에게 철학적 사유란 끊임없는 실천이고, 철학 아닌 것을 작품으로 만드는 방법이라는 것을 가르쳐 주었다. 그리고 우리의 존재와 엮여 있는 그 비-철학 옆에 항상 가장 가까이 머물러 있어야 한다는 것도."[19]

미셸 푸코는 나중에 그가 주도하고 마르시알 게루(Martial Gueroult), 미셸 세르(Michel Serres), 조르주 캉길렘, 장 라플랑슈(Jean Laplanche), 쉬잔 바슐라르(Suzanne Bachelard), 장 클로드 파리앙트(Jean Claude Pariente) 등등이 공동 집필한 책에서도 이폴리트에 대한 찬사의 글을 썼다.[20] 유명해진 이 기고문은 나중에 『니체, 계보학, 역사』(*Nietzsche, la généalogie, l'histoire*)에 수록되었다.

*   *   *

1945년 가을에 앙리 4세 고교 50명의 소년들 귀에 울려 퍼졌던 이 '헤겔의 목소리'는 그들에게 진정 지적인, 아니 실존적인 충격을 주었다. 그러나 나중에 푸코가 '이팔(Hippal) 선생'이라는 별명으로 즐겨 불렀던 이폴리트는 조르주 캉길렘이 교수로 있던 스트라스부르 문과대학에 초빙되었다. 그곳의 학생들이 불과 2개월 남짓 그의 강의를 들었을 때 그는 홀연히 퇴직하여 학생들을 놀라게 했다. 푸코가 소르본과 고등사범에서 그를 다시 만나기까지는 몇 년을 더 기다려야 했다.

앙리 4세 고교에서 이폴리트의 후임으로 온 사람은 별 특성이 없어서,

---

19 푸코, 「장 이폴리트, 1907~1968」, 『형이상학과 도덕 리뷰』*Revue de métaphysique et de morale*, 74ᵉ année, n° 2, avril-juin 1969, p.131.
20 푸코 편저, 『장 이폴리트 추모 문집』*Hommage à Jean Hyppolite*, Paris: PUF, 1971.

학생들에게 철학적 서사시의 전율을 느끼게 해주었던 빛나는 전임자와 너무나 확연하게 구별되었다. 50명의 학생들은 감탄에서 경멸로 급전직하했고, 몇몇 증인들이 묘사했듯이 이 '땅딸보' '추남'을 조롱했다. 그들은 그의 강의가 지루했다는 기억밖에 없다고 했다. 그 선생은 늘상 부트루와 라슐리에(Jules Lachelier)를 인용했다. 그때 한창 형성되고 있던 모더니즘의 철학과는 거리가 멀었다. 그리고 학생들은 계속해서 야유를 해댔다. 마침내 어느 날 드레퓌스 르푸아이에 선생은 글자 그대로 허물어졌다. "내가 이폴리트 선생만 못하다는 것은 나도 잘 알아." 무력한 분노와 흥분으로 그의 목소리는 갈라져 있었다. "하지만 너희들을 입학시험에 합격시키기 위해 나는 최선을 다했단 말이야."

여하튼 푸코는 철학에 흥미를 느끼게 되었고 완전히 빠져들었다. 그의 성적도 뛰어올라서, 1학기 말에 9.5점으로 반에서 22등이었다("성적보다 훨씬 우수함. 신비주의적 경향을 극복해야 할 것. 치밀한 두뇌. 논술 성적: 14점, 14.5점"이라는 소견이 첨부되어 있었다). 2학기 말에도 모의고사에 대한 똑같은 소견과 함께 여전히 22등이었다. 그러나 학년 말에 그는 15점을 얻어 1등을 했다. '우수 학생'이라는 교수의 찬탄 어린 소견서와 함께.

철학과 역사에서 '우수 학생'이었다. 1학기 때는 '양호. 매우 고무적인 성적'이라는 소견과 함께 13점을 받아 7등이었는데, 학년 말에는 '매우 우수'라는 평가와 함께 16점을 받아 1등이 되었다. 선생들은 푸코에 대해 모두 의견이 일치했다. '활발한 정신, 문학에 대한 취미도 보임'이라고 프랑스어 선생인 부두는 성적표에 썼다. 라틴어 작문에서 푸코는 '급제'의 소견과 함께 31등이던 것이 '우수한 학생'이라는 소견과 함께 10등이 되었다. 그리스어는 4등이었다. 각 담임교사들의 소견을 종합하여 교장은 '합격 가능한 학생'이라는 최종 판결을 내렸다.

3장
윌름 가

이번에는 장애물을 거뜬히 넘어설 수 있었다. 필기시험은 단순한 형식에 불과했다. 폴-미셸 푸코는 합격선이었다. 1946년 7월 어느 날 그는 윌름 가 2층 악트 홀에서 두 명의 철학 구술시험관 앞에 섰다. 시험관은 툴루즈 대학 문과대학 교수인 피에르 막심 슐과 프랑스 철학 강단의 저명인사이며 스트라스부르 대학에서 과학사를 가르치고 있는 조르주 캉길렘이었다. 상냥하고 따뜻한 성격이 느껴지는 남부 억양과 무뚝뚝한 태도가 오히려 좋은 대조를 이루고 있는 이 자그마한 사람을 푸코가 본 것은 이것이 처음이었다. 처음이었지만 마지막은 아니었다. 왜냐하면 이날 푸코는 윌름 가의 대학과 이 권위 있는 학교가 학생들에게 제공하는 듯한 약속만을 만난 것이 아니라, 앞날의 역정에서 중요한 역할을 하게 될 한 사람과 만난 것이기 때문이다. 푸코는 그로부터 몇 년 후 교수자격시험 구술고사에서 캉길렘을 다시 만나게 될 것이다. 그러나 그는 이 두 번의 만남에 대해 별로 좋지 않은 기억을 갖게 된다. 박사논문『광기의 역사』의 지도교수를 정할 때 그는 캉길렘을 다시 만난다. 두 사람 사이에 깊은 우정과 신뢰가 시작된 것은 바로 이때부터였다.

그러나 지금은 아직 아니었다. 1946년의 그 시점에 캉길렘은 푸코에게 있어서 시험결과를 좌우할 두 심사관 중의 하나이며, 나중에 한 제자가 묘사했듯이 "마치 모든 것을 사로잡으려는 듯 부릅뜬 눈"[1]의 강한 인상을 가진 교수였을 뿐이다. 그는 입시생들에게 가혹하기로 소문이 나 있었다. 푸코는 아직 스무 살도 채 되지 않았고, 자신이 고등사범생이 될 자격이 있다는 것을 심사관들에게 설득할 시간은 한 시간도 채 못 됐다.

며칠 후 부모와 친구를 동반한 입시생들이 자기 이름을 합격자 명단에서 확인하기 위해 월름 가 고등사범 정문 앞에 몰려들었다. 거의 광적인 긴장감이 감돌았다. 오늘을 위해 모든 것을 희생하고 모든 것을 다 바쳤던 열아홉 내지 스무 살의 소년들에게 있어서 이 순간은 단순한 사실 확인의 시간이 아니라 거의 생사를 가름하는 순간이었다. 조레스, 블룸, 에리오, 쥘 로맹, 장 폴 사르트르 등등의 그림자가 그들의 머리 위에 드리웠고, 그들 각자는 이 한순간에 그 자신의 사회적·지적 존재가 결정된다는 느낌을 가졌다. 그야말로 전부 아니면 전무였다. 장방형의 흰 종이가 수위실 유리창 위에 붙었다. 1등 레몽 베유, 2등 기 팔마드, 3등 장 클로드 리샤르, 4등 폴 푸코……, 푸코는 자기 이름 아래의 다른 이름들을 거의 볼 수도 없었다. 그는 기쁨에 휩싸여서 자기 동급생이 누구인지를 훑어보았다. 모리스 아귈롱(Maurice Agulhon), 폴 비아넥스(Paul Viallaneix), 로베르 모지(Robert Mauzi), 장 크나프(Jean Knapp) 등등이었다. 그후 몇 년간 그는 이들과 함께 생활하게 될 것이며 그중 몇몇은 그의 일생에서 크고 작은 역할을 담당

---

1 베르트랑 드 생 세르냉Bertrand de Saint Sernin, 「소르본에서의 조르주 캉길렘」Georges Canguilhem à la Sorbonne, 『형이상학과 도덕 리뷰』*Revue de métaphysique et de morale*, janvier-mars 1985, p.84. 부르디외의 『자기 분석에 대한 초고』, pp.40~45에도 캉길렘에 대한 언급이 나온다.

하게 될 것이다.

그해 가을 수도원풍의 고색창연한 고등사범에 입학한 학생은 모두 38명이었다. 앙리 4세 고교에서 온 6명의 '신입생'들은 1층의 긴 장방형의 방을 택해, 창문에서 출입문까지 한 쪽은 장 파퐁, 기 드젱, 기 브레가 차지했고, 다른 쪽은 로베르 스트렐레, 모리스 부즐로, 그리고 미셸 푸코가 차지했다.

미셸 푸코에게 있어서 그것은 새로운 생활이었다. 곧 그는 이 생활을 매우 견디기 힘들어 하게 될 것이다. 그는 아주 고독하고 붙임성 없는 소년이어서 다른 아이들과의 관계는 쉽지 않았고 가끔은 갈등을 일으키기도 했다. 자기 처지를 불행하게 생각했고 약간의 병이 있기도 했다. 학교에 의해 강요된 이 뒤섞임의 상황이 그는 몹시 불편했다. 사실 윌름 가 그 자체가 개인적인 차원에서나 지적 혹은 정치적 차원에서 병적인 환경이며 모든 비상식적이고 이상야릇한 행동들이 개화하는 온상이었기 때문에 충분히 그럴 만도 했다. 고등사범 학생은 남보다 뛰어나고 독특해야 한다는 강박관념이 있었으므로 예외적으로 보이기 위해 또는 미래에 갖게 될 영광의 포즈를 미리 취하기 위해 온갖 수단이 다 동원되었다.

졸업 후 30~40년이 지난 고등사범 시절을 원한과 혐오감으로 회상하는 사람들이 상당히 많다. "고등사범에서는 모두가 자신의 가장 흉측한 모습을 보여 주었다"라고 미래에 소르본 교수가 될 장 드프렁이 말했다. "모두가 각자 자기의 신경증세를 갖고 있었다"라고 미셸 푸코와 몇 년간 같은 방을 썼던 기 드젱은 덧붙였다. 미셸 푸코는 고등사범의 기숙사가 요구하는 이런 종류의 사회성에 순응하고 공동생활에 적응하는 데 실패했다. 그는 어느 날 모리스 팽게(Maurice Pinguet)에게 윌름 가에서 보낸 나날들이 "가끔 참기 어려운 것"이었다고 고백했다.

　푸코는 고독 속에만 웅크리고 있었고, 고독에서 나오는 것은 남들을 야유할 때뿐이었다. 그는 아주 격렬하게 남들을 조롱했는데, 그것은 곧 유명해졌다. 자기 마음에 들지 않는 친구들을 놀리고 빈정거리며 그들에게 욕설에 가까운 별명을 붙여 주곤 했다. 특히 학생들이 공동으로 점심이나 저녁식사를 하는 '구내식당'에서 그는 그들에게 악착같이 달려들곤 했다. 누구하고나 논쟁을 벌였고, 불같이 화를 냈으며, 온 사방에 공격성을 들이댔는데 그것은 과대망상으로 특징지어진 그의 성격 중의 한 성향이었다. 푸코는 자신이 소유하고 있다고 믿는 천재성을 과시하기 좋아했다. 그것이 좀 심했기 때문에 그는 곧 거의 모든 사람들로부터 미움을 샀다. 그리고 반쯤 미치광이 취급을 받았다. 당시에 그를 알았던 사람들이 입을 모아 말하는, 공격적이고, 연약하고, 불쾌한, 그러나 연민을 자아내는 이 인물에게서 우리는 자신의 동성애적 성향을 받아들일 수 없어 극단적인 행동을 보이는 한 젊은 게이의 전형을 보아야 하지 않을까?

　그의 이상한 행동에 대한 일화가 전해지고 있다. 하루는 교실 바닥에 누워 면도칼로 가슴을 그으려는 순간 어떤 선생이 보고 제지한 적도 있다. 또 한번은 밤새도록 손에 칼을 들고 한 친구를 쫓아다닌 적도 있다. 그리고 1948년에 그가 자살을 기도했을 때 동급생들은 모두 그의 심리상태가 단순한 허약 이상임을 알았다. 그 당시부터 그를 잘 알고 있는 몇몇 사람들은 그가 "평생 광기에 아주 근접한 위치에서 살았다"고 생각한다.

　사후 2년 만인 1992년에 출간된 루이 알튀세르의 자서전 『미래는 오래 지속된다』에서도 이 시대의 증언을 확인할 수 있다. 알튀세르는 이 책에서 자신과 푸코가 광기에 근접했다는 점에서 서로 비슷했고, 자신은 점점 더 착란의 밤에 빠져들어 거의 '행방불명자'가 된 반면 푸코는 점차 벗어나 완전히 '치유되었음'[2]을 스스로 느낄 정도가 되었다고 말했다.

　　고등사범에 입학하고 2년 후 푸코는 생트 안 병원에 있는 프랑스 정신분석학의 태두(泰斗) 들레(Jean Delay) 교수를 찾았다. 그를 데리고 간 사람은 그의 아버지 푸코 박사였다. 정신치료기관과의 첫번째 만남이었다. 또한 소위 '광인'과 '정상인', 그리고 정신병자와 건전한 정신을 가르는 그 불확실한 선에 처음으로 접근한 순간이었다. 이 고통스러운 에피소드로 푸코는 남들이 부러워하게 될 양호실 독방을 차지하게 된다. 그것이 그를 고립시켰고 공부에 필요한 조용함을 주었다. 이 방을 그는 나중에 교수자격시험을 준비하던 1950~51년에 다시 찾았고, 그후에는 강의 준비를 위해 사용했는데 이때는 물론 그 방의 편리함 때문이었다.

　　그 사이에 몇 번의 떠들썩한 자살 기도가 있었다. "푸코는 자살에 대한 강박관념을 갖고 있었다"고 그의 친구 중 하나는 말한다. 하루는 한 친구가 푸코에게 "너 어디 가니?" 하고 묻자 그는 "목을 맬 줄을 사러 베아슈베[염가상품 백화점]에 간다"고 대답해 그를 깜짝 놀라게 했다. 고등사범의 당시 의사는 환자의 비밀보호원칙을 내세우며 "그 정신적 혼란은 아마도 잘못 체험된 동성애에 기인할 것"이라고만 말했다. 사실 밤에 몰래 빠져나가 동성애자들의 바에 갔다 온 날이면 그는 몇 시간이고 수치심과 후회로 탈진상태가 되어 앓아눕곤 했다. 그가 돌이킬 수 없는 일을 저지르지 않게 하기 위해 에티엔 박사가 가끔 그를 보살펴 주었다.

　　1976년 젊은 동성애자의 동성애적 삶을 조사하기 위해 20세의 티에리 뷜첼을 인터뷰하는 과정에서 이 젊은이가 1968년 식의 약간 신비화되

---

2 루이 알튀세르, 『미래는 오래 지속된다』*L'avenir dure longtemps*, Paris: Stock/Imec, 1994(nouvelle éd.), p.40. 알튀세르는 정신 나간 표정의 푸코가 복도에서 방황하는 모습을 가끔 보았다고 말했다(같은 책, p.370).

고 미화된 '성적 자유'를 묘사하자 푸코는 명백히 자기 자신의 과거를 상기시키는 듯한 다음과 같은 질문을 그에게 던졌다. "하지만 가끔 소위 문제가 되는 청년들도 있지 않은가. 다시 말해 자신의 성적 생활과 연관하여 자살을 기도한다든가 하는, 소위 심리학자·정신과의사·정신분석학자들이 신경증 혹은 우울증의 징후라고 간주하는 그런 상태를 보이는 사람도 있지 않은가. 그런 친구들을 만난 적이 있는가? 있었다면 그것은 어떤 식으로 전개되었는가? 단순하게 생각해 보자. 한 친구가 어떤 종류의 성적 생활, 사랑 혹은 관계를 맺고 있는데 그게 순조롭지 않고 깨지려 한다. 그는 소위 우울증적 사건을 일으킨다. 그럴 때 그 일은 어떻게 전개되었는가?"[3]

사실 당시는 동성애자가 살기에는 쉽지 않은 시기였다. 1950년에 월름 가에 들어온 도미니크 페르난데스는 그 시대의 동성애적 상황의 비장한 측면을 "은밀함과 수치심의 시대"로 묘사했다. 동성애자들은 밝은 대낮이 받아들일 수 없는 잘못된 쾌락을 위해 밤의 어두운 지역 속을 헤매야만 했다. 페르난데스는 청소년에서 성인의 문턱으로 들어가는 시기에 그가 느꼈던 감정을 다음과 같이 요약했다.

"①나는 내 주위의 그 누구에게도 말하지 못할 이상한 일에 흥미를 느껴 다른 사람들과 동떨어져 살게 될 것이며, ②이런 상황은 끊임없는 고통의 원천이 될 것이지만, ③그러나 이것은 또한 나의 은밀한 우월성의 표시라는 것을 깨달았다. 자만심과 당혹감이 혼합된 채 일반인으로부터 비난의 표적이 되고 있는 어떤 비밀결사에 들어간다는 사실이 나의 청소년 시절을 심하게 동요시켰다."[4]

자신이 처한 '조건'에 대해 쓴 책들을 어떻게 해서든지 찾아보려 애썼

---

3 뷜첼, 『20년 후』, p.43.

던 기억을 떠올리면서 그는 또 이렇게 썼다. "1950년에서 10년 혹은 15년 후까지의 기간 동안 내가 수집한 책들은 내게 정신적 외상·신경증·천성적인 열등감·불행한 운명 등에 관해서만 말해 주었다. 책 안에 펼쳐지고 있는 무수한 사례들을 통해 그려 보려 했던 나 자신의 초상화는 고통에 처단된 인간 이하의 모습 바로 그것이었다."[5]

　　얼마나 많은 사람들이 이 억압적 폭력의 희생자가 되었던가? 그 얼마나 많은 사람들이 거짓말을 해야 했고 또 가끔은 스스로를 속여야만 했던가? 그들 중에 미셸 푸코가 있었다. 고등사범 동창들은 그가 동성애자라는 것을 나중에야 알았고, 막연히 의심했거나 또는 우연히 발견하기도 했다. 또 혹은 자기 자신이 동성애자이기 때문에 그것을 미리 안 사람도 있었다. 그러나 그의 정신적 혼란의 깊은 원인을 알았건 몰랐건 간에 푸코가 자칫 잘못하면 광기로 떨어질 수도 있었다는 느낌은 모두가 갖고 있었다. 그리고 모두가 심리학·정신분석학·정신의학에 대한 그의 강박적 관심을 이런 식으로 설명하려 했다. "그는 빼앗긴 자와 빼앗는 자의 관계가 어떤 것인지 알고 싶어 했다"라고 그들 중 한 명은 말했다. "심리학에 대한 그의 깊은 관심은 아마도 그의 자서전적 요인들에 기인하는 것 같다"고 또 다른 사람은 말했다. "『광기의 역사』가 출간되었을 때 그를 아는 모든 사람들은 그것이 그의 개인사와 연결되어 있다는 것을 잘 알고 있었다." 그리고 그 당시 그와 가까운 친구 중의 한 사람은 "언제고 그가 성(性)에 관해 쓸 것이라고 나는 항상 생각했었다. 그는 자기 작품 속에서 성을 아주 중요하게 취급했

---

4 도미니크 페르난데스Dominique Fernandez, 『가니메드의 유괴』*Le Rapt de Ganymède*, Paris: Grasset, 1989, pp.291~292.
5 같은 책, p.82.

는데, 그것은 성이 실제 그의 삶의 중심 위치를 차지하고 있었기 때문이었다"라고 말했고, 또 다른 사람은 "그의 마지막 저서들은 그 자신을 이겨 낸 개인적 윤리학이다. 사르트르는 그의 윤리학을 쓰지 못했지만 푸코는 썼다"라고 말했으며, 또 혹은 "『성의 역사』(*Histoire de la sexualité*)에서 고대 그리스로 회귀함으로써 푸코는 자신의 고고학을 발견했……"라고 말하는 사람도 있었다. 요컨대 모든 사람들이 푸코의 저서와 그의 연구업적 자체를 고등사범 시절 그가 극적으로 겪었던 상황 속에 정박시키려는 쪽으로 의견을 일치시키고 있었다.

푸코 자신도 나중에 자신의 섹슈얼리티에 대한 어려운 체험이 『광기의 역사』와 얼마간 관계가 있다는 것을 인정했다. 1976년 티에리 뵐첼과의 대화에서 젊은 세대가 성 정체성을 체험하는 방식에 대해 물으며 그는 자기 자신의 체험을 이렇게 환기시켰다. "앞 세대에서는 자신이 동성애 성향을 갖고 있음을 발견했을 때 그것은 인생의 엄숙한 순간이었지. 세상과 단절하는 일종의 계시 혹은 환희이기도 했어. 그 사실을 깨닫는 순간 기쁨과 함께 자신은 선택받았고, 검은 양(羊)이고, 죽는 날까지 그러할 것이라는 감정이 북받쳐 올랐어." 그리고 그는 동성애로의 입문이 어떠한 것인지를 묘사했다. "스무 살 즈음 동성애자인 어른들과 사랑을 나누기 시작했을 때 나보다 열 살, 열다섯 살 혹은 스무 살 더 나이 많은 사람과 사랑을 나눈다는 사실은 벌써 내가 다시 돌아오기 어려운 한걸음을 내디뎠다는 것을 의미했어. 그것은 단숨에 폐쇄적이고 비밀스럽고 약간 저주받은 비밀결사대 프리메이슨에 가입한 것이나 다름 없었지." 그의 말을 열심히 듣는 젊은이의 열성에 매료된 푸코는 이렇게 덧붙였다. "자네보다 앞선 세대의 사람들에게는 섹슈얼리티의 문제가 훨씬 더 단순…… 글쎄 뭐랄까 훨씬 더 분명했고, 하여튼 훨씬 더 행복한 것으로 보였다는 것이 놀랍게 생각되네."[6]

1978년의 인터뷰에서도 그는『광기의 역사』의 탄생에 대해 답하면서 "내 개인사 속에서도 내가 배제되었다는 것, 진정 배척되었다는 것, 사회의 그늘 속에 속하게 되었다는 느낌을 받은 적이 있었다. 그것은 나의 성 정체성을 깨달았을 때였다. 성 정체성이 바로 자기 문제일 때 그것은 정말 큰 문제가 되는 것이다. 일종의 정신과적 문제로 변모하는 것이다. 당신이 남들과 같지 않다면 당신은 비정상이라는 의미고, 당신이 비정상이라면 그것은 당신이 환자라는 얘기가 되기 때문이다".[7] 이 부분을 좀더 확대하여 그는 1981년에 이렇게 말했다. "이론 작업을 시도할 때마다 나는 언제나 내 주변에서 전개되는 과정과 관련하여 내 개인적 경험에서 출발할 수밖에 없었다. 왜냐하면 내가 경험하는 사건들 속에, 내가 관여하는 제도들 속에, 타인들과의 관계 속에 균열·미세한 진동·기능장애를 발견했다고 생각했기 때문에 나는 그런 작업을 수행했다. 다시 말하면 내 자서전의 한 조각이라고 할 수 있겠다."[8]

물론 일부 강단 철학의 옹호자들이 나를 비판했던 것처럼 푸코의 모든 작품을 그의 동성애로 '설명'하려는 것은 아니다(그들은 한 사람의 이론 작업이 그 저자의 생애는 물론 일반적인 인생 전체와 아무런 관계가 없다는 어리석은 말로 나를 비난했다)! 다만 비록 최초의 것은 아니라 하더라도 최소한 실존적이라고 규정지을 수 있는 경험 속에서 하나의 지적 기획이 어떻게 탄생하는지, 그리고 개인적이고 사회적인 삶에서의 투쟁 속에서 하나

---

6 뷜첼,『20년 후』, p.32, p.35, p.14.

7 푸코,「나는 불꽃 제조인이다」Je suis un artificier, 로제 폴 드루아Roger Pol Droit,『미셸 푸코: 인터뷰』*Michel Foucault: entretiens*, Paris: Odile Jacob, 2004, pp.94~95.

8 푸코,「생각하는 것은 중요한가?」Est-il donc important de penser?,『리베라시옹』*Libération*, 30 mai 1981.(『말과 글』*Dits et écrits*, tome2, texte n° 296, pp.997~1001.)

의 지적 모험이 어떻게 창안되었는지는 알아볼 수 있을 것이다. 그는 자신의 개인적·사회적 투쟁 속에 매몰되지 않았고, 다만 그것들을 사유하고, 극복하려 했으며, 더 나아가 자신에게 질문을 던진 사람들, 예컨대 정신의학자나 정신분석학자들의 질문을 아이러니하게 되풀이하는 형태로 "당신은 자신이 누구인지 아는가?" "당신은 당신의 이성에 대해, 당신의 과학적 개념에 대해, 당신의 지각 범주에 대해 확신할 수 있는가?"라는 질문을 제기하면서 그것들을 문제화했다.

푸코는 정신과의사들의 글을 읽었고, 심리학자들과 함께 작업했다. 그 자신이 정신분석학자가 될 수도 있었다. 아마도 그의 동성애가 이것을 막았을까? 다시 한번 도미니크 페르난데스의 말을 인용해 보면 "그 당시는 정신의학과 정신분석학의 시대였다. 의사들은 성직자와 경찰관의 뒤를 이어 동성애에 대해 준엄한 심판을 했는데, 그들의 심판은 외관상 과학의 권위를 띠고 있었으므로 더욱더 사람들에게 설득력이 있었다. 그들의 어조는 마치 자녀를 걱정하는 아버지와도 같았다. 정신분석학자가 '나는 행복한 동성애자를 만난 적이 없다'라는 글을 쓸 때마다 나는 그 판결을 의심할 수 없는 진리로 받아들였고, 나는 나의 불행한 운명 속에 더욱더 몸을 웅크렸다."[9]

'파리아'[Pariah; 인도의 불가촉천민을 총칭하는 말, 여기서는 사회에서 배척받는 동성애를 뜻함]가 봉기하여 저항의 목소리를 높일 때까지 이 웅크림은 계속되었을 것이다. 이 저항을 푸코는 문학과 이론이라는 이중의 길을 통해서 했다. 한편으로는 '위반'과 '한계 체험'과 방탕 및 낭비의 작가들에게 매혹되고, 바타유, 블랑쇼, 클로소프스키 등을 읽으면서 '광인 철학자

---

9 페르난데스, 『가니메드의 유괴』, p.82.

의 가능성'을 발견하는 데 열광했다. 그는 「위반에의 서문」[10]에서 그들의 불같은 말이 변증법과 실증성을 완전히 태워 녹인다고 말했다. 또 한편으로 그는 심리학과 의학적 시각 그리고 인문과학 일반의 과학적 지위에 대해 질문을 던졌다.

푸코의 유배 의지(이것은 수많은 게이들이 공통적으로 보이는 특징적인 구도다)도 그의 이와 같은 불안감으로 설명할 수 있을 것이다. 그는 자기가 어떤 막다른 길에 갇혀 있다고 느끼면 끊임없이 거기서 도망치고 싶어 했다. 증인들은 그가 1955년에 스웨덴으로 떠난 것도 그의 유배 의지 때문이라고 확신한다. 푸코가 억압의 규범적 망에서 조금씩 해방된 것은 탈식민의 기운이 자리 잡은 1960년대가 되어서였다. 그러나 도미니크 페르난데스가 보기에는 충분치 못한 것이었다. 그는 더 이상 침묵이 강요되지 않는 시기에도 바르트와 푸코가 여전히 동성애에 대해 침묵을 지킨 것을 격렬하게 비난했다. 그리고 그것이 "정당한 조심성"일 수도 있다는 것을 시인하면서도 노벨상 수상자인 로제 마르탱 뒤 가르(Roger Martin du Gard)가 소설 속에 한 번도 동성애자를 등장시키지 않은 것도 비난했다. 그리고 바르트는! 1975년에 『롤랑 바르트에 의한 바르트』(*Roland Barthes par Roland Barthes*)에서 그는 "H 여신에게" 바치는 한 구절을 통해 "변태(여기서는 두 개의 H, 즉 동성애와 해시시를 가리킴)의 쾌락이 주는 힘은 언제나 낮게 평가되고 있다"라고만 말했을 뿐이다. "이 얼마나 비겁한 일인가!"라고 말하면서 페르난데스는 "푸코도 자기의 개인적인 일은 한 번도 이야기하지 않았다"고 비난했다.[11]

---

10 푸코, 「위반에의 서문」Préface à la transgression, 『크리티크』*Critique*, n° 195~196, août-septembre 1963, p.762.(『말과 글』*Dits et écrits*, tome1, texte n° 13, pp.261~278.)

이것은 사실과 다르다. 그러나 근본적으로 우리가 앞에서 이야기했던 것과 같은 상황을 겪은 사람들에게 있어서 1968년 이후 세대가 누린 것 같은 '문화혁명'을 따르기는 어려운 일이었을 것이다. 상징적인 예가 하나 있다. 1981년에 앙드레 보드리(André Baudry)는 '게이 운동'의 요란한 투쟁 때문에 자신의 잡지 『아르카디』(Arcadie)를 폐간하고 같은 이름으로 그가 1954년부터 벌여 왔던 운동도 폐지하기로 결심했다. 30년 동안 이 운동은 조심스러움과 상대방에 대한 존중, 그리고 소위 '점잖은' 태도로 동성애를 사회가 '받아들이게' 하는 데에 크게 공헌해 왔다. 그 잡지의 필자는 전부 가명을 썼다. 그처럼 오랫동안 감추어야만 했던 일을 큰 목소리로 대중에게 말하도록 요구받자 그들 중 일부가 당황했으리라는 것은 쉽게 이해가 가는 일이다.

이런 비장한 의식상의 혼란을 우리는 장 폴 아롱이 죽음 직전에 자기가 에이즈에 걸렸고, 그리고 자신이 동성애자였다는 것을 『르 누벨 옵세르바퇴르』지 1면에 '고백'[12]했을 때 느낄 수 있었다. 도미니크가 푸코에게 자신의 병을 감췄다고 비난했을 때 그는 푸코가 이런 식의 '고백'을 하지 않았다고 비난한 것이다. 그러나 '고백' 자체가 푸코에게는 알레르기를 일으키듯 민감한 문제가 아니었을까? 이 민감성은 새로운 컨텍스트(1968년 이후라는 컨텍스트) 속에 투영되기를 거부하는 과거의 정체성으로 해석될 수 있다. 1970년대의 그의 모든 텍스트에서 우리는, 그 자신도 말하고 남들에게도 말을 시키라는 사람들의 재촉을 거부하고 피하기 위해 그가 기울인

---

11 페르난데스, 『가니메드의 유괴』, pp.132~133.
12 장 폴 아롱Jean Paul Aron, 「나의 에이즈」Mon sida, 『르 누벨 옵세르바퇴르』*Le Nouvel Observateur*, 30 octobre 1987.

노력의 흔적을 발견할 수 있다. 거기서도 우리는 일상생활의 1차적인 경험이 학자의 이론적 탐구와 역사적 전망의 근원이라는 것을 다시 한번 보게 된다.[13]

고등사범 동기 동창들은 푸코가 이상하고 비상식적이었다고 입을 모아 말하는 한편, 그가 이미 악착같은 공부벌레였다고 한결같이 말한다. 그는 항상 책을 읽었고, 읽는 것만으로 만족하지 못하여 그것을 카드로 만들고, 그 카드들을 꼼꼼하게 조직적으로 상자 안에 정리했다. 베르그손의 철학사 강의를 듣고 학생이 써 놓은 노트까지도 꼼꼼히 챙겼다. 그의 동급생들이 보기에 그는 교양이나 공부하는 능력이나 관심의 다양성이라는 면에서 아주 예외적인 학생이었다.

그는 모든 것을 읽었다. 고전주의 철학은 물론, 플라톤·칸트·헤겔 등, 1949년에는 헤겔을 가지고 석사논문을 썼다. 논문 제목은 「헤겔의 『정신현상학』에서의 역사적 초월성 구성」(La constitution d'un transcendantal historique dans la *Phénoménologie de l'esprit* de Hegel)이었다. 그는 맑스도 읽었음이 분명하다. 당시에는 누구나 읽었으니까. 조금 후에 후설을 읽었고, 특히 하이데거를 읽었다. 1942년에 알퐁스 드 발렝스(Alphonse de Waelhens)의 책이 나와서 젊은 철학자들은 모두 그의 해석을 통해 하이데거 사상에 접근했다. 푸코는 직접 원전을 읽기 위해 독일어 공부를 시작했다. 하이데거 강의는 그에게 매우 중요한 것이었다. 그는 말년에 자신의 철학수업기를 회상하며 이렇게 말했다.

---

13 이 점에 대해서는 디디에 에리봉의 『게이 문제에 대한 고찰』*Réflexions sur la question gay*, Paris: Fayard, 1999의 제3부 「미셸 푸코의 헤테로토피아」Les hétérotopies de Michel Foucault 를 참조할 것.

"나는 헤겔을 읽기 시작했고 이어서 맑스를 읽었으며, 1951년 혹은 1952년에 하이데거를 읽었다. 그리고 1952년인가 1953년인가 니체도 읽었다. 하이데거를 읽을 때 해놓은 막대한 양의 메모를 나는 아직도 전부 보관하고 있다. 그것들은 헤겔이나 맑스를 읽으며 작성한 노트와는 또 다른 중요성을 갖는다. 나의 모든 철학적 형성은 하이데거의 독서에서 결정되었다. 그러나 니체가 그것을 압도했다는 것을 인정한다. 니체에 대한 나의 지식은 하이데거의 그것보다 훨씬 우수하다. 그러나 여하튼 그 두 경향의 철학은 나의 기본적인 철학 체험이다. 아마 내가 하이데거를 읽지 않았다면 니체도 읽지 않았을 것이다."[14]

니체에 대한 그의 열정은 시간이 약간 더 지난 뒤 나타나게 된다. 그 당시에는 정신분석학과 심리학에 더 관심을 기울였다. 그는 프로이트를 읽었고, 그후 오랫동안 프로이트는 그가 가장 좋아하는 저자이자, 그가 즐겨 하던 토론의 주제였으며, 가장 중요한 관심사 중의 하나였다. 물론 크라프트 어빙(Richard Freiherr von Krafft-Ebing)과 마리 보나파르트(Marie Bonaparte)와 함께……. 그는 그 시대의 젊은이들에게 많은 영향을 끼쳤던 폴리처(Georges Politzer)의 『심리학 기초 비판』(*Critique des fondements de la psychologie*)을 아주 높이 평가했다. 1938년에 나와 절판된 이 책의 유일한 판본을 고등사범 학생들은 서로 빼앗듯 열심히 돌려 보았다. 그에게 중요했던 다른 작품들은 에이브럼 카디너의 『개인과 사회』(*The Individual and His Society*), 『사회의 심리적 경계』(*Psychological Frontiers of Society*)였다. 이 책들에 나오는 '기본 인성'의 개념, 그리고 개인적 행동

---

14 푸코, 「도덕 회귀」Le Retour de la morale, 『레 누벨 리테레르』*Les Nouvelles littéraires*, 28 juin 1984. (『말과 글』*Dits et écrits*, tome2, texte n° 354, pp.1515~1526.)

과 그 토양이 되는 문화와의 관계라는 가설이 그의 훗날의 사유에 자양분을 제공했다.

푸코는 또한 마거릿 미드(Margaret Mead)와 원시 사회에서의 성의 구분에 관심을 가졌으며, 성에 관한 킨제이(Alfred Kinsey) 보고서에도 흥미를 느꼈다. 바슐라르(Gaston Bachelard)도 물론 읽었는데 이 작가는 나중에 푸코에게 아주 중요한 인물이 될 것이다. 그는 또 문학작품을 탐독했다. 그의 세대가 열광하며 읽었던 카프카는 독일어 학습을 위해 독일어로 읽었고, 포크너·지드·주앙도(Marcel Jouhandeau)·주네 등을 읽었다. 1950년대 초에 주네의 소설이 얼마나 격정적인 바람을 불어넣었으며, 『성자 주네』(*Saint Genet*)에서 사르트르가 그에 대해 쓴 긴 주석이 얼마나 행복감을 안겨 주었을지를 상상하는 건 어렵지 않다. 사르트르에 의하면 프루스트 이후 자연의 저주로 여겨졌던 동성애가 주네에 이르러 세계에 던져진 하나의 선택으로 여겨지게 되었다는 것이다. 푸코는 사드를 아주 재미있게 읽었으며 사드의 지지자가 되지 못하는 사람들을 공공연하게 경멸하기까지 했다.

*　　*　　*

고등사범 학생들이 소르본에서 강의를 듣는 경우는 아주 드물었다. 푸코도 그런 품위 떨어지는 일은 하지 않았다. 물론 그들은 바로 이웃에 있는 오래된 학부에서 학사학위를 받아야만 했다. 그러나 대부분의 학생들은 이 학교가 제공하는 강의를 듣지 않았다. 그들은 그저 학년 말에 가서 시험을 치르기만 했다. 푸코는 그러나 다니엘 라가슈(Daniel Lagache)와 쥘리앙 아쥐리아게라(Julian Ajuriaguerra)의 정신의학 강의를 듣기 위해 소르본에 자주 갔다. 앙리 구이에(Henri Gouhier)의 17세기 철학강의도 몇 번

들었다. 그리고 1949년부터는 물론 그해에 파리 문과대 교수로 임명된 장 이폴리트의 강의를 듣기 시작했다.

푸코는 윌름 가가 마련한 강의 중 몇 개에 특히 애착을 갖고 있었다. 장 보프레(Jean Beaufret)의 강의를 정기적으로 들었는데, 마르틴 하이데거가 『휴머니즘에 관한 서간』(*Brief über den Humanismus*)을 쓴 것은 바로 그를 대상으로 한 것이었다. 보프레는 『판단력 비판』(*Kritik der Urteilskraft*)을 강의했는데 하이데거에 대해서도 많이 이야기했다. 그는 하이데거의 충실한 제자이며, 또 하이데거를 프랑스에 소개한 사람 중의 한 명이기도 했다. 푸코는 보프레의 강의에 큰 감명을 받았다. 친구들에게 자주 그 이야기를 하기도 했다. 장 발은 학생 3명을 놓고 '파르메니데스' 강의를 했는데 그 세 학생은 가르디, 크나프, 그리고 푸코였다. 열렬한 공산주의자였던 장 투생 드장티(Jean Toussaint Desanti)의 강의도 있었는데, 그는 그 당시에 맑시즘과 현상학을 화합시키려 애썼다. 그것은 전후 프랑스 철학계의 가장 큰 문제 중의 하나였다. 트란 뒥 타오(Tran Duc Thao)는 이런 시각으로 책을 써서 좋은 반응을 얻어 내기도 했다. 드장티는 아주 우수한 교수였으며 고등사범 학생들에게 깊은 영향을 주었고, 공산당 입당을 매력적인 것으로 보이게 하는 데 기여했다.

그러나 젊은 학생들에게 가장 인상적이었던 것은 물론 메를로-퐁티의 강의였다. 실존주의와 현상학이 당시 학문의 정점이었으나, 고등사범에서는 "그때 한창 인기가 있던, 그리고 모든 가능한 사유를 위에서부터 내려다보고 있는 듯한 사르트르를 무시하는 척하는 것이 트렌드였다". 당시의 지적 분위기를 전달해 주는 데 기여한 루이 알튀세르의 사후 자서전 『미래는 오래 지속된다』에 나오는 이야기다. 고등사범 학생들은 좀더 학문적이고 좀더 엄격하며 덜 '세속적'이고, 특히 인문과학의 발전을 위해 철학을 이용하려는 시도에서 아주 과감했던 메를로-퐁티를 더 좋아했다. 알튀세르는 윌름 가에서 ('완전히 깊이가 다른 두 철학자인') 사르트르와 메를로-퐁티가 수용되었던 방식을 아주 여실하게 복원시켜 놓고 있다. "사르트르는 정치적인 진정성이나 성실성, 독립성이라는 면에서 우리 시대의 루소라고 할 수 있었지만, 그는 어디까지나 홍보에 능하고, 별 볼일 없는 소설가였다. 그러나 메를로-퐁티는 비록 세속적 종교에 심취한 초월적 관념주의자이기는 했지만 학생들은 그를 더 높이 평가했다." 메를로-퐁티에 대한 알튀세르의 찬사는 이어진다. "대학사회에서의 그의 권위는 정말 대단했다. 교수자격시험(아그레가시옹) 논술 시험에 합격하려면 『지각의 현상학』(*Phénoménologie de la perception*)의 문체와 주제를 가지고 쓰기만 하면 될 정도였다."[15]

푸코는 1947~48학년도와 1948~49학년도 내내 고등사범에서 메를로-퐁티의 강의를 놓치지 않고 들었다. 그 강의들은 '말브랑슈에 있어서의 영혼과 육체의 결합', 그리고 '멘 드 비랑(Maine de Biran)과 베르그손'[16]이었으나 동시에 언어에 관한 것이기도 했다. 메를로-퐁티는 언어 문제에 관심이 많았으며 학생들에게 소쉬르의 업적을 소개하려 애썼다.

강의실에는 수강생이 꽉 들어차 있었다. 당시 리옹 대학 교수였으며 『지각의 현상학』의 저자였던 이 학자의 강의를 파리에서 들을 수 있는 유일한 장소였기 때문이다. 그러나 1949년 새 학기에 메를로-퐁티는 아동심

---

15 알튀세르, 『미래는 오래 지속된다』, pp.363~364, p.201. 60년대 말에 알튀세르의 판단은 더욱더 가혹했다. 1969년 윌름 가에서 열린 장 이폴리트 추모식에서 메를로-퐁티가 "우리 시대 프랑스 철학의 아름다운 작품을 만들어 낸 사람"이라고 간주하면서도 "철학자로서 그는 자기 생전에 이미 죽은 사람"이라고 말함으로써 큰 물의를 일으켰다(같은 책, p.442.).
16 이 강의들은 장 드프룅의 배려로 1968년 브렁 출판사에서 출판되었다.

리학 전공 석좌교수로 소르본에 발령을 받게 된다. 그의 충실한 청강생들은 강의를 들으러 원형강의실로 몰려들었다. 메를로-퐁티는 '의식과 언어 습득'에 대해 이야기했고, '인간과학과 현상학'의 관계를 다루기도 했다. 그 강의는 곧 『심리학 보고서』(Bulletin de psychologie)라는 책으로 출간되었는데 푸코가 그 책의 도움을 많이 받은 것은 틀림없는 사실이다.[17] 예를 들어서 1951~52년 학기 중에 후설, 코프카(Kurt Koffka), 골드슈타인(Kurt Goldstein) 등의 이론을 자세하게 소개했던 '인간과학' 강의는 바로 그때부터 역시 비슷한 주제로 강의를 하기 시작한 푸코에게 아주 흥미진진한 것이었다.

월름 가의 젊은 고등사범 학생들에게 강렬한 인상을 심어 준 또 한 명의 인물이 있었으니, 1948년에 임명된 철학 카이만[caïman; 원래 뜻은 악어. 고등사범의 교원시험 준비담당교사를 가리키는 학생들 속어]이었다. 그는 교수자격시험을 준비하는 학생들을 담당했다. 스트라스부르 대학에 교수로 발령받아 그 자리를 떠난 전임자 조르주 귀스도르프(Georges Gusdorf)의 후임으로 온 이 사람의 이름은 방금 위에서 인용했던 루이 알튀세르다. 그의 자서전은 그가 죽은 지(1990) 2년 뒤인 1992년에 출판되었다. 1960년대 중반까지 그러했듯이 그 당시에는 라탱지구 밖에서 그를 아는 사람이 한 명도 없었다. 그러나 학생들의 좁은 서클 안에서 그는 상당한 영향력을 행사했다.

루이 알튀세르는 1948년에 교수자격시험에 합격했는데 그때 그의 나이는 서른이었다. 1939년에 고등사범에 합격했으므로 그는 아주 오래전

---

17 이 강의 전체가 최근에 재출간되었다. 메를로-퐁티, 『소르본에서의 메를로-퐁티』Merleau-Ponty à la Sorbonne, Grenoble: Cynara, 1988.

에 이 학교에 들어온 것이다. 그러나 알튀세르는 2차대전 때 군에 소집되었다가 포로가 되었고 포로수용소에서 5년을 보냈다. 그러니까 그는 전쟁이 끝난 다음에야 고등사범에 복학하여 교수자격시험에 합격할 수가 있었다. 시험에는 2등으로 합격했는데 1등은 장 드프룅(Jean Deprun)이었다. 합격자 중에는 질 들뢰즈(Gilles Deleuze), 프랑수아 샤틀레(François Châtelet) 등등이 있었다. 1948년 신학기부터 알튀세르는 카이만의 직을 맡았는데 모두가 그의 교육적 자질을 높이 평가했다. 그는 학생들에게 첫해에는 플라톤을 공부하게 했다. 강의는 별로 하지 않았다. 곧 그는 심각한 정신적 문제에 부딪혔고, 따라서 그의 수업은 아주 불규칙적이게 되었다. 그가 몇 주씩 학교를 이탈하는 일이 자주 일어났다. 그러나 알튀세르는 자기가 지도하던 학생들과 개인적인 유대를 맺고 있었다. 연구실에서 학생들을 한 명씩 오랫동안 상담했고, 그들의 얘기를 다 들어주었으며, 그들에게 적절한 조언이나 구술시험에서의 요령을 일러 주었다. 교수자격시험처럼 정형화되고 격식화된 시험에서 이것들은 아주 유용한 귀띔이었다.

미셸 푸코는 루이 알튀세르와 깊은 우정의 관계를 맺었다. 그가 아플 때 정신병원 입원을 거부하도록 조언한 것도 알튀세르였다. 그리고 푸코가 공산당에 입당한 것도 상당 부분 알튀세르의 영향 때문이었다. 카이만 직을 맡았을 때 알튀세르는 아직 공산주의자가 아니었다. 그는 고등사범의 가톨릭 그룹 모임에 참석하기까지 했다. 사실 그는 독실한 가톨릭 신자였다. 그는 장 라크루아(Jean Lacroix)와 장 기통(Jean Guitton)의 제자였고 그들과 여전히 돈독한 관계를 맺고 있었다. 알튀세르는 고등사범 전체와 프랑스 지식사회의 상당 부분이 공산주의 운동에 휘말려 들던 바로 그 시기에 맑시즘과 공산주의에 경도하기 시작했다.

그 당시에 맑시즘과 공산당 입당은 프랑스 대학인들에게 있어서 강박관념이었다. 프랑스에서는 철학과 지적(知的) 문제가 항상 정치적 상황과 밀접하게 연결되어 있음을 우리는 흔히 목격한다. 해방 이후의 몇 년간이야말로 이런 현상이 극명하게 표출된 시기였다. 고등사범도 이 현상에서 멀리 떨어져 있기는커녕 속도를 약간 줄이면서 그것을 절정으로 끌어올리는 일을 했을 뿐이다. 1945년부터, 특히 1948년부터 공산당은 윌름 가에 본격적으로 자리 잡았다. 에마뉘엘 르 루아 라뒤리는 종전(終戰) 직후 고등사범을 거쳐갔던 장 프랑수아 르벨(Jean François Revel)의 말을 인용하여 1945년에는 아직 공산주의의 영향력이 제한적이었다고 말한다. 그러나 냉전이 한껏 고조되고 1947년에 폭동적인 파업이 터지자 각자는 "자신의 진영을 선택"해야만 했으며 고등사범도 신속하게 정치화되었다. 다시 말해서 '노동자의 진영', 즉 공산당을 선택한 것이다.[18]

폴 비아넥스는 카뉴에서 정치에 무관심했던 사람들이 갑작스러운 열정과 분노로 급진적 혁명운동에 뛰어드는 것을 많이 목격했다고 말했다. 체코슬로바키아에서 얼마 동안 지내고 온 자크 르 고프(Jacques Le Goff)의 경고도 그의 친구들의 맑스주의를 잠재우지는 못했다고 했다. 오늘날 사학자들이 고등사범의 '공산주의 세대'[19]라고 규정하는 것을 보면 그 열기가 어느 정도였는지 짐작할 수 있을 것이다. 몇 명쯤 되었을까? 정확하게 말하기는 어렵다. 왜냐하면 '입당'이라는 것이 멀리서 형체 없이 동조하는 것에서부터 가장 분파적이고 산발적인 투쟁에 이르기까지 매우 다양한 것이었기 때문이다.

---

18 라뒤리, 『파리-몽펠리에: 지방 출신 학생과 파리 학생, 1945~1963』, p.44.
19 시리넬리, 「1945년 이후 윌름 가의 고등사범 학생들: 공산주의 세대?」Les Normaliens de la rue d'Ulm après 1945: Une génération communiste?, 『현대 세계의 역사 리뷰』Revue d'histoire du monde moderne, tome32, octobre-décembre 1986, pp.569~588.

1949년에 고등사범에 입학하여 곧 공산당 세포 서기가 되었던 에마뉘엘 르 루아 라뒤리는 고등사범 학생 네다섯 명 중 한 명, 그러니까 "총 200명 정원 중 40~50명 정도가" 공산당원이었을 것이라고 말한다. 그러나 그는 단지 20여 명만이 모임에 참석했다고 덧붙였다. 고등사범의 유명한 공산주의자는 미셸 크루제(Michel Crouzet), 피에르 쥐캥(Pierre Juquin), 모리스 카벵(Maurice Caveing) 등등이다. 왜 그토록 많은 지식인들이 공산당에 입당했는가? 우선 이 해에 열린 국회의원 선거에서 프랑스 유권자 500만 명이 공산당에 투표했다는 것을 말해야겠다. 그것은 전체 유권자의 25퍼센트 이상이었다. 그리고 모리스 아귈롱이 "이 시대를 살지 않은 사람들은 레지스탕스에 대한 공산당의 선전이 얼마나 전면적이고 강렬하고 거의 뻔뻔스럽기까지 했었는지를 상상할 수 없을 것이다. 그들은 '애국적인 투쟁에서 우리의 숫자가 가장 많았고, 우리의 투쟁이 가장 효과적이었으며, 우리만이 유일하게 진지했다. 그리고 우리의 순교자 명부가 가장 길다. 그러니까 우리 당은 총살자의 당이라는 명칭이 합당하다……'라고 말했다. 공산당은 애국적 순수성의 완강한 수호자였다는 것이다. 그 당시에 우리의 비판정신은 완전히 침몰해 버리고 말았다는 것을 우리는 인정해야 할 것이다. 게다가 비판정신은 열여덟 살이나 스무 살에 완성되는 것도 아니어서, 레지스탕스에 참가하여 투쟁하지 않았다는 막연한 후회가 그 나이 또래의 젊은 학생들로 하여금 레지스탕스의 연장선이라고 주장하는 한 정당을 택하게 했던 것이다. 그렇게 함으로써 그들은 시대에 뒤진 듯한 기분을 만회할 수 있었던 것이다".[20]

---

20 모리스 아귈롱Maurice Agulhon, 「무대 뒤에서」Vu des coulisses, 『자아-역사 시론』*Essais d'ego-histoire*, Paris: Gallimard, pp.21~22.

젊은 고등사범 학생들은 그래서 대량으로 당에 입당했다. 그러나 그
것은 사상과 학문 탐구의 영역에서 생산되는 모든 것을 통제하고 지도하
고 조직한다고 주장했던, 소위 지식인들의 집합장소 혹은 '지식인당'이 끊
임없이 방출하던 이미지 작업에 비해 보면 그렇게 대량이라고 할 수도 없
었다. 현실은 그렇게 단순한 것이 아니었다. 그러나 여하튼 10여 년간 네
다섯 명의 고등사범 학생 가운데 한 명이 공산당원이었다는 사실은 대단
한 것이었다.

학교 내의 모든 생활이 정치에 물들어 있었고 생각을 달리하는 학생
들 간의 싸움이 격렬했다. 공산당원 학생들이 야기하는 '지적 테러'의 분위
기는 학교를 무겁게 내리눌렀다. 같은 노선이 아니면 가차없이 파문되고
탄핵되었다. 세포 서기였던 에마뉘엘 르 루아 라뒤리도 악랄한 고발자 중
의 하나였다. 그는 명령을 내리고 모든 것에 대해 비판하고 특히 정통성을
재단하는 등 정말로 종교재판의 심판관 같았다.

물론 사회주의 그룹도 있었지만 그것은 어쩐지 구식처럼 보여서 많
은 사람을 끌어모으지는 못했다. 그중에는 나중에 리옹 시장이 된 장 에
라르(Jean Erhard), 마르셀 롱카욜로(Marcel Roncayolo), 기 팔마드(Guy
Palmade) 등이 있었다. 다른 학생들은 장 폴 사르트르와 다비드 루세
(David Rousset)가 1948년에 결성했다가 금방 해체된 민주혁명연합(RDR)
에 가입하기도 했다. 이 정당은 약간 성급하게 '고등사범정당'이라고 소개
되었지만 여기에 가입한 학생은 많지 않았다. 그나마 민주혁명연합은 고
등사범 이외의 곳에서는 별로 사람을 모으지 못했다.

기독교 학생들은 '탈라 그룹'(미사에 가는 사람들이란 뜻의 ceux qui
vont-à-la mess의 약자)을 결성했는데 그것은 곧 좌익과 아주 소수인 우익
으로 분열되었다. 회원수가 많았던 '진보 기독교당'은 나중에 공산당에 합

병되었다. 그들은 교회가 가난한 사람들 편으로 가야 한다는 신념을 수호
했다. 1947년 고등사범 2학년 때부터 가톨릭 그룹을 이끌었던 프랑수아
베다리다(François Bédarida)는 '탈라의 왕자'였다. 푸코와 동기 동창이었
던 베다리다는 어린 나이에 레지스탕스에 가담했고 『기독교의 증언』 그룹
과 아주 가까웠다. 그는 '진보주의자'였고 따라서 공산주의에 끌렸다. 왜냐
하면 "그때 공산주의는 당대의 유행이었기 때문에"라고 그는 오늘날 말한
다. 친공산당 계열의 기독교인도 있었는데, 국립행정학교(ENA) 교장을 지
낸 후 상공장관을 역임했던 로제 포루(Roger Fauroux)의 경우도 그런 것
이었다.

고등사범 학생으로서 소위 한심한 우파에 속하는 사람은 한 줌밖에
안 되었다. 그들은 윌름 가의 공기가 '좌파 순응주의자들'에 의해 숨막히게
되었음을 느꼈다. 그들은 '이상한 짐승'쯤으로 여겨졌고 '파시스트'로 취급
받았다. 그들의 이름은 장 도르메송, 드골 시대에 장관을 지냈던 장 샤르보
넬(Jean Charbonnel), 디종 시장을 역임한 로베르 푸자드(Robert Poujade)
등등이다. 이 작은 그룹이 프랑스인민연합(RPF)에서 투쟁했고 "클로드 모
리악(Claude Mauriac)과 모리스 클라벨(Maurice Clavel)이 글을 썼던 드골
파 지식인 잡지 『정신의 자유』(Liberté de l'esprit)에 관심을 갖고 있었다."[21]
1948년, 루이 알튀세르는 공산당에 가입했다. 그는 마리아 안토니에타 마
치오키에게 보낸 편지에서 자신의 공산당 입당의 이유를 다음과 같이 설명
했다.

---

21 장 샤르보넬Jean Charbonnel, 『성실성의 모험』*L'Aventure de la fidélité*, Paris: Seuil, 1976,
  pp.56~57.

고등학교와 대학교 시절에 나는 가톨릭 행동파의 열성당원이었다. 1930년대에 교회는 '사회주의 사상'의 침투를 막기 위해 자체적인 청년 조직을 가동시켰다. 교회는 역설적으로 부정적인 역할을 했다. 우리는 모두 프티 부르주아 출신이었는데 사제는 우리들에게 '사회적인 갈등'을 이야기해 주었다. 그것이 우리에게 시간을 벌어 준 것이다. 참으로 '역사의 간계'가 아닐 수 없다. 그 당시 가톨릭 행동파였던 내 친구들 중 대부분이 공산주의자가 되었다. 인민전선, 스페인 전쟁, 파시즘에 대항한 전쟁, 레지스탕스 등이 우리에게 '사회적 갈등'을 아주 가까이에서 보게 해주었고 우리에게 그 진정한 이름, 즉 계급투쟁을 알게 해주었다. 1948년에 나는 철학교수가 되었고 이어서 공산당에 가입했다. 그 이래로 나는 고등사범에서 철학을 가르치고 있다. 1949년 부활절에 나는 이탈리아에 왔다. ……나는 내 직업을 성실하게 수행했고 또 공산주의자가 되려고 노력했다. 철학에서 공산주의자가 된다는 것, 그것은 맑스-레닌주의 철학자가 된다는 것을 의미한다. 맑스-레닌주의 철학자가 되는 것은 쉽지 않은 일이다.[22]

루이 알튀세르가 『자본』을 "다시 읽는" 맑스-레닌주의 철학자가 되어 그렇게 쇄신된 '혁명 이론'의 신봉자들을 자기 주위에 동원하게 된 것은 그로부터 훨씬 뒤인 1968년과 그 이후였다. 그러나 그의 영향력은 이미 그때에도 막강하여 몇 명의 고등사범 학생들을 공산당에 입당시키는 데 성공했다. 1950년의 푸코도 그중의 하나였다.

1950년이라면 고등사범에서 자기 친구 중의 상당수가 이룬 업적을

---

22 마리아 안토니에타 마치오키Maria Antonietta Macciocchi가 인용한 편지. 『2천 년간의 행복』 *Deux mille ans de bonheur*, Paris: Grasset, 1983, pp.379~380.

그는 아직 이루지 못한 채 4년간을 허송세월했다는 이야기가 된다. 그러나 1947년 봄, 1학년 때부터 그가 입당을 원했다는 것을 분명히 밝혀야만 하겠다. 모리스 아귈롱은 공산주의자들과 합류하려는 푸코의 기도가 어려움에 봉착했었던 것을 기억한다. 푸코는 당의 세포에서 투쟁하기를 원했지 학생노동조합에 가입하기는 원치 않았다. 그러나 그의 입당 원서를 심사하는 당 간부들에게 있어서 그것은 생각조차 할 수 없는 일이었고, 따라서 그의 입당은 거부되었다. 이렇게 해서 학교를 다니는 동안 푸코는 아무런 정치적 참여를 하지 않았다. 적어도 조직의 테두리 안에는 있지 않았다. 그러나 공산당과는 가까웠다고 그 당시에 그와 친하게 지냈던 자크 프루스트(Jacques Proust)는 말한다. 로제 가로디(Roger Garaudy) 같은 공산당 간부 지식인의 성격을 가혹하게 비판하면서도 그랬다는 것이다. 게다가 그 당시에 그는 맑스주의자라기보다는 헤겔주의자에 좀더 가까웠다. 학위 논문 준비를 위해 그는 『정신현상학』에 매달렸고 그런 점에서 몇 년 전에 역시 학위논문으로 헤겔을 썼던 루이 알튀세르와 많은 공감을 느꼈다. 알튀세르가 나중에 『맑스를 위하여』(*Pour Marx*)를 헌정했던 그의 친구 자크 마르탱(Jacques Martin)과 장 라플랑슈(Jean Laplanche)도 헤겔을 주제로 논문을 썼다.

1950년은 푸코가 공산당에 입당한 해일 뿐만이 아니라 그가 교수자격시험에서 낙방한 해이기도 하다. 그러나 그는 대부분의 고등사범 졸업생들이 하는 3년 과정 대신 4년간 시험준비 과정을 듣기로 했다. 1950년 봄에 필기시험을 치렀는데 문제는 오귀스트 콩트의 작품을 논하는 것과 "인간은 자연의 일부인가?"를 논술하는 것이었다. 성적이 과히 나쁘지는 않아서 구술시험자 명단에 끼게 되었다. 219명의 수험생 중 73명이 뽑힌 것이다. 그는 29등이었는데 15등 안에 들어야 합격이 확실했으므로 이것은 약간 불안한 성적이었다.

그 당시에 구술시험은 '소(小)시험'과 '대(大)시험'으로 두 번에 나뉘어 치러졌다. 소시험은 주제를 제비로 뽑아 시험강의를 하는 것이고, 대시험은 네 번의 구술시험, 한 번의 강의, 그리고 프랑스어·라틴어·그리스어로 텍스트를 설명하는 것이었다. 그러나 탈락은 첫번째 시험에서 이루어진다. 푸코는 이 단계에서 실패하고 말았다. 아무런 생각도 떠오르지 않는 '가설'이라는 주제에서 그는 걸려 넘어졌다. 이것은 전통적 주제였으며, 거기에 이르는 길은 이미 충분히 이정표가 세워져 있는 것이었다. 그러나 그는 『파르메니데스』에서의 가설만을 길게 고찰했고, 과학에서의 가설의 개념은 완전히 무시했다. 평결은 내려졌다. 미셸 푸코는 2차 구술심사를 받을 20명 안에 들지 못했다.

소르본의 학장인 조르주 다비(Georges Davy), 피에르 막심 슐(Pierre-Maxime Schuhl), 그리고 장학관 브리두(Jacques Bridoux) 등으로 구성된 심사위원들은 클로드 베르나르(Claude Bernard)를 인용하지 않은 것을 감점 요인으로 꼽았다. "토끼 오줌을 거론하지 않은 것이 잘못이었군" 하고 푸코는 베르나르의 한 유명한 실험을 빗대어 빈정거렸다. 이 불합격생에 대한 심사위원장의 보고서는 자못 웅변적이었다. 다비 학장이 손으로 쓴 평가 소견은 다음과 같다. "소양이 풍부하고 뛰어난 학생이어서 불합격이 의외로 받아들여질 수도 있겠음. 그러나 필기시험에서 이미 충분한 성적을 받지 못했음. 구술시험의 고전 강의에서는 주어진 주제를 다루기보다는 자신의 박학을 과시하는 데 치우쳤음." 그해에 합격한 사람은 피에르 오방크(Pierre Aubenque), 장 피에르 파예(Jean-Pierre Faye), 장 프랑수아 리오타르(Jean-François Lyotard), 장 라플랑슈 등이었다. 낙방한 사람은 미셸 투르니에(Michel Tournier), 미셸 뷔토르(Michel Butor) 등이고.

여하튼 푸코의 낙방은 경악으로 받아들여졌다. 모든 사람들이 그가 수석에 가까운 성적으로 합격할 것이라고 생각했기 때문이다. 그는 고등사범 졸업생 가운데 가장 우수한 사람 중의 하나로 간주되었기 때문에 그런 식으로 고배를 마신다는 것은 누구도 이해할 수가 없었다. 정치적 이유로 불합격했을 것이라고 추측하는 사람도 있었다. 그러나 이 문제에 대해서는 사람들의 증언이 일치하지 않는다. 그 당시에는 걸핏하면 이런 식의 해석이 나돌곤 했다. 예를 들어 1951년에 『라 누벨 크리티크』지는 한 철학 심사위원이 "금년에는 공산주의자가 한 명도 합격하지 못할 것이다"라고 말했다고 보도했다.

한 가지 확실한 것은 푸코가 이 실패로 큰 충격을 받았다는 사실이다. 루이 알튀세르가 장 라플랑슈 부부에게 혹시 그가 '어리석은 짓'을 저지를지 모르므로 잘 감시하고 보살피라고 부탁할 정도였다. 푸코는 새로운 정신적 위기를 맞이했다. 그러나 이번의 위기는 그렇게 길지 않았다. 그는 다음 해의 시험 준비를 위해 곧 공부를 다시 시작했다. 고등사범 출신은 아니지만 고등사범에 강의를 들으러 왔던 장 폴 아롱과 같은 팀이 되었고 곧 그와 친해졌다. 푸코는 모든 주제에 관해 10여 개의 예상문제를 작성했다. 그에게는 구술시험이 가장 어렵다는 것을 그는 깨달았다.

1951년 6월에 푸코는 교수자격시험의 필기시험에 재차 도전했다. "경험과 이론: 이들의 관계를 상정하고 정의하는 방식에서 나올 수 있는 철학적 결론은 무엇인가?"에 대해서 7시간, "지각 작용과 지성"에 대해서 또 7시간 동안 논술고사를 치렀다. 그리고 마지막으로 6시간 동안 그는 베르그손과 스피노자가 "순수 기억의 잠 속에 빠진 나라"에서 만나 "시간과 영원의 두 개념을 철학적으로 정의하기 위해 함께 대화를 나누는 것"을 상상해야만 했다. 그럭저럭 써냈고, 다시 합격 예비명단에 들어, 지난해와 똑같지는 않은 심사위원들 앞에 섰다. 위원장은 여전히 조르주 다비였으나 장 이 폴리트가 새로이 참가했고, 부위원장은 당시 중등교육 장학관이었던 조르주 캉길렘이 맡았다. 캉길렘은 입시생들에게 주어지는 주제를 약간 현대화하고자 했다. 좀 싸우기는 했지만 그는 마침내 '섹슈얼리티' 같은 주제를 출제하는 데 성공했다. "그들은 모두 프로이트를 읽습니다. 그리고 여하튼 그들은 성에 대한 이야기만 하고 있어요"라고 그는 이 주제를 탐탁지 않게 여기는 심사위원장을 설득했다.

푸코에게 돌아간 것은 바로 이 주제였다. 푸코는 이미 고등사범 학생들 사이에서 상당한 평판이 있었기 때문에 많은 학생들이 그의 시범강의를 들으러 갔다. 그중의 하나였던 장 드프렁은 이 강의가 자연으로서의 성, 문화로서의 성, 역사로서의 성 등 세 부분으로 나뉘어 아주 고전적으로 전개되었다고 기억한다. 여기서 역사는 개인사의 의미로 쓰인 것인데, 그것은 푸코가 심리학 및 정신분석학의 독서에서 큰 영향을 받았기 때문이다.

이번에 푸코는 합격했다. 그의 고등사범 친구인 장 폴 밀루와 공동 3위였다. 1등은 고등사범 동기 동창인 이봉 브레스였는데, 그는 푸코에게 와서 미안하다고 말했다. 그만큼 그는 자기가 푸코를 앞지른 것에 대해 부당하다는 느낌을 갖고 있었다. 게다가 심사소견서는 푸코의 심기를 불편하게 만들기에 충분했다. "매우 교양이 풍부하고 뛰어난 학생이지만 이번 교수자격시험이 두번째 응시라서 아마도 두려움과 편견을 갖고 있는 듯이 보임"이라고 다비 학장은 썼다. 성적 발표 후 1등 합격이 되지 않는 데 대해 분노한 푸코는 캉길렘에게 가서 왜 자기에게 그런 주제를 주었느냐고 항의했다. 교수자격시험 응시생에게 도대체 성이라는 주제가 가당키나 한 것이냐고 그는 캉길렘에게 대들었다.

교수자격시험에 합격한 후에는 학교에서 가르쳐야만 한다. 왜냐하면

이 시험은 원칙적으로 중등교육 교사 배출을 목적으로 한 것이기 때문이다. 그러나 적어도 그 당시에는 고교에서 얼마 동안 가르치고 나면 대학으로 진출하는 길이 열렸으므로 고등사범 학생들에게 있어서 고교 교사의 경력은 불가피한 연옥(煉獄)쯤으로 여겨졌다. 게다가 푸코는 불안정한 건강 때문에 군복무가 면제되었으므로 선택을 빨리 내리지 않으면 안 되었다. 신참 합격자들은 고등학교 배정을 요구하기 위해 장학관을 찾아갔다. 이때 푸코는 장학관인 캉길렘을 찾아가 고등학교에서 가르치고 싶지 않다고 말했다. 좋은 성적으로 합격했기 때문에 티에르 재단에 들어갈 가능성도 있었기 때문이다.

그 재단은 1893년 아돌프 티에르(Adolphe Thiers)의 상속녀이며 처제였던 사람에 의해 설립된 아주 특이한 기관이었다. 매년 몇 명의 젊은 남학생들이 선발되어 매달 장학금을 받으며 좋은 조건 속에서 박사학위 준비 공부를 했다. 전쟁 후에 이 재단의 정관은 약간 수정되었다. 재단의 재정원인 상속액수가 세월에 따라 많이 평가절하되었기 때문에 결국 국립과학연구소(CNRS) 산하에 들어가게 되었다. 그러니까 이 국가기관이 장학생들에게 달마다 장학금을 지급했고, 한편 장학생들은 그중의 절반을 재단에 다시 불입해야 했다. 재단이 그들에게 숙소를 제공했기 때문이다. 장학생들은 국립과학연구소의 연구보조관이라는 직위를 얻었는데, 그것은 그들이 재단에 있을 때에만 간직하는 직위였다. 오랫동안 신입 장학생은 매년 문학, 의학, 법학 등 도합 다섯 명 정도였다. 1950년 가을에 신입생은 여섯 명이었는데 그중에는 로베르 모지(Robert Mauzi), 폴 비아넥스, 장 루이 가르디(Jean Louis Gardies)가 있었다. 1951년에는 열 명으로 늘어났는데 거기에는 미셸 푸코를 포함하여 장 샤르보넬, 피에르 오방크, 기 드젱(Guy Degen), 장 베르나르 레몽(Jean Bernard Raimond) 등등이 있었다.

　　파리 16구 포르트 도핀 근처, 현재의 아데나워 총통 광장에 위치해 있는 이 이상한 19세기 건물에는 어떻게 들어가는가? 우선 출신대학 학장의 추천을 받아야만 한다. 다음에는 재단 이사장의 면접을 거쳐야 한다. 그 당시 재단 이사장은 그리스 문학자인 폴 마종(Paul Mazon)이었다. 그리고 마지막으로, 비록 국립과학연구소 산하에 있기는 해도 재단이 여전히 프랑스 학사원의 하위기관인 학구(學區)의 지휘하에 있었으므로 행정위원회에 있는 각 학구장들의 면접을 봐야 했다. 당시 프랑스 한림원장은 조르주 뒤아멜(Georges Duhamel)이었다. 푸코와 같은 해에 재단에 들어간 장 샤르보넬은 이 작가와의 만남을 다음과 같이 회상했다. "당시의 관습에 따라 그를 만나러 갔을 때 그는 모리악 같은 아주 작은 목소리로 '젊은이, 들어보게, 당신도 언젠가 명성을 갖게 될지 모르겠지만 내가 그것을 가졌다고 느꼈던 것은 손자놈 중 하나가 집에 와서 "오늘 할아버지 글을 가지고 받아쓰기를 했어요"라고 소리쳤을 때라네' 하고 말했다."[23] 모든 지원자들이 이 작가로부터 비슷한 이야기를 들었다.

　　이런 일련의 면접과 수속 끝에 운좋게 뽑힌 사람들이 이 위엄 있는 건물 안에 자리 잡을 수 있었다. 장 샤르보넬의 묘사에 의하면 "건물은 오래되고 낡았지만 지성의 숭배에 적합했고 요컨대 아주 매혹적이었다. 사환이 하나 있었고 예쁜 가구들과 당구대, 그리고 피아노가 있었으며 넓은 정원이 딸려 있었다. 실내장식은 장엄했으나 우리의 재력은 형편없었다……. 우리는 그때 마치 종교에 입문하듯 근대 과학 속으로 들어갔다. 그러니까 청빈과 독신의 서약을 해야 했다."[24]

---

23 샤르보넬, 『성실성의 모험』, p.39.
24 같은 곳.

미셸 푸코는 폴 마종에게 자기가 연구할 두 가지 주제에 관해 말했는데 그 하나는 '후기 데카르트주의자들에게 있어서 인문과학의 문제'이고, 또 하나는 '현대 심리학에서의 문화의 개념'이었다. "첫번째 문제는 내게 매우 흥미롭게 느껴졌다"라고 폴 마종은 푸코가 이 재단을 떠나던 당시 활동보고서에서 썼다. "왜냐하면 그것은 데카르트의 사상이 이탈리아, 네덜란드 등 외국의 영향 속에서 어떻게 진화했는지, 또 말브랑슈와 베일(Pierre Bayle)에게 있어서 이 운동의 결과가 어떠했는지를 알아보는 문제이기 때문이었다."[25]

미셸 푸코는 말브랑슈에 대한 보조논문의 지도를 부탁하기 위해 앙리 구이에를 찾아갔다. 주 논문은 폴 마종이 지적했듯이 현대 심리학에서 분석되는 문화의 문제였다. 그는 곧 끈질기게 공부하기 시작했다. 매일 국립도서관을 찾는 버릇이 생긴 것도 이때였다. 이 습관은 그가 스웨덴으로 떠날 때까지 몇 년간 계속되었고, 프랑스로 돌아오자마자 다시 시작되었다. 국립도서관은 아마도 푸코의 일생 중 가장 많은 시간을 보낸 곳일 것이다.

그러나 푸코는 3년간의 규정과는 달리 티에르 재단에서 1년만을 보냈다. 이미 윌름 가에서도 겪었지만 이 공동생활을 그는 참지 못했다. 물론 각자가 독방을 썼으므로 비교적 독립성을 유지할 수는 있었다. 그러나 여하튼 1951년에 모집된 10명과 전해의 연구생까지 합쳐 20여 명이 함께 사는 기숙사임에는 틀림없었다. 매끼 식사를 이들과 함께해야만 했다. 거기서도 푸코는 거의 전원으로부터 미움을 받았다. 그는 모든 사람들을 공격했고 소란을 피웠으며 분쟁을 일으켰다. 다른 기숙생들과의 관계는 그저

---

25 「폴 마종의 보고문」Rapport de Paul Mazon, 『티에르 재단 연감』*Annuaire de la fondation Thiers: 1947~1952*, nouvelle serie, fasc. XLI.

끊임없는 싸움이었다. 특히 큰 문제가 되었던 것은 기숙생 중 한 명과의 연애사건이었다. 푸코는 우편함에서 편지를 훔쳤다는 의심을 받았다. 그는 더 이상 거기에 머물고 싶지 않았고, 재단도 더 이상 그가 머무는 것을 원치 않았다.

1952년 새 학기에 그는 새로운 착지점을 찾았다. 릴 대학의 조교가 된 것이다.

4장

광인들의 카니발

애기는 다시, 푸코가 윌름 가에 처음 왔을 때로 돌아간다. 당시 철학 카이만은 조르주 귀스도르프(George Gusdorf)였다. 오늘날 우리는 그의 저작인 서양사상 시리즈를 알고 있다. 그러나 당시에 그는 아무런 저작물도 없는 상태였다. 귀스도르프는 심리학에 관심이 많아서 1946년과 1947년에 친구인 조르주 도메종과 함께 학생들을 위한 심리학 교실을 열었다. 생트 안 병원의 환자들을 소개하기도 하고 도메종만이 아니라 몇몇 정신분석학자들을 고등사범으로 초대했는데 그중에는 라캉이나 아쥐리아게라의 이름이 보였다. 그는 도메종과 아주 친했기 때문에 ── "우리 두 사람은 똑같이 프로테스탄트다"라고 자주 두 사람은 말했다 ── 도메종이 운영하고 있는 오를레앙 근처의 플뢰리 레 조브레의 정신병원에 고등사범 학생들을 견학시키곤 했다. 거기서 일주일간 학생들은 의사와 조수들의 설명을 듣곤 했다. 그러고는 병원 경내를 거닐었다. 플뢰리 레 조브레는 전혀 감옥의 모습이 아니었다. 광활한 면적의 숲 속에 별채들이 드문드문 들어서 있었다.

귀스도르프의 후임으로 왔을 때 알튀세르도 역시 학생들을 생트 안 병원으로 데리고 갔다. 거기서 그들은 일류 정신분석학자인 앙리 에(Henri

Ey)의 강의를 들었다. 조르주 도메종과 앙리 에의 도움으로 미셸 푸코는 일찌감치 수정 정신분석학의 경향을 접하게 되었다. 새로운 것을 시험하는 사람들 앞에서, 그리고 『정신의학적 진화』(*Évolution psychiatrique*)라는 잡지를 만드는 사람들 사이에 둘러싸여 그는 이 학문의 이론과 실제를 아주 자유로운 방향에서 다시 검토할 수 있게 되었다. 당시에 그가 발견한 정신분석학은 '억압적'이거나 '징벌적'인 성격을 전혀 띠고 있지 않았다. 그렇다고 복고적인 것도 전혀 아니었다……. 그러나! 그것은 그가 나중에 광기에 대한 '과학'의 독백이라고 규정하게 될 그런 성격의 것이었다.

고등사범에서 보낸 처음 몇 년 동안 미셸 푸코는 심리학에 강한 호기심을 보였다. 1948년 소르본에서 철학학사학위를 받은 후 그는 심리학 학사학위를 받고 싶어 했다. 그래서 그는 문과대학에서 다니엘 라가슈의 일반심리학과 사회심리학 강의를 들었다. 자연과학대학에서 하는 심리생리학도 들어야 했다. 그러나 이 과목은 좀 덜 열심이었다. 그는 앙드레 베르제(André Vergez), 루이 마조릭(Louis Mazauric)과 팀을 이루어 번갈아 가며 강의를 듣고 필기를 했다. 푸코는 1949년에 추가 학사학위를 받았고, 그해 7월에는 파리 학사원에서 심리학 석사를 받았는데 지도교수는 여전히 다니엘 라가슈였다.

라가슈는 전후 심리학계의 거물 중 하나였다. 그는 아롱, 캉길렘, 니장, 사르트르와 함께 고등사범의 1924년 동기 동창이었다. 그도 철학교수 자격을 갖고 있었지만 학교보다는 의학심리학 쪽을 택했다. 스트라스부르 대학에서 오래 가르치다가 1947년에 소르본에 임명되었는데, '심리학 전공'의 개강 연설은 큰 반향을 일으켰다. 그는 정신분석학을 임상의학에 병합시키고 싶어 했다. 그 강의는 1949년에 책으로 나왔다. 같은 시기에 그는 심리연구소에서도 강의를 시작했다.

푸코는 라가슈의 강의를 꽤 열심히 들었다. 왜냐하면 심리학은 그가 스스로 선택한 길이었기 때문이다. 심리학을 위해 의학강의를 들을 생각까지 할 정도였다. 푸코는 라가슈를 찾아가 심리학을 전공하기 위해서 의사가 되어야 하는지를 물었다. 라가슈는 그 질문을 놀라워하지 않았다. "그 당시에 심리학·정신의학·정신분석학 쪽으로 전공을 바꾼 많은 철학도들이 이 문제를 두고 고민했다"고, 그 역시 정신분석학으로 선회한 디디에 앙지외(Didier Anzieu)가 설명했다. 그 자신은 그 난관을 넘지 못했다. 장 라플랑슈는 아마도 그것을 실현한 흔치 않은 사람들 중의 하나인 것 같다. 푸코는 그 문턱에 머물러 있었다. 라가슈는 그러한 질문을 하는 모든 사람에게 말했듯이 그에게도 역시 의학공부를 포기하라고 충고했다. "미국 같으면 반드시 그렇게 해야 하지만 여기 프랑스에서는 안 해도 되네."

푸코는 이왕 만난 김에 이 정신의학의 대가에게 다른 질문을 했다. 자기 자신의 심리적 혼란에 대해 그와 상의하고 싶었던 것이다. 그러나 라가슈는 공적인 일과 사적인 일을 뒤섞고 싶어 하지 않았다. 그는 한 학생의 교수이면서 동시에 심리치료사가 되고 싶지 않았던 것이다. 그래서 그는 푸코에게 한 정신분석가의 주소와 함께 추천서를 써 주는 데 그쳤다. 그러나 이 추천서는 얼마 동안 사문서로 남아 있었다. 나중에 푸코는 '치료'의 모험에 뛰어들었으나 그것은 3주를 넘지 못했다. 그후 몇 년간 "정신분석을 받아야 할 것인가 말 것인가?"가 그의 머릿속을 떠나지 않는 강박관념이었다.

교수자격시험 합격 후에도 푸코는 학문의 도야를 한 번도 중단하지 않았다. 티에르 재단에 있으면서 그는 심리연구소의 학위를 준비했다. 그래서 1952년에 정신병리학으로 석사학위를 받았다. 그 과정에는 푸아이에 교수와 들레 교수의 강의, 생트 안 병원 원형강의실에서 '환자를 직접 제시하면서 하는 임상의학 강의', 그리고 베나시 교수의 '이론 정신분석학' 강의 등이 포함되어 있다. 이것 역시 생트 안 병원에서 이루어졌는데 왜냐하면 심리연구소에는 강의용 건물이 따로 없었기 때문이다. 학위 취득의 필수과목인 '실습'을 담당했던 피에르 피쇼는 자기가 별로 인정하지는 않았던 이 학생을 기억한다. 그는 학생들에게 심리조사 기술을 가르쳐 주고 싶어 했는데, 푸코는 너무 "고등사범 출신답고", 너무 이론적이며 심리학의 실험적인 성격에 완강하게 저항하는 편이었다고 평가했다.

1953년에 쓰인 초기의 기고문에서 푸코는 순전히 '과학적인' 심리학의 지지자들과의 갈등을 약간 신랄하게 암시했다. 그는 그 글에서 실험심리학의 소굴에 들어가자마자 그에게 던져졌던 질문을 떠올렸다. '과학적 심리학을 하겠느냐 아니면 메를로-퐁티 같은 심리학을 하겠느냐'가 그것이다. 그리고 푸코는 다음과 같이 빈정거렸다. "주목해야 할 것은 '진짜 심리학'을 정의하는 그 독단성이라기보다는 질문이 내포하는 무질서와 회의주의다. 만약에 '당신은 과학적이건 아니건 간에 생물학을 하겠는가?'라고 묻는 생물학자가 있다면 얼마나 황당한 일이겠는가?" 그리고 푸코는 덧붙인다. "자신의 합리성을 선택하려고 하는 것이 문제다. 오히려 합리성의 근거를 물어야 한다. 왜냐하면 우리는 그 근거가 결코 과학적으로 구성된 객관성이 아니라는 것을 잘 알기 때문이다."[1]

그러나 푸코는 벌써 오래전부터 심리학 실험과 기술에 매혹되어 로르샤흐 테스트를 위한 장비를 사기까지 했다. 결국 그는 제대로 훈련을 받

---

1 미셸 푸코, 「과학 연구와 심리학」La Recherche scientifique et la psychologie, 『프랑스의 연구자들은 묻는다』Des chercheurs français s'interrogent, Paris: PUF, 1957, pp.173~175.(『말과 글』Dits et écrits, tome1, texte n° 3, pp.137~158.)

은 셈이다. 다니엘 라가슈는 이 방법을 프랑스에 도입한 최초의 사람 중 하나였다. 그리고 그 초기 신봉자 중의 한 사람이었다. 로르샤흐 프랑스 지부가 결성되었을 때 그는 명예회장이 되었다. 고등사범에서 푸코는 자기 친구들에게 이 '시험'을 해보는 것을 아주 재미있어 했다. 그 방법은 여러 색깔의 마분지 위에 찍혀진 잉크 자국에 대해 자유로운 반응을 보이는 것이다. 시험 대상자의 대답을 가지고 푸코는 그의 심층적 성격을 해석해 냈다. "그런 식으로 나는 그들의 머릿속 생각을 알아맞힐 수 있어"라고 푸코는 이 시험을 회피하는 모리스 팽게에게 말했다. 이 방법으로 푸코에게 '테스트'당한 것을 기억하는 고등사범학교 동창들이 많이 있다. 푸코는 로르샤흐 테스트 방법에 대한 열정을 그후 수년간 더 간직한 것으로 보인다. 왜냐하면 그는 튀니스에서나 클레르몽페랑에서 학생들이 장난으로밖에 생각하지 않는 이 테스트를 하느라고 강의 시간을 많이 할애했기 때문이다.

로르샤흐에 빠졌던 또 한 사람은 자클린 베르도(Jacqueline Verdeaux)였다. 베르도는 푸코의 학창 시절에 중요한 역할을 하게 된다. 그녀는 오래전부터 푸코의 가족을 잘 알고 있었다. 그녀의 양친이 푸코 가족과 오랜 친구였기 때문이다. 전쟁 중에 그녀의 아버지는 그녀를 남동생과 함께 푸아티에로 피난시켰다. 그녀는 프랑스 북부 지역에서 독일군의 침공이 전개됨에 따라 전쟁 부상자를 받기 위해 예수회 교단에 마련된 임시 병원에서 일하면서 동시에 시내에서 외과병원을 개업하고 있던 푸코 박사의 마취 조수가 되었다. 독일군이 푸아티에에 들어오자 그녀는 도시를 떠났다. 몇 년 후 평화시대가 되었을 때 푸코 부인은 파리에 있는 자기 아들을 돌보아달라고 그녀에게 부탁했다. 그래서 푸코는 국회의사당에서 멀지 않고 생제르맹 가에 면해 있는 작은 거리인, 6구 비예르섹셀 가의 조르주와 자클린 베르도 부부의 집에서 정기적으로 식사를 했다.

심리학을 전공하는 자클린 베르도는 자기 남편과 함께 공동연구를 하고 있었는데, 그녀의 남편은 방금 자크 라캉의 지도로 박사학위를 끝마친 상태였다. 그들은 생트 안 병원에 뇌촬영 연구소를 개설했다. 장 들레가 그들에게 병원 다락방 몇 개를 제공했고, 그들은 조르주 뒤마(Georges Dumas)의 옛 제자였던 앙드레 옹브르단(André Ombredane)과 함께 그곳에 자리를 잡았다. 마침 그때 심리진단에 대한 책을 번역했던 옹브르단은 독일통인 자클린 베르도에게 이 책을 그 당시 한창 유명했던 스위스의 정신분석학자 롤랑 쿤(Roland Kuhn)에게 보여 달라고 부탁했다. 동시에 그는 쿤의 책『가면의 현상학』(*Phénoménologie du masque à travers le test de Rorschach*)을 그녀에게 빌려 주었다. 자클린 베르도는 이 책을 읽고 투르고비의 콘스탄스 호반가에 있는 문스테를링겐으로 떠났다. 그녀는 쿤에게 옹브르단의 번역을 보여 주는 한편 그에게 개인적인 부탁을 했다. 그녀가 아주 흥미 있게 읽었던『가면의 현상학』을 그녀 자신이 번역하고 싶다는 것이었다. 그는 흔쾌히 받아들였으나 한 가지 단서를 달았다. 그곳에서 3킬로미터 떨어진 크로이즐링겐에서 벨뷰 병원을 운영하고 있는 또 다른 정신분석학자 루트비히 빈스방거(Ludwig Binswanger)의 책을 함께 번역하라는 것이었다. 그는 옛날에 니체가 치료를 받은 적이 있는 이에나 병원 원장 오토 빈스방거(Otto Binswanger)의 조카였다. 자클린 베르도는 빈스방거를 찾아갔고 이 정신병원의 환경에 완전히 매료되었다. 장미나무가 우거진 넓은 정원 안에 예쁜 건물들이 드문드문 흩어져 있었다. 그는 그녀에게 여러 가지를 물어본 후에 프랑스에서 제일 먼저 출간되는 게 좋겠다고 생각되는 텍스트를 찾으러 도서관 서가로 갔다. 그것은 긴 기고문으로『꿈과 실존』(*Traum und Existenz*)이라는 제목이었다.

빈스방거는 오래전부터 자기가 '실존분석'이라고 이름 붙인 관념을 연구하고 있었다. 그는 프로이트, 융, 야스퍼스, 하이데거의 친구였는데 특히 하이데거의 영향을 많이 받았다. 자클린이 파리로 돌아와 푸코에게 자신의 번역 작업을 도와 달라고 했을 때 푸코는 전혀 그것을 황당한 일이라고 생각하지 않았다. 왜냐하면 빈스방거의 글은 철학적 용어로 가득 차 있었기 때문이다. 이렇게 해서 두 사람은 빈스방거의 프랑스어 번역본을 공동으로 제작했다. 그녀는 매일 고등사범학교로 가서 개념들을 한 언어에서 다른 언어로 번역하는 최선의 방법을 푸코와 함께 토의했다. 그때는 1952년이었고 푸코는 알튀세르의 주선으로 고등사범에서 강의를 시작하여 그곳에 연구실을 하나 가지고 있었다. 어느 날 저녁 하루 일과를 마친 후 자클린 베르도는 이 젊은 공동 작업자를 가스통 바슐라르에게 데리고 갔다. 바슐라르는 빈스방거의 열렬한 독자였고 나중에 그와 서신 교환을 했다.

자클린 베르도와 미셸 푸코는 쿤과 빈스방거를 만나 번역의 진척 상황을 보여 주기 위해 여러 번 함께 스위스 여행을 했다. 토론은 주로 하이데거의 용어에 대해서였다. 그들은 'Dasein'(현존재)을 무엇으로 번역해야 할 것인가를 놓고 수시간 동안 토론을 벌이기도 했다. 여러 가지를 고려한 끝에 그들은 이미 쓰이고 있는 'être-là' 대신에 'présence'를 선택했다. 빈스방거의 책을 다 번역했을 때 자클린 베르도는 푸코에게 "만일 이 책이 마음에 든다면 서문을 하나 써 보지 않을래?"라고 말했다. 그는 어렵다고 물러서지 않고 곧 그것을 쓰기 시작했다.

얼마 후 프로방스에서 남편과 함께 부활절 휴가를 보내고 있던 자클린 베르도는 꽤 두툼한 봉투를 받았다. "부활절 계란을 보냅니다"라는 글과 함께 푸코의 긴 글이 들어 있었다. 그것은 서문이었다. 자클린 베르도는 그 부피를 보고 깜짝 놀랐다. 서문이 본문보다 더 길 지경이었기 때문이다.

자세히 보니 실제로도 그랬다. 그녀는 읽기 시작했고 곧 감탄의 탄성을 질렀다. "정말 멋져."

그들은 다시 한번 빈스방거를 찾아가 번역문과 서문을 함께 보여 주었다. 그 정신과의사는 두 글에 대해 아주 만족했다. 문제는 출판사를 설득하는 일이었다. 짧은 본문에 무명인사의 긴 서문, 게다가 본문의 저자도 프랑스에서 별로 알려져 있지 않은 사람이어서 출판사는 이 책의 출판에 난색을 표명했다. 자클린 베르도는 싸우다시피 하여 마침내 이겼다. 이 저서는 1954년 데클레 드 브루어 출판사의 '인간학' 총서로 나왔다.

책의 첫머리에 푸코는 르네 샤르(René Char)의 「형식의 분할」(Partage formel)에서 한 구절을 따 내어 실었다. "인간의 시대에 나는 삶과 죽음을 가르는 경계 벽 위로 점점 더 헐벗어 가는, 오로지 위로 잡아 뽑는 힘만 가지고 있는 사다리가 세워지고 커져 가는 것을 보았다. 다름 아닌 꿈이……여기서 어둠은 사라지고 삶은 가혹한 우화적 금욕의 형태를 띠며 엄청난 힘의 제압이 된다. 우리는 이 엄청난 힘이 우리 몸을 관통하는 것을 막연히 느끼지만 그러나 가혹한 분별력과 끈기와 성실성이 부족하여 그것을 완벽하게 표현하지 못할 뿐이다." 푸코의 글은 샤르의 시를 인용하는 것으로 시작했을 뿐만 아니라 마지막도 『형식의 분할』의 긴 인용문으로 끝난다. 그는 이 시야말로 꿈을 이해하는 가장 좋은 열쇠를 제공한다고 믿었다.

푸코의 글은 아주 강렬하고 화려했다. 빈스방거에게 그가 매력을 느낀 것은 프로이트와 후설의 학설을 뛰어넘어 그것들을 화해시키는 방법이었다. 그러나 푸코는 특히 꿈에 대한 자신의 생각을 제시했다. "모든 경우에 있어서 죽음은 꿈의 절대적 의미다. 그리고 실존이 자신에 대해 가장 근본적인 것을 알 수 있는 것은 바로 죽음의 꿈속에서다"[2]라고 그는 썼다. "구체적 인간에 대한 인간학적 인식에는 꿈의 연구가 필수적이다"

라는 개념은 바로 여기서 나온 것이다. 그러나 푸코는 또한 이 꿈의 우월성을 극복하는 것이 "윤리적 과업이며 역사적 필연성"이라는 결론으로 글을 맺고 있다. 참고로 푸코가 인용한 글들을 소개해 보면 민코프스키(Minkowski)의 저서, 바슐라르의 『공기와 꿈』(*L'Air et les songes*), 멜라니 클라인(Mélanie Klein), 라캉 등이다. 이때부터 푸코는 라캉의 독자였다. '거울적인 것'을 주제로 논문을 쓰기 시작한 장 클로드 파스롱(Jean Claude Passeron)에게 1938년판 프랑스 백과사전에 수록된 『가족의 복합심리』(*Les Complexes familiaux*)라는 라캉의 글을 참고하라고 열렬하게 추천할 정도였다.

자클린 베르도와 미셸 푸코는 그러니까 1952~1953년 동안에 롤랑 쿤과 루트비히 빈스방거를 만나러 몇 차례 스위스로 갔다. 문스테를링겐의 병원에 쿤을 처음으로 만나러 간 날은 마르디 그라[참회의 화요일, 사육제의 마지막 날] 전날 밤이었다. 전통적으로 이날에는 환자들이 축제의 의상과 가면을 준비한다. 의사, 간호원, 환자들이 모두 가장을 하고 축제의 방에 모이는 것이다. 축제가 끝나면 카니발의 꼭두각시를 태우는데, 사람들은 이 불 속에 자신의 가면을 집어던진다. 푸코는 이 의식을 보고 매우 놀랐다. "이 축제는 죽음의 축제와 닮았군"이라고 그는 자클린에게 말했다.

미셸 푸코가 "내 아내"——게이식 농담이다——라고 불렀던 이 여자친구와 함께 빈스방거를 만나러 간 것은 그가 브리사고 호반의 테생에서 휴가를 보내고 있던 무렵이었다. 두 공모자들은 플로렌스에서 만나 베니

---

2 푸코, 「루트비히 빈스방거 책의 서문」Introduction à Ludwig Binswanger, 『꿈과 실존』*Le Rêve et l'existence*, Paris: Descleé de Brouwer, 1954, p.74.(『말과 글』*Dits et écrits*, tome1, texte n° 1, pp.93~147.)

스에서 며칠을 보낸 후 이 정신과의사의 여름 별장을 향해 자동차로 떠났다. 그전에 그들은 교회와 박물관들을 둘러볼 시간이 있었다. "그는 그림을 아주 좋아했다. 플로렌스에서 그는 내게 마사초(Masaccio; 15세기 이탈리아 회화에서 원근법을 사용한 최초의 화가)의 그림을 설명해 주었다"라고 자클린는 말한다. 반면에 그는 자연은 아주 싫어했다고 그녀는 또렷이 기억한다. 그녀가 햇빛에 반짝이는 호수의 장엄한 경치를 그에게 보라고 하자 그는 일부러 도로 쪽을 향하며 "나는 그런 것에는 등을 돌리는 사람이야"라고 말했다. 그들은 그 정신과의사와 며칠을 함께 지냈는데 그 의사는 푸코가 '서문'에서 인용한 하이데거 전공 철학자 스질라지(Szilágyi)의 집에 몇 번 그들을 데리고 가 함께 차를 마시기도 했다. 토론은 하이데거, 현상학, 정신분석학 등에 걸쳐서 이루어졌는데 가장 두드러진 문제는 정신분석학이 과학인가라는 의문이었다. 이것이야말로 빈스방거가 평생을 두고 보여주고자 노력했던 것이다. 푸코는 나중에 이 문제에 대해 좀더 회의적이 될 것이다!

저서를 통해 혹은 직접적으로 빈스방거를 만나 교류한 것은 푸코에게 아주 중요한 역할을 하게 된다. 물론 푸코는 나중에 이 '현상학적 정신의학'의 형식에서 멀어지게 된다. 그러나 빈스방거의 분석들은 광기의 깊은 실체를 이해하는 데 도움을 주었다. "그가 '실존분석' 또는 '현상학적 정신의학'이라고 불렀던 것이 내게 매우 중요한 것이 되었다는 것은 두말할 나위가 없다"고 그는 나중에 말했다. "그 당시는 내가 정신병원에서 공부를 하면서 의학적 시선에 대한 전통적 해석틀과는 다른 어떤 것, 즉 그 반대편의 평형추를 발견해 내려고 애쓰던 시기였다. 물론 독특하고 그 어떤 것과도 비교할 수 없을 근본적인 체험으로서의 광기에 대한 이 장엄한 묘사들은 결정적이었다. 렝(Laing)도 역시 이것들로부터 강한 인상을 받았다고 나는 생각한다. 그 역시 오랫동안 실존분석을 준거틀로 삼고 있었다(그는 좀더 사르트르 추종자고 나는 좀더 하이데거 추종자였지만)……. 나는 실존분석이 학술적인 정신분석학의 어떤 무겁고도 숨 막히는 부분을 축소하고 제한하는 데 도움이 되었다고 생각한다.”[3]

여하튼 푸코가 쓴 120페이지의 서문은 그 당시 그의 지적 경향을 보여 주는 가장 좋은 자료다. 그리고 좀더 심층적인 의미에서 이것은 그의 불안과 그때 이후 그가 제기했던 문제들, 그리고 그의 작품의 기원을 그 단초에서부터 파악하는 데 있어서 빼놓을 수 없는 텍스트다. 1983년 미국에서 번역 출간된 『쾌락의 활용』(*L'Usage des plaisirs*) 서문에서 푸코는 빈스방거에게 빚지고 있는 모든 것, 그리고 그가 어떻게 이 정신분석학자로부터 멀어졌는가를 다음과 같이 회상했다.

“경험의 형식들을 그것들의 역사 속에서 연구한다는 생각은 꽤 오래 전에 내 머릿속에서 구상된 것이었다. 나는 정신병의 영역과 정신의학의 장에서 실존분석의 방법을 사용해 보고 싶었다. 서로 상관이 없지 않은 두 이유 때문에 이 계획은 나를 매우 불만족스럽게 만들었다. 그 첫번째는 경험의 개념을 정립하는 데 있어서 실존적 정신분석은 이론적으로 불충분했고, 두번째는 실존적 정신분석과 정신과 치료행위의 관계가 애매했기 때문이다. 실존적 정신분석은 치료행위를 전제로 하고 있었지만 그러나 실제로는 그것을 잘 모르고 있었던 것이다. 첫번째 난관은 인간 존재에 대한 일반이론을 참조함으로써 해결하려 했고, 두번째 문제는 흔히 언급되는 ‘사회적·역사적 맥락’에 의존하는 방식과는 전혀 다른 방식으로 해결하려

---

3 두치오 트롬바도리Ducio Trombadori, 『푸코 심포지엄』*Colloqui con Foucault*, Salerno: Cooperativa Editrice, 1981, p.41. 프랑스어로 번역된 녹음 기록에서 인용했다.

했다. 이렇게 함으로써 당시 지배적인 문제였던 사회사와 철학적 인간학의 딜레마를 있는 그대로 받아들일 수 있었다. 그러나 마침내 나는 이 양자택일의 노름을 하기보다는 경험의 형식들의 역사성 그 자체를 사유해 볼 수는 없을까 하고 생각하게 되었다." 그러고는 '그 안에서 경험의 형식들이 형성되고, 발전되고, 변형된 영역, 다시 말해 사유의 역사를 해명하는' 것을 자신의 임무로 삼게 된 긴 여정을 펼쳐 보인 후 그는 "50년대 초 니체의 독서가 나를 현상학과 맑시즘이라는 이중의 전통과 단절시키면서 이런 종류의 문제에 관심을 갖게 해주었다"[4]고 덧붙였다.

자클린 베르도와 함께 미셸 푸코는 생트 안 병원에서 심리검사 담당으로 일했다. 그의 신분은 좀 불안정한 것이었다. '연수생'이었는데 이것은 공식적인 직무가 없고 보수를 받지 않는 하찮은 자리였다. 그러나 당시에 그는 티에르 재단의 장학생이었고 릴 대학의 조교였으므로 이 전자 뇌촬영 연구소에서 '연수'를 한 것은 돈을 벌기 위해서가 아니었다. 그는 자클린 베르도의 검사와 실험을 도왔다. 여기서 제일 중요한 것은 측정의 문제였다. 뇌파를 측정하고 손바닥 피부의 저항을 재고 심장 박동을 재야만 했다. 실험대상이 된 사람은 머리, 발, 손에 전극을 장착하고 끈에 묶인 채 의자 위에 앉아 있었다. 이 기재의 도움으로 심리검사자는 모든 기관의 신경반응을 측정할 수 있었다. 가끔 푸코가 실험 대상이 되기도 했다. 그러나 그가 주로 한 일은 실험의 준비와 그 기록을 돕는 일이었다. 심리학자이며 음악학자인 로베르 프랑세즈(Robert Francès)가 청음 테스트를 하기 위해

---

4 푸코, 「『성의 역사』 제2권 서문 초안」Projet de préface à l'*Histoire de la sexualité*, 폴 라비노Paul Rabinow, 『푸코 읽기』*The Foucault Reader*, New York: Penguin Books, p.334, p.336.(『말과 글』*Dits et écrits*, tome2, texte n° 340, pp.1397~1403.)

이 연구소에 왔다. 그로부터 실험 대상의 역할을 부탁받고 이곳에 온 장 드 프룅은 실험자와 기술조수들 사이에서 푸코를 발견하고 얼마나 놀랐는지 모른다.

그 연구소는 물론 순수 연구를 위한 것도 아니고 상업적인 실험을 하는 곳도 아니었다. 장 들레의 휘하에 있는 이 연구소는 병원에 통합되어 있었으므로 조르주와 자클린 베르도 부부는 무엇보다도 생트 안 입원 환자들의 병력을 기록하고 진단을 제시할 의무가 있었다.

1982년, 한 인터뷰에서 푸코는 이 작업을 다음과 같이 떠올렸다. "정신병원에서 심리학자의 위치는 불분명한 것이었다. 심리학도로서 그곳에서의 내 위치도 이상하기 그지없었다. 소장은 내게 아주 친절했고, 내가 하고 싶은 것을 하도록 내버려 두었다. …… 나는 환자와 의사의 중간 위치에 있었는데, 그것은 특별한 능력이나 태도 때문이 아니라 의사에 대해서 어느 정도의 거리를 유지할 수밖에 없는 내 지위의 애매성 때문이었다. 그것이 내 개인적인 능력에 기인하는 것이 아님은 분명했다. 왜냐하면 그 당시에 나는 이 모든 것을 막연히 불안하게 생각했기 때문이다. 이 불안감, 이 개인적인 경험이 내게 있어서 역사 비판 또는 구조 분석의 형태를 띠게 된 것은 그로부터 몇 년 후 내가 정신의학의 역사에 대한 책을 쓰기 시작한 때부터였다."

그리고 "생트 안 병원이 그 고용인에게 정신의학에 대해 특히 나쁜 인상을 주었느냐?"는 질문에 미셸 푸코는 이렇게 대답했다. "아니요. 그 병원은 당신이 상상하는 것과 똑같은 전형적인 큰 병원입니다. 그후에 내가 가보았던 대부분의 지방 병원보다 훨씬 좋았습니다. 파리에서도 가장 좋은 병원 중의 하나지요. 나쁜 건 전혀 없었습니다. 그런데 그게 가장 중요한 포인트입니다. 만일 내가 시골의 작은 병원에서 이런 작업을 했다면 나는 그 부족감이 병원의 지리적 상황 또는 특별한 문제에 기인한다고 생각했겠지요."[5]

푸코는 정신병원에서만 심리검사자의 일을 한 것이 아니었다. 감옥에서도 같은 일을 했다. 왜냐하면 1950년에 보건부가 프랑스 교도소 종합병원이 있는 프레스네 교도소에 전자 뇌촬영 검사소를 개설하도록 조르주와 자클린 베르도 부부에게 명했기 때문이다. 그 검사소는 두 개의 기능을 가지고 있었는데 그 하나는 뇌의 손상이나 잠재적 간질 또는 신경장애 등을 검사하기 위해 의사의 요구로 수감자들을 진찰하는 것이고, 다른 하나는 수감자들을 플링 인쇄소 같은 감옥 학교로 보내기 위해 일련의 테스트를 실시하는 것이었다. 자클린 베르도는 매주 그곳에 갔는데 그때마다 푸코를 데리고 갔다. 2년 동안 그녀는 가벼운 진단법을 가르쳐 주고 결과를 판독하는 법을 알려 주었으며 조수의 역할을 전수해 주었다. 그들은 여러 가지 케이스를 함께 토의했고 검사 대상자의 기록을 작성했다.

이 기간 동안 푸코는 실험심리학의 전문적 분위기를 완전히 익힐 수 있었다. 그의 견습은 이제 대학의 테두리를 벗어나 어떤 민속학자가 말했듯이 '현장' 속에서 이루어졌다. 정신병의 실재 그리고 정신병자의 현존과 맞부딪쳤다. 그는 '광인'의 수용과 '범죄자'의 수용이라는 두 형태의 현실 속에 몸을 푹 담그고 관찰할 수가 있었다. 비록 그의 불확실하고 어정쩡한 지위는 그가 학습하려 하는 정신분석가의 일로부터 그를 멀리 떼어 놓았지만 그 자신 역시 '바라보고', '관찰하고', '확인하는' 사람 중의 하나였다.

---

5 푸코, 「스티븐 리긴스와의 인터뷰」, 『에토스』*Ethos*, tome1, n° 2, p.5. 인용문은 원어인 영문을 프랑스어로 내가 번역한 것이다.

5장

스탈린의 구두장이

릴 대학에 임명되기 전에 미셸 푸코는 벌써 고등사범에서 가르치기 시작했다. 물론 알튀세르의 주선에 의한 것이다. 알튀세르는 그가 교수자격시험에 합격하자마자 강의를 하라고 다그쳤다. 푸코는 1951년 가을부터 1955년 봄까지 작은 강의실인 카바이예스 홀에서 월요일 저녁마다 강의를 했다. 수강생 수가 대여섯 명을 넘기 힘든 고등사범에서 열다섯 명 내지 스물다섯 명이라는 숫자는 다소 많은 인원이었다. 수강생이 많았다는 것은 학생들에게 인기가 있었다는 이야기다. 어느 날 강의실에서 나오면서 장 클로드 파스롱은 "정말 멋지다"라고 소리 질렀다. 폴 벤느(Paul Veyne)는 그때의 강의에 대해 이렇게 회상한다. "그의 강의는 유명했다. 우리는 마치 극장 구경 가듯 강의실로 몰려갔다." 자크 데리다는 또 이렇게 말한다. "다른 학생들과 마찬가지로 나도 그의 말솜씨에 놀랐다. 그것은 권위와 명석함과 웅변으로 빛나는 인상적인 강의였다."

이때 푸코가 한 강의의 큰 주제들은 당시에 그가 쓴 글들 속에 대부분 수록되어 있다. 그 하나는 알프레트 베버의 『철학사』(*Histoire de la philosophie*) 개정판을 낸 드니 위스망(Denis Huisman)의 요청으로 1953

년에 푸코가 쓴 서문인데 여기서 그는 1850년에서 1950년 사이의 심리학을 개관하고 있다. 또 하나는 거의 같은 시기에 쓰여진 그의 첫 작품 『정신병과 인격』(*Maladie mentale et personnalité*)이다.

푸코도 전통을 존중하여 그의 학생들을 생트 안 병원에 데리고 가 환자를 직접 보여 주며 강의를 했다. 예를 들면 장 클로드 파스롱은 도메종이 설명하는 강의를 들었다. 자크 데리다는 이 비장한 강의들에 대해 생생하게 기억하고 있다. "푸코는 우리를 서너 명씩 조를 짜서 도메종의 병실로 데리고 갔고, 도메종은 학생들에게 임상실험을 지켜 보도록 했다. 환자를 한 명 불러서 젊은 의사로 하여금 질문하고 진찰하도록 했다. 그것을 지켜보는 우리들은 별로 마음이 편치 않았다. 젊은 의사는 잠시 들어가 자신의 관찰 소견을 작성한 후 다시 나와 도메종 앞에서 일종의 강의를 했다."

이 시기에 푸코는 고등사범의 소규모 공산주의 서클의 우두머리는 아니라 하더라도 최소한 중심적 인물이었다. 그 그룹은 폴 벤느, 장 클로드 파스롱, 제라르 주네트(Gérard Genette), 모리스 팽게, 장 몰리노(Jean Molino), 장 루이 반 르제모르테르(Jean Louis Van Regemorter) 등으로 이루어졌는데, 이 마지막 학생은 젊은 교수 푸코로부터 맹신자라는 낙인이 찍혔다. 그들은 푸코보다 서너 살 아래밖에 안 되었지만 그를 거의 숭배했다. 그들은 공산주의자였지만 열성파는 아니었다. 고등사범의 다른 공산주의 학생들, 즉 정통파 공산주의자들은 이들을 가리켜 '민속 그룹', 또는 '생제르맹 데프레의 맑시스트들'이라고 불렀다. 그들은 몇 시간이고 1층 홀이나 학교 안마당에서 토론을 벌였다. 그리고 '푹스'——그들은 선배인 푸코를 이렇게 불렀다(Fuchs는 독일어로 여우를 뜻한다)——가 학교 안에 있기만 하면 언제나 그들과 함께 있었다.

그는 뒤산느 홀 바로 위에 있는, 지금은 용도 변경되었으나 전에 레코드 저장실이었던 방을 사무실로 꾸며 썼다. 그는 이 방을 '심리학 실험실'이라고 불렀다. 그러나 장비라고는 구두상자 안에 쥐 한 마리밖에 없었다. "저게 실험실이야"라고 그는 상자를 가리키며 웃으면서 방문객들에게 말하곤 했다. 선반 위에는 LP의 보급으로 이제는 쓸모가 없게 된 SP레코드판(78회전의 레코드판)들이 가득 차 있었다. 여기서 그는 학생과 친구들을 만났다. 그리고 그 당시에 가장 친한 친구였던 모리스 팽게와 오랫동안 잡담을 하곤 했다. 모리스 팽게는 몇 년 후에 『일본식의 자살』(*La Mort volontaire au Japon*)이라는 아주 훌륭한 책을 써내게 될 것이다.

'민속 그룹'의 일원으로서 푸코도 역시 공산당에 가입했다. 그는 후에 이 시기에 대해서는 이야기를 잘 하지 않았다. 1978년 두치오 트롬바도리와의 인터뷰에서 그는 이 시기의 정치적 상황에 대해 다음과 같이 말했다. "전쟁 직후 스무 살을 맞았던 사람들, 자신이 참여하지 않았던 이 비극을 몸으로 느꼈던 사람들에게 있어서, 스탈린의 소련과 트루먼의 미국을 선택해야만 했을 때, 또는 프랑스 사회당(SFIO)과 기독교 민주당을 선택해야 했을 때 과연 정치란 무엇이었을까? 나를 포함하여 많은 젊은 지식인들이 교수, 기자, 작가 등등의 부르주아적 직업의 미래를 참을 수 없는 것으로 생각했다. 그 안에서 우리가 살았던 사회, 다시 말해서 나치즘을 허용하고 나치에 몸을 팔았으며 마침내 드골과 함께 침몰해 버렸던 그 사회와는 근본적으로 다른 사회를 실현시키고자 하는 필연성과 긴박성을 느꼈던 것이다. 이 모든 것 앞에서 프랑스 젊은이의 대부분이 전면적 거부라는 반응을 보였다 ……."[1]

푸코에게 있어서 이 이야기는 자기가 왜 공산당에 가입했는가를 설명

---

1 두치오 트롬바도리, 『푸코 심포지엄』, pp.27~29.

하기 위한 것이 아니라 그가 왜 헤겔사상 또는 현상학이 대표하고 있는 철학의 전통적 형식들과 거리를 두면서 니체와 바타유에 관심을 갖게 되었는가를 설명하기 위해서였다. 그러나 인터뷰 진행자가 이 대답에 놀라 재차 당시의 맑스주의적 분위기에 대해 묻자 그는 이렇게 대답했다.

"젊은 지식인들인 우리들 대부분에게 있어서 니체나 바타유에 대한 관심은 맑시즘이나 공산주의에서 멀어지기 위한 방법이 아니었다. 그것은 오히려 공산주의에서 우리가 기대한다고 믿었던 것을 향해 가는 유일한 통로며 소통방식이라고 생각했다. 우리가 그 안에서 살 수밖에 없었던 세계에 대한 전면적 거부의 욕구는 헤겔의 철학으로는 도저히 충족될 수 없는 것이었다. 또 한편으로 우리는 현재와는 완전히 다른 어떤 것, 즉 공산주의가 형체를 갖추고 존재하는 것으로 보이는 곳에 도달하기 위해 과거의 것과는 전혀 다른 지적인 길을 모색하고 있었다. 그래서 나는 맑스를 잘 알지도 못하면서, 헤겔주의를 거부하면서, 실존주의의 한계에 불만을 느끼면서 공산당에 입당하기로 결정했던 것이다. 때는 1950년이었는데, 그러니까 나는 '니체적 공산주의자'였다! 도저히 어울릴 수 없는 것이고 어찌 보면 우스꽝스럽기까지 하다는 것을 나 자신이 잘 알고 있었다."[2]

푸코는 스스로의 지적·정치적 도정을 재구성했음이 분명하다. 왜냐하면 그가 공산당에 가입한 것은 결코 니체 사상에 의해서가 아니었기 때문이다. 그의 니체 읽기는 훨씬 뒤에 이루어졌고, 여하튼 니체가 그에게 결정적 영향을 미친 것은 1953년경이었다는 것이 증인들의 말이다. 모리스 팽게는 1953년 여름 휴가 때 이탈리아의 해변에서 푸코가 니체를 처음으로 발견한 사실을 다음과 같이 회상했다. "1953년 니체와의 만남이 이루어

---

2 트롬바도리, 『푸코 심포지엄』, pp.27~29.

지기 전까지 그의 준거의 축은 헤겔, 맑스, 프로이트, 하이데거 등이었다. 미셸 푸코가 치비타베키아 해변에서 니체의 『반시대적 고찰』[3]을 읽던 모습이 눈에 선하다." 폴 벤느도 1983년에 푸코와 니체에 관해 긴 대화를 나누고 그것을 일기에 적어 놓았다고 확인해 주었다. 푸코가 그에게 자기가 니체를 읽기 시작한 날을 알려 주었다는 것이다. 그것은 1953년이었다. 그러고는 이렇게 말했다는 것이다. "내가 공산당에 있었을 때에는 맑시즘이 이성적 학설로 보였다."

이 시기에 출간된 푸코의 저서를 보는 것만으로 충분한데, 물론 푸코를 전적으로 맑시스트라고 말할 수는 없어도 거기에는 가끔 맑스적 주제가 지평을 이루고 있는 반면에 '니체 사상'은 전혀 눈에 띄지 않는다. 『정신병과 인격』의 초판을 보면 그것을 확인할 수 있다. 그 이야기는 잠시 뒤에 하기로 하자. 여하튼 미셸 푸코의 공산당 입당은 고등사범의 다른 대부분의 학생들의 그것과 좀 달랐다는 것을 주목할 필요가 있다. 그는 세포 모임에 거의 모습을 드러내지 않았다. "그러나 어느 날 저녁 콩트르스카르프 광장의 한 작은 카페 2층에 그가 나타났던 것이 생각난다. 그는 갑자기 석탄-철강 노조 협약에 격렬히 반대하는 운동에 갑자기 뛰어들었다"[4]라고 모리스 팽게는 썼다.

하지만 푸코는 결코 투쟁적인 운동에 가담하지는 않았다. 그가 공산당 신문 『위마니테』(*Humanité*)를 팔거나 길에서 유인물을 뿌리거나 데모를 하는 모습을 본 사람은 아무도 없다. 단 한 번 『위마니테』가 압수되었을

---

3 모리스 팽게Maurice Pinguet, 「견습 시대」Les Années d'apprentissage, 『르 데바』*Le Débat*, n° 41, septembre-novembre 1986, pp.129~130.
4 같은 책, p.127.

때 장 루이 가르디는 이 신문을 라탱지구에 가지고 가 뿌리기 위해 푸코를 포함한 몇 명의 친구들과 함께 신문사 앞에 갔던 것을 기억한다. "그러나 그도 나도 이런 일에 적합한 사람이 아니었다. 우리는 투사의 기질을 가지고 있지 않았다"라고 그는 덧붙였다. 사실 정치적으로나 지성적으로 푸코를 '스탈린주의자'의 반열에 넣기는 좀 힘든 일이다. 열성당원 중의 하나였던 르 루아 라뒤리는 그의 회고록에서 다음과 같이 썼다. "미셸 푸코는 과격한 스탈린주의 운동과는 거리가 먼 사람이었다."[5]

그러나 장 클로드 파스롱과 알렉상드르 마트롱(Alexandre Matheron)은 푸코가 생 쉴피스 광장 근처 페루 가의 문학의 집에서 열렸던 일련의 강연회에 참석했다고 기억한다. "철학교수자격시험을 지망하는 공산주의자들이 연구모임을 결성했는데, 일단의 공산당원 철학자들(드장티, 베르낭 등)이 와서 특강을 하기도 했다. 릴 대학 조교이며 윌름 가에서도 강의를 하고 있던 푸코도 어느 날 와서 파블로프를 강의했다"고 그들은 말한다. 정신의학에 대한 이 강의는 나중에 『정신병과 인격』의 제7장이 되었다. 물론 그 강의는 정통 맑스주의의 연장선상에 있는 것은 아니지만 여하튼 푸코는 거기서 스탈린을 언급했다고 파스롱은 말했다. 그의 강의는 아내와 아이들을 때리는 알코올 중독의 가난한 구두장이 예화로 마무리되었는데, 이 예화는 바로 스탈린의 것이었다. 그는 정신병리가 가난과 착취의 산물이며 따라서 인간 조건의 근본적인 개혁만이 그것을 종식시킬 수 있다는 것을 말하기 위해 가난한 구두장이를 예로 들었던 것이다.

파스롱이 암시했듯 그것은 강의에 참석한 '민속 그룹'에 대한 '윙크'였던가? 아니면 그저 단지, 강의 주제가 무엇이든 간에 공산당에 의해 주

---

5 라뒤리, 『파리–몽펠리에 : 지방 출신 학생과 파리 학생, 1945~1963』, p.46.

선된 강연회이므로 스탈린의 이름을 한 번쯤 말하는 것이 예의라고 생각해서였을까. 약간 특이한 지위의 덕도 있었지만 푸코가 세포 모임에 불참한다든가 또는 장 루이 반 르제모르테르와 함께 소련에 대한 『위마니테』의 기사를 야유한 것에 대해 비난하는 사람은 아무도 없었다.

그 당시의 모든 증인들의 말을 종합해 보면 푸코는 열렬한 투사는 아니었다. 오히려 그것과는 아주 거리가 멀었다고 말하는 것이 옳겠다. 그렇다면 클로드 모리악이 일기에 썼던 그 대화는 어떻게 설명해야 할까? 그것은 1971년의 일이었다. 푸코가 장 클로드 파스롱에게 이렇게 말했다. "우리가 『라 누벨 크리티크』지에서 흑인 역할을 했던 것 자네 기억나나? 그리고 오랫동안 문제가 되었던 그 기사도 생각나나? '메를로-퐁티를 혼내 주어야 한다'는 요지의 기사 말이야. 그건 우리가 쓴 게 아니었지. 하지만 『라 누벨 크리티크』에는 우리가 쓴 다른 기사들이 꽤 많이 있었어." 그러자 클로드 모리악이 불쑥 끼어들어 이렇게 물었다. "혹시 그 기사들은 카나파(Jean Kanapa; 프랑스 공산당의 대표적 지식인이자 지도자)의 이름으로 기명되지 않았던가?"[6] 『라 누벨 크리티크』지의 편집장이고, 스탈린주의 아파라치크(공산당의 영향력 있는 당원이라는 뜻의 러시아어)이며, 사르트르가 1954년 『현대』지에서 '멍청이'라고 불렀던 장 카나파의 기사들이 사실은 푸코가 쓴 것이 아니었을까? 푸코 자신도 이 소문을 부인하지 않았다. 그는 클로드 모리악에게 당시 잡지사 안에서 일이 그런 식으로 처리되었다는 것을 부인하지도 않았다. 『움직이지 않는 시간』의 후속편에서 클로드 모리악이 쓴 것을 보면 그는 단지 다음과 같이 말했다는 것이다. "나는

---

6 클로드 모리악Claude Mauriac, 『그리고 희망은 어찌 그리 강렬한지: 움직이지 않는 시간 3』*Et comme l'espérance est violente: Le Temps immobile 3*, Paris: Grasset, 1976, pp.318~319.

카나파의 글들을 다 쓴 건 아니야. 기껏해야 두세 개 정도. 사실을 말하자면……" 여기서 푸코의 말은 중단돼 있다. 왜냐하면 클로드 모리악이 자기의 지난번 책 속의 이 구절에 대해 푸코가 아무런 논평도 하지 않은 이유를 묻기 위해 말을 중단시켰기 때문이다.[7]

이 이야기는 자세히 캐 보면 캐 볼수록 점점 더 불분명해진다. 첫번째 이유는 아주 간단해 보인다. 카나파는 어떤 기사를 쓰기 위해 흑인의 이름을 빌릴 그런 사람이 아니었다. 이 잡지의 편집위원이었던 피에르 데(Pierre Daix)는 분명하게 그것을 확인해 준다. 즉 카나파는 세밀한 부분에 있어서까지 아주 꼼꼼하고 정확하게 기사를 썼으며 그 누구도 그의 글에 대해 간섭할 수 없었다는 것이다. 기껏해야 "그의 글 중에서 몇 구절을 고칠 수 있었지만 그것도 몇 시간의 토론을 거치고 난 후였다". 장 카나파의 아들이 70년대에 푸코를 만났는데 푸코는 그의 아버지와의 관계를 전혀 언급하지 않았다. 게다가 제롬 카나파가 자기 아버지를 만나 푸코와의 만남을 얘기했을 때에도 그는 이 철학자와의 관계나 과거의 만남을 일절 이야기하지 않았다는 것이다. 드장티에게 이 질문을 던지자 그는 웃음을 터트렸다. "아마 그것은 푸코의 짓궂은 장난일 것입니다."

또 다른 답이 있을 수도 있겠다. 푸코는 『라 누벨 크리티크』에 카나파의 이름으로 글을 쓴 것이 아니라 다른 가명으로 썼다는 가정도 가능하다. 그러나 아니 크리겔(Annie Kriegel), 장 투생 드장티(Jean Toussaint Desanti), 프랑시스 코엔(Francis Cohen), 빅토르 르뒥(Victor Leduc), 그리고 그 당시 카나파의 문서작성 비서였던 질베르트 로드리그(Gilberte

---

7 모리악, 『모리악과 아들: 움직이지 않는 시간 9』*Mauriac et fils: Le Temps immobile 9*, Paris: Grasset, 1986, p.290.

Rodrigues) 등 그 누구도 푸코를 보거나 그에 관한 얘기를 들은 적이 없다고 말하고 있다. 그리고 그가 이 잡지에 참여했을 것으로 생각하는 사람은 하나도 없었다. 1948년도 고등사범 동기이며 『라 누벨 크리티크』에 정기적으로 글을 썼던 미셸 브레(Michel Verret)도 "그런 일은 그에게는 생각조차 할 수 없는 일이다"라는 말로 이와 견해를 같이 했다. 더군다나 가명의 사용은 투사나 고급 공무원 혹은 정부 관료들이나 하는 일이었다고 그는 부연했다. 자기 자신도 예컨대 1949년 '공산주의자 찬양'을 쓴 루이 아라공이나 독소 조약을 옹호하는 글을 쓴 알렉상드르 마트롱과 프랑수아 퓌레(François Furet)처럼 자신의 글에 자기 이름을 기명했다고 그는 말했다(프랑수아 퓌레가 열렬한 스탈린주의자였다는 것을 밝혀 두는 게 좋겠다. 우익으로 전향한 뒤에도 그는 공산당 시절부터 몸에 밴 교조적이고 당파적인 정신구조와 난폭하고 권위주의적인 정치 행태를 평생 간직하고 있었다).

고등사범 출신 공산주의자로서 또 하나의 주요 인물인 모리스 카벵은 푸코가 공산당 잡지에 글을 썼을 것이라는 가능성 자체를 배제한다. 그것은 푸코의 기질과 전혀 맞지 않는다는 것이었다. 세포 서기였던 미셸 크루제도 그런 사실을 전혀 알지 못한다고 말했다. 클로드 모리악에 의해 그 대화 상대자로 지목된 장 클로드 파스롱에게 묻는 일만 남았다. 그러나 그는 본명으로나 가명으로나 자신이 한 번도 『라 누벨 크리티크』에 글을 쓴 적이 없으며 푸코도 마찬가지였을 것이라고 말했다. 그는 다만 잡지의 유명 기고가들의 글쓰기에 도움이 될 **초안**이나 쪽글들은 고등사범 학생들이 썼을 수도 있다고 했다. 그 당시 『라 누벨 크리티크』의 마지막 페이지에는 라탱지구나 고등사범에서 일어나는 일들을 기술한 익명의 짧은 기사들이 실렸었다. 그러나 그 어떤 경우에건 거기에 푸코의 글이 실렸으리라고 파스롱은 생각하지 않는다. "절대로 아니다"라고 루이 알튀세르도 단호하게 부정한다. "푸코의 의도는 아마도 자신들이 '카나파주의'에 책임이 있다는 정도의 의미였을 것이다"라고 그는 설명했다.

그렇다면? 클로드 모리악은 푸코가 자기 앞에서 그런 말을 했다고만 되풀이한다. 게다가 장 프랑수아 시리넬리는 전후 고등사범의 공산주의자들을 연구하기 위해 1981년에 푸코를 인터뷰했는데 그때 푸코는 지나가는 말로 고등사범 학생들이 『라 누벨 크리티크』에 글을 많이 썼으며 자기도 그중에 포함되는 듯이 말했다는 것이다(그 당시 좀더 분명하게 물어보지 못한 이 역사학자를 탓할 수밖에).

1975년에 녹취되고 2004년에 발표된 강의록을 보면 푸코도 모리악이 주의를 환기시켰던 그 관행에 대해 언급하고 있다. "똑같은 위계 구조, 똑같은 강제성, 똑같은 교조주의"를 갖고 있다는 점에서 대학의 기능과 공산당의 기능이 유사하다는 이야기를 하면서였다. "교수자격시험 심사위원장에게 보일 논문을 하나 쓰는 것이나 **내가 그랬듯이** 당서기장의 기고문을 대신 쓰는 것이나 둘 다 정확하게 똑같은 일이다!"[8] 하지만 무슨 기고문이란 말인가? 그리고 어떤 경로로 고등사범 학생의 기고문들이 잡지 책임자들의 기명 기고문으로 둔갑했단 말인가? 전혀 알 수 없는 일이다.

다만 푸코가 공산당의 학술 잡지에 기고했다는 사실은 확실해 보인다. 그리고 공산당 학생신문인 『클라르테』(*Clarté*)에 그 편집장인 미셸 브레의 부탁으로 데카르트에 관한 글을 쓴 것도 사실인 듯하다. 그러나 편집위원인 알렉상드르 마트롱의 증언에 의하면 이 '빛나는' 글은 '학생 대중'에게 너무 어렵다는 평가를 받았다. 그래서 마트롱과 브레의 호의적인 견해에도 불구하고 그 글은 실리지 않았다.

---

8 푸코, 「나는 불꽃 제조인이다」, 드루아, 『미셸 푸코: 인터뷰』, p.117. 강조는 내가 한 것이다.

　모든 증언을 종합해 볼 때 푸코의 공산당 가입은 다소 ‘주변적’이었던 것 같다. 이것은 1981년에 그 자신이 장 프랑수아 시리넬리에게 한 말이다. 그리고 아주 짧은 기간이었다. 그러나 아무리 짧아도 그가 나중에 인터뷰 대상에 따라 3개월, 6개월, 18개월 등으로 말했던 것보다는 훨씬 길고 유의미했다.

　그가 1953년에 탈당한 것은 확실하다. 이 탈당의 이유는 물론 복합적이다. 우선 이 점이 아주 중요한데, 푸코는 동성애를 부르주아의 악덕, 퇴폐의 징후로 보는 당에서 마음이 몹시 불편했을 것이다. 동성애가 그를 다른 사람으로부터 갈라놓는다는 느낌을 가졌을 것이다. 이때 동성애 때문에 세포에서 쫓겨난 사람들도 있었다. 한 특별한 증인이 이 해석을 강화시켜 주고 있다. 루이 알튀세르가 바로 그 사람이다. 푸코가 왜 공산당을 떠났는가라는 질문에 그는 즉각 “동성애 때문에”라고 답했다.

　푸코는 동시에 또 다른 이유를 댔다. 소위 ‘화이트 칼라’ 사건에서 느낀 혼란 때문이었다는 것이다. 1952년에 스탈린의 의사들은 ‘인민의 친애하는 아버지’의 생명을 놓고 음모를 벌였다는 혐의로 기소되었다. 이 기소는 반유대주의의 냄새를 풍겼다. 그러나 푸코를 포함하여 프랑스 공산당원 전부는 소련의 공식발표를 믿고 싶어 했다. 이 역사적 시기를 푸코가 어떻게 체험했는지, 두치오 트롬바도리와의 인터뷰에서 그대로 옮겨 본다.

　내가 공산당을 탈당했을 때는 1952년 겨울, 스탈린에 대한 의사들의 음모 사건 직후였다. 뭔가 끈질긴 불안감의 느낌 때문이었다. 스탈린이 죽기 얼마 전에 일단의 의사들이 그를 살해하려 했다는 소문이 나돌았었다. 음모가 어떻게 일어났는가를 설명하기 위해 학생 세포의 집회를 주선한 것은 앙드레 뷔름세르(André Wurmser)였다. 비록 그 설명을 납득할 수는 없었지만 우리들은 방금 들은 이야기를 믿으려고 애썼다. 이것 역시 내가 한심하다고 생각하는 태도의 일부이지만 이게 나의 태도였다. 이것이 바로 당 안에서 내가 지내던 생활의 방식이었다. 전혀 믿을 수 없는 어떤 사실을 지지할 수밖에 없는 것, 그것이야말로 '자아의 해체'를 훈련하는 것이었고 '타자'가 되는 방식을 추구하는 것이었다. 그렇게 해서 우리는 뷔름세르의 이야기를 신뢰하기로 했다. 그러나 스탈린이 죽은 지 3개월 후에 우리는 의사들의 음모가 순전히 날조라는 것을 알게 되었다. 무슨 일이 일어났는가? 우리는 뷔름세르에게 음모에 관한 이야기를 와서 설명해 달라고 부탁했다. 그러나 대답이 없었다. 흔한 일이고, 살다 보면 그런 일도 있다고 말할 수도 있다. 그러나 그때부터 나는 공산당에서 멀어졌다.[9]

스탈린이 1953년 3월 5일에 죽었으므로 푸코가 말하는 탈당은 그해 여름 아니면 가을이었을 것이다. 장 폴 아롱은 1953년 4월에 푸코가 아직 공산당원이었음을 보여 주는 일화를 하나 얘기했다. 그 시기에 앙드레 뷔름세르는 릴에서도 집회를 열었다. 이번의 규탄 대상은 루이 아라공이 만드는 공산당 문화지 『레트르 프랑세즈』(Lettres françaises)의 겉표지에 피카소가 그린 스탈린의 초상화였다. 그 집회에는 미셸 시몽(Michel Simon)과 미셸 푸코가 참석했다. 뷔름세르는 청중에게 "토레즈(Maurice Thorez; 프랑스 정치가. 공산당 서기 및 서기장을 지냄)로부터 가혹한 비판을 받은 이 초상화는 스스로의 오류, 다시 말해 자신의 악행에 의해 스스로를 파괴하고 죽음을 맞았다"라고 선언했다. 장 폴 아롱에 의하면 이 주장을 듣고 푸코는 "동요되기 시작"했다는 것이다.[10]

---

9 트롬바도리, 『푸코 심포지엄』, p.33.

시작했다고! 여하튼 그는 뷔름세르가 연사로 나온 집회에 참석했던 것이다. 그가 입당한 것이 1950년이므로 그는 약 3년간 공산당에 머물러 있었던 셈이다. 맑시즘과의 결별은 훨씬 뒤에 이루어졌다. 미셸 시몽은 1954년에 푸코가 한 공산당 학생 서클에서 "맑시즘은 철학이 아니라 철학으로 인도하는 길의 한 실천이다"라고 말하는 것을 들었다. 그리고 고등사범의 공산주의 학생이었던 에티엔 베를레는 맑스주의 심리학 입문서를 만들기 위해 알튀세르가 조직한 그룹에 푸코와 함께 참여했다. 그것은 『정신병과 인격』의 출간 직후, 그러니까 1954년 봄이었다고 한다.

결국 푸코가 공산당을 떠나고 맑시즘과 결별한 것은 1955년 스웨덴으로 떠나기 전인 같은 해 여름이었다. 그러나 그는 루이 알튀세르와 여전히 아주 가까운 사이였다. "내가 공산당을 떠났을 때 그는 아무런 비난도 하지 않았고, 전혀 나와의 우정을 끊을 생각이 없었다."[11] 알튀세르와의 이런 관계는 두 사람에게 똑같이 매우 큰 영향을 주었음에 틀림없다. 1965년 『『자본』을 읽자』(*Lire Le Capital*)를 출간하며 알튀세르는 "인식의 저서들을 독서하는 데 있어서 우리의 길잡이가 되었던 거장들, 즉 과거에는 가스통 바슐라르와 카바이예스이며 오늘날에는 조르주 캉길렘과 미셸 푸코인 그들에게 바친다"라는 말로 푸코에게 경의를 표했다. 푸코가 '르 튀스' 또는 '오랜 친구 알트'라고 불렀던 알튀세르는 자기 제자의 첫번째 저술에 아주 열광했다. 1961년과 1963년에 푸코가 『광기와 비이성』(*Folie et déraison*), 『임상의학의 탄생』(*Naissance de la clinique*) 등의 책을 냈을 때 알튀세르는 아직 저서가 하나도 없었다. 그는 푸코의 책들을 '개척자적 작

---

10 장 폴 아롱, 『근대인』*Les Modernes*, Paris: Gallimard, 1984, pp.65~66.
11 트롬바도리, 『푸코 심포지엄』, p.33.

품' 또는 '해방'의 작품이라고 칭찬하는 따뜻한 편지를 보냈다.

그러나 1966년에 푸코가 『말과 사물』에서 맑시즘을 맹렬히 비난하자 윌름 가의 옛 카이만은 더 이상 무관심하게 있을 수가 없었다. 지금은 그 자신도 속속 책을 써내고 있던 터였다. 푸코가 아이들이 종이배를 띄우며 노는 분수에서 분탕질을 하는 이론적 폭풍이라고 조롱했을 때, 모든 사람들은 그것이 고등사범의 안뜰을 가리킨다는 것을 잘 알고 있었다.[12] 1970년 『『자본』을 읽자』의 영국판에서 알튀세르는 방어태세를 취한 채 다음과 같은 말로 푸코를 언급했다. "그는 나의 학생이었으며 내 연구와 내 이론의 일부가 그의 연구 속으로 흘러 들어갔다. 그러나 내게서 차용한 의미나 용어들이 그의 사상과 펜 아래에서 나의 그것과는 전혀 다른 어떤 것으로 변형되었다."[13] 신중하고도 단호하게 표현된 이 이론적 불화에도 불구하고 알튀세르와 푸코는 끝까지 친구로 남아 있었다. 푸코는 항상 알튀세르에 대한 높은 평가와 존경을 간직했다. 그러나 역풍이 불어 맑시즘이 유행에서 밀려났을 때 자기 선생을 조롱하는 사람들을 단호하게 질타하지는 않았다.[14]

푸코가 자신을 '니체적 공산주의자'라고 말할 수 있었던 것은 그가 크게 감동을 받고 기회가 있을 때마다 인용하면서 그들과 자신을 동일시했던 위대한 작가들, 예컨대 바타유, 블랑쇼 등을 발견했을 때 그가 아직 현상학이나 맑시즘의 영향권 안에 있었기 때문이었다. 바타유나 블랑쇼 같

---

12 푸코, 『말과 사물: 인간과학의 고고학』*Les mots et les choses: Une archéologie des sciences humaines*, Paris: Gallimard, 1966, p.274.

13 알튀세르, 『르 마가쟁 리테레르』*Le Magazine littéraire*, n° 207, mai 1984, p.57에서 인용.

14 푸코와 알튀세르의 관계는 다음 책에서 더 자세히 분석했다. 『미셸 푸코와 그의 동시대인들』 *Michel Foucault et ses contemporains*, Paris: Fayard, 1994, pp.314~350.

은 작가들 덕분에 그는 철학과 정치학의 기존 개념에서 탈피할 수 있었다. 비록 그 작가들의 발견이 사르트르의 매개로 이루어졌지만 말이다. 사르트르는 1948년에 나온 『상황』(*Situations*) 1권에 그들에 대한 긴 해설을 싣고 있다. "우리는 바타유와 블랑쇼를 사르트르를 **통해** 알았으나 사르트르와는 **정반대**의 독서법으로 그들을 읽었다"라고 자크 데리다는 설명한다. 여하튼 푸코에게 있어서는, 그가 나중에 여러 번 말했듯이, 그들이야말로 '니체의 사상'으로 인도하는 진정한 통로였다. 그는 또한 르네 샤르와 베케트도 발견했다. 1953년에는 「고도를 기다리며」(En attendant Godot)가 상연되었다. "놀라움으로 숨이 막힐 듯한 공연"[15]이었다.

　이때부터 문학에 대한 열광의 시기가 시작된다. 이 열광은 60년대 말까지 계속되다가 정치적 관심에 자리를 내주게 된다. 푸코는 언젠가 폴 벤느에게 문학잡지 『누벨 르뷔 프랑세즈』(*Nouvelle Revue Française*, NRF)에 1953년 1월부터 연재되던 블랑쇼의 시평(時評)을 열심히 읽었다고 말하면서 "그 당시에 나는 블랑쇼가 되는 것이 꿈이었다"고 했다. 블랑쇼는 1953년 10월에 사뮈엘 베케트의 소설 『이름 붙일 수 없는 것』(*L'Innommable*)을 길게 해설하면서 이 텍스트 속에서의 '나'와 '저자'의 해체를 분석했다.[16] 그후 푸코는 1970년의 콜레주 드 프랑스 개강 연설을 위시하여 여러

---

15 푸코, 「정열의 고고학」Archéologie d'une passion, 『말과 글』*Dits et écrits*, tome2, texte n° 343, pp.1418~1427.

16 블랑쇼, 「지금 어디, 지금 누가」Où maintenant, qui maintenant, 『누벨 르뷔 프랑세즈』*NRF*, n° 10, 1953.(『도래할 책』*Le Livre à venir*, Paris: Gallimard, 1959에 재수록) 블랑쇼의 비평문과 기고문은 『문학의 공간』*L'Espace littéraire*, 『도래할 책』, 『무한한 대화』*L'Entretien infini* 등에 재수록되어 있다. 그 날짜 및 출전과 함께 완전한 목록을 프랑수아 콜랭Françoise Collin의 『모리스 블랑쇼와 글쓰기의 문제』*Maurice Blanchot et la question de l'écriture*, Paris: Gallimard, 1986에서 찾을 수 있다.

곳에서 이 소설을 인용했는데, 그가 이 책을 발견한 것은 아마도 블랑쇼를 통해서였을 것이다. 그는 소설의 구절들을 직접 인용했지만 소설의 저자에 대해서는 전혀 언급하지 않았다.

역시 1953년에 블랑쇼의 한 텍스트는 카를 야스퍼스의 저서 『스트린드베리, 반 고흐, 횔덜린, 스베덴보리』의 프랑스어 번역판의 서문이 되었다. 푸코는 오래전부터 야스퍼스의 꼼꼼한 독자였고, 초기의 글 속에서는 그의 『일반 심리병리학』(*Psychopathologie générale*)을 자주 언급했다. 『스트린드베리, 반 고흐, 횔덜린, 스베덴보리』에서 야스퍼스는 광기의 역사적 형태들을 굵은 터치로 그려 놓았다. "히스테리와 18세기 이전의 지배적 정신, 그리고 편집증과 우리 시대의 정신 사이에는 특별한 유사성이 있는 것 같다."[17] 블랑쇼의 서문 제목은 「탁월한 광기」(La Folie par excellence)였다. 그리고 거기에서 다음과 같은 구절을 읽을 수 있다. "과학이 인과관계를 내세워 설명하면 할수록 그 설명은 더욱 이해가 되지 않는다. 이해는 자기 능력에 벗어나는 것만을 추구하고, 아예 이해가 불가능한 순간을 향해 힘차고 끈질기게 나아간다. 이 순간에 이르면 철저하게 구체적인 현실임에도 모든 사실이 불투명하고 모호하게 되고 만다."[18] 틀림없이 블랑쇼는 푸코가 그후에 한 작업을 이해하는 데 있어서 빼놓을 수 없는 근본적인 원천 중의 하나다.

푸코의 초기 작품에서 말년의 작품에 이르기까지, 즉 1953년 빈스방거의 번역문 서문 『꿈과 실존』에서부터 1961년의 『광기와 비이성』 서문에

---

17 블랑쇼, 「서문」Préface, 카를 야스퍼스Karl Jaspers, 『스트린드베리, 반 고흐, 횔덜린, 스베덴보리』*Strindberg, Van Gogh, Hölderlin, Swedenborg*, Paris: Minuit, 1953, pp.232~236.
18 같은 책, p.12.

이르기까지 수많은 글에서 르네 샤르의 시의 흔적을 볼 수 있다. 『광기와 비이성』 서문에서 푸코는 다음과 같이 선언했다. "규칙과 방법 중에서 나는 유일하게 한 가지만을 택했는데, 그것은 가장 집요하고도 가장 억제된 진실에 대해 정의해 놓은 샤르의 텍스트 속에 있는 것이다. 샤르는 이렇게 말했다. '나는 사물이 우리들로부터 스스로를 보호하기 위해 만들어 놓은 환상을 제거했고, 사물이 우리들에게 양도한 부분을 사물에게 남겨 놓았다.'"[19] 그 서문은 샤르의 또 다른 인용으로 끝을 맺고 있다. 따옴표 속에 석 줄을 인용했는데 이번에는 저자를 밝히지 않았다. "힘겹게 중얼거리고 있는 비장한 동지여, 등불을 끄고 보석을 주게나. 새로운 신비가 그대 뼛속에서 노래하고 있나니. 그대의 정당한 남다름을 계발하게나."[20] 우리는 1984년 푸코의 마지막 책들 『쾌락의 활용』과 『자기에의 배려』(*Le Souci de soi*)의 속표지에서 르네 샤르의 시구를 다시 발견한다. 폴 벤느는 푸코가 50년대 초부터 샤르의 시를 외우고 다녔고 그의 「상어와 갈매기」(*Le Requin et la Mouette*)를 항상 인용했다고 말한다. 몇 년 후 스웨덴에서 푸코는 학생들과 친구들에게 자기 집에 들어오기 전에 샤르의 시를 외우라고 말할 정도가 된다.

그러나 이상하게도 그토록 수많은 사람들을 만났던 푸코는 한 번도 자신의 우상들을 만나지는 못했다. 바타유는 푸코가 프랑스로 되돌아온 지 얼마 안 되어 죽었다. 블랑쇼나 샤르와도 아무런 교류를 맺지 못했다. 이 철학자가 죽은 후 나온 『내가 상상하는 미셸 푸코』라는 책에서 블랑쇼

---

19 푸코, 「서문」Préface, 『광기와 비이성: 고전주의 시대 광기의 역사』*Folie et déraison : Histoire de la folie à l'âge classique*, Paris: Plon, 1961, p.x.

20 같은 책, p.xi. 샤르의 이 시구는 르네 샤르René Char의 「형식의 분할」Partage formel에서 발췌.(*Œuvres complètes*, Paris: Gallimard, 1983, p.160.)

는 그들이 함께 얘기한 것이 단 한 번밖에 없다고 말했다. "나는 푸코와 아무런 개인적인 관계가 없었다. 1968년 5월 사건 때 아마도 6월인가 7월쯤 (그러나 사람들은 푸코가 그 당시 거기에 없었다고 말한다) 소르본의 교정에서 내가 그에게 몇 마디를 건넨 것 말고는 한 번도 만난 적이 없다. 그때도 그는 내가 누구인지 모르고 있었던 것이다."[21] 블랑쇼는 『광기의 역사』가 출판되었을 때 『누벨 르뷔 프랑세즈』의 시평난에서 그것을 해설했고, 2년 후에는 역시 같은 지면에서 『레몽 루셀』(*Raymond Roussel*)을 해설했다. 푸코는 1966년 「바깥의 사유」(La Pensée du dehors)라는 글에서 블랑쇼의 작품을 분석하게 된다. 그들의 유일한 대화는 그러니까 잡지 기고문에서 기고문으로, 그리고 책에서 책으로 이어졌던 순환적인 글들이 고작이다. "우리는 참으로 아깝게 서로를 놓쳤다"라고 아직도 블랑쇼는 말한다.[22] 그러나 사실은 그들 자신이 그것을 원했던 것은 아닐까?

푸코는 르네 샤르 역시 한 번도 만나지 못했다. 그 둘을 다 잘 알았던 폴 벤느의 말을 들어 보면 푸코는 샤르에게 전화를 건 적도 없다는 것이다. 벤느와 푸코는 1980년 어느 날 샤르를 콜레주 드 프랑스에 영입하기 위한 '음모'를 꾸몄었다. 그 음모는 진척되지 못했고, 그들은 곧 이 시인이 정년의 나이를 넘어섰다는 것을 알았다. 한편 르네 샤르 역시 이 철학자를 매우 존경했고 그의 『광기의 역사』를 찬탄했다. 그는 이 철학자의 죽음에 '미셸 푸코에게'라는 마지막 시를 바치기까지 했다. 그러나 「웅덩이에 고인 희미한 빛」(Demi-jour en Creuse)이라는 제목의 이 시는 푸코를 위해 쓰여진

---

21 블랑쇼, 『내가 상상하는 미셸 푸코』*Michel Foucault tel que je l'imagine*, Paris: Fata Morgana, 1986, p.9.
22 같은 책, p.10.

것이 아니다. 그것은 푸코가 죽기 나흘 전인 1984년 6월 21일에 쓴 것이다. 샤르는 단지 남프랑스의 시골 근처에 살고 있는 벤느에게 자필 사인과 함께 이 시를 주었을 뿐이다. 친구의 죽음을 슬퍼하는 벤느를 위로하기 위한 선물이었다.

> 여우 한 쌍이 눈밭을 헤집네,
> 신방 차린 토굴가를 쿵쿵 밟으며
> 밤이면 그 억센 사랑이 주위에
> 타는 목마름을 핏자국처럼 뿌리네.

이 시를 읽고 눈물이 나도록 감동한 벤느는 시인에게 "그때 우리들은 푸코를 '푹스'(여우)라고 불렀죠"라고 말했다. 거기서 샤르의 헌사가 추가된 것이다. 그리고 방되브르 뒤 푸아투에서 열린 그의 장례식에서 이 4행절이 낭송되었다. 벌써 형성되기 시작한 전설과는 달리 샤르와 푸코 사이에는 이처럼 **사후**의 묘한 인연밖에는 없다. "그 전설이 사실이라면 재미있겠지만 그러나 사실을 사실대로 말하는 것이 좀더 정직한 일이 될 것이다"[23]라고 폴 벤느는 르네 샤르에 관한 글 속에서 말했다.

---

23 폴 벤느Paul Veyne, 『그의 시를 통해 본 르네 샤르』*René Char en ses poèmes*, Paris: Gallimard, 1990. 푸코와 샤르에 대해서는 pp.498~500을 볼 것.

6장
사랑의 불협화음

1950년대 초에 릴 대학에는 철학교수가 서너 명밖에 없었다. 당시의 교수 진은 15~20년 뒤의 인문대학 교수진과는 달리 숫자가 많지 않았다. 그들 중 아무도 심리학에 관심이 없었고 또 그것을 가르칠 의욕도 없었으므로 레몽 폴랭, 올리비에 라콩브, 이봉 블라발(Yvon Belaval) 등의 교수들은 이 귀찮은 일을 떠맡을 사람을 하나 뽑기로 했다. 그들은 새로 뽑을 사람의 이 상적인 모습을 정해 놓았는데 그것은 심리학의 기술적 분야보다 학문적 분야에 관심을 가진 학자였다. 레몽 폴랭이 파리에서 동료 학자인 쥘 뷔유 맹(Jules Vuillemin)에게 이 이야기를 하자 그는 푸코라는 사람이 있다고 말해 주었다. 그후 뷔유맹은 푸코의 인생에서 중요한 역할을 하게 된다. 그 에 대해서는 나중에 다시 다루겠지만, 여기서는 그가 알튀세르의 친구이 고 윌름 가에서 강의를 맡고 있다는 것을 말하는 것으로 충분할 것이다. 그 가 푸코를 알게 된 것도 고등사범에서였다. 그는 생 클루에 있는 다른 남자 고등사범학교*에서도 강의를 했는데 폴랭을 만난 것도 그곳에서였다. 이 제 모든 조건이 갖추어진 셈이다.

　폴랭은 푸코와 연락을 취해 그를 한 번 만났다. 푸코는 '심리철학'에 대한 박사논문을 준비 중에 있다고 말했는데 이것이 그의 마음에 들었다. 그는 푸코에 대한 명성을 익히 듣고 있던 터라 그를 만나기 전부터 이미 그에 대해 큰 호감을 갖고 있었다. 이 지원자의 학문적 명성만이 아니라 정신적 건강의 허약함에 대한 소문도 함께 나 있었지만 그는 그것에 대해서는 개의치 않았다.

이렇게 해서 푸코는 릴 대학의 심리학 조교가 되어 1952년 10월부터 근무하기 시작했다. 그러나 그는 그 도시에 '상주'하지는 않았다. 다른 정교수들처럼 그도 강의를 2~3일로 몰아서 매주 내려가 역 근처의 작은 호텔에 투숙했다. 문과대학은 도시 한가운데 오귀스트 앙즐리에 가 미술회관 뒤편에 있는 회색의 중후한 석조건물이었다. 건물 정면은 삼각형의 박공으로 장식되어 있었고, 출입문 앞에는 두 줄의 기둥이 받치고 있는 회랑이 있었다. 건물 주변은 당당하고 장엄했으며 어쩐지 음침하기도 했다. 푸코는 여기서 심리학과 역사를 가르쳤다. 이론들을 설명하고 저자들을 검토했으며 심리병리학에 대해 말하는가 하면 게슈탈트 이론이나 로르샤흐의 심리검사법을 가르치기도 했다. 그는 정신분석학 입문 대신 '양피지'를 설명함으로써 학생들을 어리둥절하게 만들기도 했다. 그러고는 프로이트 부분에서 한참 머문 다음, 학생들에게 『다섯 개의 정신분석 사례』(*Cinq Psychanalyses*)를 읽으라고 추천하고, '실존적 정신분석'과 쿤, 빈스방거 등의 저작에 많은 시간을 할애했다. 그리고 파블로프의 노선을 따라 연구

---

* 현재 프랑스의 고등사범학교는 처음부터 남녀공학제로 운영되지 않았다. 윌름 가의 남자고등사범이 1794년에 처음으로 개교하였고, 그후 1881년에 여성들만이 다닐 수 있는 세브르 여자고등사범학교(École Normale Supérieure de Sèvres)가 만들어졌다. 이 체제는 1980년대까지 유지되었으며, 1985년에 이르러서야 세브르 여자고등사범과 윌름 가의 남자고등사범학교가 통합되었다. 그리고 고등사범학교는 원래 리옹, 생클루, 카샹, 파리 윌름 가에 있었으나, 생클루에 있던 고등사범학교와 리옹에 있는 고등사범학교가 하나로 통합되면서 현재 고등사범학교는 총 세 개이다.

하는 소련 생리학자들의 이름을 환기시키는 것으로 강의를 끝맺었다.

"내가 들었던 강의는 분명히 맑스주의적 방향이었다"고 그의 강의를 우연히 딱 한 번 들었던 질 들뢰즈는 말한다. 아미엥 고교에서 교편을 잡고 있던 질 들뢰즈는 릴에 있는 친구 장 피에르 방베르제(Jean Pierre Bamberger)를 찾아갔는데 그 친구가 그를 푸코의 강의에 데리고 갔다. 이것이 그들의 첫 만남이었다. 장 피에르 방베르제는 그들 둘을 자기 집에 불러 저녁식사를 대접했다. 그 저녁 모임은 그렇게 성공적이지는 않았다. 들뢰즈와 푸코 사이에는 아무런 교감이 이루어지지 않았다. 그들의 길이 새롭게 마주치기 위해서는 몇 년을 더 기다려야 했다.

푸코는 아주 자유롭게 강의했다. 레몽 폴랭은 학기 초에 어떤 주제를 다룰 것인가를 형식적으로 묻고는 이어서 강의계획의 범위를 마음대로 정하라고 재량권을 주었다. 이렇게 하는 편이 훨씬 나았다. 왜냐하면 학과의 정교수들과 심리학과 조교들 사이의 관계가 전에는 좀 불편했었기 때문이다. 여하튼 푸코의 강의는 아주 효율적이고 특이한 것이어서 1954년 4월에 문과대학장이 다음과 같은 공식평가를 내릴 정도였다. "역동성으로 가득 찬 젊은 조교. 과학적 심리학 강의를 유능하게 조직. 승진의 자격이 있음." 젊은 조교, 정말 그랬다. 릴 대학에 임명되었을 때 그의 나이는 스물여섯이었고, 스웨덴에 가기 위해 퇴직할 때는 스물아홉이었다.

푸코는 릴에서 고등사범 시절의 친구들을 몇 명 만났다. 그들은 1947년 입학 동기생들로 릴의 페데르브 고교에 발령받은 미셸 시몽, 그리고 투르쿠앵 고교에 배정된 장 폴 아롱이었다.

1954년에는 앙리 4세 고교 고등사범 준비반에서 푸코와 함께 공부했던 마르셀 느뵈(Marcel Neveux)가 역시 페데르브 고교에 새로 부임했다. 이들은 늘 함께 점심을 먹었는데 여기서 그들은 정치 이야기를 했다. 느뵈와 시몽은 공산당원이었다. 그들은 또한 문학 이야기도 했다. 시몽은 스탕달 쪽에 기울어 있고, 푸코와 아롱은 발자크를 더 좋아했다. 그들 모두는 푸코가 떠들썩하게 옹호하던 다른 작가를 기억한다. 그는 자크 샤르돈(Jacques Chardonne; 1884~1968. 프랑스의 소설가. 일상에서 부부의 애정과 행복을 심리적으로 추구한 소설로 명성을 얻음)이었다. "『클레르』(*Claire*)는 걸작이야"라고 그는 친구들에게 말하곤 했다.

1952년 10월부터 1955년 6월까지 계속된 릴 시대의 마지막 시기에 푸코는 니체에 관해서 그리고 자신의 새로운 철학적 열정에 기여하게 될 책에 관해서 많은 말을 했다. 그러나 번개처럼 그의 머리를 강타한 이 새로운 철학적 열정이 자리 잡기 전까지 그의 관심은 주로 심리학 쪽으로 향하고 있었다. 심리학자 푸코인가? 아니면 심리학의 철학자 푸코인가? 그가 작성한 1952~53년의 저술 목록은 그가 실제로 했던 또는 앞으로 하려고 하는 연구의 지평이 어떤 것인지를 잘 보여 주고 있다. 여기에 그 자신이 직접 손으로 쓴 목록을 릴 대학 자료보관소에서 찾아 싣는다.

<1952~53년도 저술 목록>

① 『정신병과 인격』(*Maladie mentale et personnalité*) 인쇄 중(프랑스대학 출판사).

② 「심리학의 역사를 위한 몇 개의 소고」(*Éléments pour une histoire de la psychologie*), 알프레트 베버의 『철학사』 개정판에 실을 기고문. 인쇄 중.

③ 『정신분석과 실존분석』(*Psychiatrie et analyse existentielle*, 박사학위 보조논문) 인쇄 중(데클레 출판사).

④ 카를 폰 바이제커(Carl F. Freiherr von Weizsäcker)의 『구조의 순환』(*Gestaltkreis*) 번역. 7월 출간 예정.

⑤『꿈과 실존』(*Traum und Existenz*)의 서문. 데클레 출판사에서 7월에 나올 예정.

이 목록이 기재된 두 장의 종이에는 날짜가 기입되어 있지 않았다. 아마도 1952~53학년도 말, 그러니까 1953년 5월이나 6월, 혹은 다음 학년의 개강 시기, 그러니까 그해 9월이나 10월이 될 것이다. 여하튼 거기에 표시된 출판일자는 지켜지지 않았다. 『정신병과 인격』은 빈스방거의 『꿈과 실존』이 푸코의 서문과 함께 출판된 해인 1954년에 출판되었다.

그러나 심리학의 역사에 대한 기고문과 마찬가지로 폰 바이제커의 『구조의 순환』 번역이 햇빛을 보기 위해서는 1957년까지 기다려야만 했다. 세번째 항은 출간된 적이 없고, 그가 '인쇄 중'이라고 쓰기는 했지만 이 '보조논문'에 대해서는 아무도 들은 바가 없다. 빈스방거의 책의 서문에서 푸코는 "실존분석을 우리 시대의 인간 성찰의 성과 속에 자리매김하기 위해 앞으로 작품을 하나 쓸"[1] 계획이라고 말했지만 이 '후속판'은 결국 세상에 나오지 않았다. 게다가 보조논문 제출은 주논문인 『광기와 비이성』이 완성된 1961년에 가서야 이루어졌는데 그 주제도 심리학이나 정신분석학이 아니라 칸트의 『인간학』(*Anthropologie*)에 관한 것이었다. 그렇다면? 아무래도 이런 종류의 목록은 아주 조심스럽게 다루어야 할 것 같다. 아마도 그는 목록을 인위적으로 늘리기 위해 빈스방거의 서문을 두 번 셈에 넣은 것 같다. 사실 이 긴 서문은 『꿈과 실존』[2]에 대한 서문이라기보다는 '정신분석과 실존분석'이라는 주제에 대한 일반론이었다.

---

1 미셸 푸코, 「서문」, 『꿈과 실존』, pp.9~10.
2 같은 책, p.9.

릴 대학 목록에서 그가 이미 저술을 마쳤다고 보고한 한 권의 책을 빼더라도 그토록 짧은 기간 동안에 쓰여진 글의 양으로는 매우 놀라운 것이며 미셸 푸코의 대단한 저술 역량을 보여 주기에 충분한 것이다. 그는 끊임없이 읽고 쓰고 가르쳤다……. 그렇게 하기를 그는 평생 계속했다.

위에서 이미 언급한 니체 연구서 말고도 다른 저작의 아이디어가 속속 나왔다. 스웨덴으로 떠날 때 그는 두 가지 계획을 갖고 있었다. 또 한번 그리고 여전히 자클린 베르도가 이 젊은 철학자를 콜레트 뒤아멜(Colette Duhamel)에게 데리고 갔다. 라 타블르 롱드 출판사의 편집을 맡고 있던 콜레트 뒤아멜은 그에게 두 개의 작은 프로젝트를 맡겼다. 하나는 죽음의 역사에 관한 것이고, 또 하나는 광기의 역사에 관한 것이었다.

＊　　＊　　＊

1951년 7월 말. 몇 년 전부터 문화센터로 전용된 루아요몽 수도원에서 10일간의 음악축제가 열리고 있었다. 여기에 젊은 작곡가인 피에르 불레즈(Pierre Boulez)가 참석했다. 어느 날 저녁 그는 피아노에 앉아 모차르트의 소나타를 연주하고 있었다. 그를 둘러싼 작은 그룹은 그의 연주에 감동했다. 불레즈는 그때 이미 파리 음악계에서 중요한 인물로 간주되고 있었다.

이 현장에 미셸 푸코와 장 폴 아롱도 있었다. 그들은 알튀세르와 몇몇 고등사범 학생들과 함께 그곳에 갔다. 왜냐하면 이 고등사범 카이만은 교수자격시험 필기시험에 합격한 학생들의 구술시험 준비를 위해 매번 이곳에 학생들을 데리고 왔기 때문이다. 푸코는 최종시험 준비를 위해 이곳에 두번째로 온 것이다. 장 폴 아롱도 낙제했는데 그는 고등사범 출신이 아니었지만 푸코와의 우정 덕분에 이곳에 함께 왔다. 그는 『근대인』에 불레즈와 푸코의 첫번째 만남을 다음과 같이 썼다.

나는 한 젊은이가 많은 사람들에 둘러싸여 노기 띤 어조로 문학을 이야기하고 있는 것을 들었다. 그는 특히 바로 그전 해에 죽은 지드에 대해서 말했고 그를 강도 높게 비판했다. 나는 마치 칼날처럼 모든 것을 재단하고 선지자처럼 확신에 차 있으며 오만하고 조급한 이 사람이 누구인지를 알아보았다. 사람들은 내게 그의 이름이 피에르 불레즈이며, 어린 시절에 이미 「4중주 모음곡집」을 출판했고 피아노 소나타를 2개나 작곡했는데 이것을 메시앙(Olivier Messiaen)이 격찬했다는 이야기를 해주었다. 하기는 1945년 이후 빈(wien)파를 이어받았다고 주장하는 파리(Paris)파가 슈토크하우젠(Karlheinz Stockhausen), 크세나키스(Yannis Xenakis) 등 수많은 유럽 음악의 정수를 프랑스로 끌어들이며 폭발적인 세력을 과시하던 당시의 분위기 속에서 스물일곱 살의 불레즈가 자신을 천재라도 된 듯이 생각한 것은 무리가 아니었다. …… 모든 가치를 재정립하는 시기에 으레 그렇듯이 그는 새로운 안내자를 내세웠는데, 바로 샤르와 말라르메였다. 그는 곧 그 두 대가에게 음악을 바쳤는데 하나는 1955년 르네 샤르의 옛날 시에 곡을 붙인 「주인 없는 망치」(Le Marteau sans maître)이고, 또 하나는 1960년에 말라르메의 유명한 시에 곡을 붙인 「주름에 의한 주름」(Pli selon pli)이었다. 이 만남은 푸코의 인생에 큰 영향을 주었다. 음악은 언제나 그의 약점이었다. 그는 담론을 통해 음악에 도달했다. 불레즈는 요절한 장 바라케(Jean Barraqué)와 미셸 파노(Michel Fano), 질베르 아미(Gilbert Amy) 등 소위 불레즈 사단과 푸코 사이에 다리를 놓은 중개자였다. 이 불레즈 사단은 나중에 음악계의 복잡한 사정에 따라 와해되었다.[3]

---

3 아롱, 『근대인』, pp.64~65.

장 폴 아롱은 푸코의 인생에서 불레즈의 역할을 지나치게 과장하고 있는 느낌이다. 진실에 대한 배려이기보다는 아마도 원한의 감정에 치우친 듯하다. 왜냐하면 불레즈는 그로부터 30년 후인 1970년대 말에 와서야 푸코와 교류를 맺게 되었기 때문이다. 게다가 그것은 결코 친밀한 관계가 아니었다. 물론 푸코가 1975년에 콜레주 드 프랑스에서 불레즈를 교수로 선출하는 데 주도적 역할을 한 것은 사실이다. 그러나 이 제의를 말하기 위해 푸코가 불레즈를 만났을 때는 이미 두 사람이 20년 동안이나 만나지 않고 있던 터였다. 그리고 후보의 공식 제안자는 르 루아 라뒤리였다.

불레즈는 그후 1981년에 바르트, 들뢰즈, 푸코 등이 참석하는 심포지엄을 주선했다. 그리고 1983년에 불레즈와 푸코는 보부르그의 잡지에서 음악에 관한 대화를 했다.[4] 그러나 그것이 거의 전부였다. 여하튼 간에 50년대 초에 그들은 거의 왕래가 없었다. 불레즈와 푸코 사이에 오래전부터 깊은 우정이 있다는 소문이 끈질기게 나돌고 있지만 그것은 완전한 픽션일 뿐이다.

불레즈는 물론 이런 소문을 밑받침할 만한 어떤 발언도 하지 않았다. "우리는 서로 만났다기보다는 우연히 마주치고 스쳐 지나갔다는 것이 더 옳은 말일 것이다"라고 그는 그 시대를 회상하며 말한다. 그는 장 폴 아롱이 말한 루아요몽의 장면을 생생하게 기억하고 있다. 그러나 그것이 거의 유일한 만남이었다는 것이다. 그후에는 아주 드물게 잠깐 동안, 그것도 장 바라케를 사이에 두고서 만난 것 말고는 미셸 푸코를 거의 다시 보지 못했

---

4 푸코와 피에르 불레즈Pierre Boulez, 「현대 음악과 청중」La musique contemporaine et le public, *C.N.A.C Magazine*, mai-juin 1983.(『말과 글』*Dits et écrits*, tome2, texte n°333, pp.1307~1314.)

다. 그가 푸코의 『꿈과 실존』을 출판 즉시 읽을 수 있었던 것도 바라케가 그에게 한 권을 빌려 주었기 때문이다. 내가 이렇게 누누이 설명하는 것은 푸코에게 엄청난 중요성을 가진 작곡가는 불레즈가 아니라, 메시앙의 또 다른 제자이며 초기에는 불레즈의 라이벌로 흔히 얘기가 되었던 장 바라케이기 때문이다.

장 바라케는 1928년생이다. 스무 살에 파리 콩세르바투아르[음악학교]에서 메시앙의 음악분석 강의를 듣기 시작했다. 1951년과 1954년에는 불레즈와 이베트 그리모와 함께 현대음악 연구팀을 만들어 현장실습을 했다. 1952년에는 피아노 소나타를 작곡했다. 아마도 그가 미셸 푸코를 만난 것은 1952년 중이었을 것이다. 그들의 관계는 처음에는 평범한 우정이었다가 차츰 사랑의 관계로 발전했고 급기야는 폭풍 같은 열정의 관계가 되었다. 1952년 5월 그들이 처음으로 만났을 때 푸코는 한 친구에게 보낸 편지에서 그를 다음과 같이 묘사했다. "아주 못생기고, 그러나 매력적이고, 강렬하게 정신적이다. 게이에 대한 박식함은 백과사전급이다. 내가 이때까지 알지 못하고 있던, 그리고 앞으로 고통스럽게 탐험하게 될 세계를 권유받은 듯 당황스러웠다."[5]

1952년부터 1955년 사이에 그들 주변에는 작은 그룹이 형성되었는데 특히 미셸 파노와 그의 아내가 그들과 가까웠다. 이 젊은 음악가들에게 있어서 정말 성스러운 의식과도 같았던 메시앙의 강의가 끝날 때쯤 푸코는 그들을 찾아가 함께 점심이나 저녁식사를 하곤 했다. 심각한 문제를 토론하는 일은 거의 없었고 유쾌한 농담, 말장난, 웃음, 놀이뿐이었다. "언제나 연극 같았죠"라고 미셸 파노는 말한다. 그는 그들이 표방하는 음악에 푸코

---

5 푸코, 「연보」Chronologie, 『말과 글』Dits et écrits, tome1.

가 별로 끌리지 않았다고 기억했다. 그와 함께 자주 음악회에 다녔던 자클린 베르도가 기억하듯이 그는 바흐를 좋아했다. 그러나 젊은 음악가와 젊은 철학자의 만남은 그들의 일에서나 인생에서 두 사람 모두에게 깊은 각인을 남겼다. 그들은 서로 아주 비슷한 세계관을 갖고 있는 듯이 보였다. 바라케에게 있어서 음악은 "연극이고 비장한 것이고 죽음이다. 완전한 게임이고 자살에 이르기까지의 떨림이다. 만일 음악이 그렇지 않다면, 만일 그것이 극한에 이르기까지의 지양이 아니라면 음악은 아무것도 아니다".[6]

푸코는 바라케에게 1955년 초에 번역된 헤르만 브로흐(Hermann Broch)의 『베르길리우스의 죽음』(*Der Tod des Vergil*)을 읽어 보라고 했다. 바라케는 이 책에서 영감을 받아 「복원된 시간」(Le Temps restitué)을 작곡했는데, 그 초판은 1957년에 완성되었고, 그 다음에 「담론」(Discours)이 1961년에, 그리고 「노래 뒤의 노래」(Chant après chant)가 1966년에 완성되었다. 그는 이어서 역시 헤르만 브로흐를 주제로 하여 「누워 있는 사람」(L'Homme couché)이라는 서정적 작품에 착수했는데 이 곡은 그의 죽음으로 중단되었다. 그에게 니체의 시를 준 것도 푸코였다. 그는 이 시를 1955년 「속창」(Séquence) 안에 집어넣었다.

너는 딱딱하게 굳어서 멈춰 선다.
너는 뒤를 돌아본다. 얼마 전부터.
그러니까 너는 미쳤는가

---

6 장 바라케Jean Barraqué, 「즉석 연설」Propos impromptus, 『쿠리에 뮤지컬 드 프랑스』*Courrier musical de France*, nº 26, 1969, p.78. 장 바라케에 대해서는 『엥트르텅』*Entretemps* 특별호, 특히 로즈 마리 얀젠Rose Marie Janzen의 연보 초고를 참조할 것. 여기서 인용한 바라케의 텍스트는 모두 거기서 따온 것임.

세상을 도망치고 싶어…… 겨울 전에?

세상은…… 열린 문

수천 개의 말없이 차가운 사막을 향해.

내가 잃어버린 것을

벌써 잃어버린 사람은 어떤 곳에서도 멈추지 않고.

너는 새하얗게 질려 멈춰 선다.

한겨울 속을 미친 듯 돌아다니며

더 차가운 하늘을 끊임없이 찾아 헤매는 연기처럼…….

푸코에게 있어서도 이때 발견한 음악의 영향은 결정적이었다. 1983년 『에토스』에 실린 스티븐 리긴스와의 인터뷰에서 그는 이렇게 말했다. "지금은 죽었지만 내게는 작곡가 친구가 하나 있었지요. 그를 통해서 나는 불레즈의 세대를 전부 사귈 수 있었습니다. 그것은 내게 아주 귀중한 경험이었습니다."[7] 그러고는 1982년에 그가 쓴 「불레즈론」(à propos de Boulez)을 참조하라고 말했다. 1982년에 파리 가을 축제 10주년 기념으로 쓴 불레즈에 관한 텍스트에는 비록 바라케의 이름이 거론되지는 않았지만 그의 존재가 행간마다 어둠 속에 스며들어 있었다. 예를 들어서 글의 첫 부분은 사람들이 생각하듯이 불레즈에 관해 말하는 것이 아니라 사실은 장 바라케의 모습을 환기시키고 있는 것이다. 다음의 인용문을 읽고 독자 여러분들이 직접 판단을 내려 보기 바란다.

---

7 푸코, 「스티브 리긴스와의 인터뷰」, 『에토스』*Ethos*, tome 1, n° 2, automne 1983, p.7.

우연한 우정 덕분에 알게 된 것, 지금으로부터 30년 전에 일어난 일을 말해 보라는 말씀인가요? 나는 그때 단지 애정에 사로잡힌 뜨내기에 불과했고, 그들과 동시대의 감수성을 거의 느끼지 못하면서 그저 혼란, 호기심, 이상한 감정만을 갖고 있었죠. …… 그때나 지금이나 나는 음악에 대해 말할 능력이 없습니다. 다만 불레즈의 집 근처에서 일어나고 있는 일이 나로 하여금 이때까지 나를 형성해 왔던 사유의 세계, 거기에 내가 속해 있고 나를 포함해 다른 많은 이들에게 아직도 확신을 주고 있는 세계 속에서 갑자기 나를 낯설게 만들었다는 것만을 어렴풋이, 그것도 대부분 남을 매개로 하여 짐작하게 되었을 뿐입니다. …… 우리에게 감각·경험·관능·독특한 체험·주관적 내용 혹은 사회적 의미의 중요성만을 가르쳐 준 그 시기에 불레즈와 음악을 만남으로써 20세기를 전혀 다른 각도에서 볼 수가 있었습니다. 즉 형식의 주변에서 일어난 오랜 전투가 그것입니다. 러시아에서 독일에서 오스트리아에서 또는 중유럽에서 미술·건축·철학·언어학·신화학 등을 통해 '형식주의'가 낡은 문제들에 어떻게 도전했고, 사유방식을 어떻게 뒤흔들어 놓았는지를 인식할 수 있었습니다.[8]

이때까지 그 안에서 편안함을 느꼈던 문화적 가치에 대한 믿음을 깨뜨린 음악은 그러니까 앞으로 푸코로 하여금 다른 모든 것을 일정한 거리를 두고 보게 만들었고, 결국 현상학과 맑시즘에서도 벗어날 수 있게 해주었다. 자신에게 음악이 니체의 독서만큼이나 중요한 역할을 했다고 1967년 파올로 카루소에게 말한 것도 바로 이런 의미에서다. 그리고 이때 자신

---

8 푸코, 「불레즈 혹은 뚫고 지나간 장막」Pierre Boulez, l'écran traversé, 『르 누벨 옵세르바퇴르』*Le Nouvel Observateur*, 2 octobre 1982. (『말과 글』*Dits et écrits*, tome2, texte n° 305, pp.1038~1041.)

의 이야기에 구체성을 부여하기 위해 그는 니체의 시를 장 바라케에게 주었다고 말하고 이어서 장 바라케를 다음과 같이 묘사했다. "현세대의 음악가 중 가장 천재적이고 가장 알려져 있지 않은 사람."[9]

바라케와의 관계가 지속되었던 2~3년간 푸코는 예술적 혁신의 고양된 분위기, 다시 말해서 모든 것을 회의하고 새롭게 검토하려는 흥분된 분위기 속에 푹 젖어 있었다. 이러한 분위기 속에서 개성이 자리 잡고 작품들은 윤곽을 드러내기 시작했다. 그가 바라케와 열렬한 사랑에 빠졌다는 것은 의심의 여지가 없다. 푸코의 편지를 읽어 보면 그가 바라케를 자신의 복종적 성향에 딱 부합되는 이상적인 성적 파트너로 생각하고 있다는 인상을 받게 된다.

1955년 8월 스웨덴으로 떠나기 직전의 '마지막 주'가 두렵다고 하면서 그는 바라케에게 하루 종일 그를 욕망하며 보내고 있다고 편지를 썼다. 편지에서 그는 타인에게 속해 있다는 것, 타인에게 소유된다는 것, 또 타인의 기쁨이 된다는 것이 무엇인지를 이제 알게 되었다고 했다. 마치 빨간색 실이 짜여져 거대한 태피스트리가 되듯이 그의 팔이 만들어 내는 엮임 속에 자신의 모든 삶이 미끄러져 들어가 행복과 아름다움과 힘의 직물이 짜여진다고도 했다. 그러고는 자신을 아낌없이 다 주었기 때문에 더 이상 자신은 줄 것이 없으며, "당신은 내 욕망과 무관하게 순전히 당신의 쾌락만을 위해 나를 취하면 됩니다"는 말로 끝을 맺었다. 그것이 자신의 '비밀'이며 이 사실을 잊지 말아 달라고 덧붙였다.

그가 웁살라에 도착한 다음 날인 8월 27일에 그는 그들의 '마지막 밤'

---

9 푸코, 「파올로 카루소와의 대담」Entretien avec Paolo Caruso, 『라 피에라 레테라리아』*La Fiera Leteraria*, 28 septembre 1967.

의 '행복'을 상기시키며 "여기는 당신의 부재로 가득 차 있습니다"라고 편지를 썼다. 8월 29일에는 프랑스에 빨리 되돌아가기 위해 논문 준비가 신속하게 이루어지는 것만이 그의 유일한 희망이라고 썼다. "우리 두 사람에게는 단 하나의 삶밖에 없습니다. 그것은 공동의 삶입니다. 그러므로 우리가 그 삶을 잃거나 망칠 권리도 두 배로 줄어듭니다"라고도 썼다. 9월 1일에는 그가 보내고 바라케가 수취한 편지들("그것들은 동시에 도착했을 것입니다. 편지들은 자매나 쌍둥이 같아서 같이 도착해도 아무 상관 없습니다")이 이미 "나에게는 하나의 의식이 되었으며, 유일한 주일 예배가 되었다"고 선언했다. 그리고 만일 바라케가 원한다면 다음 해 5월에 영구적으로 귀국할 수도 있다고 말했다. 10월에 그는 "그를 지독하게 사랑하고 있다"고 선언했다. 편지, 편지…… 그 아름답고도 감동적인 수많은 편지들. 그 문체는 비의적이고 기괴하기까지 했다. (여러 가지 의미에서의) '유배'의 감정이 곳곳에서 묻어났다. '되는 대로 떠났다'라거나 옆에 의지할 바라케의 '단단함'이 없이 밤에 '지독한 악몽을 향해 길을 떠나는' 고통이 느껴지는 구절들이 그러했다.

1955년 12월과 1956년 1월에 푸코는 겨울방학을 보내기 위해 프랑스로 갔다. 푸아티에에 있는 부모님 집에서 얼마간 보낸 다음 그는 파리로 갔다. 그러나 바라케를 다시 만났을 때 사태는 아주 나쁘게 돌아갔다. 몇 주후 1956년 3월 10일과 11일에 프티 마리니에서 열린 「속창」 발표회에 푸코는 참석하지 못했는데, 그 며칠 후 바라케는 그에게 절교의 편지를 보냈다. "나는 더 이상 '12월'을 원치 않는다. 타락한 배우와 관객이 되고 싶지 않다. 나는 이 현기증 나는 광기에서 벗어났다." 그리고 친지에게 보낸 편지의 한 답장에서 바라케는 다음과 같은 충고를 받았다. "당신은 문제도 아닌 문제이거나 당신과 상관없는 문제로 고민을 하고 있군요. 그것은 철학자인 푸코의 문제이지 음악가인 당신의 문제는 아닙니다. 그 사람이 자기를 망친 후 당신까지 망치게 하지 마십시오. 그가 당신을 망칠 수 있으리라고는 생각지 않습니다. 왜냐하면 당신은 강하니까요."

1956년 5월에 푸코는 마지막 시도를 했다. 그는 방학 때 프랑스에 돌아올 것이며, 약속했던 대로 함께 방학을 지낼 수 있겠는가를 물었다. 대답은 부정이었다.[10] 그러나 바라케는 푸코를 잊지 못할 것이다. 1966년 파리의 그의 아파트를 장식한 드문 사진들 중의 하나가 그것을 말해 주고 있다. 그의 서가에는 신문이 한 장 펼쳐져 있었는데 그것은 『말과 사물』의 출간을 계기로 푸코에 관한 기사가 커다란 사진과 함께 실린 신문이었다. 아마도 그는 그의 옛 친구에 대한 많은 논평들을 추억으로 간직하고 있을 것이다. 바라케가 1969년 한 인터뷰에서 "누군가 내게 '천재란 절망에 잠긴 엄격한 정신'이라는 주네의 말을 반복해서 들려주었습니다"[11]라고 말했을 때 우리는 저 멀리서 들려오는 푸코의 목소리를 듣지 않을 수 없었다.

*　*　*

몇 년간 프랑스를 떠나 있을 준비를 하던 1955년대 중반 미셸 푸코는 어떤 상태였는가? 공동 저서 안에 수록된 두 개의 긴 논설문과 빈스방거 책의 서문, 그리고 첫번째 저서인 『정신병과 인격』을 출간한 상태였다. 논조가 아주 겸손한 이 책은 1954년 장 라크루아가 프랑스대학출판사에서 기획한 '철학입문' 총서의 한 권으로 출판되었다. 이것을 추천한 것

---

10 바라케가 기록해 놓은 자료.
11 바라케, 『쿠리에 뮤지컬 드 프랑스』*Courrier musical de France*, n° 26, 1969, p.80. 푸코와 바라케의 관계에 대해서는 『게이 문제에 대한 고찰』, pp.351~359에서 좀더 자세히 기술했다.

은 이 가톨릭 사상가와 친분관계가 있는 루이 알튀세르였다. 푸코의 책은 총서의 열두번째 책이었다. 첫번째 책은 조르주 귀스도르프의 『말』(*La Parole*)이고, 여섯번째 책은 모리스 네동셀(Maurice Nédoncelle)의 『미학 입문』(*Introduction à l'esthétique*), 여덟번째 책은 가스통 베르제(Gaston Berger)의 『성격과 인격』(*Caractère et personnalité*) 연구였다.

총서의 규정상 책은 114페이지를 넘을 수 없었다. "우리는 정신병리학이 신체병리학과는 다른 분석방법을 요구하며, '신체의 병'과 '정신의 병'에 같은 이름을 부여하는 것은 언어의 인위성일 뿐이라는 것을 보여 주고 싶었다"[12]라고 푸코는 책의 서두에서 썼다. 당시에 모리스 메를로-퐁티와 캉길렘의 영향을 받았던 골드슈타인 이론을 비판하는 것으로 이해해야 할 것이다. 이어서 그는 '실존분석'에 대해서는 좀더 호의적으로 길게 다루고 있다. 그의 생각에 실존분석은 정신의학 분야에서 큰 발걸음을 내디딘 것으로 여겨졌다. 반면에 정신분석은 가혹하게 비판했다. 그는 정신분석이 '인간과 주변 환경의 관계'를 '비현실화'했다고 비난했다. 이것은 결국 파블로프와 파블로프 이론을 등장시키는 것이 아닌가. 한 장 전체가 파블로프의 이론에 바쳐졌다. 그것은 단순히 당시에 유행하던 생리학적 성과에 대한 참조가 아니다. 여기서 우리는 그의 정치적 의도를 엿볼 수 있다. 왜냐하면 그 시기에 파블로프는 공산당이 극찬했던 '유물론적 심리과학' 수립의 깃발 역할을 했기 때문이다.

맑스주의 심리학에 기초한 잡지인 『과학적 심리병리학 노트』(*Cahiers de psychopathologie scientifique*) ── 편집위원장은 앙리 발롱(Henri Wallon)이고 편집자는 루이 르 기앙(Louis le Guillant)이었다 ──는 대체

---

12 푸코, 『정신병과 인격』*Maladie mentale et personnalité*, Paris: PUF, 1954, p.12.

로 정신분석학에 반대하는 이 경향을 잘 나타내 주고 있다. 창간호 목차에 보면 「정신의학과 유년」이라는 파블로프의 논문 번역과 「정신의학에 대한 파블로프의 기여」라는 스벤 폴랭의 연구 논문이 보인다. 창간호의 사설이 1951년 『라 누벨 크리티크』지에 실렸는데 거기서 우리는 "파블로프와 그 후계자들의 놀랄 만한 업적"이라는 찬사 뒤에 다음과 같은 글을 읽을 수 있다. "인간은 사회적 존재이며 그의 사회적 삶은 그에게 일어나는 일들, 특히 그의 병과 무관할 수 없다." 이어서 사회적 삶을 이렇게 정의하고 있다. "물질적·이데올로기적 현실, 다시 말하면 빵 값은 비싸고, 임금은 낮고, 전쟁은 틀림없이 일어날 그런 현실······."[13]

푸코의 표현은 이 사설과 놀랍게도 비슷하다. 예를 들면 '갈등의 심리학'이라는 장에서 파블로프의 가설을 소개한 뒤 그는 다음과 같이 말했다. "주위 환경의 조건이 자극과 금지의 변증법적 운동을 더 이상 허용하지 않을 때 거기에는 방어에 대한 금지가 자리 잡는다. ······ 병은 방어의 한 형태다."[14] 그것은 결국 "정신병이 들었기 때문에 소외되는 것이 아니라 소외되었기 때문에 정신병이 된 것이다"라는 의미가 된다. 그보다 몇 페이지 앞에서는 쿤과 빈스방거의 사례연구들을 맑스적 관점에서 재조명하여 다음과 같이 썼다. "정신병이 여러 모순적인 행동들의 뒤얽힘 속에서 주로 나타나는 것은 모순의 요소들이 인간 무의식의 역설적 성격으로서 중첩되기 때문이 아니다. 그것은 다만 인간이 다른 인간을 모순적인 체험으로 삼기 때문이다. 예컨대 현재의 경제체제가 경쟁, 착취, 제국주의 전쟁 그리고 계급투쟁 속에서 결정하는 사회적 관계들은 인간에게 모순이 내재한 체험

---

13 『라 누벨 크리티크』*La Nouvelle Critique*, avril 1951.
14 푸코, 『정신병과 인격』, pp.100~101.

을 제공한다."[15] 여기에서 다음과 같은 정신병의 정의가 나온다. 즉 정신병이란 "인간이 역사적으로 소외되는 사회 안에서의 모순의 결과"[16]다. 그렇다면 정신과 치료를 새로운 방향으로 해야만 할 필연성이 생긴다. "언젠가 환자가 소외의 운명을 겪지 않게 되는 날이 올 때, 우리는 비로소 정신병을 인간 개인의 문제로 생각할 수 있기 때문이다."[17] 그리고 푸코는 이렇게 결론을 내린다. "환경과의 새로운 관계를 수립하지 않고는 치료가 불가능하다. …… 모든 과학이 그렇듯이 심리학도 인간을 질곡에서 해방시키는 것이 목적이라면 진정한 심리학은 심리학주의에서 벗어나야 한다."[18]

정신분석학이 개인 발달의 '고고적(考古的) 단계'라고 부르는 것을 언급하면서 그가 고고학이라는 용어를 처음으로 썼음을 기억해 두자. "정신분석학은 성인의 병리학을 연구하면서 어린이의 심리학을 쓸 수 있다고 믿었다. …… 모든 리비도적 단계는 잠재된 병리적 구조다. 신경증은 리비도의 자발적 고고학이다."[19]

푸코는 나중에 이 책의 재출간을 원치 않았다. 『광기와 비이성: 고전주의 시대 광기의 역사』의 출간 1년 후인 1962년, 그는 『정신병과 심리학』(*Maladie mentale et psychologie*)이라는 제목으로 이 책을 새로 냈다. 이 수정판에서는 결론이 완전히 바뀌어져 있었다. 파블로프는 뒤로 숨었고 스웨덴에서 쓰여진 그의 박사논문 요약이 대신 들어갔다. 원래 '정신병의 실제적 조건'이었던 제2부의 제목은 '광기와 문화'가 되었다. 그리고 역시 제

---

15 같은 책, p.86.
16 같은 책, p.104.
17 같은 책, p.83.
18 같은 책, pp.108~110.
19 같은 책, pp.23~26.

2장의 '정신병의 역사적 의미', '갈등의 심리학' 등은 '정신병의 역사적 제도', '광기, 그 전체적 구조'[20] 등의 제목으로 바뀌었다.

그러나 이 수정판은 너무나 조잡하여 푸코는 그것의 재판을 금했고, 영어로 번역되는 것도 막으려고 애썼으나 실패했다. 푸코는 이 책을 전면적으로 부인했다. 인터뷰에서 최초의 저서 얘기가 나오면 언제나 『광기의 역사』를 말함으로써, 1954년에 쓰여지고 1962년에 재출간된 소책자를 역사의 망각 속에…… 또는 도서관의 장서 목록에만 묻어 두려 했다(적어도 그는 그렇게 믿었다. 왜냐하면 출판사는 그가 죽은 지 몇 년 후 『정신병과 심리학』의 포켓판을 출간했기 때문이다).[21]

1954년에 이 책이 출간되었을 때 푸코는 그해에 고등사범 학장이 된 장 이폴리트와 자주 심리학의 문제들에 대해서 논쟁을 벌였다. 이폴리트는 당대의 많은 철학자들이 그랬듯이 심리학적 문제들에 대해 깊은 성찰을 하고 있었다. 푸코 저서의 중심 주제인 '광기'는 사실상 철학적 논쟁의 주제이기도 했다. 이폴리트는 정신의학에 심취한 나머지 1년 동안 샤랑통 정신병원에서 바뤽 교수의 진료를 참관할 정도였다.

1955년의 한 강연회에서 그는 "광기의 연구가 인간학, 다시 말해서 인간 연구의 중심을 차지하고 있다고 나는 믿는다. 정신병원은 보통 사람들 사이에서 살 수 없는 사람들의 피난처다. 따라서 그것은 우리의 인간 환경을 이해하거나, 정상인에게 끊임없이 제기되는 문제들을 이해하기 위한

---

20 1954년 책의 분석과 두 수정판 사이의 변화를 알려면 1987년 버클리 캘리포니아 대학 출판부에서 간행한 『정신병과 심리학』(*Mental Illness and Psychology*, Berkeley : University of California Press, 1987)에 붙여진 허버트 드레이퓌스의 「서문」을 참조할 것.

21 푸코, 『정신병과 심리학』*Maladie mentale et psychologie*, Paris: PUF, 1995. 저작권 기재 부분에 초판이 1954년으로 되어 있는데, 독자들이 이 책을 초판이라고 오해할 소지가 있다. 1954년은 1962년으로 바뀌어야 한다.

좋은 수단이다"[22]라고 말했다. 그래서 이폴리트는 라캉의 세미나에 참석을 했는데, 이 세미나는 1951년 몇 명의 수강생과 함께 라캉의 아파트에서 시작했다가 1953년에 생트 안 병원으로 자리를 옮겼고 그후 좀더 큰 규모로 확대되었다.

라캉과 이폴리트 사이에는 1954년에 헤겔 철학과 언어학에 대한 공개 논쟁이 두 번 있었다. 이것들은 장년기의 라캉의 이론이 정교하게 다듬어지도록 도와준 중요한 계기였다.[23]

모리스 팽게에 의하면 미셸 푸코는 그때는 아직 유명하지 않았던 라캉의 강의를 매주 들으러 갔다. 그러나 두치오 트롬바도리와의 인터뷰를 보면 미셸 푸코는 라캉의 세미나에 참석하지 않았다는 인상을 풍긴다. 그 인터뷰의 오리지널 녹음을 들어 보면 이 질문을 받은 1978년까지도 라캉을 잘 이해할 수 없다고 말하고 있는데 이것은 그가 라캉의 강의를 충분히 듣지 않았다는 것을 의미한다. 한 가지 확실한 것은 푸코가 1953년부터 라캉의 이름을 들었고 그의 책을 읽었으며 그의 글을 인용했다는 것이다……. 우리가 앞서 보았듯이 그 당시에 푸코가 생트 안 병원을 자주 드나들었으므로 이것은 별로 놀라운 이야기가 아니다. 그리고 1961년에 『광기와 비이성』을 출간할 때 푸코는 자신에게 영향을 미친 사람들로 블랑쇼, 루셀, 뒤메질과 함께 라캉의 이름을 언급했다.

장 이폴리트의 이야기를 다시 해보자. 정신의학과 정신분석학에 대한 관심을 구체화시키기 위해 그는 철학자와 심리학자를 포함하는 연구팀을 조직했다. 그 첫 모임은 1955년 2월 5일 고등사범에서 있었다. 이봉 브레

---

22 이폴리트, 『철학 사상의 위대한 인물들』, tome2, pp.885~890.
23 루디네스코, 『백 년 전쟁: 프랑스 정신분석학의 역사』, tome2, pp.310~311 참조.

스(Yvon Brès)는 그 날짜를 정확히 기억하고 있다. 그날은 망데스 프랑스 내각이 실각하던 날이었다. 그 자리에는 옹브르단, 프랑세스, 푸코 등이 있었다.

그러나 푸코는 그때 막 프랑스를 떠나려는 참이었다. 그는 『프랑스 연구자들은 묻는다』라는 문집 속의 논문에서 자신의 계획이라고 밝힌 심리학의 주제를 완성시킬 수 있을지 아직 확신을 갖지 못하고 있었다. 이때는 『정신병과 인격』을 쓰던 시기였지만 그 두 논문의 어조는 완전히 다른 것이었다. 테스트와 조사방법을 많이 개발해 냄으로써 실증심리학은 과학의 세기에 도달한 듯 생각하고 있지만 이 기술적 세련은 "오히려 인간의 부정성을 잊게 만드는 징표"라고 그는 말했다.

다시 말하면 실증심리학은 다음과 같은 사실을 잊고 있다는 것이다. 즉, "정신병리학이 심리적 경험의 한 근원이었으며 지금도 여전히 그러한 것은, 정신병이 거기서 어떤 숨겨진 구조를 끌어내거나 또는 인간이 거기서 자신의 진실된 모습을 좀더 잘 알아볼 수 있어서가 아니라, 오히려 거기서 자기 모순의 절대적 요소 또는 그 진실의 칠흑같이 어두운 밤을 발견하기 때문이다. 인간의 조건인 질병은 건강의 심리적 진실이다"라고 그는 썼다. 자신의 근원을 잊는 심리과학에 그 '영원히 지옥 같은' 소명을 일깨워 주어야 한다고도 했다. "심리학은 지옥의 회귀에 의해서만 스스로를 구원할 수 있다"[24]고 푸코는 결론을 내렸다

---

24 푸코, 「과학 연구와 심리학」, 『프랑스의 연구자들은 묻는다』, p.193, p.201.

7장
웁살라, 바르샤바, 함부르크

"바칼로레아는 언제 했나?" '교수들의 기를 죽이는' 의식절차를 흉내 내며 조르주 뒤메질이 물었다. 상대방이 자신의 까마득한 후배(30년 이상)인 것을 알고 그는 푸코에게 "우리 서로 말 놓자"라고 제안했다. 그러자 미셸 푸코는 벌꿀주 대신 슈납스(독일산 화주) 잔을 들고 "타크 스카 두 하"[감사합니다의 스웨덴식 표현], "감사할진저"라고 말했다. 그는 스물아홉 살이었으며, 인도-유럽 신화학의 대가인 뒤메질은 거의 예순이 다 되었다. 그러나 스웨덴에서는 같은 대학에 있기만 하면 나이나 직위에 상관없이 서로 말을 놓고 지낼 수 있었다. 연장자가 먼저 그렇게 하자고 제안하기만 하면 되었다.

이제 우리는 스웨덴에 와 있다. 때는 1956년 봄, 무대는 스톡홀름에서 북쪽으로 70킬로미터 떨어져 있는 웁살라다. 콜레주 드 프랑스 교수인 유명한 석학은 『광기의 역사』로 이름을 날리게 될 미래의 철학자를 처음으로 만났다. 푸코가 1955년 8월 말 스웨덴의 이 작은 대학 도시에 오게 된 것은 뒤메질을 통해서였다. 그들은 아직 서로 모르는 상태였다. 사실 이 여행의 기원은 훨씬 옛날인 1934년까지로 거슬러 올라가야 한다. 푸코가 겨우 여덟 살이던 그때 뒤메질은 『우라노스 바루나』(*Ouranos Varuna*)라는 세번째 책을 막 출간했었다. 매주 목요일 토론회가 열리는 인도문명학회에 와서 그의 저서를 소개해달라고 실뱅 레비(Sylvain Lévi)가 부탁했다. 강연장에는 쥘 블로크(Jules Bloch), 마르셀 그라네(Marcel Granet), 에밀 방브니스트 등 역사, 철학, 언어학의 대표적인 학자들이 자리 잡고 있었다. 그 당시 에밀 방브니스트(Émile Benveniste)는 뒤메질의 가설에 매우 적대적이었다. 하기는 뒤메질 자신도 몇 년 후에는 자신의 가설들을 모두 부인했다. 이 강연회에서 토론은 아주 활발한 양상을 띠었다. 강연이 끝나 학생들이 모두 자리를 떴을 때 그들 중 하나가 연사에게 와서 말을 걸었다. 그의 이름은 라울 퀴리엘(Raoul Curiel)이었는데 그는 나중에 아주 유명한 고고학자가 되었다. 그는 강연의 논쟁점 중의 하나에 대해 저자와 이야기했다. 두 사람 다 흔치 않은 학문에 관심을 갖고 있었으므로 곧 '서로를 알아보았고' 그후 친밀하고도 지속적인 관계를 맺었다.

뒤메질은 그때 오랜 외국여행에서 막 돌아오는 길이었다. 터키에서 6년, 그리고 1931년에서 1933년 사이에 그는 웁살라 대학에서 프랑스어를 가르쳤다. 스웨덴에서는 2년을 살았는데, 그는 북구 지역의 친구들과 계속해서 교류관계를 맺고 있었다. 2차대전 후에도 자신이 화려한 업적을 쌓아놓은 스웨덴에 몇 번 다시 갔다. 그러니까 그가 스웨덴에 첫발을 내디딘 지 20년 후에 로망어 연구소장인 팔크(Paul Falk) 교수가 프랑스어 강의를 흔쾌히 떠맡을 사람을 하나 아느냐고 그에게 편지를 보낸 것은 결코 놀라운 일이 아니다.

그것은 1954년의 일이었는데 뒤메질은 조금 당황했다. 그는 고등사범 출신의 젊은 세대를 알지 못했기 때문에 자기로서는 아는 사람이 없다고 답장을 보낼 판이었는데 라울 퀴리엘이 마침 방금 만나 잠시 관계를 맺었던 한 젊은 철학자에 대해 이야기를 했다. "내가 이때까지 만난 사람 중 가장 지성적인 사람입니다"라고 그는 뒤메질에게 말했다.──흔히 '게이 하위문화'에서의 유난스러운 상호 봐주기가 그렇듯이──그를 전폭적으로 신뢰하고 있던 뒤메질은 파울 팔크에게 "그 자리에 딱 맞는 사람을 하나 찾아냈다"고 편지를 썼다. 그리고 그는 푸코에게도 한마디 써 보냈다. "친애하는 동지여(왜냐하면 두 사람은 고등사범 동문이므로), 오늘 아침 웁살라 대학 로망어 교수인 파울 팔크에게서 편지 한 통을 받았네. 내가 왜 당신을 생각하게 되었는지는 묻지 말게. 친구들이 당신에 대해 아주 호의적으로 얘기하면서 당신이 여기 웁살라에 오는 것을 아주 기쁘게 생각할 것이라 이야기했네." 그리고 그는 체류의 물질적 조건(프랑스 문화관 안에 마련된 멋진 아파트), 도서관(유럽에서 가장 훌륭한 도서관 중의 하나인 카롤리나 레디비바), 풍광(도심에서 2백 미터 떨어진 곳의 숲), 그리고 '감탄할 만한 스웨덴의 청년들'(이 단어의 성적 의미는 쉽게 판독할 수 있는 것이었다)[1]을 자랑스럽게 이야기했다.

푸코는 곧 그에게 답장을 썼다. '교수님'이라고 부르면서 그는 웁살라의 묘사에 매혹되었다고 말한 후 "유일하게 더 알고 싶은 것은 근무 조건입니다(도서관을 말씀하시니 말인데, 책이 아니라 자유 시간 말입니다). 제 논문은 충분히 진척되어 있어서 마무리만 지으면 됩니다. 이 문제만 제외하고는 나머지 모든 것이 완벽합니다"[2]라고 썼다. 뒤메질은 그때 그가 즐겨 쓰던 표현대로 웨일즈 지방을 '방황' 중이었다. 편지에 대한 그의 메모는 다음과 같다. "10월 25일 방고르에서 수취. 25일 자유 시간이 충분히 보장

---

1 조르주 뒤메질이 미셀 푸코에게 보낸 편지, 1954년 10월 15일.
2 미셀 푸코가 조르주 뒤메질에게 보낸 편지, 1954년 10월 22일.

된다는 말과 함께 이력서 세 장을 요구하는 답장 보냄."

　그리고 10월 29일 푸코는 다시 답장을 보내 왔다. "선생님이 제게 보낸 편지를 읽고 어떻게 웁살라나 스웨덴에 대해 손톱만큼의 망설임을 가질 수 있겠습니까? 단 하나 두려운 것은 문화원이 저를 그 자리에 임명하기를 동의하지 않을 때 제가 받을 실망감입니다." 그리고 그는 세 통의 이력서를 동봉해 보냈다. 여기서 그는 (이미 많이 진척되었다고 말한) 자신의 논문 제목을 「현상학에서의 세계의 개념과 인간과학에서의 현상학의 중요성에 관한 고찰」이라고 했다. 그리고 보조 논문으로 「표지(signal)의 심리-물리학과 지각의 해석에 대한 고찰」이라고 밝혔다.

　푸코가 죽었을 때 이 에피소드를 환기하며 했던 말과는 달리 뒤메질은 푸코가 스웨덴으로 떠나기 전에 한 번 혹은 두 번 푸코의 방문을 받고 그를 만나 웁살라와 스웨덴에 대해 설명하고, '대학 내부의 복잡한 장기판을 안내'(자기에게 찾아오라고 하면서 그가 푸코에게 했던 말)했던 것 같다.[3] 마침내 1955년 2월, 푸코는 문화원의 임명을 받았다고 뒤메질에게 편지를 썼다. 물론 다른 지원자들도 있었다! 롤랑 바르트도 그들 중의 하나였다![4] 그러나 뒤메질의 영향력은 결정적이었다. 그리고 푸코는 그 직위에 딱 어

---

3 "(휴가 떠나기 전에) 나 좀 만나 보고 가요"라고 뒤메질은 1954년 12월 16일에 말했다. 푸코는 1955년 1월 11일에 "존경하는 선생님, 염려해 주신 덕분에 저는 벌써 웁살라의 작은 세계에 익숙해졌습니다"라는 편지를 써서 보냈다. 그리고 2월 27일에 자신이 문화원장에 지명되었다는 것을 밝힌 후 다음과 같이 썼다. "웁살라의 생활 방식에 대해 좀더 여쭤 보고 싶은 게 있습니다. 근간 찾아뵈어도 될까요?" 그러니까 그들은 두 번 만난 것 같다. 1월 초에 나눈 첫번째 대화는 분명 스웨덴 생활에 대한 것은 아니었을 것이다. 1월 11일 편지에서 푸코는 뒤메질이 파리의 게이 생활에 대해 물었다는 것을 암시하고 있다. "파리의 동물지(動物誌)·식물지(植物誌)에 대한 저의 지식을 최대한 알려 드리겠습니다. 선생님이 그것에 대해 실망하시지나 않을는지, 또 저의 하찮은 평판이 그나마 더 깎이지나 않을는지 걱정됩니다."

4 루이 장 칼베Louis Jean Calvet, 『롤랑 바르트: 1915~1980』*Roland Barthes, 1915~1980*, Paris: Flammarion, 1990, p.154.

울리는 적임자였다. 그는 파울 팔크의 첫번째 편지가 요구했던 '학위'(예컨대 교수자격)가 있었고, 거기에 덧붙여 ('30에서 35세 사이의 비교적 젊은이일 것') 그는 28세밖에 되지 않았다. 그는 1955년 8월 26일 새로운 자리에 부임하게 될 것이다.[5]

"나는 항상 프랑스의 사회적·문화적 삶의 어떤 부분을 견디기 어려웠다. 그것이 내가 1955년에 프랑스를 떠난 이유다"라고 그는 나중에 자신의 스웨덴행을 설명했다. "그 당시에 스웨덴은 훨씬 자유스러운 나라로 여겨졌다. 그러나 나는 곧, 어떤 자유의 형식은 억압사회와 똑같은 억압적 효과를 낸다는 것을 그곳에서 발견했다."[6] 그는 자신의 불안과 존재에 대한 회의에서 벗어나기 위해 프랑스에서 멀리 떨어져 있기를 원했지만 웁살라에서 보내게 될 3년간은 그에게 매우 어려운 시기가 될 것이다. 우선 기후 때문에 그랬다. 그는 스칸디나비아의 살을 에는 듯한 겨울 추위에 익숙해지기가 힘들었다. "나는 20세기의 데카르트다"라고 그는 역시 추위를 겪는 동료들에게 말했다. "나도 여기서 죽을 것 같다. 다행히도 크리스티나 여왕이 없을 뿐이다." 그리고 11월에는 오후 3시에, 12월에는 오후 2시에 시작되는 긴 겨울밤도 참기 어려운 것이었다. 거기에 익숙지 않은 사람에게 그것은 정신적인 혼란과 우울증을 안겨 주었다.

웁살라 대학에서의 생활도 즐거운 것은 아니었다. 북구에서 가장 권위 있는 대학 중의 하나인 이 대학은 도시 규모에 비해 결코 작지 않은 대학이었다. 주민 7만 명 중 6만 명이 학생이었다. 분위기는 아주 경직돼 있

---

5 푸코의 스웨덴행과 뒤메질과의 만남에 대한 좀더 자세한 이야기는 디디에 에리봉, 「『광기의 역사』의 탄생, 뒤메질 파의 부상」(À la naissance de *l'Histoire de la folie*, L'ascendance dumézilienne I), 『미셸 푸코와 그의 동시대인들』에서 볼 것.
6 푸코, 「스티븐 리긴스와의 인터뷰」, 『에토스』*Ethos*, n° 2, automne 1983, p.4.

어서 부자연스러울 지경이었고, 루터식의 청교도주의가 무겁게 내리누르고 있었다. 그곳에 정착한 직후에 푸코는 장 바라케에게 "웁살라 대학에서의 생활은 내가 알고 있는 어떤 대학의 생활과 너무나 흡사하다"라고 썼다. 프랑스에는 없는 관용적인 열린 사고를 찾아 이곳에 왔지만 그는 여전히 똑같은 것을 발견했을 뿐이다. 여기라고 동성애가 파리보다 더 잘 받아들여지는 것도 아니고 어쩌면 파리보다 더 못하다고 할 수도 있었다. 푸코는 기분이 좋지 않았지만 그대로 머물러 있었다. 그리고 몇 달 후에 위대한 학자인 조르주 뒤메질과 좀더 가깝게 사귈 수 있었다.

뒤메질은 1947년 이래 매년 콜레주 드 프랑스의 학기가 끝나면 스웨덴에 와서 2~3개월 동안 연구하곤 했다. 대학은 그에게 작은 아파트를 하나 내주었다. 푸코는 웁살라에 있는 3년 동안 뒤메질을 정기적으로 찾아가 긴 시간 동안 대화를 나누었기 때문에 둘 사이에는 친밀한 우정이, 아니 일종의 공모관계 같은 것이 생겼다. 이미 뒤메질의 작품에 경탄하고 있던 푸코는 이제 그 저자에 대해서도 깊은 존경심을 갖게 되었다. 뒤메질은 그에게 모델이 되었다. 공부에 있어서의 엄격함과 끈기, 다양한 관심, 고문서에 대한 꼼꼼한 주의를 그는 뒤메질에게서 배웠다. 푸코의 사상의 역정에서 뒤메질이 가장 중요한 역할을 했다는 것은 의심의 여지가 없다. 1957년부터 그는 자신의 멘토의 연구 업적을 상기시켰다. '프랑스의 학문'이라는 독일 라디오 프로그램을 위해 쓴 '인간학'이라는 텍스트에서 그는 레비 스트로스에 대해 더 길게 말했지만 그러나 발표문의 말미에서 "조르주 뒤메질이 인도-유럽 신화의 거대한 구조를 쌓아올렸고, 그렇게 함으로써 메를로-퐁티보다 더 반성의 철학에 기여했다"[7]고 말했다.

자신이 얼마나 그에게 빚지고 있는가를 푸코는 끊임없이 말하고 또 말했다. 『광기와 비이성』의 서문에서도 이렇게 밝혔다. "약간 고독한 이 작업에서 나를 도와준 분들에게 나는 당연히 고마움을 표시해야만 할 것이다. 그 첫번째는 조르주 뒤메질인데 그가 없었더라면 이 작업은 시작도 하지 못했을 것이다."[8]

이것은 단순히 의례적인 표현으로 들릴 수도 있겠다. 왜냐하면 이 책이 만들어질 수 있는 조건을 제공한 것이 뒤메질이었기 때문이다. 그러나 이 책이 출판된 후 1961년 7월 22일 『르 몽드』와 가진 회견에서 그는 다시 한번 자신의 깊은 지적 부채에 대해 언급했다. 그에게 영향을 끼친 사람들에 대해 질문을 받고 블랑쇼, 루셀, 라캉을 말한 다음, 그는 다음과 같이 덧붙였다. "하지만 또한 아니 가장 중요한 사람은 뒤메질이었습니다." 인터뷰 기자가 놀라서 "아니 어떻게 종교사학자가 광기의 역사에 영감을 줄 수 있다는 말입니까?"라고 묻자 그는 이렇게 설명했다. "그의 구조의 개념에 의해서입니다. 그가 신화에서 했던 것처럼 나도 경험의 구조화된 규범을 찾아내고자 했습니다. 이 규범들의 도식은 다양하게 변조되면서 상이한 차원으로 다시 나타난다는 것을 발견했습니다."[9]

콜레주 드 프랑스 개강 연설에서 푸코는 뒤메질의 영향을 더욱 강도 높게 환기시켰다. "나는 뒤메질에게 많은 것을 빚지고 있다고 생각합니다. 왜냐하면 내가 아직 글쓰기를 단순한 즐거움으로 생각하던 시절에 내게 어려운 작업을 하도록 고무해 준 것이 바로 그이기 때문입니다. 뿐만 아니

---

7 푸코, 「현대 프랑스 학문에서 문제와 업적 4: 프랑스 인간학」Probleme und Leistungen moderner französischer Wissenschaft IV, Die französischer Anthropologie, Sender Freies Berlin: Nachtprogramm, 1957년 6월 25일. 이 방송의 텍스트는 처음에는 독일어로 번역되었다가 장 볼락Jean Bollack의 주선으로 미셸 푸코에 의해 프랑스어로 번역되었다.

8 푸코, 「서문」, 『광기와 비이성: 고전주의 시대 광기의 역사』, p.x.

9 푸코, 「광기는 사회의 산물이다」La folie n'existe que dans une société, 『르 몽드』Le Monde, 2 juillet 1961.(『말과 글』Dits et écrits, tome1, texte n° 5, pp.195~197.)

라 그의 작품에도 또한 많은 빚을 지고 있습니다. …… 그는 내게 언어 형식주의의 방법이나 전통적 해석 방법이 아닌 전혀 다른 방식으로 담론의 내적 경제를 분석하도록 가르쳐 주었습니다. 그는 또 모든 담론들을 비교하면서 그 기능적인 상관관계의 체계를 점검하도록 가르쳐 주었습니다. 한 담론이 어떤 변화를 겪고 또 제도와는 어떤 관계를 맺고 있는지를 묘사하는 방법도 가르쳐 주었습니다……."[10] 죽는 날까지 푸코는 뒤메질을 글을 꼼꼼히 읽었다. 1983년 1월 그는 콜레주 드 프랑스 강의에서 뒤메질의 저서 『소리 내는 아폴로』(Apollon sonore)를 길게 강의했다. 1984년 그의 마지막 두 강의에서 그는 뒤메질이 '소크라테스의 마지막 말들'[11]에 대해 방금 쓴 텍스트를 자기 분석의 근거로 삼았다.

강렬한 지적 영향인 동시에 거의 30년을 지속한 불멸의 우정이기도 했다. 뒤메질의 말마따나 "한 점 그늘도 없고 터진 금도 없는" 그 우정은 노철학자의 죽음만이 갈라놓을 수 있었다. 이 우정은 푸코의 대학 경력에서 특히 콜레주 드 프랑스 교수 선임 때 큰 역할을 했다.

두 사람의 만남이 이루어진 것은 웁살라의 프랑스 문화원 건물에서였다. 프랑스어 강사는 동시에 이 작은 대학 도시에 오래전부터 있는 소규모의 문화원을 운영하는 책임도 맡고 있었다. 이 문화원의 기능은 다른 모든 문화원과 마찬가지로 강연, 토론, 오락 활동 등을 통해 프랑스의 문화와 언어를 현지 국민들에게 알리는 것이었다.

---

10 푸코, 『담론의 질서』, p.73.

11 푸코, 「1983년 1월 26일 강의」Leçon du 26 janvier 1983, 『자기와 타인에 대한 통치: 1982~1983년 콜레주 드 프랑스 강의』Le Gouvernement de soi et des autres, Cours au Collège de France 1982~1983, Paris: Gallimard/Seuil, 2008, pp.105~121; 「1984년 2월 15일과 22일 강의」 Leçons du 15 et du 22 février 1984, 『진실의 용기: 1984년 콜레주 드 프랑스 강의 』Le Courage de la vérité: Cours au Collège de France 1984, Paris: Gallimard/Seuil, 2009, pp.87~130.

웁살라는 퓌리손 강을 사이에 두고 대학 지역과 주거 지역으로 나뉘었는데 프랑스 문화원은 퓌리손 강에서 두 걸음밖에 떨어져 있지 않은 부촌 생 조안 가 22번지의 화려한 살림 건물 5층에 자리 잡고 있었다. 이 건물의 정면은 1층까지는 빨간 벽돌이고 그 위는 분홍색 석재로 되어 있었다. 입구 위에는 사자 조각상이 얹혀 있었다. 5층은 두 부분으로 나누어졌는데 한쪽에는 글자 그대로 프랑스 문화원의 역할을 하는 도서관, 레코드판 수납실, 회의실 등이 있고, 또 한편에는 원장의 살림집으로 마련된 두 개의 방이 있었다. 푸코가 스웨덴에 체류하는 동안 살았던 곳이 바로 여기였다.

북구의 소규모 케임브리지라고 할 수 있는 이 도시의 우울한 분위기에도 불구하고, 푸코는 점차 새로운 생활에 적응해 갔고 그럭저럭 생활을 즐길 수도 있게 되었다. 그와 비슷한 시기에 이곳에 온 젊은 프랑스인 생물학자 장 프랑수아 미켈(Jean François Miquel)과 곧 친해져 둘이서 언제나 식사를 함께하기로 약속했다. 거기에 어부지리를 얻은 세번째 사람이 나타났다. 그것은 폭풍과 번개에 대해 연구를 하며 「벼락 이론에 대한 수학적 기여」라는 거창한 제목의 논문을 준비하고 있는 물리학자 자크 파페 레핀(Jacques Papet Lépine)이었다. 그들은 생 조안 가에서 돌아가며 식사를 했다. 가끔 거기에는 그들이 '미미'라고 불렀던 이탈리아 여강사 코스탄자 파스칼리와 유럽 시(詩) 전공자이며 오페라 애호가인 영국인 강사 피터 피슨이 자리를 같이하기도 했다. 이 작은 그룹은 일주일에 두 번 금요일 저녁과 일요일 점심에 그들이 특히 좋아하는 시내 레스토랑 포름으로 자리를 옮겨 식사하곤 했다.

언젠가는 그 레스토랑에서 모리스 슈발리에(Maurice Chevalier)와 함께 식사를 하기도 했다. 미셸 푸코와 장 프랑수아 미켈은 스톡홀름에서 콘서트를 가졌던 이 가수의 노래를 들으러 갔는데 공연이 끝나고 무대 뒤로 그를 찾아가 함께 얘기를 나누었다. 그의 초대에 대한 응답으로 푸코와 미켈은 그 스타에게 웁살라에 와 줄 것을 요청했다. 그래서 그들은 그 도시의 가장 좋은 레스토랑인 포름에서 점심식사로 그를 환대했다. 조르주 뒤메질이 그들 모임에 한 번 나타났고, 이 정신적 스승의 환송회와 환영회를 가진 것도 이 레스토랑에서였다. 그것은 진정 공동생활이었으며 푸코는 난생처음으로 이런 생활을 받아들였다. 받아들인 정도가 아니라 적극적으로 주위에 공동생활을 마련했다. 왜냐하면 그가 이 서클의 중심인물이었기 때문이다. 프랑스 문화원은 곧 주말이나 퇴근시간 후 이들이 모여 주흥을 벌이는 장소로 변했다.

얼마 후 두 명의 신참자가 이 공동생활에 떠들썩하게 가입하여 유쾌한 무질서의 바람을 불어넣었다. 미셸 푸코는 그들의 존재에 매혹되어 좋아서 어쩔 줄을 몰랐다. 그중 한 명은 프랑스에서 돌아온 스웨덴 학생으로 아버지가 파리 주재 스웨덴 대사관에 근무했으며 장송 드 사이 고교에서 공부를 했다. 그는 외교관이 되려는 확고한 결심과 함께 법과대학에 들어가기 위해 웁살라로 왔다. 그는 나중에 스웨덴의 유명한 외교관이 되었는데 특히 베트남전쟁이 한창이던 때 하노이 대사로 이름을 날렸다. 장 크리스토프 오베리(Jean Christophe Oberg)는 나중에 알제리와 바르샤바에서 대사를 지냈다. 그 당시에 그는 열여덟 살이었는데 프랑스 문화원에서 푸코의 비서가 되었다. 그 다음 해에 그는 프랑스인 여자친구를 데리고 왔다. 그녀의 이름은 '다니'였는데 푸코는 이 소녀를 매우 좋아하여 곧 그녀를 양녀로 삼았다. 그녀도 프랑스 문화원의 비서가 되었다. 장 크리스토프가 그녀에게 서서히 자리를 물려주었기 때문이다.

푸코는 그들과 있는 것이 아주 즐거웠다. 언젠가 그는 차를 한 대 구입하기 위해 장 크리스토프와 함께 스톡홀름으로 나갔다. 그들은 베이지색의 멋진 재규어 차를 한 대 사 가지고 왔는데 그것은 검약에 익숙해 있는 웁살라 사회를 깜짝 놀라게 만든 사건이었다. 사람들은 놀란 정도가 아니라 엄격한 대학사회에서 가장 말단의 강사가 이처럼 부를 과시하는 것을 보고 당혹감을 감추지 못했다. 뒤메질은 이 사건을 재미있게 회상했다. 푸코는 돈이 없는 것도 아니고(집에서 계속 그를 도와주고 있었으니까), 나중에 사람들이 묘사했듯이 결코 금욕주의자도 아니라는 것이었다.

그는 레스토랑에서 푸짐한 식사도 자주 했고 술도 잘 마셨다. 그 당시의 친구들은 그가 지독히 취했던 사건들을 몇 건이나 얘기해 주었다. 어느 날인가는 식사 후 건배를 하기 위해 잔을 들고 일어섰다가 취기에 못 이겨 그대로 땅바닥에 넘어진 적도 있었다. 시내에서 쇼핑하는 다니를 태워주기 위해 운전사를 가장한 적도 있었다. 그의 재규어는 그를 아는 모든 웁살라 사람들에게 하나의 전설이 되었다. 모두들 그가 마치 미친 사람처럼 운전을 하고 다녔다고 말한다. 뒤메질은 어느 날 구덩이에 처박힌 적도 있다고 회상했다. 이런 종류의 사고를 기억하고 있는 사람들은 한둘이 아니다. 다행히도 심각한 사고는 일어나지 않았지만 눈과 얼음판에 미끄러졌다면 진짜 심각한 일도 일어날 뻔했던 것이다.

그러나 푸코에게 있어서 웁살라는 무엇보다도 일을 많이 한 장소였다. 그의 직업적인 활동은 세 부분으로 나누어졌다. 우선 프랑스어 강사로서의 임무를 충실히 해야 했다. 그는 그것을 성공적으로 수행했다. 뒤메질이 스웨덴으로 와 자기가 추천한 젊은이를 다시 만났을 때 그는 그의 성공적인 업무수행에 큰 감명을 받았다. 일반인을 상대로 하는 그의 공개강의는 청중이 아주 많았고 그 반응도 아주 열렬했다. 그 도시의 교양인들은 모두 그곳에 모였고 부인들은 결혼 적령기가 된 딸을 데리고 왔다. 그러나 붉은 벽돌 대성당 앞의 대학 중앙건물에서 매주 목요일 오후 6시에 열렸던 이 일련의 강연회에서 근엄한 학문적 주제만을 다룬 것이 아니었다. 적어도 처음에는 그랬다. 첫해에는 '사드 후작에서 장 주네에 이르기까지 프랑스 문학에서의 사랑의 개념'을 다루었다. 당연히도 그것은 대학사회를 당혹시켰다. 그해에는 장 자크 포베르(Jean Jacques Pauvert)가 사드의 작품을 재출간하여 소송에 휘말린 사건도 있었다. 그 다음 해에는 좀 덜 과감한 주제를 택해 '프랑스 현대연극'을 강의했고, 1957~1958년에는 '샤토브리앙에서 베르나노스(Bernanos)에 이르기까지 프랑스 문학에서의 종교적 체험'을 주제로 택했다.[12]

푸코는 주당 6시간 강의를 맡았다(여기에 회화시간이 4시간 추가된다). 그중 3시간은 초보자와 프랑스어에 입문하고자 하는 타 전공 학생들을 위한 것이고 다른 3시간은 문학강의였다. 그것은 한편으로는 유명한 공개강좌였고, 또 한편으로는 프랑스어를 전공으로 택한 학생들만을 위한 두 시간의 세미나였다. 예를 들어서 1956년과 1958년에 진행된 이 세미나는 '17세기 프랑스연극'이라는 제목으로 특히 라신과 「앙드로마크」를 다루었는데 『광기의 역사』에서 오레스트의 발광상태, 혹은 '당대의 연극'에 관한 부분은 분명 이때의 연구결과다. 공개강좌가 백 명 혹은 그 이상의 수강생 앞에서 하는 것이라면 학생들을 위한 강좌는 수강 인원이 훨씬 적었다.

그러나 수많은 증인들이 입을 모아 말하고 있지만 한 가지 확실한 것은 이 철학자의 강의를 이해하는 수강생이 별로 없었다는 점이다. 그는 훌륭한 교수가 되기에는 너무나 철학적이었다. 다른 교수들은 이 젊은 동료

---

12 이 강의는 출판되지 않았다. 푸코 사망 당시 조르주 뒤메질이 『르 누벨 옵세르바퇴르』*Le Nouvel Observateur*에 쓴 기사에 '발간된 강의'(cours publié)라고 나온 것은 오식의 결과였다. 그는 '공개강의'(cours publics)라고 썼던 것이다.

를 높이 평가했고, 알리앙스 프랑세즈 원장은 목요강좌에서 ‘지적인 즐거움’을 느낀다고 말했지만, 일부 학생들은 푸코의 목요강좌가 뭔가 이해할 수 없는 길고 지루한 연설일 뿐이라고 생각했다. 아직 프랑스어의 기초밖에 모르는 18~20세의 학생들이 사드의 작품에 대한 현란한 해석이나 라신에 있어서의 광기 같은 이야기를 집중적으로 들었을 때의 그 당혹감이란 충분히 상상할 수 있는 일이다. 그들 중 몇몇 학생들은 지금도 그때의 강의를 떠올릴 때면 목소리에 노기를 띤다. “프랑스어 자체에 혐오감을 갖게 만들 정도였지요.” 혹은 “강의를 들으러 가는 것이 고통스러울 지경이었습니다”. 그러나 다른 사람들은 아직도 충격에서 벗어나지 못한 듯 그에 대한 하늘 같은 존경심을 토로한다.

여하튼 강의와 세미나의 수강 인원은 눈에 띄게 줄어들었다. 학생들이 그만큼 당황했다는 이야기이다. 푸코의 동료교수들은 그가 학생들에게 외면당하는 것을 보고 기분이 별로 좋지 않았으나 그렇다고 무슨 뾰족한 수가 있는 것도 아니었다. 푸코 자신도 기분이 언짢고 좀 화가 났다. 하지만 이것 때문에 어깨의 총을 바꿔 멜 수는 없는 노릇이었다. 실제로 그는 자기 강의를 따라올 수 있는 소수의 수강생에게만 관심이 있었고, 그 외의 학생들에게는 그가 늘 그랬듯이 빈정거리기만 했을 뿐이다.

그러나 푸코의 활동은 교육에만 한정되지 않았다. 그는 또한 프랑스 문화원을 활기차게 운영해야만 했다. 웁살라에 처음으로 왔을 때 푸코는 지방 신문인 『웁살라 니아 티드닝』(*Uppsala Nya Tidning*)과의 인터뷰(나비넥타이를 맨 사진과 함께 그의 최초의 인터뷰다!)에서 자기 계획의 큰 줄거리를 제시했다. 그 얼마 후 1956년 2월, 그는 몇 쪽짜리 보고서에 길게 자신의 계획을 밝혀 대사관에 제출했다. 그 보고서는 문화원의 현황을 꼼꼼하게 기술하는 것으로 시작하여 그의 앞으로의 운영 방침을 소상히 밝히는 것이었다. 학기 초에는 문화원에 매주 오는 학생이 별로 없었으나 차츰 정기적으로 오는 학생이 30명에서 35명 정도가 되었다. 그러나 이 숫자도 전체 학생 수에 비하면 턱없이 적은 것이므로 그는 다음과 같이 제안했다.

① 오락적인 프로그램(영화 상영, 음악 감상 등)을 늘려서 프랑스 문화원에 대한 학생들의 관심을 높일 것. 이를 위해서는 프랑스 본국 문화부에 필요 기자재(디스크, 책 등)의 조달을 요구할 것.
② 프랑스 문화원 안에 일종의 학생회관을 설치할 것. 방 하나가 도서실로 개조되자 더 많은 학생들이 신문과 잡지를 정기구독하게 되었음. 문화원은 일주일에 서너 번 정도는 개방되어야 하며 가능하면 강연이나 오락 프로그램이 끝난 후 스웨덴 학생들을 프랑스어 토론에 참여시켜야 함.
③ 도서관을 확충할 것.

그 외에도 프랑스 문화원은 대학 로망어학회 사람들만이 아니라 더 다양한 청중을 받아들여야 한다고 푸코는 덧붙였다. 프랑스 문화가 과학이나 그외 비철학 분야에서 영향력을 잃은 것은 사실이지만, 이런 현상은 결코 회복 불능은 아니라고 그는 말했다. 따라서 자신의 연구나 혹은 여행을 위해서 프랑스어가 필요한 학생이나 젊은 연구원들을 위한 기초 프랑스어 강좌를 개설해야 한다고 그는 강조했다.

여기서 볼 수 있듯이 푸코는 행정적인 기능에도 상당한 관심을 갖고 있었다. 그리고 그것은 아마추어의 수준을 넘어서는 것이었다. 그래서 그는 정기적인 강연회를 기획했고, 그것을 웁살라 체류 동안의 문화활동의 한 축으로 삼았다. 영화를 상영하고 그것을 해설하기도 했다. 사르트르의 희곡『더러운 손』(*Mains sales*)을 각색한 영화를 푸코가 즉석으로 해설한 것이 얼마나 훌륭했는지를 뒤메질은 자랑스럽게 회상한다. 그때 푸코는 오후 4시까지도 어떤 영화를 상영할 것인지 몰랐었다. 그런데 몇 시간 후 자신에 찬 해설로 청중을 완전히 사로잡은 것이다.

연극도 있었다. 해설만이 아니라 직접 공연도 했다. 장 크리스토프 오베리와 함께 그는 작은 극단을 가지고 있었는데 이들이 일반 관객 앞에서 연극을 무대에 올렸다. 물론 프랑스어로 한 것이다. 이때 공연된 작품은 라비슈(Eugène Labiche)의 「문법」(La Grammaire), 지로두(Jean Giraudoux)의 「아가」(Le Cantique des Cantiques), 알프레드 뮈세의 「마리안의 변덕」(Les Caprices de Marianne), 장 아누이유(Jean Anouilh)의 「도둑들의 무도회」(Le Bal des voleurs) 등이었다. 푸코는 연출을 맡았고 장 크리스토프 오베리는 다른 학생들과 함께 연기를 했다.

처음에는 웁살라에서 공연했고 이어서 스톡홀름, 순드발 등에서 '순회공연'을 했다. 순회공연 동안 푸코는 가방을 나르고 의상을 챙겼다. 그는 스톡홀름의 프랑스 문화원에서도 강연을 많이 했기 때문에 스톡홀름 여행은 자주 했다.

예를 들면 1955년 10월에는 '자크 코포(Jacques Copeau)와 새로운 연극적 조화'에 대한 강연을 했다. 혼자 갈 때는 자동차로 갔고 일행이 많을 때는 기차로 갔다. 그 기차에 그는 '주정뱅이'라는 별명을 붙였는데 그것은 돌아올 때의 그들의 상태를 빗댄 것이다. "우리는 그때 처음부터 끝까지 웃음바다였다"고 당시에 푸코와 우정을 맺었던 에릭 닐슨(Erik Nilsson)은 말했다. 군복무로 웁살라에 왔던 그는 책을 빌리러 문화원에 왔다가 곧 그룹에 합류했고 이어서 연극에 참여했다. 푸코는 이 청년에게 매료되어 그 몇 년 후 『광기와 비이성』을 출판할 때 그에게 헌사를 바쳤다.

푸코는 프랑스 대사관이 초청한 연사를 웁살라에 초빙하는 일도 했다. 옛 은사 장 이폴리트, 그리고 나중에 유명하게 될 작가들, 예컨대 마르그리트 뒤라스나 클로드 시몽(Claude Simon) 같은 사람들을 그는 기쁘게 맞이했다. 초빙인사 중에는 피에르 망데스 프랑스 같은 정치인도 있었고 알베르 카뮈도 있었다. 카뮈는 1957년 노벨문학상을 받으러 왔었다. 전통적으로 웁살라 대학에서 거행되는 노벨상 수상 연설은 그때 약간 긴장된 분위기에서 진행되었다. 왜냐하면 두 시간 전에 스톡홀름에서 프랑스의 식민주의에 대한 카뮈의 침묵에 항의하는 한 알제리인의 시위[*]가 있었기 때문이다. 카뮈의 그 유명한 대답이 나온 것이 바로 이곳에서이다. "나는 항상 테러를 비판했다. 마찬가지로 알제 시(市)에서 매일같이 일어나는 무차별적인 테러도 나는 비판한다. 그것은 언제고 나의 어머니나 나의 가족을 다치게 할 수도 있는 것이다. 나는 정의를 믿는다. 그러나 정의에 앞서서 나는 내 어머니를 먼저 지킬 것이다."

웁살라에서는 모든 일이 잘되었다. 학생들은 정치적인 질문을 하지 않았다. 그러나 물론 모든 사람들이 스톡홀름에서의 사건을 염두에 두고 있었다. 장 크리스토프 오베리는 푸코가 카뮈의 주장에 대해 아무런 아쉬움도 표시하지 않고, 또 문화원에서 열린 리셉션에서도 그 문제를 전혀 언

---

[*] 1950년대 말에서 1960년대 초까지 알제리는 프랑스 식민지로부터 해방되기 위해 격렬한 투쟁을 벌이고 있었고, 프랑스는 가혹한 고문 등으로 독립 운동의 투사들을 탄압했다. 사르트르를 비롯한 지식인들이 프랑스 정부에 맞서서 알제리 독립 운동을 강력하게 지지하고 나섰을 때, 알제리 출신인 카뮈는 이에 동조하지 않고 침묵을 지켰다. 알제리에 살고 있는 자신의 어머니가 지하 조직원들에 의해 살해될 수도 있음을 두려워했기 때문이다. 그의 유명한 말이 "내 어머니는 정의에 앞선다"라는 것이었다. 이 말로 카뮈는 당시 프랑스의 지식인사회에서 거의 패각(貝殼) 추방을 당했다. 지금 옮긴이의 생각을 말해 보라고 한다면 "진리를 위해서 죽을 수 있는 자를 경계하라. 진리를 위해 죽을 수 있는 자는 대체로 많은 사람을 저와 함께 죽게 하거나, 때로는 저보다 먼저, 때로는 저 대신 죽게 하는 법이다"라는 움베르트 에코의 말로 대신하고 싶다. 대의(大義)를 위한 운동은 고귀한 일이지만, 그 반대편에 있는 사람을 존중하는 것은 더 높은 인간적 가치이다.

급하지 않은 것을 보고 매우 놀랐다. 왜냐하면 이때까지 그가 알고 있던 푸코는 반식민주의자이고, 오히려 망데스 프랑스와 정치적 견해가 비슷했기 때문이다. 그러나 아마도 문화원장은 중립을 지켜야만 하는 자리였을 것이다. 그리고 특히 그런 유명 인사들을 맞이할 때는 자신의 진정한 감정을 투명하게 내비쳐서는 안 되었을 것이다.

이 에피소드에 대해 오베리는 다음과 같이 회상했다. "알제리 문제에 관해 푸코는 한 번도 완전하게 참여한 적이 없다. 그러나 우리는 카뮈의 거부, 또는 알제리 문제에 대한 카뮈의 입장 표명 거부에 대해 자주 이야기했었다. …… 카뮈가 웁살라에서 강연했을 때 내 메모에 의하면 미셸은 매우 신중했다. 나는 좀 덜 신중했고, 미셸은 내게 주의를 주었다. 나와 의견이 달라서가 아니라 내 행동이 카뮈를 불편하게 하지 않을까 해서였다. 나는 그 생각에 동의할 수 없었다. 미셸은 카뮈에게 스웨덴 사람들이 이 문제를 매우 중요하게 생각하고 있고, 스톡홀름에서의 알제리 학생의 데모는 스웨덴 정부가 부추기는 정치적 기류를 반영하고 있다고 말했다. 그건 사실이었다. 카뮈는 이 이야기에 대해 아무런 코멘트도 하지 않았다."[13]

두 번에 걸쳐서 롤랑 바르트도 다녀갔다. 그를 초청한 것은 푸코 자신이었다. 그들은 1955년 말 푸코가 크리스마스 휴가로 귀국했을 때 푸코의 고등사범 동창이며 그와 아주 친했던 로베르 모지의 소개로 알게 되었다. 그 당시에 바르트는 1953년에 나온 『글쓰기의 영도(零度)』(*Le Degré zéro de l'écriture*)를 빼고는 아직 이렇다 할 저서가 없던 때였다. 푸코도 물론 『정신병과 인격』 한 권의 책밖에는 없었다.

조심스럽게 두 사람 사이에는 우정이 맺어졌다. 그들은 푸코가 파리

---

13 장 크리스토프 오베리가 필자에게 보낸 편지, 1988년 10월 10일.

에 올 때마다 라탱지구의 레스토랑에서 자주 함께 식사를 했고, 생제르맹의 술집에서 같이 술을 마셨다. 그들은 함께 모로코 여행을 하기도 했다. 그러나 이 우정은 어떤 지적·개인적 경쟁심으로 단번에 망쳐져서 둘 사이의 관계가 어려워졌다. 두 사람의 성격은 너무나 달랐고, 갈등을 일으키는 일이 점점 많아졌다. 1960년대 초에 그들 둘 사이의 갈등이 꽤 오래 지속되었다. 아마도 푸코에 의해서 유발된 것이었을 텐데 그 이유는 알려져 있지 않다.[14] 그래도 푸코는 1975년에 바르트가 콜레주 드 프랑스 교수로 선임되는 것을 도와주게 된다. 바르트의 작품에 대한 존경심 때문이라기보다는 옛 우정 때문일 것이라고 그들 둘을 잘 아는 사람들은 말한다.

푸코가 바르트를 추천했던가? 피에르 노라(Pierre Nora)는 푸코가 다음과 같이 말했던 것을 기억한다. "일이 아주 귀찮게 되었어요. 바르트가 콜레주 드 프랑스 교수 자리에 신청을 했다니 한 번 만나 봐야겠습니다. 만난 지 오래됐는데, 나와 함께 가지 않으시겠어요?" 일이 잘되어서 피에르 노라는 10분쯤 후에 그들만 남겨 놓고 왔다. 그러나 바르트의 친구이며 편집자였던 프랑수아 발(François Wahl)은 이 이야기를 반박한다. "푸코가 내게 콜레주에 지원하라고 한다. 그렇게 수줍어하지 말라고 용기를 주기까지 했다"라는 바르트의 말을 상기시키면서 그는 미셸 푸코와 롤랑 바르트 사이의 관계가 느슨해졌고, 롤랑은 항상 미셸이 자기 작품에 대해 아무런 언급도 하지 않는 것에 괴로워했는데, 그가 그런 일로 미셸을 찾아간다는 것은 상상하기 어려운 일이라고 했다. 차라리 그 반대라면 모를까.[15]

어떻든 간에 푸코는 콜레주 드 프랑스의 동료들에게 바르트를 소개하

---

14 칼베는 여러 증인을 인용하며 몇몇 사례를 상기시킨다.(『롤랑 바르트: 1915~1980』, pp.172~173.)
15 프랑수아 발François Wahl이 필자에게 보낸 편지, 1989년 10월 1일.

기 위해 보고서를 두 개 썼다. 이 후보의 '세속적' 측면에 대한 근엄한 학교 측의 비판에 대한 대답이 그중 한 보고서의 말미에 쓰여져 있다. "그에 대한 사람들의 관심이 일종의 유행이라는 것을 나도 인정한다. 그러나 유행, 열광, 심취, 과장 같은 것들이 어느 순간에 문화의 한 풍요로운 근원을 드러내 준다는 것을 어느 역사학자에게 설득시켜야 할까? 현재 대학의 밖에서 들리는 그의 목소리가 오늘날 우리의 역사가 아니며 또 우리의 목소리와 상관없는 것이라고 말할 수 있을까?"[16]

바르트의 목소리는 여하튼 사람들에게 들려야 했고, 그는 선출되어야 했다. 바르트의 인생에서 매우 중요한 이 일화 이후에 둘 사이에는 전보다 좀더 평화적이고 조용한 우정이 싹텄다. 그러나 아주 짧은 동안이었다. 바르트는 1980년 3월 26일 에콜 가에서 트럭에 치였다. 이틀 후 푸코는 살페트리에르 영안실에서 열린 발인식에 참석했다. 그의 옆에는 앙드레 테키네(André Téchiné), 이탈로 칼비노(Italo Calvino) 등이 있었다. 동료 교수가 죽으면 언제나 그렇듯이 푸코는 콜레주 드 프랑스의 교수회의에서 고인에게 찬사를 바쳤다.

"몇 년 전 내가 그를 우리 중의 일원으로 받아들이자고 제안했을 때, 20년 동안 자자한 명성 속에서 행해졌던 그의 학문적 독창성과 중요성은 나로 하여금 내 제안을 관철시키기 위해 우리의 우정을 거론할 필요조차 없게 만들었습니다. 나는 그를 잊을 수가 없습니다. 여기 그의 작품이 있습니다. 이제는 그의 작품만 덩그러니 남았습니다. 그러나 그 작품은 여전히 말할 것입니다. 다른 사람들이 그 작품에게 말을 시키고 또 그 작품에 대해

---

16 미발표 원고. 나는 『미셸 푸코와 그의 동시대인들』, pp.211~232에서 바르트를 콜레주 드 프랑스의 지원자로 추천하기 위한 푸코의 보고문을 발췌하여 몇 번 인용했다.

말할 것입니다. 그러니까 오늘 오후 청컨대 우리의 우정을 얘기하는 것을 용서해 주십시오. 그가 그토록 증오했던 죽음과 함께 이제 우리의 우정은 그 묵중함이 죽음과 닮게 되었습니다. 여러분들이 그를 선출했을 때 여러 분들은 그것을 잘 알고 계셨습니다. 여러분들은 지성과 창조성이 드물게 결합된 사람을 뽑아 주셨습니다. 사물을 있는 그대로 볼 줄 알면서 또 한편 으로는 그것을 아주 새로운 각도로 창조해 내는 그 역설적 능력의 소유자 를 뽑아 주셨습니다. 그는 위대한 작가이며 놀라운 교수였습니다. 그의 강 의는 그것을 이해하는 사람들에게는 단순한 강의가 아니라 하나의 체험이 었습니다. …… 운명은 그만 야만적 사물의 폭력으로 하여금 이 모든 것에 종언을 고하게 했습니다. 그를 맞아들이자고 내가 여러분들에게 청했던 바로 이 학교의 문턱에서 말입니다. 그가 여기에 들어온 것을 행복으로 여 겼다는 것을 내가 몰랐다면, 그리고 또 그를 잃은 슬픔 속에서나마 따뜻하 게 미소 짓는 우정을 그로부터 여러분들에게 전달할 수 없었다면, 나는 고 통을 참을 수 없었을 것입니다."[17]

*　　*　　*

웁살라에서 푸코는 그의 공식적인 활동을 아주 중요하게 생각했다. 그 일 들에 온 정력을 다 바칠 정도였다. 1956년 1월 26일 장학관 샹텔리는 외무 장관에게 보낸 보고서에서 다음과 같이 썼다. "그가 힘든 업무를 열과 성 을 다하여 수행하고 있다는 것은 그의 나쁜 안색이 증명하고 있습니다. 나

---

17 푸코, 「롤랑 바르트, 1915년 11월 12일~1980년 3월 26일」Roland Barthes, 12 novembre 1915~26 mars 1980, 『콜레주 드 프랑스 연감』*Annuaire du Collège de France*, 1979~1980, 80ᵉ année.(『말과 글』*Dits et écrits*, tome2, texte n° 288, pp.943~948.)

는 푸코 씨가 필요한 휴식을 취하지 않은 채 과로하고 있다는 인상을 받았습니다." 1년 뒤 문화담당 참사관인 구용 씨는 다음과 같은 평가보고서를 보냈다. "푸코 씨는 학회와 일반 문화강좌에서 번갈아 가며 훌륭한 강연회를 개최하는 것으로 웁살라만이 아니라 스톡홀름에까지 그 명성을 날리고 있습니다. 그러나 그 모든 일을 혼자서 성공적으로 수행하느라 그의 건강이 일에 짓눌려 글자 그대로 죽어 가고 있지 않은가 걱정이 됩니다. 자리를 하나 새로 마련하는 것(그에게 웁살라의 업무를 덜어 내어 다른 곳으로 배치시켜 주든가 아니면 후임자가 와서 스톡홀름 업무에서 그를 해방시켜 주든가)이 그에게는 절대적으로 필요합니다(1957년 5월 5일)."

그리고 1958년 5월에는 문화담당 참사관 슈발 씨가 웁살라 문화원장에 대한 다음과 같은 보고서를 올렸다. "푸코 씨는 프랑스 문화를 외국에 알리는 훌륭한 대변자입니다. 그는 웁살라에서 성공적으로 일을 수행하여 교수와 학생들로부터 전폭적인 신뢰를 받고 있습니다. 그는 이 자리에 없어서는 안 될 사람입니다. 만일, 애석하지만 이것은 충분히 예견할 수 있는 일인데, 그가 이 북구의 기후에 지쳐 물러나게 된다면 적당한 후임자를 찾을 수 있을지 매우 의심스럽습니다. 여하튼 푸코 씨는 외국 공관의 좀더 중요한 직위도 마음 놓고 맡길 수 있는 드문 사람 중의 하나입니다(1958년 3월 25일)."

그러나 푸코에게 있어서 웁살라 체류는 박사학위논문을 쓴 시기로서 의미가 있다. 왜냐하면 그가 『광기의 역사』에 착수한 곳이 바로 웁살라였기 때문이다. "글을 쓰고 싶다는 열망은 서른 살쯤에 나를 사로잡았다. 글쓰기의 즐거움을 발견하기 위해서는 외국 생활이 필요했다"라고 그는 나중에 한 인터뷰에서 밝혔다. 매우 서투른 언어(영어 혹은 스웨덴어)를 말할 수밖에 없는 상황 속에서 "유일한 진정한 조국, 그 위를 걸을 수 있는 유일한 진정한 국토, 머물러 자기 몸을 보호할 수 있는 유일한 집은 다름 아닌 자신이 어린 시절 이래 배운 언어였다. 나는 이 언어를 되살리고, 언어의 작은 집을 하나 짓기로 결심했다. 나는 그 집의 주인이 될 것이고, 그 집의 구석구석을 잘 알게 될 것이다".[18]

그리고 1958년 그가 이곳을 떠날 때 원고는 거의 완성되었다. 『정신병과 인격』으로 푸코는 근대 정신의학적 사유에서 '실성'의 의미가 무엇인지 밝히기를 원했고, 빈스방거의 색채가 가미된 맑시즘의 조명으로 의학·심리학 이론을 비판하려 했다. 앞에서 보았듯이 그는 정신병원에서 일을 했다. 의사들은 그에게 자기들 학문의 역사를 하나 쓰라고 제의했다. 그러나 그는 정신과의사보다는 정신병자에게 더 흥미가 있었다. 더 정확히 말해 의사와 환자의 관계, 즉 이성과 광기의 관계에 더 관심이 있었다. 그리고 콜레트 뒤아멜의 주문도 있었다. 그가 웁살라 도서관 카롤리나 레디비바(Carolina Rediviva)의 보물에 끌리게 될 모든 요소가 마련된 셈이다.

그건 정말 보물이었다! 1950년에 고문서 수집가 에릭 발러(Erik Waller)는 그가 수년간 모은 수장품을 도서관에 기증했다. 16세기에서 20세기 초에 이르는 총 21,000개 품목의 자료들인데, 편지·원고·희귀본·마법의 책 같은 것들이었다. 특히 이 애호가는 의학의 역사에 대해 상당한 자료를 수집해 놓았다. 대부분이 1800년 이전에 인쇄된 것이고 그 이후의 것도 꽤 있었다. '발레리아나 장서'의 목록은 1955년에 작성되었다. 이 자료는 푸코에게 안성맞춤이었다. 푸코가 이 광맥을 발견했을 때 그는 이 자료

---

18 이 인터뷰는 1969년에 클로드 본느푸아Claude Bonnefoy에 의해 마련되었다. 그러나 발표는 되지 않았다. 두 배우(에릭 뤼프Eric Ruf와 피에르 라망데Pierre Lamandé)가 이 인터뷰의 발췌문을 낭독하는 CD인 「미셸 푸코가 클로드 본느푸아에게」(Michel Foucault à Claude Bonnefoy: entretien, Paris: Gallimard/France Culture, 2006)가 있다.

들을 체계적으로 발굴하여 그의 논문에 자양분을 제공했고, 그것으로 작업을 시작했다. 매일같이 아침 10시면 그는 카롤리나로 출근하다시피 했다. 그 시간이면 벌써 장 크리스토프나 다니 같은 비서와 함께 한 시간쯤 일을 다 마치고 난 다음이었다. 그러고는 도서관에서 오후 3~4시까지 머물러 있었다.

그는 쓰고 또 썼으며 밤에도 계속 썼다. 항상 음악을 들으면서였다. 「골드베르크 변주곡」을 듣지 않는 날은 하루도 없었다. 왜냐하면 그에게 있어서 음악이란 곧 바흐였고, 또는 모차르트였기 때문이다. 그는 쓰고 다시 썼다. 이미 쓴 글을 정확한 단어로 바꾸고 끊임없이 다시 손질했다. 왼쪽에는 다시 손보아야 할 원고 더미, 오른쪽에는 이미 손을 본 원고 더미……. 그냥 '12월 29일'이라고만 쓰여진, 아마도 56년 크리스마스 휴가차 푸코가 파리에 들렀을 때 쓴 편지일 것 같은 자클린 베르도에게 보낸 편지에서 우리는 『광기의 역사』의 기획이 탄생하는 계기를 직접적으로 볼 수 있다.

생트 안 병원 도서관에 있는 수많은 책들을 그에게 대출해 주겠다는 자클린 베르도의 편지에 대한 답장으로 푸코는 이렇게 설명하고 있다. "생트 안의 책들이라, 고마운 말이군요. 한 두세 권은 필요할 것 같아요. 하지만 저쪽에 더 훌륭한 도서관이 있어요." 그러고는 이렇게 덧붙였다. "거의 175쪽을 썼어요. 300쪽까지 쓰면 마치려고 합니다. 줄루(Zulu)족이나 남비콰라(Nambikwara)족에 대해서는 몇 개의 일화를 제외하고는 별로 쓸 게 없을 것 같네요. 그렇다면 주제를 조금 비켜 가는 것도 괜찮겠지요. 예컨대 그리스적 사유에 의해 열린 공간에서의 비이성의 경험과 광기에 대해서라든가. 여하튼 고대의 성벽으로 둘러쳐진 유럽…… 좀더 자세히 말하자면 서구 사회가 『우신 예찬』(*Moriae Encomium*)에서 『정신현상학』

(이건 비이성의 예찬이지)에 이르기까지, 또는 '쾌락의 정원'에서 '귀머거리의 집'에 이르기까지 어떻게 비이성의 경험 속으로 미끄러져 그 합리주의와 실증주의의 끝에서 애매한 파토스(pathos)의 형식으로 자신의 한계를 맞이하게 되었는지를 살펴보려구요. 이 파토스가 서구 문화의 비장미(pathétique)의 요소이고 또한 병리학(pathologie)의 근원이죠. 에라스뮈스에서 프로이트에 이르기까지, 인본주의에서 인간학에 이르기까지 광기는 근본적으로 우리 하늘의 배경을 이루고 있습니다. 그 차이를 측정해 봐야겠어요. 그런데 어떤 컴퍼스로 재야 할까요? 그리스의 비극 또는 맥베스의 냄비에서 어떤 마술의 연기가 피어오를 것을 기대했던 당신은 조금 실망할 수도 있겠어요. 그러나 어쩌겠어요, 그런 방향으로는 하나도 준비되지 않았는데. 너무 엉터리가 되지 않기 위해서는 주제에 좀 디테일하게 들어가야 될 것 같아요. 우리의 광기가 탄생한 지 벌써 300년이 됐습니다. 대단하지 않아요?"

그리고 푸코는 이렇게 구상된 책이 자신과 계약한 출판사의 요구에 합당한지를 물었다. "책 말미에 아주 전문적인 라틴어 주가 25쪽 내지 30쪽이 들어가는 책을 출판사가 받아 줄까요? 여하튼 광기는 한번 진지하게 다뤄 볼 만해요." 그리고 그는 다음과 같은 질문으로 편지를 끝냈다. "내가 쓴 원고를 보여 드리고 싶어요. 글씨가 너무 엉망이긴 한데. 타이피스트에게 맡겨 다시 써야겠어요. 혹은 녹음을 하든지? 오는 6월 혹은 9월까지 다 끝내면 12월(1957년)이나 1958년 1월쯤에 출판할 수 있을까요?"

조금씩 책의 윤곽이 잡혀 가기 시작했다. 그리고 푸코는 그 원고를 스웨덴에서 박사학위논문으로 제출할 생각을 했다. 프랑스의 대학보다는 이곳에서 더 포용적인 심사위원을 만날 수 있으리라고 생각했기 때문이다. 그는 도서관에서 사상사 및 과학사 교수인 린드로트(Stirn Lindroth) 교수를 만났다. 그는 웁살라 대학에서 매우 영향력이 있는 교수였다. 그들은 관심분야도 같아서 스티른 린드로트는 르네상스 시대의 철학 및 의학에 관해, 그리고 파라셀수스[15세기 스위스의 연금술사]에 관해 연구했다. 그들은 함께 이런저런 이야기를 나누었고 린드로트는 푸코를 저녁식사에 초대했다. 푸코는 그에게 자기가 쓰고 있는 원고를 좀 읽어 달라고 부탁하고는 이미 쓴 몇 장을 가지고 갔다.

푸코는 1957년에 뒤메질에게 자기 구상을 알리면서 이렇게 말한 적이 있다. "지금 저는 작업을 아주 많이 하고 있습니다. 시론의 형식으로 린드로트 교수에게 보일 논문을 100~150쪽을 썼어요. 그가 뭐라고 말하는지는 모르겠습니다. 만일 그가 흡족해 한다면 9월에 리스누아(Licenuat; 스웨덴의 의학학위) 논문으로 제출하려 합니다. 그 나머지는 방학 중에 마치기로 하구요."[19] 그래서 그는 린드로트 교수에게 아주 얇은 종이에 손으로 쓴 엄청난 분량의 원고를 보여 주었다. 보기만 해도 피곤한 것이었다! 린드로트 교수는 견실한 실증주의자였으므로 난해한 사변에는 별로 너그럽지 못했다. 특히 그는 문면(文面)과 문체에 기가 질렸다. 그는 거기에서 '기교에 치우친' 문학을 보았을 뿐, 자기가 방금 그 초록을 읽은 이 책이 박사학위 취득을 위해 대학에 제출될 수 있을 만한 것이라고는 상상조차 할 수 없었다. 자기의 인상을 전달하기 위해 그는 푸코에게 편지를 썼다. 아주 부정적인 내용이었다.

푸코는 자신의 계획을 좀더 소상히 밝히려 했다. 그러나 헛수고였다. 아무것도 그의 마음을 돌이킬 수는 없었다. 1957년 8월 10일자 편지에 그가 하고자 했던 설명은 다음과 같다.

---

19 푸코가 조르주 뒤메질에게 보낸 편지, 1957년 5월 29일.

선생님의 편지는 제 논문의 결점을 인식하는 데 매우 유익했습니다. 그런 점에서 매우 고맙게 생각합니다. 저의 첫번째 잘못은 이것이 책의 일부가 아니라 제가 앞으로 다시 쓰고자 하는 책의 초고라는 것을 말씀드리지 않았다는 것입니다. 문체가 참을 수 없다는 것에는 저도 동의합니다(글을 명확하게 쓰지 못하는 것이 저의 약점입니다). 물론 저도 '지나치게 기교를 부린' 표현들은 없애 버리려고 생각하고 있습니다. 저는 문체의 불비함에도 불구하고 이 논문을 선생님께 보여 드렸는데 그것은 이 논문의 자료와 주제에 제가 깊은 애착을 갖고 있기 때문입니다. 주제가 좀 어렵게 느껴지는 것은 사실입니다. 그 점에 있어서도 저의 계획을 명확하게 정의하지 않은 것이 제 불찰입니다. 저는 **정신분석학**의 역사나 발달사를 쓰려고 했던 것이 아닙니다. 오히려 정신분석학이 발달해 온 **사회적·도덕적·상상계적** 맥락의 역사를 쓰고 싶었던 것입니다. 왜냐하면 지금까지는 아니라 하더라도 최소한 19세기까지는 광기에 대한 객관적인 지식이 없었고, 단지 어떤 비이성의 체험(도덕적·사회적 등등)을 과학적인 유사어로 표현해 놓은 것밖에는 없었기 때문입니다. 별로 객관적이지도, 과학적이지도, 역사적이지도 않은 방식으로 제가 이 문제를 다룬 이유가 거기에 있습니다. 아마도 계획 자체가 사리에 맞지 않고 출발부터 잘못되었나 봅니다. 마지막으로 저의 세번째 잘못은 '제도'의 영역을 분명히 하지 않은 채 의학이론에 우선적으로 많은 지면을 할애했다는 것입니다. 이것을 분명히 했다면 다른 부분도 좀더 명확해졌을 텐데 말입니다. 만일 허락해 주신다면 제도에 대해 제가 방학 동안에 써 놓은 것을 가져다 보여 드리겠습니다…… 그 부분은 정리가 훨씬 잘 되어 있고, 또 정신분석의 사회적 조건을 훨씬 분명하게 보여 주고 있습니다……

그렇게 했지만 교수는 여전히 납득이 잘 안 되었고, 푸코는 결국 웁살라에서 박사논문을 제출하지 않기로 했다. 그가 방대한 자료에 함몰되어 책의 논리를 구축하기가 좀 어려웠던 것은 사실인 것 같다. 그의 작업을 지켜보고 끊임없이 그 진척을 물어보면서 이미 쓰여진 부분을 읽고 평해 주었던 뒤메질은 그에게 스웨덴에서 학위를 받으려고 고집하지 말라고 했다. "프랑스에서 출판하게"라고 그는 말했다. 그 누구보다도 스웨덴을 잘 알고 있는 그는 스웨덴의 폐쇄적인 분위기가 어떠한지를 익히 알고 있었다. 그는 하셀로트 교수가 푸코에게 "결코 그를 설득시키지 못할 것이요"라고 한 말이 맞는 말이라고 했다. 장 크리스토프 오베리에 의하면 푸코는 스웨덴에서 박사학위 따는 일을 그렇게 진지하게 생각하지는 않았다고 한다. 그러나 장 프랑수아 미켈에 의하면 푸코는 린드로트 교수의 거부에 깊이 상심하여 그것이 결국 그가 스웨덴을 떠난 이유가 되었다는 것이다. 어떻든 간에 스웨덴 사람들은 새로 탄생하는 푸코의 작품에 아무런 감흥이 없었다. 그후 스웨덴에서 논쟁이 일어나, 운 나쁜 린드로트 교수는 궁지에 몰렸다. 천재의 징후를 알아보지 못했다는 것이 그에게 가해진 비난이었다. 아마도 그가 몸담고 있는 과학사의 전통이, 매우 게르만적이고 또 '문학'에 몹시 거부감을 갖고 있는 이 교수로 하여금 자기 앞에 주어진 책의 가치를 알아보지 못하게 했을 것이다. 어떤 사람들은 그를 비난했고, 또 어떤 사람들은 정상을 참작해야 한다고 말했다. 여하튼 푸코는 박사학위를 받기 위해 몇 년을 더 기다려야만 했다. 1958년 별로 정이 붙지 않는다고 판단한 이 나라를 떠날 때 그의 논문은 거의 완성되어 있었다. 다시 말해서 자료적인 측면은 완결되었다. 하지만 논문의 틀을 잡아 제대로 쓰기까지는 아직도 많은 시간을 더 기다려야만 했다.

아마도 또 하나의 책이 웁살라 체류 기간 동안 구상된 듯하다. 그 작

은 도시에서 몇 킬로미터 떨어진 곳에 린네(Carl von Linné)의 집이 있었
다. 아름다운 대자연 속에 한적하게 떨어져 있는 그 집은 목조 가옥이었다.
푸코는 자주 극단 단원들을 데리고 과학사의 성지로 순례를 떠났다.『말과
사물』에서 린네에 대한 부분은 분명 이 힘든 대장정에 빚지고 있다.

　　푸코에게는 과학에 대한 관심을 나타낼 기회가 많았다. 웁살라 대학
은 노벨상 수상자를 두 사람 배출했다. 한 명은 화학자 테오도르 스베드베
리(Theodor Svedberg)고, 또 한 명은 그의 제자인 아르네 티셀리우스(Arne
Tisélius)였는데 각기 1926년과 1948년에 수상했다. 푸코는 스베드베리와
친했는데 그는 일주일 동안 사이클로트론(cyclotron; 고주파 전자가속기)의
기능을 설명하기 위해 푸코를 웁살라 대학 실험동 지하 3층에 데리고 가기
도 했다. 그후 미셸 푸코는 장 프랑수아 미켈에게 "내가 왜 철학 대신 과학
을 공부하지 않았을까?"라고 말했다.

＊　　＊　　＊

왜 푸코는 웁살라를 떠나기로 결정했을까? 처음에는 2년간 계약을 맺었
는데 다시 2년을 더 연장했다. 군나르 브뢰베리(Gunnar Bröberg)에 의하
면 이유는 아주 간단하다. 책임 강의시간이 주당 12시간으로 늘어난 것이
다. 그렇게 되면 논문을 준비할 여유가 없었다. 그리고 스웨덴에서 박사학
위를 받을 가능성도 없으므로 그는 3년째 되는 해에 사표를 내기로 했다.
1958년 10월 가을학기의 시간표는 미셸 푸코의 강의를 예고하고 있었다.
목요강의는 다시금 '샤토브리앙에서 베르나노스에 이르기까지 프랑스 문
학에서의 종교적 체험'이었다. '19세기의 프랑스 문학'과 '몰리에르의『돈
주앙』강독'도 있었으나 이 강의들은 모두 실현되지 않았다. 푸코는 웁살
라를 떠났다. 새로 맺은 많은 우정(장 프랑수아와 크리스티나 미켈, 장 크리스

토프 오베리, 에릭 닐슨 등)과 거의 완성된 논문에도 불구하고 그는 이 도시에 대해 별로 좋지 않은 추억을 간직했다. 그의 두번째 항해는 폴란드가 될 것이다. "일주일 후에 나는 격자 판지의 다른 쪽에 가 있게 될 것입니다"라고 그는 1958년 9월 28일에 썼다.

*　　*　　*

바르샤바에 가기로 결정한 것은 1958년 6월 그가 파리에 오래 머무르고 있을 때였다. 그때의 파리 체류는 약간 이상하고 거의 즉흥적으로 이루어졌다. 그 일은 5월 어느 날 밤 웁살라 근처의 한 성(城)에서 미셸 푸코와 장 크리스토프 오베리가 연미복을 입고 참석했던 한 리셉션으로 거슬러 올라간다. 그들은 스웨덴에서 가장 재산이 많은 상속녀로부터 초대를 받았는데 그녀는 젊은 프랑스어 강사에게 완전히 반해 있었다. 저녁식사 중에 장 크리스토프 오베리는 라디오 뉴스를 듣기 위해 잠시 혼자 떨어져 있었다. 자기 자리에 되돌아온 그는 "프랑스에 무슨 일이 일어났다"고 푸코에게 말했다. 엄청난 사건의 전달치고는 너무나 밋밋한 말이었다. 알제리 식민지를 지지하는 파에 의해 드골이 다시 권좌에 복귀하려 하고 있었다. 몇 분만에 그들은 주저없이 "그리로 가자"고 동시에 말했다. 그래서 그들은 웁살라로 돌아가 옷을 갈아입고는 황급하게 프랑스를 향해 떠났다. 물론 재규어를 타고서였다. 장 크리스토프 오베리는 이 무모한 여행을 다음과 같이 회상했다.

미셸과 나는 1958년 5월 28일 떠났다. 우리는 덴마크의 타페르뇌예에 있는 한 작은 호텔에서 밤을 지냈다. 다음 날 아침 덴마크의 게세르와 독일의 그로센브로드 사이를 잇는 페리호를 탔다. 두번째 밤은 벨기에의 라

칼라민에 있는 더 작은 호텔 셀렉트에서 보냈다. 그리고 계속 파리를 향해 달려서 5월 30일 오후 3시쯤 파리에 도착했다. 파리는 그야말로 들끓고 있었다. 분명한 이유도 없이 그랬다. 왜냐하면 사태는 이미 그런 식으로 방향 잡혀 있었기 때문이다. 우리는 조르주 5세 지하철역 근처에서 경찰에 의해 봉쇄된 샹젤리제 쪽으로 가기 위해 바사노 가로 접어들었다. 우리의 재규어 승용차는 마르소 가에 그냥 버려두었다. 경찰의 통행저지선을 빠져나가서 드디어 우리는 샹젤리제 가를 당당히 걸었다. 곧 시위대에 휩쓸렸고 나는 개선문 쪽으로 올라가는 한 승용차의 지붕에 올라탔다. 미셸은 삼색기를 흔드는 젊은이들에게 둘러싸인 채 그 차의 뒤를 따르고 있었다. 에투알 광장도 경찰에 의해 봉쇄되었기 때문에 우리는 다시 돌아와야만 했다. 차를 돌리기 위해 서행할 때 나는 차에서 뛰어내렸으나 미셸은 군중 속으로 사라져 버렸다. 결국 재규어 앞에서 다시 만나 우리는 함께 생제르맹 데프레로 가 저녁식사를 했다. 그리고 우리는 헤어졌다. 나는 우리 부모님이 불안하게 나를 기다리고 있는 스웨덴 대사관으로 갔고 미셸은 전부터 함께 살던 남동생의 집으로 갔다.

푸코는 거의 한 달이나 파리에 머물렀다. 그리고 다시 웁살라로 돌아갔는데, 그것은 이삿짐을 싸기 위해서였다. 3년간을 함께 보냈던 친구들과 술을 곁들인 푸짐한 저녁식사를 하며 석별의 정을 나눈 것은 물론이다.

왜 바르샤바인가? 이 전근의 배후에도 뒤메질의 보이지 않는 손이 있다. 유명인사였던 이 교수는 도처에 친구를 가지고 있었다! 외무부에서 해외자녀 교육국장으로 있는 고등사범 출신의 필립 르베롤도 뒤메질의 친지였다. 프랑스 정부는 바르샤바 대학 내에 프랑스 문화원을 설치할 계획을 갖고 있는 폴란드 정부와 문화협정을 체결하기 위해 방금 협상을 마친 상태였다. 그러자면 프랑스어 강사가 하나 필요했고, 그 강사는 사무실과 도서관을 운영하면서 여러 가지 문화행사를 기획할 만한 사람이어야 했다. 그 당시에 그런 일은 아주 드물었다. 그리고 그것은 동서 진영의 긴장관계 이후 해빙 무드를 타고 가능해진 외교적 성과로 받아들여졌다.

그러나 직책을 하나 만드는 것이 능사가 아니었다. 그것을 잘 수행할 수 있는 사람을 찾는 일이 더 중요했다. 그것은 아주 미묘한 문제였다. 뒤메질은 르베롤에게 그 일을 푸코에게 맡기라고 제의했고, 그는 그렇게 했다. 첫째는 그가 뒤메질을 완전히 신뢰했기 때문이고, 두번째는 스웨덴에서의 푸코의 업무 평가가 아주 좋았기 때문이었다.

1958년 10월 미셸 푸코는 바르샤바로 날아가 신임 대사인 에티엔 뷔랭 데 로지에를 만났다. "자신이 맡은 업무의 실상과 중요성과 어려움을 단숨에 파악하고, 그것을 떠맡은 것이 행복한 듯 편안한 자세로 상냥하게 웃음 짓던 청년이 지금도 눈에 선합니다"[20]라고 이 대사는 회상했다.

처음에는 대학 건물이 점점이 흩어져 있는 크라쿠프 가 근처 브리스톨 호텔의 초라한 방에서 묵었다. 모든 것이 을씨년스러웠다. "선생님 말씀이 옳았어요. 놀랍게도 문화적인 일은 아무것도 할 게 없군요(또는 하려고 하지 않는군요). 그러니까 호텔방에서 인간적으로 하루 12시간씩 논문 쓰는 작업을 할 수만 있다면 그렇게 했을 겁니다. 그런데 저도 인간인지라 6시간으로 만족하고 있습니다. 몇 개의 장 또는 몇 개의 주를 다는 일이 크리스마스 이전까지는 끝날 것 같습니다"라고, 그는 1958년 11월 16일 뒤메질에게 편지를 썼다. 그리고 이렇게 덧붙였다. "이곳은 가난, 불결, 상스

---

20 에티엔 뷔랭 데 로지에(Étienne Burin des Roziers, 「바르샤바에서의 만남」Une rencontre à Varsovie, 『르 데바』*Le Débat*, n° 41, septembre-novembre 1986, p.133.

러움, 무질서, 태만 등 모든 게 끔찍합니다. 그리고 상상을 절하는 고독이 있습니다."

얼마 후 그는 사무실과 가까운 아파트를 하나 얻어 이사했다. 한편으로는 박사논문을 완성했고, 또 한편으로는 그에게 맡겨진 학사 행정업무를 수행했다. 제일 처음으로 해야 할 일은 '프랑스 문화원'의 기자재를 마련하는 일이었다. 책상과 걸상, 책과 잡지들을 들여놓았다. 대학 근대철학과의 로망어학회에 소속되어 있던 그는 대학에서 강의와 강연도 했다. 웁살라에서 이미 연습했던, 현대 프랑스연극에 대한 강의를 다시 시작한 것이다. 그는 곧 지성과 진지함과 상냥함으로 학생들과 동료들의 인기를 얻었다. 오늘날 모든 사람들이 당시의 푸코가 보여 주었던 섬세한 예절에 대해 입을 모아 이야기한다. 그는 폴란드 대학의 유명한 학자이며 학술원장이었던 코타르빈스키(Tadeusz Kotarbiński) 교수와도 우정을 나누었다. 코타르빈스키는 대학에서는 존경받는 학자였으나 정부로부터는 '부르주아 철학자'로 간주되었는데 그것은 그가 빈 학파 이론의 영향을 받았기 때문이다.

조금씩 푸코의 역할이 바뀌기 시작했다. 왜냐하면 대사관의 문화담당 참사관인 장 부리이가 자신의 박사논문 준비를 위해 휴직을 신청했기 때문이다. 그런데 푸코는 뷔랭 데 로지에와 아주 사이가 좋았으므로 1년 가까이 사실상 문화담당 참사관의 역할을 수행했다. 그가 그단스크에서 크라쿠프에 이르기까지의 순회강연을 통해 아폴리네르를 강의한 것은 바로 이 직함을 가지고서였다. 이것은 아폴리네르 사후 40주년 기념으로 주로 브스키 교수가 기획한 강연회였다.

"그는 지루한 외교적 일상사를 참을성 있게 그리고 즐거운 마음으로 해내면서, 폴란드의 구석구석에서 벌어지는 문화행사에 일일이 참석하는 등 헌신적으로 일하며 이 직책(문화담당 참사관)을 꽤 솜씨 좋게 수행했다"[21]고 뷔랭 데 로지에는 말했다. 그러니까 장 부리이가 논문을 다 끝마치고 소르본에 교수 자리를 얻게 되어 완전히 사표를 냈을 때 대사가 그에게 후임을 맡아 줄 것을 부탁했던 것은 당연한 일이었다. 그러나 푸코는 그 제의를 수락하기 전에 몇 개의 조건을 내걸었다. 뷔랭 데 로지에의 말에 의하면 "그는 남미, 스칸디나비아 국가들, 슬라브 국가들, 또는 극동에서 문정관이나 프랑스어 강사가 일의 구분 없이 여러 가지 기능을 하고 있는 데서 볼 수 있듯이 프랑스 외무부가 주재국 문화요원을 전문화시키지 않는 것은 잘못된 일이라고 생각했다. 최소한 폴란드만이라도 바르샤바, 크라쿠프 또는 이 나라 전체에서 그를 도와줄 슬라브 청년들을 고용하도록 허락하지 않는다면 그는 이 직책을 받아들일 수 없다고 말했다."[22]

이 계획은 실현되지 못했다. 왜냐하면 푸코가 서둘러 폴란드 땅을 떠나야만 했기 때문이다. 얘기는 매우 복잡하지만 그러나 어찌 보면 동구권 국가에서는 매우 흔해 빠진 일이기도 했다. 그는 한 소년을 만나 이 숨 막히고 우울한 나라에서 잠시 행복한 나날을 살았다. 그러나 이 소년은 서방 국가의 외교가에 침투한 경찰의 끄나풀이었다. 어느 날 아침 뷔랭 데 로지에가 "폴란드를 떠나시오"라고 말했다. "언제요?"라고 푸코가 물었고 "지금 당장"이라고 대사가 대답했다.

이번에도 미셸 푸코가 떠난 다음에는 그를 격찬하는 보고서가 뒤에 남았다. 장 부리이가 작성한 보고서는 다음과 같다. "명석하고 빈틈없고 날카로운 두뇌와 깊은 학식을 가진 미셸 푸코는 행정 감각마저 가지고 있었

---

21 데 로지에, 「바르샤바에서의 만남」, 『르 데바』 *Le Débat*, n° 41, septembre-novembre 1986, p.134.
22 같은 글, p.136.

다. 교육에 있어서나 행정에 있어서나 그는 재외공관의 중요한 업무를 수행할 만한 충분한 능력을 가지고 있다. 1958~59년 사이에 대학 부설 문화원을 운영함에 있어서 그는 물질적인 조건(문화원 전용의 사무실도 없었고 오랜 체류였음에도 자신의 아파트가 없었다)만이 아니라 문화원 활동의 성격과 목표에 관한 문제에 있어서도 많은 어려움을 겪어야만 했다. 그럼에도 불구하고 그는 프랑스-폴란드 사이의 이 새로운 협력기구를 순조롭게 발족시키는 데 성공했다.”

미셸 푸코는 프랑스로 돌아와 외무부의 필립 르베롤을 만났다. 독일로 가고 싶다는 말을 하기 위해서였다. 그는 고등사범 시절 후설과 하이데거를 읽기 위해 독일어를 배웠다. 그후에는 니체에 매료되었다. 그가 독일에 특별히 매력을 느끼고 있었으리라는 것은 쉽게 이해가 가는 일이었다. 전전(戰前)에 사르트르나 아롱이 했던 것처럼 그는 독일의 큰 도시에서 1년쯤 있고 싶었다. 필립 르베롤은 뮌헨, 함부르크 등 몇 군데를 제안했다. 독일에는 프랑스 문화원이 많았다. 푸코는 함부르크를 선택했다.

함부르크에서 미셸 푸코가 한 역할은 웁살라나 바르샤바에서 했던 역할과 대동소이했다. 문화원을 운영하고 연사를 초빙하며(이때 그는 알랭 로브 그리예와 사귀었다), 프랑스의 문과대학과 비슷한 그곳의 로망어학과에서 강의하는 일 등이었다.

그 당시의 학생들은 그가 했던 문학강의를 기억한다. 그것은 역시 그가 선호하는 주제였던 현대연극에 관한 것이었다. 18세기를 오랫동안 다룬 후 특히 그는 사르트르와 카뮈를 언급했다. 그의 강의는 ‘보조과목’이었고 또 시험을 치르지 않았으므로 학생들은 별로 많지 않아서 10~15명 정도였다. 이 학생들은 정말로 문학에 취미가 있었기 때문에 웁살라보다는 이곳의 분위기가 푸코에게는 훨씬 잘 어울렸다. 그리고 특히 좋았던 것은 일주일에 2시간밖에 강의를 하지 않는다는 것이었다.

그가 주로 한 일은 하이드머 가 55번지에 있는 프랑스 문화원을 운영하는 일이었다. 원장의 아파트는 3층의 거의 전부를 차지하고 있었다. 푸코가 1959~60년을 보낸 곳은 여기였다. 원장 말고도 문화원에는 시내 일반학원과 문화원에서 프랑스어를 가르치는 교수가 네 명 더 있었다. 그중에는 현재 콜레주 드 프랑스에서 독일문명강의를 맡고 있는 장 마리 젬(Jean Marie Zemb)과 레옹 브룅슈빅(Léon Brunschwicg)의 조카이며 시몬 베유(Simone Weil)의 친척인 질베르 칸(Gilbert Kahn)이 있었다.

웁살라에서와 마찬가지로 푸코는 질베르 칸이 조직한 극단에 많은 시간을 할애했다. 그는 특히 콕토의 「과부들의 학교」(L'École des veuves)를 공연할 것을 권했고, 그가 친하게 사귄 몇몇 학생들 앞에서 콕토에 대해 길게 이야기했다. 그 서클의 두 기둥은 위르겐 슈미트와 이렌 스탑스였다.

그러고는 당연히 대학 도서관에서 많은 시간을 보냈다. 그는 『광기와 비이성』이라는 주논문을 다 완성했고, 혼자서 논문 지도교수로 점찍었던 장 이폴리트에게 읽어 달라고 이 원고를 파리로 보냈다. 그때 푸코는 보조논문의 집필에 열을 올리고 있었다. 칸트의 『인간학』을 긴 역사적 서문을 곁들여 번역하는 것이었다. 그 두 논문이 완성되어 심사를 통과할 준비가 되면 푸코는 프랑스의 고등교육기관에 자리를 하나 알아볼 참이었다. 물론 '교수'라는 직함은 아니었다. 교수가 되려면 박사학위가 있어야 하는데 아직 학위논문이 통과된 것은 아니었기 때문이다. 그러나 오늘날 우리가 강사라고 부르는 것과 비슷한 등급으로, 공석 중인 시간강사 자리는 구할 수가 있었다. 마침 클레르몽페랑 대학에 자리가 하나 났다. 푸코는 프랑스 국외 유배를 잠정적으로 마치기로 결심했다.

*   *   *

그가 떠나기로 결심한 이 행정적·문화적 기능을 그는 앞으로는 다시 떠맡지 않게 될 것이다. 그러나 몇 번에 걸쳐서 이 경험을 되살리려는 시도는 있었다. 1967년 에티엔 뷔랭 데 로지에가 로마 주재 대사가 되었을 때 그는 당시 튀니지에 있던 푸코에게 문화담당 참사관이 되지 않겠느냐고 전화로 물어보았다. 푸코는 기꺼이 그것을 할 마음이 있었다. 그러나 콜레주 드 프랑스가 가능성으로 떠올랐기 때문에 그 계획은 곧 무산되었다. 그보다 앞서 1963년에는 도쿄 문화원장직을 수락한 적도 있었다. 그러나 클레르몽 페랑 대학의 학장이 이 학교에 없어서는 안 될 교수를 뽑아 가지 말도록 장관에게 청원했다. 훨씬 후 1981년 프랑스에 좌파 정부가 들어섰을 때 푸코를 뉴욕 문화원장에 임명하자는 말이 나오기도 했다. 그러나 그 논의는 관철되지 못했다. 행정보고서의 문구대로 푸코가 "전 세계의 프랑스 문화대사"로서의 업무를 계속한 것은 전혀 다른 방식으로였다. 즉 튀니스에서 교수가 됨으로써, 또는 10여 개국에서 강연을 함으로써, 그리고 특히 그의 책과 엄청난 국제적 성공을 통해서였다.

*   *   *

푸코가 1955년에 프랑스를 떠날 때 그는 앞으로 자기 삶이 유배까지는 아니라도 긴 여행의 도정 속에서 이루어질 것이라는 강한 예감이 들었다. 다른 곳에 가는 것, 언제나 다른 곳에 가 있는 것, 그것이야말로 그의 강박관념이었다. 다시는 프랑스에 돌아오지 않으려 했던가? 아마 그럴지도 모르겠다. 그러나 세계의 다른 지역에서 더 많은 시간을 보내기 위해 자기와 갈등관계를 맺고 있는 이 나라를 전략적 기초로 이용한 것은 사실이다. 1968년에 순회강연차 스웨덴에 다시 간 그는 한 인터뷰에서, 1955년 프랑스를 떠날 때 앞으로 남은 여생을 "두 개의 여행가방 사이에서" 보내고, 전 세계를 떠돌아 다니며 "특히 펜대는 다시 잡지 않겠다"는 강한 결심을 했었다고 말했다. "내 인생 전체를 저술에 바치겠다는 생각은 완전히 무의미해 보였으며 전혀 그렇게 할 의향이 없었다. 그런데 내가 이 미친 짓, 다시 말해서 매일같이 대여섯 시간씩 글을 쓰는 이 더러운 습관을 들인 것은 스웨덴의 긴 밤 속에서였다." 그러니까 그 시절에 그는 자신이 "세계를 돌아다니는, 쓸모없고 잉여적인 관광객"이라는 느낌을 가졌다. 그리고 이어서 그는——그때가 아직 1968년 초라는 것을 염두에 두기 바란다——"더 이상 여행객이 아니라는 것만 다를 뿐 나는 여전히 내가 쓸모없는 인간이라는 생각을 하고 있다. 지금 나는 마치 못 박힌 듯 책상에 붙어 앉아 있다"라고 말했다.[23]

1955년의 푸코가 글쓰기를 전혀 생각하지 않은 관광객이었다고? 이건 좀 과장된 말일 것이다. 왜냐하면 그때 그는 이미 몇 개의 글을 발표한 상태였으니까. 그러나 그가 이 글쓰기 직업을 스스로 선택하지 않았다고 평생 생각한 것은 사실이다. 말년의 책들을 집필하며 글쓰기의 어려움을 느낄 때마다, 그리고 회한과 망설임 속에서 한없이 피곤함을 느낄 때마다 그는 모든 것을 집어치우고 싶다는 생각을 했던 것 같다. 친구들과의 대화에서 자주 그런 얘기가 나온다. "나는 우연히 글을 쓰기 시작했다. 그러나 글쓰기란 일단 한번 시작하면 그것의 노예가 되어 도저히 빠져나올 수가 없다." 그는 이 강제성에서 도망치려는 시도를 했던 것 같다. 그리고 직업

---

23 푸코, 「I. 룬둥과의 인터뷰」Entretien avec I. Lundung, 칼 구스타프 뷔르스트렘Carl Gustaf Bjurström 옮김, 『보니에 리테레라 마가쟁』*Bonniers Literära Magasin*, Stockholm: Albert Bonniers Förlag, 37ᵉ année, n°3, mars 1968, p.204.(『말과 글』*Dits et écrits*, tome1, texte n°54, pp.679~690.)

을 바꿀 수도 있다고 거듭 말했다("책을 몇 권 썼다고 평생 거기에 매달리라는 법은 없다"). 그러나 자기 존재를 통째로 집어넣었던 역할에서 그렇게 쉽게 빠져나올 수 있을 것인가? 그리고 진정 그가 그럴 마음이 있었을까?

푸코는 1955년 8월에 프랑스를 떠났다. 그리고 1960년 여름에 다시 고국에 정착했다. 그때 그는 아직 35세도 안 된 상태였다. 이 부재중에 특기할 만한 사건은 무엇일까? 기본적으로 두 가지가 있는데, 첫번째는 그의 부재 그 자체이다. 푸코는 알제리 전쟁과 드골 장군의 권력 쟁취 등 당시 프랑스 정치 무대에 영향을 주었던 변화들로부터 멀리 떨어져 있었다. 강력한 학생노조 운동의 급부상, 특히 대학에서 공산당의 영향력을 벗어난 극좌운동의 대두 등, 1968년 5월 사건의 결정적 요인이며 이 사태의 기폭제가 되었던 좌익운동의 현상에서부터도 완전히 멀리 떨어져 있었다. 몇 년 후 프랑스 사회를 격렬하게 뒤흔들어 놓게 될 희미한 균열이 생겨난 것은 푸코가 외국에 있던 시기였다. 여기서도 푸코는 부재중이었다. 알제리 전쟁 문제로 프랑스 국민이 심하게 분열되어 있던 시기에 그는 스웨덴, 폴란드, 독일에 있었다. 프랑스의 정치적·사회적·제도적 틀을 폭파시켜 버릴 1968년 3월, 4월, 5월에는 튀니스에 있었다.

두번째로 중요한 점은 미셸 푸코가 그의 박사논문인 『광기와 비이성: 고전주의 시대 광기의 역사』를 다 썼다는 것이다. 원래 그 책의 제목은 푸코가 서문에서 인용했던 파스칼의 말을 따서 '또 하나의 광기'로 할 생각이었다. 그러나 학위논문심사를 거쳐야 했으므로 푸코는 결국 좀더 학문적인 제목을 붙였다(그는 나중에 친구에게 "논문 제목을 '또 하나의 광기'로 하지 않을 생각이야. 만일 그렇게 붙이면 사람들이 '이 논문이야말로 또 하나의 광기로군'이라고 말할 테니까"라고 농담을 했다).

책은 이렇게 시작한다.

파스칼은 "인간은 누구나 광인(狂人)이므로 미치지 않는 것 역시 또 하나의 광기다"라고 말했다. 도스토예프스키는 『작가의 일기』(*Journal d'un écrivain*)에서 "자기 자신의 양식(良識)을 확인하는 것은 이웃 사람을 감금하고서가 아니다"라고 말했다. 이 또 하나의 광기의 역사를 기술해야 한다. 사람들은 지고한 이성의 이름으로 자기 이웃을 감금하고, 비-광기(非-狂氣)의 무자비한 언어를 통해 서로 의사소통을 하거나 자신을 확인했다. 이 음모가 진리의 영역 안에 결정적으로 자리 잡기 전에, 그리고 저항의 서정주의에 의해 다시 활기를 되찾기 이전에 빨리 그 음모의 순간을 찾아내야만 한다. 역사 속에서 광기가 아직 편가르기에 의해 분리되지 않은 무심한 경험이었던 시절, 다시 말해서 광기의 역사의 영도(零度)를 찾아보아야 한다. 이 굴절, 이 '또 다름'의 근원에서부터 이성과 광기를 서술해 보아야겠다. 이성과 광기는 서로 교대하며 마치 하나가 다른 하나에게 죽어 있는 존재이듯이 일체의 교류가 없이 서로를 완전히 배제했었다.

이 '불편한 지역'을 주파하기 위해 푸코는 시작하기에 앞서 '최종적 진실이라는 편리함'을 포기하겠다고 선언한다. 다시 말하면 현대 심리병리학의 개념들에서부터 자유로워지겠다는 것이다. "광기를 분리시키는 일은 구성적인 일이다. 그리고 일단 광기를 배제하는 편가르기가 일어난 후 정착된 평온 속에 자리를 잡은 것은 과학이 아니다." 그가 발견해야 하는 것이 바로 이 분리의 행동, 혹은 순간이었다. 의학의 카테고리는 미친 사람을 광기의 영역 안에 집어넣어 고립시킨다. 그러나 그 간극은 1세기 전만 해도 도덕적이고 제도적인 것이었다. "지금은 공통의 언어가 없다. 과거에는 있었으나 이제는 더 이상 없는 것이다. 18세기 말에 광기를 정신병으로 규정한 이래 미친 사람과의 대화는 단절되고, 정상인과의 분리는 기

정사실화됐으며, 전에 광기와 이성 사이에서 이루어졌던 대화, 즉 약간 더 듬거리며 직설적으로 내뱉는 두서없는 말들이 완전히 망각 속에 묻히게 되었다. 정신과의사의 언어는 광기에 대한 이성의 독백일 뿐, 그런 침묵 위에서 진정한 언어는 형성될 수 없다." 그리고 그후에 자주 인용되는 멋진 선언으로 푸코는 자신의 계획을 정의했다. "나는 이 언어의 역사를 쓰려는 것이 아니라 이 '침묵의 고고학'을 쓰려는 것이다."[24]

　　침묵의 고고학을 쓴다는 것은 모든 서구 문화의 깊이를 헤아려 본다는 이야기다. 왜냐하면 "중세 초기 이래 유럽인들은 모두 자기들이 막연히 광기, 실성, 정신착란이라고 불렀던 것과 관계를 맺고 있었기" 때문이다. 아마도 이 이성, 실성의 관계가 서구 문화의 독창성을 이루고 있다는 것, 그리고 이 문화는 자신을 위협하는 이 심연에 의해 정의된다는 것을 인정해야만 할 것 같다. 푸코가 우리를 안내하고자 하는 곳은 바로 이 심연이다. 그 심연은 "한 문화의 정체성(正體性)이 아니라 그 한계가 문제인 그런 영역"이다. "한계의 역사, 그 막연한 행동들의 역사를 써야만 한다. 수행되자마자 잊혀지고 마는 이 막연한 행동을 통해 하나의 문화는 자신의 외부로 간주되는 어떤 것을 배척한다. 하나의 문화를 둘러싸고 있는 이 움푹한 허공, 이 백색의 공간은 이 문화의 다른 가치들만큼이나 이 문화의 성격을 잘 보여 주고 있다. …… 한 문화의 한계 경험을 조사해 보는 것은 역사의 경계선을 조사하는 것이며, 이 역사의 근원인 분열을 조사하는 것이다."

　　여기서 푸코는 니체의 유산에 자신의 작업을 뿌리박는다. "서구 세계의 이 한계경험의 한가운데에서 비극의 체험이 폭발하여 사라지고 만다. 서구 세계의 출발점인 비극적 구조는 이 비극의 거부, 망각, 은밀한 떨어뜨

---

24 푸코, 「서문」, 『광기와 비이성: 고전주의 시대 광기의 역사』, pp.i~v.

림에 다름 아니라는 것을 니체는 보여 주었다." 그러나 "수많은 다른 체험들이" 이 중심 체험의 둘레에 몰려든다. 그리고 그 각각의 체험은 우리 문화의 경계선에서 "하나의 한계를 확정짓는데 이 한계는 다름 아닌 근원적인 분리 현상이다". 푸코는 언제나 억압되고 억눌리고 망각되지만 그러나 끈질기게 존재하는 이 위협적인 모든 체험들을 탐사하는 고고학자가 되고 싶었다.

그는 '니체적 연구라는 위대한 태양' 밑에서 전개될, 그리고 우리의 문화의 토대인 또 다른 분리를 이야기하게 될 일련의 연구작업을 예고했다. 우선 "서구적 이성의 보편성에서 첫번째 분리 대상은 오리엔트다. …… 이 오리엔트는 서구의 식민주의적 이성에 제공되었는데, 한없는 접근 불가능성이다. 왜냐하면 그것은 항상 경계선 위에 있기 때문이다". 그리고 두번째로는 "꿈에 대한 분리다. 인간은——자신의 운명이건 마음이건 간에——자기 자신의 진실에 대해 질문하지 않을 수 없는데 그 질문은 몽상의 조롱이라는 근본적인 거부를 통해서만 가능하다". 그리고 또 "성적 금기의 역사가 있다. 이것은 단순히 민속학적 의미에서가 아니다. 우리의 문화 속에 있는 유동적이지만 끈질긴 억압의 형태들에 대해 이야기해야 한다. 도덕이나 관용의 연대기를 작성하기 위해서가 아니라 서구 세계의 한계이며 그 도덕성의 기원인 분리, 다시 말해서 욕망의 행복한 세계를 배제하는 그 비극적인 분리를 해명하기 위해서다". 그러나 선결과제가 있다. "광기의 체험에 대해서 말하는 것이다." 과학적 담론이나 지식에 사로잡히기 전의 그 체험을 되찾아 보아야 하고, 그것이 스스로 자신을 표현하도록, 또는 "아직 말로 형성되기 전의 언어의 저 밑바닥에서부터 올라오는 텍스트로"[25] 그

---

25 같은 책, p.ix.

것이 스스로에 대해 말할 수 있게 해야만 한다.

이것이 바로 푸코가 약 10여 페이지에 걸친 긴 서문에서 밝힌 계획이다. 1972년의 재판에서는 '최초의 경험'에 대한 추구를 더 이상 인정하지 않으면서 이 서문을 삭제했다. 이 텍스트를 '성숙한 여인의 역할을 하기 위해 뺨에 분을 바른 풋풋한 소녀의 약간 우스꽝스러운 아름다움'과 비교하기까지 했다. "나는 가발을 하나 썼었다"라고 그는 빈정거렸다.[26] 이건 서문에 대한 이야기다! 그럼 본문은 어떠한가? 풍요롭고 풍성하고 복잡하고 가끔은 갈피를 잡을 수가 없으며 모순적이기까지 한, 그리고 논지를 강하게 전개시키기 위해 경제의 영역(푸코의 역사 관련 저서에 자주 등장하여 가끔은 지나친 경제주의로 흐르기도 한다)에서 사법, 예술의 영역에 이르기까지 모든 학문의 영역을 자유자재로 넘나드는 6백여 페이지의 이 방대한 책을 한두 마디로 분석한다는 것은 불가능한 일이다. 그저 단지 푸코 자신의 목소리를 그대로 전달함으로써 이 방대한 진술의 마디를 몇 개 나누어 보는 것으로 만족하자. 이 책의 복잡한 문체는 후기의 저술에서 상당한 변모를 겪게 된다.

광기가 아직 사회에서 시민권을 가지고 있을 때, 다시 말해서 르네상스 절정기에도 두 형태의 광기를 분리하려는 움직임이 있었다. 보슈, 브뤼헐, 뒤러의 그림에서 보이는 광기가 그 하나다. 불안하고 강박적이고 위협적인 이 광기는 우리 현상계의 진실을 아무것도 아닌 것으로 만들어 버리는 어떤 은밀한 비밀을 드러내는 것만 같다. 그것은 악과 어둠의 세력과 연

---

26 푸코, 「로제 폴 드루아와의 인터뷰」, 1975, 미발표 원고. 다음 책에서 영어로 인용되었다. 린 후퍼 Lynne Huffer, 『푸코를 위해 미치기: 퀴어이론 다시 생각하기』*Mad for Foucault: Rethinking the Foundation of Queer Theory*, New York: Columbia University Press, 2009, pp.237~238.

결된 광기며, 사탄의 승리와 비슷한 광기다. 또 하나의 광기는 에라스뮈스의 『우신 예찬』에 나오는, 이성과 대화하는 광기다. 그러나 이미 이 광기도 정상과 분리되고 담론의 세계에 사로잡혀 인간의 환상을 비판하기 위한 목적으로만 환기된다. 한쪽에는 비극적 광기가 있고, 또 한쪽에는 인본주의자의 냉소적인 시선 밑에서 그 힘이 한껏 약화된, 거의 순치된 광기가 있다. 이미 그때부터 틈이 벌어졌으나 그 틈새는 세기를 거치면서 더욱더 깊어질 것이다. 두 길의 분리가 시작된 것은 아마 이때부터인 듯하다. 하나는 비판적 의식의 길로, 이것은 과학에 귀착되었다. 다른 하나는 비극적 면모의 길인데, 이것은 침묵으로 귀결되고 나중에 고야, 반 고흐, 니체, 아르토의 작품에서 되살아나게 될 것이다. 그러나 벌써 파열이 시작된 그 순간에도 여하튼 광기는 아직 사람들 사이에서 친숙한 것이었다.

그런데 이 모든 것이 17세기에 달라지기 시작했다. 광기가 사회에서 배척되고 금지된 것이다. 푸코가 '고전주의의 사건'이라고 명명한 이 운동은 두 가지 '측면'[27]을 갖는다. 한편에서 광기는 이성의 지고한 행동에 의해 거부된다. 이성은 광기를 배제하고 묵살한다. 데카르트의 모범적 경구 "아니, 이게 뭐야. 미친 사람들이잖아"가 그것을 잘 말해 주고 있다. 데카르트는 『성찰』의 제1권에서 사유가 자명하게 지각한 진실도 의심할 수 있다는 회의 가능성의 근거를 환기하고 그것을 다시 부인하는 과정에서 이같이 말했다. 한 인간은 언제나 미친 사람이 될 수 있지만 그렇다고 해서 사유의 권리가 위험 속에 놓이는 것은 아니라는 것이다. 또 한편에서 광기는

---

27 푸코, 「서문」Préface, 『고전주의 시대 광기의 역사』*Histoire de la folie à l'âge classique*, Paris: Gallimard, 1972, pp.58~59. 통일성을 주기 위해서 나는 갈리마르판에서만 인용했다. 그러나 첫 번째 서문은 1961년 플롱 출판사의 것에만 있으므로 이것은 예외로 했다.(첫번째 「서문」은 『말과 글』*Dits et écrits*, tome1, texte n° 4, pp.187~195.)

감금되고 수용된다. 여기서는 경제·정치·도덕·종교적인 동기들이 중후한 무게감으로 자리 잡고 있다. 17세기를 관통한 '대감금'의 소용돌이 속에서 가난한 사람, 거지, 부랑자, 그리고 방탕한 사람, 매독 환자, 난봉꾼, 동성애자들이 정신병자들과 함께 종합병원의 벽 속에 갇혔다. "오늘날 정신병자들은 죄의식을 마치 자신의 운명처럼 느끼고, 의사들은 이것을 이 병의 자연적 성격이라고 간주하고 있는데, 정신병과 죄의식의 연관성은 아마 이때에 생겨난 것 같다"[28]고 푸코는 썼다. 시대는 광기에서 비이성으로, 다시 말하면 광기가 특수성을 갖고 있던 시대에서 그것이 다른 수용자 그룹 속에 녹아 들어가 '교정' 대상이 된 시대로 넘어갔다. 왜냐하면 이 수용소는 의학적인 조치보다는 주로 처벌과 징벌을 하는 곳이었기 때문이다.

그러나 영원히 배척해야 할 얼굴을 규정하면서, 그리고 그 얼굴을 사회에서 철저히 격리시키면서 이 '대감금'은 부정적인 역할만 한 것이 아니라 '새로운 편성이라는 긍정적인 역할'도 했다. 감금의 관행과 규칙은 "전시대의 문화에서는 전혀 유사하다고 생각하지 못했던 특정의 사람들과 가치들을 공통의 장으로" 통합시킴으로써 "새로운 경험의 영역"을 구성했다. "감금은 어떤 사람들과 가치들을 광기 쪽으로 이동시켰는데 이때 광기는 이미 정신병의 영역 속에 편입되었다. 이렇게 함으로써 하나의 새로운 경험을 구축했는데, 이 새로운 경험은 바로 우리들의 경험인 것이다."[29]

또 한편에서 비이성은 그 구체적 위치가 '확인'되고 '표시'된다. 그것은 '지각의 대상'이 될 수도 있다. 푸코의 책에서 아마도 가장 결정적인 계기가 바로 이것이다. "그것은 어떤 지평 위에서 모습을 나타내는가? 사회

---

28 푸코, 『광기와 비이성: 고전주의 시대 광기의 역사』, p.100.
29 같은 책, p.96.

적 실재의 지평 위에서다. 그것은 분명하다. 17세기부터 비이성은 더 이상
이 세상의 큰 강박관념은 아니었다. 그러나 그것은 또한 이성적 모험의 자
연스러운 차원도 아니었다. 그것은 인간사의 외관을 띠었고, 다양한 사회
적 종류의 하나로 보였다. 옛날에 사물이나, 언어, 이성, 혹은 인간의 대지
를 위협하는 피할 수 없는 위험으로 보였던 것이 지금은 개인의 모습을 띠
었을 뿐이다. 사회는 비이성의 사람들을 분별하여 그들을 고립시켰다. 그
들은 방탕자, 낭비하는 사람, 동성애자, 마술사, 자살기도자, 난봉꾼들이었
다. 비이성은 사회적 규범과 벌어진 정도에 따라 측정되었다. …… 광기가
갑자기 사회 속에 투입되어 특권적이고 거의 배타적인 자리를 차지하게
된 것, 과거에 친숙한 이웃으로 눈에 띄지 않게 살거나 아무런 경계선 없이
온 나라를 방랑하던 광인들을 어느 사이엔가(유럽 전역에서 50년도 채 안 되
는 사이에) 한정된 지역 안에 한데 집어넣어 누구나 그들을 구별하고 비난
할 수 있게 된 것, 그리고 그때부터 경찰의 예방 또는 치안 대책의 차원에
서 비이성적인 사람들을 단숨에 몰아내는 조치를 취할 수 있게 된 것, 그것
이 중요한 문제다." 그리고 푸코는 다음과 같은 문제를 제기한다. "비이성
이 인식의 대상이 되기 전에 우선 파문의 대상이었다는 것은 우리의 문화
를 이해하는 데 있어서 매우 중요한 일이 아닐까?"[30]

그러나 별처럼 총총히 박힌 수많은 종류의 비이성 중에서도 광기의
모습은 차츰 특별한 자리를 차지하기 시작했다. 왜냐하면 감금의 가치를

---

30 같은 책, pp.117~119. 나는 『게이 문제에 대한 고찰』에서 이 구절들을 더 자세히 분석했다. 푸코
　책의 목표 중 하나는 그러니까 비정상적인 섹슈얼리티가 정신의학의 병리학적 대상이 되기 전
　에 어떻게 정신적으로나 제도적으로 배척되었는가를 (그리고 구빈원에서 정신병자들과 어떻게 인
　접하게 되었는지를) 보여 주는 것이었다. 『광기와 비이성: 고전주의 시대 광기의 역사』는 그러니
　까 이 책이 쓰여진 시대에 감히 발설될 수 없었던 동성애에 대한 역사로 읽힐 수도 있다.

경제적인 관점에서 검토하게 되었고, 감금된 사람들 중 노동이 가능한 모든 사람들을 노동시장에 방출하는 것이 좀더 나은 정책이라는 결론을 얻었기 때문이다. 그런데 가난을 어떻게 투옥으로 다스릴 수 있단 말인가? 이 운동 속에서 광기는 비이성이라는 전체 틀 속에 함께 공존했던 다른 형태의 비이성들과 또 한차례 분리되었다. 그리고 이때부터 광기는 다른 비이성들과 공유했던 감금의 공간을 혼자 차지하게 되었다. 이제 광인들은 그들을 담당하는 의사들과 함께 혼자 남았다. 그것이 수용소의 탄생이다. 강제수용이 의학의 이름으로 행해졌고, 광기가 '정신병'으로 규정될 모든 조건이 갖추어졌다.

정신착란자들은 쇠사슬에서 풀려났지만, 이 자유를 찬양하거나 이것을 자신의 덕으로 돌리는 실증주의적 신화를 순진하게 받아들이는 일은 삼가야 할 것이다. "피넬(Philippe Pinel; 19세기 초의 정신과의사. 현대 정신의학의 창시자로 일컬어짐)이 그 창시자라고 사람들이 찬양하는 실증주의 시대의 수용소는 관찰, 진단, 치료의 자유스러운 구역이 아니었다. 그것은 환자가 고발되고 재판받고 선고받는 사법적인 장소였으며, 거기서 풀려나기 위해서는 깊은 심리학적 영역에서의 소송 절차, 즉 회개가 있어야만 했다. 광기는 비록 밖에서는 무죄였더라도 수용소 안에서는 처벌의 대상이었다. 광인들은 오랫동안, 그리고 오늘날까지도 도덕적 세계의 수인(囚人)이 되었다." 이어서 푸코는 이렇게 덧붙인다. "사람들은 튜크와 피넬이 의학적인 상식에 의거하여 요양원을 개설했다고 믿고 있다. 그러나 그들은 거기에 과학을 도입한 것이 아니라 하나의 인격체를 도입했는데, 이 인격체는 과학에서 위장의 방법을, 혹은 기껏해야 정당화의 방법만을 빌려 왔을 뿐이다. …… 의학적 인격체가 광기의 위상을 정확히 집어냈다 해도 그것은 광기를 제대로 인식했기 때문이 아니라 다만 통제하는 과정에서였

다. 그리고 실증주의적 관점에서 객관적인 것처럼 보이는 것은 그 반대편
에서는 지배를 의미할 뿐이다."[31] 그러나 의학이 아무리 승리를 구가해 보
아야 소용없다. 의학은 겨우 한 부분만을 쟁취했을 뿐이다. 왜냐하면 푸코
가 보기에 피넬이 창시한 요양원은 광기로부터 근대사회를 보호하지 못
했기 때문이다. 광기가 더 이상 밝은 햇빛과 대립되는 어두운 밤이 아니고,
그것에 대해 정상인이 진실을 말할 수 있는 관찰 가능한 실재라면 우리는
이 진실이 광기와 연결되어 있다는 것을 인정해야만 할 것이다. "우리 시
대의 인간은 자신이 광인이건 아니건 간에 광인의 수수께끼 속에서만 자
신의 진실을 찾아볼 수 있다. 모든 광인들은 사람에 따라 자기 속에 인간의
진실을 갖고 있거나 혹은 갖고 있지 않거나 하지만, 여하튼 그 진실은 그의
인간성이 추락할 때 적나라하게 드러난다." 요컨대 "정상인과 광인은 이
상호적이며 양립 불가능한 진실의 희미한 선으로 연결되어 있다". 특히 비
이성이 완전히 사라지려 하는 순간 그 횃불을 이어받은 사람들의 말을 들
어야 한다. 어둠과 밤과 영원한 부정의 횃불, 여기 고야가 있다. "고전주의
시대에 비이성은 무(無)이며 밤이었다. 새로운 시대에 당혹했던 이 광기는
그것을 받아들일 줄 알았던 사람들——니체, 아르토——에게 거의 들리지
않는 나지막한 소리로 그러나 분노와 절규에 이르도록 한없이 증폭시키면
서 고전주의 시대의 비이성의 말들을 전달해 주지 않았던가? 그리고 사상
처음으로 그 말들에게 원시적인 힘을 복원해 주고 표현과 시민권을 줌으
로써 서구 문화에 대한 인식의 단초를 주지 않았는가? 이 인식에서부터 모
든 이의제기, 전면적인 이의제기가 가능하게 되었을 것이다." 여기 사드가
있다. 고야에게서처럼 그에게서도 "비이성은 그의 밤을 지켜 주고 있다".

---

31 푸코, 『광기와 비이성: 고전주의 시대 광기의 역사』, pp.522~525.

그러나 "이 밤샘에 의해 비이성은 젊은 세력과 유대를 맺는다". 고야와 사드를 거쳐서 "서구세계는 격정 속에서 자신의 이성을 극복할 가능성을 얻었고, 변증법의 약속 너머의 비극적인 체험을 되찾을 가능성을 갖게 되었다". 푸코의 책은 다음과 같은 선언으로 끝을 맺는다. "광기의 새로운 승리와 계략. 광기를 측정하고 심리학에 의해 광기를 설명한다고 믿는 이 세계는 이제 거꾸로 그 광기 앞에서 자신을 변명해야만 한다. 왜냐하면 그 논쟁과 노력 속에서 세계는 니체, 반 고흐, 아르토 등의 작품을 거슬러 자신을 측정하기 때문이다. 그리고 광기에 대한 지식은 결코 이 세계에 확신을 주지 못하며 오로지 그 광기의 작품들만이 이 세계를 설명해 줄 뿐이다."[32]

---

32 푸코, 『광기와 비이성: 고전주의 시대 광기의 역사』, pp.548~557.

2부 / 사물의 질서

1장
시인의 자질

"스웨덴의 밤중에 시작하여" "폴란드적 자유의 완고한 대낮에"[1] 끝이 난 『광기와 비이성』은 거의 1천 페이지에 달하는 방대한 원고가 되었다. 정확하게 말하면 943페이지라고 조르주 캉길렘은 말했다. 거기에 부록과 참고문헌이 추가된다. 본문이 완성된 후 쓰여진 서문에는 "1960년 2월 5일 함부르크에서"라는 날짜가 적혀 있다. 그 당시에 국가박사학위를 취득하려면 두 편의 논문을 제출해야 했고 그중 한 편은 반드시 저술이어야 했다. 그러니까 타자기로 친 128페이지의, 주와 서문을 곁들인 칸트의 『인간학』 번역이 보조논문으로 쓰이게 될 것이다.

프랑스에 다시 정착하기 전에 푸코는 논문의 지도교수 역할을 할 '후견인'을 물색했다. 두 작품이 이미 완성되어 더 이상 추가할 것이 없었으므로 지도교수라기보다는 차라리 논문심사장에서의 '보고자'라고 하는 게 더 정확할 것이다. 파리에 돌아와 잠시 체류했을 때 그는 장 이폴리트를 찾아가 대부(代父)가 되어 줄 것을 부탁했다. 당시 고등사범 학장이었던 이

---

1 미셸 푸코, 「서문」, 『광기와 비이성: 고전주의 시대 광기의 역사』, Paris: Plon, 1961, p. xi.

폴리트는 보조논문에 대해서는 지도교수가 될 것을 수락했다. 그의 전공인 독일 사상과 철학사를 잘 알고 있었기 때문이다. 그러나 그가 "경탄의 눈으로"[2] 읽었던 주논문에 대해서는 자신의 옛 제자를 조르주 캉길렘에게 보내기를 선호했다. 캉길렘은 몇 년 전부터 소르본에서 과학사를 강의하고 있었으므로 이폴리트는 그가 고전적 철학논문의 형태를 별로 띠고 있지 않은 이 수세기에 걸친 방대한 광기의 프레스코[벽화]를 지도하기에 좀 더 적합한 사람이라고 생각했다. 캉길렘은 아마도 여기에 흥미를 갖고 있을 것이다. 그 자신이 『정상과 병리』(Le Normal et le pathologique)라는 의학논문으로 학위를 받지 않았던가? 이렇게 해서 미셸 푸코는 그의 대학 경력을 시작하는 두 개의 통과의례, 즉 고등사범 입학시험과 교수자격시험 구술시험의 두 의식에서 이미 집전한 바 있는 사람을 다시 만나게 되었다.

두 사람의 만남은 캉길렘의 강의 직전 소르본의 한 낡은 원형강의실 입구에서 이루어졌다. 푸코는 그에게 자신의 의도를 대강 설명했다. 고전주의 시대에 합리주의가 도래하면서 어떻게 광기를 배제하는 분리가 시작되었는지, 그리고 정신의학적 지식이 어떻게 자신의 대상인 정신병을 만들어 내고 날조해 내고 오려 냈는지를 밝혀내는 것이 자신의 목표라고 했다. 그의 얘기를 들은 캉길렘은 퉁명스러운 어조로 짤막하게 이렇게 말했다. "그게 사실이라면 그건 널리 알려져야겠군." 그러나 그는 논문을 읽고 "진짜 쇼크"를 받았다. 자기 눈앞에 펼쳐진 이 논문이 정말 일류 논문이라고 확신했고, 주저없이 보고자가 되기를 수락했다. 다만 그는 자기 생각에 너무 독단적으로 느껴지는 몇몇 구절들을 수정하거나 완화시킬 것을 제안

---

2 조르주 캉길렘Georges Canguilhem, 「사건으로서의 『광기의 역사』에 대하여」Sur *L'Histoire de la folie* en tant qu'événement, 『르 데바』*Le Débat*, n° 46, p.38 참조.

했다. 그러나 푸코는 이 책의 문학적인 형식에 깊은 애착을 갖고 있었기 때문에 거기에서 한 구절도 바꾸기를 원치 않았다. 결국 논문은 캉길렘이 읽었던 최초의 형식 그대로 통과되고 출판되었다.

'대학교수'로 인도하는 이 제도적 역정의 마지막 관문에서 새롭게 푸코에게 질문하고 그를 평가하게 될 이 인물에 대해 잠시만 이야기해 보자. 두번째 만남 이후까지 푸코는 고등사범 학생들이 '캉'(Cang)이라고 불렀던 이 학자에 대해 어떤 좋지 않은 감정을 갖고 있었다. 그럼에도 불구하고 그의 저서를 읽고 자기 논문에 인용하기도 했다. 실존주의가 한창 유행하던 시절에 알튀세르가 자기 학생들에게 과학철학의 선구자인 이 학자를 언급했는데 어떻게 그를 완전히 모를 수 있단 말인가? 그래서 푸코는 자신의 개인적인 반감을 억누르고 캉길렘의 『정상과 병리』나 또는 전문 잡지에 가끔 실린 기고문들을 읽었다. 왜냐하면 캉길렘은 우선 교수였고, 또 드장티가 말했듯이 "철학 그룹의 대부"였기 때문이다. 그는 책을 많이 내지 않았고 두툼한 저서도 없었으며 극히 한정된 분야에서만 글을 썼다. 그러나 그 소량의 논문들이 나중에 책으로 묶여 그 분야의 유명한 저서가 되었다. 『삶의 인식』(*La Connaissance de la vie*), 『과학 철학 및 역사 연구』(*Études d'histoire et de philosophie des sciences*), 『생명과학에서의 이데올로기와 합리성』(*Idéologie et rationalité dans les sciences de la vie*) 등등이 그것이다.

미셸 푸코는 『광기와 비이성』 서문에서 캉길렘을 자기 스승 중의 하나로 언급했고, 1970년 12월 콜레주 드 프랑스 개강 연설에서도 그 말을 되풀이했다. 그러나 캉길렘의 영향은 그 두 시기 사이에 이루어졌으므로 『광기와 비이성』보다는 『임상의학의 탄생』에 더 많은 영향을 미쳤다. 1965년 6월에 캉길렘에게 보낸 편지에서 푸코도 그런 이야기를 하고 있는 듯하다. "10여 년 전 내가 논문을 쓰기 시작했을 때 나는 아직 선생님을 몰랐고 선생님의 작품도 몰랐습니다. 그러나 그후에 내가 한 것은 선생님의 작품 없이는 불가능한 것입니다. (내 논문에는) 선생님의 영향이 깊이 배어 있습니다. 어떻게, 정확히 어느 부분에, 또는 어떤 '방법'으로 그것이 새겨져 있는지는 잘 모르겠으나 예컨대 생기론(生氣論)에 대한 나의 '반대-입장'은 선생님이 도입한 분석층, 또 선생님이 고안한 '직관적 인식론' 등에서 출발하지 않았다면 나올 수 없는 것이었습니다. 정말로 『임상의학의 탄생』과 그 이후에 쓰여진 작품은 거기서 왔고 거기에 자리 잡고 있습니다. 언젠가 나는 이 관계를 정확하게 밝혀야만 할 것입니다."

'이 관계를 정확히 밝히기' 위해, 그리고 아마도 한 세대의 철학자 전체에게 미친 이 교수의 은근한 영향을 이해하기 위해서는 푸코가 1977년 『정상과 병리』의 미국 번역판에 쓴 긴 서문을 읽어 보아야 할 것이다. 이 글에서 그는 60년대와 70년대 프랑스의 사상계를 관통한 논쟁에서 캉길렘이 차지하는 위치를 강조했다. "그의 저서들은 엄격하여 스스로 과학사라는 특수한 영역에만 머물러 있었고 결코 대중적인 인기를 위해 자기 분야를 벗어나지 않았습니다. 어떤 식으로든 모든 논쟁 속에 자리 잡고 있었으나 그 자신은 절대로 모습을 드러내지 않으려 세심하게 노력했습니다."[3] 그러나 한 번은, 딱 한 번이지만, 그가 모습을 드러낸 적이 있다. 격렬하고도 단호한 어조로 한 기고문에서 『말과 사물』에 대해 논평할 때였다.[4] "왜

---

3 푸코, 「인생: 경험과 과학」La vie : l'expérience et la science, 『형이상학과 도덕 리뷰』*Revue de métaphysique et de morale*, 90° année, n° 1, janvier-mars 1985, p.3.(『말과 글』*Dits et écrits*, tome2, texte n° 361, pp.1582~1595.); 「미셸 푸코의 서문」Introduction par Michel Foucault, 『말과 글』*Dits et écrits*, tome2, texte n° 219, p.429. (프랑스어 수정판)

4 캉길렘, 「인간의 죽음, 또는 코기토의 소진」Mort de l'homme ou épuisement du cogito, 『크리티크』*Critique*, n° 242, juillet 1967, pp.599~618.

냐하면 나는 그때 푸코에 대한 사르트르 추종자들의 비판에 몹시 화가 났었기 때문이다"라고 캉길렘은 회상한다. 푸코가 죽은 후 그는 『광기의 역사』에서 『성의 역사』 마지막 권에 이르기까지 푸코의 사상을 일관성 있게 복원한 매우 아름다운 글[5]을 통해 이 죽은 친구에게 애도를 표했다. 1988년 1월에는 파리에서 푸코 심포지엄을 열어 '철학자 푸코'에 대한 주제로 전 세계의 푸코 연구자들을 한 자리에 모았다.

조르주 캉길렘은 프랑스 남서부 카스텔노다리에서 1904년에 태어났다. 그는 아롱, 사르트르, 니장을 배출한 것으로 유명한 고등사범 1924년 동기생이었다. 철학교수 자격시험을 통과한 뒤 의학연구를 시작하여 1943년에 박사학위를 받았다. 다시 말하면 전쟁이 한창이던 독일 점령 치하에서였다. 그가 교편을 잡았던 스트라스부르 대학은 클레르몽페랑으로 피난했다. 캉길렘은 그곳에서 레지스탕스 운동에 활발히 참여하면서 정상적인 교육활동을 계속했다. 해방 후에는 스트라스부르에서 강의를 재개했고 이어서 장학관이 되었다. 이 기간 동안에 그는 자기가 교육능력 평가를 내렸던 중등학교 교사들로부터 많은 원성을 샀다. 화를 잘 내고 좀 거친 그의 성격 때문에 사람들은 그를 무서워하거나 싫어했다. 임명될 때부터 말이 많았던 그의 '장학관직' 수행에 대해 아직까지도 좋지 않은 이야기들이 돌고 있다.

그러나 1955년에 가스통 바슐라르의 뒤를 이어 소르본에 임명되었고, 이때부터 그의 영향력은 프랑스 철학계에서 확고한 자리를 차지하게 되었다. 그러나 그 영향력은 푸코가 그것을 공개적으로 언급하기까지는 그늘 속에 가려 거의 눈에 띄지 않았다. 캉길렘은 바슐라르의 뒤를 이어 평생 과

---

5 캉길렘, 「사건으로서의 『광기의 역사』에 대하여」, 『르 데바』*Le Débat*, n°46.

학적 실천의 문제를 성찰했으나 삶의 과학에 집중했고, 물리학에는 별로 관심을 두지 않았다. 특히 이데올로기와 합리성의 관계, 학문적 발견의 과정, 그리고 '진실' 추구에서의 오류의 역할 등에 관심을 기울였다. 이와 동시에 1977년 푸코가 자기 글 속에서 밝혔듯이 그는 실존주의자이며 현상학자인 사르트르, 메를로-퐁티 등이 구현한 감각의 경험철학 대신 바슐라르, 카바이예스(Jean Cavaillès), 코이레(Alexandre Koyré) 등이 구현한 개념철학의 노선에 합류했다.

이렇게 해서 캉길렘은 50년대에서 80년대 사이에 철학·사회학·정신분석학 등등의 이론적 담론을 쇄신하려 했던 모든 사람들, 다시 말해서 이때까지 수많은 사람들이 발로 다져 왔던 주체의 철학이라는 낡은 길에서 벗어나고자 하는 모든 사람들을 한데 모으는 구심점이며 슬로건이고 전투적 구호가 되었다. 캉길렘은 구조주의의 선구자라고 말할 수 있다. 또는 최소한 구조적 과학사라고 부를 수 있는 것을 학생들에게 가르침으로써 그들을 나중에 구조주의에 익숙하게 만들었다.

＊　　＊　　＊

그 당시에는 박사학위논문 심사를 받으려면 그 논문이 반드시 책으로 출판되어야 했다. 그리고 해당 대학의 학장이 출판허가를 내주어야 했다. 그래서 캉길렘은 「문학박사 주논문 인쇄허가를 얻기 위한 보고서」의 작성을 맡았다. 1960년 4월 19일에 그는 자신의 칭찬을 곁들인 논문 초록을 타자기로 빼곡하게 쳐서 제출했다. 그가 개인적으로 보관하고 있는 긴 텍스트에서 발췌한 이 부분을 읽고 독자들이 직접 판단해 보기 바란다. "이 논문의 장점이 무엇인지 우리는 잘 알 수 있습니다. 푸코 씨는 르네상스에서 우리 시대에 이르기까지 광기가 조형예술·문학·철학 등의 거울 속에서 근대 인간에 비추어 보여 주었던 수많은 얼굴을 하나도 놓치지 않았으며, 그 복잡다기한 단서들을 어느 때는 풀고 어느 때는 다시 묶으면서 분석과 종합의 작업을 동시에 수행하고 있습니다. 그 엄격함 때문에 결코 읽기가 쉽지는 않지만 읽고 나면 틀림없이 지적 노력을 보상해 줄 것입니다.”

이어서 캉길렘은 이렇게 덧붙였다. “자료 수집에 있어서는 어느 때는 남이 이미 읽은 것을 다시 읽고 다시 보는가 하면, 또 어느 때는 수많은 고문서들을 최초로 찾아내어 자기가 처음으로 읽기도 했습니다. 그 어떤 전문적 역사학자도 1차자료에 접근하려는 이 젊은 철학자의 노력에 감탄하지 않을 수 없을 것입니다. 한편 그 어떤 철학자도 푸코 씨가 역사적 정보를 중시하여 그에 대한 철학적 판단의 자율성을 희생시킨 데 대해서 그를 비난할 수 없을 것입니다. 엄청난 자료를 작품화하는 데 있어서 푸코 씨의 사상은 처음부터 끝까지 변증법적 엄격성을 유지했는데, 그것은 헤겔적 세계관에 대한 그의 공감과『정신현상학』에 대한 그의 깊은 지식에 기인하는 것입니다. 이 논문의 독창성은 이때까지 철학자들, 정신의학사가들이 무시해 왔던 자료를 좀더 높은 차원에서 성찰한 것에 있습니다. 일부 정신의학사가들이 이 분야에 관심을 갖기도 했지만 그것은 주로 방법과 관습의 문제 때문에 자기 전공의 역사와 전사(前史)에 흥미를 가졌던 사람들이었습니다.” 그리고 조르주 캉길렘은 다음과 같은 공식 서식으로 그의 보고서를 끝냈다. “푸코 씨의 연구 성과의 중요성을 확신하며 그의 논문이 문과대학 심사위원들의 심사를 받을 만한 자격이 있다는 말로 보고서를 끝마칠까 합니다. 학장님께서 부디 이 논문의 인쇄를 허가해 주시기 바랍니다.”[6]

물론 인쇄는 허가되었다. 그러나 출판사를 찾는 일이 남았다. 미셸 푸

---

6 미발표 보고서(이 책의「부록 1」참조).

코는 오래전부터 선택해 놓은 출판사가 있었다. 그가 원한 곳은 그의 전 세대들, 특히 사르트르나 메를로-퐁티 같은 대가들의 작품이 출판되었던 '갈리마르'였다. 그래서 그는 세바스티엥 보탱 가의 출판사 사무실에 있는 브리스 파렝을 찾아가 논문을 보여 주었다. 브리스 파렝은 조르주 뒤메질의 친구였다. 두 사람은 전쟁이 끝나 평화가 돌아오고 군에 소집된 사람들도 모두 제대했을 때 윌름 가에서 열린 고등사범 총동창회에서 만났다. 1941년과 1949년 사이에 파렝은 뒤메질의 작품 몇 권을 출판했다. 그러나 그가 기획한 이 총서는 잘 팔리지 않았기 때문에 총서의 출간은 단기간에 끝나고 말았다.[7] 브리스 파렝이 대학논문 스타일의 모든 저술을 탐탁지 않게 생각한 것은 아마도 이 실패의 기억 때문인지도 모른다. 50년대 초에 당시 『친족의 기본 구조』(*Structures élémentaires de la parenté*)라는 유일한 저서만을 갖고 있던 한 인류학자의 논문집 출판을 거부한 것도 바로 그였다. 클로드 레비 스트로스는 나중에 플롱사에서 『구조인류학』(*Anthropologie structurale*)[8]이라는 제목으로 출판하기까지 몇 년을 더 기다려야 했다.

그리고 마찬가지로 평생 푸코의 뒤를 봐주던 뒤메질의 따뜻한 후원에도 불구하고 브리스 파렝은 역시 이 젊은 철학자의 책을 출판하기를 거부했다. "우리는 박사논문은 출판하지 않는다"라는 것이 브리스 파렝의 말이었다. 그 말에 마음이 몹시 상한 저자는 두고두고 그 이야기를 친구들에게 했다. "페이지 아래 각주가 달려 있다는 것 때문에 글쎄 그들은 내 책을 출판하지 않겠다는 겁니다." 그러나 갈리마르 출판사를 한 번 거친 것이 전

---

7 조르주 뒤메질Georges Dumézil, 『디디에 에리봉과의 대화』*Entretiens avec Didier Eribon*, Paris: Gallimard, 1987, pp.95~97.

8 레비 스트로스·디디에 에리봉, 『가까이서, 멀리서』*De près et de loin*, Paris: Odile Jacob, 1988, pp.100~101.

혀 쓸데없는 것은 아니었다. 왜냐하면 그 출판사의 또 다른 편집위원인 로제 카유아(Roger Caillois)가 그것을 보았기 때문이다. 그도 역시 뒤메질과 친분관계가 있었다. 그는 프랑스고등연구원(EPHE) 제5반에서 뒤메질의 강의를 들었다. 카유아는 '비평가상'의 심사위원이었는데, 이 묵직한 원고를 다른 심사위원에게 보일 생각이었다. 이런 작품이 상을 받을 수 있을까에 대해서 자문을 구하기 위해서였다. 모리스 블랑쇼는 그 책을 다 읽을 시간은 없었다. 그러나 이 책의 중요성을 가늠할 수 있을 만큼은 충분히 읽었다. 그는 카유아에게 흥분을 감추지 못했다. 그 다음 해 이 책이 출판되었을 때 그는 다시 한번 공개적으로 이 이야기를 했다.

블랑쇼의 긍정적인 견해만으로 '비평가상'을 받을 수는 없었다. 그리고 또 카유아의 호의적인 평가만으로 갈리마르 출판사에서 책을 낼 수도 없는 일이었다. 더 이상 거기에 집착하지 않는 편이 나았다. 푸코는 다른 해결책을 찾았다. 장 들레가 프랑스대학출판사(PUF)에서 그의 책을 받아주겠다고 제의했다. 그러나 푸코는 자기 책이 잡다한 학위 논문들 사이에 끼는 것을 원치 않았다.

그는 클로드 레비 스트로스의 성공에 깊은 인상을 받아 자신의 원고도 이 출판사에 맡기고 싶어 했다. 대학논문의 전문독자와 광범위한 일반 교양 독자의 경계선을 허물어 버린 이 출판사의 방식이 특히 마음에 들었다. 레비 스트로스는 갈리마르로부터 거절당한 후 플롱사에서 1955년에는 『슬픈 열대』(Tristes Tropiques)를 1958년에는 『구조인류학』을 차례로 냈다.

마침 미셸 푸코는 플롱 출판사의 문학담당 고문인 자크 벨프루아(Jacques Bellefroid)를 잘 알고 있었다. 릴에서 그를 처음으로 만났는데 당시 그는 고등학생으로 장 폴 아롱과 아주 친했다. 그후 벨프루아는 파리에 정착하여 문학 출판 분야에서 일을 시작했다. 그는 푸코에게 레비 스트로스의 작품을 세상에 알린 출판사에 원고를 주도록 종용했다. 푸코 자신은 이 에피소드를 20년 후에 이렇게 이야기한다. "한 친구의 충고를 듣고 원고를 플롱사에 가지고 갔다. 몇 달 후에 나는 그것을 다시 찾으러 가야만 했다. 그들은 내게 그것을 되돌려 주기 위해 수많은 원고 더미를 한참이나 헤집었다는 것이다. 마침내 서랍에서 원고를 찾아낸 그들은 이것이 역사책이라는 결론을 내렸다는 것이다. 그래서 그들은 내 원고를 아리에스(Philippe Ariès)에게 맡겨 읽어 보도록 했다. 내가 그를 알게 된 것은 이렇게 해서였다."9

필립 아리에스는 '어제의 문명과 오늘'이라는 주제의 총서를 책임지고 있었다. 플롱사는 고급 총서를 출판하여 회사의 이미지를 개선하려던 참이었다. 에릭 드 당피에르(Eric de Dampierre)가 사회학 총서를 맡아 특히 막스 베버의 책들을 번역했다. 장 말로리(Jean Malaurie)는 '인간의 대지' 총서를 맡았다. 아리에스가 맡은 분야는 역사였다. 그의 총서에서 이미 루이 슈발리에(Louis Chevalier)의 『노동계급, 위험한 계급』(*Classes laborieuses, classes dangereuses*)이 나왔고, 그 자신이 집필한 『구체제하에서의 어린이와 가족』(*L'Enfant et la famille sous l'Ancien Régime*)*도 나왔다. 그러던 어느 날, 그는 자기 회고록에 다음과 같이 적어 놓았다. "아주 두툼한 원고가 내게 왔다. 이름을 들어 본 적이 없는 저자가 쓴, 고전주의 시대의 광기와 비이성의 관계에 대한 철학논문이다. 그것을 읽고 나는 완전

---

9 푸코, 「역사의 양식: 『르 마탱』과의 인터뷰」Le Style de l'histoire: entretien avec *Le Matin*, 『르 마탱』*Le Matin*, 21 février 1984.(『말과 글』*Dits et écrits*, tome2, texte n° 348, p.1468.)
* 국역본 제목은 『아동의 탄생』, 문지영 옮김, 새물결, 2003.

히 매료되었다. 그러나 그 논문을 출판하도록 하기 위해서는 엄청나게 어려운 절차가 필요했다."[10] 왜냐하면 플롱사에 불어닥친 개방의 바람이 별로 오래 계속되지 않았기 때문이다. 회사를 떠맡은 새 경영진은 고상하기는 하나 수익성이 전혀 없는 이 총서를 별로 달갑게 생각하지 않았다. 아리에스는 싸우다시피 했다. 그리고 마침내 이겼다. 『광기와 비이성』은 플롱사의 이름으로 출판될 것이다.

푸코는 모든 면에서 그에게 적대적일 것 같은 이 사람의 고마움을 끝까지 잊지 않았다. 왜냐하면 두 사람의 만남은 평범한 것이 아니었기 때문이다. 그들은 마치 밤과 낮 같았고 악마와 천사 같았다. 아리에스는 가톨릭 신자고 개혁 반대주의자며 오랫동안 왕당파였고, 비록 극우라고까지는 할 수 없어도 항상 우익사상을 표방해 왔다. 그보다 더 전통적인 사람을 찾기 어려울 정도였다. 그러나! 대학 강단에 서지 않는 역사가며, 대학제도에서 멀리 떨어져 스스로 '일요 역사학자'라고 불렀던 이 경계인이야말로 아마도 학문적 범주화가 어렵고 도저히 분류하기 어려운 이 논문의 쇄신적 성격을 알아보는 데 가장 적합한 인물이었던 듯하다.

아리에스가 죽었을 때 미셸 푸코는 다음과 같이 썼다.

"필립 아리에스는 도저히 사랑하지 않을 수 없는 사람이다. 그는 미사를 드리러 자기 교구의 성당에 꼬박꼬박 나가기는 했지만 제2차 바티칸 공의회의 우스꽝스러운 의식과 대면하지 않기 위해 소음방지용 귀마개로 귀를 막는 것을 잊지 않았다……." 그리고 그 역사학자의 책을 언급하면서 이렇게 덧붙였다. "그는 인구학적 측면도 번갈아 가며 연구했는데 단순히

---

10 필립 아리에스Philippe Ariès, 『일요 역사학자』*Un historien du dimanche*, Paris: Seuil, 1982, p.145.

한 사회의 생물학적 배경으로서가 아니라 한 사회가 자기 자신과 자신의 후손 및 미래와 대면하는 방식으로서 연구했다. 또 어린이에 대해서도 관심을 표명했는데 그것은 어린이가 어른 세계의 감수성과 태도를 재단하고 만들고 거기에 가치를 부여하는 존재기 때문이다. 그는 또한 사람들이 의식화하거나 극적으로 연출하거나 찬양하거나 혹은 오늘날처럼 중성화하거나 완전히 무시하는 죽음에 대해서도 성찰했다. 그 자신이 표현한 대로 과연 '심성(Mentalitè)의 역사'다. 그러나 그의 책을 실제로 읽어 보아야 한다. 그는 위대한 예술을 창조할 수 있는 실천과 함께 보잘것없으면서도 끈질긴 관습의 형태를 띤 '실천의 역사'를 썼다. 그리하여 그는 사람들의 행위, 존재, 행동의 양식과 방법을 드러내려 했으며, 그것들의 뿌리에 무엇이 있는지를 알고자 했다. 박물관에서 잠자고 있는 특별한 작품에 관심을 쏟는 것과 마찬가지로 수천 년 전부터 끈질기게 내려오는 우리의 어떤 행동에 주목하면서 그는 인간의 존재양식의 어떤 원칙을 세웠다. 다시 말해 인간이 삶과 죽음의 숙명 속에서 스스로를 드러내거나 자신을 창조하는, 혹은 자신을 잊거나 부정하는 그 형태들에 대한 연구인 것이다."[11]

1984년 2월에 쓰여진 이 글은 아주 독특한 용어로 푸코의 감정을 드러내 주고 있다. 그때 그는 자신을 제어하는 기술, 자기 자신에 대한 미학 등에 관한 책을 마무리하는 단계에 있었고 그 책들은 그로부터 4개월 후 그가 죽음을 맞기 직전 『쾌락의 활용』, 『자기에의 배려』 등의 제목으로 출간되었는데 아리에스에 대한 이 글은 바로 그 당시의 그의 관심을 나타내는 것이었다. 그러나 이 글에는 무엇보다도 두 사람 사이의 지속적이고도

---

11 푸코, 「진실에 대한 배려」Le Souci de la vérité, 『르 누벨 옵세르바퇴르』*Le Nouvel Observateur*, 17 février 1984.(『말과 글』*Dits et écrits*, tome2, texte n° 347, pp.1465~1468.)

색다른 관계의 동기가 잘 드러나 있다. 여기서 우리는 푸코가 아리에스에 대해 얼마나 진지하고 성실하고 진정한 존경심을 갖고 있는지, 그리고 그에게 반드시 '갚아야 할' '개인적인 빚'[12]에 대해서 얼마나 강조하고 있는지를 알 수 있다.

*   *   *

1961년 5월 20일 토요일, 논문 발표로 심사위원과 청중을 매혹시킨 후 푸코는 "광기를 말하기 위해서는 시인의 자질을 가져야 합니다"라고 말했다. "당신은 그 자질을 충분히 갖고 있군요"라고 조르주 캉길렘은 대답했다. 두 사람이 소르본 원형강의실 입구에서 논문심사에 관해 이야기한 지 거의 1년 만인 이 봄날 오후에 학위청구자는 규정에 따라 심사위원들 앞에서 자기 연구의 개요를 발표했다. 물론 심사위원들의 꼼꼼한 질문이 그 다음에 이어질 것이었다. 논문 발표는 오후 1시 반 루이 리아르 강당에서 거행되었다. 중요한 논문을 발표할 때마다 사용되는 이 강당은 높은 연단과 이 연단 위에 길게 놓인 나무의자, 그 의자의 고풍스러운 나무조각 장식, 그리고 마치 이탈리아식 극장의 발코니처럼 강단 양옆으로 돌출하여 정렬된 의자들과 흐릿하면서도 은은한 조명이 아주 장엄한 인상을 주었다. 실내는 거의 어두울 지경이었다. 청중은 꽤 많았다. 오, 물론 10년 후 콜레주 드 프랑스 개강 연설에 밀려든 인파와 비교할 수는 없었다. 그러나 여하튼 강당은 사람들로 꽉 채워졌다. 백여 명 정도는 되었는데 그 청중들은 각자 이 발표장이 자그마한 사건의 장소라는 느낌을 갖고 있었다.

심사위원장은 앙리 구이에였다. 그는 철학사가였고 1948년 이래 소르

---

12 푸코, 「진실에 대한 배려」, 『르 누벨 옵세르바퇴르』*Le Nouvel Observateur*, 17 février 1984.

본의 교수였다. 그가 심사위원장이 된 것은 심사위원 중 그가 가장 "연조 (年條)가 오래된 정교수"였기 때문이다. 그것이 관례였다. 구이에는 상냥하고 개방적이며 다방면의 능력을 가진 꼼꼼한 학자였다. 그는 데카르트, 말브랑슈, 멘 드 비랑에 대한 연구로 유명하지만 『오귀스트 콩트와 실증주의의 탄생』(*Auguste Comte et la naissance du positivisme*)이라는 저서로도 유명했다. 또 연극에 대한 열정으로도 유명했다. 1952년에 『연극과 실존』(*Le Théâtre et l'existence*)을 썼으며, 1958년에는 『연극 작품』(*L'OEuvre théâtrale*)을 썼다. 그뿐만이 아니라 이 시기에는 잡지 『라 타블르 롱드』(*La Table Ronde*)에 연극평을 쓰기도 했다. 그와 가까이 지낸 사람으로는 조르주 캉길렘과 다니엘 라가슈가 있었는데, 라가슈는 전에 푸코와 함께 심리학을 공부했고 그후 소르본에서 심리병리학 강의를 하고 있었다.

캉길렘과 라가슈는 아주 막역한 사이였다. 그들은 함께 윌름 가에서 공부했을 뿐만 아니라 소르본에서도 함께 재직했고 전쟁 중에도 같이 강의를 했다. 라가슈는 1939년에 법의학관으로 군에 소집되었다. 포로가 되었다가 도망쳐 클레르몽페랑으로 캠퍼스를 옮긴 스트라스부르 대학에 교수 자리를 얻었다. 이 도시에서 그는 그의 임상강의를 들으러 온 조르주 캉길렘과 만났다. 캉길렘이 의학학위논문을 출간했을 때 라가슈는 이 논문의 요약을 스트라스부르 대학의 문과대 학회지에 실어 주었고, 이 글은 그로부터 몇 달 후에 『형이상학과 도덕 리뷰』에 다시 실렸다.[13] 1946년에 『사랑의 질투』(*La Jalousie amoureuse*)라는 제목으로 국가박사학위를 받았고 이어서 그 다음 해 소르본에 임명되었다. 1953년에 이미 두 사람의 견해가 크게 달랐음에도 불구하고 자크 라캉과 함께 프랑스 정신분석학회

---

13 다니엘 라가슈Daniel Lagache, 『전집』*Œuvre*, tome1, Paris: PUF, 1977, pp.439~456에 재수록.

를 창립했다. 1958년에는 『정신분석과 인격의 구조』(*La Psychanalyse et la structure de la personnalité*)를 출간했고, 방대한 '정신분석 용어집'의 집필에 착수했다. 이 작업을 위해 그는 장 라플랑슈와 장 베르트랑 퐁탈리스(Jean Bertrand Pontalis) 등 두 젊은 학자들의 도움을 빌렸다.

구이에, 캉길렘, 라가슈, 이 세 사람의 탁월한 전문가와 맞서 싸우는 것이 학위청구자로서는 결코 쉽지 않은 일이라는 것을 우리는 충분히 알 수가 있다. 특히 학위논문 심사에 수반되는 지적인 논쟁과 아울러 수많은 함정과 시험 그리고 가혹한 통과의례들을 생각해 보면 그 어려움은 불을 보듯 뻔한 것이다.

그러나 청중은 『광기와 비이성』에 대한 저자의 설명과 의견 교환의 기쁨을 맛보기 전에 이 지루한 통과의례를 참고 기다려야만 했다. 푸코는 우선 칸트의 『인간학』에 대해 답해야 했다. 왜냐하면 학위논문 심사는 '소논문'에서부터 시작되기 때문이다. 거기서 그는 소르본 교수이며 중세와 르네상스의 대가이고 수많은 독일 저서들의 번역자인 장 이폴리트와 모리스 드 강디약(Maurice de Gandillac)의 질문에 답해야 했다. 푸코는 자신의 의도를 설명하고, 칸트가 25년에 걸쳐서 쓰고 다시 쓰고 수정한 이 글을 이해하기 위해서는 구조 분석과 발생론적 분석을 교차시켜야 했다고 말했다. 이 글의 최종적인 내용이 어떻게 만들어졌으며 그후에 어떤 연속적인 침전물이 이 글에 덧붙여졌는지 —그것이 발생론적 분석이었다. 그리고 칸트의 내적 체계와 전체적 구도 속에서 이 저서는 어떤 위치를 차지하고 있는지, 칸트의 '비판'(Kritik) 운동과 이 『인간학』의 관계는 무엇인지 —그것이 구조적 분석이었다.

푸코는 여기서 나중에 유명해질 수많은 용어들을 사용했다. '칸트의 텍스트에 대한 고고학'을 하겠다고 한 것이나, '깊은 지질학적 층'을 연구하겠다고 한 것 등이 바로 그런 것이다. 앙리 구이에가 이 긴 오후를 스케치한 메모에 의하면 심사위원들 앞에서 발표하는 푸코는 아주 '편안하고 분명하게' 자신의 생각을 개진했고 그의 발표는 '매우 활기찼다'고 한다. "현상학과 19세기 말 독일의 인간학에서 출발한 인간학에 대해 알고 싶었다"는 말과 함께 그는 발표를 시작했다. "18세기 말과 19세기 초의 독일 인간학을 프랑스의 '인간론'과 비교해 보고 싶다"는 생각도 여기서 나왔다고 했다. 그러므로 그의 「서문」은 칸트의 『인간학』에 대한 연구가 아니라 비판철학 안에서 인간학이 가능한지에 대한 연구로 읽혀야 한다고도 했다. 논문은 그러므로 어디까지나 서문이지 번역이 아니라는 것이다. 그는 르네 샤르를 인용하는 것으로 끝을 맺었다. 전혀 놀라운 일이 아니다!

장 이폴리트가 발언자로 나서서 "이 논문에는 수많은 의도들이 있다"고 말한 후 조금 성급한 번역을 꾸짖었다. "다시 수정했어야만 했다"고 말하고, "칸트의 텍스트를 극복하거나 아니면 의존했어야 했다"고도 했다. 그는 서문과 본 논문의 톤이 다른 것에 의아해했다. "인간학이란 무엇인가?"라는 이폴리트의 질문에 푸코는 "인간의 유한성에 대한 실증적 분석"이라고 답했다. 그리고 "거기에 머물러 있는 것은 불가능하다"고 했다. 구이에는 (아마도 푸코의 대답을 요약하면서) 이렇게 메모해 놓았다. "그의 스승은 하이데거라기보다는 오히려 니체다. …… 비판은 인간학 속으로 떨어졌고, 니체는 거기서 그것을 *끄집어냈다*."

한편 모리스 드 강디약은 푸코가 칸트의 텍스트에서 기대되는 비판적 편집을 하지 않았다고, 다시 말해 설명의 주석을 곁들인 '출판 가능한 번역'을 하지 않았다고 유감을 표했다(푸코가 제시한 비판은 "전혀 정확하지 않고 성급했으며…… 신중하지도 않고 너무 소홀했다"고 그는 평했다). 그리고 그는 서문이 칸트의 텍스트에 대한 서문이 아니라 '인간학의 일반 문제에 대한 시론'이라고 비난조로 이야기했는데, 이것은 푸코가 미리 시인한 사실이었다. 심사위원들의 기대와 푸코의 태도 사이에 얼마나 큰 간격이 있는지를 우리는 이 메모에서 쉽게 알 수 있다. 고전적인 대학논문을 기대했던 심사위원들은 푸코의 논문을 보고 당혹했다.

그러나 푸코는 칸트의 텍스트에 대한 주석 작업에는 별 관심이 없었다. 그것은 다만 인간학에 대한 성찰 또는 인간학을 뛰어넘기 위한 출발점 혹은 지지대에 불과했다. 강디약이 푸코의 현상학 비판을 '요약본'이라고 규정한 후 "이것이 만일 여기에 자리를 차지할 수 있다면" 후설 (그리고 사르트르, 메를로-퐁티)에 대한 비판이 어떻게 푸코의 기획의 중심이 될 수 있는지를 물었다. 결국 교수들의 말이 옳았다. 그것은 학술적 의미에서의 논문이 아니라 지금 막 형성 중에 있는 한 사유의 기술(記述)이었다. '창조의 논리'와 '대학의 규칙' 사이의 간격이 거기서 유래했다.[14]

'소논문'은 나중에 출판되지 않았다(적어도 그의 생전에는 나오지 않았다). 심사위원들의 비난에 대해 이것은 출판용이 아니며 단지 철학적 인간학의 가능성에 대한 일반적인 의문의 출발점으로서만 번역한 것이라고 답했음에도 불구하고 니체의 텍스트 번역만이 1963년에 브랭 출판사에서 출판되었다. 푸코는 그 나머지 130페이지의 논문에 대해서는 그냥 소르본의 문서보관소에 남겨 두는 편을 택했다. 그 논문은 아직도 거기에 있다. 그러나 그것이 그냥 사문서로 남았다고 생각하면 큰 잘못이다. 심사위원들은 이 서문이 인간학에 대한 좀더 광범위하고 좀더 야심적인 기획의 초고에 비슷하다는 것에 주목했다. 이 글의 진짜 중요성과 거기서 파생될 모

---

14 창조성과 대학의 비양립성에 대해서는 조프루아 드 라가느리Geoffroy de Lagasnerie, 『창조의 논리』*Logique de la création*, Paris: Fayard, 2011을 볼 것.

든 것을 우리는 곧 보게 될 것이다. 왜냐하면 나중에 『말과 사물』에서 나오게 될 많은 구절들의 근원이 바로 여기에 있기 때문이다. 그러나 그 당시 서문은 의식(儀式)의 전채(hors-d'œuvre)며, '소논문'에 불과했다. 이것을 지나야 비로소 주요리인 '대논문'으로 넘어갈 수 있었다.[15]

　몇 분간의 막간 휴식을 취한 후 공연이 재개되었다. 심사위원장이 학위후보자에게 발언권을 주었다. 푸코의 목소리가 점점 올라가며 긴장되고 신경질적으로 변하며 빠른 리듬 속에서 발표가 진행되었다. 하나하나의 말들은 마치 세공한 다이아몬드처럼 정교하게 빛났다. (역시 구이에의 노트에 의하면) 연구 초기에는 의사들보다는 광인들에 대한 책을 쓰려 했다고 그는 설명했다. 그러나 그것은 특정의 시점이나 연대기 없는 역사서가 될 것이므로 불가능한 책이었다. 고문서에 그토록 집착한 이유가 거기에 있었다. 그리고 이 먼지 더미의 자료에서 "광기는 자연 현상이 아니라 문명의 현상"이라는 분명한 사실이 발견되었다. 한 특정 사회 안에서 광기는 언제나 "다른 행동", "다른 언어"인 것이다. 그러니까 "광기를 광기라고 말하는 문화, 광기를 박해하는 문화들의 역사" 없이는 광기의 역사도 없다. "광기를 비-광기와의 관계 속에서, 즉 광기를 포로처럼 잡고 있는 것과의 관계 속에서" 광기를 접근하려는 방법론이 거기서 나왔다. (나의 전신부호 같은 문체는 구이에가 푸코의 이야기를 듣고 메모한 자료에 의거하기 때문이다.) 그래서 ① "현생 정신의학의 개념들은 무용하다". 왜냐하면 "의학은 이성과 광기 사이의 관계라는 형식 중의 하나로서 개입하기 때문이다". ② "언어의 문제다. 이성과 광기 사이의 끊임없는 논쟁의 기호들(signes)을 수집하고, 아직 언어를 갖지 못한 것들로 하여금 말하게 해야 한다."

---

15 이 서문은 칸트의 『인간학』*Anthropologie* 번역문과 함께 2008년 브랭 출판사에서 출간되었다.

　　푸코는 이어서 광기의 경험, 이성과의 대립 관계, 광기에 대한 이성의 통제를 환기시켰다. 그러고는 광기에게 금지된 영역과 또한 그 사회적 공간을 환기시켰다. 한마디로 "하나의 문화가 위험을 무릅쓰고 광기와의 논쟁을 감행한 이유"를 조사하는 것이었다. 그러니까 그는 엄격한 역사적 방법을 거부하고 "역사를 입체적으로 드러내는 구조적 방법"을 쓰겠다고 말했다.

　　이 예비발표 뒤에 토론이 시작되었다. 그 당시의 참석자들은 라가슈가 제기한 반대의견을 자주 회상한다. 오늘날 사람들은 심리병리학의 제도와 기존의 심리학적 지식을 단번에 날려 버릴 이 폭발적 힘 앞에서 60년대 초 프랑스의 전통적 정신의학자들이 얼마나 아둔한 이해를 보여 주었는지를 냉소적으로 이야기한다. 게다가 여러 면에서 전조적인 예비보고에서 캉길렘은 이미 다음과 같은 점을 강조했다. "이 논문은 많은 놀라움을 야기했지만 그중에서도 심리학의 과학적 지위에 대한 기원을 문제 삼는 것은 적지 않은 놀라움이다." 결국 라가슈는 많은 반대의견을 제시했고 여러 면에서 동의할 수 없다는 태도를 표명했다. 그러나 앙리 구이에가 심사 과정을 적은 기록에 의하면 그는 처음부터 끝까지 조심성을 보였다는 것을 알 수 있다. 그의 비판은 특히 사소한 디테일에 가해졌고 그의 평은 공격적이 아니었으며 푸코의 의도에 이의를 제기하거나 그것을 한마디로 단죄하지도 않았다. 결국 그의 논평은 의학적·정신분석학적·정신의학적 정보의 빈약함을 지적하고, 논문작성자가 주장했듯이 이 분야에서의 현대적 개념들을 완전히 무시할 수 없다는 것을 환기시키는 데 그쳤다. 그는 푸코의 전체적 의도에 대해서는 공개적으로 비판하지 않았다. 그러나 (비록 그가 푸코에게 영향을 미쳤던 민코프스키, 빈스방거, 야스퍼스 등의 저자들의 저서를 일찍 그리고 매우 가까이 접했음에도 불구하고) 그에게 푸코는 매우 이상하게 보였던 것 같다. 논문평의 말미에서 그는 푸코에게 광기의 존엄성과 자유를 복원시킬 생각이 없느냐고 물었다. 푸코는 이 질문에 "광기의 경험에 그 존엄성을 복원시키는 것이 자신의 의도"라고 대답했다.

조르주 캉길렘은 지원자의 '박식과 독창성, 문학적 자질, 그리고 (가끔 수사학이 되는) 변증법적 능력'을 높이 평가한 후 다음과 같이 물었다. "이건 역사인가요, 아니면 구조들의 변증법인가요? 당신은 그게 동일한 것이라고 생각하는 것 같은데 그러나 어느 부분에서는 (경제적) 하부구조가 되고 또 어느 부분에서는 (이데올로기적) 상부구조가 되는군요." 푸코는 "그 사이에 인과관계도 전혀 없고, 그러니 층위는 별로 중요하지 않다"고 대답했다. "여기건 저기건 특권적인 인과관계는 없다"는 것이다. 그러자 캉길렘은 이렇게 반박했다. (여기서 우리는 몇 년 후 『말과 사물』에 대해 사르트르가 했던 비판을 몇 년 앞서 그가 하고 있음을 볼 수 있다.) "만일 모든 인과관계가 제거된다면 이 구조들의 연속 안에서 도대체 역사는 어디에 있는가?" 푸코의 대답은 "연대기적 연속 안에는 수많은 실과 선이 있지만 그 어떤 원인적 요소도 다른 것에 대해 인과적 힘을 가지고 있지 않다"였다. 캉길렘은 다음과 같은 말로 이 대화를 마무리 지었다. "그러니까 계보에 의해서가 아니라 미끄러짐에 의해서 역사가 있는 것이로군. 역사는 구조들 밑에 있고."

이 기념할 만한 발표장에서 대표적 반대자는 심사위원장 자신이었다는 것을 상기해야겠다. 물론 학위청구자에 대한 적대감 때문은 아니었다. 그의 작업에 대해서도 아니었다. 그저 단지 지적·직업적 세심함 때문이었다. "그때 사람들은 내게 철학사 전공학자로서 심사에 참여하라고 부탁했다. 그래서 나는 그 역할을 성실하게 수행해야만 했다"라고 그는 말한다. 구이에는 그러니까 심사 진행상 분명한 기능을 맡았고 그 역할을 열심히 한 것이 사실이다. 그가 방금 읽은 저작의 중요성을 모른 것도 아니었다. 그는 논문을 제시하는 발언에서 "다른 논문들과 비슷한 외부적 제재를 받고 있는 이 저작이 실은 전혀 다른 차원의 논문"이라고 강조했다. 그리고 그는 "폭넓은 전망, 구조의 짜임새, 기본 소양 등, 한마디로 뭔가를 가르쳐주는 책이다. 비록 이 주제에 대해 생각한 사람들도 많이 있겠지만 이 저자는 하나의 주제를 정말로 '고안'했고, '창조'했다". 그러니까 "그의 논문에 대한 우리의 비판과 유보가 아무리 격렬하다 할지라도 그것은 어떤 일정한 수준, 일정한 차원에서 행해지는 것에 불과하다. 왜냐하면 우리는 언제나 다른 사람들이 쓴 관련 논문들에서부터 출발하는 것이니까". 이어서 구이에는 말했다. "이런 인상 때문에 나는 다음과 같은 모순적인 두 가지를 이야기할 수 있다. ① 나는 집단의 의식 속에서 체험된 사유들의 역사를 쓰겠다는 의지, 그리고 다양한 시대에 인간이 인간에 대해 어떤 이미지를 갖고 있었는지를 알아보겠다는 의도를 긍정적으로 평가한다. ② 그러나 그 수행에 있어서 당신의 '구조주의'는 광기를 생각하며 인간의 역사가 그렸던 선을 조금 감춘 듯이 느껴진다. 그 선이 직선이건 아니면 지그재그이건 간에."

구이에는 세 개의 수준, 그의 표현에 의하면 '세 개의 차원'을 구별했다. ① 『고전주의 시대 광기의 역사』라는 제목에 부합되는 의학적 개념과 치료의 역사·법학적 개념들 그리고 제도의 역사, 한마디로 사람들이 광기에 대해 품고 있던 생각들의 역사다. 이것은 표상에 스며들어 있는 철학적 도덕적 가정들을 발견하는 분석작업으로부터 분리될 수 없는 역사다. ② 그러나 나는 이 책의 끝 부분이 역사적이지 않다고 생각한다. 이것은 역사라기보다는 사회학이다. 역사적 사실들을 질료로 한 '구조들'이다. 내가 제대로 이해했다면 이 부분의 주제는 어떤 집단적 사유 도식들의 탄생, 구성, 소멸에 대한 연구다. ③ 마지막으로 우리 시대의 작품들 특히 아르토의 작품들을 크게 평가하면서 역사에 대한 어떤 개인적인 비전 또는 역사철학과 관련된 목적론을 개진하고 있다. 미문(美文), 인위적인 꾸밈, (너무 멋을 부린) 과도한 장식의 문체와 함께…….

이어서 그는 "내가 좋아하는 부분은 첫번째 차원인 제2부 3장과 4장이고, 별로 마음에 들지 않는 것은 서문에서부터 시작되는 세번째 차원이다. 두번째 차원에서 흥미로운 부분은 두번째 차원과 첫번째 차원이 연결되는 부분, 즉 사회학과 역사가 충돌하는 부분이다". 그리고 구이에는 질문을 많이 했고 수많은 평가와 반박을 가했다. 그는 우선 푸코가 지나치게 '알레고리(우화)에 의한 사유'를 한다고 비난했다. "이 사회학적 혹은 현상학적 부분에는 아주 기이한 인상이 있다. 마치 등장인물이 알레고리인 드라마 속으로 들어가는 듯한 기분이 든다. 역사 속으로의 일종의 형이상학적 침입을 허용하는 것은 바로 이 알레고리의 의인화다. 이것이 이야기를 서사시로 만들고, 역사를 알레고리적 드라마로 만들면서 철학에 활기를 불어넣는다. 광기도 의인화되었다. 광기는 중세, 르네상스, 고전주의 시대, 서구적 인간, 운명, 무(無), 인간의 기억…… 등등 신화적 개념을 헤쳐 가며 진화한다." 그러니까 여기 우리 눈앞에 있는 것은 "사회학이라기보다는 역사적 신화학의 구조"다. 그런데 이 "너무나 논리 정연한 구조적 신화학이 곧 허물어 버려야 할 체계화로 이어진다. 예를 들어 지원자는 고전주의 시대의 '비이성의 통일성'에 대해 과장하지 않았는가?"

구이에는 이어서 몇몇 텍스트나 작품들에 대한 어떤 해석들을 비판했다. "해석이 사실을 넘어서는 경우가 여러 번 있다. 『라모의 조카』(*Neveu de Rameau*)에서 광기가 진실을 말하고 있다는 사례에서 그것이 특히 두드러진다. ① 당신은 광기가 신비한 앎과 소통하기 때문이라고 말했다. 좋다! ② 디드로는 그것을 우연이라고 말했다. 광기는 우연히 진실을 말한다는 것이다. ③ 당신의 해석은 '우연'에 '오류'를 덧붙인다. 그러자 아주 분명한 텍스트가 '이것은 아마도 이런 의미일 듯……'이라는 말과 함께 이상야릇한 것이 된다. 419~421페이지는 인용된 텍스트와 그보다 훨씬 많은 형이상학적 주석의 대비가 눈에 띈다. 의도적으로 선택된 문장들과 그 변형 사이의 대비는 『라모의 조카』를 하나의 사건 혹은 형이상학의 도래로 만든다.”

그러므로 “텍스트의 철학을 하는지 아니면 한 텍스트에 대한 철학을 하는지를 분명하게 정해야 한다”라고 그는 말했다. 여러 부분에서 그는 역사적 정보의 오류를 바로잡아 주거나, 보완하거나, 좀더 깊이 설명하거나, 또는 뉘앙스를 부여해 주기도 했다. 이 교수가 제기했던 반박들과, 비록 그가 이 학위청구자의 재능과 문체의 우아함과 웅변적 수사를 높이 평가함에도 불구하고 그를 반박하기 위해 동원했던 방대하고 박식한 지식들을 여기서 다 언급한다는 것은 불가능한 일이다.

그의 논평은 책의 모든 부분에 대해서 내려졌다. 특히 성서에 관한 부분에 가혹한 비평이 가해졌다. “나는 당신의 해석을 믿지 못하겠다. 당신이 인용한 성서와 성서에 대한 생 뱅상 드 폴(St. Vincent de Paul)의 주석에는 예수가 광인이 되었다는 말은 없다. 다만 그가 어떤 열정의 외관, 즉 광란의 모습을 취하고, 다른 사람들이 그를 그렇게 봐 주기를 원했다는 이야기가 있을 뿐이다”라고 그는 말했다. 그리고 이어서 “미친 사람에 대한 장에서 '십자가의 광기'를 논하는 것은 옳지 않다고 생각한다. 왜냐하면 초월적 지혜라는 관념은 항상 있기 때문이다”라고 말했다.

구이에는 또 광기에 대한 조롱이 문학이나 미술의 표상에서 죽음의 자리를 차지하고 있다는 푸코의 접근 방법을 반박하면서 '죽음의 무도(舞

蹈)'라는 주제를 논박했다. "당신 생각에는 철학적 연속성이 있고, 또 광기는 죽음이다. 그런데 당신은 미술사에서의 연속성으로 자리를 옮겨 간다." 그러나 구이에는 전혀 그렇지 않다고 생각한다. 그는 보슈의 그림에 대한 묘사도 못마땅하게 생각했다. 그리고 꼭 인용해야 할 사람을 빠뜨렸다고 놀라워하기도 했다. "당신은 셰익스피어를 인용했는데 존 포드(John Ford)도 인용해야 했고 「상심한 마음」(Le Cœur brisé)에서의 펜테아의 광기도 언급해야 했다." 그는 데카르트도 언급했다. 그것이 구이에의 논의 중 가장 진척된 논점이었다. 예를 들어 『성찰』 속의 '심술궂은 악마'의 가설에 대한 것이 그것이다. "심술궂은 악마는 부조리한 세계의 가설을 상징한다. 예컨대 3+2=5라는 계산이 오류인데도 내가 그것을 참이라고 생각하는 그런 세계 말이다. 그러나 나는 그것을 어떤 방식으로든 광기의 상징으로 보지는 않는다. 그런 관념은 심술의 개념과 전능의 개념을 한데 합침으로써 나온 것이다. 인물의 심리학은 『성찰』 제4권의 첫 부분에 간략하게 나온다. 그것은 실존의 차원에 있는 마키아벨리즘의 색깔이 밴 비유에 의해 암시된 전능의 관념이다. 당신은 거기서 비이성의 위협을 본다. 그것이 이 가설의 형이상학적 근거다." 구이에는 또 데카르트의 『성찰』 제1권에 나오는 "아니, 이게 뭐야. 미친 사람들이잖아"라는 구절을 이성과 비이성을 가르는 대(大) 분리의 창시적 제스처로 보기를 거부했다. "데카르트의 말을 당신은 다른 해석으로 대체했다. 예컨대 고전주의의 이성은 이성과 비이성 사이의 윤리적 선택을 주장하는데 『성찰』 제1권에서 데카르트는 니체나 아르토에 이르게 될 길을 포기했다라는 식이다. 광기의 거부, 윤리의 선택이라는 것이다." 구이에가 이처럼 데카르트에 관해 끈질기게 주장한 것은 푸코의 이 부분이 그의 책의 중심 구조이기 때문이었다.

마지막으로 심사위원장은 저자에게 이렇게 선언했다. "광기를 행위의 부재로 정의한 당신의 의도를 이해하지 못하겠다." 푸코는 아마도 이 마지막 논평의 유효성은 인정한 듯하다. 왜냐하면 그 얼마 후 이 구절을 설명하는 긴 글을 썼으며[16] 『광기의 역사』제2판에서는 "내가 좀 아무렇게나 쓴 문장"[17]이라고 규정했기 때문이다.

발표회는 끝났다. 청중 앞에서 심사위원장의 입을 통해 심사위원들은 신청자에게 문학박사학위 취득을 선언했다. 평가는 '매우 우수'였다. 며칠 후 앙리 구이에는 논문심사의 결과를 알리는 공식 보고서를 작성했다. 여기 그 전문을 옮겨 보기로 한다. 푸코의 최초의 작품에 대한 세상의 첫번째 반응이라는 점에서 중요성을 갖고 있기 때문이다.

5월 20일, 클레르몽페랑대 인문대학 강사인 미셸 푸코 씨는 박사학위논문을 제출했다.

• 보조논문: 칸트의 『인간학』, 「서문」, 번역과 주석. 이폴리트 씨의 추천.
• 주논문: 『광기와 비이성: 고전주의 시대 광기의 역사』. 캉길렘 씨가 추천하고 라가슈 씨가 감수.

보조논문 심사를 위한 강디약 씨와 주논문 심사위원장이 역시 심사위원에 포함되어 있음.

푸코 씨가 제출한 두 논문은 성격이 판이하지만 찬사와 비평을 동시에 받을 만하다. 깊은 교양, 강한 개성, 지적 풍요, 이것이 푸코 씨의 명백한 장점이다. 논문 발표 후 우리는 다음과 같은 판단을 내릴 수 있었다. 두 논문

---

16 푸코, 「광기, 작품의 부재」La folie, l'absence d'œuvre, 『라 타블르 롱드』La Table Ronde, mai 1964. 『고전주의 시대 광기의 역사』Histoire de la folie a l'age classique, Paris: Gallimard, 1972(2ᵉ édition), pp.575~582. 부록에 재수록.
17 푸코, 『고전주의 시대 광기의 역사』, 2ᵉ édition, p.8.

에 대한 그의 발표는 분명한 의도와 확고한 의지, 그리고 논문 전체를 꿰뚫는 통찰력 등으로 명징하고 우아한 사유의 편안함이 두드러지게 느껴졌다. 그러나 가끔 우수한 논문에 반드시 따라야 하는 작업에 대한 부주의가 눈에 띄었다. 칸트의 텍스트에 대한 정확하지만 좀 성급하고 세련되지 못한 번역, 매혹적이지만 그러나 좀 부족한 사실들을 토대로 성급하게 쌓아 올린 관념 등이 그것이다. 푸코 씨는 철학자이기보다는 역사학자 혹은 주석가라고 하는 게 옳겠다.

보조논문의 두 심사위원은 보조논문 안에 두 작품이 병렬되어 있음을 지적했다.

① 칸트보다는 니체에 더 영향을 받은 듯한 역사학적 서문, 이폴리트의 평이다. ② 고작 펑계의 역할이 된 칸트의 번역은 수정되어야 한다. 강디약 씨는 논문작성자에게 칸트의 텍스트에 대한 입문과 비평을 분리하여 출판할 것을 충고했다.

주논문을 심사한 세 심사관들은 이 작품의 독창성을 인정했다. 저자는 특정 시대의 사람들이 광기의 모습을 규정하는 것은 그들의 관념 속에서라고 말했다. 그리고 고전주의 시대, 다시 말해서 17세기, 18세기, 19세기 초까지의 몇 개의 정신 '구조'를 규정했다. 그의 작품이 제기한 모든 문제들을 여기서 전부 상기시킬 수는 없다. 단지 다음의 두 질문으로 그것을 대신하고자 한다. "이것은 구조들의 역사인가, 아니면 변증법인가?" 캉길렘 씨의 질문이었다. "저자는 자신의 구조를 규정하고 역사의 프레스코화를 그리는 데 있어서 진정 현대 정신의학의 개념들로부터 자유로울 수 있었는가?" 라가슈 씨의 질문이다. 심사위원장은 논문제출자에게 그의 연구를 떠받치는 형이상학을 밝힐 것을 요구했다. 그리고 앙토냉 아르토, 니체, 반 고흐 등의 경우에 비추어 광기의 경험에 크게 '가치를 부여'하는 이유를 설명하라고 했다.

이 발표회에서 특이한 것은 심사위원 모두가 학위청구자의 재능에 대해서는 아무 이의가 없으면서도 발표회의 처음부터 끝까지 뭔가 흔쾌하게 인정할 수 없는 분위기가 묘한 대조를 이루었다는 점이다. 푸코 씨는 틀림없이 작가다. 그러나 캉길렘 씨는 어떤 부분의 지나친 수사를 아쉬워했고, 심사위원장은 지나치게 글의 '효과'를 추구한 것을 애석하게 여겼다. 저자가 박학한 것은 틀림없는 사실이다. 그러나 심사위원장은 가끔 사실을 뛰어넘으려는 의도적 경향을 간파해 냈다. 만일 심사위원 중에 미술사학자, 문학사학자, 제도사학자가 포함되어 있었다면 이런 식의 평가가 훨씬 많아졌을 것으로 생각된다. 푸코 씨의 심리학 분야에서의 능력은 틀림없는 사실이다. 그러나 라가슈 씨는 정신의학적 정보가 약간 한정되어 있고 프로이트에 대한 부분은 너무 성급했다고 말했다.

이런 식으로 깊이 살펴보면 볼수록 이 두 논문은 심각한 문제점들을 자꾸만 노출시킨다. 그러나 여하튼 주논문은 매우 독창적이고, 저자의 지적 '역동성'이나 설명의 능력은 고등교육을 담당하기에 충분함을 증명해 준다. 많은 유보사항에도 불구하고 '매우 우수'의 평가가 만장일치로 내려진 것은 이런 이유 때문이다.

1961년 5월 25일

앙리 구이에

심사위원장이 보고서에서 썼던 대로 "유보적임에도 불구하고" 『광기와 비이성』은 프랑스국립과학연구소(CNRS)의 메달도 땄다. 매년 한 작품 전체에 대해 보상하는 금메달, 박사 이후 작품에 대한 은메달, 그리고 각 분야의 우수 논문 24개에 주는 동메달이 수여되었는데 그해에는 미셸 푸코가 철학 분야에서 동메달을 땄다. 그리고 이제부터 박사였으므로 푸코는 클레르몽페랑 대학의 전임교수가 될 수 있었다. 그것은 1962년 가을에 실현되었다. 그러는 동안 그 책은 이상하고도 혼돈스러운 길을 통해 스스로의 독자를 찾았고, 수많은 논평들을 통해 자신의 지위를 발견했다. 그중의 어떤 논평들은 이 '사건'[18], 이 돌출을 수많은 다른 사건들의 시발점으로 삼게 될 것이다. 그리고 이 책에 대한 독서도 무한히 가지를 치고 늘어나…… 수없이 다양한 관점으로 갈라지게 될 것이다.

---

18 캉길렘이 「사건으로서의 『광기의 역사』」에서 말한 의미이다.

2장

책과 그 분신들

70년대에 푸코는 『광기와 비이성』의 출판 당시의 독자의 반응에 대해 몇 번에 걸쳐서 불평을 한 적이 있다. 예를 들어 1975년의 한 인터뷰에서는 다음과 같이 말했다. "내가 사회의 최하층이었던 그 주체들에게 관심을 갖기 시작했을 때 바르트, 블랑쇼 같은 몇몇 연구자들과 영국의 반(反)정신의학자들이 거기에 흥미를 보여 주었다. 그러나 철학계나 정치학계에서는 아무런 관심도 보이지 않았다. 철학계의 조그만 움직임도 기록해야 할 그 어떤 학술잡지도 거기에 아무런 주의를 기울이지 않았다."[1] 또 다른 인터뷰에서 그는 자신이 전혀 애착을 갖고 있지 않던 잡지 『현대』와 『에스프리』를 직접 거론하며 이렇게 말했다. "지성적인 잡지라는 이름에 걸맞은 그 어떤 잡지도 이런 주제의 책에 대해 한마디도 하지 않고 있다. 예컨대 『현대』나 『에스프리』 같은 잡지들은 이런 주제에 관심이 없다."[2] 그러나 사

---

1 미셸 푸코, 「심문대 위에서」Sur la sellette, 『레 누벨 리테레르』*Les Nouvelles Littéraires*, n° 2477, 17~23 mars 1975, p.3.(『말과 글』*Dits et écrits*, tome1, texte n° 152, p.1588.)
2 푸코, 「권력에 대하여」Du pouvoir, 『렉스프레스』*L'Express*, 6 juillet 1984.(인터뷰가 이루어진 것은 1978년.)

실 『현대』지는 정신분석학자 옥타브 마노니(Octave Mannoni)가 쓴 글을 실은 바 있다. 그의 서평은 좀 가혹했다. 그는 이 책을 '어둡다'고 표현했고, 특히 저자가 오늘날의 문제에 관심을 갖지 않은 것을 비난했다.

그의 저서가 교양 있는 일반 독자들로부터 외면당한 것은 사실이다. 그러나 그는 진정 자기 책이 일반 독자에게 읽힐 것을 기대했던 것일까? 푸코는 1977년에 이 주제를 다시 언급하며 이 책에 대한 묵살에 가까운 반응을 자기 나름으로 설명했다. 그는 지식인에게 납덩이처럼 무겁게 덮어씌워진 공산당과 맑스 이데올로기를 비난했고, 그것이 그들로 하여금 그 한정된 테두리를 벗어난 책들이 가진 비판적 힘을 발견하지 못하게 했다는 것이다.[3]

그러나 이런 실망감은 다소 회고적인 것으로 보인다. 사실 1961년 9월에 그는 조르주 뒤메질에게 이렇게 편지를 썼다. "나의 『광기와 비이성』이 아주 안 팔리는 건 아닙니다. 누벨 르뷔 프랑세즈(NRF) 출판사 사람들도 내게 와서 자기네 출판사에 줄 원고가 없겠느냐고 묻습디다! 나는 그냥 웃고 넘겨 버렸지요. 플라마리옹 출판사의 브로델(Fernand Braudel)도 왔었어요. 이번에는 부정적인 대답을 하지 않았습니다. 하지만 이 사람이 누군지 좀 설명해 주셔야 될 것 같습니다."[4] 뒤메질에게 보낸 이 편지에 보이는 몇몇 요소들을 살펴보건대 그 책의 반응은 나중에 확인하게 되듯이, 그렇게 약하지 않았다. 그러므로 일부 주변적 인물들만이 그의 저서의 중요

---

3 푸코, 「알레산드로 폰타나, 파스칼레 파스키노와의 대담」Entretien avec Alessandro Fontana et Pasquale Pasquino, 『미크로피시카 델 포테레: 인터벤티 폴리티시』*Microfisica del potere: Interventi politici*, Torino: Einaudi, 1977, pp.3~28 참조.(『말과 글』*Dits et écrits*, tome2, texte n° 192, pp.140~160.)
4 푸코가 조르주 뒤메질에게 보낸 편지, 1961년 9월 30일.

성을 알아보았다는 그의 주장을 그대로 믿기는 어렵다. 푸코가 이미 언급한 블랑쇼[5]나 바르트[6]의 서평 말고도 미셸 세르[7]의 글이 있고, 『아날』지 편집장보였던 로베르 망드루[8]가 『아날』에 쓴 긴 해설문도 있다. 이 마지막 기고문에 뒤이어 페르낭 브로델의 단평이 실렸는데 ——이것의 중요성을 결코 간과할 수 없다—— 여기서 새로운 역사학파의 교황인 브로델이 이 책의 저자에게 축성을 해주었다.[9]

논문 발표 당시 조르주 캉길렘과 앙리 구이에가 공식평가를 내린 후——이 보고서는 당사자에게 전달되지 않았으므로 비공개의 평가라고 말할 수 있다——책의 출판과 함께 나온 결코 적지 않은 이 서평들은 푸코의 작품에 대한 대중의 첫번째 반응이므로 그것을 몇 구절 인용해 보는 것이 좋겠다. 왜냐하면 그 당시 푸코는 무명인사였으므로 그의 책에 대한 해석이 기존의 이미지에 의해 걸러져 왜곡되었다고 볼 수는 없기 때문이다. 미셸 세르는 푸코의 책을 뒤메질의 작품과 연관지었다. "요컨대 광기의 역사는 정신의학의 카테고리나 혹은 고전주의 시대에 나타난 실증적 관념들의 전조(前兆)로 이해되어서는 안 된다.…… 저자는 오히려 구조들, 다시

---

5 모리스 블랑쇼, 「망각, 비이성」L'Oubli, la déraison, 『누벨 르뷔 프랑세즈』NRF, octobre 1961, pp.676~686.(블랑쇼, 『무한한 대화』L'Entretien infini, Paris: Gallimard, 1969에 재수록.)

6 롤랑 바르트, 「앎과 광기」Savoir et folie, 『크리티크』Critique, n° 17, 1961, pp.915~922.(『비평 시론』Essais critiques, Paris: Seuil, 1964에 재수록.)

7 미셸 세르Michel Serres, 「광기의 기하학」Géométrie de la folie, 『메르퀴르 드 프랑스』Mercure de France, n° 1188, août 1962, pp.683~696; n° 1189, septembre 1962, pp.63~81.(세르, 『에르메스 혹은 의사소통』Hermès ou la communication, Paris: Minuit, 1968에 재수록.)

8 로베르 망드루Robert Mandrou, 「『고전주의 시대 광기의 역사』를 이해하는 세 열쇠」Trois clés pour comprendre l'histoire de la folie à l'époque classique, 『아날』Annales, ESC, 17ᵉ année, n° 4, juillet-août 1962, pp.761~771.

9 페르낭 브로델Fernand Braudel, 「주」Note, 『아날』Annales, ESC, 17ᵉ année, n° 4, juillet-août 1962, pp.771~772.

말해 분리·관계·용해·근거·상호성·배제 등의 구조들의 다양함을 묘사하고 있다."[10]

　그러나 세르는 이 책에서 느낄 수 있는 다른 영감을 간과하지 않는다. "구조적 이해를 넘어서서 좀더 은밀하고 좀더 열렬한 주의가 기울여지지 않았다면 이 엄격한 건축물도 헛된 것이었을 것이다. 그랬다면 이 책은 쓸데없이 꼼꼼하기만 했을 것이다. 논리적 추론의 한가운데에, 박학한 역사적 자료의 한가운데에 이 어둠의 사람들에 대한 막연히 인도주의적인 사랑이 아니라 거의 경건한 애정이 감돌고 있다. 그의 책 안에서 이 어둠의 사람들은 영원한 우리의 이웃, 우리의 또 다른 자아로 당당하게 인정받고 있다. 따라서 이 책은 하나의 고함소리다. …… 그리하여 이 투명한 기하학은 제거, 치욕, 추방, 격리, 도편추방, 파문 등의 엄청난 고통을 받은 사람들에 대한 비장한 언어다."[11] 한마디로 "이 책은 모든 고독의 형상화다".[12] 세르는 니체의 그림자를 찬양하는 것도 잊지 않았다. "니체가 헬레니즘 문화와 비극에 대해 했던 것을 미셸 푸코의 책은 고전주의 비극(좀더 일반적으로 고전주의 문화)에 대해서 했다. 그는 아폴론적인 빛 속에 감추어져 있는 디오니시즘을 드러내 보여 주었다."[13]

　한편으로 롤랑 바르트는 만일 뤼시앵 페브르(Lucien Febvre)가 이 책을 읽었다면 매우 좋아했을 것이라는 상상을 하면서 즐거워했다. "왜냐하면 그는 역사에게 '자연'의 한 조각을 되돌려 주고, 우리가 의학적 사실이라고 생각했던 것, 즉 광기를 문명의 현상으로 변형시켜 놓았기 때문이

---

10 세르, 『에르메스 혹은 의사소통』, p.167.
11 같은 책, p.176.
12 같은 곳.
13 같은 책, p.178.

다."[14] 그리고 그는 덧붙여서 "물론 미셸 푸코는 광기를 정의한 적이 없다. 광기는 인식의 대상이 아니다. 우리는 단지 광기의 역사를 복원해야만 한다. 굳이 인식을 말하자면 광기 자체가 인식이다. 광기는 병이 아니며 시대에 따라 변하는 다양하고 이질적인 의미일 뿐이다. 푸코는 광기를 결코 기능적 실재로 취급하지 않는다. 그에게 있어서 광기는 이성과 비이성, 보는 자와 보이는 자의 한 쌍이 만들어 내는 순수 기능일 뿐이다".[15] 그러나 바르트도 역시 푸코의 이 두꺼운 책이 "역사책과는 **다른 책**"이라는 것을 잘 알고 있었다. "광기에 대한 앎만이 아니라 모든 앎에 제기된 정화적(淨化的) 질문이다."[16] 그리고 그는 결론적으로 푸코가 앞으로 앎에 대한 질문이라는 측면에서 연구할 주제를 환기시키고, "그가 방금 눈부신 빛 속으로 끌어낸 현란한 담론"을 강조하며 끝을 맺었다. 바르트의 생각에 "이 담론은 단지 광기와의 접촉에서만 나오는 것이 아니라 사람이 세계와 거리를 두고 그것을 **다른 것**으로 낯설게 바라볼 때마다, 즉 매번 글을 쓸 때마다 나오는 것이었다".[17]

바르트와 세르의 평은 문체가 다르고 보는 각도가 상이함에도 불구하고 『광기와 비이성』에 대한 탁월한 독서로서 날카로운 지성이 번득이고 있다. 그러나 바르트는 푸코의 친구이고, 세르는 클레르몽페랑 대학의 동료라고 말할 사람도 있겠다. 틀림없는 사실이다. 그러나 이 책을 "대학과 비이성의 충돌"을 즐기는, "비범하고, 풍요롭고, 고집스럽고, 집요하게 반복적인 거의 비이성적인 책"이라고 말하고, 바타유를 환기시키며 글을 끝

---

14 바르트, 『비평 시론』, p.168.
15 같은 곳.
16 같은 책, p.172.
17 같은 책, p.174.

맺은 블랑쇼는 푸코와 가까운 사람이 아니었다.[18]

　　망드루나 브로델의 경우도 역시 마찬가지였다. 망드루는 우선 이 책 속에 들어가는 방법부터 설명했다. "지나치게 명석한 문구들"에서부터 들어갈 것이 아니라 빈스방거 책의 서문을 우회하여 이 책으로 미끄러져 들어갈 것을 충고했다. 그의 생각에 이 서문에서는 "깨어 있는 이성의 과정과 비슷한 방식으로 꿈이 하나의 인식 수단으로서 연구되고…… 꿈과 마찬가지로 광기도 하나의 인식 수단으로, 즉 또 하나의 진실로 간주되고 있는 것이다. 그런데 현대 세계 안에서는 광기가 네르발에서 아르토에 이르기까지의 서정적 형식 속에서만 드러날 뿐, 그것에 합당한 자리를 차지하지 못하고 있다. 이 사실이 저자의 마음을 상하게 했다. 그래서 그는 이 배제에 대항하는 단호한 입장을 취한다."[19] 망드루도 푸코의 『르 몽드』지 회견을 상기시키면서 역시 뒤메질을 언급했다. 그리고 그는 『광기의 역사』 다음 구절이 특히 뒤메질을 연상시킨다고 지적했다. "비이성은 아마도 사람들의 집단적 기억일 것이며, 과거에 대한 강한 집착일 것이다."[20] 그는 푸코 자신의 평가로 자기 글을 끝맺었다. "푸코의 책은 그를 열광시키고 우리를 열광시킨 연구들의 정점에 그를 올려놓았다."[21]

　　이어서 브로델의 '단평'을 옮겨 본다. "나는 미셸 푸코 책의 선구자적 성격과 독창성을 강조하기 위해 앞의 비평에 몇 줄 더 첨가하기로 한다. 나는 여기서 뤼시앵 페브르 이래 우리도 열심히 촉구했던 집단심리학이 이

---

18 블랑쇼, 「망각, 비이성」, 『누벨 르뷔 프랑세즈』*NRF*, octobre 1961, p.291.
19 망드루, 「『고전주의 시대 광기의 역사』를 이해하는 세 열쇠」, 『아날』*Annales*, 17ᵉ année, nº 4, juillet-août 1962, p.762.
20 같은 곳.
21 같은 책, p.771.

역사학자에 의해 탁월하게 연구되었다는 사실만을 보는 것이 아니다. 하나의 문제를 서너 개의 다른 각도로 접근하는 특이한 자세가 보이며 그것이 매우 감탄스럽다. 물론 구체화되는 과정에서 그것은 가끔 모호해지는 것도 사실이다(내용을 따라가기 위해서 독자는 정신을 바짝 차려야 할 것이다). 그러나 그것은 모든 집단적 현상에 반드시 들어 있는 모호함이다. 문명의 진실은 의식적이건 무의식적이건 간에 여러 모순적 동기들의 모호함 속에 잠겨 있는 법이다. 이 훌륭한 책은 광기라는 한 특이한 현상을 통해 한 문명의 정신 구조의 신비한 도정은 무엇이며, 그 문명이 자신의 한 부분을 어떻게 떼어 내고 멀리하게 되었는지, 그리고 보존해야 할 것과 스스로 밀쳐 내고 무시하고 잊어버리고 싶은 것 사이의 분리를 어떻게 이루었는지를 추척해 보려 애썼다. 이 어려운 추적을 위해서는 단지 역사학자·철학자·심리학자·사회학자⋯⋯만이 아닌, 이 모든 역할을 차례차례 할 수 있는 두뇌가 필요했다. 그가 보여 준 방법은 어느 누구도 할 수 없는 것이었다. 그것은 아무나 할 수 있는 것이 아니며, 재능 이상의 것을 필요로 한다."[22]

『광기와 비이성』이 묵살된 책이라고? 호의적인 반응을 보인 다른 사례들을 우리는 더 많이 제시할 수도 있다. 예를 들면 푸코가 증정본을 한 권 보냈던 바슐라르의 애정 어린 편지도 있다. 1961년 8월 1일 과학사와 '시적' 상상력의 교차를 이해하기에 가장 적합한 이 유명한 철학자는 그에게 다음과 같이 썼다. "나는 오늘 당신의 위대한 역작을 다 읽었습니다⋯⋯. 사회학자들은 미개 인종의 집단을 연구하기 위해 외국으로 멀리 나갔습니다. 당신은 그들에게 우리가 야만의 혼성집단임을 증명해 보여 주었습니다. 당신은 진정한 탐험가입니다. 19세기의 탐험을 위해 길을 떠

---

22 브로델, 「주」Note, 『아날』*Annales*, ESC, 17ᵉ année, n° 4, juillet-août 1962, pp.771~772.

나겠다는 당신의 계획을 내 마음속에 새겨 넣었습니다……." 그는 다음과
같은 초대의 말로 편지를 끝맺었다. "멋진 파리를 떠나야 할 것 같습니다.
그러나 이번 10월에 나를 찾아오십시오. 육성으로 직접 당신을 축하하고,
당신의 책을 읽으며 느꼈던 기쁨을 말하고 또 말하고, 나의 가장 진지한 존
경심을 전하고 싶습니다."[23] 또 앞에서 우리는 루이 알튀세르가 이 책에 보
낸 아주 따뜻한 환대를 언급한 바 있다. 그는 자신의 『『자본』을 읽자』에서
몇 번에 걸쳐 이 책을 인용했다.

이 책에 대한 수많은 반응 중에서 아주 젊은 철학자의 반응을 특별히
하나 뽑아야 하겠다. 그는 윌름 가에서 푸코의 제자였고, 그 사이에 소르본
에서 장 발(Jean Wahl)의 조교가 되었던 자크 데리다이다. 특별히 그를 꼽
은 것은 그후 프랑스 철학계에서 그의 이 발언이 큰 파문을 일으키게 될 것
이기 때문이다. 장 발은 이 조교에게 자기가 지도하는 철학 학부에서 특강
을 하게 해주었다. 그것이 바로 1963년 3월 4일에 열린 '코기토와 광기의
역사'라는 제목의 그 유명한 강의였다. 이 특강이 있기 얼마 전에 푸코와
데리다는 서로 편지를 주고받았다. 1월 27일에 푸코는 데리다에게 후설의
『기하학의 기원』(Origine de la géométrie)을 보내 준 것에 감사했다. 데리
다는 그때 막 이 책을 번역하여 획기적인 것으로 일컬어지는 긴 서문과 함
께 출간했다. "정말 감탄하고 있네. 자네가 얼마나 완벽한 후설 연구자인
지는 내가 익히 알고 있었지. 자네 글을 읽으면서 자네가 철학의 가능성들
을 평평하게 해놓았다는 인상을 받았네. 현상학은 계속해서 그런 약속을
했지만 또 그 가능성을 죽인 것도 사실 아닌가. 그런데 그 가능성들은 자네

---

23 로베르 바댕테Robert Badinter, 『미셸 푸코: 진실의 한 역사』Michel Foucault: Une histoire de
la vérité, Paris: Syros, 1985, p.119에 재수록.

의 손안으로 들어왔고 자네의 손안에 있네. 아마도 우리에게 있어서 철학의 첫번째 행위는 독서가 아니겠는가. 자네의 노작은 바로 그런 행위의 증명인 것이네." 그러고는 이어서 "일간 만나고 싶네. 시간 나면 한번 연락하게"라고 말하고 "만일 『크리티크』지에 원고를 주고 싶으면 우리 같이 한번 만나자고 드기가 말하지 않던가?"[24]라는 추서로 끝을 맺었다. 1962년 조르주 바타유가 죽은 이후 『크리티크』지(1946년에 바타유가 창간한)의 경영은 그의 처남인 장 피엘(Jean Piel)이 맡고 있었다. 그리고 편집진에는 바르트, 푸코(나중에 다시 이야기하겠다) 등이 참여하고 있었다. 이 편지에 데리다는 이렇게 답했다. "편지 고맙습니다. 선생님의 평가와 인상이 저에게는 가장 소중하다는 것을 잘 아시겠지요." 그러고는 이어서 "저도 선생님을 만나 뵈면 좋겠습니다. 사실을 말하자면 저는 지금 이 순간 '선생님 생각을 아주 많이' 하고 있습니다. 장 발 선생이 철학 학부에서 특강을 하나 하라고 했는데, 제가 『광기의 역사』, 특히 데카르트에 대한 몇 페이지를 가지고 하려 하거든요. 크리스마스 휴가 때 선생님의 책을 읽고 또 읽으며 얼마나 새록새록 기뻤는지 모릅니다. 그런데 지금 저는 이 강연을 준비하고 있습니다. 이제 막 쓰기 시작했는데, 선생님의 데카르트 독서가 정당하고 아주 깊이 계시적이라는 것을 제시하려 합니다. 선생님이 사용한 텍스트를 제가 읽었다면 그것이 그렇게 즉각 의미를 띠거나 특기되지 못했을 것입니다. 물론 저는 선생님과 같은 식으로 읽지는 않을 것입니다. 여하튼 할 일이 많습니다. 아주 어려운 일이기도 하구요. 빨리 해야겠습니다".[25]

---

24 미셸 푸코가 자크 데리다에게 보낸 편지, 1963년 1월 27일. 마리 루이즈 말레Marie Louise Mallet 와 지네트 미쇼Ginette Michaud, 『카이에 데리다』*Cahier Derrida*, Paris: Herne, 2004에 재수록.
25 자크 데리다가 미셸 푸코에게 보낸 편지, 1963년 2월 3일. 같은 책에 재수록.

　　1년 전에도 데리다는 푸코에게 『광기와 비이성』이 그에게 야기시킨 강한 인상을 표명했었다. 물론 동의할 수 없는 부분이 있다는 말도 했다. "뭐라고 말할 수 없고, 말이 되지 않는 요컨대 아주 희미한 반박"이라고 하면서 "선생님의 주제를 아주 충실하게 따르면서도 뭐랄까 이성예찬 같은 것"[26]을 쓰고 싶다고도 했다. 그리고 1963년 3월에 데리다는 『광기와 비이성』에서 데카르트를 다룬 부분부터 주해를 하기로 선택했다. 왜냐하면 "푸코의 모든 기획이 이 암시적이고 약간 수수께끼 같은 몇 페이지 안에 압축되어 들어 있으며, 푸코가 제시한 데카르트 및 데카르트적 코기토에 대한 독법이 그의 문제틀 안에서, 의도의 방향에서나 가능성의 조건에서 『광기의 역사』 전체를 좌우한다"[27]고 생각했기 때문이다. 첫마디부터 그는 "문체와 호흡이 강렬한 이 책"을 논쟁의 대상으로 삼는 것이 얼마나 미묘한 일인가를 환기시킨 다음 "전에 그의 강의를 들었던 제자로서, 존경하고 감사하는 마음이 있는 만큼 내게 있어서는 이런 일이 더욱더 위험하게 느껴진다"[28]고 덧붙였다.

　　그런데 "제자가 스승에 대해 논쟁까지는 아니라 하더라도 최소한 대화를 시작할 때, 비록 그 대화가 제자로서의 끊임없는 침묵의 대화라 하더라도 제자의 의식은 불행한 의식이 되지 않을 수 없다"[29]고 했다. 그리고 이 대화가 "자칫 잘못 이의 제기"[30]로 받아들여질 수도 있다는 "제자로

---

26 자크 데리다가 미셸 푸코에게 보낸 편지, 1962년 2월 2일. 브누아 페테르스Benoît Peteers, 『데리다』Derrida, Paris: Flammarion, 2010, p.166에 재수록.

27 데리다, 「코기토와 광기의 역사」Cogito et histoire de la folie, 『글쓰기와 차이』L'Écriture et la différence, Paris: Seuil, 1967, pp.52~53.

28 같은 책, p.51.

29 같은 곳.

30 같은 책, p.52.

서의 미묘한 불행"을 또 한번 얘기했다. 잘못하면 물론 그렇게 될 수도 있다. 그러나 그렇게 하지 않을 도리가 없었다. 강연의 어조는 단호했고 가끔은 아주 가혹했다. 이 "기념비적인"[31] 책에 대한 존경에도 불구하고 '제자'는 '스승'을 봐줄 생각이 전혀 없는 듯했다. 논문 발표장에서 앙리 구이에가 말했던 것처럼 데리다도 "아니, 이게 뭐야. 미친 사람들이잖아"라는 데카르트의 외마디 말에서 광기에 대한 거친 도편추방의 표현을 보기를 거부했다. 그는 이것이 데카르트의 텍스트에 대한 '순진한' 독서라고 말했다. 그리고 한 텍스트를 하나의 '역사적 구조' 안에, 다시 말해서 '역사의 전체적 기획' 안에 집어넣으려는 이러한 독서방법은 아주 위험한 것이며, 그 자체가 "합리주의와 양식에 대한" 폭력이라고 말했다. 웅변술적 수사로 교묘하게 가리긴 했지만 데리다는 다음과 같은 위험한 말까지 했다. "구조주의적 전체주의는 여기서 고전주의 시대의 폭력적 감금과 비슷한 감금을 코기토에 대해서 하고 있을지도 모른다." 데리다가 이 책의 '범구조주의'(panstructuralisme, 이건 알튀세르의 용어다)가 뒤메질의 방법에서부터 직접 온 것이라는 사실을 보지 못한 것은 놀랍다.[32]

이 이야기를 들은 푸코의 감정은 어떠했을까? 비록 파생적 의미로 쓰이기는 했어도 '전체주의'라는 단어는 매우 심한 것이었다. 데리다가 '전체주의적'이라는 말을 구조주의적 의미로 썼다고 ─다시 말해 '구조적 전체' 혹은 '체계'의 관념으로─ 썼다고 밝혔지만 그래도 또한 "이 말의 두 의미가 역사 안에서 서로 신호를 보내지 않았을까"[33]라고 말함으로써 그

---

31 데리다, 「코기토와 광기의 역사」, 『글쓰기와 차이』, p.95.
32 뒤메질의 방법이 『광기의 역사』의 글쓰기에 미친 영향에 대해서는 에리봉, 『미셸 푸코와 그의 동시대인들』, pp.139~161을 볼 것.

단어는 더욱 심한 말이 되었다. 몇몇 증인들의 말에 의하면 그의 민감한 성질도 그 순간에는 잠자고 있었던 듯하며 옛 제자의 이런 논쟁적 비난을 용서해 주었던 것 같다. 기껏해야 사적인 편지에서 데리다의 이론적 영역을 질문하는 것에 그쳤다. "왜 역사성은 항상 망각으로서 사유되어야 하는 것일까?"[34] 푸코는 화를 내지 않았을 뿐만 아니라 며칠 후 데리다에게 감사의 편지를 보냈다. "그날 발표는 아주 훌륭했어. 그저 단지 나에 대해 너무 관대하게 말했다는 것 말고는 어떻게 고마움을 표해야 할지 모르겠군. 내게 보여 준 놀랍게 큰 관심이 너무 고맙네. 내가 하고자 했던 것의 핵심으로 곧장 내려가는 그 직설적 표현도 좋았어. 당혹해서 어쩔 줄 모를 정도로 감동했네. 내 논문에서 광기와 코기토의 관계를 너무 배타적으로 다룬 것 같아. 바타유나 니체도 그렇고. 그 논의는 차츰 천천히 우회의 길을 통해 다시 이야기할 것이네. 자네는 아주 정공법으로 직선의 길을 택했어. 마음속 깊이 고마워. 일간 한번 만나기로 하세……."[35]

데리다의 강연 원고는 몇 달 후 역시 장 발이 주도하는 잡지 『형이상학과 도덕 리뷰』에 실렸다.[36] 이에 대해서도 푸코는 전혀 불쾌해 하지 않았다. 정반대였다! 잡지가 나오기 직전에 데리다에게 다음과 같은 편지를 쓰기까지 했다. "자네 원고가 실린다니 아주 잘되었어(내가 너무 에고이스트인 것 같군). 뭘 모르는 사람들이나 자네가 심했다고 말할 걸세."[37] 그리고

---

33 같은 책, p.88.

34 「연보」Chronologie에서 발췌한 편지, 『말과 글』Dits et écrits, tome1.

35 미셸 푸코가 자크 데리다에게 보낸 편지, 1963년 3월 11일. 『카이에 데리다』에 재수록.

36 『형이상학과 도덕 리뷰』Revue de métaphysique et de morale, tome14, octobre-décembre 1963.

37 미셸 푸코가 자크 데리다에게 보낸 편지, 1963년 10월 25일. 페테르스, 『데리다』, p.168에서 인용. 데리다 전반에 관해서는 앞으로 이 전기에 의존할 것임.

잡지가 나온 다음에는 다시 편지에서 "아주 열정적으로 다시 읽었다"고 말한 후 "아주 철저하게 핵심을 짚고, 정확하게 문제를 부각시켜 나를 완전히 궁지에 몰아넣었고 동시에 내가 생각하지 못했던 하나의 사유를 내게 열어 보여 주었다"[38]고 말했다. 1967년에 데리다가 『글쓰기와 차이』[39]에서 이것을 재인용했을 때도 역시 마찬가지였다. 이 책에 대한 비평가들의 냉담한 반응을 비난하는 우정 어린 편지를 그에게 보내기까지 했다. 그러나 결국 사건이 터졌다. 좀 때늦은 것이었다. 무슨 이유 때문이었을까? 그 이유를 알기는 좀 어렵다. 그때까지 한정된 독자만을 대상으로 했던 연설문이 책으로 출간되는 것을 보고 화가 났던 것인가? 이 불상사에 깊이 마음이 상했던 데리다는 다음과 같은 가설을 제시한다. 이 가설이 푸코의 갑작스러운 태도 변화를 유일하게 설명해 줄 수 있을지는 모르겠지만 그냥 있는 대로 소개해 보기로 한다.

『글쓰기와 차이』가 출판되었을 때 푸코와 데리다는 똑같이 『크리티크』지의 편집위원(장 피엘이 그 얼마 전 데리다에게 편집위원에 합류할 것을 부탁했다)이었다. 데리다의 문집에 대한 제라르 그라넬의 비평이 출판사로 보내져 왔다. 데리다에 대한 찬사가 가득했고 푸코에 대해서는 빈정거리는 투였다. 데카르트를 다룬 부분에 가해진 데리다의 비판이 『광기의 역사』에 "스며들어" 그것만을 "손상"시키는 것이 아니라 다음 저서인 "『말과 사물』(1966년 출간)의 기획을 떠받치는 고고학의 개념도 근본적으로 결정력이 부족하다"[40]는 논지로 이어질 것이라는 것을 푸코는 확인했다. 그는

---

38 미셸 푸코가 자크 데리다에게 보낸 편지, 1964년 2월 11일. 페테르스, 『데리다』에서 인용.

39 데리다, 『글쓰기와 차이』, p.158.

40 제라르 그라넬Gérard Granel, 「자크 데리다와 기원의 말소」Jacques Derrida et la rature de l'origine, 『크리티크』Critique, n° 246, novembre 1967. 페테르스, 『데리다』, p.229에서 인용.

분노하여 이 기고문이 나가지 못하도록 데리다에게 요청했다. 데리다는 편집위원으로서 자기에게 관련된 기고문에는 일체 개입하지 않겠다고 말하며 그 청을 거절했다. 그 기고문은 잡지에 실리게 되었다. 그러자 푸코는 1963년에 데리다가 한 강의에 대해 아주 격렬한 반박문을 쓰게 된다. 1970년 일본에서 행한 일련의 강연에서였다. 『파이데이아』(*Paideia*)라는 일본 잡지는 푸코의 사상에 대한 특집을 준비하면서 거기에 데리다의 글도 함께 수록하기를 원했다. 데리다의 반박이 일본에까지 따라온다는 것에 짜증이 나고, 또 이것이 그의 저서가 일본에 수용되는 것을 방해할지도 모르겠다고 불안해진 푸코는 잡지 편집장에게 데리다에 답하는 글을 하나 실어 줄 수 있느냐고 물었다.[41] 특집판은 1972년 「데리다에 답한다」라는 글과 함께 발행되었다. 15쪽 정도의 아주 가혹한 글이었다. 데리다가 반박했던 자신의 해석 방법을 정당화하기 위해 그는 데카르트의 『성찰』을 꼼꼼하게 다시 읽었을 뿐만 아니라 자신의 학문적 태도를 철학과는 무관한 '철학 외적'인 것이라고 규정하기도 했다.

그는 데리다의 분석을 "철학적 깊이와 세심한 독서가 뛰어나다"고 평가한 후 거기에 '대답'할 생각은 없고 다만 "거기에 몇 마디 덧붙이겠다"고 말했다. 그리고 이어서 "아마도 무관하게 보일지 모르겠다. 하기는 『광기의 역사』와 그 후속 텍스트들이 프랑스 대학에서 철학을 가르치는 방법과는 무관하니까 그럴 수밖에 없을 것이다"라고 말했다. 그의 어조는 자신의 연구 속에서 탈피하고자 하는 가설들과 아카데믹한 철학이 바로 데리다의 철학이라는 것을 강하게 암시했다. "그렇게 오랫동안 교육 제도들이 내게 부과했던 가설들에서 가능한 한 벗어나기 위해 나는 노력했다". 그리

---

41 푸코, 「연보」, 『말과 글』, tome1.

고 "데리다는 철학적 전통에 의해 인정된 한 텍스트의 분석에 바쳐진 세 페이지, 단 세 페이지를 가지고 내 '기획' 혹은 내 책의 의미를 파악할 수 있다고 생각하고 있다"라고 강조한 후, 몇 년 전 그토록 우정 어린 편지를 교환했던 상대방을 마구 조롱했다. "철학에 반(反)해 잘못을 저지르는 것은 마치 기독교적 죄와도 같다. 한 번만 죄를 저지르면 그것은 치명적이고, 거기에는 더 이상 구원이 있을 수 없다. 데리다는 만일 데카르트에 대한 나의 글에서 오류를 하나 찾아내기만 하면 17세기의 경찰 규칙, 고전주의 시대의 실업, 19세기 피넬과 정신요양소의 개혁 등에 관한 나의 모든 논의를 지배하는 법칙을 발견한 것과 같다고 생각하는 듯하다. 그러나 사소한 말실수에 불과한 이 오류가 내 연구 전체 안에서 어떤 분명한 결과를 야기하는지(의학 이론과 제도들에 대한 나의 분석에 그것이 어떤 영향을 미쳤는지) 그는 제시해야만 할 것이다. 단 한 번의 죄가 긴 인생 전체를 망친다는 말인가……. 그 죄가 이끌고 올 중요한 혹은 중요치 않은 모든 과오들을 보여주지도 않은 채." 그가 데리다의 것으로 돌린 주요 '가설'은 다음과 같은 것이다. 즉 "철학은 모든 사건의 저편 혹은 이편에 있다. 철학에는 아무 일도 일어나지 않는다. 만일 일어난다 해도 일어날 수 있는 모든 것은 철학에 의해 미리 예견되고 포섭된다. …… 나는 2세기 동안 광기의 역사를 형성했던 일련의 사건들을 분석했는데, 데리다의 말대로 그것을 논의하는 것이 쓸데없는 일이라면, 그리고 수만여 명의 사람들을 감금하거나 사법 외적인 경찰을 조직한 그 사건들에서부터 역사를 기술하는 것이 매우 나이브한 것이었다면, 한 번 더 플라톤적 과도함을 반복하면서 데카르트의 철학을 반복하는 것으로 족할 것이다".

마지막 문장은 마치 단두대의 칼 같았다. "철학이 철학 외적인 것을 자신에게 표상했던 것은 순진한 대화자를 상대로 해서였다. 하지만 순진함은 어디에 있는가?"[42]

이 글이 사람들 눈에 별로 안 띄게 한 일본어 잡지에 실렸던 바로 그 시기에 푸코는 플롱 출판사로부터 판권을 되산 갈리마르 출판사에서 『광기의 역사』 재판을 출간했다. 거기에는 「나의 육체, 이 서류, 이 불」(Mon corps, ce papier, ce feu)[43]이라는 제목의 부록이 추가되었다. 마지막 문장들은 더욱 신랄하고 거의 악랄하기까지 했다. 마치 참고 참았던 모든 원한이 한꺼번에 터져 나오는 것만 같았다. 역할은 뒤바뀌어, 그는 옛 제자를 나무라는 스승으로 되돌아와 있었다. "적어도 한 가지 점에서는 그의 견해에 동의한다. 데리다 이전에 고전주의 해석가들이 데카르트의 이 구절을 무시했던 것은 전혀 그들이 부주의해서가 아니다. 그것은 체계적이었다. 그런데 오늘날 이 체계를 데리다가 가장 확고하게 대표하고 있다. 즉 담론적 실천을 텍스트적 흔적으로 환원하기, 거기서 발생하는 사건들을 생략하고 오로지 해석를 위한 표지만을 취하기, 주체가 담론에 연루되는 방식을 분석하지 않기 위해 텍스트 뒤에 어떤 목소리를 상정하기, 담론적 실천이 수행되는 변형의 장 속에 그것을 놓지 않고 오로지 거기에 말해졌거나 혹은 말해지지 않은 어떤 기원을 부여하기 등이다."[44] 그리고 푸코는 신랄하게 빈정거리는 톤으로 데리다의 이론적 용어를 조롱하며 이 마지막 평결을 상대방에게 날렸다. "이 담론적 실천의 '텍스트화' 뒤에 몸을 감추고 있는 것이 폐쇄적 형이상학이라고 말하는 것만으로 충분치 않다. 좀더 심한 말을 해야겠다. 여기서 확연하게 모습을 드러내는 것은 역사적으로 한

---

42 푸코, 「데리다에게 답한다」Réponse à Derrida, 『파이데이아』Paideia, n° 11, 1 février 1972. (『말과 글』Dits et écrits, tome2, texte n° 104, pp.1149~1163.)

43 푸코, 『고전주의 시대 광기의 역사』, pp.583~603.

44 같은 책, p.602.

정된 소심한 교육이다. 즉 학생들에게 텍스트 이외에는 아무것도 없다고 가르치는 교육……. 선생에게 텍스트를 마음대로 재해석할 수 있도록 그의 목소리에 무한정의 절대권을 부여하는 그 교육 말이다."[45]

데리다의 '해체'(déconstruction)가 대학 전통과 교수적 권위의 '복원'이 되어 버렸다. 푸코는 이 새로운 판을 "너무 늦게 그리고 부분적으로만 답해서 미안하오"[46]라는 조롱기의 헌사와 함께 데리다에게 보냈다. 이때부터 두 철학자 사이에는 완전하고 절대적이고 근원적인 절교가 이루어졌다. 그들 사이의 교류가 다시 이어지기 위해서는 1981년에 데리다가 프라하에서 반체제 인사들의 세미나에 참가했다가 '마약 밀매' 혐의로 체포되는 사건까지 기다려야 했다. 프랑스에서 국민 감정이 고조되어 정부가 체코 정부에 대해 협상을 벌이는 동안 지식인들 사이에서는 항의의 청원이 잇달았다. 푸코는 청원서의 앞부분에 서명했고 데리다의 행동을 지지하기 위해 라디오에 출연하기도 했다. 며칠 후 파리로 돌아온 데리다는 푸코에게 전화를 걸어 고맙다고 말했다. 그때부터 두 사람은 기회가 있을 때마다 가끔씩 만났다. 1982년 푸코가 레오 베르사니(Leo Bersani; 당시 UC 버클리 대학 불문과 교수)를 콜레주 드 프랑스에 초청하여 작은 리셉션을 열었을 때는 제라르 주네트, 장 프랑수아 리오타르 그리고 자크 데리다가 참석했다. 이들은 몇 번에 걸친 베르사니 교수의 강연회에도 참석했다(이 강연문은 나중에 『이론과 폭력』*Théorie et violence*이라는 제목으로 출간되었다).

그러나 진정한 화해는 없었다. 데리다가 대학 밖에서 당시의 사회당 정권의 지지하에 국제철학학교(Collège international de philosophie)를

---

45 푸코, 『고전주의 시대 광기의 역사』, p.602.
46 페테르스, 『데리다』, p.299.

창설하는 일을 추진하고 있을 때 푸코는 들뢰즈와 자신이 이 새로운 학교 창립에서 소외되었다는 것에 심한 불쾌감을 감추지 않았다. 이 계획의 책임자들에 대해, 그리고 거기서 자신을 배제시킨 것에 대해 드러내 놓고 불평했다. 콜레주 드 프랑스의 교수회의에서 물리학자 장 클로드 페커(Jean Claude Pecker)가 "이 국제철학학교가 콜레주 드 프랑스를 약화시키지 않을까요?"라고 불안한 듯 묻자 푸코는 경멸적인 어조로 "아니요. 그건 전통적인 의미에서의 학교, 즉 정부 보조나 바라는 그런 학교입니다"[47]라고 대답했다.

푸코는 1972년에 데리다에게 그토록 가혹하게 반박한 것을 후회하고 있는가? 미국 철학자 존 설이 1983년 『뉴욕 리뷰 오브 북스』(*New York Review of Books*)[48]에서 데리다와 '해체주의'를 공격했을 때 푸코와 나눴던 대화를 나는 잊지 못하고 있다. 이 기사를 읽었느냐고 내가 묻자 그는 이런 방식을 좋아하지 않는다고 하면서 이렇게 말했다. "논쟁은 아무 도움이 되지 못해요. 그건 이미 설득된 사람만 설득시키거든요. 그리고 상대방의 생각은 더 강화시킵니다." 그리고 1984년의 인터뷰에서는 '논쟁에 참여'하는 것을 좋아하지 않는다고 말한 후 논쟁자란 상대방을 '진리 추구의 파트너'로 보기보다는 '적'으로 생각하는 사람이라고 묘사했다. 그래서 자기는 지식 세계에서의 이런 '전쟁' 상태는 피하고 싶다고 말했다.[49]

데리다로 말할 것 같으면, 그는 1991년 한 학회에서 『광기의 역사』를

---

47 1981년 11월 20일 교수회의에서 장 피에르 드 모랑Jean Pierre de Morant이 인용한 노트, 콜레주 드 프랑스 자료*Archives du Collège de France*.
48 수년간의 데리다와 존 설John Searle 사이의 논쟁에 대해서는 페테르스의 『데리다』를 볼 것.
49 푸코, 「정치, 논쟁 그리고 문제화」Politique, polémiques et problématisations, 『말과 글』*Dits et écrits*, tome2, texte n° 342, pp.1410~1417.

다시 거론하며 그것에 대한 새로운 독법을 제시했다. 본론에 들어가기 전에 그가 항상 이 책에 대해 갖고 있던 존경심과 그와 푸코를 연결지어 주었던 우정(데리다가 체코의 감옥에서 되돌아온 1982년 1월까지),[50] 그들을 "거의 10여 년간 불편한 관계로 만들었던 불화"를 상기시켰다. 이왕 내 개인적인 기억을 상기시켰으니 거기에 또 다른 기억을 덧붙여 보겠다. 1999년 내가 『게이 문제에 대한 고찰』을 출간했을 때 이 책에서 푸코에 대해 쓴 부분을 읽고 데리다는 내게 이렇게 말했다. "그가 그 정도로 고통을 받았는지 나는 전혀 몰랐어요. 그런 고통이 많은 것을 설명해 주는 것 같습니다. 특히 타인들과의 관계를요. 나와의 관계에 대해서도 생각지 않을 수 없군요." 죽는 날까지 푸코를 특징지었던 섬세한 감수성, 비록 그것을 병적이라고까지 할 수는 없어도 여하튼 아주 예민한 그 감수성이 그의 '고통'과 깊이 그리고 강렬하게 연결되어 있다는 것을 어떻게 부인하겠는가?

　　그러나 『광기의 역사』, 아니 『광기와 비이성』으로 되돌아가 보자. 왜냐하면 1961년 5월에 처음으로 나온 이 책의 원래 제목은 『광기와 비이성』이었기 때문이다. 방금 우리가 환기시킨 논평 말고도 푸코는 『르 몽드』지[51]와 인터뷰를 했고, 영국의 『타임스 리터러리 서플먼트』(*Times Litrerary Supplement*)[52]에도 기사가 났다. 그런데 여하튼 이 책은 읽기가 몹시 난해했다. 이 책을 호의적으로 따뜻하게 보는 사람들도 이 책이 너무 빡빡하고

---

50 데리다, 「프로이트에게 공정하기: 정신분석학 시대의 광기의 역사」Être juste avec Freud: l'Histoire de la folie à l'âge de la psychanalyse, 엘리자베트 루디네스코 외, 『광기를 생각하다: 미셸 푸코에 대한 시론』*Penser la folie. Essais sur Michel Foucault*, Paris: Galilee, 1992, pp.139~195.
51 『르 몽드』, 22 juillet 1961.
52 리처드 하워드Richard Howard, 「비이성 이야기」The Story of Unreason, 『타임스 리터러리 서플먼트』*Times Literary Supplement*, 6 octobre 1961, pp.653~654.

복잡하며 가끔 지나치게 기교를 부렸고 연금술처럼 신비하기까지 하다는 것을 인정했다. 푸코 자신도 1972년에 재판을 낼 때 클로드 모리악에게 다음과 같이 말했다. "오늘 이 책을 다시 쓴다면 수사적인 표현들은 많이 빼고 싶다."[53] 1964년 9월에 많이 생략된 판본이 플롱 출판사에서 10/18이라는 포켓판으로 나왔다. 이것이 1972년의 개정판이 나오기 전 8년간 수많은 독자에게 푸코에의 접근을 용이하게 만들어 주는 지름길의 역할을 했다. 푸코는 처음에는 자기 책이 포켓판으로 나온다는 것에 아주 만족해했다(그렇게 되면 학생들도 쉽게 사 볼 수 있는 적당한 책값이 매겨질 것이라 생각했다). 그러나 플롱사가 재판을 재출간하는 것을 거부하자 그는 매우 실망했다. 그리고 그는 플롱사와 결별했다.

1965년에 『광기와 문명』(*Madness and Civilization*)이라는 제목으로 영국에 번역 소개된 것은 불행하게도 바로 이 축소판이었다. 그러나 프랑스에서의 미미한 반응을 불평하며 푸코 자신이 강조했듯이 이 영어판은 '반정신의학자'들의 관심이 그에게 급속하게 집중되었음을 보여 주었다. 이 책은 로널드 렝(Ronald Laing)이 주재하는, '실존주의와 현상학 연구'라는 이름의 총서 안에서 데이비드 쿠퍼(David Cooper)의 서문과 함께 출판되었다. 지금 생각하면 꽤 신랄한 명칭이다(그러나 푸코의 논문은 그때까지는 아직 정신의학에 대한 관심에 물들어 있었으므로 역설은 표면에 불과했다).

렝과 쿠퍼는 1960년대 초에 런던에서 시작된 '반정신의학' 사조를 주도하고 있었다. 일단의 정신의학자, 임상의사, 정신분석가들이 그들의 경험을 내세워 반박했다. 그들은 넓은 의미에서의 정신분열증은 가정과 사

---

53 클로드 모리악Claude Mauriac, 『그리고 희망은 어찌 그리 강렬한지: 움직이지 않는 시간 3』*Et comme l'espérance est violente: Le Temps immobile 3*, Paris: Grasset, 1977, p.375.

회의 억압장치가 만들어 낸 결과라고 주장했다. 이 '최초의 폭력' 다음에 추방의 과정들이 이어지고 이것이 정신의학적 제도로 귀결된다. 그들 생각에는 고전적 정신의학은 극도의 억압인 쇠사슬의 종식을 뜻한다. 반정신의학의 근거를 제공해 주는 철학자들로는 니체, 키르케고르, 하이데거, 그리고 특히 사르트르가 거론되었다. 렝과 쿠퍼는 책 한 권(『이성과 폭력』 *Reason and violence*)을 온통 사르트르 연구에 바치기도 했다. 특히 쿠퍼는 전통적 정신의학 분야에서 실험을 시도한 최초의 인물이었다. 그는 런던 북부의 한 병원에서 근무했는데 자기 환자들을 전부 한 병동에 모으기 시작했다. 그러나 실험은 병원 안에서의 적대적 분위기 때문에 곧 중단되지 않을 수 없었다. 이때부터 반정신의학자들은 독창적인 수용소를 창설하기 위해 필라델피아 재단을 설립했다. 그래서 그들은 몇 개의 '집'(house-holds)을 열었는데 그중 유명한 것이 1965년에 연 '킨제이 홀'이다. 동시에 이 정신의학자들은 분명하게 좌파적인 정치적 견해를 표명했고, 마침내 1967년에는 '해방과 변증법의 국제회의'를 조직했다. 렝과 쿠퍼는 그 조직위원들이었다. 그러나 거기에는 그레고리 베이트슨과 허버트 마르쿠제[54] 등도 참여했다.

여하튼 푸코의 책은 계속해서 렝과 쿠퍼의 관심권 안에 있었다. 그들은 푸코의 작품에 새로운 영사기를 들이댔고, 결국 그때까지 프랑스에서 읽힌 방식과는 전혀 다른 의미를 이 책에 부여하게 되었다. 이 새로운 정치적 독법이 이 책의 잠재성을 일깨웠다고 보아야 할까? 1972년에 이 책의 재판을 출간할 때 푸코는 1960년판의 서문을 삭제했다. 그리고 '반정신의학' 운동과의 관계를 분명히 하기 위한 새로운 서문을 쓸까 말까 오래 망설

---

54 『라 네프』*La Nef*, n° 42, janvier-mai 1971 [반(反)정신의학 특집호] 참조.

이다가 결국 짧막한 '비-서문'으로 대체했고, 머리말을 다시 쓰지 않는 이유를 저자는 자기 책의 적당한 사용을 한정할 권리가 없다는 말로 대신했다. 화려한 문체로 그는 다음과 같이 썼다.

"한 권의 책은 손안에 쏙 들어오는 작은 물건으로, 혹은 아주 사소한 사건으로 이 세상에 태어난다. 일단 세상에 나오면 책은 무한한 반복의 게임 속으로 들어간다. 책 주위에서 혹은 책으로부터 아주아주 먼 곳에서 책의 분신들이 우글거리기 시작한다. 매번의 독서는 매 순간마다 고유의 추상적인 육체를 책에게 준다. 책의 어떤 구절들이 책 전체보다 더 중요하다는 듯이 떠돌아다니고, 이 사소한 구절들 속에 책 전체가 들어 있다는 듯이 여겨지기도 하며 급기야는 이 구절들이 책의 피난처가 되기에 이른다. 수많은 해설이 책을 난도질하고, 마침내 책은 책 속의 담론과는 다른 담론을 통해 자신의 참모습을 보여야 하고, 스스로 말하기를 거부했던 것을 고백해야 하며, 떠들썩하게 꾸몄던 가식의 모습에서 벗어나야만 한다." 그래서 결국 "이 오래된 책을 정당화하려고도, 오늘날에 재편입시키려고도 하지 않는 게 좋겠다. 이 책의 진정한 기준이 되고, 또 이 책이 속해 있는 일련의 사건들은 아직 종결되지 않았기 때문이다".[55]

여하튼 프랑스의 의사-정신의학자들이 받아들였던 것과는 전혀 다른 방향으로 책은 받아들여졌다. 왜냐하면 그들은 이 책이 처음으로 출판되었을 당시에 이구동성으로 그를 비난하거나 만장일치로 이 책의 화형을 주장하지는 않았기 때문이다. 푸코 자신이 이에 대해 한 말을 들어 보자. "의사와 정신과의사들 사이에서 다양한 반응이 나왔다. 어떤 사람들은 자유주의적 관점에서 혹은 맑스적 관점에서 흥미를 표시했고, 좀더 보수적

---

55 푸코, 『고전주의 시대 광기의 역사』, pp.7~8.

인 사람들은 완전히 무시하는 태도를 보여 주었다".[56] 우리가 앞에서 보았듯이 학생 시절의 푸코는 2차대전 이후부터 담론과 실천의 쇄신을 시도했던 진보적 정신의학자 그룹에 가까이 있었다. 그러나 물론 그의 책은 이 시도에 그대로 부합되는 것은 아니었다. 한 정신의학의 역사학자가 지적했듯이 "그 당시의 가장 진보적인 정신의학자들은 그들의 실무를 쇄신할 방법을 갖고 있다고 생각했다. '구역 정책'(politique de secteur)을 가동시킴으로써 그들은 (피넬과 프로이트 이후) 정신의학을 우리 시대와 화해시키는 '제3의 정신의학 혁명'을 이룰 수 있다고 주장했다. 그 방법은 요양소의 담벽을 허물고, 공동체 안에서 환자들이 필요로 하는 도움을 그때그때 제공하는 것이었다."[57]

이 개념은 푸코의 논문과 양립할 수 없는 것이었다. 푸코는 이런 진보주의적 낙관주의에서 실증주의의 새로운 변신을 보았고, 그것이 여전히 광기를 우리들의 또 다른 자아로 보기를 거부하며 그것을 묵살하려 한다고 비난했다. 그러나 여하튼 정신의학적 진화그룹의 의사들이 『광기와 비이성』을 훨씬 호의적으로 본 것은 사실이다. 정작 그들의 비난이 쏟아진 것은 이 책이 전혀 다른 방향으로 선회하여, 정신의학 기관들에 대한 근본적 비판의 도구를 거기서 발견하고 또 찾으려 했던 운동들에게 이 책이, 푸코가 즐겨 말한 대로 하나의 '연장통'의 역할을 하게 되면서부터이다. 이 때부터 푸코의 노력에 공감을 표시했던 사람들조차 그들의 판단을 수정했다. 약간 뒤늦게 영국에서부터 반정신의학의 물결이 밀려들었을 때 해당

---

56 두치오 트롬바도리Ducio Trombadori, 『푸코 심포지엄』*Colloqui con Foucault*, Salerno: Cooperativa Editrice, 1981, p.39.
57 로베르 카스텔Robert Castel, 「실천의 모험들」Les aventure de la pratique, 『르 데바』*Le Débat*, n° 41, 1986, p.43.

분야의 사람들은 적대감으로 몸을 꼿꼿이 하면서 이 책을 공격의 표적으로 삼았다. 반정신의학 운동 주도자들의 확신과 태도가 이 책에서 동력을 얻고 있었기 때문이었다.

초판 출간 당시 이 책에 호감을 보인 것으로 푸코 자신이 인용했던 공산당원 뤼시앵 보나페도 이런 경우였다. 그는 1969년 12월 6, 7일 툴루즈에서 열린 정신의학적 진화그룹 연례회의에 참석하여 '『광기의 역사』의 이데올로기적 개념'을 글자 그대로 파문했다. 그러나 푸코는 이들 중상자들이 정한 약속 장소에 나가지 않았다. 그들 중 첫째 줄에는 앙리 에가 있었는데 그는 이렇게 선언했다. "정신의학을 말살하는 이 자세는 인간의 개념 그 자체에까지 심각한 영향을 미치므로 우리는 미셸 푸코가 이 자리에 참석해 줄 것을 원했다. 그것은 그의 사유의 체계적 전개에 대한 우리의 존경심을 전달하기 위해서이며, 동시에 '정신병'이 광기의 가장 훌륭한 표현이 될 수 있고 또 아주 예외적으로 천재적 시인의 광채가 될 수도 있다는 그의 생각을 반박하기 위해서이다. 왜냐하면 광기는 문화적 현상과는 다른 것이기 때문이다. 자기 입장의 취약성 때문에 약간 뒤가 켕기거나 또는 푸코 씨의 빛나는 역설에 매료되어 그와의 논쟁을 회피하고 싶어 하는 사람들도 있지만 나는 이곳에서 정식 대결이 이루어지지 못한 것을 못내 아쉽게 생각한다. 나의 배려로 이곳에 초청된 미셸 푸코는 마침 이 시기에 툴루즈에 올 수 없었던 것을 그 자신도 매우 애석하게 생각한다고 내게 편지를 썼다. 그러니까 우리는 마치 그가 여기에 있는 듯이 회의를 진행하려 한다. 정신의 대결이 이루어지는 사상의 논쟁에는 사실 육체적인 출석은 별로 중요하지 않다."[58]

바뤼크 교수의 벼락도 푸코에게 떨어졌다. 이 탁월한 전문학자는 책으로, 기고문으로, 또는 세미나나 강연을 통해 푸코의 악영향을 줄기차게 비난했다. 그는 푸코를 반정신의학의 창시자로 간주했고, 피넬에 의해 정착된 인간해방적 의학을 파괴하려는 '문외한들'의 운동을 그가 교사하고 있다고 주장했다.[59]

푸코는 그의 책의 새로운 지위를 스스로 떠맡기로 했다. 그래서 1968년 이후 반정신의학 운동에 가까이 갔고 어느 때는 완전히 그 운동과 나란히 보조를 맞추었다. 물론 가끔은 가장 과격한 일부 대표들의 소아병적 태도에 짜증을 내기는 했지만 말이다. 이 운동에 대한 근접은 푸코의 또 다른 활동으로 나타났다. 그는 1971년에 감옥정보그룹(Groupe d'information sur les prisons)을 창설했다. 그러나 정신병동에 대한 투쟁적 활동은 결코 형벌 문제에 대한 그의 투쟁 방식과 같지는 않았다. 이 운동에 직접 참여하기보다는 멀찌감치서 그들을 격려하는 것에 만족했다.[60]

그러나 그는 쿠퍼나 바살리아와 가깝게 지냈다. 1976년에 그는 콜레주 드 프랑스에 쿠퍼를 초청하여 강연을 하게 했다. 또 1977년에는 잡지 『상주』(*Change*)가 주최하고 장 피에르 파예가 조직한 학술회의에 참석하기도 했다.[61] 토마스 사즈(Thomas Szasz)의 책들을 프랑스어로 번역하는 일을 지원했고, 이탈리아의 급진적 정신의학자들이 결성한 제도비판 그룹

---

58 앙리 에Henri Ey, 「미셸 푸코의 『광기의 역사』의 이데올로기적 개념, 정신의학적 진화그룹 연례 저널」La Conception idéologique de *l'Histoire de la folie* de Michel Foucault, Journeés annuelles de l'évolution psychiatrique, 6 et 7 décembre 1969, 『정신의학적 진화: 일반 정신병리학 노트』*Évolution psychiatrique: Cahiers de psychopathologie générale*, tome36, n° 2, 1971.
59 특히 앙리 바뤼크Henri Baruk, 『사회 정신의학』*La Psychiatrie sociale*, Paris: PUF, 1974를 볼 것.
60 카스텔, 「실천의 모험들」, p.47.
61 푸코, 「포위된 광기: 감금과 정신의학적 억압에 대한 대화」La Folie encerclée: Dialogue sur l'enfermement et la répression psychiatrique, 『상주』*Change*, n° 32~33, 1977.(『말과 글』*Dits et écrits*, tome2, texte n° 209, pp.332~360.)

에 참가하기도 했으며, 이탈리아 법정과 문제가 생긴 바살리아(Basaglia)를 돕기 위해 『크리미니 디 파체』(*Crimini di pace*)라는 공동 저서에 글을 기고하기도 했다. 이 책의 다른 공동 저자는 사르트르, 고프먼, 촘스키, 카스텔[62] 등등이다. 여하튼 푸코는 반정신의학 운동에 다소간 몸담고 있음을 스스로 인정했다. 그래서 몇 년 후 결산의 시기에 그는 "정신의학 분야에서 얻은 것들은 전문적 국지적 투쟁의 중요한 결과였다"[63]라고 평가할 수 있었다.

근본적으로 그 자신이나 그의 책이 변한 것이 아니라 정치에 대한 정의가 변했다고 할 수 있다. 1974년 한 인터뷰에서 "『광기의 역사』는 정치적인가?"라고 기자가 묻자 그는 "그렇다. 그러나 지금은 아니다"라고 대답했다. 결국 "정치적 전선(前線)의 도면이 변했다. 그리고 정신의학, 감금, 국민의 의료화 같은 주제들이 정치적 문제가 되었다. 지난 10년간 여러 일을 겪으며 정치 그룹들은 이 영역들을 그들의 활동에 병합하지 않을 수 없었다. 그래서 그들과 내가 한데 통합되었다. 내가 변한 것이 아니라——시치미 떼는 것이 아니다. 나는 정말 변하고 싶다——이 경우에 내 쪽으로 온 것은 바로 정치였다. 나는 그것을 자신 있게 말할 수 있다. 그때까지 거의 정치적이었으나 제대로 대접받지 못하던 영역을 그들은 자기들의 영토로 만들었다".[64]

이때부터 『광기의 역사』가 갖게 될 새로운 의미들은 그러니까 1970년

---

62 프랑코 바사갈리아 외 편저Franco Basaglia et al, 『크리미니 디 파체』*Crimini di pace*, Torino: Einaudi, 1973.

63 푸코, 「알레산드로 폰타나, 파스칼레 파스키노와의 대담」, 『미크로피시카 델 포테레: 인터벤티 폴리티시』, 1977.

64 푸코, 「권력 메커니즘에서의 감옥과 요양소」*Prisons et asiles dans le mécanisme du pouvoir*, 『아방티』*Avanti*, n° 53, mars 1974.(『말과 글』*Dits et écrits*, tome1, texte n° 136, pp.1389~1393.)

대에 푸코가 천착하게 될 ‘권력’(Pouvoir) 또는 ‘앎-권력’(Savoir-Pouvoir)이라는 한 짝의 개념을 위한 정박점의 역할을 하게 될 것이다. 이런 통일성의 원칙 속에서 그는 자신의 이전의 책들을 다시 정리했다. “이 모든 것이 마치 보이지 않는 잉크로 쓰여졌다가 적당한 시약을 바르면 종이 위에 나타나는 비밀문서처럼 그렇게 홀연히 나타날 것이다. 그것은 ‘권력’이라는 단어다”[65]라고 그는 두치오 트롬바도리에게 말했다.

---

65 트롬바도리, 『푸코 심포지엄』 pp.77~78.

댄디와 개혁

미셸 푸코의 박사학위논문이 주의 깊은 독자를 찾기 위해서는 출판이 되기까지 기다릴 필요도 없었다. 원고가 우선 친구들 사이에서 돌았는데 루이 알튀세르는 당연히 초기 독자 중의 하나였다. 그는 그것을 읽고, 사랑했고, 인정했다. 그리고 이것을 당시 클레르몽페랑 대학 철학과 과장인 쥘 뷔유맹에게 빌려 주었다. 알튀세르와 뷔유맹은 오래전부터 아는 사이였다. 그들은 1939년 고등사범 입학동기였다. 그러나 학교에서의 만남은 아주 짧았다. 두 살 위였던 알튀세르가 입학 직후 군에 소집되었고, 그후 5년이나 포로수용소에서 보냈기 때문이다. 알튀세르가 카이만이 되었을 때 그는 뷔유맹을 몇 번 초청하여 강의를 하게 했다. 여기서 그는 푸코를 보았다. 알튀세르와 뷔유맹의 우정 덕분에 푸코는 이미 릴 대학에 자리를 하나 얻어 놓고 있었다.

뷔유맹은 메를로-퐁티와 가까운 사이였다. 50년대 초까지 그는 실존주의와 맑시즘에 아주 가까웠다. 1948년에 학위를 취득한 그의 박사학위논문은 이 두 영향을 크게 반영하고 있다. 왜냐하면 그 제목은 『죽음의 의미에 대한 시론』(*Essai sur la signification de la mort*)과 『존재와 노동』

(*L'Être et le travail*)이기 때문이다. 그는 『현대』지에도 미학 분야에 대해 고정적으로 기고했다. 이때부터 메를로-퐁티와의 우정을 계속 이어 가면서 그는 많이 달라지기 시작했다. 우선 학문적으로는 과학철학, 수학, 논리학 등등에 관심을 갖기 시작했다. 정치적으로도 물론 변했다. 그러나 알튀세르와 뷔유맹 상호 간의 존경심은 근본적으로 사이가 벌어진 그들의 사상적 궤도에 전혀 영향을 받지 않았다. 때는 1968년 이전이었으므로 프랑스의 대학사회는 아직 그후에 있을 극단적인 정치적·이데올로기적 양극화 현상에 따라 분열되지 않은 상태였다.

1951년에 쥘 뷔유맹은 클레르몽페랑 대학에 임명되었다. 그것은 메를로-퐁티의 배려였다. 『휴머니즘과 폭력』(*Humanisme et terreur*)의 저자는 자신의 제자이며 친구인 뷔유맹이 소르본으로 옮기기 위해 자기가 방금 떠나온 리옹 대학에 후임으로 와 줄 것을 원했다. 그러나 대학사회의 경쟁관계가 이 계획의 성사를 방해했다. 그래서 메를로-퐁티는 교육부에 개인적으로 힘을 써서 뷔유맹에게 자리를 하나 마련해 줄 것을 부탁했다. 얼마 후 교육부의 고등교육국장이 그를 불러 다음과 같이 말했다. "클레르몽페랑에 심리학 교수 자리가 하나 났소. 단, 조건이 있는데 현지에서 거주해야만 하오." 뷔유맹은 그것을 수락했고 오베르뉴의 도청 소재지인 그곳으로 이사했다. 그는 다른 몇몇 신임 교수들과 현지에 부임했는데, 그들은 모두 약간 침체에 빠져 있는 그 대학을 활성화시키기 위해 교육부가 직접 임명한 사람들이었다. 역사학자 자크 드로즈(Jacques Droz), 그리스어학자 프랑시스 비앙(Francis Vian)은 현지로 집을 옮기지 않고 출강했다.

뷔유맹은 나중에 철학과로 옮기고 이어서 철학과장이 되었는데, 처음에는 심리학과에서 강의했다. 진지한 분위기가 지배적이고 강의의 질을 무엇보다 우선시하는 이 엄격한 대학에서 그는 철학과를 일종의 실험실로 만들기 위해 우수한 교수들로 진용을 짰다. 우선 월름 가 양어장에 가서 친구들을 찾아 자기 옆으로 불러 모았다. 미셸 세르, 모리스 클라블랭(Maurice Clavelin), 장 클로드 파리앙트(Jean Claude Pariente), 앙리 졸리(Henri Joly), 장 마리 베사드(Jean Marie Beyssade) 등이 그들이다. 이들 모두가 그후 자기 분야에서 각기 성공을 거두었다. 세르, 클라블랭, 베사드는 나중에 소르본과 낭테르의 교수가 될 것이다……. 지금은 작고한 졸리는 나중에 그르노블에서 오랫동안 강의했고, 권위 있는 고대철학 전문가가 되었다. 푸코는 말년의 책들을 쓸 때 자주 그에게 자문을 구했다. 클레르몽에 끝까지 머물러 있던 파리앙트는 교수자격시험 심사위원장이 되었다. 쥘 뷔유맹은 알튀세르도 불러오려고 했으나 그는 정신적으로 많이 불안했기 때문에 고등사범의 보호구역 안에 머물러 있기를 원했다. 그리고 1960년에 뷔유맹의 선택은 미셸 푸코에게까지 뻗쳤다. 그는『광기와 비이성』을 읽고는 함부르크에 있는 저자에게 편지를 썼다. "클레르몽페랑 대학에서 심리학 강의를 맡아 보지 않겠습니까?" 푸코는 곧 답장을 썼다. 수락한다는 내용이었다. 그는 오랜 외국 생활 끝에 프랑스로 낙하할 지점이 필요했던 것이다. 더군다나 반드시 현지에 거주해야 할 의무가 없어서 파리에 살 수 있었기 때문에 기꺼이 수락했다. 몇 가지의 행정절차가 필요했지만 모든 것이 빨리, 그리고 잘 진행되었다.

고등교육기관에 임명되기 위해서는 우선 '자격증 리스트'에 등록해야만 했다. 푸코의 신청서를 작성한 사람은 철학자 조르주 바스티드(Georges Bastide)였다. 1960년 6월 15일에 그는 이렇게 썼다. "미셸 푸코는 이미 몇 개의 저술을 가지고 있음. 주로 역사와 심리학적 방법에 대한 독일 학술서들의 번역과 그 해설서들임. 이 모든 것이 훌륭함. 그러나 이 후보의 자격을 가장 잘 보증하는 것은 그의 박사논문임." 그리고 그는 다음과 같이 결론지었다. "우리는 광역 리스트에 미셸 푸코 씨를 기입함. (그를 심리학 분야에 넣어야 할지 아니면 과학사의 분야에 넣어야 할지?) 좀더 논의해야 할 사항임."[1] 푸코의 후보자격을 지원하기 위해서 캉길렘은 바스티드의 이 보고서에다가 『광기와 비이성』의 출판허가를 얻기 위해 그가 막 작성한 보고서를 첨부했고 이폴리트는 추천서를 덧붙였다. 이렇게 일은 일사천리로 진행되어 푸코는 교육부 조례에 따라 "1960년 10월 1일부터 정기 휴직 중인 세사리 씨의 후임으로 클레르몽페랑 대학 철학과 강사"에 임명되었다. 그 교수가 사망함에 따라 그는 1962년 5월 1일자로 "공석 중인 철학 정교수"로 승진되었다.

모든 행정문서는 '철학'으로 되어 있다. 왜냐하면 그 당시에는 사회학과 마찬가지로 심리학이 아직 대학의 한 학과가 될 만큼 자율적인 지위를 갖고 있지 못했기 때문에 철학과에 속해 있었던 것이다. 그러나 그의 전임자가 했듯이 푸코는 심리학을 가르쳐야 했다. 1962년에 그의 정교수 임명을 요청하는 학장의 보고서는 다음과 같이 그것을 분명히 밝히고 있다. "그의 전공은 정신병리학입니다." 그리고 그가 클레르몽페랑 대학에 있는 동안 물론 실제로 가끔 일탈은 있었지만 그가 공식적으로 맡은 것은 심리학이었다(사람들이 생각하는 것보다 그가 심리학 강의를 벗어난 경우는 그렇게 많지 않았다).

새로운 인생이 시작되었다. 1960년 가을부터 1966년 봄까지 그는 매년 학기 중에 파리와 클레르몽페랑을 매주 정기적으로 여행했다. 호텔에서 하룻밤만 자기 위해서 모든 강의를 하루에 몰아넣었다. 가는 데에는 6

---

1 적성 일람표는 두 범주로 나뉘어 있다. '한정 리스트'는 이미 박사학위를 받은 교수 청원 후보자들이 쓰는 것이고, '광역 리스트'는 강사 자리의 후보를 위한 것이다.

시간이 걸렸고, 그 당시의 기차는 별로 안락하지 못했다. '부르보네' 열차는 어찌나 흔들렸는지 대부분 파리에서 클레르몽페랑 대학으로 통근하는 교수인 승객들은——기차의 별명은 '스푸트니크'였다. 왜냐하면 그때까지는 아직 터빈 프로펠러 엔진이라는 용어가 없었기 때문이다——조그만 내기를 하면서 즐거운 시간을 보냈다. 그것은 누가 엎지르지 않고 커피를 끝까지 마시는가 하는 것이었다. 푸코는 찻숟가락으로 막는 '트릭'을 발견하여 이 위험한 게임의 선수가 되었다.

그 당시에 클레르몽페랑 대학은 카르노 가의 흰색 석조건물 안에 있었는데 그곳은 베르그손이 교편을 잡고 있던 블레스 파스칼(Blaise Pascal) 고교와 멀리 떨어져 있지 않았다. 그 건물은 1936년에 지어진 것인데, 시대가 비슷한 만큼 파리의 샤이요궁 축소판을 보는 듯했다. 건물 내부의 정면은 오히려 회색이어서 안뜰에 들어서자마자 그 도시 대부분의 건물이 그렇듯이 검은 먼지로 덮여 있는 듯 우울한 색조였다. 하기는 검은색 석조건물인 성당, 볼빅 용암의 검은 가장자리 장식이 둘러쳐진 희끄무레한 집들은 푸코가 그것을 처음 보고 말했듯이 '부고장'(訃告狀) 같은 인상을 풍겼다. 철학과는 카르노 가 건물 1층의 작은 복도 전체를 차지하고 있었다. 거기에는 기껏해야 10여 개의 방이 있을 뿐이었는데 그 안에 사무실과 강의실이 모두 들어 있었다. 이 복도는 오래전부터 철학과에 '속해' 있었다. 조르주 캉길렘은 전쟁 중에 거기서 강의를 했던 것을 기억한다. 그러나 1963년에 철학과는 이 지역을 버리고 보기 흉한 조립식 가건물로 이주해야만 했다. 임시 건물이라고는 했지만 영구적으로 사용할 요량인 것이 분명했다. 푸코가 나중에 『말과 사물』이 될 밑그림을 학생들에게 펼쳐 보인 것은 바로 이 음침한 참호 속에서였다. 학생은 별로 많지 않았다. 철학과에 등록한 학생은 불과 10여 명뿐이었다. 푸코의 수강생은 약간 수가 많은 편이었는데 그것은 간호사나 사회복지사 자격을 따기 위해 심리학 강의를 듣는 학생들이 추가되었기 때문이다. 다 해서 30여 명이었다.

클레르몽페랑에서 보낸 처음 2년 동안 푸코는 쥘 뷔유맹과 아주 돈독한 우정을 맺었다. 구 시가지를 오랫동안 산책하기도 하고, 둘이서 혹은 철학과 동료들과 함께 점심식사를 하기도 했다. 열 명이 함께 점심이나 저녁을 먹는 일도 자주 있었다. 뷔유맹과 푸코는 서로 잘 통했고, 따뜻한 동료애와 공감의 분위기가 지배하던 이 작은 공동체 안에서 마치 물속의 물고기가 놀듯 유유자적했다. 그러나 많은 이유 때문에 이 두 교수는 서로 갈라져야만 했다. 앞에서 우리가 보았듯이 뷔유맹은 점차 과학철학 쪽으로 기울었고, 앵글로-색슨의 분석적 전통을 바라보았으며, 버트런드 러셀, 논리학, 수학 등등에 관심을 기울였다. 이 당시에 뷔유맹은 『대수의 철학』(*Philosophie de l'algèbre*)에 관한 두 권의 책을 출판했다. 정치적으로도 두 사람의 거리는 꽤 멀어졌다. 뷔유맹은 점점 우익 쪽으로 향했고, 푸코는 다소간 좌익 쪽에 남아 있었다. 그들은 많은 논쟁을 벌였고, 푸코는 자주 다음과 같은 말로 그들의 대화를 끝맺었다. "결국 당신은 우익 무정부주의자고, 나는 좌익 무정부주의자군요." 논리학에 관심을 가진 이 우익 인사와 블랑쇼, 루셀, 바타유 등에 대해 글을 쓴 이 좌익 인사 사이에 어떤 공통점이 있을 수 있겠는가? 푸코와 뷔유맹은 똑같이 학문적 엄격함에 대한 욕구를 갖고 있었고, 서로에게 느끼는 지적인 존경심은 모든 차이점을 능가하는 것이었다. 그들은 모든 점에서 의기투합했다.

이 우정은 그후 꽤 오랫동안 지속되었고 푸코의 인생 여정에 매우 중요한 결과를 가져다주게 된다. 쥘 뷔유맹은 1962년에 클레르몽페랑을 떠났다. 모리스 메를로-퐁티가 갑자기 심장병으로 쓰러져 뷔유맹이 그의 후임으로 콜레주 드 프랑스에 임명되었기 때문이다. 미셸 푸코도 이 선출을 도왔다. 그는 뒤메질에게 클레르몽페랑 대학의 동료를 지원해 달라고 부탁하여, 이 신화학자가 동원할 수 있는 표를 얻을 수 있었다. 경합자는 레몽 아롱이었는데, 그는 콜레주 드 프랑스에 다시 지원하기까지 몇 년을 더 기다려야 했다. 뷔유맹이 들어간 지 1년 만에 장 이폴리트도 콜레주 드 프랑스에 들어갔다. 이 두 철학자는 곧 푸코를 에콜 가의 권위 있는 기관, 즉 프랑스 대학사회의 영광 중의 영광인 콜레주 드 프랑스에 영입하기 위한 공작을 시작했다. 물론 말할 필요도 없이 조르주 뒤메질의 전폭적인 지원을 등에 업고서였다. 선출 투표는 1969년에 있었다. 그러나 1968년 5월이 지난 시점이어서 뷔유맹과 푸코의 관계는 경직되어 있었지만, 시위 학생들에게 매우 적대적이었던 ——1968년 말에 『대학을 재건하기』(*Rebâtir l'université*)라는 제목의 책에서 그의 적대감이 여실히 드러난다—— 그는 후보자의 작품 평가에 정치적 불화를 개입시키는 것을 원치 않았다.

그러나 이미 1968년 이전부터 그들의 불화를 야기했던 것은 무엇이 있는가? 불화까지는 아니라 하더라도 적어도 오해를 야기한 것은? 그들은 자주 정치 이야기를 했다. 그건 사실이다. 그러나 둘 중의 그 누구도 정당에 가입하지 않았으며 정치활동을 하지 않았고, 정치에 의해 그들의 존재나 사고의 틀을 형성하지도 않았다. 훗날의 푸코의 이미지를 당시의 푸코의 이미지에 투영시키는 일은 삼가야 한다. 당시의 동료들은 대체로 그를 '비교적 좌익'이라고 분류하지만 이 규정에 모든 사람들이 한결같이 동의하는 것은 아니다. 그러나 그들은 입을 모아서 그가 투쟁적 참여와는 거리가 멀었다고 말하고, 나중에 70년대에 그가 급진적이고 극좌적으로 선회한 것에 놀라움을 표시한다. 1962년부터 1966년까지 4년간 그의 조교를 했던 프랑신 파리앙트(Francine Pariente)는 "정말 믿기 힘든 일이었다"고 말한다. 그런 진전을 예견케 할 만한 징후가 하나도 없었다는 것이다.

그 시절에 그를 잘 알았던 사람 중에는 그에게 전혀 다른 정치적 꼬리표를 붙이는 사람들도 있다. 푸코가 드골주의자였다는 것이다. 쥘 뷔유맹은 이 이야기를 부정한다. 푸코가 드골주의자가 아니라는 것을 알 만큼은 둘 사이에 충분한 대화가 있었다는 것이다. 그러나 일부 사람들이 그렇게 생각하는 것은 푸코가 에티엔 뷔랭 데 로지에와 친밀한 관계를 유지했기 때문이다. 바르샤바 주재 프랑스 대사였던 로지에는 푸코보다 조금 늦게 폴란드를 떠나 엘리제궁의 비서실장이 되었다. 아주 중요한 정치적 지위로서 일종의 막후 총리인 셈이었다. 푸코는 이 기회를 놓치지 않고 권력의 심층에 접근하여 포부르 생 토노레 가의 대통령궁을 방문하기에 이르렀다. "1962년 나를 방문했을 때 그는 고등교육의 장래에 깊은 관심을 갖고 있었다. 나는 그에게 비서실의 대학담당인 자크 나르본을 만나보라고 말했고 그는 기꺼이 수락했다."[2] 자크 나르본은 푸코를 만나 대학개혁에 대한 그의 견해를 물었다. 그러나 이 의견교환은 비공식적인 것이었고 아무런 공식적 관계로도 이어지지 않았다. 물론 정실인사로 이어지지도 않았다.

그 이후에도 몇 년간 드골 정권과의 접촉은 계속되었다. 예를 들면 교육부 고등교육 부국장에 푸코를 임명하는 문제가 거론될 때가 그러했다. 거의 확정된 듯이 보였고, 몇몇 학구장(學區長)들은 신임 내정자에게 축하 편지를 보내기까지 했다. 성급한 편지였다! 푸코의 임명은 반대에 부딪혔기 때문이다. 가장 유력한 반대자는 소르본 대학 학장인 마르셀 뒤리였고, 좀 영향력이 덜한 반대자는 그의 부인이며 세브르 여자고등사범 학장인 마리 잔느 뒤리였다. 이들은 푸코 개인의 '이상한' 성격을 반대 이유로 내

---

2 에티엔 뷔랭 데 로지에Étienne Burin des Roziers, 「바르샤바에서의 만남」Une rencontre à Varsovie, 『르 데바』Le Débat, n° 41, septembre-novembre 1986, pp.135~136.

세웠다. 그것은 그의 동성애를 뜻하는 것이었다. "동성애자가 고등교육국
장이 되는 것을 상상해 보십시오"라고 그를 헐뜯는 사람들이 말했다. 그들
은 폴란드에서의 푸코의 실패담을 환기시키기도 했다.

그래서 푸코는 임명되지 않았다. 그러나 이 일화는 그런 대로 중요성
이 있다. 그것은 그 시절에 푸코의 모습이 어떠했는지를 잘 보여 주기 때문
이다. 즉 가장 고전적인 의미에서의 대학인이면서 동시에 고등교육 부국
장이라는 행정적·정치적 기능에도 호감을 갖고 있는 그런 모습의 푸코 말
이다. 푸코는 '아카데믹'한 사람인가? 그건 좀 아닌 것 같다. 그러나 바로
같은 시기에 그가 고등사범의 입학시험관이며 국립행정학교(ENA)의 졸
업심사관이 되었다는 사실을 잊어서는 안 된다. 그렇다. 국립행정학교의
졸업심사관이었다! 그러니까 그가 체제와 유지한, 아니 체제가 그와 유지
한 거리 속에서 동성애가 담당한 역할을 우리는 분명히 알 수 있다. 거기서
결정된 것은 푸코의 모든 정치적·철학적 여정이다. 푸코가 행정부의 고급
관리가 되었다면 어떤 모습이었을까? 혹은 나중에 그에게 제안되었던 프
랑스 방송협회(ORTF, 1976년 폐지)의 회장이었다면? 역사를 가정법으로
기술하지는 말자.

그 시대의 실제 역사로 되돌아가자. 1965년에 푸코는 크리스티앙 푸
세(Christian Fouchet) 교육부 장관이 주재한 대학개혁위원회에 참여했다.
이 개혁은 드골 정권의 야심찬 계획이었으며 특히 조르주 퐁피두(Georges
Pompidou) 총리의 야심작이었다. 몇 년간 수많은 사람들이 이 계획에 정
열을 쏟아부었다. 클로드 파스롱의 말을 들어 보자. "푸세-에그렝 개혁안
은 1963년에 착수되었다. 학과계열을 학문과 직업의 특성에 따라 나누고,
커리큘럼을 개선하며, 입학선발에 의해 학생 정원과 인원을 조정한다는
원칙이 세워져 있었다. 1964년에 이 위원회에서 새어 나온 소문이 마침내

교원노조, 프랑스 전국학생동맹(UNEF), 장 물렝 클럽 등(사상동호회), 『에스프리』1964년 5~6월 특집판(잡지)들이 일제히 들고일어난 대논쟁을 야기시켰고 그것은 계속 증폭되기만 했다. 그러니까 1965년 초부터 대학이 시사문제의 중심적 관심사가 된 것은 푸세 개혁안 때문이었다."[3]

크리스티앙 푸세는 사실 고등교육의 전반적인 문제를 고찰하기 위해 고등교육 개혁위원회를 구성했다. 소위 '18인 위원회'라고 불렸던 이 위원회는 1963년 11월과 1964년 3월 사이에 열렸다. 개혁의 커다란 골격이 잡힌 것은 바로 거기에서였다. 그것을 실제로 적용시키는 문제만 남았다. 이를 위해서 '인문·과학교육위원회'가 새로 조직되어 1965년 1월에 가동되었다. 그 목적은 개혁의 구체적 형식을 정하는 일이었다. 이 새 위원회의 진용을 보면 콜레주 드 프랑스 교수로는 페르낭 브로델, 앙드레 리히네로비츠(André Lichnérowicz), 그리고 1차 회의 이후 사임한 쥘 뷔유맹이 있었고, 학장으로는 파리 법대 학장인 조르주 베델(Georges Vedel), 자연대학장인 마르크 자만스키(Marc Zamansky) 등등이 있었다. 고등사범학장인 로베르 플라슬리에르(Robert Facelière)도 있었고 그 외 모든 전공의 대학교수들이 있었다. 그리고 그들 중에 미셸 푸코가 있었다. 어떻게 그는 거기에 착지했는가? 교육부의 기술고문이며 푸코와 윌름 가의 동기 동창인 장 크나프의 추천에 의해서였다.

1962년에 코펜하겐 주재 프랑스 대사관 문화담당 참사관이었던 장 크나프는 푸코를 초청하여 『광기와 비이성』에 대해 강연하게 했다. 당시

---

3 장 클로드 파스롱Jean Claude Passeron, 「1950~1980, 도마에 오른 대학: 장식물의 변화인가, 방향의 변화인가」1950~1980. L'université mise à la question: changement de décor ou changement de cap, 자크 베르제 외 편저Jacques Verger et al, 『프랑스에서의 대학의 역사』 *Histoire des universités en France*, Toulouse: Privat, 1986, pp.373~374.

덴마크 대사가 크리스티앙 푸셰였으며 그는 푸코의 강연에 대한 사람들의 열광적인 반응을 소문으로 듣게 되었다. 크리스티앙 푸셰가 교육부 장관에 임명되었을 때 그는 장 크나프를 비서실장에 임명했고, 이 사람이 푸코를 대학개혁위원회에 추천했다. 이것은 놀라운 일도 아니다. 프랑스의 문화계, 정치계, 그리고 대학사회에서 고등사범 출신들의 연줄과 사교가 얼마나 중요한 역할을 하는지를 확인하는 것은 이것이 처음이 아니기 때문이다. 푸코는 그것을 수락하면서 쥘 뷔유맹도 함께 참여할 것을 조건으로 내세웠다. 이 위원회의 첫번째 모임은 1965년 1월 22일에 열렸다. 이들은 1966년 초까지 장관실 서재에서 한 달에 한 번꼴로 모였다. 푸코는 회의 때마다 열심히 참석했다. 위원회의 기록을 보면 그가 적극적으로 발언한 것이 나온다. 예를 들면 중등교육의 내용에 관한 1965년 4월 5일의 그의 발언은 다음과 같다. "중등교육 과정에서는 대학 진학준비보다는 직업교육에 중점이 두어야 한다고 푸코 씨는 말했다. 그는 기초과목의 내용이 한층 심화되어야 한다고 주장했다." 또는 교수자격시험 평가에 대해서는 이렇게 말했다. "현재의 평가방식은 후보자의 연구 자질에 대해서는 아무런 평가도 하지 못한다. 그저 단지 지성의 활기를 테스트하는 데 그칠 뿐이다." 그러나 그는 이 평가가 "경쟁시험의 형태를 유지할 것에는 동의했다".

마지막 회의는 1966년 2월 17일에 열렸는데 장관도 참석했다. 회의기록을 보면 푸코가 교육개혁의 기본방침이나 그후 채택된 종합적 해결책에 반대했다는 증거는 없다. 우리가 서류상에서 느끼는 이 인상을 이 위원회에 참여했던 그리스어학자 프랑수아 샤무(François Chamoux) 씨가 확인해 주었다. 반대하기는커녕 개혁안 마련을 위한 몇 개의 보고서를 직접 작성하기도 했다는 것이다. 그중의 하나는 1965년 3월 31일 프랑수아 샤무와 함께 작성한 것인데 그것은 대학조직의 몇몇 문제, 특히 박사논문의 체제에 관한 것이었다. 보고서는 박사논문들이 흔히 너무 무겁고 시대에 뒤진 것이므로 얼마간의 시간을 두고 단계적으로 출판하는 것이 바람직하다고 건의했다. "주논문의 완성이 더 이상 작성자의 에너지를 고갈시켜 그 후에 아무것도 할 수 없는 오랜 노고에 대한 대관식이 되어서는 안 된다." 푸코 혼자서 작성한 한 보고서는 철학교육 과정에 대한 것이다. 그는 고등교육 현장에서 학년마다 강의될 내용이 상세한 계획표로 미리 나와야 한다고 제안했다. 그는 또 중등학교에서의 철학교육을 두 단계로 나누어 처음에는 심리학 입문으로 시작하고 이어서 고등학교의 마지막 학년에서는 순수한 철학적 문제와 최신의 인문과학의 성과(정신분석학, 사회학, 언어학……)를 소개하는 방향으로 나가야 한다고 제안했다.

장관실에서의 위원회 모임과 병행하여 수많은 대학들에서 이 문제를 좀더 광범위하게 토의하기 위해 대학 차원의 토론회가 진행되었다. 그 논쟁은 매우 격렬했다. 자연과학 분야에서는 동의가 이루어진 반면 다른 분야에서는 개혁안이 완강한 반대에 부딪쳤다. 앙리 구이에는 프랑스의 모든 대학 대표들이 모인 윌름 가의 공청회에서 푸코가 자기 동료들에게 현실을 직시하라고 촉구했다는 것을 기억한다. "한 지방에 대학이 하나씩 있는 상황으로 우리가 지금 나아가고 있다는 것을 잊지 마시오"라고 그는 말했다. 아무 특색 없는 지방 대학을 늘리기보다는 지역의 특성에 맞는 기능을 명시해 주는 것이 바람직하다고 그는 생각했다.[4] 푸코는 그러니까 교육개혁의 정착에 아주 진지하게 참여했다. 그 한 해 동안에는 강의실에서 학생들에게 파리에서 전개된 토론에 대해 많이 이야기했다. 어느 때는 강의 시작 전에 수강생들에게 "개혁이 어느 정도 진척되었는지 알고 싶습니

---

4 「연보」, 『말과 글』, tome1.

까?"라고 묻기도 했다. 그러고는 한 20분간 교육의 문제점과 위기, 그리고 그에 대한 해결책을 설명하기도 했다.

개혁안은 1967년에 발효되었다. 1964년 12월부터 전국대학생노조(UNEF)는 개혁안의 전체 골격을 공격하기 위해 집회를 열었다. 1966년 3월에는 전국고등교육노조(SNE)가 교육부와 교육개혁위원회의 결정에 항의하기 위해 3일간의 파업을 주도했다. 『르 몽드』 기사에 의하면 이 파업 결정은 광범위한 호응을 얻었다고 한다. 이후에 사람들이 흔히 말하듯이 이 '푸셰 개혁안'이 1968년 5월의 주요 도화선이었을까? 그처럼 복잡한 현상을 이해하기에는 너무 단순한 설명이라고 하겠다. 그러나 푸코가 이 개혁안의 작성에 참여했다는 것은 매우 흥미로운 일이다.

＊　　＊　　＊

푸코의 정치적 성향에 대해 모든 사람이 동의하는 것은 그가 격렬한 반공주의자였다는 것이다. 공산당에서 탈당한 후, 특히 폴란드에서 살아 본 후 그는 직접적이건 간접적이건 공산주의를 연상시키는 모든 것에 심한 증오감을 보였다. 클레르몽페랑 대학에서의 생활이 그에게 이런 성향을 내보일 기회를 주었다. 쥘 뷔유맹이 콜레주 드 프랑스에 선출되었을 때 그는 자기 후임자가 누구인지 궁금해했다. 푸코는 들뢰즈의 이름을 거론했다. 푸코와 들뢰즈는 거의 10여 년 전 릴에서 함께 만난 이후로는 다시 만난 적이 없었다. 그러나 들뢰즈가 그때 막 출판한 책이 푸코의 관심을 끌었다. 나중에 그의 작품에 나타나게 될 독창성이 이미 엿보이기는 했지만 들뢰즈는 그 당시에 아직 고전적 스타일의 철학자였다. 『니체와 철학』(*Nietzsche et la philosophie*)을 출판했을 때 그는 아직 흄에 대한 소책자를 쓴 것밖에는 다른 경력이 없었다. 그런데 이 『니체와 철학』은 철학계에서 상당한 주목을 끌었고 푸코를 열광시켰다.

뷔유맹은 이 제안에 완전히 동의했다. 그는 클레르몽페랑에서 아주 가까운 리무쟁의 시골에서 병 조리를 하고 있는 들뢰즈에게 편지를 썼다. 그 얼마 후에 그는 클레르몽페랑으로 와서 푸코, 뷔유맹과 함께 며칠을 보냈다. 이 만남은 아주 좋았고 모두가 만족했다. 철학과에서도 들뢰즈를 추천하기로 만장일치로 결정했고, 뷔유맹은 대학 당국의 인사위원회가 역시 만장일치로 통과시키도록 하기 위해 어떤 조치를 취할 참이었다.

그러나 그 자리는 밑에서부터 올라온 이 후보를 밀쳐 냈다. 전혀 다른 지원자가 교육부의 후원을 업고 나타났던 것이다. 그는 정치국원인 로제 가로디였다. 그는 스탈린주의가 한창 기세를 떨치던 시기에 오랫동안 정통 맑스주의 이론가였다. 장관은 왜 개입하여 그를 원치 않는 클레르몽페랑 대학 철학과에 들여 보내려고 그토록 애썼는가? 조르주 퐁피두 총리의 요구 때문이었다는 소문이 있다. 무슨 거래가 있었을까? 미스테리다. 학장이 정식으로 항의했다. 그러나 어쩔 수 없었다. 가로디는 임명되어 클레르몽페랑 대학에 정착했다. 그로서는 불행한 일이었다! 왜냐하면 그는 푸코의 악착같은 적의와 맞서 싸워야 했기 때문이다.

뷔유맹이 떠나고 들뢰즈 건이 실패로 돌아간 후 푸코는 클레르몽페랑을 떠날 결심을 했다. 그러나 그러기 전에 그는 가로디와 피곤한 소모전을 벌였다. 뷔유맹의 후임으로 푸코가 학과장이 되었기 때문에 더욱 효과적인 싸움이었다. 그는 기회 있을 때마다, 구실이 있을 때마다 가로디에 대한 증오를 감추지 않았다. 격렬하면서도 지칠 줄 모르는 증오였다. 가로디는 일을 수습하려고 애를 썼다. 어느 날 저녁에는 파리에 있는 푸코의 집을 찾아가 초인종을 누르고 면담을 요청했다. 푸코는 그대로 문을 쾅 닫아 버리려 했으나 가로디가 발로 문을 받치고 계속 졸라 댔다. 그 대면은 서로 욕설을 퍼붓는 것으로 끝났다. 푸코의 이런 태도에는 두 가지 원인이 있다. 우선 그는 신임교수의 '지적 빈곤'에 대해 분노를 표시했다. "그는 철학자가 아니야. 여기에 필요 없는 사람이야"라고 푸코는 만나는 사람마다 붙들고 말했다. 공식적으로 가로디에게 욕설을 퍼부을 때 푸코가 내세우는 것이 바로 이런 이유였다. 두번째 이유는 프랑스식 스탈린주의의 형편없는 대변자에 대한 그의 깊은 불쾌감이었다. 가로디는 푸코가 한때 맑시즘의 영향에 사로잡혀 공산당 운동을 했을 때부터 프랑스 공산당의 제1선에서 활약하던 사람이었다. 푸코는 가로디에게 따져야 할 빚이 있었으며 그것을 지금 결제하는 중이었다.

가로디는 머리 좋은 학과장이 만들어 내는 온갖 야유와 저주를 그저 참고 견디는 수밖에 없었다. 그리고 그가 화를 낼 때에도 그저 당하는 수밖에 없었다. 참고문헌란에 철자 하나만 잘못 써도 푸코에게 불려 가 무능함을 가혹하게 질책당해야 했다. 철학과의 운영은 이런 식의 사건들로 점철되어 있었다. 그 갈등은 가로디가 한 여학생에게 연구과제를 주면서 어처구니없는 착각을 일으켰을 때 절정에 달했다. 가로디는 그녀에게 마르쿠스 아우렐리우스의 『수상록』을 라틴어에서 프랑스어로 번역하라고 시켰다. 그러나 그 텍스트는 그리스어였다. 그 싸움의 장면에는 증인이 있다. 왜냐하면 미셸 세르가 가로디와 연구실을 같이 쓰고 있었기 때문이다. 그가 푸코에게 그 이야기를 하자 푸코는 미친 듯이 화를 내면서 가로디에게 온갖 욕설을 다 퍼붓고 직업상의 오류라는 죄목으로 징계위원회에 회부하겠다고 위협했다.

평생의 투쟁 속에서 산전수전 다 겪은 이 유력한 공산당 간부는 푸코의 반복적이고도 집요한 공격에 그만 견디지 못하고 백기를 들었다. 그는 어디라도 좋으니 '유사한 다른 자리'로 옮겨 줄 것을 교육부에 요청했다.

교육부가 그를 강압적으로 떠맡긴 지 2년 만에 그는 이 도시를 떠나 푸아
티에 대학으로 옮겼다. 푸코는 환호작약했다. 적을 하나 무찌르고 승리를
거둔 것이다. 동시에 친구도 하나 얻었다. 왜냐하면 마침내 리옹 대학에 임
명된 들뢰즈와의 관계가 시작된 것이 바로 이때이기 때문이다. 그들은 들
뢰즈가 파리에 올 때마다 정기적으로 만났다. 유달리 우정이 깊어지지도
않았지만 자기가 집을 비울 때 자기 아파트를 들뢰즈와 그의 부인에게 빌
려 줄 만큼 꽤 돈독한 관계였다.

　클레르몽페랑 대학에 있는 동안 푸코는 미셸 세르와도 역시 우정의
관계를 맺었다. 미셸 세르는 라이프니츠를 연구했으며 철학자로서는 드물
게 자연과학적 소양을 갖고 있었다. 푸코는 『말과 사물』에 쓰여지게 될 많
은 구절들에 대해 그와 토론했다. 그는 자신의 가설, 발견, 직관 등등을 그
에게 제시했고, 그러면 세르는 그것들을 검토하고 비판하고 자신의 견해
를 밝혔다. 그런 작업을 위해 수많은 시간을 함께 보냈다. 그러나 푸코가
클레르몽페랑을 떠난 후 그들은 서로 만나지 않다가 1969년 뱅센에서 다
시 만났다.

*　　*　　*

그는 '댄디'(멋쟁이)였다.──이 말을 좀 의아하게 생각할 사람들도 있을 것
이다. 그러나 그의 동료와 제자들은 한결같이 그렇게 증언하고 있다──
매주 클레르몽페랑 대학에 강의하러 온 그는 댄디였다. 검은색 벨벳 양복
에 흰색 스웨터, 그리고 녹색의 두터운 모직 망토를 입고 다녔다……. 고등
사범학교 시절에 그를 알았던 사람들은 자기 자신을 불만스럽게 생각하고
번민에 휩싸여 남들과 잘 사귀지 못했던 한 병적인 청년을 현재의 푸코에
게서 도저히 찾아볼 수 없었다. 5, 6년 만에 옛 친구의 모습은 완전히 사라

졌다. 그가 외국에 나갔고 박사논문을 썼고 박사학위를 신청했다는 것은 알았는데…… 그 오랜 부재 후에 나타난 푸코의 모습은 쾌활하고, 부드럽고, 경쾌했다. 냉소와 도발의 취미는 여전히 간직하고 있었으나 그는 그것을 자신의 인격 속에 통합시켰다. 많은 사람들의 눈에 여전히 그는 매우 이상하게 보였으나 적어도 그는 자신과, 그리고 타인들과 화해를 이룬 것처럼 보였다.

미셸 푸코는 모든 번거로운 일을 피하기 위해 자신의 일을 잘 조정했다. 1962년에 넬리 비아넥스와 프랑신 파리앙트 등 두 여조교를 채용한 것도 그런 조치의 일환이었다. 대학에서 사람들이 '푸코의 자매들'이라고 별명을 붙인 이 여조교들이 푸코가 가장 가르치기 싫어했던 아동심리와 사회심리 강의를 맡았다. '일반심리학' 강의는 계속 그가 맡았다. 이 애매한 제목의 강의 속에서 그는 적당히 아무것이나 강의했다. 그러나 그는 전공을 택한 학생들에게 "모든 일반적인 것이 다 그렇듯이 일반심리학이란 없다"고 말하지 않았던가. 그래서 그는 어느 때는 언어학 및 언어학 이론사를 강의하고, 또 어느 때는 정신분석학을 강의했다. 언젠가는 프랑신 파리앙트에게 "금년에는 법의 역사에 대해 강의해야지"라고 말한 적도 있었다. 그리고 실제로 그렇게 했다.

광기에 대한 작업을 끝낸 지 얼마 되지 않았는데 그는 벌써 미래의 책들을 준비하고 있었다. 1960년에서 1966년 사이의 그의 강의들은 이미 행해진 것과 앞으로 할 것 사이의 긴장, 그리고 과거와 미래, 또는 이미 공개된 연구와 현재 진행 중인 작품 사이의 긴장 속에서 진행되었다. 이것은 비록 시간 속에서 단계적인 그의 표현이 상이한 형태를 띤다 하더라도 그의 사유의 깊은 직관에는 통일성이 있다는 것을 말해 주는 것이다. 프로이트의 유아성욕 이론에 대한 설명을 시작으로 성에 관한 강의를 하기도 했다.

그는 『광기의 역사』라는 테두리 속에서 이 문제에 대한 저술을 계획하고 있다는 것을 감추지 않았다. 1976년에 『감시와 처벌』(*Surveiller et punir*) 을 출판한 직후 『성의 역사』(*Histoire de la sexualité*)라는 큰 제목으로 예고 된 광범위한 작업의 첫 권을 냈을 때 그에게는 하나의 연구에서 또 다른 연 구로 넘어가는 연결점에 대한 수많은 질문이 쏟아졌다. 사실상 그의 이 모 든 관심들은 60년대에 이미 그의 안에 공존하고 있었다. 성(性)에서 법(法) 으로 또는 법에서 성으로 넘나들던 그의 강의 내용이 그것을 잘 보여 주고 있다. 푸코의 강의는 정신분석학에 많은 부분을 할애했다. 오래전부터 맑 스는 부정했지만 프로이트에는 강한 집착을 보였다. 그는 항상 『다섯 개의 정신분석 사례』와 『꿈의 해석』(*Die Traumdeutung*)을 설명했다. 가끔 라 캉을 인용하고 『정신분석』지에 실린 그의 기고문을 읽으라고 학생들에게 추천하기도 했다. 그러나 그는 어디까지나 심리학 교수이므로 학생들에게 로르샤흐의 조사방법을 자세히 가르치는 일을 소홀히 하지 않았다. 몇 년 간이나 그는 이 조사방법 강의에 주당 2~3시간을 할애했다. 동시에 그는 '지각과 감각 이론'도 상세하게 다루었다.

한 가지 우리가 강조해야 할 것은 푸코의 모든 강의가 철저하게 교육 적이었다는 점이다. 학생들에게 장황하게 늘어놓는 말도 없었고 그들이 이해하기에 너무 어려운 내용도 없었다. 웁살라 때와는 완전히 다른 것이 다! 콜레주 드 프랑스에서 나중에 하게 될 강의와도 완전히 다르다. 콜레주 드 프랑스는 새로운 연구를 시험대 위에 올려놓는 장소다.

클레르몽페랑에서 푸코는 강의계획을 철저하게 지켰다. 개념을 정의 하고 여러 이론들을 제시하고 그것들을 종합적으로 요약했다. 당시 학생 들의 노트 필기를 보면 알 수 있다. 모든 것이 설명적인 도식과 함께 일목 요연하게 각각의 항으로 분류되어 있다. 그의 강의는 좋은 의미에서 교과

서적이었다. 교수의 현재의 역할에 대해 못마땅하게 생각하고 있었음에도 불구하고, 그리고 대학의 규범에 대해 자유스러운 입장을 취하고 있었음에도 불구하고 그는 철저하게 전통적인 교수의 자세를 견지했다. 그가 학생들에게 간결하면서도 분명한 방식으로 제공한 것은 진정코 학문에 대한 입문이었다. 물론 그는 그 당시에 쓰고 있던 책에서 다루는 자료들을 사용하기는 했다. 예컨대 '언어의 현대적 문제'라는 강의는 나중에 『말과 사물』에 나오게 될 주제들을 다루고 있는 것이 사실이다. 그러나 그는 교육과 글쓰기라는 그의 담론의 두 영역의 대상을 혼동하지 않았다.

미셸 푸코는 휴강도 자주 했다고 한다. 자기 강의 날짜를 써 붙이라고 비서들에게 말하고는 그의 손은 장난스럽게 "특강"[5]이라는 말을 덧붙이기도 했다. 그러나 그는 매혹적인 교수였다. 강단 위를 이리저리 걸어 다니면서 쉴 새 없이 말을 했고, 책상 위에 펼쳐 놓은 노트에는 별로 눈길을 주지 않았다. 메모지를 잠깐 보는 듯싶으면 어느새 목소리가 그 단속적이고 빠른 리듬과 함께 다시 높아졌고, 문장의 끝말은 질문하는 듯한 억양으로 날아오르다가 어느새 제기된 의문의 확실한 답을 말하듯 다시 자신에 찬 하향 굴절을 이루며 낮은 음으로 떨어지는 것이었다. 푸코는 뜻밖의 말로 학생들을 당황하게 만드는 것을 매우 좋아했다. 강의 중에 갑자기 말을 중단하고 학생들에게 이렇게 묻곤 했다. "구조주의가 뭔지 알고 싶어요?" 아무도 감히 대답을 하지 못하고 있으면 그는 몇 분간을 말없이 있다가 구조주의에 대해 길게 설명함으로써 학생들을 놀라게 했다.

학생들을 가장 무섭게 만든 강의는——그들은 푸코에게 매혹되었지

---

5 제라르 들르달Gérard Deledalle에게 웃으면서 이 일화를 이야기한 것은 푸코였다. 제라르 들르달은 그 얼마 후 튀니스에서 푸코의 동료가 된다.

만 그러나 항상 약간 불안감을 느끼고 있었다 ─저녁 시간에 들어 있는 로르샤흐 강의였다. 그는 아침에는 법과 성에 대해 말했고, 오후에는 정신분석학·언어학·인문과학에 대해서 강의했다. 푸코는 학생들을 일곱 그룹으로 나눴다. 그렇게 하면 항상 두세 사람이 남기 때문에 그들을 따로 앉혔다. 그러고는 그가 '베두인족'이라고 별명을 붙인 이 유배자들에게 기기묘묘한 질문을 퍼붓는 것이었다. 틀린 답이 나오면 이죽거리며 비웃기를 서슴지 않았다. 정답이 나오면 빈정거리는 말투로 "이름을 모르는 아가씨에게 사탕 한 개"라고 말하곤 했다. 학생들에게 사태는 분명했고 구원의 방법도 명시되어 있었다. '베두인족'이 되지 않아야 하는 것이다. 그러나 논술의 주제는 어떻게 피할 수 있단 말인가? 그것은 쉬운 일이 아니었다. 예를 들면 '신경증적 가족, 이를테면 그냥 가족' 이런 식이었다. 아무도 이 늪지대 모험을 감행하지 못했다. 모두 도망을 치고 푸코에게는 과제물이 하나도 전달되지 않았다. 더욱 공포의 대상이었던 것은 학기 말에 보는 구술시험이었다. 수줍음으로 이미 잔뜩 얼어 있는 여학생에게 그는 "어른이 되면 무엇이 되고 싶은가?" ─이것이 구두시험의 질문이었다─라고 물었다. 그 여학생이 한참 대답을 모색하고 있는 동안 그는 다음과 같은 기습질문을 던지는 것이었다. "프로이트가 묘사한 신경증의 사례 다섯 개를 인용할 수 있겠는가?" 그녀가 대답하면 시험은 끝났다.

그 모든 것에도 불구하고 학생들은 그들의 교수를 사랑하고 존경했다. 강의가 끝나면 함께 이야기를 했고, 역까지 배웅을 하기도 했고, 아니면 역으로 떠나기 전에 마지막으로 카페에서 한 잔을 기울이기도 했다. 클레르몽페랑 대학의 마지막 해에는 매시간 끝마다 학생들에게 박수를 받았다. 오베르냐의 기억에 의하면 이것은 그전에는 없었던 일이었다. 그리고 그후에도 다시는 그런 일이 없었다.

푸코의 방식, 그의 태도, 학생들과의 이상한 관계, 그리고 교수들 중에서 가장 선두를 달릴 것으로 믿어지던 강의평가들이 그의 동료들 모두의 마음에 들었던 것은 아니다. 철학과에서 매우 높은 평가를 받았지만 다른 과에서는 그저 그의 얼굴을 알고 지내는 정도였다. 어떤 사람들에게는 그가 더도 덜도 없이 '악마'의 화신이었다. 그리고 우리가 상상할 수 있듯이 그는 스스로 이런 이미지를 연출하는 일을 마다하지 않았다. 앞에서 우리가 말한 '댄디'에 덧붙여 '빈정거리는' 웃음, 항상 어디서나 과시하는 '거만', 그리고 '괴상한'——증인들의 표현이 그러했다——태도들을 그의 특징으로 추가해야겠다. 이 모든 것이 지방 소도시의 작은 대학을 경악하게 하고, '파리의 지식인'에 대한 반감을 불러일으키기에 족했다. '파리의 지식인'! 그것이 문제였다. 그는 파리에 살면서——15구 독퇴르 펀레 가에 그의 집이 있었다——아방가르드 문인들과 사귀었고, 『크리티크』, 『텔 켈』(Tel Quel), 『누벨 르뷔 프랑세즈』등의 잡지에 바타유, 블랑쇼, 클로소프스키 등등의 작가에 대한 글을 썼다. 결국 그는 이 한적하고 외진 시골에 와서 강의하기에 적합지 않은 사람으로 보였다. 아마도 그의 학생들과 동료교수들은 오늘날 사태가 이렇게 변한 것에 대해 그 누구보다도 덜 놀랄 것인가? 그러나 1968년 이전까지 푸코의 존재는 매혹적인 한편으로 사람들에게 불쾌감을 주었다. 소수의 동료와 친구들을 제외하고는 그를 곱게 보지 않았고, 심하게 비판하는 사람도 있었다.

*　　*　　*

심리학을 가르치는 일이 지겨워서였을까? 지방 도시의 비좁음이 갑갑해서였을까? 또는 그의 친구 중 하나가 말했듯이 "한자리에 지긋이 오래 붙어 있지 못하는 사람"이어서였을까? 아마도 이 모든 요인이 합쳐져서 그는 1965~66년 학년 말에 마침내 클레르몽페랑 대학을 떠났다. 사실은 그 이전에도 몇 번인가 이 숨 막히는 대학사회를 벗어나려 시도한 적이 있기는 했다. 1963년에는 도쿄 주재 프랑스 문화원장에 거의 임명되었지만, 학교에 남아 달라는 학장의 간곡한 부탁에 그것을 포기했다. 학장은 자기 학교의 교수를 데려가지 않도록 9월 2일자로 교육부에 서한을 보냈다. "푸코 씨의 사임은 우리 대학에 큰 손해를 끼칠 것입니다. 다음 학기에 당장 후임자를 구하기도 힘들거니와 클레르몽페랑 대학 철학과의 극도로 심각한 상황——제가 전에도 몇 번 말씀드렸던——은 현 철학과장이 다음 해에도 계속 그 자리에 있을 것을 요구하고 있습니다. 보충해서 말씀드리면 탁월한 심리학자의 자질을 갖춘 푸코 씨는 우리가 계획하고 있는 응용심리학회의 재편성을 성공적으로 수행할 수 있는 유일한 사람입니다. 이런 이유로 해서 본인은 푸코 씨에게 그가 받은 제안을 거부하라고 강력하게 압력을 넣지 않을 수 없었습니다. 고맙게도 그는 사심 없이 제 의견의 정당성을 받아들였습니다."

1965년에도 푸코는 다시 한번 클레르몽페랑을 떠날 생각을 한다. 사회학자 조르주 구르비치가 소르본에 이력서를 내보라고 말하고 자신이 지원해 줄 것을 자청했다. 그러나 캉길렘은 현재의 상황이 별로 좋지 않으므로 그렇게 하지 않는 것이 좋겠다고 말했다. 철학과에 속해 있는 철학교수만이 아니라 사회학, 심리학 교수들이 단합하여 그의 반대편에 설 것이라고 그는 말했다. 그 이유는 우선 소르본이 푸코를 맞아들일 태세가 되어 있지 않으며, 또 한편으로는 구르비치가 자기 동료들로부터 별로 좋은 평가를 받고 있지 못하기 때문에 그들은 그가 내세운 후보를 부결시킴으로써 그를 골탕 먹일 수도 있다는 것이었다. 푸코는 소르본의 교수 자리에 지원하는 것을 포기했다. 그리고 조르주 캉길렘에게 자기 눈을 뜨게 해주어서 고맙다는 장문의 편지를 보냈다. "구르비치가 저를 부추겼던 바보 같은 짓을 막아 주심으로써 선생님은 제게 **정말로** 도움이 되어 주셨습니다. 선생님 덕분에 이제 저는 눈부신 밝음으로 사태를 정확하게 볼 수 있게 되었습니다." 그래서 푸코는 클레르몽페랑에 머물러 있었다.

그러나 그는 해외교육관장인 장 시리넬리를 몇 번이나 찾아가 적당한 자리를 하나 알아봐 달라고 부탁했다. 이 두 사람은 50년대 초에 윌름 가에서 함께 강의할 때 서로 알게 되었다. 게다가 시리넬리는 바르트의 친구였다. 그러니까 모든 것이 순조롭게 진행되었다. 그러나 시리넬리는 다만 루뱅 대학 교수들의 재량하에 있는 콩고 킨샤사 대학에서 푸코가 어떤 수강생을 받을 수 있을지를 알 수가 없었다. 그래서 그는 거기에 가고 싶어 하는 푸코를 한사코 말렸다.

푸코는 브라질에 가서 살지도 않았다. 제자 르브링의 초청으로 브라질에서 2개월간 머물렀을 뿐이다. 1954년 윌름 가에서 그의 제자였던 르브링은 오래전부터 상파울루에 정착했으며 그 이후 그곳에서 지내고 있다. 푸코는 상파울루 대학에서 강연을 몇 번 했다. 정말 그렇다. 푸코는 한 자리에 오래 머물지 못하는 사람이다. 1966년에 튀니스로 자리를 옮겼다. 『말과 사물』이 방금 출판되어 뜻밖의 굉장한 반향을 일으킨 순간이다. 그가 클레르몽페랑에 작별을 고한 것은 그곳 대학생들이 제일 먼저 목도했던, 이 책의 출판이 야기한 떠들썩한 소란 속에서였다.

4장
시체 해부

『광기와 비이성』의 집필에 너무 정력을 쏟았던 미셸 푸코는 스웨덴, 폴란드, 독일 등지에서 보낸 몇 년 동안 아무것도 출판하지 못했다. 그후 프랑스에 정착하자마자 그는 잇달아 책을 내고 저술 계획과 논문, 서문들……을 써 댔다. 이 다양한 상승세의 운동은 그가 튀니스로 떠나기 직전인 1966년에 『말과 사물』로 절정에 이르게 된다.

우선 여러 가지 계획들이 있었다. 그 첫번째 것은 『광기의 역사』의 직속 후편이었다. 그 당시에 쥘리아르 출판사에서 일하고 있던 피에르 노라는 '아카이브'라는 새로운 총서를 기획하여 역사학자들에게 어떤 시대나 주제에 대해 자료를 모으고 그것을 해설할 것을 부탁했다. 그는 『광기와 비이성』을 읽고 푸코에게 편지를 썼다. 피에르 노라는 그들의 첫 만남에서 푸코가 "온통 검정색 옷을 입고, 공증인의 모자를 썼으며, 금으로 된 커프스 단추를 끼고 있었다……"고 기억한다(클레르몽페랑에서 댄디로 박수받던 그 사람은 파리의 부르주아지를 대표하는 전형적인 사교계 인사 노라에게는 전혀 똑같은 인상을 주지 못했다). 이때도 그는 출판사 편집자의 제안을 선선히 수락했다. '바스티유 감옥에 투옥된 사람들'에 대한 텍스트를 소개하겠다고 자신의 계획을 말했다. 이 총서의 신간 예고란에 그의 작품이 예고되었다. "광인들, 미셸 푸코는 바스티유에서 생트 안에 이르기까지, 17세기에서 19세기에 이르기까지 칠흑 같은 밤의 여행을 이야기해 준다." '곧 출판 예정……' 그러나 그것은 출판되지 않았다.

역시 사라져 버린 또 다른 계획이 있었다. 그것은 나중에 다른 형태로 나오게 될 것이었다. 플라마리옹 출판사에서 페르낭 브로델이 주도하는 '신과학도서' 총서에 『히스테리의 역사』(*Histoire de l'hystérie*)를 쓰겠다고 그는 1964년 2월에 계약을 했다. 이 위대한 역사학자가 젊은 철학자의 재능을 알아보는 데에는 오랜 시간이 걸리지 않았다. 원고제출 예정일은 1965년 가을이었다. 그러나 푸코는 곧 생각이 바뀌어 자신의 계획을 수정하고 다른 책의 계약을 맺었다. 이번에는 『퇴폐의 사상』(*L'Idée de décadence*)에 대해서였다. 두 텍스트의 유일한 공통점은 둘 다 이 세상의 빛을 보지 못했다는 점이다.

그러나 푸코는 자신의 수고를 아낀 것이 아니다. 1963년에 서로 아주 다른 두 개의 책을 냈다. 하나는 갈리마르에서 '길' 총서로 나온 레몽 루셀에 관한 것이고 또 하나는 『임상의학의 탄생』이었다. 그는 그 두 책이 같은 날짜에 나오도록 배려했다. 그의 관심을 끈 두 분야의 동등한 중요성을 나타내기 위해서였을까? 아니면 여기저기서 똑같은 것을 말하고 있다는 것을 보여 주기 위해서였을까?

루셀에 관한 책은 전체의 한 부분을 이루고 있다. 70년대에 '감옥 사이클'이 있었듯이 이것은 '문학 사이클'에 해당하는 것이었다. 즉 어느 책의 주위로 수많은 평론, 서문, 인터뷰 등이 별자리처럼 한데 모이는 현상이다. 1962년에서 1966년 사이에 푸코는 여러 작가들에 대한 일련의 연구논문들을 발표했다. 이 일련의 연구에서 '루셀의 경우'만을 따로 떼어 생각하기는 어려운 일이지만 여하튼 그가 한 작가에 대한 연구로 책을 한 권 낸 것은 루셀의 경우뿐이다. 이 작가는 단순히 철학자가 아닐 뿐만 아니라 그가 존경하는 작가들 중에서 철학과는 가장 거리가 먼 사람이다. 그러나 가장 신비하고 가장 수수께끼 같은 인물이다. 그 당시에는 거의 알려져 있지 않았던 시인이자 극작가 루셀은 아방가르드 소설가들이 미셸 레리스(Michel Leiris)의 작품 『지우기 위해 글자 위에 친 줄』(Biffures)에서 그에 대한 언급을 보고 그들의 선구자로서 재발견했던 인물이다. 미셸 레리스는 1948년에 출판된 그의 자서전 제1권에서 자기가 잘 알고 지냈던 루셀의 추억을 길게 회상했다.

그러나 푸코는 왜 그리고 어떻게 루셀을 발견했을까? 순전히 우연이었다고, 1983년 자기 책의 미국 번역판 후기에 쓰일 인터뷰에서 말했다.

내가 그를 처음으로 발견한 때가 생각난다. 스웨덴에서 살 때였는데 여름에 바캉스를 보내러 프랑스에 갔다. 하루는 무슨 책인가 사려고 조세 코르티 서점에 들렀다. 멋진 노인인 조세 코르티가 직접 거기 커다란 책상 뒤편에 앉아 있었다. 그는 자기 친구와 이야기를 하고 있었다. 그가 대화를 다 끝마치기를 참을성 있게 기다리고 있는 동안 내 시선은 낡아서 겉장이 노랗게 된 몇 권의 책에 이끌렸다. 그것은 지난 세기 말의 책들로 요즘엔 더 이상 나오지 않는 그런 판형으로 되어 있었다. 르메르 출판사의 책들이었다. 코르티가 오늘날에는 완전히 구식이 되어 버린 르메르 장서 중 어떤 책을 팔고 있는지를 알고 싶은 호기심으로 나는 그 책들 중의 한 권을 집어 들었다. 그리고 내가 한 번도 들어 보지 못했던 작가와 마주쳤는데 그가 레몽 루셀이었다. 그 책의 제목은 『전망』(La Vue)이었다. 첫 줄에서부터 나는 아주 아름다운 산문을 발견했는데 그것은 그 당시에 막 나오기 시작한 로브그리예의 소설과 이상하게 아주 흡사했다. 로브그리예의 작품 전체와 비슷했지만 특히 『엿보는 자』(*Le Voyeur*)와 비슷했다.

조세 코르티가 친구와 얘기를 다 끝마치자 나는 그에게 조심스럽게 레몽 루셀이 누구냐고 물었다. 그러자 그는 만감이 서리는 듯한 너그러운 시선으로 나를 바라보며 "글쎄, 루셀은……" 하고 말했다. 나는 레몽 루셀이 누구인지를 반드시 알아야겠다고 생각하며 여전히 조심스럽게 그에게 이 책을 내게 팔 수 없느냐고 물었다. 그 책값이 너무 비싼 것에 나는 놀라고 실망했다. 조세 코르티는 다음과 같은 말도 덧붙였던 것으로 기억한다. "하지만 자네는 『나는 내 책들을 어떻게 썼는가』(*Comment j'ai écrit certains de mes livres*)도 역시 읽어야만 하네." 그후로 나는 천천히 그러나 체계적으로 레몽 루셀의 책을 사 모았다. 그 책들은 매우 흥미로웠다. 우선 나는 그 산문에 매료되었다. 글의 이면에 있는 내용은 둘째 치고 글 자체가 너무나 아름다웠다. 그리고 두번째로 레몽 루셀의 글쓰기의 방식과 기법을 발견했을 때 다시 한번 내 안의 어떤 강박적인 부분에 사로잡히게 되었다.[1]

레몽 루셀은 1877년 파리에서 태어났다. 그는 음악을 공부했는데 열일곱 살 되던 해에 모든 것을 버리고 잉크와 종이만 가지고 칩거하여 글쓰기를 시작했다. 자기 내부에서 타오르는 태양과도 같은 빛을 온 사방에 비추면서, 자신이 끊임없이 선언했듯이 타인들이 그것을 알아주어야 할 필요성을 전혀 느끼지 못하면서, 글쓰기에 몰두했다. 그의 사례에 매혹된

---

1 레몽 루셀의 미국 번역판 후기를 위해 샤를 뤼아Charles Ruas와 대담한 내용.(『말과 글』*Dits et écrits*, tome2, texte n° 343, pp.1418~1427.)

유명한 정신과의사 피에르 자네(Pierre Janet)는 『불안에서 황홀까지』(*De l'angoisse à l'extase*)라는 책에서 루셀의 환각을 분석했고, 이 문학적인 열광을 종교적 엑스터시에 비교했다. 1897년에 루셀은 대역배우의 인생을 다룬 장시 『대역』(*La Doublure*)을 책으로 냈다. 그러고는 오로지 사물의 표면에만 눈을 고정시키는 사람의 시각적 경치를 묘사한 『전망』이 출판되었다. 『나는 내 책들을 어떻게 썼는가』의 서문에서 위베르 쥐앵(Hubert Juin)이 말했듯이 루셀은 고독하게 자기 시(詩)하고만 대면했는데, 그 시는 외부세계와 아무런 관계가 없는 것이었다.[2]

그리고 물론 사후에 출판된, 그의 기법의 열쇠가 들어 있는 소설들과도 혼자 대면했다. 그의 사후 처음으로 출판된 것에는 1910년에 나온 『아프리카의 인상』(*Impressions d'Afrique*)과 뒤이어 오스트레일리아와 뉴질랜드 여행 중 쓰여진 『새로운 아프리카의 인상』(*Nouvelles Impressions d'Afrique*)이 있다. 이 여행 중에 루셀은 끈질기게 바깥 경치를 바라보기를 거부하고 커튼을 모두 내린 채 선실에만 틀어박혀 있었다고 한다. 그는 연극도 썼는데, 공연들은 크게 실패하여 언제나 관객의 야유를 받았다. 그러나 이 연극들이 나중에 초현실주의자들의 지지를 받게 된다……. 죽은 후 너무 빨리 꺼졌던 이 불꽃을 레리스가 다시 살려 내기 전까지 그는 완전한 망각 속에 떨어져 있었다. 그리고 마침내 스웨덴에 유배되어 광기에 대한 책을 쓰면서, 광기의 작품을 쓴 모든 사람들의 말을 소개하고 싶어 하던 한 철학자의 시선이 여기에 미치게 되었다.

루셀이 피에르 자네의 환자였다는 사실에 푸코는 얼마나 매혹되었던

---

2 레몽 루셀Raymond Roussel, 『나는 내 책들을 어떻게 썼는가』*Comment j'ai écrit certains de mes livres*, Paris: A. Lemerre, 1935.

가. 그리고 또 1933년에 해독 치료를 받기 위해 크로이츨링겐에 있는 빈스방거 병원에 갔다가 스위스로 되돌아가는 길에 그전부터 가 보고 싶었던 팔레르모에 머물렀고, 그곳의 호텔방에서 시체로 발견되었다는 사실을 알고는 얼마나 흥미진진해 했을까. 공식적인 문서대로 그는 자살한 것일까? 아니면 일부에서 생각하듯 하룻밤의 연인에게 살해된 것일까? 푸코는 자살의 가설을 믿는다(여하튼 죽으려는 의지가 있었다고 생각한다. 그가 어디선가 살해의 가능성을 언급한 것은 그것을 자살의 일종으로 해석하기 때문이다. 루셀은 아마도 '스스로 죽거나 죽임을 당하기 위해 팔레르모에 체류했다'고 푸코는 말한다[3]). 루셀의 책이 그 자신에 의해 상상된 의식(儀式)에서 시작되고 끝나기 때문이다. 그는 자신의 죽음을 준비하면서, 자기가 책들을 어떻게 썼는가를 설명하는 작품을 출판사에 보냈다. 푸코는 1964년 『르 몽드』에 실린 기고문[4]에서도 루셀의 자살에 대해서 이야기하고 있다.

그러나 루셀이 이상한 방식으로 실행시킨 이 죽음과 글쓰기의 거래를 제외하고는 푸코의 책은 그의 자서전적인 자료에 대해서는 별로 관심을 보이지 않고 있다. 루셀의 언어적 기법이나 문학적 메커니즘만이 그의 관심을 끌었다. 『나는 내 책들을 어떻게 썼는가』 안에 묘사된 그 모든 장치들, 그것은 언어를 무한하게 증식시킬 수 있는 것이었다. "루셀은 언어의 기계를 발명했다. 그것은 언어적 절차 밖에서는 가시적인 것 이외에 그 어떤 비밀도 갖고 있지 않고, 다만 모든 언어가 죽음과 맺었다가 끊었다가 다시 맺는 그 깊숙한 관계만 갖고 있을 뿐이다."[5]

---

3 푸코, 『레몽 루셀』*Raymond Roussel*, Paris: Gallimard, 1963, p.10.

4 푸코, 「왜 레몽 루셀을 재출간하는가? 우리 현대문학의 선구자」*Pourquoi réédite-t-on Raymond Roussel? Un précurseur de notre littérature moderne*, 『르 몽드』*Le Monde*, 22 août 1964.(『말과 글』*Dits et écrits*, tome1, texte n° 26, pp.449~452.)

이 책을 쓰기 전에 미셸 푸코는 저자와 그 작품에 대한 정보를 얻기 위해 미셸 레리스를 찾아갔다. 그러나 레리스는 이 철학자의 분석을 별로 납득할 수 없었다. "그는 루셀에게 너무 많은 철학적 관념을 부여하고 있어요. 사실 루셀에게는 전혀 그런 게 없는데 말입니다"라고 레리스는 이 수정판을 준비하면서 나와 가진 인터뷰에서 말했다. 이 말은 루셀에 대한 자신의 기고문들을 모아 『순진한 루셀』[6]이라는 제목으로 책을 냈던 사람이 보기에는 푸코가 상상했던 루셀이 그의 진면목과는 다르다는 것을 암시하는 것이다. 로브그리예도 푸코의 견해에 별로 동조하지 않았다. 그는 푸코의 책이 나오는 것에 때를 맞추어 긴 평론을 썼으나 정작 푸코의 '열정적인 시론'에 대해서는 한마디도 하지 않았다. 다만 그는 루셀의 작품에 대한 자신의 해설[7]을 소개하기 전에, 그리고 '근대 소설의 선조'에 대한 사람들의 관심을 소개하는 가운데 푸코의 작품을 한 번 언급했을 뿐이다. 오늘날 그는 푸코의 분석을 자신이 별로 좋아하지 않았다고 실토한다.

한편 블랑쇼는 "미셸 푸코에 의해 새삼 우리에게 많은 것을 말해 주게 된 루셀의 작품"을 떠올렸다. 그리고 그는 마치 거울이나 메아리처럼 자신의 주제와 흡사한 푸코의 다음과 같은 문장을 감탄하여 인용했다. "태양의 공동(空洞)은 루셀의 언어의 공간이다. 그 허공에서부터 그는 말하고, 그 부재에 의해 작품과 광기가 서로 교류하고 또 서로를 배척한다. 이 허공이라는 말을 나는 은유로서 쓴 것이 아니다. 자신이 지시하는 사물들에 비해 턱없이 모자라는, 그러나 뭔가 의미하고자 할 때 그것을 사용하지 않을 수

---

5 푸코, 『레몽 루셀』, p.71.

6 미셸 레리스Michel Leiris, 『순진한 루셀』*Roussel l'ingénu*, Paris: Fata Morgana, 1988.

7 알랭 로브그리예Alain Robbe-Grillet, 「레몽 루셀에 있어서의 수수께끼와 투명성」*Énigmes et transparence chez Raymond Roussel*, 『크리티크』*Critique*, décembre 1963, pp.1027~1033.

없는, 그러한 말들의 의무 태만을 뜻하는 것이다."[8]

비록 루셀을 찬양하기는 했지만 푸코는 『아프리카의 인상』을 쓴 저자보다 먼저 자기 마음을 사로잡았던 작가들을 잊지 않았다. 예를 들어 그는 바타유가 죽었을 때 「위반에의 서문」이라는 긴 평론을 썼다. 이 글은 『크리티크』지 특별호에 실렸다. 이 잡지의 창간자인 바타유를 추모하기 위해 편집자 장 피엘의 권유에 따라 미셸 레리스, 알프레드 메트로(Alfred Métraux), 레몽 크노, 모리스 블랑쇼, 피에르 클로소프스키(Pierre Klossowski), 롤랑 바르트, 장 발, 필립 솔레르스(Philippe Sollers), 앙드레 마송(André Masson) 등이 글을 썼다. 이 글에서 푸코는 10년 혹은 15년 전에 발견된 이 작가들에 대한 자신의 깊은 관심 —또는 열정—의 이유를 재확인했다. "변증법과 인간학이 뒤섞인 꿈에서 우리가 벗어나기 위해서는 비극, 디오니소스, 신의 죽음, 철학자의 망치, 비둘기 걸음으로 다가오는 위버멘쉬, 영원회귀 같은 니체적 레토릭(修辭)이 필요했다. 그런데 오늘날 그 레토릭들을 우리 앞에 생생하게 되살리고 또 우리가 그 레토릭들 속에 있으려 할 때 담론적 언어는 왜 그리도 부족한가? 담론적 언어는 니체적 레토릭 앞에서 왜 거의 침묵으로 환원되고 마는가? 마치 니체적 레토릭들을 지속시키기 위해서는 이것들을 잠시 자신들의 거처로 혹은 사상의 봉우리로 삼았던 바타유, 블랑쇼, 클로소프스키 등의 극단적인 언어형태에 발언권을 양보하지 않을 수 없다는 듯이."[9]

푸코에게 있어서 바타유 작품의 격렬한 해방적 힘은 '말하는 주체'라

---

8 블랑쇼, 「비트겐슈타인의 문제」Le Problème de Wittgenstein, 『누벨 르뷔 프랑세즈』NRF, n° 131, 1963.(『무한한 대화』, p.493에 재수록)

9 푸코, 「위반에의 서문」Préface à la transgression, 『크리티크』Critique, n° 195~196, août-septembre 1963, p.758.

는 관념을 분쇄함으로써 전통적 철학언어를 폭파시켜 버린 데에 있다. "그것은 정확하게 소크라테스 이래 서구적 지혜를 지속적으로 떠받쳐 온 운동과 정반대인 것이다. 철학적 언어는 완전히 자신에 의해 그리고 자신을 통해 스스로를 형성하며 의기양양해하는 주관성의 고요한 통일성을 이 지혜에 약속했다." 그러나 바타유는 "말하는 주체가 자신을 표현하기보다는 그냥 자신을 드러내고, 자기 스스로의 종말을 향해 가며, 모든 단어에서 자기 자신의 죽음을 지시하는 그러한 경험의 공간"[10]을 정의했다. 푸코가 1963년에 쓴 이 글에 섹슈얼리티의 고고학이 어렴풋이 드러나고 있음을 지적하는 것은 결코 의미 없는 일이 아니다. 그러나 나중에 『앎의 의지』[『성의 역사』 1권]라는 제목으로 나오게 될 책과는 아직 너무나 먼 거리가 있다. 왜냐하면 이때까지 푸코는 아직 금지와 위반의 용어로 사유하고 있었기 때문이다. "섹슈얼리티를 마치 신기한 물건처럼 발견한 것, 사드가 그것을 단숨에 비현실의 하늘에 위치시킨 것, 우리가 오늘날 모두 알고 있듯이 성을 체계적으로 금지시킨 것, 그리고 모든 문화에서 위반의 대상과 도구가 바로 섹슈얼리티였다는 사실은 이 중요한 체험에 변증법과 같은 오래된 언어를 적용시킬 수 없다는 것을 극명하게 보여 주고 있다."[11]

푸코는 또한 바타유 『전집』의 서문을 썼다. 그 첫 권은 1970년 갈리마르 출판사에서 나왔다. 그는 이 짧은 서문의 첫 줄에 다음과 같이 썼다. "바타유는 그의 시대의 가장 위대한 작가 중 하나다. 『눈(眼)의 역사』(*Histoire de l'œil*), 『에드바르다 부인』(*Madame Edwarda*) 등은 한 번도 끊기지 않은 일을 이야기하기 위해 이야기의 줄을 끊는다. 『비(非)신학

---

10 푸코, 「위반에의 서문」, 『크리티크』*Critique*, n° 195~196, août-septembre 1963, p.768.
11 같은 글, p.767.

대전』(*Somme athéologique*)은 사유를 한계, 극단, 정상(頂上), 금지의 게임 ─ 매우 위험한 게임이다 ─ 속에 집어넣는다. 『에로티즘』(*Érotisme*)은 우리에게 사드를 한층 가깝게, 또 한층 어렵게 만든다. 우리 존재의 많은 부분을 바타유에 빚지고 있다. 그리고 앞으로 우리가 해야 할 것, 말해야 할 것도 여전히 그에게 빚지게 될 것이며 꽤 오랫동안 그러할 것이다……."[12]

1966년 6월에 역시 『크리티크』지에 블랑쇼에 관한 글이 「바깥의 사유」라는 제목으로 실렸다. 이 글에서 푸코는 다음과 같이 썼다. "언어를 향해 길이 넓게 뚫렸지만 주체는 언어에서부터 배제되었고, 언어의 자체적 현시와 자기동일적 의식은 절망적으로 비양립적이다. 이것이 오늘날 문화의 다양한 지점, 즉 언어를 형상화하는 모든 시도들, 신화 연구, 정신분석학, 그리고 글을 쓰는 모든 행위들에서 나타나는 경험이다……. 오랫동안 우리에게 보이지 않던 깊은 심연이 우리 눈앞에 입을 쩍 벌리고 있다. 언어의 존재는 오로지 주체의 사라짐 속에서만 스스로 모습을 보인다."[13]

클로소프스키에 관한 글도 언급해야 하겠다. 왜냐하면 푸코는 블랑쇼, 바타유, 클로소프스키라는 세 이름을 언제나 연결시켜 말했기 때문이다. 「악테옹의 산문」(La Prose d'Actéon)은 1964년에 『누벨 르뷔 프랑세즈』에 실렸다. 푸코는 클로소프스키를 해설하는 데 만족하지 않고 실제로 그와 가깝게 교유했다. 그는 1963년에 바르트의 소개로 그를 만났다. 몇 번인가 그들은 셋이서 함께 저녁을 먹었다. 아직 푸코와 바르트의 사이가 벌

---

12 푸코, 「서문」Présentation, 조르주 바타유Georges Bataille, 『전집』*Œuvres complètes*, tome1, Paris: Gallimard, 1970, p.5. (『말과 글』*Dits et écrits*, tome1, texte n°74, pp.893~895.)

13 푸코, 「바깥의 사유」La Pensée du dehors, 『크리티크』*Critique*, n°229, juin 1966. (푸코, 『바깥의 사유』*La Pensée du dehors*, Paris: Fata Morgana에서 1987년에 재출간) 여기서는 파타 모르나가판 p.15에서 인용. (『말과 글』*Dits et écrits*, tome1, texte n°38, pp.261~278.)

어지기 전에는 셋이었고, 그 뒤에는 바르트를 빼고 둘이서만 식사를 했다. 클로소프스키는 그 당시 쓰고 있던 작품『바포메』(*Baphomet*)의 몇 구절을 푸코에게 읽어 주었다. 1965년에 나온 그 책은 푸코에게 바쳐졌다. "왜 냐하면 그가 첫번째 청중이고 첫번째 독자이기 때문이다"라고 클로소프스키는 밝혔다. 같은 시기에 클로소프스키는 니체에 대해서 연구했다. 그때 쓴 것이 나중에『니체와 악순환』(*Nietzsche ou le cercle vicieux*)이 되었다. 그는 또『즐거운 학문』(*Gai savoir*) 및 그 다른 판본들의 번역을 한데 모았고, 갈리마르 출판사에서 니체『전집』(*Œuvres complètes*)을 펴내기도 했다. 이 전집의 속표지에는 '질 들뢰즈와 미셸 푸코 책임편집'이라는 문구가 들어 있다. 전집 5권 중 첫째 권에는 두 철학자의 짤막한 서문이 들어 있다. 세상은 좁으니까! 들뢰즈도 그 당시에 클로소프스키와 아주 친해서 그에 관한 해설을 하나 썼는데 이것은 나중에『의미의 논리』(*Logique du sens*)에 재수록되었다.

1969년과 1970년에『니체와 악순환』,『살아 있는 화폐』에 대해 클로소프스키에게 보낸 편지가 말해 주듯이 푸코는 항상 클로소프스키를 깊이 존경하고 있었다(물론 푸코가 쓴 모든 편지를 가득 메우는 과장적인 찬사를 글자 그대로 받아들일 수는 없지만). "니체의 책과 함께 이것은 내가 읽은 것 중에서 가장 훌륭한 철학서다"라고 그는 1969년 7월에『니체와 악순환』에 대해 썼다. 그리고 1970년 겨울에는『살아 있는 화폐』(*La Monnaie vivante*)에 대해 다음과 같이 썼다. "블랑쇼나 바타유, 그리고『b와 m을 넘어』(*Par-delà le b. et le m.*) 등등 중요한 작품들이 모두 은근하게 그 쪽을 향했다. 그러나 여기서는 그것이 분명하게 말해졌다……. 우리가 생각해야 하는 것이 바로 그것이다. 즉 수세기 전부터 우리의 역사 속에서 우리를 지배하고 우리를 형성해 왔던 욕망, 가치, 시뮬라크르의 삼각형이다. 프로이트와 맑스를 말해 왔고 또 말하고 있는 사람들이 자기들의 두더지굴 속에서 여전히 거기에 집착하고 있지만 이제 우리는 그들을 비웃을 수 있으며 그 이유도 알고 있다. 피에르 당신이 없었다면 우리는 사드가 잘 표시해놓았지만 그후 누구도 그 윤곽을 그리거나 거기에 가까이 간 적이 없는 장애물에 걸린 채 그대로 남아 있었을 것이다.”[14]

1981년 좌익이 정권을 잡게 되자 튀니스와 뱅센에서 그의 동료였던 장 가테뇨가 문화부 출판국장이 되었다. 그는 푸코에게 전화를 걸어 “정부가 문학 부문의 대상을 준다면 누가 적당하다고 생각하느냐?”고 물었다. 푸코는 “만일 그가 수락하기만 한다면 클로소프스키가 적당하다”고 말했다. 클로소프스키는 그것을 수락했다.

이 시기 푸코의 모든 글에는 니체에 대한 언급이 나온다. 그의 그 유명한 「니체, 프로이트, 맑스」도 1964년 8월 4일부터 8일까지 마르시알 게루(Martial Guéroult)의 사회로 루아요몽에서 열렸던 니체 심포지엄에서 했던 강연이다. 푸코는 그 셋 중에서 니체에 대한 편애를 감추지 않았다. 강연이 끝난 후 토론이 이어졌는데 그 자리에서 다음과 같은 이상한 대화가 오고 갔다.

드몽빈 니체에 관해 말하면서, 당신은 광기의 체험이 절대인식에 가장 가깝다고 말했는데…… 정말 그렇게 생각하십니까?
푸코 그렇습니다.

---

14 이 편지들은 조르주 바타유 외Georges Bataille et al, 『한 시대의 기록, 피에르 클로소프스키』 *Pour un temps: Pierre Klossowski*, Paris: Centre Georges Pompidou, 1985, pp.85~90에 수록되어 있다.

<u>드몽빈</u> 당신은 혹시 광기의 '의식'(意識), '예지'(豫知) 혹은 예감을 말하려는 것이 아니었던가요? 정말로 니체 같은 위대한 정신이 '광기의 체험'을 가질 수 있다고 믿으시는 겁니까?

<u>푸코</u> 물론이죠.[15]

몇 년 후 1971년에 푸코는 장 이폴리트에게 바치는 책『니체, 계보학, 역사』(*Nietzsche, la généalogie, l'histoire*)를 출간한다.

이 '문학' 시기에 푸코는 로브그리예(함부르크에서 만난 이래 그와 친하게 지냈다)에 대해서 썼고, 필립 솔레르스와『텔 켈』지 주변에 모인 아방가르드 작가들(그는 1963년에 이 잡지가 주최한 시, 소설 심포지엄에 참가한 적이 있다), 로제 라포르트(Roger Laporte), 뷔토르(Michel Butor), 르 클레지오 등등의 작가들에 대해서도 썼으며, 그 외의 다른 전통적 작가들에 대해서도 글을 썼다. 루소의『대화』같은 광기의 작품에 서문을 썼고 플로베르, 쥘 베른, 네르발, 말라르메에 대한 해설을 쓰기도 했다.

이 일련의 문학적인 글들의 제일 첫번째 것은 횔덜린에 대한 글「아버지의 부정(否定)」(Le Non du père)인데, 이것은 1962년『크리티크』에 실렸다. 이 잡지의 편집고문을 맡고 있던 장 피엘은『광기의 역사』를 매우 좋아하여 푸코에게 글을 청탁했다. 그는 오래전부터 푸코의 집안을 잘 알고 있었다. 해방 당시에는 푸아티에에서 정부위원 부위원장을 지냈다. 푸코 박사에게 외과수술을 받기까지 했다.

---

15 푸코,「니체, 맑스, 프로이트」Nietzsche, Marx, Freud,『루아요몽, 니체 연구』*Cahiers de Royaumont, Nietzsche*, Paris: Minuit, 1968, pp.182~192. 토론 부분은 pp.193~200에 있고, 여기서 인용된 글은 p.199에 있다.(『말과 글』*Dits et écrits*, tome1, texte n° 46, pp.592~607.)

매형이었던 조르주 바타유가 죽자 잡지 운영의 책임을 혼자 떠맡고 싶지 않았던 장 피엘은 푸코에게 롤랑 바르트, 미셸 드기와 함께 편집위원을 꾸려 줄 것을 부탁했다. 편집위원회는 점심식사 형식으로 장 피엘의 집에서 열렸다. 이때 푸코의 아이디어로 추가된 업무 중에는 메를로-퐁티의 유고집 『보이는 것과 보이지 않는 것』(*Le visible et l'invisible*)에 대한 여러 각도의 논평이 있었다. 이것은 1964년 12월에 나온 특집호에 실렸는데 동원된 필진은 쥘 뷔유맹, 피에르 카우프만 그리고 앙드레 그린 등이었다. 이 편집위원회는 점차 확대되어 1967년에는 자크 데리다를 영입했다. 푸코가 『크리티크』지에 마지막으로 글을 쓴 것은 1970년이었다. 제목은 「테아트룸 필로소피쿰」이었는데 질 들뢰즈의 책 두 권에 대한 글이었다. 그것은 다음과 같이 끝을 맺고 있다. "뤽상부르 공원의 경비초소에서 존 던스 스코터스[John Duns Scotus; 13세기 스코틀랜드 출신의 신학자, 철학자]가 원형 창문으로 머리를 내밀고 있다. 그는 콧수염을 수북하게 기르고 있는데 그것은 클로소프스키로 가장한 니체의 콧수염이다."[16]

*　　*　　*

1963년에 『임상의학의 탄생』이 나왔다. 미셸 푸코의 아버지는 1959년에 사망했다. 푸코가 이처럼 의학자료에 파묻혔던 것은 자신의 과거로 돌아가기 위한 하나의 수단이었던가? 아니면 가족 속에 닻을 내리려는 행동이었을까? 1969년에 가진 인터뷰(미발표 원고)에서 그는 자신이 "외과의사의 아들"이고, 어릴 때부터 "의학에 어떤 친연성을 느꼈으며, 그것은 언제

---

16 푸코, 「테아트룸 필로소피쿰」Theatrum philosophicum, 『크리티크』*Critique*, n° 282, septembre 1970, p.908.(『말과 글』*Dits et écrits*, tome1, texte n° 80, pp.945~967.)

고 되살릴 수 있는 감정"이라고 말했다. 독자들이 이 책에서 그의 글쓰기가 가끔 건조하고 공격적임을 느끼게 되는 것은 아마도 그가 '메스를 펜으로 대체했기' 때문일 것이라고도 했다. 거기서 한 발 더 나아가 그는 좀더 일반적으로 글쓰기와 죽음을 연결시키기도 했다. "죽음은 내 글쓰기의 이면이다." 왜냐하면 그가 관심을 갖고 있는 것은 '이미 죽어 있는' 사람이며, 그들 '삶의 특성'을 되살려 내는 일이기 때문이다. 그러므로 그는 자신이 '시체를 해부하는 해부학자'라고 생각했다. 그래서 "나는 진단을 하는 의사다. 나는 진단을 하고 싶다. 그리고 내 작업은 죽어 있는 것의 어떤 진실을 글쓰기라는 절개를 통해 세상에 드러내는 일이다"[17]라고 말했다.

이 책의 서문은 다음과 같이 시작된다. "이 책에서 다룬 문제는 언어, 공간 그리고 죽음이다. 시선의 문제도 있다."[18] 그의 문학적 텍스트에 강박적으로 나오던 주제와 어휘들이 묘하게 다시 반복되고 있다. 그러나 여기서는 문학이 아니라 과학의 역사가 문제이다. 이 작품은 캉길렘의 지도 아래 프랑스대학출판사가 낸 '갈리엥' 총서 중의 한 권으로 나왔고, '의학적 시선의 고고학'이라는 부제가 붙어 있었다. 사람들이 흔히 썼듯이 캉길렘이 이 책의 집필을 지도한 것은 아니다. "나는 푸코에게 아무것도 지도한 적이 없다. 푸코가 그것을 먼저 다 쓰고 나서 나에게 출판을 부탁했을 뿐이다"라고 그는 웃으면서 말한다. 그러나 여하튼 그게 그것이다! 클로소프스키와 캉길렘 사이에는 어떤 관계가 있었을까? 아마도 그 관계는 니체라는 공통의 근원에서 나오는 것 같다. 푸코의 연구에 이처럼 판이한 두 경향

---

17 「미셸 푸코가 클로드 본느푸아에게」Michel Foucault à Claude Bonnefoy, Gallimard/France Culture, 2006.

18 푸코, 「서문」Préface, 『임상의학의 탄생: 의학적 시선의 고고학』*Naissance de la clinique: Une archéologie du regard médical*, Paris: PUF, 1963, p.5.

이 한데 뒤섞여 있는 것을 보고 놀라는 사람들에게, 그리고 또 그의 니체적 영감과 과학사의 전통 사이에 모순이 있다고 생각하는 사람들에게 푸코는 아주 분명하게 이렇게 대답한다. "캉길렘 자신도 가끔 자기 연구를 니체의 계보 속에 두었다는 것을 모르십니까?" 캉길렘도 그것을 인정한다. 그러나 결국 문학적 텍스트와 비교하여 『임상의학의 탄생』을 다시 읽어 보면, 놀라운 사실은 연구의 두 방향 사이의 모순이 아니라 두 영역의 놀라운 수렴 현상이다. 이 유사성의 자명성은 몇 년 후 『말과 사물』에서 폭발적으로 터져 나올 것이다.

『임상의학의 탄생』은 『광기와 비이성: 고전주의 시대 광기의 역사』의 직속 후편이면서 그 이후에 나올 책들을 이어 주는 가교였다. 직속 후편이란 정신의학적 개념에 대한 분석을 의학 일반에까지 확대했기 때문이다. 즉 일반의학의 탄생과 가능한 조건들을 조사하고 있기 때문이다. 『광기와 비이성: 고전주의 시대 광기의 역사』이 6백여 페이지에 걸쳐서 몇 세기를 다루고 있다면, 『임상의학의 탄생』은 병리 해부의 출현과 함께 의학이 임상 및 과학으로서 재편성되는 18세기 말에서 20세기 초까지를 2백여 페이지에 걸쳐 다룬 작은 책이다. 그러나 여기서도 '구조적 역사'의 원칙을 발견할 수 있다. 말하는 방식과 보는 방식의 총체, 아니 좀더 심층적으로, 한 특정 시대에 말할 수 있고 볼 수 있는 것 전체에 영향을 미친 변화들을 밝히기 위해 경제·사회·정치·이데올로기·문화 등 다양한 영역들을 상호연관 속에 놓는 것이다. 병원 분야의 재편성, 의학교육의 격동적 변화, 과학적인 이론과 그 실천, 경제적 관심, 이 모든 것들이 그때 막 준비되고 있던 단절을 한결같이 도왔다.

시체를 해부할 필요성을 느꼈을 때 커다란 전기가 마련되었다. 의사의 시선이 깊은 징후까지 판독할 수 있기 위해서는 육체의 내부 깊숙한 부분까지 그 근원을 찾아나서야 했다. 그것이 비샤(Marie François Xavier Bichat; 18세기의 생리학자. 조직학과 일반병리학의 기초를 확립했다)의 선언인데 푸코는 이 선언을 특히 강조한다. "시체를 해부해 보아라. 표면적 관찰이 결코 헤칠 수 없었던 어둠이 일시에 걷히는 것을 보게 될 것이다." 다른 책에서처럼 이 책에도 풍부하게 들어 있는 수많은 문구들 중의 하나를 가지고 푸코는 비샤의 생각을 한마디로 보여 준다. "살아 있는 자들의 밤은 죽음의 빛으로 어둠이 걷힌다."[19] 그때부터 "생명, 질병, 죽음은 기술과 개념의 삼위일체가 되었다. 생명 속에서 질병을, 질병 속에서 임박한 죽음을 바라보던 수천 년간의 강박관념이 사라졌다. 그 대신 삼각형의 윤곽이 뚜렷이 드러났는데 그 제일 위의 꼭짓점은 죽음이었다. 유기체의 종속관계와 병리적 시퀀스를 내려다보고 분석하는 것은 이제 죽음에서부터다."[20] 또 다른 교대가 이번에는 언어의 차원에서 이루어진다. 푸코는 피넬의 글에서 질병과 그 병을 가진 인체에 대해 철저하고도 정확하게 묘사하려는 의지를 본다. 이 이중의 운동 속에서 변화를 겪는 것은 의학적 기술(技術)만이 아니다. 의학 전체가 재편되고 그것을 넘어서서 삶과 죽음에 대한 개념 전체가, 아니 지식의 토대 그 자체가 재편되었다. "공간, 언어, 죽음이 세 분절을 이루는――우리가 한마디로 임상-해부학적 방법이라고 말하는――이 구조가 소위 실증의학의 역사적 조건인 것이다……."[21]

『임상의학의 탄생』이 푸코의 앞으로의 연구에 길을 열어 준 것은 바로 이런 관점에서다. 이 책은 '개인에 대한 앎'의 가능성이 어떻게 자리 잡

---

19 푸코, 『임상의학의 탄생: 의학적 시선의 고고학』, p.149.
20 같은 책, p.146.
21 같은 책, p.200.

게 되었는가를 보여 준다. "우리의 문화가 개인에 대해 행했던 첫번째 과학적 담론이 이처럼 죽음의 계기를 거쳐야만 했다는 것이 결정적인 사건이다. 서구인들은 오로지 자신을 과학의 대상으로 삼음으로써만 자신을 구성할 수 있었다. 또 자신의 파괴를 참조함으로써만 언어에 사로잡히지 않은 채 스스로 담론적 존재가 될 수 있었다. 비이성의 경험에서 모든 심리학과 심리학의 가능성이 생겨났으며, 의학사상 안에 죽음을 위치시킴으로써 개인의 과학으로서의 의학이 생겨났다."[22] 그 위에서 모든 인간과학, 다시 말해 인간이 자신에 대한 인식의 주체이며 객체가 될 가능성이 만개하게 될 그 토대를 죽음의 계기에서 발견했다는 점에서 이 책은 이미 『말과 사물』을 준비하고 있다.

그러나 오해를 해서는 안 된다고 그는 덧붙인다. 실증적 의학이 탄생하고, 의학적 치료를 공상의 왕국에서 벗어나게 해준 과학이 탄생하고, 새로운 지식이 도래할 수 있었던 것은 모두 동시대의 문화 안에서 죽음을 개인의 중심에 위치시키는 좀더 일반적인 운동이 일어났기 때문에 가능했다. "근대 문화에서의 개인성의 체험은 죽음의 체험과 연결되어 있다. 횔덜린의 엠페도클레스에서 차라투스트라에 이르기까지 그리고 프로이트적 인간에 이르기까지 죽음에 대한 집요한 관계가 보편성에 특수의 얼굴을 지정해 주고, 각자의 말을 끊임없이 들을 수 있게 해주었다. …… 얼핏 보기에는 이상하겠지만 19세기의 서정주의를 지탱해 주던 운동은 인간으로 하여금 자신에 대해 실증적 인식을 갖도록 해준 운동과 관계가 있다. 그런데 앎의 문채(文彩)와 언어의 문채가 똑같이 심층적 원칙에 종속되어 있다는 사실을 놀라워해야 할까? 또는 유한성의 침입이 인간과 죽음의 관계에도

---

22 같은 책, pp.200~201.

똑같은 방식으로 드리워져 있다는 것을 놀라워해야 할까? 인간과 죽음의 관계는 합리적 형태로 과학적 담론을 지배하기도 하고, 또 거기서 한 언어의 근원이 열리기도 한다."[23] 이 언어는 신의 부재에 의해 텅 빈 허공 안에서 무한히 펼쳐지고 있다.

＊　　＊　　＊

『임상의학의 탄생』은 거의 아무런 반향도 얻지 못했다. 그러나 자크 라캉은 이것을 놓치지 않고 자신의 세미나 강의에서 그 내용을 길게 언급했다. 이 강의로 책의 매상이 수십 부 올랐다. 푸코는 라캉을 몇 번 찾아가 저녁 식사를 함께했지만 그후 긴밀한 관계가 맺어지지는 않았다. 실비아 라캉은 어느 날 저녁 릴 가의 자기 집에서 저녁을 함께할 때 푸코가 내뱉은 한마디 말을 기억하고 있다. "남자끼리의 결혼이 인정되지 않는 한 진정한 문명은 없습니다."

---

23 푸코, 『임상의학의 탄생: 의학적 시선의 고고학』, p.202.

5장
부르주아지의 성채

1965년 8~9월에 미셸 푸코는 브라질의 상파울루에 있었다. 그는 제라르 르브룅에게 두툼한 원고를 읽어 보라고 주었다. 단순히 읽어 본다기보다는 전문가에게 자문을 구하는 것이었다. 르브룅은 칸트와 헤겔의 전문가였기 때문이다. 그는 또 현상학과 메를로-퐁티 작품의 탁월한 이해자이기도 했다. 그는 푸코가 준 원고를 읽었다. 그리고 그들은 토론을 했다. 몇 달 후 책이 나왔을 때 르브룅은 자기가 보았을 때는 없었던 한 장(章)이 이 책의 제1장으로 들어 있는 것을 보고 놀랐다. 그것은 책의 주제들을 예고하는 일종의 '발문'으로 푸코는 여기서 벨라스케스의 그림 「시녀들」(Las Meninas)을 분석하고 있다. 마지막 순간에 추가된 이 화려한 대목이 이 책의 성공에 아주 중요한 역할을 하게 된다. 그것은 푸코가 『메르퀴르 드 프랑스』에 실었던 글이었다. 피에르 노라의 말에 의하면 그는 이 글을 책에 넣는 문제를 놓고 많이 망설였다고 한다. "그는 이 글이 그 책에 집어넣기에는 너무 문학적이라고 생각했고, 나는 아주 좋다고 생각했다." 푸코는 또 이 책의 제목을 제2장의 소제목인 '세계의 산문'(La Prose du monde)으로 붙이고 싶어 했다. 그러나 메를로-퐁티 사후 그의 서랍에서 발견된 글의 제목이 바로 이것이었다.[1] 푸코는 자신이 오랫동안 존경했던 철학자의 영향이 너무 강하게 풍기는 것을 원치 않았다. 그래서 그는 '사물의 질서'를 생각했다. 또는 '말과 사물'도 생각했다. 그러나 첫번째 것을 더 선호했다. 피에르 노라는 두번째 것으로 기울었다. 푸코는 그의 주장에 굴복했다. 그러나 이 책의 영어 번역판은 그의 생각대로 『사물의 질서』(*The Order of thing*)가 되었고, 그후 몇 개의 인터뷰에서 그는 이 제목이 더 잘 어울린다고 말했다.

*　*　*

'모닝빵 같은 푸코.' 이것은 1966년, 여름 책이 한참 잘 팔릴 때 『르 누벨 옵세르바퇴르』에 난 기사 제목이다.[2] 참으로 놀라운 일이지만 『말과 사물』은 대성공을 거두었다. 저자와 편집자가 그 누구보다 놀랐다. 이것은 철학 사상과 학문의 역사에 관심이 있는 극히 제한된 독자를 겨냥한 매우 까다로운 책이었기 때문이다.

이 책은 1966년 푸코가 루셀에 대한 책을 펴냈던 갈리마르에서 나왔다. 그는 이 새 책을 조르주 랑브릭스에게 제안했다. 피에르 노라가 쥘리아르 출판사를 떠나 갈리마르에 와서 '인간과학' 총서를 기획하고 있었는데 『말과 사물』이 그 첫째 권이 되었다. 이후로 푸코의 모든 책들이 이 총서나 '역사도서' 총서(나중에 보겠지만 이 문제에 대해서는 저자와 편집자 사이에 약간의 의견충돌이 있었다)로 나오게 된다. 초판 3,500부가 단숨에 매진되었다. 6월부터 재쇄에 들어가 5천 부를 더 찍었다. 그리고 7월에 새로 3천

---

1 메를로-퐁티의 이 텍스트에 대해서는 『세계의 산문』*La Prose du monde*, Paris: Gallimard, 1969 에서 클로드 르포르Claude Lefort가 쓴 서문을 볼 것.

2 「모닝빵 같은 푸코」Foucault comme des petits pains, 『르 누벨 옵세르바퇴르』*Le Nouvel Observateur*, 10 août 1966.

부를 찍었고, 9월에 다시 3,500부, 11월에도 마찬가지였다. 이 추세는 다음 해에도 계속되어 1967년 3월에 4천 부, 11월에 5천 부를 찍었다. 1968년 4월에는 6천 부, 6월에도 6천 부였다. 철학서가 그런 부수에 달한 것은 아주 드문 일이었다. 1989년 이 책의 총 발행부수는 100만 부가 넘었다.

당연한 얘기지만 그 최초의 성공은 철학계에서부터 시작되었다. 1966년에 장 라크루아는 교수자격시험 답안지에 가장 많이 인용되는 이름이 알튀세르와 푸코라고 『르 몽드』에 썼다. 그러나 이 책의 성공은 물론 더 광범위하게 이루어졌다. 당시 신문기사들을 보면 사람들은 푸코의 책을 해변에서도 읽었고, 아니 최소한 바캉스를 떠날 때 가지고 갔고, 그런 사건을 자신도 모르지 않는다는 것을 과시하기 위해 그저 무심하게 놓았다는 듯 카페의 테이블 한옆에 그 책을 슬쩍 놓아두곤 했다……. 『말과 사물』이 얼마나 큰 반향을 일으켰던지 1968년에 발간된 루이 아라공의 소설 『블랑슈 혹은 망각』에도 나왔고, 장 뤽 고다르의 영화 「중국 여자」(1967년)에도 나왔다. 여기서 마오이스트 여대생 역을 맡은 안느 비아젬스키는 이 책에 토마토를 던진다. 고다르는 한 인터뷰에서 자신이 영화를 만드는 것은 '위대한 푸코 신부님' 같은 이들에게 반격을 가하기 위해서라고 했다. "내가 푸코를 그토록 싫어하는 것은 그가 우리에게 '이러저러한 시기에 사람들은 이런저런 생각을 했고, 또 이러저러한 시기부터는 사람들이 어떠어떠하게 생각했다'고 말하기 때문이다. 뭐, 그건 좋다. 그러나 어떻게 그렇게 확신할 수 있는가. 내가 영화를 만드는 이유가 바로 그것이다. 다시 말하면 미래의 푸코들이 그런 일을 그토록 오만하게 말할 수 없게 하기 위해서다."[3]

---

3 장 뤽 고다르 Jean-Luc Godard, 「두 전선에서 싸우기」 Lutter sur deux fronts, 『카이에 뒤 시네마』 *Cahiers du Cinéma*, n° 194, octobre 1967.

*　　*　　*

앞에서 보았듯이 1961년에 푸코는 칸트의 『인간학』(*Anthropologie*) 서문을 출간하고 싶어 하지 않았다. 타자기로 친 이 긴 글의 결론은 '인간학'——레비 스트로스의 인류학이 아니라 사르트르나 메를로-퐁티가 의미하는 인간학——을 기초하기 위한 그 당시의 시도들을——약간 모호한 문체로——격렬하게 비판했다. 그런 시도의 '환상'을 지적하면서, 어떻게 사람들이 그것을 '비판'도 하지 않은 채 그냥 번창하게 놓아둘 수 있는지를 놀라워했다.

그러나 "그런 비판의 모델을 이미 반세기 전부터 우리는 알고 있다"고 그는 결론지었다. "니체의 기획은 인간에 대한 질문이 한없이 증가하는 것을 막는 마침표로 이해될 수도 있다. 신의 죽음은 사실 절대성에 종지부를 찍으면서 동시에 인간 자신을 살해하는 이중살해의 제스처로서 나타났던 것이 아닌가. 왜냐하면 유한한 인간은 영원과 분리될 수 없는 존재이기 때문이다. 인간은 영원을 부정하는 존재며 동시에 영원을 예고하는 존재다. 그러므로 신의 죽음이 완성되는 것은 인간의 죽음 속에서다." '인간이란 무엇인가?'라는 칸트의 질문에, 그리고 후설에서 메를로-퐁티에 이르기까지 현대 사상 속에 들어 있는 그 낙하물에 대해 "아예 질문을 반박하고 무장해제시키는 대답, 즉 "위버멘쉬"[4]를 대립시켜야 할 것이다. 이 '소논문'의 마지막 부분은 장 폴 사르트르의 『변증법적 이성 비판』——1960년에 출판되었으나 1958년부터 잡지 『현대』에 연재되기 시작했다——과 특

---

4 푸코, 「칸트의 『인간학』 서문」 Introduction à l'*Anthropologie* de Kant(문학박사학위 청구 소논문), pp.126~128. 이 논문은 2008년에 다음 책에 다시 수록되었다. 칸트, 『실용적 관점에서 본 인간학』 *Anthropologie du point de vue pragmatique*, Paris: Vrin, 2008, pp.78~79.

히 메를로-퐁티의 작품들을 공격하는 듯이 보인다. 이 부분이 1966년 푸코가 『말과 사물』이라 이름 붙인 책의 출발점이다. 그것은 거의 바뀌지 않은 채 고스란히 수록되었다. "니체의 사상이 예고하는 것은 신의 죽음보다는—혹은 이 죽음을 본따서 그리고 이 죽음과의깊은 연관에 따라—차라리 신을 살해한 인간 자신의 종말이다. 그것은 웃음 속에 그리고 돌아온 가면 속에서 파편처럼 흩어져 버리는 인간의 얼굴이다……."[5]

제라르 르브룅은 『말과 사물』이 얼마나 메를로-퐁티의 그림자에 강박증을 느꼈는지를 상기시켰다. 푸코의 책은 처음부터 끝까지 후설의 사상과 메를로-퐁티의 후설 해석을 반박하려는 열망에 고취되어 있었다. 『말과 사물』 그것은 우선 현상학에 대한 거부, 부인의 제스처다. '단절'의 섬광! 그러나 1988년의 강연에서 르브룅이 말했듯이 이제 현상학의 물결이 퇴조한 지도 벌써 오래되었으므로 『말과 사물』은 분명코 그 '논쟁적 풍미'를 잃었다. "오늘날의 독자는—나이에 따라서—이 책이 투쟁적 철학서라는 사실을 모르거나 잊고 있다." 그러니까 본질적인 점을 상기해야 한다. 그것은 이 책이 왜 "새로운 방법론적 시론이 아니라 하나의 도전적 공격으로 받아들여지는지"[6]를 이해할 수 있게 해준다. 1988년 1월 푸코 심포지엄에서 르브룅의 강연에 이어 계속된 토론에서 레몽 벨루(Raymond Bellour)는 이 책의 출판 전에 교정본을 읽었다고 말했다. 거기에는 사르트르에 대한 수많은 공격의 문구가 들어 있었는데 나중에 결정판에서 푸코

---

5 푸코, 『말과 사물』, pp.396~397.
6 제라르 르브룅Gérard Lebrun, 「『말과 사물』에서의 현상학에 대한 노트」Note sur la phéno-ménologie dans *Les Mots et les choses*, 1988년 1월 9~11일 파리에서 열린 '철학자 푸코' 심포지엄 발표문Communication au colloque 'Foucault philosophe', Paris, 9~11 janvier 1988. 책으로 인쇄된 내용(*Notes sur la phénoménologie dans Les mots et les choses*, Paris: Seuil, 1989)은 발표문과 약간 다르다.

가 그것을 삭제했다는 것이다.

큰 소동을 일으키게 될 이 작품은 '인간과학의 고고학'——이것이 책의 부제이다——으로서 모습을 보였다. 그것은 서양 문화에서 인간에 대한 질문이 어느 순간에 나타났으며, 인간이 인식의 대상으로 떠오른 것은 어느 순간인지를 주제로 다루고 있다. 이런 관점에서 출발하여 16세기 초부터 오늘날까지 수세기에 걸친 인식의 형태들을 놀랄 만큼 생생하게 묘사한 것이 차곡차곡 이어지고 있다. 400페이지에 걸쳐 펼쳐지는 푸코의 박식은 숨이 막힐 정도다. 그의 의도를 요약해 보자!

모든 시대는 그 문화를 형성하는 심층적 윤곽에 의해 특징지어진다. 그것은 그 시대의 모든 과학적 담론, 모든 언표의 생산을 가능하게 하는 앎의 격자(grille)다. 푸코는 이 '역사적 선험성'(a priori)을 에피스테메(épistémè)라고 부른다. 그것은 한 시대의 사람들이 생각할 수 있는 것과 생각할 수 없는 것, 즉 사유의 한계를 정의하고 확정 짓는 깊은 토대다. 모든 과학은 에피스테메의 테두리 안에서 발전했고, 따라서 동시대의 다른 과학들과 긴밀한 연관관계를 맺고 있다. 푸코의 시선은 고전주의 시대의 에피스테메 속에서 발전된 세 인식의 영역, 즉 문헌학·부(富)의 분석·박물학 등으로 향해 있었다. 이 세 영역은 19세기에 이르러 그 시대에 정착된 새로운 앎의 도표 안에 형성된 또 다른 세 영역에 자리를 물려주게 된다. 그것은 일반언어학·정치경제학·생물학이다. 푸코는 이 세 학문의 발전 속에서 어떻게 인간이 인식의 대상으로 자리 잡게 되었는지를 보여 준다. 이제부터 인간은 말하는 인간, 노동하는 인간, 생명체로서의 인간 등으로 나뉘어 인식의 대상이 되었기 때문이다.

'인간과학'이 출생지를 발견한 것은 바로 이 에피스테메의 전체적 재편성 속에서다. 그러나 이 인접성 때문에 인간과학들은 진정한 과학의 수준에 도달할 모든 가능성을 잃었다. "그것은 과학의 지위 밖에 있다"라고 푸코는 말했다. 왜냐하면 인간과학은 생물학·경제학·문헌학(혹은 언어학)과의 '인접성'에 의해서만 그 존립 가능성을 가졌기 때문이다. "인간과학은 이 세 학문의 옆에 있을 때 ──혹은 그 밑에 있거나 그것의 빛이 투사되는 지역에 있을 때만 존재할 수 있었다."[7] 그러나 이것이 바로 인간과학을 밑에서부터 허물어트린 모순이었다. 근대의 에피스테메 속에 고고학적으로 뿌리를 내리고 있다는 점에서 인간과학은 스스로 과학이 되기를 원하고 있다. "서구 문화는 오로지 이성의 유희에 의해 **앎**의 실증적 영역이 될 뿐, 결코 **과학**의 대상은 될 수 없는 하나의 존재를 인간이라는 이름으로 구성했다."[8] '인간과학'에 대한 이 전면적인 문제 제기 안에서 푸코는 정신분석학과 민족학[*]에 별도의 자리를 마련했다. 여하튼 이것들의 최근의 발전 상황 ──구조주의적 ──은 그것들을 재규정하여 '반-과학'이라는 특권적인 지위를 부여하도록 허용했다. 이 학문들은 다른 인간과학을 '유행에 뒤졌다'고 규정한다. 그리고 "인간과학 속에서 자신의 실증성을 만들었다가 없애 버리기를 되풀이하는 인간을 부단히 해체하고 있다." 푸코는 이렇게 덧붙인다. "레비 스트로스가 말했듯이 이 두 학문은 인간을 해체하고 있다." 이 두 반-과학의 위로, 아니 차라리 옆으로 세번째 과학이 인간과학의 장을 위협하며, 가장 전면적으로 이의를 제기하고 있다. 다름 아닌 언어학이다. "인간을 이 세 학문에 '노출시키면서' 언어학은 인간이 스스로 인식의 대상이 되도록 돕는다. 이렇게 우리 눈앞에서 인간의 운명이 빠르게 지나

---

7 푸코, 『말과 사물』, pp.377~378.

8 같은 책, p.378.

[*] 원어는 ethnologie로 '민족학'이다. 하지만 이 책에서는 우리가 보통 '인류학'이라 부르는 의미로 사용되고 있다.

가고 있다. 그러나 그것은 거꾸로 달려가고 있다. 이상한 방추(紡錘)에 감긴 채 그것은 애초에 자기가 태어났던 형태로, 또는 자신의 존재를 가능케 했던 고장으로 다시 인도되고 있다. 그러나 그것은 그의 종말로 그를 인도하는 방법이 아닐까? 왜냐하면 언어학은 정신분석학이나 민족학이나 마찬가지로 더 이상 인간 그 자체에 대해 말하고 있지 않기 때문이다."[9]

언어학에 부여된 이와 같은 특권은 60년대 초부터 문학에 대한 글 속에서 푸코가 끊임없이 상기시켰던 문제들을 다시 떠올리게 한다. "예측할 수 없었던 오랜 길을 지나 우리는 니체와 말라르메가 손가락으로 가리키고 있는 장소에 도달했다. 거기서 한 사람이 '누가 말하는가?'라고 물으니 다른 사람은 그 질문에 대한 대답이 '말' 자체 안에서 반짝거리고 있음을 발견한다." 언어에 대한 질문은 그러니까 두 지평을 향해 열려 있다. 하나는 사유를 형식화하려는 시도이고, 또 하나는 문화의 반대편 극에 있는 현대문학이다. "우리 시대의 문학이 언어에 매혹되고 있는 것은 종말의 표시도 아니고 근원주의의 증거도 아니다. 그것은 우리의 사유와 앎의 모든 결이 그려져 있는 거대한 윤곽 속에 문학이 자신의 필연성을 뿌리내리는 현상일 뿐이다." 이렇게 해서 푸코의 펜을 통해 아르토, 루셀, 카프카, 바타유, 블랑쇼 등이 차례로 무대에 등장하게 되었다.[10] 우리 시대 문화의 대립적이면서도 상관적인 두 체험, 즉 한편에는 언어적 모델에 기초한 앎의 형성이 있고, 또 한편에는 폭력, 지나침, 절규, 그리고 '화약이 된 문학적 언어'가 있다. 이 체험들은 아마도 한 에피스테메의 종말을 예고하는 듯하다. 즉 사상 처음으로 앎의 영역 속에 인간이 들어와 자리 잡게 된 그러한 에피스테

---

9 푸코, 『말과 사물』, pp.390~393.
10 같은 책, pp.393~395.

메가 종말을 고하는 것 같다. 이 책의 마지막 페이지는 너무나 많이 인용되어서 다시 여기서 인용하기가 주저될 정도다.

최소한 한 가지 사실이 분명하다. 그것은 인간의 앎 속에 제기된 문제 중에서 인간이 가장 오래되고 가장 항구적인 문제가 아니었다는 사실이다. 비교적 짧은 연대기를 작성하고 지리적 공간을 좁게 한정해 보면——그러니까 16세기 이래의 유럽 문화로 한정해 보면——인간이 최근의 발명품이라는 것을 확실하게 알 수 있다. 오랫동안 막연하게 앎이 맴돈 것은 인간의 주변이 아니고, 인간의 비밀에 대해서도 아니었다. …… 우리의 사유에 대한 고고학적 탐색은 인간이 최근의 발명품이라는 사실을 분명하게 보여 준다. 그리고 아마도 그 임박한 종말까지 함께.[11]

복잡하게 빛나는 문체가 화려하기 그지없는 이 책은 출판되자마자 즉각적으로 큰 반향을 일으키며 대대적인 성공을 거두었다. 모든 방면에서의 해설, 소개, 비평, 논쟁 등은 이루 다 열거할 수 없을 정도다. 이 그림에 자신의 붓질을 추가하기를 원치 않는 신문이나 잡지는 단 하나도 없었다. 푸코는 피에르 뒤마예가 진행했던 '모든 사람을 위한 독서'라는 TV 프로그램에 출연하기까지 했다. 그 당시의 신문기사를 몇 개 요약해 보겠다. "푸코의 작품은 이 시대의 가장 중요한 작품 중의 하나다"라고 장 라크루아는 『르 몽드』의 철학 면에 썼다.[12] 『말과 사물』은 "인상적인 작품이다"라고 로

---

11 같은 책, p.398.
12 장 라크루아Jean Lacroix, 「인간주의의 종말」La Fin de l'humanisme, 『르 몽드』Le Monde, 9 juin 1966.

베르 캉테르는『르 피가로』에 썼다.[13] 그리고 질 들뢰즈는『르 누벨 옵세르바퇴르』에 이 작품을 수천 개의 파편으로 빛나게 한 뒤 이렇게 결론을 내렸다. "철학에서 새롭게 무슨 일이 일어나는가라는 질문에 푸코의 책들은 그 자체로 깊고 생생하고 또 설득력 있는 대답이다. 우리는『말과 사물』이 새로운 사상에 대한 위대한 책이라고 생각한다."[14] 프랑수아 샤틀레는 4월부터『라 켕젠 리테레르』에 다음과 같이 씀으로써 이 운동에 한발 앞섰다. "미셸 푸코는 너무나 엄격하고 독창적이고 영감에 차 있어서 그의 최근의 책을 읽으면 서구 문화의 과거에 대해 완전히 새로운 시선을 갖게 되고, 현재의 혼돈에 대해서도 좀더 분명한 개념을 갖게 된다."[15]

『말과 사물』의 성공은 이 책이 출판된 시점의 문화적 풍경에 기인하는 바도 상당히 있다. 1966년에는 '구조주의' 논쟁이 그 절정에 이르렀었다. 1958년에 나온 클로드 레비 스트로스의『구조인류학』(*Anthropologie structurale*)은 새로운 '철학적' 흐름 또는 새로운 사조의 선언으로 보였다. 1962년에 레비 스트로스는 자신의 생각을 분명하게 밝혔다.『야생의 사고』말미에서 그는 사르트르의 철학을 현대의 신화라고 규정하며 그를 격렬하게 공격했다. 20여 년간 프랑스의 지성계를 분할 없이 지배해 왔던 사르트르의 절대적 권위가 사상 처음으로 심각한 손상을 입었다. 얼마나 많은 젊은 학자들이 이 이의제기를 하나의 해방으로 받아들였던가? 예컨대 피에르 부르디외는『실천 감각』의 서문에서 레비 스트로스의 작품이, 특히

---

13 로베르 캉테르Robert Kanters, 「너는 말하고 말한다. 그게 네가 할 수 있는 전부다」Tu causes, tu causes, c'est tout ce que tu sais faire,『르 피가로』Le Figaro, 23 juin 1966.

14 들뢰즈, 「인간, 그 의심스러운 존재」L'homme, une existence douteuse,『르 누벨 옵세르바퇴르』Le Nouvel Observateur, n° 81, juin 1966.

15 프랑수아 샤틀레François Châtelet, 「인간, 그 불안한 나르시스」L'Homme, ce Narcisse incertain,『라 켕젠 리테레르』La Quinzaine littéraire, n° 2, 1 avril 1966.

그것이 모든 젊은 세대에게 보여 준[16] "지적 활동에 대한 새로운 개념"이 얼마나 그를 열광시켰는가를 환기시켰다.

모든 문화 부문에서 레비 스트로스의 책들이 던졌던 충격을 열거하자면 수천 건의 증언을 기록할 수 있을 것이다. 게다가 그는 미국에서 돌아오면서 야콥슨(Roman Jakobson)의 언어학을 수입함으로써 친구인 라캉이 구상 중이던 이론의 한 고리를 그에게 제공해 주었다. 라캉은 수년간 출판되었던 텍스트들을 모아 1966년에 『에크리』(*Ecrits*)를 펴내었다……. 60년대 초부터 모든 학술잡지들은 별다른 특집이 없을 때는 매달 구조주의를 한두 건씩 다뤘다. 구조주의와 맑시즘, 맑시즘에 대항하는 구조주의, 구조주의와 실존주의, 실존주의에 대항하는 구조주의…… 이런 식이었다. 구조주의에 찬성하는 사람도 있었고, 반대하는 사람도 있었으며 둘을 종합하려고 애쓰는 사람도 있었다……. 자신의 분야가 무엇이든 간에 모든 문화계 인사들은 구조주의에 대한 자신의 입장을 반드시 정립해야만 할 것 같은 초조함을 느꼈고, 그래서 서둘러 그것을 밝혔다. 문화적인 끓어오름이 이보다 더 격렬했던 적은 참으로 드물었다.[17]

'인간의 죽음'이 새로운 논쟁을 불러일으킬 무대장치가 모두 완료되어 이제 장막이 오르기만 하면 되었다. 푸코는 아주 독특한 인터뷰를 몇 번 가졌다. 1966년 4월 15일자 『라 켕젠 리테레르』지의 것이 특히 그랬다. "우리는 사르트르 세대를 경험했습니다. 그것은 삶과 정치와 실존에 열정을 가지고 있는 용감하고도 덕성스러운 세대였습니다. 그러나 우리는 그와

---

16 부르디외, 『실천 감각』*Le Sens pratique*, Paris: Minuit, 1980, p.8.

17 내가 알기로는 불행하게도 구조주의의 역사를 본격적인 다룬 책은 없다. 이 사조에 대한 푸코의 관심에 대해서는 나의 책 『푸코와 그의 동시대인들』, pp.233~264.(7장 「주체의 의존성」La dépendance du sujet)을 볼 것.

전혀 다른 것, 전혀 다른 열정을 발견했습니다. 그것은 개념에 대한 열정이며 내가 '체계'(système)라고 부르는 것에 대한 열정입니다"라고 그는 선언했다.

질문 철학자로서 사르트르는 무엇에 관심을 가졌습니까?

푸코 간략하게 말해 본다면 더 이상 자신들과 동일시할 수 없어서 전통적 부르주아들이 부조리하다고 간주해 버린 한 역사적 세계에 대면하여 사르트르는 오히려 도처에 의미가 있다는 것을 증명하고 싶어 했습니다…….

질문 언제부터 당신은 의미에 대한 확신을 버리게 되었습니까?

푸코 단절의 시점은 레비 스트로스가 사회들에 대해서, 그리고 라캉이 무의식에 대해서 우리에게 의미란 아마도 일종의 표층적 결과, 혹은 반사나 물거품에 불과할지 모른다는 것을 보여 주었을 때, 그리고 우리 내부를 깊이 관통하는 것, 우리보다 앞에 있는 것, 시간과 공간 속에서 우리를 떠받치고 있는 것은 다름 아닌 체계라는 것을 보여 주었을 때부터입니다.

이 체계를 그는 명시적으로 또는 암묵적으로 뒤메질이나 르루아 구랑(Leroi Gourhan)의 연구를 참조해 가며 정의했다. 이어서 그는 라캉을 다시 환기시키며 이렇게 말했다.

푸코 …… 라캉의 중요성은 환자의 말과 신경증의 징후를 통해, 말을 하는 것은——주체가 아니라——구조들이며 언어의 체계 그 자체라는 것을 보여 준 데 있습니다……. 모든 인간의 존재 이전에 이미 앎과 체계가 있었고, 우리는 그것을 재발견하기만…….

질문 그렇다면 누가 이 체계를 생산하는 겁니까?

푸코 주체 없는 익명의 체계란 도대체 무엇일까요? 누가 생각을 하는 걸까요? '나'는 폭발하여 공중분해되었습니다(현대의 문학을 보십시오). 그것은 '~이 있다'의 발견입니다. '**누군가가 있다**'이지요. 어떤 점에서 그것은 17세기의 관점입니다. 다만 차이점은 인간을 신의 위치에 놓는 것이 아니라 익명의 사유, 주체 없는 앎, 동일자 없는 이론 등을 신의 위치에 놓는 것이지요.[18]

1966년 6월의 또 다른 인터뷰도 역시 사르트르를 조준의 대상으로 삼고 있다. "『변증법적 이성 비판』은 20세기를 사유하려는 19세기 인간의 놀랍고도 눈물겨운 노력입니다. 이런 점에서 사르트르는 마지막 헤겔주의자고 또 마지막 맑시스트입니다."[19]

이 일련의 인터뷰 도중 푸코는 자신의 책이 위치해 있는 이론적 공간을 분명하게 제시했다. 여기서 우리는 몇 명의 똑같은 이름들이 마치 깃발처럼 펄럭이는 것을 볼 수 있다. 그들은 주로 라캉과 레비 스트로스이고 뒤메질과 '동시대 문학'도 거론된다. 특히 동시대 문학은 푸코의 사유 속에서 정신의학, 민족학 또는 종교사의 특정 작품들과 연결되고 있음을 볼 수 있다. 그는 가끔 러셀과 '분석 이성', 형식논리, 정보이론 등을 추가하고 캉길렘과 과학의 역사를 추가했으며 테이야르 드 샤르댕(Teilhard de Chardin)의 풍미가 가해진 기독교적 맑시즘의 먼지를 털어 내기 위해 알튀세르와 그의 '용감한 시도들'을 추가하기도 했다. 결론적으로 푸코는 '구조주의적'

---

18 푸코, 「마들렌 샵살과의 대담」Entretien avec Madeleine Chapsal, 『라 켕젠 리테레르』*La Quinzaine littéraire*, n° 5, 16 mai 1966.(『말과 글』*Dits et écrits*, tome1, texte n° 37, pp.541~546.)

19 푸코, 「인간은 죽었는가?」L'homme est-il mort?, 『아르 에 루아지르』*Arts et loisirs*, 15 juin 1966. (『말과 글』*Dits et écrits*, tome1, texte n° 39, pp.568~572.)

은하수 속에 단숨에 자리를 잡은 듯이 보인다.

지체 없이 반응이 나왔다. 맑스주의자들이 반격에 나섰다. 푸코의 책은 공산당 서클에서 파문되었다. 그들은 특히 "맑시즘은 마치 물고기가 물속에 있듯이 19세기의 사유 속에 있다. 다시 말하면 그 외의 어떤 곳에서도 그것은 숨쉬기를 그친다"라는 그의 주장을 용서할 수가 없었다. 자크 밀로는『공산주의 노트』에서 다음과 같이 썼다. "미셸 푸코의 반역사적 편견은 신니체주의 이데올로기에 기초를 두고 있는데 이 이데올로기는 그가 그것을 의식하건 안 하건 간에 미래의 객관적 길을 은폐하는 데만 온통 관심이 쏠려 있는 한 계급의 이해에 봉사하고 있다."[20] 자네트 콜롱벨은『라 누벨 크리티크』지에서 푸코를 공격했는데 그녀의 글은 좀더 신중했다. 그녀는 그가 시간성과 역사를 무시하고 '묵시록적' 환상에 의한 **현상**만을 중요시했으며, 그 **현상**을 성급하게 '인간의 해체'로 선언했다고 비난했다. "푸코는 이 세계를 마치 하나의 구경거리 또는 하나의 연극처럼 제시했다. 그는 우리를 마법적 태도로 초대한다. …… 그런 식으로 이해된 구조주의는 기존 질서의 유지에만 기여하게 될 것이다."[21] 그러나 같은 공산주의자라도 정치권을 벗어나 학술잡지에 이르게 되면 비평은 좀더 전문적으로 된다. 피에르 데의 주관하에 있던『레 레트르 프랑세즈』는 이 저주받은 작품을 따뜻하게 받아들이기까지 했다. 1966년 3월부터 레몽 벨루는 이 잡지

---

20 자크 밀로Jacques Milhau, 「말과 사물」Les Mots et les choses, 『공산주의 노트』*Cahiers du communisme*, février 1968. '구조주의적' 가설에 대한 공산당의 반응을 코멘트한 것으로는 자닌 베르데스 르루Jeannine Verdès Leroux, 『몽유병 환자의 깨어남』*Le Réveil des somnambules*, Paris: Fayard-Minuit, 1987을 참조.

21 자네트 콜롱벨Jeannette Colombel,「푸코의 말과 사물」Les Mots de Foucault et les choses, 『라 누벨 크리티크』*La Nouvelle Critique*, avril 1967.

를 위해 푸코와 인터뷰했다. 그는 이듬해에 '두번째 인터뷰'[22]에서 질문을 계속했다.

가톨릭 신자들도 논쟁에 참여했다. 『에스프리』지의 편집장인 장 마리 도메나크는 이 '새로운 정열'에 대해 질문을 던진 다음 이렇게 말했다. "『라 켕젠느 리테레르』에 실렸던 푸코의 도발적 인터뷰는 새로운 사조의 선언문처럼 들린다. 사람들은 끊임없이 그것을 언급한다. …… 우리가 묻고 싶은 질문이 얼마나 많은지! 실제로 우리는 그 수많은 질문을 하게 될 것이다! 그러기에 앞서 우리는 우선 이 사건을 경하해야 한다."[23]

정말 장 마리 도메나크는 미셸 푸코에게 이 질문들을 했다. 그중의 열한번째며 마지막 질문은 다음과 같다. "체계의 강제와 불연속성을 정신사에 도입하는 것은 진보주의적 정치가 개입할 수 있는 토대를 제거하는 것이 아닌가? 그것은 체계를 받아들여야 할지 아니면 유일하게 체계를 혼란시킬 수 있는 외부적 폭력의 개입이나 야만적 사건을 불러들여야 할지의 딜레마로 우리를 인도하는 것은 아닌가?" 이에 푸코는 자신이 생각하는 '진보주의적 정치'의 개념을 분명히 밝히면서 이렇게 대답했다. "진보적 정치란 다른 정치들이 관념적 필연성, 유일한 결정, 개인적 창의성의 자유스러운 작용만을 인정하는 데 반해, 역사적 조건과 실천의 특수한 규칙들을 인정하는 정치다……." 공은 다시 상대편에게 넘어갔다. 그러나 이 중요

---

22 푸코, 「미셸 푸코, 『말과 사물』: 레몽 벨루와의 인터뷰」Michel Foucault: *Les mots et les choses*: Entretien avec Raymond Bellour, 『레 레트르 프랑세즈』*Les Lettres françaises*, n° 1125, 31 mars 1966; 「역사를 기술하는 방식에 관하여: 레몽 벨루와의 인터뷰」Sur les façon d'écrire l'histoire: Entretien avec Raymond Bellour, 레 레트르 프랑세즈*Les Lettres française*, n° 1187, 15 juin 1967. (『말과 글』*Dits et écrits*, tome 1, texte n° 34, n° 48, pp.498~504, pp.585~600.)
23 장 마리 도메나크Jean Marie Domenach, 「새로운 정열」Une nouvelle passion, 『에스프리』 *Esprit*, juillet-août 1966.

한 글은 별로 사람들의 주목을 받지 못하고 지나갔다. 그것은 1968년 5월 호에 실렸던가……. 푸코는 자기 대답의 중요한 부분을 발췌하여 『지식의 고고학』에 다시 수록했다.[24]

프랑수아 모리악도 『피가로 리테레르』의 그 유명한 칼럼 「비망록」에 서 푸코의 명제에 대한 일반인들의 열광에 대해 언급했다. "전에는 의식 (意識)이라는 것이 있었는데 지금은 도대체 무엇이 그것을 사라지게 하는 가? 그의 적대자였던 사르트르, 당신은 마침내 나에게 푸코를 아주 친근하 게 보이게 만드는구료."[25] 그리고 사르트르는 무엇이라고 했는가? 『변증법 적 이성 비판』의 제2권을 예고했고 실존주의와 맑시즘의 효과적인 종합을 보여 주겠다고 약속했으나 수많은 어려움에 봉착했던 사르트르는? 그렇 다. 사르트르도 대답했다. 『라르크』 특별호에 실린 「장 폴 사르트르는 답한 다」가 바로 그 인터뷰의 제목이다. 푸코의 공격에 걸맞게 사르트르의 대답 도 아주 격렬했다.

베르나르 팽고 당신에 대한 젊은 세대의 태도에 어떤 공통적인 착상(着想) 이 있다고 생각하십니까?

사르트르 적어도 하나의 지배적인 경향이 있습니다. 왜냐하면 그것을 일 반적인 현상이라고 할 수는 없으니까요. 다름 아닌 역사에 대한 거부입 니다. 미셸 푸코의 최근 책이 거둔 성공이 그것을 잘 보여 주고 있습니다. 『말과 사물』에서 우리가 발견하는 것은 무엇입니까? 인간과학들의 '고고

---

24 푸코, 「한 질문에 대한 대답」, 『에스프리』 *Esprit*, mai 1968. (『말과 글』 *Dits et écrits*, tome 1, texte n° 58, pp. 701~723, p. 721에서 인용.)

25 프랑수아 모리악 François Mauriac, 「비망록」 Bloc-note, 『르 피가로』 *Le figaro*, 15 septembre 1966.

학'이 아닙니다. 고고학자란 사라진 문명을 복원하기 위해 그 문명의 흔적들을 찾아보는 사람입니다. 그는 사람들에 의해 구상되고 작품화된 하나의 양식을 조사합니다. 그가 조사한 양식은 이어서 하나의 자연적인 상황으로 자리 잡고, 기본적인 자료의 모습을 띠게 됩니다. 고고학자가 그 발전과정을 추적하는 **실천**(praxis)의 결과도 마찬가지입니다. 그런데 캉테르가 잘 보았듯이 푸코가 우리에게 제시한 것은 하나의 지질학입니다. 우리의 '토양'을 형성하는 일련의 연속적 지층을 보여 준 것이죠. 그 각각의 지층은 어느 특정의 시기를 지배했던 하나의 사유가 어떻게 해서 가능했는지의 조건을 규정해 주고 있습니다. 그러나 푸코는 그중의 어떤 것이 가장 흥미가 있는지 우리에게 말해 주지 않습니다. 다시 말해서 각각의 사유가 어떤 방식으로 그 조건들로부터 구축되었는지 또는 사람들은 어떻게 하나의 사유에서 또 다른 사유로 넘어갔는지를 말해 주지 않습니다. 그것을 말하기 위해서는 실천, 즉 역사를 개입시켜야 하는데 그는 바로 이것을 거부했습니다. 물론 그의 전망은 역사적입니다. 그는 시기들을 구분하고 그전과 후를 구분합니다. 그러나 그는 영화를 마법의 램프로 대치하고, 움직임을 일련의 정지상태의 연속으로 바꿔 놓았습니다. 그의 책의 성공은 사람들이 그런 책을 기다렸다는 것을 보여 줍니다. 그러나 사람들은 정말로 독창적인 책은 기다리지 않습니다. 푸코는 사람들에게 그들이 필요로 하는 것을 가져다주었습니다. 다시 말하면 역사적 성찰의 불가능성을 보여 주기 위해 로브그리예, 구조주의, 언어학, 라캉, 『텔 켈』 등이 차례로 사용된 그러한 혼성의 종합입니다.

물론 여기서 사르트르는 역사에 대한 거부와 맑시즘에 대한 부인을 한데 합치고 있다. "그가 겨냥한 것은 맑시즘입니다. 그의 관심은 새로운 이데올로기를 구축하는 것, 다시 말해서 부르주아지가 맑스에 대항해 세울 수 있는 마지막 댐을 건설하는 것인 듯합니다."[26]

시몬 드 보부아르도 의리를 지켰다! 그녀는 1966년에 『아름다운 이미지들』이라는 소설(아마도 그녀의 작품 중 최악의 소설일 것이다)을 출간했다. 그녀는 이 소설에서 '구조주의' 혹은 '반인본주의'의 유행을 조롱했다. 그녀가 묘사한 두 등장인물은 (같은 책을 읽고) 서로 의견의 일치를 본다. "즉 인간이라는 관념은 수정되어어야 하며 그것은 오래 지나지 않아 사라지게 되어 있다. 그것은 19세기에 창안되어 오늘날에는 이미 구식이 되었다. 그래서 모든 예술 분야——문학·음악·미술·건축 등——에서 전 시대의 인간 중심주의가 거부되고 있다."[27] 이 소설 출간에 맞추어 그녀는 『르몽드』와 인터뷰를 가졌다. 기자가 "현대 사상과 문학을 겨냥한, 특히 푸코를 겨냥한 풍자적 구절이 보입니다. 당신 개인의 생각인가요?"라고 묻자 보부아르는 "전적으로 그렇다고 할 수는 없어요. 물론 나는 푸코를 염두에 두었죠. 방금 그의 책을 읽었기 때문에 마지막 교정지에 몇 줄을 추가하기도 했어요……. 하지만 내가 공격한 것은 이 사상과 이 문학으로부터 유행을 만들어 내는 모든 속물들(snobs)에 대해서입니다……. 아방가르드는 물론이구요. 그들처럼 푸코도 먼지를 잔뜩 뒤집어쓰겠죠". 그리고 그녀는 이렇게 덧붙였다. "이 문학 그리고 특히 푸코는 부르주아 의식에 가장 좋은 알리바이를 제공해 주고 있습니다. 그는 역사와 실천, 다시 말해 참여

---

26 「장 폴 사르트르는 답한다」Jean Paul Sartre répond, 『라르크』*L'Arc*, n° 30, 1966.

27 시몬 드 보부아르Simone de Beauvoir, 『아름다운 이미지들』*Les Belles images*, Paris: Gallimard, 1966, p.94. 또 다른 주인공이 다음과 같이 말하는 pp.149~150도 보라. "시대에 뒤떨어졌어. 당신은 그 단어를 입에 달고 다닌다. 고전주의 소설, 그건 시대에 뒤떨어졌어. 휴머니즘, 그건 시대에 뒤떨어졌어. 하지만 내가 발자크나 휴머니즘을 옹호할 때면 나는 시대를 앞서 가는 것이다. …… 그렇다. 유행과는 다른 어떤 것이 있다. 가치나 진리 같은 것들."

(engagement)를 말살했어요. 인간도 말살했구요. 그러니까 더 이상 비참도 불행도 없는 것이죠. 체계밖에는 없다는군요. 『말과 사물』은 테크노크라트적 부르주아지에게는 가장 유용한 도구입니다. 사람들은 이런 사상을 기다렸어요. 사르트르가 『라르크』와 가진 인터뷰에서 말했듯이 이건 사람들의 기대 이상으로 훌륭한 것이군요."[28]

출판 당시 『말과 사물』이 가끔 '우익' 서적으로 간주되었던 것은 분명해 보인다. 70년대에 푸코와 친하게 될 로베르 카스텔도 1968년 3월 마르쿠제의 『이성과 혁명』 프랑스어판 서문에서 그런 식으로 소개했다. 그는 푸코가 "인간, 인간의 지배, 인간의 해방에 대해 말하고 싶어 하는 모든 사람들…… 그리고 좌파 또는 좌경화된 사람들의 모든 성찰의 형태들"에 대해 조용히 철학적인 비웃음을 던지고 있음을 놓치지 않고 간파했다. 카스텔은 거기서 마르쿠제에 대한 직접적인 공격을 읽었다.[29]

"부르주아지는 불쌍하기도 하지. 자신들을 지킬 성채가 고작 내 책밖에 없다니"라고 푸코는 빈정거렸다. 그리고 1968년 초에 프랑스 앵테르 방송에서 한 기자의 질문을 받고, 사르트르가 15년 전 공산주의자들이 실존주의를 파문하기 위해 써먹었던 용어를 그에게 다시 들이대는 것은 야릇한 역사적 아이러니라고 말했다. 그리고 푸코는 장 폴 사르트르의 공격에 다음과 같이 차갑게 대꾸했다. "사르트르는 내 책을 읽기에는 해야 할 일이 너무나 많다. 문학·철학·정치적인 너무나 중요한 책들을 써야 하기 때

---

28 「시몬 드 보부아르가 『아름다운 이미지들』을 말하다: 자클린 피아티에와의 인터뷰」Simone de Beauvoir présente *Les Belles images* : Entretien avec Jacqueline Piatier, 『르 몽드』*Le Monde*, 23 décembre, 2006.

29 카스텔, 「서문」Introduction, 허버트 마르쿠제, 『이성과 혁명』*Reason and Revolution*, 로베르 카스텔과 피에르 앙리 공티에 옮김trans. Robert Castel et Pierre-Henri Gonthier, Paris: Minuit, 1968.

문에 시간이 없어서 그는 책을 읽지 못했다. 그래서 그가 하는 말은 전혀 적실성이 없어 보인다.”

기자가 ‘역사의 거부’라는 사르트르의 문구를 상기시키자 푸코는 이렇게 대답했다. “그 어떤 역사학자도 내게 이런 식의 비난을 한 사람은 없다. 철학자들에게는 일종의 신화가 있다. 당신도 알다시피 철학자들은 자기 분야가 아닌 학문에 대해서는 일반적으로 매우 무지하다. 철학자들이 생각하는 수학이 따로 있고, 그들이 생각하는 생물학이 따로 있다. 역사도 역시 그들이 생각하는 역사가 따로 있다. 철학자들이 생각하는 역사, 그것은 개인의 자유와 경제적·사회적 결정이 한데 뒤섞인 거대하고 광대한 연속성이다. 그 커다란 주제들, 예컨대 연속성, 인간의 자유의 효과적 행사, 개인적 자유와 사회적 결정의 연결 등을 건드리기만 하면, 혹은 그 세 개의 신화 중 하나를 스치기만 하면 그 충성스러운 사람들은 역사의 침해 또는 역사의 살해라고 소리를 지른다. 그러나 블로흐나 뤼시앵 페브르 같은 중요한 역사학자들, 혹은 영국의 사학자들은 벌써 오래전에 이런 역사의 신화에 종지부를 찍었다. 철학자들은 역사를 전혀 다른 양식으로 실천하는데 그것은 역사라기보다는 하나의 신화다. 내가 역사를 죽였다고 비난하는 사람들의 역사가 바로 그런 철학적 신화다. 그런 역사를 내가 죽였다면 나는 더 이상 그런 영광이 없겠다. 내가 죽이고자 했던 것은 바로 그런 역사이지 전혀 일반적인 역사가 아니다. 나는 역사를 죽인 것이 아니라 철학자들의 역사를 죽인 것이다. 그렇다. 나는 정말로 그것을 죽이고 싶다.”

이 쇼킹한 녹음 내용을 『라 켕젠 리테레르』에 전문 게재했을 때 그것은 큰 반향을 불러일으켰다. 그리고 푸코는 다음 호에서 자기가 이 인터뷰의 게재를 허락한 적이 없으며, 또 그런 말을 한 기억도 없다고 해명했다. 사르트르에 대한 코멘트는 사적 담화의 형식으로 한 것이지 방송되거나 게재되도록 한 것은 아니라고 했다. 그리고 그는 사르트르에게 찬사를 바쳤다. "18개월 전부터 나는 모든 응답을 자제했다. 나에게 제기된 문제들, 내가 봉착한 문제들, 논리적으로 표명된 반박들, 특히 사르트르의 반박에 대해 어떤 대답을 준비해야 했기 때문이다……. 나는 사르트르의 작품, 그리고 그의 정치적 행동들이 한 시대의 획을 긋는 것이라고 생각한다. 물론 몇몇 사람들이 지금 다른 방향으로 연구를 하고 있는 것도 사실이다. 역사적 방법적 해석에서 내가 한 사소한 작업을 감히 그의 작품과 비교하는 것을 나는 결코 받아들일 수 없을 것이다."[30] 아마도 그는 『지식의 고고학』이 나왔을 때 했던 것처럼 논쟁을 이론의 영역으로 돌리려 했던 것 같다. 다시 말하면 저자를 최대한 존경하고 존중하면서 하나의 저서, 하나의 사상을 비판하는 것이 가능한 그런 영역에서 말이다. 그렇게 하면 그가 말려들었던, 그리고 그가 약간 방치했던 격렬한 논쟁을 피할 수 있을 것이다. 그는 그 논쟁들의 어조를 유감스럽게 생각했고, 특히 자기가 준비 중인 철학적 기획의 이미지와 영향력을 손상시키지나 않을까 걱정했다.

그보다 한 해 앞서 1967년 1월에 『현대』지는 『말과 사물』을 격렬하게 비난하는 논문 두 편을 실었는데 그 필자는 미셸 아미오(Michel Amiot)와 실비 르봉(Sylvie Le Bon)이었다. 캉길렘이 평소의 신중한 태도에서 벗어난 것은 이와 같은 사르트르 진영의 대대적인 공세에 반격을 가해기 위해서였다. 그는 『크리티크』지에 푸코에 대한 긴 논문을 실었다. 아마도 푸코에 대해 쓰여진 글 중에서는 가장 훌륭한 것 중의 하나일 것이다. 이 과학

---

30 푸코, 「푸코가 사르트르에 대해 답하다」Foucault répond à Sartre, 『라 켕젠 리테레르』*La Quinzaine littéraire*, n° 46, 1 mars 1968. (『말과 글』*Dits et écrits*, tome 1, texte n° 55, pp.690~696.); 「푸코의 해명기사」la mise au point de Foucault, 『라 켕젠 리테레르』*La Quinzaine littéraire*, n° 47, 15 mars 1968. (『말과 글』*Dits et écrits*, tome 1, texte n° 56, pp.697~698.)

사학자는 옛 고등사범 동창인 사르트르의 태도를 보고 크게 놀라 "우리 시대의 머리 좋은 사람들 몇몇이 그랬듯이 그도 그렇게 냉정을 잃을 필요가 있었을까?"라고 자문한 뒤 이렇게 말했다. "대학사회에 들어가기를 거부했던 사람이 후배에게 강의를 물려줄 때 분격해 하는 대학교수처럼 행동해야만 했던가?" 그리고 ——다소 여성비하적 용어를 써 가며—— 보부아르의 인터뷰에 대해서도 화를 냈다. "'먼지'라는 말을 썼는데, 그건 좋다. 그러나 가구 위의 먼지는 주부의 게으름을 나타내는 척도지만 책 위의 먼지는 여류 작가의 경박함을 나타내는 척도다." 사르트르의 개인 신상에 대해 몇 마디 한 후 그는 근본적인 문제에서 반격을 시도했다. "푸코의 대부분의 비판자들이 언급한 것과는 달리 고고학이라는 용어는 그의 의도를 적절하게 나타내 주는 정확한 말이다. 그것은 사건의 개념이 보존되어 있는, 그러나 사건들이 인간이 아닌 개념에 영향을 미치는 그러한 **또 다른 역사**의 조건이다." 캉길렘은 논쟁의 정치적 양상에 대한 언급으로 자신의 글을 마무리지었다. 사람들은 푸코가 인간을 '체계'로 대치시켰다는 것 때문에 그를 반동적이라고 규정했던가? 그러나 이미 20년 전에 논리학자이며 탁월한 인식론자인 장 카바이예스(Jean Cavaillès)가 철학에 부여한 임무가 바로 그것이 아니었던가? "체험적·반성적 의식 대신 개념·체계 또는 구조를 더욱 중시할 것"이라고 주장했던 카바이예스는 위대한 항독 레지스탕스 운동가로 독일군에 총살되었다. "스스로 스피노자의 계승자임을 밝히고, 실존적 의미에서의 역사를 믿지 않았던, 그리고 죽을 때까지 자신의 참여에 의해 비극적 역사에 이끌려 갔다고 믿었던 카바이예스는 소위 구조주의를 폄하하려는 사람들의 논쟁을 앞질러 피할 수 있었다. 이들은 구조주의의 여러 비행 중에서도 특히 완료형 앞의 수동태를 사용하는 것이 잘못이라고 비난했다."[31] 캉길렘의 이 글은 역사적으로 매우 중요하다. 그것을 과소평가한다면 큰 잘못을 저지르는 일일 것이다. 왜냐하면 이 글을 통해 이 과학철학자가 프랑스 철학계에서 담당하고 있는 보이지 않는 역할이 대중에게 처음으로 드러났기 때문이다. 그 얘기를 좀더 해보자면 1950년 대와 1960년대에 철학이라는 전문분야에서 양극을 형성했던 두 대가가 사르트르와 캉길렘이라는 것이 백일하에 드러난 것이다. 캉길렘이 실존주의와 개인주의에 대항하는 이론적 도구들을 만들어 낸 제자를 많이 갖고 있다는 사실도 잊어서는 안 된다. 알튀세르와 라캉의 제자들이 1966년 고등사범에서 '인식론 서클'을 조직하고 동인지 『분석 노트』를 발간하기 시작했을 때 우리는 이 옛 장학관이 프랑스 철학계에서 차지하고 있는 중심적 위치를 잘 볼 수 있었다. 이 잡지는 매호마다 캉길렘의 인용문을 표지의 제사(題辭)로 삼았던 것이다.[32]

---

31 조르주 캉길렘, 「인간의 죽음과 코기토의 소진」, 『크리티크』*Critique*, n° 242, juillet 1967. 우리는 캉길렘의 이 분명한 입장을 1969년 10월 28일 프랑스 퀼튀르France Culture에서 방송한 장 카바이예스 애도사에서 다시 발견할 수 있다. "그에 대해 말하려면 우선 부끄러움이 앞선다. 왜냐하면 우리가 그 보다 더 오래 살아남았다는 것은 그보다 일을 덜했다는 의미이기 때문이다. 그러나 그에 대해 말하지 않는다면 누가 이 불굴의, 앞뒤 돌보지 않는 용감한 참여와 일부 항독 지식인들과의 차이점을 밝혀내겠는가? 이들은 자신들만이 레지스탕스를 말할 자격이 있다는 오만한 생각으로 끊임없이 자기들 얘기만을 하고 있다. 레지스탕스에 대해 그들이 이때까지 말없이 있기라도 했단 말인가? 요즈음 몇몇 철학자들은 다른 일부 철학자들이 주체를 배제하는 철학의 관념을 수립했다고 분노의 목소리를 높이고 있다. 아마도 카바이예스의 철학 작품이 이 관념과 관련하여 거론되는 모양이다. 그의 수학 철학은 물론 장 카바이예스라는 인물과 일시적으로 불안하게 동일시될 수 있는 어떤 주체를 참조하며 수립되지는 않았다. 장 카바이예스가 완전히 부재한 이 철학이 그로 하여금 치밀한 논리의 길을 통해 다시는 되돌아올 수 없는 그 통로까지 가게 만들었다. 장 카바이예스, 그는 죽음에 이르기까지 직접 몸으로 체험한 레지스탕스의 논리 그 자체다. 실존과 인간의 철학자들은 능력이 있다면 자기들도 다음 번에 그렇게 하면 될 것이다." 캉길렘, 『장 카바이예스의 삶과 죽음』*Vie et mort de Jean Cavaillès*, Ambialet: Pierre Laleure libraire-éditeur, 1984, pp.38~39 참조.
32 인식론 동호회가 『말과 사물』에 대해 푸코에게 질문한 것은 명백히 캉길렘의 이 기사를 바탕으로 한 것이다. 푸코의 대답은 『분석 노트』*Cahiers pour l'analyse*, juillet 1968에 실렸고, 이것이 『지식의 고고학』의 초안이 되었다.

상당수의 좌파 인사들에 의해 '우익'으로 몰리긴 했지만 구조주의는 루이 알튀세르 주변 그룹에서 번창했는데 이 그룹은 1968년 직전 그리고 그 이후에 마오이즘적 극좌운동의 핵이 되었다. 알튀세르가 1960년대와 1970년대에 모든 고등사범 학생들에게 끼친 영향은 오늘날에는 상상하기가 좀 어렵다. 1965년 『맑스를 위하여』와 『『자본』을 읽자』가 출판된 직후 알튀세르는 정말로 "그 어떤 동시대의 철학자들도 야기하지 못했던 열정, 열광, 모방"[33]의 대상이 되었다. 좌파, 그것도 좌파 중의 좌파에 자리 잡았던 이론적이면서도 동시에 정치적인 열정이었다. 푸코는 1968년 3월 스웨덴에서 가진 인터뷰에서 이 점을 강조했다. 가로디가 옹호하는 "무르고 미지근하고 인간적인" 맑시즘에 대해 그는 알튀세르의 제자들이 내세우는 역동적이고 쇄신적인 맑시즘을 대립시켰다. 그들은 '공산당의 좌익'이며 구조주의적 명제에 매우 호감을 갖고 있다고 푸코는 말했다. "사르트르와 가로디가 구조주의는 전형적으로 우익의 이데올로기라고 주장할 때 그들의 계략이 무엇인지는 당신도 잘 아실 겁니다"라고 푸코는 인터뷰 질문자에게 설명했다. "실제로 좌익 안에 있는 사람들을 우익 공모자로 몰아붙이기 위한 것이죠. 그렇게 함으로써 자기들만이 프랑스 좌파와 공산당을 대변한다는 것입니다. 그러나 그건 비열한 조작에 불과해요."

푸코는 구조주의의 용어 안에서 진행되는 이론적 성찰과 정치적 행동 사이의 관계를 좀더 일반적인 방식으로 재정립하려는 시도를 하기도 했다. "나는 경제적·정치적·이데올로기적 구조들이 기능하는 엄격한 이론 분석의 방식이 정치적 행동에 반드시 필요한 조건이라고 생각한다. 정치

---

33 르루, 『몽유병 환자의 깨어남』, pp.282~302. 특히 알튀세르의 사후 자서전 『미래는 오래 지속된다』 참조.

적 행동이란 구조들을 다루는 방식이며, 결국 구조를 바꾸고 뒤흔들어 그것을 완전히 변형시키는 방법이기 때문이다. …… 나는 구조주의가 오로지 책상머리 지식인들의 이론적 활동이라고는 생각지 않는다. 그것은 실천에 접목될 수 있으며, 또 반드시 접목되어야 한다고 생각한다." 그리고 논의를 좀더 진전시켜 이렇게 말했다. "나는 구조주의가 모든 정치적 행동에 반드시 필요한 분석적 도구를 줄 수 있어야 한다고 믿는다. 정치라고 해서 꼭 무식할 필요는 없을 것이다."[34]

그러나 그후 얼마 안 가서 푸코는 구조주의자로 지칭되기를 거부했고, 이 꼬리표 밑에 분류되는 것 자체를 자신에 대한 도전으로 간주하기까지 했다. 이처럼 제멋대로 불리워진 명칭 주변에서 일어난 모든 논쟁들을 어떻게 생각해야 할까? 그리고 격렬하면서도 종잡을 수 없는 이 논쟁 속에서의 푸코의 생각은 또 어떻게 보아야 할까? 그는 구조주의자였는가, 구조주의자가 아니었는가? 오늘날 클로드 레비 스트로스는 푸코가 그 명칭을 거부한 것이 일리가 있다고 말한다. 왜냐하면 그 두 사람의 작품 사이에는 아무런 공통점이 없기 때문이다. 그리고 학자들이 공공장소에서 벌인 그 모든 소란은 사실 덧없는 유행의 현상이었기 때문이다.

한 가지 확실한 것은 모든 평론가들이 푸코를 단숨에 '구조주의 진영'에 편입시켰다는 사실이다. 『라 켕젠 리테레르』지에 실린 모리스 앙리(Maurice Henry)의 그 유명한 일러스트레이션,[35] 즉 레비 스트로스, 라캉, 바르트, 푸코가 인디언 복장을 하고 함께 이야기를 하고 있는 그림은 당시

---

34 푸코, 「I. 룬둥과의 인터뷰」, 칼 구스타프 뷔르스트렘 옮김, 『보니에 리테레라 마가쟁』*Bonniers litterära Magasin*, Stockholm, n° 3, mars 1968. 번역문은 약간 다르다.
35 『라 켕젠 리테레르』*La Quinzaine littéraire*, n° 1, 1 juillet 1967.

일반인들의 생각을 표현한 것에 불과하다. 신문과 잡지들은 특히 그들의 공통점과 차이점을 말할 때 구조주의 또는 구조주의자라는 말을 자주 썼다. 근본적으로 무엇이 문제인가? 다음과 같은 사실을 우리는 확인할 수 있다.

①우선 푸코 자신이 스스로 이 용어 안에 안주했고, 그 꼬리표(그리고 그것이 가져다주는 상징적 이익)를 요구하기까지 했다. 특수 연구 분야에서 생겨난 구조주의적 사유를 일반화시키고 거기서 철학을 이끌어 내는 역할까지 자임했다. 1967년 4월 2일 튀니스의 한 신문과 가진 인터뷰에서 그는 이 문제에 대해 길게 설명했다. "독자들은 당신을 구조주의의 사제라고 생각한다. 왜 그런가?"라는 질문에 그는 이렇게 대답했다. "나는 기껏해야 구조주의의 '복사'(服事)일 뿐이다. 내가 종을 흔들면 신자들은 무릎을 꿇고 비신자들은 소리를 지른다. 그러나 여하튼 미사는 벌써 오래전에 시작되었다." 이어서 좀더 진지하게 그는 구조주의를 두 가지 형태로 정의했다. 그 하나는 언어학·종교사학·민족학 등 특정 분야를 풍요롭게 해주는 방법이며, 또 한편으로는 "비전문적 이론가들이 우리 문화의 이러저러한 실천 혹은 이론 사이의 관계들을 정의할 때 유용하게 쓸 수 있는 방법이다. 다시 말하면 어떤 특정 분야에 한정된 것이 아니라 좀더 일반화된 구조주의다. 그것은 또한 우리 자신의 문화, 현재 우리가 살고 있는 세계, 우리의 현대성을 규정지어 주는 모든 이론과 실제의 관계들에 관련이 있다. 세계를 진단하는 것이 철학의 역할이라는 것을 인정한다면 구조주의야말로 모자람 없는 철학행위다."

그러니까 구조주의 철학은 '오늘날'을 진단하는 철학이라는 이야기이다. 푸코가 나중에 새롭게 정치와 조우할 때 제안했던 지식인의 역할이 이미 이 안에 다 들어 있다. 그러나 무엇보다 중요한 것은 자신을 분명하게

'구조주의자'[36]라고 정의했다는 점이다.

②둘째로 푸코는 대부분의 사람들에 의해 구조주의자로 인식되었다. 그의 '적들'만이 그렇게 생각한 것이 아니었다. 한 가지 예만 들어 보아도 1967년에 쓰여진 「구조주의란 무엇인가?」(Qu'est-ce que le structuralisme?)라는 요지의 글 속에서 질 들뢰즈는 레비 스트로스, 라캉과 함께 알튀세르, 푸코를 나란히 언급했다. 물론 그들 사이에 커다란 차이점이 있다는 것을 잘 알고 있었다.그래서 그는 '구조주의를 구별하는 방법'에 논지를 집중시키고, 각기 상이한 관심을 상이한 방향으로 전개시킨 이들의 작품 속에서 구조주의적 특징을 발견해 내는 형식적 기준을 마련했다.[37]

③푸코가 곧 격렬하게 구조주의라는 꼬리표를 거부한 것은 사실이다. 1969년의 인터뷰에서 그는 이렇게 대답했다. "각기 다른 작품들에 '구조주의'라는 꼬리표를 붙이는 사람들은 우리가 어떤 점에서 그러한지를 말해야만 한다. 버나드 쇼와 찰리 채플린의 차이점이 무엇인가라는 수수께끼를 당신은 잘 알 것이다. 둘 사이에는 차이점이 없다. 왜냐하면 채플린을 제외하고는 둘 다 턱수염을 갖고 있으므로!"[38] 1981년에 그는 푸코 연구서를 준비하고 있던 허버트 드레이퓌스와 폴 라비노에게 자신은 한 번도 구조주의자였던 적이 없으며, 인간과학을 실천하는 사람이기보다는 그

---

36 푸코, 「구조주의 철학은 현대사회를 진단해 준다」La philosophie, structuraliste permet de diagnostiquer ce qu'est 'aujourd'hui', 『라 프레스 드 튀니스』La Presse de Tunis, 2 avril 1967. (『말과 글』Dits et écrits, tome1, texte n° 47, p.608.)

37 들뢰즈, 「무엇으로 구조주의를 알아보는가?」À quoi reconnaît-on le structuralisme?, 프랑수아 샤틀레François Châtelet, 『철학의 역사 4: 20세기의 철학』Histoire de la philosophie 4: La Philosophie au XXe siècle, Belgique: Marabout, 1979, pp.293~329; 들뢰즈, 『버려진 섬 그리고 다른 텍스트들』L'Ile déserte et autres textes, Paris: Minuit, 2002, pp.238~269.

38 푸코, 「한 세계의 탄생」La Naissance d'un monde, 『르 몽드』Le Monde, 3 mai 1969.(『말과 글』Dits et écrits, tome1, texte n° 68, pp.814~817.)

것을 밖에서 들여다보는 관찰자의 입장에서 자기 책의 부제를 '구조주의의 고고학'(이 말에서 우리는 그가 구조주의자가 아니라는 의미는 읽을 수 없다. 아마도 그는 현재 시점에서 새롭게 나타나는 에피스테메를 진단——또는 찬양——한다는 의미로 이 말을 사용했던 듯하다)으로 할까 생각한 적이 있다고 말했다. 그러나 그는 '구조주의라는 용어에 매료된' 이 두 미국인 학자들에게 이 용어의 사용을 허락하지 않을 수 없었다. 드레이퓌스와 라비노는 푸코의 구조주의 시대와 그 '실패'에 대해 한 장 전체를 할애했다.[39]

1970년대 초에 이 명칭이 도처에서 사용되는 것에 짜증이 난 조르주 뒤메질과 마찬가지로 자신의 이론적 접근을 새로운 문맥 속에 재구성하려던 루이 알튀세르도 '구조주의'와 거리를 두려 했다. 근본적으로 푸코의 거부는 1960년대 말에는 뒤메질의 거부와 닮아 있었고, 두번째 1970년 초에는 알튀세르의 거부와 비슷했다. 알튀세르만 그랬던 것이 아니다. 1968년 이후 정치적 분위기는 구조주의의 새로운 사유에 흥미를 느꼈던 많은 사람들을 이 사조로부터 멀어지게 했다. 그들은 거리의 구호에 호응하기 위해 구조주의로부터 멀어졌다(『의미의 논리』를 끝내고 『앙티 오이디푸스』 *Anti-OEdipe*를 준비하던 들뢰즈의 경우가 우선 그랬다. 그는 구조적 정신분석을 거꾸로 뒤집는 작업을 했다. 아주 과격하게 『지식의 고고학』 *Archéologie du savoir*에서 『감시와 처벌』로 넘어가던 푸코의 경우도 그마찬가지다).

얼마 후에 푸코는 조금 때늦기는 했지만 구조주의 사조에 대한 프랑스인들의 적대감을 분석하려 했다. 그는 사르트르의 말을 흉내 내어, 거기서 사상의 도도한 흐름을 막으려는 맑시즘의 마지막 시도를 보았다. 구조

---

39 허버트 드레이퓌스Hubert Dreyfus·폴 라비노Paul Rabinow, 『미셸 푸코: 철학 산책』*Michel Foucault: Un parcours philosophique*, Paris: Gallimard, 1984.

주의는 맑스주의의 교조성에 경종을 울렸고, 공산주의의 영향하에 있던 프랑스 문화는 구조주의가 맑시즘을 부식시키는 힘이 있음을 감지했다. 그것은 놀라운 일이 아니라고 푸코는 설명한다. 왜냐하면 구조주의는 애초에 동구에서 시작된 운동인데(러시아인이었던 야콥슨에 의해, 그리고 형식주의자들에 의해) 전통적으로 스탈린주의자들은 이미 그 발생지에서부터 그 운동을 억누르고 제거해 버리려 애썼기 때문이다. 이 가설에 구체성을 부여하기 위해 푸코는 다음과 같은 일화를 소개했다. 1967년 그는 헝가리에 강연을 하러 갔다. 모든 것이 나무랄 데 없이 준비되었다. 그가 구조주의를 강연하는 날 원형강의실에는 청중이 잔뜩 모여들었다. 그런데 갑자기 학장이 자기 사무실에서 소규모의 강연을 하라고 말했다. 주제가 일반 학생들에게는 너무 어렵기 때문이라는 것이 그 이유였다. '이 말, 이 주제, 이 사상 속의 그 무엇이 그토록 그들을 겁나게 하는 것일까?'라고 푸코는 자문한다. 그의 해석은 1978년 두치오 트롬바도리에게 주어졌다.[40]

*　　*　　*

푸코에게는 성공이 어울렸다. 1966년 봄에 그를 만난 사람들은 모두 그가 아주 행복해 보였다고 말한다. 그는 틀림없이 자신의 새로운 인기와 성공에 매혹된 듯이 보였다. 그 자신도 자기 책에 만족했을까? 행복감이 일단 사라지자 그는 자신에게 명성을 안겨 준 책을 냉정한 시선으로 바라보게 되었다. 그리고 그 책은 자신이 이때까지 쓴 책 중 가장 못한 것으로 비쳐졌다. 피에르 노라에게 더 이상 그 책을 출간하지 말라고 부탁했던 시기조

---

40 트롬바도리,『푸코 심포지엄』, pp.49~60. 나는 여기서 프랑스어로 된 오리지널 녹음의 텍스트를 인용했다.

차 있었다. 우리는 앞에서 푸코가 『정신병과 인격』의 배포를 허용하지 않기로 결정했던 것을 본 적이 있다. 그 책을 완전히 다시 손질하여 새로운 판으로 내놓고는 거기에 또 금지명령을 내린 것이다.

『광기의 역사』에 대해서는 푸코의 자기비판이 조금 다른 식으로 전개되었다. 초판 발행 후 11년 만에 나온 재판에서 그는 광기의 근원적 '체험'을 너무 강조한 초판의 서문을 뺐다.

『말과 사물』에 대해서는 그것을 정확하게 설명하기 위해 또 다른 한 권의 책이 필요했다. 이 책의 오독에 대한 답으로, 또는 어떤 오해를 불식시키기 위해, 그리고 문제가 되었던 개념들을 분명하게 밝히고 스스로 '구조주의'에서 벗어나기 위해 푸코는 1969년에 『지식의 고고학』이라는 책을 펴냈다. 1972년 『임상의학의 탄생』의 재판을 찍을 때에도 그는 역시 몇 개의 용어를 수정했다. 예를 들면 "우리는 여기서 어느 특정 시대의 특정의 기표——의학적 체험의 기표——에 대한 구조적 분석을 시도하는 바이다"라는 문장을 "우리는 여기서 어느 특정 시기의 한 종류의 담론——의학적 분석의 담론——을 분석하려 한다"로 고쳤다. 그 다음 페이지에서도 역시 구조적 연구의 개념은 사라졌다.[41]

그러니까 푸코는 매 단계마다 연속적인 수정작업을 하는 사람이다. 그는 열심히 일하고 나서는 그것을 모두 바꾼다. 『지식의 고고학』에서 그는 그럴 권리를 요구했다. "수많은 고통과 희열 속에서 글을 쓰고, 머리를 숙인 채 고집스럽게 일에 전념하는 한편으로 나는——약간 허약한 손으로——내가 그 안에서 모험을 감행할 미로를 하나 마련한다. 그 미로 안에서 나는 내 가설을 이리저리 옮기고, 그 가설에 지하통로를 파 주기도 하

---

41 푸코, 「서문」, 『임상의학의 탄생』, p.xiv, p.xv.

고, 원래의 자리에서 멀리 떨어져 그것을 깊숙이 땅에 박기도 하고, 그 가설의 경로를 요약해 주거나 또는 왜곡하는 돌출물을 가설하기도 한다. 거기서 나는 길을 잃고, 결코 더 이상 만나지 않게 될 시선들 앞에 내 자신을 노출시킨다. 이렇게 얼굴을 갖지 않기 위해 글을 쓰는 사람들이 나 말고도 더 있을 것이라 생각된다. 내가 누구인지 묻지 말고, 나에게 언제나 똑같은 모습으로 남아 있기를 강요하지 말라. 그것은 호적 관리의 도덕일 뿐이다. 그 도덕은 우리의 서류를 지배한다. 그러나 글을 쓸 때만은 우리를 제발 좀 자유롭게 내버려 두었으면 좋겠다."[42]

그러나 그가 나중에 자신의 저서들을 회고적으로 뒤돌아볼 때, 그의 '형식주의' 시기의 두 작품인 『말과 사물』, 그리고 『지식의 고고학』이 가장 애착을 갖는 작품이 아닌 것만은 분명하다. 그는 이것들이 자신의 '진정한 책'이 아니라고까지 말했다. 그가 진정 자신의 책이라고 생각하는 것은 광기, 범죄, 섹슈얼리티 등등에 대한 저작들이다.

*   *   *

『말과 사물』이 일으킨 모든 반응 중에서 푸코의 마음에 가장 와 닿는 것이 하나 있었다. 그것은 르네 마그리트의 편지였다. 1966년 5월 23일 이 화가는 그에게 유사와 상사(相似)의 개념에 대한 자신의 생각을 써서 보냈다. 편지 안에 일러스트레이션 몇 장을 동봉했는데 그중에 「이것은 파이프가 아니다」(Ceci n'est pas une pipe)의 복제본도 들어 있었다. 감사의 답장을 보내면서 푸코는 마네의 「발코니」(Le Balcon)를 모작한 그의 그림들에 대해 문의했다. 이 그림들이 특히 푸코의 마음을 사로잡았기 때문이

---

42 푸코, 『지식의 고고학』*L'Archéologie du savoir*, Paris: Gallimard, 1969, p.28.

다. 그러자 마그리트는 이렇게 대답했다. "내 그림(「원근법: 마네의 발코니」 Perspective: Le Balcon de Manet)에 대한 당신의 질문은 질문 속에 이미 답이 들어 있습니다. 나로 하여금 마네가 하얀 형상들을 보았던 그곳에서 관(棺)들을 보게 한 것, 그것이 바로 내 그림의 이미지입니다. 나의 그림 안에 관들이 놓여지기 위해서는 「발코니」의 장식이 가장 잘 어울렸던 것입니다." 그리고 편지의 말미에 이렇게 덧붙였다. "사유될 만한 가치가 있다고 내가 생각하는 것과 루셀 사이의 어떤 유사성을 당신이 알아봐 주어서 기쁩니다." 이 편지 교환에서부터 푸코의 마그리트 연구가 생겨났다. 1973년 『카이에 뒤 슈맹』지에 실리고 나중에 단행본으로 나온 『이것은 파이프가 아니다』가 그것이다. 마네에 대한 마그리트의 답변은 푸코가 그때 막 쓰기 시작한 다른 책에 활용되었다.[43]

---

43 푸코, 「이것은 파이프가 아니다」Ceci n'est pas une pipe, 『카이에 뒤 슈맹』Cahiers du chemin, janvier 1968. 1973년 파타 모르나가 출판사에서 르네 마그리트René Magritte의 편지 두 장과 함께 단행본으로 출간. 푸코의 편지는 르네 마그리트의 『전집』Œuvres complètes, Paris: Flammarion, 1979, p.521에 수록되어 있다.

6장
광활한 바다

미셸 푸코가 튀니스에 도착한 것은 『말과 사물』이 일으킨 영광의 후광 속에서였다. 왜 그는 또다시 프랑스에서 멀리 떨어져 나갔는가? 물론 더 이상 클레르몽페랑에서 가르치기 싫어서였다. 그러나 다른 곳에 자리를 마련한다는 것은 쉬운 일이 아니었다. 그럼 왜 하필 튀니스였을까? 그것은 다시한번 이상한 우연의 장난이었다. 그 당시 튀니스 대학 철학과의 학과장은 영미철학을 전공한 프랑스인 제라르 들르달이었다. 그는 1963년에 튀니스에 와서 당시에는 없었던 철학과를 이 대학에 개설했다. 1964년에는 옛 은사인 장 발에게 비트겐슈타인에 관한 특강을 부탁했다. 강연하기 위해 온장 발에게 그는 튀니스에 와서 자기와 함께 학생들을 가르치지 않겠느냐고 청했고, 장 발은 그 제의를 수락했다. 그러나 장 발은 가정문제 때문에, 그리고 심한 향수병 때문에 한 학기만 강의한 후 파리로 돌아갔다. "돌아간지 몇 달 되지 않아 그는 한 리셉션에서 장 도르메송을 만났는데, 그로부터 미셸 푸코가 더 이상 클레르몽페랑에서 강의하고 싶어 하지 않는다는 이야기를 들었다고 내게 편지를 썼다. 그러면서 장 도르메송이 이곳의 자리가 여전히 비어 있는지를 묻더라고 했다"라고 제라르 들르달은 말한다.

과연 그랬다. 그러나 세상 일은 그리 간단한 것이 아니다! 우선 튀니지 당국에 문의해야 했다. 당국으로부터 허가가 나오자 들르달은 푸코에게 정식으로 지원서를 내라고 요청하는 편지를 썼다.[1] 프랑스 쪽에서는 아무런 문제가 없었다. 장 시리넬리가 모든 것을 책임졌다. 이제 푸코는 외무부의 친절한 배려 덕분에 행정적으로 클레르몽페랑에서 '떨어져 나오게' 되었다. 계약 기간은 3년이었다. 그러나 푸코에게 있어서 이 자발적인 새로운 유배는 차라리 다음 단계를 기다리는 장소였다. 그가 원하는 것은 파리의 교수 자리였기 때문이다.

1966년 9월 말에 그는 튀니지에 도착했다. "한니발 장군과 성 아우구스티누스가 사는 모습을 지켜본 나라, 역사의 축복을 받은 이 나라는 언제까지나 살고 싶은 나라다"라고 그는 어느 날 카르타고 유적지를 산책하던 중 젤릴라 하프시아[2]에게 말했다. 이 고고학적 유적지는 넓은 바다, 눈부신 태양과 함께 그 숨 막히는 아름다움으로 인해서 그곳을 거니는 사람들에게 시간과 세계의 심연 속에 푹 잠기고 싶은 강렬한 욕구를 느끼게 해주었다. 그러나 카르타고 이전에 푸코는 또 다른 경치의 광채를 먼저 발견했다. 제라르 들르달과 그의 아내는 공항으로 마중 나와 그들이 살고 있는 시디 부 사이드로 그를 안내했다. 그들은 그를 다르 사이드의 작은 호텔에 투숙시켰는데 그 호텔의 방들은 모두 정방형의 안뜰로 창이 나 있었고 재스민과 오렌지 향내가 감돌았다. 푸코가 튀니지 체류 중의 2년간을 보낸 것은 바로 이 마을에서였다. 튀니스에서 몇 킬로미터 떨어져 있는 이 마을은

---

1 제라르 들르달이 필자에게 보낸 편지, 1988년 4월 27일.
2 젤릴라 하프시아Jelila Hafsia, 「지성의 열정이 시디 부 사이드를 비췄을 때」Quand la passion de l'intelligence illuminait Sidi Bou Saïd, 『라 프레스 드 튀니스』*La Press de Tunis*, 6 juillet 1984.

만(灣) 위로 불쑥 튀어나와 있는 언덕에 자리 잡고 있었다. 꿈같이 아름다운 이 마을에서 그는 연달아 비슷한 집 세 곳을 옮겨 다녔다. 그 집들은 한결같이 흰색 벽에 푸른색 덧문이 나 있었다.

그 당시에 푸코를 자주 만났던 장 다니엘은 다음과 같이 회상한다.

그가 행복하게 지냈던 이 마을에서 사람들은, 새벽부터 만 쪽을 향해 있는 창가에 앉아 공부를 하고 태양빛을 탐하듯 즐기며 유유자적하던 푸코의 모습만을 기억한다. 내가 그를 찾아갈 때마다 우리는 빠른 속도로 힘차게 먼 거리를 걷는 산책을 함께하곤 했다. 그는 나를 서늘한 어둠 속에 잘 정돈된 방으로 안내하곤 했는데 그 방의 안쪽 끝에는 커다란 석판이 무릎 높이까지 돋우어져 있었고, 그는 그 위에 돗자리를 깔아 그것을 침대로 썼다. 그는 그 돗자리를 마치 아랍 사람이나 일본 사람들처럼 낮에는 개어 놓았다. …… 나의 튀니스 체류가 그의 은밀한 친구인 다니엘 드페르의 체류기간과 일치하는 때도 있었다. 그럴 때면 우리 셋은 모래톱이 사람들의 발길을 막아 주는 반도 모양의 해변으로 함께 나가기도 했다. 이 환상의 사막에서 달빛 같은 황토색 빛이 푸코에게 『시르트 해변』(*Le Rivage des Syrtes*)을 연상시켰다. 내가 그곳에 마지막으로 갔을 때 그는 자기 친구 롤랑 바르트가 호의적으로 재발견한 지드와 쥘리앙 그라크(Julien Gracq)를 떠올렸다. 이 경치 속에서 그는 철학을 떠난 것처럼 보였다. 그의 도피처는 언제나 문학이었다……:[3]

---

3 장 다니엘Jean Daniel, 「미셸 푸코의 열정」La Passion de Michel Foucault, 『르 누벨 옵세르바퇴르』*Le Nouvel Observateur*, 29 juin 1984.

그러나 그가 튀니지에 온 것은 철학을 가르치기 위해서였다. 그는 정말 성공적으로 그 일을 수행했다. 인문대학은 아브릴 9번가 50년대식의 큰 건물 안에 있었다. 전에 공립고교였던 것을 대학 건물로 변경한 것이다. 그 건물은 시주미 호수와 카스바 거리 위로 불쑥 튀어나와 있었다. 체류 초기에 푸코는 시디 부 사이드에서 튀니스까지 기차로 통근했다. 그는 걷기를 좋아해서 메디나 광장을 가로질러 부르기바 거리를 거슬러 올라갔다. 나중에는 차를 한 대 샀는데 '화려한 지붕 개폐식의 푸조 흰색 404'(그러니까 웁살라에 있을 때 타던 재규어와 약간 비슷한 것이다)라고 제라르 들르달은 말한다.

학생들은 그의 강의를 아주 열심히 들었다. 주제는 매우 다양했다. 왜냐하면 그는 학사과정 전체를 포함하는 세 학년을 다 맡았기 때문이다. 어느 학년에게는 니체를 강의했고, 또 어느 학년에게는 후설의 『데카르트적 성찰』(*Cartesian Meditations*)을 통해 데카르트를 강의했다. 미학에도 시간을 할애하여 환등기로 명화들을 보여 주면서 르네상스에서 마네까지의 회화의 흐름을 해설했다. 심리학도 소홀히 하지 않았다. '투사'(projection)에 대해 강의하는가 하면 심리학, 정신의학, 정신분석학의 이론들을 강의하기도 했다. 당연히 로르샤흐도 언급했으리라는 것을 우리는 짐작할 수 있다.

그의 옛 제자들이 아직도 존경의 마음으로 떠올리는 유명한 공개강좌의 제목은 '서구 사상에서의 인간'이었다. 『말과 사물』에서 별로 멀리 떨어진 것이 아니었다! 청중의 숫자는 매우 많았고——매주 금요일마다 2백 명 이상씩 몰려들었다——또 다양했다. 웁살라에서처럼 이 정기강좌는 그 도시의 문화계 인사들로부터 큰 호응을 얻었다. 모든 연배, 모든 직업의 사람들이 골고루 참여했다. 젊은이들도 그의 강의에 열광했지만 그의 정치적 견해에 대해서는 지지를 유보하는 입장이었다. 오늘날 그들의 증언을 들어 보면 그는 오랫동안 순전히 '드골주의 기술관료의 대표자', 또는 '튀니지를 이해하기에는 너무나 서구적인 인물' 등으로 보였다는 것이다. 맑시즘에 대한 그의 적대감도 학생들을 불쾌하게 만들었다. 그들은 그가 말끝마다 니체를 인용하는 것을 좋지 않게 생각했으며 그것을 그들에 대한 도전이라고까지 생각했기 때문에 그를 기꺼이 '우익'으로 분류했다. 들르달의 기억에 의하면 푸코는 강의실에 들어가기 전에 언제나 거의 패닉 상태였다고 한다. "그는 강의하는 것을 좋아하지 않았다. 강의실에 들어가기 전의 그의 모습을 한 번만 보면 무슨 말인지 이해할 수 있을 것이다. 그는 극심한 공포증을 갖고 있었고, 온몸에서 땀을 흘렸으며, 손을 비비 꼬았다. 그런데 일단 강의실에만 들어가면 그는 완전히 강의의 주제를 장악하는 것이다."[4]

푸코는 튀니스의 지식인사회와 대학사회에서 활발하게 활동했다. 그 도시에서 가르치고 있는 프랑스인 교수들과 알고 지냈으며 제라르 들르달 부부, 그리고 나중에 뱅센에서 다시 만나게 될 장 가테뇨와도 아주 친하게 지냈다……. 인문대학 학생들이 조직한 철학 클럽에도 관여했다. 그는 또 자신의 열렬한 팬인 젤릴라 하프시아가 운영하는 파스퇴르 가의 타하르 하다드 클럽에서도 강연을 했다. 거기서 두 번 강연을 했는데 첫번째는 1967년 2월의 '구조주의와 문학분석'이고, 두번째는 같은 해 4월에 한 '광기와 문명'이었다.

역시 1967년에 그는 장 이폴리트를 공식 초청했다. 당시 푸코의 조교였던 파트마 하다드는 푸코가 청중에게 자기의 옛 스승을 소개할 때 얼마

나 감격해 했는지를 지금도 기억하고 있다. 이폴리트는 '헤겔과 현대철학'에 대해서 강연할 참이었다. 시작하기 전에 그는 옆에 앉아 있는 푸코를 가리키며 "초청자가 뭔가 잘못 생각한 것 같습니다. 왜냐하면 현대철학은 바로 저기 앉아 있으니까요"라고 말했다. 방금 전에 푸코는 강연의 주제를 다음과 같이 소개했다. "오늘날 모든 철학적 성찰은 헤겔과의 대화입니다. 그리고 헤겔의 철학사를 공부한다는 것은 바로 현대철학을 실천하는 것입니다."

이폴리트의 경우와는 대조적으로 폴 리쾨르(Paul Ricœur)와의 '만남'은 구조주의의 논쟁이 극에 달했던 그 당시에 기독교적 개인주의 사상가와 『말과 사물』의 저자와의 사이의 격렬한 대치를 기대했던 튀니지 사람들에게는 좀 실망스러운 기억을 남겼을 뿐이다. 리쾨르는 카르타고 문화원의 초청으로 와서 언어철학에 대해 강연했다. 푸코는 그중 한 번의 강연회에 제라르 들르달과 함께 참석했다. "그는 내 옆에 앉아 쉴 새 없이 농담 섞인 코멘트를 했다. 리쾨르도 그것을 눈치챘다"라고 들르달은 회상한다. 그러나 막상 강연이 끝나고 대화시간이 되자 푸코는 한마디도 하지 않았다. 이 순간 들르달은 바로 그날 저녁에 자기 집에 두 철학자를 초대하여 함께 식사하려는 계획 자체가 잘못된 것임을 깨달았다. 리쾨르도 유쾌한 저녁이 되지 못할 것을 잘 아는 듯, 시디 부 사이드로 가는 차 안에서 들르달에게 "포도주 병을 땄으면 마셔야 되겠지"라고 말했다. 식탁에는 들르달과 그의 부인, 리쾨르와 푸코, 이렇게 넷이 앉았다. 그날 저녁의 긴장되고 불유쾌했던 분위기를 그는 아직도 기억하고 있다. 지적인 주제는 단 하나도 언급할 수 없는 분위기였다.

얼마 후 리쾨르가 튀니스를 떠날 때 그는 푸코도 같은 비행기에 예약되어 있다는 사실을 알았다. 그는 자신을 배웅하러 공항에 나온 문화원의 여직원에게 "비행기 안에서 논쟁이 벌어지겠군"이라고 말했다. 며칠 후 그녀에게 보낸 감사의 편지 속에서 그는 예상과 달리 논쟁은 벌어지지 않았다고 말했다. 푸코는 그를 못 본 척하고 비행기의 다른 쪽 끝에 앉더라는 것이었다. 그러나 '사상의 논쟁'은 피했을망정 푸코가 학생들 앞에서 자기 생각을 피력하는 것까지 삼간 것은 아니었다. "리쾨르가 말한 것을 내가 요약해 보겠다"라고 그는 학생들에게 말했다. 그러고는 자신의 요약이 정확한지를 조목조목 확인했다. 학생들이 그것을 모두 동의하면 그는 "자, 이제 그것을 모두 무너뜨리기로 하자"라고 말하는 것이었다.

푸코가 강의 중에 미술사를 많이 이야기한 것은 마네에 관한 책의 초고를 위해서였다. 1966년 6월 15일 튀니스로 떠나기 전, 다시 말하면 『말과 사물』의 출판 직후에 그는 미뉘 출판사의 제롬 랭동 사장과 '마네에 대한 시론'을 쓰기로 계약했다. 가제는 '검은색과 표면'이었는데 이 책은 결국 출판되지 않았다. 그러나 푸코는 몇몇 강연에서 마네의 그림이 왜 자신의 관심을 끌었는지를 설명했다.

1970년에 한 인터뷰(미발표 원고다)에서 그는 진행 중인 이 계획에 대해 이렇게 말했다. "문학적 담론의 법칙을 작가의 사유 속에서 찾지 않고 오로지 순수하게 그 문학적 담론이 어떻게 구성되었는지를 알아보려는 것과 꼭 마찬가지로 나는 한 주어진 그림에서 사용된 기법보다는 '그것이' 어떻게 그림으로서 존재할 수 있는지를 찾아보려 한다. 어떤 하나의 선, 또는 특정 방식으로 표현된 하나의 얼굴은 왜 그림으로서 기능할 수 있는가?" 그리고 그는 자기가 마네를 선택한 이유를 그것이 '단절의 현상'을 보여 주고 있기 때문이라고 하면서 다음과 같이 설명했다. "그의 작품은 서정적이고, 재현적이고, 공간적이고, 양감(量感)이 있는 그러한 미술의 역사 한가운데에서 나타났다. 그는 자기 그림이 이상하다는 의식을 전혀 혹은 거의 갖지 못한 채 평면적이고 추한, 거대한 인물들을 그리기 시작했다. 자기 시대 사람들에게 인정받는 회화를 이처럼 파괴한 것이 15년 후에는 인상주의자들의 모더니티의 표지가 되었다. 그들은 물론 마네에게 별로 충성스럽지 못했지만……."[5]

이 책은 출판되지 못했다. 그후 몇 번의 강연, 특히 도쿄와 1971년의 튀니스 강연에서 그는 마네의 그림들이 자신의 관심을 끌게 된 이유를 길게 설명하며 그 주제에 관해 자기가 지금 쓰고 있는 초고를 소개했다. 「오페라에서의 무도회」(Bal à l'Opéra), 「폴리 베르제르의 술집」(Bar des Folies Bergères), 「발코니」 등을 그린 화가에게 관심을 갖게 된 것은 그가 인상파를 실현시킨 화가여서가 아니라 인상파를 넘어서서 모든 근대 회화를 가능케 한 화가였기 때문이다. 다시 말하면 그는 콰트로첸토[15세기 이탈리아의 예술운동] 이래의 회화 규칙을 깨뜨린 사람이다. 이 회화 규칙은 화가에게 그림이 벽이나 캔버스 등 한 조각의 공간 속에 그려졌다는 사실을 잊게 하며 그 사실을 애써 감추거나 피하게 만드는 것이었다. 마네는 이 규약의 전체를 깨뜨렸다. 그는 오브제로서의 화폭(tableau-objet), 다시 말하면 자기 자신의 물질성을 표현하는 화폭을 만들어 냈다. 그는 재현의 과정 속에서 화폭의 기본적인 물질성의 요소들이 살아 움직이도록 했으며, 재현된 장면 안에 회화적 물질성을 통합시켰다. 예를 들면 외적 조명이라든가, 화폭의 형식을 다시 반복해 보여 주는 수직 혹은 수평의 굵은 줄이라든가, 캔버스의 씨줄 날줄을 모방한 그림 같은 것이다. 그는 그림의 깊이를

---

5 기 뒤뮈르Guy Dumur와 가졌던 회견(1970년 말)은 게재되지 않았다. 내게 그 원고를 건네준 기 뒤뮈르는 이 회견이 왜 『르 누벨 옵세르바퇴르』Le Nouvel Observateur에 게재되지 않았는지 그 이유를 더 이상 기억하지 못했다.

없애 버렸다. 그림은 이제 그 앞에서 관람객이 이리저리 자리를 이동할 수 있고 또 이동해야만 하는 구체적 공간이 되었다. 물론 마네는 비재현적 회화를 고안해 내지는 않았다. 그의 그림은 모두 재현적이다. 그러나 그는 재현의 기법을 내리누르던 규약들로부터 회화를 해방시킴으로써 재현과의 단절을 위한 조건을 마련했다. 마네 덕분에 회화는 공간의 성질, 즉 순전히 회화를 위해 주어진 그 물질적 성질과 함께 유희할 수 있게 되었다.[6]

튀니지에 있던 이 기간 동안 그는 많은 독서를 했다. 파노프스키(Erwin Panofsky ; 미술사학자. 도상해석학 제창자)를 읽었고, 『르 누벨 옵세르바퇴르』에 프랑스어로 출간된 두 위대한 미술사학자의 작품 해설을 싣기도 했다. 브로델의 『지중해와 필리페 2세 시대의 지중해 세계』(*La Méditerranée et le monde méditerranéen à l'époque de Philippe II*)의 재간행에 대한 글을 쓰기도 했고, 트로츠키의 『영구 혁명』(*La Révolution permanente*)에 열광하여 가끔 자신이 '트로츠키스트'라고 자처하기도 했다……. 물론 쉴 새 없이 집필하는 뒤메질의 저서에도 깊은 관심을 보였다. 블랙 팬더당(Black Panthers; 1960년대 미국의 급진적인 흑인 결사체)의 글도 읽었고, "사회에 대한 맑스적 분석을 넘어서는 전략적 분석을 전개"[7]한다고 어느 편지에서 쓰기도 했다.

그러나 푸코의 마음을 가장 사로잡았던 것은 역시 『지식의 고고학』 집필이었다. 그는 끈질기게 글을 썼고, 언표·담론구성체·규칙성 등의 개념을 분명하게 설명하고 정리하기 위해 온갖 노력을 기울였다……. 하나의 용어

---

6 젤릴라 하프시아가 내게 녹취록을 건네준 튀니스 강연은 이 카세트를 다시 글로 옮기는 작업을 통해 책으로 출간되었다.(푸코, 『마네의 그림』*La peinture de Manet*, Paris: Seuil, 2004 참조.)
7 「연보」, 『말과 글』, tome1.

를 정립하고 확정지으며, 개념들의 유희를 한정짓고 연관지으려 했다. 그는 자신의 작업을 이런 용어들을 통해 책 뒤표지에 다음과 같이 요약했다.

> 아직도 많은 것이 불분명하게 남아 있는 책들 안에서 내가 하고 싶었던 것을 설명하려는 것인가? 정확히 그것만은 아니다. 다만 조금 멀리 나아가, 내가 기왕에 했던 작업의 이편으로 새로운 나선의 형태를 그리며 다시 돌아오려는 것이다. 그리고 어디서부터 내가 말하기 시작했는지를 보여 주고, 내가 결코 완수하지 못할 이 연구들을 가능하게 했던 공간을 표시하려는 것이다. 한마디로 내가 그냥 비어 있는 채로 남겨 두었던 '고고학'이라는 단어에 의미를 부여하려는 것이다. …… 그리고 사상의 역사가 텍스트 판독을 통해 사상의 비밀스러운 운동들(그 느린 진행, 그 투쟁과 영향, 교묘하게 피해 간 장애물들)을 밝혀내려는 곳에서 나는 '말해진 것들'의 수준을 그 특수성 속에서 드러내 보이고 싶었다. 다시 말해서 그것들이 나타나는 조건, 그것들이 쌓이고 서로 연결되는 형식들, 그것들의 변형의 규칙, 그것들을 토막 내는 불연속성들을 보여 주고 싶다. 말해진 것들의 영역이 소위 '고문서'다. 고고학은 그 고문서들을 분석하는 것이다.[8]

푸코는 자기가 건 도박의 내기돈이 상당히 크다는 것을 잘 안다. 사람들은 그를 사르트르의 후계자로 소개했는데, 스승은 가혹하게 반격했다. 판은 시작되었다. 그가 판돈을 싹 쓸고 싶으면 임박한 격전을 엿보고 있는 구경꾼들의 기대를 저버리지 말아야 한다. 그들은 『말과 사물』을 사상사의 한 중요한 사건으로 받아들이지 않았던가. 그러나 그는 의도적으로 메

---

8 푸코, 『지식의 고고학』, p.28.

마른 글쓰기를 통해, 자신의 전(前) 작품의 올바른 수용을 방해했던 '유행'의 효과에서 벗어나고 싶어 했다.[9] 푸코는 일에 착수했다. 자기 집에서, 책상에서, 아침 일찍부터, 국립도서관에서 ──튀니스에서도 역시! ──그리고 오후에도, 철학과의 학과장과도 많은 의논을 했다. 왜냐하면 언어학과 언어철학 분야에서 이 사람의 전공 분야와 겹치는 부분이 많았기 때문이다. 푸코는 자신이 잘 모르는 영미철학에 대해 그 전공자인 제라르 들르달에게 많은 조언을 받았다. 제라르 들르달은 그에게 개인 장서(러셀, 비트겐슈타인 등)를 많이 빌려 주었다. 그가 방금 번역한 존 듀이의 『논리학: 조사 이론』 교정지도 보여 주었다. 이 번역본은 1967년에 나왔다(1994년에 이 두꺼운 책의 수정판을 낼 때 그는 책 뒤표지에 이렇게 썼다. "프랑스 독자는 그가 철학자건, 논리학자건, 언어학자건, 역사학자건, 심리학자건, 사회학자건 또는 교육학자건 간에 여기서 성찰의 주제를 발견할 것이다. 그리고 아마도 일 말의 놀라움과 함께 미셸 푸코를 유명하게 만든 몇몇 개의 가설을 읽게 될 것이다").[10] 그와 그의 부인은 거의 매일 푸코를 찾아와 함께 시디 부 사이드로 산책을 했는데 올 때마다 새카맣게 쓴 원고지 더미가 수북이 쌓여 가는 것을 볼 수 있었다. 푸코는 자신의 문장을 마치 세공 장인처럼 꼼꼼하게 깎고 다듬었다. 책이 정성스레 다듬어졌다. 그것은 푸코가 튀니지를 떠날 때쯤 완성되었다. 그리고 1969년 초에 출판되었다.

그러나 푸코에게 있어서 튀니지는 태양의 쾌락과 철학적 금욕의 조합만은 아니었다. 오래전부터 정치에서 멀리 떨어져 있었지만 언제고 정치

---

9 「연보」, 『말과 글』 tome1.

10 존 듀이John Dewey, 제라르 들르달Gérard Deledalle 옮김, 『논리학: 조사이론』*Logique: La théorie de l'enquête*, Paris: PUF, 1994.

는 그를 다시 사로잡게 될 것이다. 과연 우연의 장난이 다시 그를 정치 쪽으로 데리고 갔다. 그것은 프랑스 지식인들을 '68년 5월'의 소용돌이 속에 몰아넣었던 바로 그 순간 튀니스에서였다. 물론 그 사태를 전혀 체험하지 못했던 푸코는 5월 말에 단지 며칠 예정으로 파리에 다니러 갔다. 좌파 그룹들이 드골 정권의 임박한 실각을 예상하고 피에르 망데스 프랑스와 대화하기 위해 샤를레티 경기장에서 연 대회에 참석하기 위해서였다. 그 방문 중의 어느 날 푸코는 『르 누벨 옵세르바퇴르』 편집장인 장 다니엘과 함께 길을 걷고 있었다. 그때 거리를 가득 메운 학생 시위대를 보고 그는 "저들은 혁명을 하는 게 아니라 자신들이 바로 혁명이로군"이라고 말했다. 푸코는 드골 시대가 끝나 가고 있으며 좌파가 정권을 잡을 것이고, 망데스 프랑스나 미테랑이 언젠가 이 나라의 장래를 짊어지게 될 것이라는 확신을 가지고 튀니스로 되돌아왔다.

그러나 그는 프랑스 정부가 기우뚱거린다는 것은 확신했지만 튀니지 정부도 똑같을 것이라고는 생각지 않았다. 1966년 12월에 튀니스 대학에서 소요가 시작되었다. 한 학생이 버스 요금을 지불하지 않았다는 이유로 경찰에게 두들겨 맞았다. 이 사건이 화약고에 불을 지른 꼴이 되어 온 대학으로 소요가 번졌다. 1967년 6월에 사태는 더욱 악화되었다. '6일 전쟁'에서 아랍군이 이스라엘군에 패주한 후 폭력의 불길은 튀니지의 수도 전체로 거세게 퍼져 나갔다. 친팔레스타인 데모대는 반유대주의의 봉기로 변질되었다. 푸코는 이 불행한 사태에 크게 충격을 받았다. 1967년 6월 7일 조르주 캉길렘에게 보낸 편지에서 그는 다음과 같이 불쾌감을 나타냈다.

지난 월요일 하루 종일(또는 반나절) 이곳에서는 유대인 박해가 일어났습니다. 『르 몽드』에 난 기사보다 훨씬 심각해서, 한 50여 건의 방화사건이

있었습니다. 150 내지 200개의 상점들——물론 아주 보잘것없는 가게들
이지만——이 약탈되었고, 폭도들이 짓밟고 지나간 예배당의 모습은 보
기도 끔찍했습니다. 카펫이 거리에 나뒹굴었고, 사람들은 그것을 발로 밟
고 불에 태웠습니다. 사람들이 이리저리 도망치며 건물로 들어가면 데모
대는 그 건물에 불을 질렀습니다. 그 광란의 사태가 지나고 난 뒤 거리에
정적이 깔리고, 창문의 커튼이 모두 내려졌으며, 깨진 유리 조각을 가지
고 노는 아이들을 제외하고는 길에 사람 그림자도 비치지 않았습니다. 정
부의 반응은 즉각적이고 단호하고 진지한 듯이 보였습니다. 그런데 그 폭
력적인 시위는 사전에 치밀하게 계획된 것입니다. 몇 주 아니 몇 달 전부
터 정부 모르게 반정부적인 '그 사태'가 은밀하게 준비되었던 것입니다.
여하튼 인종주의와 민족주의의 혼합은 참으로 무서운 것입니다. 게다가
'좌익'에 경도된 학생들이 이것을 도왔다는 것은 매우 서글픈 일입니다.
맑시즘이 여기에 기회(또는 용어)를 제공했다는 것은 참으로 이상한 역사
의 간교(또는 우둔함)라 아니할 수 없습니다.

1978년 티에리 뵐첼과의 인터뷰에서도 그는 튀니스의 이 사건을 다
시 한번 상기시켰다. "1967년 6일 전쟁 당시 나는 아랍 국가에 있었어요.
아주 격렬한 반유대주의 데모가 있었고, 상점 약탈, 주거지 방화 등이 있
었지요. 일종의 소규모 유대인 박해라고 할 수 있어요. 그 사건이 일어났을
때 나는 학생들과 일반인들이 가득 모인 도심지에 있었습니다. 나는 갑자
기 깜짝 놀라 그들에게 이렇게 말했지요. '이게 옳은 일이라고 생각하오?'
그러자 그들이 이렇게 대답했어요. '물론이죠. 우리는 그들과 전쟁을 하고
있으니까……' 그때 우리의 논쟁은, '이스라엘은 유대인이 아니고 유대인
은 이스라엘이 아니다'라는 주제였습니다. 그런 문제로 별 긴장이 없던 나

라에서 그런 일이 일어나다니, 그리고 즉각 과격한 인식이 작동하기 시작했습니다."[11]

미셸 푸코는 학생들 앞에서 이 사태에 대한 자신의 불쾌감을 감추지 않았다. 그러나 1967년 6월의 이 소요는 그후 1년 이상 대학사회를 지속적으로 긴장상태에 몰아넣은 끊임없는 소란사태의 출발점에 불과했다. '전망'이라는 명칭의 운동으로 조직된 맑스주의 학생들은——처음에는 트로츠키주의자가 다수였는데 나중에 점점 마오이즘 쪽으로 기울었다——'팔레스타인 형제들'을 위해 데모를 했으나 동시에 점차 격렬하게 반정부적이 되었으며 특히 부르기바(Habib Bourguiba) 대통령 정권의 타도로 방향을 돌렸다. 1968년 3월과 6월 사이 험프리 미 부통령의 튀니지 방문으로 야기된 소요사태 후 정부는 강력한 조치로 학생들을 억압했다. 감옥에 갇힌 사람 중에는 푸코의 학생들도 있었다. 프랑스인 교수들은 학생들의 구금과 고문에 항의하는 집회를 가졌다. 그러나 그들의 연대감을 표현하기 위해 좀더 단호하고 가시적인 행동을 요구했던 일부 교수들의 눈에는 이것이 너무 소극적인 행동으로 비쳤다. '교수 노조'가 소집한 총회에서 푸코와 가테뇨는 외국인 보호의무를 요구하는 동료들에 의해 소수파로 몰렸다. 푸코는 프랑스 대사관에 개입을 요청했다. 그러나 이 외교관은 튀니지의 내정에 간섭하는 일은 불가능하다고 답변했다.

푸코와 가테뇨 그리고 다른 몇몇 사람들은 수수방관하고 있지 않았다. 그들은 일제소탕령에서 몸을 피신한 학생들을 도와주고 자기 집에 숨겨 주기도 했다. 예를 들면 푸코는 자기 정원에 학생들의 등사기를 숨겨 놓

---

11 뷜첼, 『20년 후』, pp.72~73. 푸코가 여기서 자기가 언급하는 나라나 도시를 특정하지 않은 것은 익명으로 뷜첼과 인터뷰를 했기 때문이다.

고 유인물을 찍도록 했다. 1968년 여름방학이 끝난 후 튀니지로 되돌아온 푸코는 법정에서 학생들을 위해 증언을 하기도 했다. 아흐메드 벤 오트만을 위해 방청객 앞에서 읽을 선언문도 작성했다. 그러나 그것은 허용되지 않았고 논쟁은 비공개로 진행되었다. 이와 같은 완강한 활동으로 푸코는 몇 번인가 사복경찰——혹은 경찰 끄나풀——의 위협을 받았으며, 시디 부 사이드로 가는 길에서 누군가에게 붙잡혀 구타를 당하기도 했다. 그것은 튀니지 정부가 매우 무례한 방식으로 보낸 일종의 경고였다. 그러나 그는 공식적인 협박은 받지 않았다. 너무나 유명한 인물이었으므로 정부라 할지라도 그를 함부로 대할 수는 없었다.

그때 조르주 라파사드는 추방되었는데 그는 푸코가 너무 약하게 행동한다고 비난했다. 그러나 푸코는 무책임하고 실패할 것이 뻔한 행동보다는 신중하고 효과적인 행동을 더 좋아했다. 한편 장 가테뇨는 1968년 7월 말에 계약이 취소되었고, 결석재판에서 5년형을 선고받았다. 1971년에 다시 튀니지로 돌아왔을 때 푸코는 이 일에 개입하기 위해 내무부장관에게 면담을 요청했고 이 면담 요구는 받아들여졌다. 그러나 아무런 소득도 없었다. 그래서 푸코는 정치범이 석방되지 않는 한 이 나라에는 다시 발을 딛지 않겠다고 결심했다. 한 가지 확실한 것은 푸코가 이 사태로 심한 정신적 혼란을 겪었다는 것이다. 그는 두치오 트롬바도리에게 자신의 인생역정과 정치적 경험을 이야기하면서 그때의 감정을 다음과 같이 힘주어 말했다.

나는 참 운이 좋은 사람이었다. 스웨덴에서 '잘' 기능하고 있는 사회민주주의를 보았고, 폴란드에서 제대로 기능하지 못하는 인민 민주주의를 보았다. 60년대에 경제적으로 도약하는 독일을 보았으며, 마지막으로 제3세계인 튀니지를 보았다. 거기서 2년 반을 살았는데 참으로 인상적이었다. 프랑스의 5월 사태보다 몇 주 앞서 일어난 격렬한 학생시위도 지켜보았다. 그것은 68년 3월에 시작되어 일 년 내내 파업, 휴교, 체포로 이어졌다. 3월에는 학생들의 총파업도 있었다. 경찰은 학교까지 들어와 학생들을 곤봉으로 때리고 그중 몇 명에게 중상을 입히고 수많은 학생들을 연행해 갔다. 재판이 벌어지고 어떤 학생들은 8년, 10년 혹은 14년까지의 형을 받기도 했다. 전 세계의 대학에서 일어나는 이 같은 사태에 대해 나는 어떤 분명한 생각을 갖게 되었다. 그것은 프랑스인이라는 나의 신분이 공권력으로부터 나를 보호해 주면서 그만큼 더욱더 현지 정부의 행동과 이 모든 것에 대한 (잘했다고는 할 수 없는) 프랑스 정부의 태도를 정확하게 관찰할 수 있었고…… 또 나름대로 행동도 자유롭게 할 수 있었기 때문에 (내 대학 동료들도 모두 그렇게 했다) 더욱 확고하게 모습을 드러낸 생각이었다……. 남녀 학생들이 엄청난 위험을 감수하면서 유인물을 인쇄하고 그것을 배포하거나 파업을 호소하는 일,…… 그들은 정말 잡혀갈 각오로 그런 일을 했다! 그 모습은 나를 깊이 감동시켰다. 젊은 시절에 공산당에 가입했던 것이나 독일에서 체험한 것, 그리고 프랑스로 다시 돌아가서 정신의학 분야와 어떤 관계를 맺으려 했던 것,…… 이 모든 것들에 대해 나는 약간 씁쓸한 정치적 경험과 매우 사변적인 약간의 회의주의를 가졌던 것이 사실이다. 나는 그것을 숨기지 않는다……. 그런데 거기 튀니지에서 나는 학생들에게 아주 구체적인 도움을 줄 수 있었다. …… 어떤 의미에서 정치적 논쟁 속에 들어가야만 했다.

그의 눈앞에서 전개된 튀니지의 저항운동의 특징 중에서도 푸코는 특히 정치 이데올로기의 역할에 주목했다. 학생들에 대해 그는 이렇게 말했다. "모든 학생들이 격렬하고 강도 높게 그리고 대단한 열정으로 맑시즘을 표방했다. 그들에게 있어서 맑시즘은 사물을 분석하는 가장 좋은 도구일 뿐만 아니라 일종의 도덕적 에너지고 탁월한 실존적 활동이었다." 그리고 그는 이렇게 덧붙였다(이 회견은 1978년 말, 그러니까 그가 이란혁명을 찬양하던 시기에 녹음된 것이다). "현대 세계에서 그 어떤 것이 절대적 자기희생의 가능성과 능력, 그리고 그것을 하고자 하는 욕구와 의향을 줄 수 있단 말인가? 어떤 이해관계, 어떤 야망, 어떤 권력욕에 전혀 물들지 않은 채? 나는 이 모든 것을 튀니지에서 보았다. 신화가 필요하다는 분명한 증거를……. 투쟁을 하기 위해서는 하나의 정치 이데올로기가 필요하고, 또 세계와 인간관계와 상황에 대한 어떤 정치적 개념이 절대적으로 필요했다. 반면 이론의 분명한 정립과 그것의 과학적 가치는 완전히 부차적인 것으로 밀려났다. 정의롭고 올바른 행동을 위한 진정한 원칙이라기보다는 토론을 통해 사람들을 행동 속에 끌어들이는 미끼에 불과했다……."[12]

이 인터뷰에서 푸코는 1968년 말 프랑스에 귀국하여 담론들이 '과도하게 맑스화'한 것을 발견하고 느꼈던 놀라움과 당황함에 대해 계속 이야기했다. "수많은 이론들이 백가쟁명을 이루고, 여기저기서 토론이 벌어지며, 서로를 저주하고 추방하며, 셀 수도 없이 많은 파벌들이 난립하는 것을 보고 나는 정신을 차릴 수 없을 정도였다……. 1968~69년의 프랑스에서 내가 본 것은 1968년 3월 튀니지에서 나의 관심을 끌었던 것과는 정반대의 것이었다." 그는 이런 식으로 자신이 앞으로 전개할 투쟁의 의지를 설명했다. 즉 쓸데없는 궤변이나 다변 또는 '총체성' 같은 거대 이론이 아닌 구체적이고 분명하고 정확한 투쟁만을 하겠다는 것이었다.

---

12 트롬바도리, 『푸코 심포지엄』, pp.71~75. 여기서도 나는 프랑스어로 된 오리지널 녹음 테이프를 인용했다.

1968년 6월 말에 푸코는 다시 프랑스로 갔다. 그러니까 '5월' 운동의 끝자락에 참여할 수 있었다. 그는 소르본으로 갔다(거기서 블랑쇼가 자기 이름을 밝히지 않은 채 푸코에게 짤막한 편지를 썼기 때문이다).[13] 그는 다시 튀니지로 돌아와 거기서 여름을 보냈다. 그리고 1968년 가을 학기에 파리로 돌아와 낙하 지점을 찾았다. 더 정확히 말하면 파리 근처였다. 디디에 앙지외가 자신이 방금 개설한 낭테르 대학 심리학과에 와서 강의하지 않겠느냐고 청했던 것이다. 푸코는 망설였다. 몇 가지 이유 때문이었는데 그 첫번째는 라캉을 추종하는 정신분석학자인 피에르 카우프만(Pierre Kaufmann)과 후보경쟁을 하는 것이 싫었기 때문이다. 카우프만은 전쟁 중 레지스탕스 운동에 가담하여 투쟁했던 인물이다. 튀니스에서 목격한 반유대주의 폭동을 캉길렘에게 편지로 알리면서 푸코는 비록 이 항의시위가 단순히 '정상적인 대학사회 안에서' 전개된 것이라 하더라도 '물리적으로 유대인에 대항하는 것'이 자신에게는 참을 수 없는 일이라고 말한 적이 있다. 물론 그 외에도 다른 이유들이 있는데 그것은 푸코가 이제 더 이상 심리학을 강의하고 싶어하지 않는다는 사실이다. "심리학은 내게 맞지 않아"라고 그는 낭테르 대학 심리학과 교수인 로베르 프랑세즈에게 말했다. 그것이 그가 망설였던 진짜 이유였을 것이다.

그리고 특히 푸코는 몇 개의 다른 가능성을 갖고 있었다. 소르본에 교수 자리가 하나 비었고 고등연구원에서도 그랬다. 게다가 뷔유맹과 이폴리트는 은근한 교섭을 통해 콜레주 드 프랑스로 가는 길을 차근차근 밟고 있었다. 그러나 그는 앙지외의 제안을 받아들여 낭테르 대학에 임명되었다. 그런데 그는 결국 이 대학에 가지 않았다. 왜냐하면 뱅센 대학 창설 그

---

13 블랑쇼, 『내가 상상하는 미셸 푸코』, p.9 참조

룹에 합류했기 때문이다. 그래서 그는 1968년 11월 18일 교육부 장관이 불과 사흘 전에 통고한 낭테르 대학 학장에게 '파견 근무'를 포기하겠다고 알렸다. 왜냐하면 뱅센 실험대학이 "새로 개설한 철학과의 교수직을 맡아 달라고 청했기" 때문이었다. 그것은 이상한 재정적·행정적 문제를 야기시켰다. 즉 튀니스에서의 임기가 만료되는 1968년 10월 1일부터 뱅센 대학 발령이 법적으로 효력을 발생하는 1968년 12월 1일까지 어디서 봉급을 주느냐 하는 문제였다. 교육부는 낭테르 대학장에게 공문을 보내, 미셸 푸코에게 봉급을 주어야 한다고 주장했다. 왜냐하면 비록 그가 근무는 하지 않았더라도 문제의 기간 동안 행정적으로 그 학교 소속이기 때문이라는 것이었다.

푸코가 최종적으로 디디에 앙지외의 제안을 받아들이고, 또 이어서 뱅센 대학을 선택한 것은 소르본에서 일이 제대로 풀리지 않았기 때문이다. 그후에도 몇 번 시도를 했지만 그것은 번번이 성공하지 못했다. 항상 푸코를 걱정해 주는 조르주 캉길렘은 철학과의 동료교수인 레몽 아롱에게 이 문제를 털어놓았다. 레몽 아롱은 그 몇 달 전에 자기 세미나에 푸코를 초청한 적이 있었다. 1967년 2월 27일 아롱은 푸코에게 다음과 같은 편지를 썼다. "수준이 꽤 높은 50여 명의 청강생 앞에서 강연을 해주었으면 좋겠소. 내용은 당신이 흥미를 갖고 있는 주제들, 예컨대 '앎'(savoir) 같은 인문학적 개념을 택해서 말이오. 나는 일체의 논쟁에서 미리 발을 빼고 당신을 젊은 사자들에게 평화적으로 내어 주겠소." 그러자 푸코는 3월 7일 다음과 같이 답장을 썼다. "고맙게도 저에게 말할 기회를 주시니 감사의 마음으로 이 위험한 기회를 받아들이겠습니다. 전에도 제가 하려고 몇 번 시도했지만 저는 '앎'에 대한 묘사에서 야기된 애매함을 이 기회에 좀 해명해 보고 싶습니다. 그리고 선생님의 젊은 사자들에게 물어뜯겨 제 몸이 갈기

갈기 조각난다 해도 그들의 말을 듣는 것이 매우 즐거울 것입니다.” 강연회는 3월 17일에 열렸고 성공적으로 끝났다. “푸코는 아롱 앞에서 마치 어린 소년 같았다”고 그 강연회에 참석했던 한 증인은 말한다.

그러니까 아롱은 캉길렘의 요구를 아주 호의적으로 받아들일 준비가 되어 있었던 듯하다. 1967년 4월 28일 그는 시디 부 사이드에 있는 푸코에게 다음과 같은 편지를 보냈다. “사랑스러운 친구여, 조르주 캉길렘과 나는 당신이 파리에서 교수 자리를 하나 얻는 문제에 관해 함께 얘기했소. 이 말을 당신에게 하지 않을 수 없는데 소르본에 될 가능성은 아주 희박하오. 그래서 나는 고등연구원을 생각해 보았소. 브로델이 호의적으로 생각한다고 엘레(Clemens Heller)가 내게 말해 주었소. 다만 그는 (고등연구원의) 제6반에 당신을 영입함으로써 제4반 출신자들이 장악하고 있는 콜레주 드 프랑스에 당신이 나중에 지원하게 될 때 불리하게 되지 않을까 걱정을 했소. 물론 선택은 당신이 내리는 것이오. 당신의 감정과 주변 사정을 내게 알려 주기 전까지는 아무런 조치도 취하지 않겠소. 나는 대학의 경력이라는 것이 그리 대단하다고 생각하지는 않소. 다만 당신의 작품을 위해서도 너무 눈에 띄는 재능과 성공이 불러일으키는 동료들의 시기 어린 적대감을 받지 않는 것이 좋으니까 그런 쪽의 관심은 갖지 않았으면 하는 것이 나의 바람이오. 물론 당신이라면 이런 적대감을 가볍게 극복할 수 있으리라 생각하지만 말이오. 그러나 아예 처음부터 그런 반사적 방어를 극복할 필요가 없는 편이 내면의 균형이나 학문적 작업의 평화를 위해서도 바람직한 일이 아니겠소.” 그는 2월의 토론을 암시하는 것으로 편지를 끝맺었다. “우리가 함께했던 대화는 아주 즐거웠소. 그때 내가 짓궂게 했던 말들을 용서해 주기 바라오. 곧 다시 만나 봅시다.”

‘호의’로 가득 찬 듯이 보이는 이 글을 읽고, 그러나 푸코는 그것이 거절의 편지임을 알아차렸다. 그는 며칠 후 캉길렘에게 편지를 썼다. "이런 귀찮은 일로 선생님에게 걱정을 끼쳐 드리고 시간을 빼앗은 것에 대해 정말 송구스럽게 생각합니다. 오늘 아침 아롱 씨로부터 받은 편지를 동봉해 보내는 것이 훨씬 더 간단할 것이라 생각됩니다. 이 편지는 아주 분명하고 또 적절해 보입니다. 왜냐하면 제게 소르본과 콜레주 드 프랑스 둘 가운데서 하나를 선택하라고 묻고 있으니까요." 이어서 푸코는 이렇게 덧붙였다. "콜레주 드 프랑스는 제게 너무나 커다란 곳으로 생각됩니다. 저는 거기에 지원할 만큼 그렇게 공부를 많이 한 것은 아니니까요. 소르본은 어떤가 하면, 그곳의 다수로부터 지지를 받지 못한다면 역시 가망이 없는 것이죠. 그렇다면 제가 현재 있는 곳—사실 그다지 나쁘지도 않은 이곳—에 그냥 머물러 있겠습니다. 이폴리트 선생님도 아마 선생님에게 그렇게 얘기했을 것입니다."

이 편지에는 1967년 3월 2일자 소인이 찍혀 있었다. 클레멘스 엘레는 브로델의 입장—즉 푸코를 매우 높이 인정하고 있지만 콜레주 드 프랑스에 갈 그의 기회를 망치고 싶지 않다는—에 관한 레몽 아롱의 이야기를 다시 확인했다. 게다가 1969년 12월 27일 자신의 선임을 도와준 데 대한 인사를 위해 푸코가 그에게 보낸 편지가 증명하듯이 아롱은 푸코의 콜레주 영입을 적극적으로 지지해 주었다.

*　　*　　*

1968년 말 푸코는 자기가 살던 시디 부 사이드와, 카스바를 내려다보는 언덕 위의 대학을 뒤로하고 튀니지를 떠났다. 그가 그토록 사랑하던 태양과 바다에서 이제는 멀어지게 될 것이다. 프랑스를 되찾았고, 그후 아주 짧은 여행을 제외하고는 프랑스를 다시 떠나지 않았다. 귀국 직후 그는 파리의 제15구 보지라르 가의 아돌프 셰리우 광장 앞 현대식 아파트 9층에 정착했다. 거실과 서재에 면해 있는 커다란 발코니에서 그는 가끔 일광욕을 즐겼다. 그의 뒤에는 더 이상 시디 부 사이드의 언덕이 아니라 책과 잡지로 가득 찬 수직의 벽이 있을 뿐이었다.

3부 / 투사 그리고 콜레주 드 프랑스의 교수

죽음은 아무런 비밀도 감추지 않는다. 그러나 그 어떤 문도 열어 주지 않는다. 그것은 한 인간의 종말일 뿐이다. 그의 뒤에 남는 것, 그것은 그가 다른 인간들에게 주었던 것 혹은 그 사람들의 기억 속에 남아 있는 것뿐이다.

— 노르베르트 엘리아스(Norbert Elias)

1장
뱅센에서의 막간 에피소드

1969년 1월 23일 뱅센 숲 속에 몇 개월 만에 완성된 이상한 건물군(群)을 향해 보안경찰대가 전진하던 시간, 주위에는 어스름하게 땅거미가 깔리고 있었다. 새 대학이 이제 막 문을 연 시점이었다. 문을 연 지 겨우 며칠 만에 파업과 대학건물 점거…… 그리고 경찰과의 첫번째 대치. 1969년 1월 23일 밤 미셸 푸코는 좌익 활동에 입문하게 된다. 그는 이 활동에 좀 뒤늦게 참여한 것이다. 왜냐하면 이 운동은 이미 자신의 역사와 전통과 주도적 인물들을 갖고 있었기 때문이다. 그는 아무런 유보 없이 거기에 가입하기보다는 그것과 교차하고 그것과 어깨를 나란히 하기 위해 그 운동에 합류했다. 그러나 여하튼 그가 이 운동에 참여했다는 것, 그리고 70년대의 그의 인생 역정의 상당 부분을 거기에 바치게 된다는 것이 중요하다.

1968년 5월 사태에 크게 놀란 정부는 모든 계층 간의 틈새를 막기 위해 서둘러 '고등교육개혁'에 착수했다. 여기서 생겨난 것이 신임 교육부장관 에드가 포르(Edgar Faure)가 학기 초에 제안하고 1968년 10월 10일 국회를 통과한 그 유명한 '교육지침법안'이다. 이제부터 대학은 자율, 학문 간 벽 헐기, 수용자의 참여라는 원칙들에 의해 움직이게 될 것이다. 그러나 국회의 의결을 기다릴 것도 없이 장관은 벌써 개혁을 시작했다. 8월부터 포르트 도핀 근처 특히 뱅센 숲 안에 ‘실험대학’을 수용하기 위한 새 건물의 건축에 돌입했다. 포르트 도핀 근처에서는 북대서양조약기구(NATO) 군대가 물러난 자리에, 그리고 뱅센에서는 백 년 전부터 군부대에 속해 있던 땅에 건물이 세워졌다. 그 4.5헥타르[약 13,600평]의 땅 위에 ‘뱅센 실험대학’을 수용할 현대식 조립건물이 들어섰다. 에드가 포르는 유명한 영어학자며 소르본 학장인 레몽 라스 베르냐스(Raymond Las Vergnas)에게 파리 근교에 새로운 대학을 설립하여 그것을 궤도에 올려 놓는 임무를 맡겼다. 따라서 1968년 10월 초에 방향설정 위원회 ——이것이 그 공식명칭이었다——가 20여 명의 위원으로 구성되었다. 그중에는 장 피에르 베르낭, 조르주 캉길렘, 에마뉘엘 르 루아 라뒤리, 롤랑 바르트, 자크 데리다 등이 속해 있었다. 그들의 임무는 이 대학에서 강의하게 될 교수, 부교수, 조교수 전체를 선출할 최초의 준비교수팀을 지명하는 일이었다. 위원회가 구성되자마자 우익 신문과 대중지들로부터 좌익 집합이라는 비난을 받았다. “뱅센 실험대학의 운영위원들은 대부분 좌익이다”라는 것이 『파리 프레스』[1]의 표제였다. 롤랑 바르트도 단숨에 이 꼬리표 아래 놓여 “구조주의 학파의 주도적 인물 중의 하나며, 극좌파”로 규정되었고, 블라디미르 얀켈레비치(Vladimir Jankélévitch)는 “좌익 과격파 선언문에 서명한 사람”으로 묘사되었다. …… 색깔은 정해졌고, 논쟁은 이제 겨우 시작되었다! 그러나 우선 적대적인 분위기에도 불구하고 ‘교수 호선(互選) 핵심 멤버’의 리스트를 결정하기 위해 위원회가 열렸다.

떠들썩하게 일이 진행되는 가운데 그 몇 주 후에 열두어 명의 인물

---

1 「강경파」L'intransigeant, 『파리 프레스』Paris-Press, 8 octobre 1968.

이 지명되었다. 사회학에는 장 클로드 파스롱과 로베르 카스텔, 역사에는 장 부비에(Jean Bouvier)와 자크 드로즈, 프랑스어에는 장 피에르 리샤르(Jean Pierre Richard)……, 철학에는 조르주 캉길렘의 요구로 미셸 푸코가 선택되었다. 이 뉴스는 센세이션을 일으켰다. 왜냐하면 푸코는 이미 유명한 학자였으므로 그의 이름에 관심의 초점이 모아졌기 때문이다. 특히 그를 별로 탐탁지 않게 여겼던 좌익의 관심이 쏠렸다. 푸코는 별로 참여적이지 않은 인물로 간주되었는데 이것은 소위 '68 이후'의 '붉은 교두보'를 마련하기 위해 몰려든 온갖 색깔의 활동가들의 눈에는 더할 수 없는 죄악으로 비쳐졌다. 사람들은 그가 "드골주의자"이며, 1968년 5월에 "아무것도 한 것이 없다"고 그를 비난했다. 그건 사실이었다. 그 당시에 그는 프랑스에 없었기 때문이다.

11월 6일 소르본 대학에서 —— 아직 뱅센 실험대학이 완공되지 않았으므로 —— 실험대학의 운영방식을 논의하는 확대 위원회가 열렸을 때 푸코는 그의 반대자들로부터 강도 높은 비판을 받았다. 그는 라스 베르냐스 학장이 새 대학의 학생 등록 임무를 맡긴 장 가테뇨에게 이렇게 속삭였다. "나는 저들에게 이렇게 말하겠소. '당신들이 라탱지구의 바리케이드 위에서 즐기고 있는 동안 나는 튀니지에서 진지한 일을 담당하고 있었다'고." 그러나 튀니스에서의 그의 옛 동료는 그에게 대꾸를 하지 못하게 했다. "그렇게 해보았자 아무런 도움도 되지 않소." 푸코는 입을 다물었다.

그러나 그때부터 푸코는 자신을 기다리는 것이 무엇인지 알게 되었다. 극좌파의 인물들로 재편성된 '실무위원회'가 『악시옹』 11월호에 자신들의 강령을 실은 직후여서 그는 더욱더 그것을 잘 알 수 있었다. 이 위원 중에는 장 마르크 살몽(Jean Marc Salmon)도 있었고, 레몽 아롱의 옛 제자로서 가장 급진적이고 분파적인 좌익으로 선회한 앙드레 글뤽스망(André

Glucksmann)도 들어 있었다.

그들이 쓴 강령은 다음과 같은 말로 시작되었다. "에드가 포르는 '새 대학은 첨단의 대학이 되어야 한다'느니, '20세기의 대학이 될 것이다'라느니 하면서 연막작전을 펴기 시작했다. 유명한 교수들의 임명이 발표되었다. 그래서 미셸 푸코의 임명은 철학과를 운영하게 될 수많은 별들 중 '구조주의'의 한 별이 되었다. 교육부는 6학년[우리의 중학교 1학년]에서의 라틴어 철폐를 말하면서 고등학교에서의 자유를 말하지 않았듯이, 학파와 당파 사이의 논쟁으로 여론을 장악하려 한다. 『프랑스 수아르』(*France Soir*)는 아마도 그 나머지 문제를 호도하기 위해 구조주의에 대한 찬성 혹은 반대의 제목을 뽑을 것이다." 이 비방은 다음과 같은 말로 끝을 맺었다. "이것은 학생운동과 상관이 없다."[2]

학생운동과 관계가 있는 것은 아주 간단했다. 위원회 총회에서 강령의 작성에 관여했던 한 위원의 선언을 『르 몽드』지가 보도한 것을 옮겨 보면 다음과 같다. "뱅센의 교육이 외부 사회의 활동의 기초가 될 수 있도록 학생들에게 정치적인 성찰과 형성의 교육을 시켜야 한다."[3]

그러나 푸코는 묵묵히 일에 착수했다. 그는 자신이 주변 사람들에게 말했듯이 "오늘날 프랑스 철학의 흐름"을 대표하는 사람들을 한데 모으려고 애썼다. 이는 10년 전 뷔유맹이 클레르몽페랑에서 하려 했던 것과 거의 비슷한 것이었다. 그는 우선 들뢰즈를 설득하기 시작했다. 그러나 들뢰즈는 이번에도 매우 몸이 안 좋았기 때문에 푸코의 제안을 받아들일 수 없었다. 2년 후 그가 뱅센에 왔을 때 푸코는 이미 거기에 없었다. 한편 미셸

---

2 『악시옹』*Action*, novembre 1968.
3 『르 몽드』*Le Monde*, 12 janvier 1968.

세르는 즉각 합류했다. 그는 공식적으로 '호선(互選) 핵심 멤버'였지만 지명작업에는 참여하지 않았다. 이어서 푸코는 좀더 젊은 세대, 알튀세르와 라캉의 제자들 중에서, 특히 『분석 노트』를 창간한 그룹에서 교수를 뽑으려 했다. 최소한 그것이 가능한 사람들 중에서 접촉을 시도했는데 왜냐하면 그들 중 일부는 알랭 그로스리샤르처럼 군복무 중이었기 때문이다. "내가 임명된 것은 내게는 그런 문제가 없었기 때문이다!"라고 주디트 밀레 (Judith Miller)는 웃으면서 말했다. 라캉의 딸 말고도 알랭 바디우, 자크 랑시에르, 프랑수아 레뇨(François Regnault) 등등이 합류했다.

그러나 학문적 기준보다 언제나 정치적 기준이 우선하는 법이다. 뱅센에서 철학을 가르치기 위해서는 그 무엇보다 1968년 5월을 '했어야만' 했고, 자유의 도도한 물결이 지나간 후 우후죽순처럼 난립하여 대립하고 있는 수많은 소그룹 중의 어느 하나에 속해 있어야만 했다. 하기는 푸코가 당시 트로츠키 진영의 지도자인 앙리 베버(Henri Weber)를 영입한 것은 철학과가 마오이스트들에 의해 완전히 흡수되는 것을 막고 구성원의 성분에 약간 균형을 잡기 위해서였다. 푸코가 영입한 에티엔 발리바르(Étienne Balibar)는 공산당에 속했다는 이유로 역시 평탄치가 않았다. 결국 이 살벌한 투사들 한가운데에서 조정자의 역할을 수행하기 위해 푸코는 교육적인 능력이나 사람들을 한데 모으는 탁월한 역량으로 널리 알려진 고매한 인격의 프랑수아 샤틀레에게 자문을 구하기도 했다.

푸코는 철학과의 문제에만 관여한 것은 아니다. 소르본에서 라스 베르냐스 학장 주재로 열린 뱅센 대학 설립 준비위원회에 참여했다. 이 위원회에는 역사학자인 장 바티스트 뒤로셀(Jean Baptiste Duroselle)도 '파견'의 자격으로 참여했는데 그는 위원회가 좌파 일색으로 되어 가는 것을 보고 놀라 곧 사임했다. 라스 베르냐스와 아주 가까운, 역시 여성 영어학자인 엘렌 시수(Hélène Cixous; 그녀는 데리다의 여자친구이기도 했다)의 사무실에서도 위원회가 열렸는데, 그녀는 제임스 조이스에 대한 저서(1968년에 출간된 이 책은 원래 그녀의 박사논문이었다. 그리고 이때를 기점으로 해서 나중에 우리가 알게 될 그녀의 문학 여정이 시작된다)를 갖고 있었다. 그녀는 뱅센 대학의 계획 수립에 아주 중요한 역할을 했다(초기 전문위원회 구성에서 인물을 선정하고 접촉하는 일을 그녀가 맡았다. 그리고 '학문적 적합성'에 대한 배려와 함께, 새로운 구조를 시동할 교수 호선 핵심위원 몇 명도 추천했다).

푸코가 가장 신경을 쓴 것 중의 하나는 정신분석학과의 교수 정원을 정하는 문제와 예산을 배정하는 문제에 있어서 심리학자들의 개입을 막는 일이었다. 카스텔과 파스롱의 도움으로 그는 세르주 르클레르(Serge Leclaire)의 임명을 위해 애를 썼다. 토론은 타협으로 끝나서 두 개의 학과——심리학과·정신분석학과——가 개설되었다. 그러나 이것을 계기로 모든 사람들이 토론 속에서의 그의 '전략', 또는 '그의 조작기술', 더 나쁘게 말하면 그의 '술책'의 능력을 주목하게 되었다.

이제 푸코 자신이 공식적으로 임명되는 일이 남았다. 다른 과에서는 일이 순조롭게 진행되었는데, 교수 선임의 공식기구인 대학 자문위원회의 철학분과는 푸코 자신이 선출위원이므로 그는 교수에 선출될 수 없다는 유권해석을 내렸다. 1968년 11월 9일 라스 베르냐스 학장은 교육부 장관에게 다음과 같은 편지를 썼다. "68년 10월 25일 회합을 가진 방향설정위원회의 건의에 따라 본인은 귀하에게 미셸 푸코를 뱅센 대학 교수 선출 핵심위원으로 임명할 것과 동시에 이 대학 철학과 교수로 임명할 것을 요청한 바 있습니다. 그런데 68년 11월 5일 대학 자문위원회(CCU)의 반대 결정이 있은 후 미셸 푸코는 자신의 미래의 동료들에게 그 자신이 호선(互選)의 대상이 되기 위해 '선출 핵심위원회'에서 탈퇴하겠다고 본인에게 통고해 왔습니다. 투표는 68년 11월 16일에 있었습니다. 68년 11월 15일자로 뱅센 대학 자문위원회로부터 배치 통고를 받은 정교수는 11명입니다. 푸코에 대한 투표 결과는 다음과 같습니다.

전체 투표자 10명(1명 결석)에 미셸 푸코 지지 투표자 10명.

따라서 본인은 뱅센 실험대학 철학과에 미셸 푸코를 임명해 줄 것을 재차 건의하는 바이며, 이 안건을 대학 자문위원회에 다시 회부해 줄 것을 간청합니다."

이번에는 아무런 장애 없이 일이 순조롭게 진행되었다. 12월 1일자로 푸코는 교수에 임명되었다.

뱅센 대학은 1968년 12월에 문을 열었다. ——물론 행정적으로 말해서 그렇다는 것이다. 첫 강의는 1969년 1월에 시작되었다. 그러나 정식 강의는 2월과 3월에 시작되었다. "뱅센의 분위기는 각기 제자리를 찾아 붕붕거리는 벌통과 같다"고 1월 15일자 『르 몽드』는 썼다. 이 벌통의 붕붕거림은 곧 전면적인 혼란으로 이어졌다.

긴장의 분위기는 뱅센 숲에만 한정되지 않았다. 1968년 가을 새 학년 개학부터 68~69년 겨울 동안 내내 『르 몽드』는 한 페이지, 두 페이지, 어느 때는 세 페이지 전면을 '대학 소요' 기사로 채웠다. 그리고 파리와 지방의 대학과 고교에서 벌어지는 파업, 집회, 사고, 경찰과의 격렬한 대치 등을 끝도 없이 나열했다. 뱅센의 학생들도 질세라 현장에 뛰어들었다. 1월 23일 생 루이 고교의 학생회는 68년 5월의 다큐멘터리 영화를 상영하는 집회를 준비했다. 교육구청에서는 이 집회를 불허했고, 영화 상영을 막기 위해 전기를 끊었다. 그러나 3백여 명의 학생들은 전기실로 몰려들어가 전기를 다시 이었다. 영화 상영을 끝낸 후 그들은 열을 지어 교문 밖으로 나가 그곳에서 몇 미터밖에 떨어져 있지 않은, 생미셸 가 맞은편의 소르본 광장에서 막 시작되고 있는 집회에 합류했다. 금세 만들어진 구호는 소르본 구 건물 안에 자리 잡고 있는 교육구 사무실을 점거하자는 것이었다. 말이 떨어지자마자 곧 행동에 옮겨졌다. 그러자 경찰이 개입하여 학생들을 모두 건물 밖으로 몰아내었다.

라탱지구에서 소란이 벌어졌다. 연대 행동으로 수백 명의 뱅센 대학 학생들과 일부 교수까지 자기 대학을 점거하기로 결정했고, 임시 바리케이드 뒤에서 농성했다. 그들은 아무것이나 닥치는 대로 밖으로 끌어냈다. 책상, 의자, 사무용 책상, 캐비닛, 텔레비전…… 그 모두가 새로 구입한 완전히 새 물건들이었다. 그리고 한밤중에 경찰이 들어왔을 때,—전체가 2천 명 정도였다—뱅센은 그 최초의 전투를 경험했다. 한쪽에는 최루탄, 그리고 또 한쪽에는 돌과 잡다한 물건들이 하늘을 날았다. 경찰 병력은 조금씩 조금씩 건물을 포위해 들어가 학생과 교수들을 큰 원형강의실 안에 몰아넣었다. 미셸 푸코와 다니엘 드페르는 가장 마지막으로 불려 나왔다. 푸코는 파스롱에게 "그들이 당신 사무실 안의 모든 것을 다 때려 부수었다"고 말했다. 그러고는 모든 사람들이 호송차에 실려 파리 지역 경찰본부가 있는 보종으로 실려 갔다. 연행된 사람은 전부 120명이었다. 다른 사람들과 함께 미셸 푸코도 다음 날 아침 일찍 풀려났다.

정부와 언론의 반응은 매우 강경했다. 에드가 포르는 이 사건의 '부당성'을 비난했고 대학 구내에서 자행된 공공시설 파괴와 피해를 개탄했다. 한편 보수진영에서는 장관의 '자유주의'를 비난하면서 '파괴'와 무질서의 책임을 모두 그에게 돌렸다. 그날 소르본에서 학생들이 필립 드 샹페뉴(Philippe de Champaigne)가 그린 리슐리외 초상에 마구 낙서를 한 그 유명한 사건은 '좌익 반달리즘[문화재 파괴주의]'을 떠올리는 상징으로 두고두고 사람들의 입에 오르내리게 될 것이다. 이 사건으로 34명의 학생들이 퇴학 조치되었고, 181명의 다른 학생들이 경찰에 쫓기는 신세가 되었다. 1969년 2월 10일 이 억압조치에 항의하는 집회가 뮈튀알리테에서 열렸다. 초만원의 그 집회에서 장 폴 사르트르와 미셸 푸코가 연사로 나섰는데 『르 몽드』에 의하면 푸코는 가장 격렬하게 비판하는 연사 중의 한 명으로, 공권력의 도발과 '계산된 탄압'을 강력하게 비판했다고 한다. 그러니까 사르트르와 푸코가 같은 연단에 오른 것이다. 물론 동시에 오른 것은 아니다. 그날 저녁 그들은 서로 마주치지 않았다. 그들이 만나게 되는 것은 물론 정치적인 일 때문이었지만, 그것은 그로부터 2년 뒤가 될 것이다.

질풍노도 같은 출발 이후 뱅센 실험대학에서는 전체 학생집회, 시위, 경찰과의 충돌, 공산당과 좌파와의 전투, 또는 좌익 분파들 사이에서의 전투가 일상적으로 이어졌다. 그러나 이 모든 것들에도 불구하고 강의는 행해졌다. 비록 가끔 그것이 심리극, 말싸움, 결론 없는 논쟁, 혁명과 계급투쟁과 프롤레타리아에 대한 혼란스러운 궤변의 교환 등으로 변질되기는 했지만, 미셸 세르는 1년 만에 뱅센을 떠났는데 이 시기에 대해 아주 불쾌한 기억을 간직하고 있다. "내가 윌름 가에서 학생 시절을 보낼 때 스탈린주의자들이 형성했던 것과 똑같은 지적 테러리즘의 분위기가 지배하고 있다는 인상을 받았다." 그러나 그는 충실하게 강의를 했고, 학생들에게 시험을 치르게 했다.

이런 분위기 속에서 누가 누구를 이끈다는 것은 별 의미가 없지만 하여튼 푸코는 철학과의 '학과장'을 맡고 있었다. 커리큘럼이 공표되었다. 이 교과목의 목록은 당시의 지적 분위기와 특히 '뱅센 구성원들'의 세계관을 아주 잘 반영하고 있다. 1968~69년도 강의 제목을 몇 가지 소개해 본다.

자크 랑시에르의 '수정주의-좌파', 에티엔 발리바르의 '사회구성체와 맑스 철학론', 주디트 밀레의 '문화혁명', 알랭 바디우의 '이념투쟁' 등등.

물론 몇몇 교수들은 좀더 고전적이고 좀더 대학 규범에 합당한 강의를 시도했다. 미셸 세르는 과학의 실증주의 이론, 그리고 그리스 합리주의와 수학의 관계를 강의했으며, 프랑수아 샤틀레는 '그리스의 정치사상' '그리스 철학에서의 동일성과 모순'을 가르쳤다. 한편 미셸 푸코는 '섹슈얼리티 담론'과 '형이상학의 종말'을 분석했다.

이듬해(1969~70)에도 강의 제목은 비슷했으나 뒤죽박죽이었다. 자크 랑시에르의 '맑스-레닌주의의 제2기 이론:스탈린주의', 주디트 밀레의 '맑스-레닌주의의 제3기:마오이즘', 앙리 베버의 '20세기 맑시즘 입문:레닌, 트로츠키 그리고 볼셰비키 흐름', 알랭 바디우의 '맑스적 변증법'이 있는가 하면, 프랑수아 샤틀레는 여전히 금욕적으로 고대 사상에 매달려 '그리스의 사변철학 비판', 혹은 '역사과학의 인식론적 문제'를 다루었다. 푸코의 강의는 '삶의 과학들의 인식론', 또는 니체에 대해서였다. 이 마지막 강의가 1971년 장 이폴리트를 추모하여 출간한 『니체, 계보학, 역사』의 기본 질료를 형성하게 될 것이다. 개설된 첫해에 그의 강의에 너무나 많은 인파가 몰려들었기 때문에 ——6백 명 이상이었다——다음 해부터 그는 수강생의 수를 제한했다. "25명을 넘지 않도록 해주게"라고 그는 조교에게 부탁했다. 하지만 훨씬 작은 강의실을 선택했음에도 불구하고 백여 명의 청강생이 몰려드는 것을 막을 수는 없었다.

우리가 앞서 보았듯 강의 주제들은 몇 개를 제외하고는 사람들을 놀라게 하기에 충분한 것이었다. 에드가 포르 후임인 올리비에 기샤르 장관은 1968~69년에 이루어진 철학강의 분위기를 개탄했다. 그는 강의들의 맑스-레닌주의적 성격을 비판하고, 이 분야에서의 뱅센 대학 학위를 국가가 인정하지 않겠다고 선언했다. 분명히 말하면 이 학교 졸업생들은 더 이상 중등교사자격시험(CAPES)과 교수자격시험(아그레가시옹)에 응시할 수 없다는 것이었다. 장관의 발언은 제대로 과녁을 맞췄다. 특히 라디오 방송에서 강의 내용 몇 개를 인용했을 때 여론은 완전히 뱅센 실험대학에서 등을 돌렸다.

미셸 푸코는 1월 24일 교수들이 마련한 인터뷰에서 이에 대해 답변했다. 그는 "뱅센의 교육이념이 현대 세계를 공부하는 것일진대 어떻게 철학과가 '정치에 대한 성찰'을 피할 수 있겠는가?"라고 설명했다. 며칠 후 그는 다시 '자기' 과를 방어하기 위해 포대에 올랐다. "8명의 교수가 950명의 학생을 앞에 놓고 어떻게 다양하고 심도 깊은 강의를 할 수 있겠는가?"라고 그는 『르 누벨 옵세르바퇴르』와의 회견에서 말했다. 이어서 그는 이렇게 덧붙였다. "도대체 철학이 무엇인지를 내게 분명히 말해 주었으면 좋겠다. 그리고 무엇의 이름으로, 어떤 텍스트를 근거로, 어떤 기준으로, 그 어떤 진리에 따라 지금 우리가 하고 있는 일을 비난하는지 말해 주면 좋겠다." 그러고 나서 그는 반격에 나섰다. "장관이 한 말 중 중요한 것은 그가 내세운 원인이 아니다. 그가 내린 결정이 중요하다. 그 결정은 분명하다. 뱅센에서 공부한 학생들은 중등학교에서 가르칠 권리가 없다는 것이다. 그럼 이번에는 내 편에서 질문을 하나 하겠다. 왜 이런 위생차단선[전염병 유행지역의 교통차단선]이 필요한가? 그토록 세심하게 막아야 할 정도로 철학이 어떤 위험성을 갖고 있다는 말인가? 그리고 뱅센 학생들이 가진 위험성은 도대체 무엇인가?" 이어서 그는 대학과 정부가 뱅센 대학 철학과에 완전한 자유를 약속하고서 막상 그 자유를 실천에 옮기려 하니까 그것을 억압하는 것은 일종의 '함정'을 파 놓은 것과 같다고 비난했다.[4]

---

4 푸코, 「뱅센의 함정」Le Piège de Vincennes, 『르 누벨 옵세르바퇴르』*Le Nouvel Observateur*, 9 février 1970.(『말과 글』*Dits et écrits*, tome1, texte n° 78, Paris: Gallimard, pp.935~951.)

그러나 푸코의 어려움은 거기에서 그치지 않았다. 왜냐하면 그로부터 얼마 후 뱅센 대학 및 철학과에 사람들의 시선을 다시 끌어들이는 사건이 터졌기 때문이다. 강의 자체도 그랬지만 여러 가지 학사업무와 시험양식이 교육부 당국의 분노를 샀다. '학점표', 다시 말해서 학년 말에 1년간의 수강을 확인해 주는 증명서가 아무런 근거 없이 제멋대로 교부되었기 때문이다. 교수들은 시험을 친다는 것은 엄두도 내지 못했다.

당시 철학과의 행정조교는 그 상황을 다음과 같이 설명했다. 첫해에 교수들은 한 방에 갇혀 있었고, 학생들은 문 밑으로 자기 이름을 적은 종이쪽지를 밀어 넣었다. 그러면 교수들은 그들을 급제 리스트에 기재했다. 두번째 해에는 급제생들의 이름을 타자기로 쳤지만, 그것도 학생이 원하기만 하면 리스트에 올랐다. 『교수는 무엇을 하기 위해 있는가?』(*Des professeurs pour quoi faire?*)라는 책의 집필을 위해 마들렌 샵살과 미셸 망소(Michèle Manceaux)가 주디트 밀레와 인터뷰했을 때 주디트 밀레가 자기는 '학점표'를 버스에서 나눠 주었다고 말하고 이어서 "대학은 자본주의 사회의 한 부분이므로" 이 사회가 "점점 더 나쁘게" 기능하는 데 기여하기만 한다면 무슨 일이든지 할 것이라고 말했을 때, 큰 사회적 논쟁이 폭발하는 것은 이제 시간문제였다. 그 기폭제는 주간지 『렉스프레스』에 실린 그 책의 발췌문이었다. 교육부로서는 경악, 바로 경악 그 자체였다.

1970년 4월 3일 자크 라캉의 딸이며 마오이즘 운동 그룹 프롤레타리아 좌파의 투사인 주디트 밀레는 그녀를 "고등교육 기관에 배속한 발령을 취소하지 않을 수 없으며" 따라서 그녀가 전근해 온 중등교육기관으로 다시 돌아가라는 장관의 편지를 받았다. 장관의 이러한 결정이 다시 한번 뱅센의 긴장을 촉발했다. 대학본부 점거, 경찰에 의한 해산……

이런 사건은 뱅센의 연대기를 형성하는, 그리고 이 대학의 존립 자체를 문제 삼는 논쟁들에 자양분을 공급한 수많은 요소들 중의 하나일 뿐이다. 1969년 10월 8일부터 자크 드로즈 학장은 경고 조치를 내렸다. "만일 무책임한 소요가 학생들의 반대를 받지 않는다면 뱅센 대학이 파국을 맞고 문을 닫는 사태까지 일어날 것이라고 나는 생각한다." 정말 그후 몇 년간 신문의 제목들은 '뱅센은 문을 닫을 것인가?' 아니면 '뱅센은 문을 닫아야만 하는가?'로 갈리었을 뿐이다. '유예상태의 뱅센', '뱅센을 살려야 한다' 등등의 제목들이 사건이 터질 때마다 마치 사제와 신도 사이에 번갈아 이루어지는 기도문처럼 끊임없이 신문을 장식했다. 뱅센은 물론 존속될 것이다. 그러나 한참 동안은 초기에 자리 잡은 이 폭력적 분위기 속에서였다.

증인들의 말을 종합해 보면 철학과는 이 영원한 무질서의 극에 달한 상태였다. 학과 창설에 참여했던 한 교수는 이 학과가 "처음부터 자기 파괴의 미망에 사로잡혀 있었다"는 평가를 내렸다. 그리고 이 모든 것이 극좌 운동 속에 쉽게 빠져들면서, 때에 따라서는 그 운동이 매일매일 일으키는 다양한 시위를 한껏 즐기는 듯이 보였던 미셸 푸코의 깊은 동의까지는 아니라 하더라도 최소한 그의 참여와 보증에 의해 이루어졌다. 적어도 처음에는 그랬다. 왜냐하면 나중에는 그도 지친 듯이 보였기 때문이다. 그 자신도 뱅센에서의 체험, 다시 말해서 끊임없이 교수들을 표적으로 삼는 학생들의 그 도전에 심한 정신적 상처를 받았다고 말하는 사람들도 있다. 물론 우리는 공산당 투사들과 싸우기 위해 쇠막대기를 손에 들고 있는 그를 보았으며, 경찰에게 돌을 던지는 그의 모습을 보았다……. 그러나 뱅센의 분위기는 지속적으로 그의 마음에 들 수 있는 성질의 것이 아니었다. "반(半)미치광이들 사이에 둘러싸여 있는 것도 지긋지긋해졌다"라고 학교를 떠난 직후 그는 친구에게 말했다. 여하튼 그는 학생들과의 접촉을 그리 좋아하지는 않았다. 그리고 일부 동료들의 태도도 더 이상 평가하지 않았다

(그는 나중에 '뱅센의 소영웅'이라는 경멸적인 명칭으로 옛 좌파 투사들에 대해 이야기했다).[5] 국립도서관에서의 탐험을 계속하기 위해 캠퍼스에 있는 시간을 최소한으로 줄이려 애썼는데, 요컨대 그는 잠정적 직장이라고 스스로 생각했던 이 장소를 떠나는 것이 너무나 행복했다. 왜냐하면 이 시기에 그는 콜레주 드 프랑스 선출 운동을 벌이고 있었기 때문이다. 지원서를 작성하고, 영향력 있는 교수들을 찾아다녔으며, 콜레주 드 프랑스에 들어가고자 하는 모든 사람들에게 이 권위적인 기관이 요구하는 모든 절차를 충실하게 따랐다.

푸코는 뱅센에서 2년을 보냈다. 그의 인생에서, 그의 경력에서, 그의 작품에서 유일하게 파란만장했던 2년간이었다. 거기서 그는 다시 정치로 돌아갔고 "마치 바다 밑으로 가라앉았다가 풍랑으로 갑자기 해변에 다시 떠오른 구명대 같은" 역사를 만났다. 이 표현은 그 자신이 썼던 이미지인데 나중에 콜레주 드 프랑스에서 열린 푸코 추모회에서 쥘 뷔유맹이 다시 인용했다.[6] 마치 수면으로 다시 떠오르듯 이렇게 정치판에 들어온 것은 아마도 마오이즘 세력권 안에 진입한 다니엘 드페르의 영향이 큰 듯하다. 푸코는 1960년 10월에 로베르 모지의 소개로 그를 만났다. 1963년에 그의 동반자가 되었고, 푸코가 죽을 때까지 그의 옆에 남아 있었다.[7] 푸코는 그가 뱅센 대학 사회학과 조교(나중에 조교수, 전임강사가 되었다)로 임명되는 일을 도왔다.

여하튼 이 중요한 시기에 전혀 새로운 모습의 푸코가 탄생하고 있었

---

5 티에리 뵐첼Thierry Voeltzel, 『20년 후』*Vingt ans et après*, Paris: Grasset, 1978, p.76.

6 쥘 뷔유맹Jules Vuillemin, 「미셸 푸코, 1926~1984」Michel Foucault, 1926~1984, 『콜레주 드 프랑스 연감』*Annuaire du Collège de France*, 1984~1985, 85ᵉ année.

7 『말과 글』의 「연보」의 날짜와 표현을 그대로 따랐다.

다. 장관 자문위원회에 참여하거나 국립행정학교의 구술시험관을 지내던 푸코의 모습은 이제 더 이상 찾아볼 수가 없다. 그 시절의 푸코는 서서히 사라져 가고 잊혀져 갔으며, 뱅센의 증류기로부터 새로운 참여 철학자가 수증기 사이로 모습을 드러냈다. 이 순간부터 그는 행동과 성찰의 모든 전선에서 작전을 벌이는 강건한 투사가 될 것이다. 1969년부터 푸코는 투쟁하는 지식인의 화신이 되었다. 여기서부터 우리 모두가 알고 있는 푸코의 모습, 즉 시위 현장에 나타나고 선언문을 작성하고, '투쟁'하고 '비판'하는 그의 모습이 만들어졌다. 콜레주 드 프랑스 교수라는 지위가 그에게 더욱 큰 힘과 영향력을 주었다.

그러나 그 당시로서는 '정치 입문'이 그의 고유한 지적 영역에 별다른 흔적을 남기지는 않았다. 뱅센에서 그는 니체를 강의했고, 1970년 12월 콜레주 드 프랑스 개강 연설에서는 그후에 그가 관심을 갖게 될 권력의 문제보다는 『지식의 고고학』에 좀더 가까운 관심을 보였다. 좀더 정확히 말하자면 1969년과 1970년의 그의 불안정한 현재 속에 과거와 미래라는 두 순간이 서로 교차되고 중첩되었다.

이 시기에 그가 발표한 글이나 강연들에는 그의 종전의 이론적 관심과 문체가 두드러지게 눈에 띈다. 1969년 2월 22일 프랑스 철학회에서 행한 연설 '저자란 무엇인가?'도 그 좋은 예다. 베케트의 "누가 말한들 무슨 상관인가, 누군가가 말했지, 누가 말했건 무슨 상관인가?"라는 말로 그는 강연의 서두를 꺼냈다. 이 무관심이야말로 "아마도 현대의 글쓰기의 가장 기본적인 윤리강령"일 것이라고 푸코는 주장했다. 여기에 푸코는 "죽음과 글쓰기의 유사성"이라는 제2의 주제를 덧붙였다.

강연 후에 이어진 토론은 특기할 만하다. 그것은 우선 뤼시앵 골드망(Lucien Goldmann)과 푸코 사이의 격렬한 대화로 시작되었다. 골드망은

'구조주의'를 신랄하게 비난하고, 1968년 5월 한 학생이 소르본의 칠판에 써 놓은 "구조는 거리에 나와 데모하지 않는다"라는 문구를 인용하며 자신의 말을 끝맺었다. 그리고 그는 이렇게 덧붙였다. "역사를 만드는 것은 구조가 아니라 인간이다. 비록 인간의 행동이 항상 어떤 특정의 성격으로 구조화되거나 혹은 의미를 띠게 된다 하더라도." 푸코는 냉정하게 대꾸했다. "나는 한 번도 구조라는 말을 써 본 적이 없다. 따라서 손쉽게 구조주의를 갖다 붙이는 일을 내게는 하지 말아 주었으면 좋겠다." 그리고 나서 그는 '인간의 죽음'을 설명했다. "이것은 인간이라는 개념이 앎의 영역에서 어떤 기능을 했는지를 밝혀 주는 주제다……. 인간의 죽음을 선언하는 것이 내 목적은 아니다. 나는 다만 어떤 방식으로, 어떤 규칙에 의해 인간의 개념이 형성되고 기능했는지를 알아보려 했다……. 저자의 개념에 대해서도 나는 같은 일을 했다. 그러니 이제 눈물은 거두기로 하자."

또 다른 발언자가 푸코를 도왔다. 자크 라캉이었다. 이 정신분석학자는 이렇게 말했다. "나는 구조가 거리에 나와 시위하지 않는다고 쓴 것은 전혀 정당하지 않다고 생각한다. 왜냐하면 5월 사건이 뭔가 보여 준 것이 있다면 그것은 바로 구조가 거리에 나왔다는 사실이기 때문이다. 데모 현장에 그것을 써 놓았다는 것 자체가 인간의 행동은 언제나 자기 자신을 잘 모르고 있다는 사실을 잘 보여 주고 있다. 이것이 바로 인간 행동의 내재적 특성이다."[8]

그러나 그 순간 『말과 사물』, 그리고 그가 아직도 공개 논쟁에서 대답

---

8 푸코, 「저자란 무엇인가?」 Qu'est-ce qu'un auteur?, 토론 첨부, 『프랑스철학회 회보』 Bulletin de la societe francaise de philosophie, n°63, juillet-septembre 1969, pp.73~104.(『말과 글』, tome1, texte n°69, Paris: Gallimard, pp.817~849.) 에리봉, 『미셸 푸코와 그의 동시대인들』, pp. 251~255도 볼 것.

해야만 하는 '인간의 죽음'이라는 주제는 벌써 그가 자신의 과거라고 생각하는 것 속으로 미끄러져 들어가고 있었다. 이 움직임은 곧 눈에 두드러지게 된다. 1970년 8월부터 "나는 『말과 사물』의 후기를 쓰겠다고 약속했었다. 그러나 지금은 그 일에 흥미가 없어졌다"라고 그는 편지에 썼다.[9] 『말과 사물』은 "진짜 내 책이 아니다"라고 말하기까지 했다. 이 말은 그의 '열정'으로 밑받침되는 저작들이 광기, 범죄, 섹슈얼리티 등에 관한 것임을 암시하고 있다.[10]

푸코의 뱅센 생활에서는 무엇이 남았을까? 그에게 있어서 그것은 프랑스 지성계에 지속적인 영향을 갖게 될 어떤 성향을 가시화시킨 기회였다. 왜냐하면 소란 속에서도 뱅센은 순조로운 항해를 계속했고, 철학과에는 들뢰즈, 리오타르, 셰러 같은 빛나는 인물들이 몰려들었기 때문이다. 그러니까 '최고급 인재'를 끌어모으겠다는 푸코의 야심이 완전히 헛된 것은 아니었다. 그리고 정신분석학과도 곧 라캉학파의 온상이 되었다. 1969년 7월 고등사범이 라캉의 재임용을 거부했을 때 푸코는 뱅센에서 세미나 강의를 하도록 라캉에게 청했다.

결국 이 세미나는 팡테온 광장에 있는 법과대학에서 피난처를 구했지만, 여하튼 라캉은 뱅센에서의 강의를 수락했다. 그러나 1969년 12월 3일 첫 시간을 끝으로 그 강의는 끝이 났다. 학생들로부터 심한 야유와 공격을 받은 라캉은 그들에게 다음과 같은 유명한 경구를 던졌다. "혁명가로서 그대들이 바라는 것, 그것은 바로 지배자로서의 주인이다. 아마 그대들은 주

---

9 「연보」에서 인용된 편지, 『말과 글』*Dits et écrits*, tome1.

10 푸코, 「두치오 트롬바도리와의 인터뷰」Entretien avec Ducio Trombadori, 『말과 글』*Dits et écrits*, tome2, texte n° 281, p.860 참조.

인을 갖게 될 것이다.” 그러고 나서 일어나 강의실을 나왔다. 그는 철학과에 전화를 걸어 2월 초로 예정된 다음 강의를 '빼먹을 것'이며, 그후 모든 강의를 취소하겠다고 말했다.

프랑수아 샤틀레에게 뱅센 대학 철학과를 맡기면서 푸코는 아주 어려운 유산을 그에게 남겨 주었다는 기분을 느꼈다. 샤틀레에게 남겨 준 것은 갈등의 온상이었다. 그러나 또한 끓어오르는 활기찬 지식의 온상이기도 했다.[11]

---

11 뱅센 대학의 역사에 대해서는 장 미셸 지앙Jean-Michel Djian이 감수한 『뱅센: 비판적 사유의 한 모험』*Vincennes: Une aventure de la pensée critique*, Paris: Flammarion, 2009. 엘렌 시수의 회고와 다른 자료들이 수록되어 있다.

2장

곡예사의 고독

"친애하는 행정관, 친애하는 동료 교수들, 신사숙녀 여러분……." 강의실 안에는 침묵이 깔렸고, 감회에 젖어 팽팽하게 긴장한, 떨려서 거의 변질된 나지막한 목소리가 조심스럽게 톤을 높이기 시작했다. 힘차게 내지르는 말이라기보다는 차라리 속삭임이었다. "……오늘 본인이 해야 하는 강연에서, 그리고 앞으로 아마 수년 동안 여기서 해야만 하는 강연에서……." 때는 1970년 12월 2일, 미셸 푸코는 콜레주 드 프랑스에서 개강 연설을 하고 있었다.

전통적으로 개강 강연이 실시되는 대형 원형강의실에는 오랜 세월 동안 변하지 않고 있는——그때는 아직 건물의 보수와 개축 공사가 있기 전이었다——낡은 의자, 약간 침울한 분위기와 함께 수백 명의 청중이 몰려들었다. 격동기였던 그 시기에 흔히 그랬듯이 그날도 라탱지구는 경찰에 포위되어 있었다. 청중들은 소르본 근처 길에서 머리에 철모를 쓰고 손에 곤봉을 든 데모 진압대와 경찰차로 급조된 차단선을 건너와야만 했다. '가둠', '권력', '규범' 등을 말하게 될 강연회를 위해서는 참으로 이상한 무대장치가 아닐 수 없었다. 거기서 물론 경찰은 푸코를 위해 있는 것이 아니었다! 그러나 모든 사람들이 연상작용을 일으켰다. 이 철학자의 강연을 듣기 위해 구름같이 몰려든 '수많은 군중'을 며칠 후 『레 레트르 프랑세즈』지에 언급하면서 피에르 데는 "강의장을 가득 메우고 서 있던 젊은이들"을 언급하는 것을 잊지 않았다. "그들은 마치 이 차분한 집회장에 68년 5월이 특별히 파견한 사절 같았다"[1]고 그는 말했다. 이 5월의 사절들은 콜레주 드 프랑스의 행정관인 에티엔 볼프가 마르슬렝 베르틀레 광장의 위풍당당한 건물인 이 '자유의 나라'에 새로 들어온 신임 교수를 환영한다는 짤막한 연설을 했을 때 야유의 소리를 지름으로써 단숨에 자신들의 존재를 알렸다.

그러고 나서 푸코는 베르그손 동상의 옆모습이 그를 지켜보고 있는 가운데 원고를 읽기 시작했다. ——규칙이 그러하듯이 그는 준비해 간 원고를 그냥 읽었다. ——"나의 뒤에 내가 하는 말과 똑같은 말을 하는 어떤 목소리가 있으면 좋겠다. 계속해서 말해야만 하는데 나는 계속할 수가 없다. 말들이 있는 한 나는 그 말들을 해야만 한다. 그 말들이 나를 발견할 때까지, 또는 그 말들이 내게 말을 걸 때까지 ——참으로 이상한 고통이고, 이상한 잘못이다. 계속해서 말해야만 한다. 아마 이미 말해졌는지도 모르겠다. 그 말들은 아마도 나를 내 이야기의 문턱까지 끌고 왔는지 모르겠다. 내 이야기를 열어 줄 문 앞까지. 그러나 그 문은 아마 안 열릴지도 모르겠다." 이처럼 사뮈엘 베케트의 『이름 붙일 수 없는 것』(*L'Innommable*)의 문장을 인용하면서 푸코는 청중을 매혹시켰다. 강연장에는 조르주 뒤메질을 필두로 하여 클로드 레비 스트로스, 페르낭 브로델, 프랑수아 자코브, 질 들뢰즈 등이 있었다.

미셸 푸코는 이제 프랑스 대학제도의 성자(聖者) 반열에 들어갔다. 그

---

1 피에르 데Pierre Daix, 『레 레트르 프랑세즈』*Les Lettres françaises*, 9 decémbre 1970.

전날에도 똑같은 의식이 거행되었었다. 청중의 성향이 좀 달랐는데 그것은 레몽 아롱의 개강 연설이었다. 푸코의 개강 연설이 있은 지 이틀 후 조르주 뒤비(Georges Duby)를 맞아들이는 행사가 있었다. 미셸 푸코와 레몽 아롱의 강연 날짜가 거의 일치한 것은 우연의 결과만이 아니었다. 그들은 교수회의에서 같은 날 선출된 것이다. 그리고 분명한 근거는 없지만 그 두 사람의 추종자들 사이에 일종의 거래가 있었다고 믿는 사람들도 꽤 있다.

그러나 미셸 푸코의 선출을 설명하기 위해서는 몇 년을 더 거슬러 올라가야만 한다. 우선 뒤메질과의 우정이 큰 역할을 했다. 투표가 있던 시기에 뒤메질은 콜레주를 떠났다. 은퇴할 나이가 되었기 때문이다. 그는 객원 교수로 가 있던 미국에서 옛 동료들에게 대여섯 통의 편지를 보냈다. 지원자의 명성에 거부감이나 불안감을 갖고 있는 그들을 설득하기 위해서였다. "내 역할은 시카고에서 6명의 동료 선발위원들에게 '푸코가 괴물은 아니다', '괴물이기는커녕 그 반대다'라고 편지를 쓰는 것에 불과했다"[2]라고 뒤메질은 1984년 푸코의 장례식 조사(弔詞)에서 말했다. 예를 들면 클로드 레비 스트로스의 표를 얻기 위해서 1969년 4월에 보낸 긴 편지에서는 다음과 같이 에둘러 말하고 있다. "나와 푸코가 철학적으로 정치적으로 얼마나 먼 거리에 있는지 당신은 상상하기 어려울 것입니다. 만일 내가 아직도 살아 있다면 (이 말은 '내가 아직도 콜레주 드 프랑스에서 교수를 하고 있다면'이라는 뜻이다) 나는 그를 위해 투쟁할 것입니다. 선발위원으로서 나의 문제는 몇몇 지원자에 대해서 언제나 똑같은 것입니다. 견해나 방법을 묻는 것이 아니라 사람됨의 크기를 측정하고, 가능성을 관찰하는 것입니다.

---

2 조르주 뒤메질Georges Dumézil, 「행복한 사람」Un homme heureux, 『르 누벨 옵세르바퇴르』*Le Nouvel Observateur*, 29 juin 1984.

그런데 이 사람은 가능성이 분출하는 사람입니다".[3] 이것은 레비 스트로스의 생각을 바꾸는 데 충분치 못했다. 그는 『말과 사물』을 좋아하지 않았으므로 푸코에게 표를 줄 생각이 전혀 없었다(그렇다고 그는 지원자 중의 다른 누구를 선호하는 것도 아니었다). 그럼 또 다른 편지 수취인은? "내 편지가 주효했는가, 나는 그렇게 생각하지 않는다"라고 뒤메질은 회상한다.[4] 그가 가진 대단한 권위를 생각하면 그의 개입이 전혀 무익했다고 생각할 수는 없다. 그러나 그는 미국으로 떠나기 훨씬 전부터 푸코의 지원 사실을 환기시키고 지지하는 발언을 했었다. 왜냐하면 1966년부터 장 이폴리트가 『말과 사물』의 엄청난 성공을 이용하여 푸코의 선출을 의제에 올려놓았기 때문이다. 그는 자기 계획을 성사시키기 위해 필요한 막후교섭을 벌였다. 우선 이 사람 저 사람에게 이런 지원자가 있다고 말하고 사람들의 반응을 떠보았다. 반응은 매우 다양했다. 이미 콜레주의 철학과 교수로 있는 쥘 뷔유맹도 그의 일을 도왔다. 뒤메질, 이폴리트, 뷔유맹 이 세 사람의 지지자가 힘을 합쳤으므로 일은 마치 순풍에 돛을 단 듯했다. 거기다가 페르낭 브로델도 힘을 아끼지 않았다. 애석하게도 이폴리트는 자기 계획이 성사되는 것을 보지 못했다. 1968년 10월 27일에 죽은 것이다. 그리고 그의 죽음으로 공석이 된 자리의 후임자를 말할 때 자연스럽게 시선은 푸코에게 몰렸다. 뷔유맹이 클레르몽의 옛 동료의 지원서를 공식적으로 제출해 주었다. 더 정확히 말하면 교수회의에 새로운 교수 자리의 개설이라는 안건을

---

3 뒤메질이 레비 스트로스에게 보낸 편지, 1969년 4월 19일. 나는 미셸 푸코의 사회적 진출에서의 뒤메질의 역할에 대해 『미셸 푸코와 그의 동시대인들』*Michel Foucault et ses contemporains*, p.125 에서 좀더 자세히 이야기했다.

4 디디에 에리봉·뒤메질, 『디디에 에리봉과의 대담』*Entretiens avec Didier Eribon*, Paris: Gallimard, 1987, p.217.

회부한 것이다. 왜냐하면 콜레주 드 프랑스 교수 선출은 두 단계로 이루어져 있기 때문이다. 우선 비록 형식적인 것이기는 하지만 처음에는 교수의 이름을 거명하지 않고 교수 자리의 공석을 확인하는 투표를 한다. 그리고 두번째 단계에서 이 자리를 메꿀 사람을 지명한다.[5] 1969년 11월 30일 교수들은 교수 2명의 추가 증원을 결정하기 위해 모임을 가졌다. 사회학 1명, 철학 1명이었다. 철학교수 자리에는 지원자가 3명이었다. 장 이폴리트의 후계자로 이 경쟁에 뛰어든 다른 두 사람은 폴 리쾨르와 이봉 블라발이었다. 미셸 푸코는 규정대로 '학위논문 및 저서'의 요약과 앞으로 가르칠 내용의 대강, 그리고 자신이 강의 제목으로 '사유체계의 역사'를 선택한 이유 등을 작성했다. 10여 페이지에 달하는 이 서류다발을 그는 콜레주 드 프랑스의 모든 교수들에게 보냈다(「부록 2」를 볼 것). 푸코는 우선 거기에 학력, 학위, 근무했던 대학 등 대학 관련 이력을 썼다. 그러고는 책, 잡지 기고문, 서문, 번역 등 출판물의 목록을 작성했다. 마지막으로 『광기의 역사』에서 『지식의 고고학』에 이르기까지의 과거의 연구업적을 요약했다.

---

5 프랑수아 도스François Dosse의 설명은 얼마나 우스꽝스러운지 모른다(그 우스꽝스러운 고찰이 그에게는 당연해 보이나 보다). 그는 푸코가 콜레주 드 프랑스의 교수로 선출된 것이 구조주의자들의 연회(banquet)가 있었기 때문이라고 말한다('사유의 역사' 같은 진지한 이야기를 하면서 어떻게 그런 속된 '연회'라는 말을 쓸 수 있는가? 그것은 분석적인 단어라기보다는 저널리즘의 슬로건과 더 비슷한 말이 아닌가?). 이 시리즈 전기작가는 다음과 같이 썼다. "그 당시 콜레주 드 프랑스에는 구조주의자의 연회가 있었다. 클로드 레비 스트로스와 조르주 뒤메질이 벌써 포진하고 있었고, 곧 롤랑 바르트가 합류했다(1975). 미셸 푸코의 선출은 그러니까 확실한 것이었다. 어떻게 리쾨르는 이 사자굴 속에 몸을 던질 수 있었는가?"(프랑수아 도스, 『폴 리쾨르: 한 인생의 여러 의미』*Paul Ricœur. Les sens d'une vie*, Paris: La découverte, 1997, p.518.) 그러나 뒤메질은 은퇴했고 ──그러니까 투표할 수 없었고──레비 스트로스는 푸코에게 투표하지 않았다! 푸코의 선출에 결정적 도움을 준 뷔유맹은 전혀 구조주의자가 아니다! 우리가 보았듯이 그는 과학철학 쪽으로 방향을 틀기 전에 메를로-퐁티와 가까웠었다. 뷔유맹과 함께 푸코의 선출을 도운 이폴리트도 헤겔 철학자고 실존주의 철학자다……

『고전주의 시대 광기의 역사』에서 나는 한 특정 시기의 정신병에 대해서 알 수 있는 것이 무엇인지를 확정 짓고 싶었다. 그러한 인식은 물론 다양한 병리현상을 명명하고 또 그것들을 설명하는 의학이론 속에서 나타난다. 그것은 또 일반인들의 견해 속에서도 나타난다. 예컨대 미친 사람들의 말을 그냥 속는 척 들어주는 주위 사람들이 광인에 대해서 느끼는 공포, 또는 연극과 문학 등에서 그들을 재현하는 방법들에서 그것은 나타난다. 다른 역사학자들이 여기저기서 해놓은 분석도 내게는 매우 유용하다. 그러나 내게는 어떤 하나의 차원이 아직 탐사되지 않은 듯이 보인다. 광인들이 어떻게 광인으로 인정을 받았고, 어떻게 사회로부터 격리되고 추방되어 감금되고 치료되었는지, 그들을 받아들이고 가두고 가끔은 그들을 보살핀 기관이 무엇인지, 어떤 심급이 어떤 기준으로 광기를 결정했으며 그들을 강제하거나 벌주거나 또는 낫게 하기 위해 어떤 방법이 사용되었는지, 결국 어떤 제도와 실천의 그물망 속에 광인이 사로잡히고 동시에 규정되었는지를 탐구해 보아야 한다.

그런데 그 기능과 그 당시 사람들이 거기에 부여한 설명을 잘 살펴보면 이 그물망은 매우 논리정연하고 정교해 보인다. 아주 정밀하고 명확한 지식이 거기에 관여하고 있다. 그러자 내게 하나의 목표가 모습을 드러냈다. 제도라는 복합적인 체계 안에 투입된 앎이 바로 그것이다. 그리고 그에 적합한 방법이 떠올랐다. 흔히 하듯이 한 분야의 학술적 저서만 섭렵할 것이 아니라 병원, 감옥, 그 외 행형제도 일체의 기록 장부, 그에 관련된 법령과 규칙 등을 포괄하는 고문서 일체를 열람해 보아야 한다. 내가 앎의 분석을 시도한 것은 국립고문서보관소 또는 국방문서보관소에서였다. 그 앎의 가시적 실체는 이론적 담론이나 학문적 담론이 아니고 문학도 아니다. 그것은 일상적으로 규제받는 실천이다.

그러나 광기의 실제 예들은 문제의 핵심을 보여 주기에는 불충분한 듯이 보였다. 17세기와 18세기에 심리치료는 단순한 전통요법과 구별할 수 없을 정도로 매우 초보적이었다. 초기의 임상의학은 좀더 엄격한 용어로 문제를 제기한 것같이 보였다. 결국 그것은 19세기 초에 그 당시에 이미 형성된, 아니면 형성되고 있는 새로운 학문들, 예컨대 생물학·생리학·병리해부학과 연결되었다. 그러나 그것은 또 한편으로는 병원·보호기관·감호치료기관 등과도 연결되었고, 행정조사 같은 행위에도 연결되었다. 나는 이 두 표지의 한가운데에서 하나의 앎이 이때까지 알려져 있지 않던 목표, 전대미문의 문제들, 새로운 관찰의 영역을 과학적 이론에 제안하면서 어떻게 태어나고 변화하고 발전했는지를 자문해 보았다. 그리고 또 반대로 어떻게 과학적 인식들이 그리로 영입되어 윤리적 규범과 명령의 가치를 지니게 되었는지도 생각해 보았다. 의료행위는 불안한 혼합 속에서 정밀과학과 비과학적 전통을 한데 혼합하는 데 그치지 않았다. 그것은 스스로의 균형과 일관성을 지닌 앎의 체계로 틀이 잡혀 갔다.

그러니까 우리는 단순한 정신적 습관이 아니면서도 그렇다고 과학과 정확히 일치하지도 않는 앎의 영역이 있음을 인정해야만 한다. 그래서 나는 『말과 사물』에서 반대의 체험을 시도해 보았다. 나중에 언젠가 다시 언급하겠다는 계획을 포기함이 없이 모든 실천적·제도적 측면을 잠시 무시하고, 한 특정의 시기에 나타난 몇 가지 앎의 영역들(17세기와 18세기의 박물학적 분류, 일반 문법, 부富의 분석)을 대상으로 삼고, 그것들이 제시하는 문제들, 그 영역들이 행사하는 개념들, 그리고 그것들이 시험하는 이론들의 유형을 정의하기 위해 그것들을 차례차례 조사해 보았다. 하나씩 조사한 그 각 영역의 내적 '고고학'을 규정했을 뿐만 아니라 그들 상호간의 동일성, 유사성, 또는 차이성의 총체를 알아볼 수 있었다. 그러자 하나의 전체적인 윤곽이 드러났다. 그것은 물론 고전주의 정신 전체를 특징짓는다고 말할 수는 없다. 그러나 그것은 최소한 논리정연한 방식으로 실증적 인식의 영역 전체를 잘 조직해 준다.

거기서 나는 전혀 다른 두 개의 결과와 마주쳤다. 그 하나는 '투입된 앎들'의 비교적 자율적이고 특수한 존재를 확인한 것이고, 또 하나는 그들 고유의 구조들이 각기 체계적인 관계를 갖고 있음을 주목하게 된 것이다. 내 생각을 분명하게 밝혀 놓을 필요성이 생겼다. 『지식의 고고학』에서 나는 그것을 시도했다. 견해와 과학적 인식 사이에서 아주 특별한 층위의 존재를 확인할 수 있었는데 나는 그것을 앎의 층위라고 부르기를 제안한다. 이 앎은 이론적 텍스트나 경험의 도구 안에서만 구체화되는 것이 아니라 모든 실천과 제도 안에서 실체화한다. 그러나 이 앎은 이 모든 실천이나 제도의 단순한 결과나 반쯤 의식적인 표현이 아니다. 이 앎은 자기 고유의 규칙을 포함하고 있으며, 그렇게 함으로써 자신의 존재, 기능, 역사의 특성을 나타낸다. 그 규칙들 중의 일부는 한 분야에만 고유한 것이고, 또 어떤 규칙들은 몇 가지 분야에 공통적이다. 한 시대 전체에 일반적으로 들어 있는 규칙도 있다. 요컨대 이 앎의 발전과 변화는 인과성의 복합적인 관계를 작동시키고 있다……[6]

연구업적을 이렇게 요약한 후에 푸코는 '강의계획'을 펼쳐 보였다. 그의 강의는 다음과 같은 두 개의 요청을 가질 것이다. "분석을 위한 실험의

---

6 푸코, 「학술업적」Titres et travaux, 콜레주 드 프랑스 교수청원용 문건Plaquette éditée pour la candidature au Collège de France, Paris, 1969, pp.4~6.(『말과 글』Dits et écrits, tome1, texte n° 71, pp.870~874.)

장으로서 이용될 수 있는 구체적인 예들을 결코 놓치지 말고 참조할 것, 우연히 마주치거나 접했던 이론적 문제들을 정교하게 다듬을 것.”[7]

'얼마 동안' 그의 마음을 사로잡았던 구체적인 예는 '유전(遺傳)에 대한 앎'[8]이었다. 그 이론적 문제는 다음과 같다. “이 앎에 하나의 지위를 부여하는 것이다. 즉 이것을 어떤 한계 안에 표시할 것인가, 그리고 이 앎을 묘사하기 위해 어떤 도구를 선택해야 할 것인가를 결정하는 것이다.” 그러고 나서 “이것을 과학적 담론으로 다듬는 일”을 생각해야 한다. 다시 말하면 “그것을 초월적 용어가 아니라 역사의 용어로 분석하기 위해 하나의 과학을 형성하는 문제”[9]이다. 그리고 세번째의 이론적인 영역은 “앎의 질서 속에서의 인과성에 관한 문제다. 다시 말하면 어떤 선택이나 수정을 약간 동반한 채 앎이 이때까지 자기 외부에 있던 현상들을 자기 것으로 받아들이는 방식, 그리고 이질적인 과정을 어떻게 자기 것으로 수용할 수 있게 되는가를 결정하는 일이다……”[10] 그리고 푸코는 다음과 같이 소개서를 끝맺었다. “구성된 과학(그것에 대한 역사는 많이 기술되어 있습니다)과 견해의 현상(역사학자들은 이것을 다루는 방법을 알고 있습니다) 사이에서 사유체계의 역사를 써야만 할 것입니다. 이것은 인식 일반과 그것들의 조건, 그리고 인식하는 주체의 지위를 다시 검토하는 것으로 귀결될 것입니다”.[11]

푸코는 자신이 쓴 강의계획서를 충실히 따르지 않았다. 그러나 그게 뭐 대수인가. 보고서가 작성되고 인쇄되어 모든 교수들에게 배포되었다.

---

7 같은 글.
8 같은 글.
9 같은 글.
10 같은 글.
11 같은 글.

전체 교수회의에 교수청원 안건을 내는 일은 쥘 뷔유맹에게 맡겨졌다. 교수회의에서 발표할 간단한 연설문 작성을 위해 그는 마레지구의 작은 아파트로 푸코를 며칠 밤에 걸쳐 불렀다. 그들은 강조해야 할 측면이 무엇인지를 함께 논의했다. 뷔유맹은 모든 전공의 교수들이 이해를 잘할 수 있도록 아주 분명한 보고서를 제출하고 싶어 했기 때문에 자기 생각에 좀 명확하게 정의되지 않은 듯이 보이는 부분들을 푸코에게 확실하게 설명해 달라고 말했다. 모든 것이 더할 나위 없이 잘 진행되었는데 『지식의 고고학』에서 제시된 '언표'(énoncés) 개념에 이르자 일이 꼬이기 시작했다. 지원자와 그 '후원자'는 이 부분에서 심각한 이견을 노출했다. 푸코가 자기 생각을 설명하고 또 설명했지만 뷔유맹은 여전히 그것이 모호하다고 고집을 부렸다. 푸코는 마침내 화를 벌컥 내고 뷔유맹이 악의가 있다고 비난하면서 문을 쾅 닫고 나가 버렸다. 두 사람이 다시 일에 착수하기 위해서는 '화해의 예식'을 치러야만 했고 결국 뷔유맹은 보고서의 작성을 끝마쳤다.

촘촘하게 일곱 장에 걸쳐 타자기로 친 이 보고서는 그 꼼꼼함과 능률성이 아주 인상적이었다. 그는 푸코의 사상을 종합적으로 개관했고 그 사상의 발전 양상과 강조점을 표시했다. 『말과 사물』 혹은 『지식의 고고학』에 나오는 푸코의 의도들을 정의하는 것으로 보고의 끝을 맺었는데 그 저자나 책의 이름은 전혀 언급하지 않았다. 왜냐하면 이곳은 오로지 새로운 교수 자리의 필요성을 역설하기 위해 일반적인 원칙만을 제시하는 자리였기 때문이다.

사유체계의 역사는 그러니까 사유하는 인간 혹은 인간들의 역사가 전혀 아니다. 요컨대 유물론(唯物論)과 유심론(唯心論)의 갈등이 사람들을 적대적인 형제로 갈라놓은 것은 역사가 이 두번째 용어에 사로잡혔기 때문이다. 그러나 결국 그것은 똑같은 문제를 가지고 있다. 예컨대 사유의 주체로서 한쪽은 개인을, 또 한쪽은 집단을 선택하는데 여하튼 주체를 문제 삼는 것은 양쪽이 똑같다. 이 주장이 믿기지 않는 사람들은 꿀벌과 건축가를 구별하는, 맑스의 자주 인용되는 문구를 다시 읽어 보기 바란다. 그는 건축가가 자기 머릿속에 우선 집을 지어 보기 때문에 꿀벌과 다르다고 말했다. 이원론을 포기하고 비(非)데카르트적 인식론을 구성하는 것은 더 많은 것을 요구한다. 즉 사유는 간직하되 주체를 제거하고, 인간이라는 자연이 배제된 역사를 구성하는 것이다.[12] (이 책 뒤에 실린 「부록 3」을 볼 것.)

전체 교수회의는 1969년 11월 30일 일요일 오후 2시 30분에 열렸다. 푸코의 자리 말고도 다른 두 개의 자리가 청원되었다. 라틴 문학 전공의 피에르 쿠르셀(Pierre Courcelle)이 제청한 행동철학은 폴 리쾨르를 겨냥한 것이고, 신경생리학 전공의 알프레드 페사르(Alfred Fessard)가 청원한 합리주의 사상사는 이본 블라발을 염두에 둔 것이었다. 이본 블라발은 그 당시에 이미 정년퇴임을 한 마르시알 게루의 강력한 지지를 받고 있었는데 그는 자기 친구 뷔유맹이 후원을 함에도 불구하고 푸코가 콜레주에 들어오는 것을 참고 볼 수가 없었다.

세 명의 청원자가 차례로 나가서 이야기를 했다. 순서는 제비 뽑기를 하여 피에르 쿠르셀, 쥘 뷔유맹, 알프레드 페사르로 정했다. 발언이 끝난 후 투표에 들어갔다. 46명이 투표에 참가했는데 그 결과는 다음과 같았다.

---

12 미발표 원고.

- 행동 철학: 11표

- 사유체계의 역사: 21표

- 합리주의 사상사: 10표

- ×자 표시가 되어 있는 백지표(지원자 전원을 분명하게 거부함): 4표

다수표는 24표(한 표를 넘긴 과반수)였으므로 2차 투표에 들어가야 했다. 그 결과는 다음과 같았다.

- 행동 철학: 10표

- 사유체계의 역사: 25표

- 합리주의 사상사: 9표

- ×자 표시의 백지표: 2표

뷔유맹이 이겼다. 푸코가 선출된 것이다. 그의 나이 43세였다. 평생을 이 자리에서 저 자리로 떠돌아다니고, 이 도시에서 저 도시로 방황을 하던 푸코는 이제 드디어 파리의 심장부에, 그것도 가장 영광스러운 지식의 사원에 진입하여 붙박이 생활을 하게 되었다.

이렇게 제청된 자리에 교수회의가 그를 공식적으로 임명하는 일만 남았다. 그래서 1970년 4월 12일 새 투표가 거행되었다. 뷔유맹은 이번에는 푸코 자신이 작성한 소책자 『학위논문과 업적』(이 책 뒤의 「부록 4」를 볼 것)에서 인용을 하면서, 그리고 푸코의 책들을 분석하고 그가 강의할 내용의 대강을 소개하면서 새로운 보고문을 읽었다. 투표는 그 직후에 있었다. 푸코는 24표를 얻었고, ×자 표시의 백지는 15장이 나왔다. 그것은 끝내 푸코에게 반감을 가진 숫자가 만만치 않다는 것을 나타내 주는 것이었다. 이 투

표 결과를 교육부에 제출하기 전에 우선 학구청 중의 하나인 프랑스 학사원의 승인을 받아야만 했다. 이 선출에 의견을 표명하는 일은 학사원의 정신과학 및 정치학 부서가 맡았다. 전통적으로 그것은 순전히 참고용 견해에 불과했다. 왜냐하면 장관은 항상 콜레주 교수들의 투표를 존중했기 때문이다. 다행히 푸코의 경우에도 그랬다. 왜냐하면 총 인원 31명, 투표인원 27명 중에서 그는 전혀 찬성표를 받지 못했기 때문이다. 22표는 ×자가 쳐 있었고, 5표는 그냥 백지였다. 정신과학 및 정치학 아카데미 상임비서인 피에르 클라락(Pierre Clarac)은 이 이상한 투표를 교육부에 다음과 같이 보고하면서 변명을 했다. "학사원은 3분의 1이 넘는(콜레주의 2차 투표 당시) 15표에 ×자가 표시되었다는 것을 확인했다. …… 이런 조건 속에서라면 그 어떤 후보자도 이 자리에 지원할 수 없다고 본 학사원은 결정했다." 이 거부에도 불구하고 장관은 물론 푸코를 임명했다.

그래서 1970년 12월 2일 권위 있는 관중 앞에서 그리고 콜레주 드 프랑스 교수들과 문화계 및 대학사회의 수많은 인사들 앞에서, 또한 무명의 젊은 청중 앞에서 미셸 푸코는 억제되고 나지막한 목소리로 사람들을 깜짝 놀라게 한 그 개강연설을 했다. 푸코는 정해진 시간을 넘기지 않기 위해 이때 삭제했던 부분을 나중에 복원하여 『담론의 질서』라는 유명한 제목의 책으로 펴냈다. 이 담론의 주제는 '담론' 바로 그 자체이다. 푸코는 자신의 상황을 냉소적으로 환기시키면서, 말을 하는 두려움, 시작에 앞선 두려움, 그러나 자신을 안심시켜 주고 '장엄한 시작'을 가능케 해주고 또 연설자의 두려움을 잠재워 주는 이 기관의 고마움을 언급하는 것으로 연설을 시작했다. "사람들이 말을 한다는 사실, 그리고 그들의 담론이 무한히 증식한다는 사실이 왜 그토록 위험하게 여겨져야 할까? 도대체 그 위험은 어디에 있는가?"[13]라고 푸코는 묻는다. 그리고 그는 이렇게 스스로 대답한다. "내가 오늘 저녁에 펼치고 싶은 가설이 바로 그것이다. 나는 모든 사회에서 담론의 힘과 위협을 제거하거나 담론에서 야기될 수도 있는 사건을 통제하고 또 그 담론의 무겁고도 무시무시한 물질성을 회피하는 것을 자신의 임무로 삼고 있는 어떤 절차들이 그 사회의 담론의 생산을 통제하고 선택하고 조직하며 재분배하고 있다고 생각한다."[14]

이 강연에서 푸코가 검토해 보려는 것이 바로 담론의 모든 통제장치였다. 그에게 문제가 되는 것은 역사가 아니고, 특히 우리의 역사가 아니었다. "외관상 우리 문명보다 더 담론을 존중하는 문명이 어디 있는가? 그 어디에서 우리보다 더 그것에 경의를 표했는가? 우리 문명보다 더 담론을 강제성에서 해방시키고 거기에 보편성을 부여해 준 문명이 어디 있는가? 그러나 내가 보기에는 담론에 대한 이 외관상의 존경, 이 외관상의 사랑 밑에 일종의 두려움이 숨겨져 있는 것 같다. 금기와 장벽과 문턱 그리고 한계들을 쳐 놓아 담론의 가장 위험한 두터운 부분을 얇게 만들고, 그 무질서는 가장 통제하기 좋은 형태로 재편성한다. 그러면서도 이처럼 언어와 사상에 침투한 흔적마저 지우기 위해 세심한 배려를 기울인 것만 같다. 아마도 우리 사회에는, 아니 모든 사회에는 각기 그 양상은 다르지만 아주 깊이 언어에 대한 공포가 있는 듯하다. 사건들, 말해진 것들의 거대한 덩어리, 이 모든 언술의 솟아남, 거기에 있을 수 있는 모든 폭력적·불연속적·전투적인 것, 위험하고, 무질서한 것들, 다시 말해서 담론의 끊임없이 혼잡한 웅

---

13 푸코, 『담론의 질서: 1970년 12월 2일 콜레주 드 프랑스에서의 개강 연설』*L'Ordre du discours: Leçon inaugurale au Collège de France prononcée le 2 Décembre, 1970*, Paris: Gallimard, 1971, p.10.
14 같은 책, pp.10~11.

웅거림에 대한 일종의 막연한 두려움인 것이다."[15]

담론의 이 같은 끓어오름을 진정시키기 위해 한 사회가 세워 놓은 강제의 체계들을 푸코는 세 개의 카테고리로 나눈다. 우선 '배제'의 외적 절차다. 그것은 '금기'와 '터부'(사람들은 모든 것을 말할 수는 없다), '분할'과 '배척'(예컨대 미친 사람의 말을 무시하는 것), 마지막으로 '진실에의 의지'로 되어 있다. '배척을 하는 데에는 더할 수 없이 완벽한 장치'인 이 '진실에의 의지'는 시대가 더할수록 더욱더 강화되지만 사람들이 가장 덜 언급하는 장치인 것이다. "우리 역사상 소위 진실이 금기를 정당화하고 광기를 정의하려 하는 바로 그곳에서 이 진실에의 의지를 회피하고 그것에 의문을 제기하려 했던 모든 사람들, 예컨대 아르토, 바타유 등은 지금 우리들의 작업을 비추어 주는 높은 표지임에 틀림없다"[16]라고 푸코는 선언했다.

한계 짓기 원칙의 두번째 그룹은 담론 자체의 내부에서 행사되는 원칙들이다. 글이나 말의 우연한 성격을 제거하기 위해 그것들에 말을 덧붙이는 '주석', 글이나 말의 낯선 단독성을 '자아'와 '개체성'의 인지 가능한 동일성으로 귀결시키는 '저자'의 개념, 그리고 마지막으로 학문적이건 아니건 간에 앎을 배열하고 분류하며 거기에 동화되지 않는 모든 것을 변두리로 몰아내 버리는 '규율'이 그것이다.

마지막 그룹은 담론에 강요되는 실행의 원칙이다. 사회 속에서 그것이 행사되는 의식과 말할 권리를 갖기 전에 우선 충족시켜야 하는 요구사항 등이 그것이다. "과학적·기술적 비밀을 생각해야 하고 의학적 담론이 유통되는 형태를 생각해야 하며 경제적·정치적 담론을 장악한 사람들을

---

15 같은 책, pp.51~52.
16 같은 책, pp.22~23.

생각해야만 한다."[17] 또는 학교의 역할을 생각해야 한다. "모든 교육제도는 앎과 힘의 담론을 일부 사람들이 가로채는 그러한 기득권의 유지, 수정을 위한 정치적 수단이다."[18]

다시 무질서에게 그 충만한 권리를 되돌려 준다? 이것이 아마도 '담론의 질서'를 세우는 강제성의 촘촘한 그물망에 항거하는 투쟁 속에서 푸코가 스스로에게 부여한 임무일 것이다. 비록 그 질서를 무너뜨리지는 못할망정 최소한 그것을 분석하고 백일하에 드러내며 그것을 가려 주고 있는 명증성의 탈이라도 벗겨 내야 하는 것이다. 그리고 철학이, 특히 2차대전 후 유행했던 철학이 창설자로서의 주체의 개념, 근원적 경험 또는 보편적 매개의 개념을 통해 배제의 기능을 한층 강화하고 배가했으므로 푸코는 모든 철학적 가치들의 판을 뒤엎어야 한다고 주장한다. 앞으로 그가 행할 교육의 장에서 이 작업을 잘 수행하기 위해 그는 이중의 방법을 제안한다. 우선 담론이 그 속에 갇혀 있는 금기, 배제, 제한의 씨실들을 풀어 버리는 '비판'의 작업이 선행되어야 한다. 그 다음에는 강제의 체계와 함께 또는 강제의 체계에도 불구하고 담론이 솟아나는 현장에서 그것을 발견하기 위해 '계보학적' 방법을 쓴다.

푸코의 연구는 몇 개의 방향으로 편성되었다. 그 첫번째는 진실에의 의지와 앎의 의지라는 배제의 원칙 중에서 그중 가장 튼튼한 고리를 분석하는 것이다. 그리고 이 테두리 안에서 "소위 과학이라고 주장하는 담론들——의학적·정신의학적 담론·사회학적 담론——이 형벌제도를 규정하는 담론과 실천의 총체에 어떤 영향을 미치는지를 검토하는 것이다. 이 분

---

17 푸코, 『담론의 질서: 1970년 12월 2일 콜레주 드 프랑스에서의 개강 연설』, p.43.
18 같은 책, p.46.

석의 출발점이며 기초 자료가 되는 것은 형벌체계 속에서의 정신의학의 평가 및 그것들의 역할이다." 이것이 비판적 측면이다. 계보학적 측면은 비록 그 차이를 구별하기가 쉽지 않지만, 그가 이미 자기 소개 소책자에서 암시했듯이 "유전에 관련된 담론"과 "성적 담론을 제한하는 금기"를 분석하는 것이며, 비판과 병행하여 그에 대한 계보학적 연구를 하는 것이다. 왜냐하면 "성에 관한 문제가 명명되고 묘사되고 은유화되고 설명되고 평가된…… 문학적·종교적·윤리적·생물학적·의학적·사법적 담론들의 총체를 동시에 분석하지 않고는 이 연구를 수행하기가 어려우며, 했다 하더라도 매우 추상적이 될 수밖에 없기 때문이다".[19]

푸코는 장 이폴리트에 대한 찬사로 끝을 맺었다. "여기 나와 발언하는 것이 얼마나 무서운 일인지를 잘 안다. 왜냐하면 내가 그의 강연을 듣던 자리에서, 더 이상 내 이야기를 들어줄 그가 이 세상에 없는 이곳에서 하는 강연이기 때문이다." 다음 날 장 라쿠튀르는 『르 몽드』에서 이 철학자가 "마치 이단 시대의 사제처럼 능란하게 치러 낸 입문의식"[20]을 언급했다.

개강 연설, 그것은 강의의 시작을 뜻한다. 푸코가 1984년까지 매주 했던 강의는 파리의 지식사회에서 하나의 사건이 되었다. 처음에는 매주 수요일 늦은 오후에, 나중에는 아침 9시에 몰려드는 청강생의 수를 제한하기 위해 애를 썼으나 허사였다. 확성기 장치가 된 제8강의실에 몰려드는 열성적인 수많은 군중 앞에서 푸코는 그의 모든 지식과 연구와 교육적 재능을 성심성의껏 펼쳐 보였다. 1975년, 프랑스의 명교수에 대한 한 르포 기사가 그를 다룬 부분을 인용해 보기로 한다.

---

19 같은 책, pp.62~70.
20 장 라쿠튀르Jean Lacouture, 『르 몽드』*Le Monde*, 4 decémbre 1970.

푸코가 마치 우물 파는 사람이 물속에 뛰어들듯 빠른 걸음으로 강단에 들어올 때 그는 자기 의자에 당도하기까지 몇 사람의 몸을 제쳐야만 했다. 그러고는 원고지를 놓기 위해 녹음기를 한 옆으로 밀고, 윗옷을 벗고, 램프에 불을 켠 후 시작하는 것이었다. 이 모든 것이 마치 시속 100킬로미터처럼 신속했다. 그리고 자신에 찬 목소리가 확성기를 통해 나왔다. 희미한 빛이 회벽 수반에서 올라오고 있는 이 낡은 강의실에서 확성기는 유일하게 현대성에 양보한 물건이었다. 3백 석의 강의실에 5백 명이 밀려들어 빈 공간을 꽉 메우고 있었다. 고양이 한 마리가 발 하나를 들이밀 수 없을 정도였다. 나는 경솔하게도 강의 시작 40분 전에 그곳에 갔다. 그 결과 온몸이 쑤시고 아팠다. 창틀 위에 앉아 2시간을 보냈으니 그럴 만도 했다. 게다가 공기도 탁해서 숨이 막혔다. …… 그의 말에는 웅변조가 전혀 없었다. 투명하고 무섭도록 설득력이 있었다. 그는 바로 전 해의 자신의 연구업적의 의미를 설명하기 위해 1년에 12시간 공개강좌를 가졌다. 그래서 그는 최대한 압축을 했고, 마치 기사를 다 쓴 후에도 아직 쓸 말이 너무 많이 남아 있는 기자처럼 여백을 가득 메웠다. 오후 7시 15분 푸코는 강의를 끝냈다. 학생들이 그의 책상으로 몰려들었다. 그에게 말을 하기 위해서가 아니라 녹음기를 끄기 위해서였다. 질문은 없었다. 혼잡한 군중 속에서 그는 혼자였다.

푸코는 이 강의 직후 그에게 다가온 신문기자에게 이렇게 털어놓았다. "내가 제안한 것을 토론에 붙일 수 있어야만 했는데 그렇지 못했다. 가끔, 예컨대 강의가 좋지 않을 때면 질문 하나만 있어도 내 가설이 모두 흔들리는 때가 있다. 그러나 그런 질문은 한 번도 나오지 않았다. 프랑스에서는 일단 군중이 많이 모이면 토론이 불가능해진다. 되돌아오는 수로가 없으므로 강의는 연극처럼 된다. 나는 청중 앞에서 배우 또는 곡예사가 된다. 그리고 강의가 끝나면 말할 수 없는 고독에 휩싸인다……"[21] 콜레주 드 프랑스는 아주 특이한 기관이다. 여기 교수들에게는 정확히 말해서 학생이 없다. 그들은 청강생을 갖고 있지만 그 청강생에게 학위를 주는 것도 아니고 시험을 치르는 것도 아니며, 따라서 그들과 아무런 대화나 접촉이 없다. 단지 곡예사와 그의 신기한 곡예에 갈채를 보내러 오는 관객들과의 이상한 대면이 한 주에 한 번씩 벌어질 뿐이다.

　푸코에게 이 강의는 70년대 초부터 그가 발간하게 될 작품들의 시험대 역할을 했다. 콜레주 드 프랑스의 전통이 그런 것이기도 했다. 에르네스트 르낭의 말대로 그곳의 교수들은 현재 하고 있는 연구, 즉 '현재 진행 중인 학문'을 청강생 앞에서 발표해야만 했다. 그것도 매년 주제를 달리하면서. 푸코도 그가 당시 관심을 가졌던 주제를 발표하고, 성찰 중인 가설을 구체화시켜 제시했다. 그것이 나중에 『감시와 처벌』, 『앎의 의지』 또는 『성의 역사』의 마지막 둘째 권이 되었다. 여하튼 이 교수 활동은 그에게 엄청난 양의 준비작업을 요구했다. 그래서 말년에는 점점 더 무겁게 느껴지는 이 짐에서 벗어나고 싶다는 소망을 피력하기도 했다. 그러나 1970년 12월 2일 당시까지만 해도 그에게는 승리의 순간일 뿐 피곤함과는 거리가 멀었다.

---

21 제라르 프티장Gérard Petitjean, 「프랑스 대학사회의 대사제들」Les Grands Prêtres de l'université française, 『르 누벨 옵세르바퇴르』Le Nouvel Observateur, 7 avril 1975.

3장
어둠의 교훈

팸플릿의 판형은 좀 이상하게 위아래로만 길쭉했다. 그 제목은 『참을 수 없는 것』(*Intolérable*)이었다. 뒷장에는 단두대의 칼날 아래 놓인 다음과 같은 리스트가 적혀 있었다.

> **참을 수 없는 것**
>
> 재판소,
>
> 경찰,
>
> 병원, 요양소,
>
> 학교, 군대,
>
> 신문, 텔레비전,
>
> 국가.

그러나 이 팸플릿의 진짜 공격 목표는 감옥이었다. 왜냐하면 1971년 5월에 나온 48페이지의 이 소책자는 새로운 사회 운동인 '감옥정보그룹'(le Groupe d'information sur les prisons)[1]이 발간하는 기관지의 첫 권이었기 때문이다. 이 운동은 미셸 푸코의 주도로 시작되었다. 그는 1971년 2월 8일 몽파르나스역 밑의 생베르나르 성당에서 이 운동의 탄생을 선언했다. "우리들 중 누구도 평생 감옥을 피해서 살 수 있다고 확신하는 사람은 아무도 없다. 그 어느 때보다 오늘날이 특히 그러하다." 그날 그는 그렇게 선언했다. 그리고 이어서 다음과 같이 말했다.

우리의 일상생활에서 경찰의 통제가 점점 우리 주위를 옥죄어 오고 있다. 골목길에서, 찻길에서, 외국인들에게, 젊은이들에게, 여론 재판도 다시 나타났다. 반(反)마약법은 많은 자의적인 법규를 양산해 내고 있다. 우리는 '감시' 체제 밑에 살고 있다. 사법기관이 과도한 업무에 시달리고 있다고 한다. 우리가 잘 알고 있는 사실이다. 그러나 사법기관에 과도한 업무를 맡긴 것이 경찰이라면? 감옥에 죄수들이 넘쳐나고 있다고 한다. 그러나 감옥을 가득 메운 죄수들이 선량한 시민이라면? 감옥에 대한 정보가 인쇄물로 나온 것은 별로 없다. 그것은 우리 사회체제의 숨겨진 영역이며, 우리 삶의 어두운 칸이다. 우리는 그것을 알 권리가 있다. 우리는 그것을 알고 싶다. 우리가 판·검사, 변호사, 신문기자, 의사, 심리학자들과 함께 감옥정보그룹을 결성한 이유가 바로 그것이다.

우리는 감옥이란 무엇인지, 누가 거기에 가고, 어떻게 왜 거기에 가는지, 거기서는 무슨 일이 일어나는지, 죄수들과 그 감시원들의 생활은 어떤 것

1 『참을 수 없는 것』*Intolérable*, n° 1, Paris: Champ libre, 1971. 이 텍스트 전문은 다음 책에 재수록되었다. 필립 아르티에르Philippe Artières, 로랑 케로Laurent Quéro, 미셸 장카랭 푸르넬 Michelle Zancarin-Fournel이 이 자료를 수집하고 편집한, 『감옥에 대한 개입 모임: 한 투쟁의 기록』*Le Groupe d'intervention sur les prisons. Archives d'une lutte*, Paris: Institut Mémoires de l'édition contemporaine, 2003.

인지, 감옥의 건물, 음식, 위생상태는 어떠한지, 내부 규칙과 의학적 통제와 작업장은 어떠한지를 세상에 알리고 싶다. 그리고 거기에서 어떻게 빠져나오는지, 또 우리 사회에서 출소자들의 지위는 어떠한 것인지를 역시 알리고 싶다.

이런 정보들은 결코 공문서나 관보 안에 있지 않다. 우리는 감옥에 들어가 본 경험이 있거나 어떤 식으로든 감옥과 관계가 있는 사람들로부터 그 정보를 얻을 것이다. 우리는 그들에게 우리와 접촉하여 그들이 알고 있는 사실을 우리에게 말해 달라고 부탁할 것이다. 그 분량이 많아지면 우리는 그것을 출판할 것이다. ……[2]

이 선언문에는 세 사람이 서명했는데, 미셸 푸코를 필두로, 알제리 전쟁 중 프랑스군이 자행한 고문을 비판함으로써 유명해진 고대 그리스 전공 학자 피에르 비달 나케와 가톨릭 잡지 『에스프리』의 사장인 장 마리 도메나크였다. 감옥정보그룹의 우편함으로 소개된 주소는 미셸 푸코의 거주지인 보지라르 가 285번지였다. 선언문의 대부분은 푸코가 작성한 것이었다. 거기서 우리는 그를 사로잡고 있는 관심의 핵이 무엇인지를 알 수가 있다. 광기와 마찬가지로 '정상인'과 수감자를 가르는 분할선이 불분명하므로, 푸코는 권력의 메커니즘이 어떻게 전개되는지를 폭로하기 위해 이곳에 관찰대를 설치하려는 것이다. 그러나 이 일에서의 푸코의 출발점은 이론적인 차원이 아니다. 그는 우선 행동 속에서, 매일매일의 투쟁 속에서 모습을 드러냈다. 감옥정보그룹 선언문과 두 달 전 콜레주 드 프랑스에서 행

---

2 「감옥정보그룹 창설 선언문」Création d'un groupe d'information sur les prisons, 『에스프리』 *Esprit*, mars 1971, pp.531~532. (『말과 글』*Dits et écrits*, tome1, texte n° 86, pp.1042~1043.)

한 개강연설과는 얼마나 차이가 있는지…….

　68년 5월 이후 격렬한 데모와 함께 전개된 소요의 물결은 수많은 좌파 투사들의 연행과 투옥을 야기했다. 어떤 사람은 국가 안전을 침해한 폭력죄로, 또 어떤 사람은 『인민의 대의』(*Cause du peuple*, 이 신문은 마오이스트 프롤레타리아 좌파의 기관지였다. 1970년에 이 조직이 해체된 후에는, 거리에서 이 신문을 파는 것만으로도 조직 재건의 혐의로 기소되었다) 같은 판금 신문을 출판한 죄로 기소되었다. 감옥에 간 사람 중에는 알랭 제스마르(Alain Geismar), 미셸 르 브리(Michel Le Bris), 장 피에르 르 당텍(Jean Pierre Le Dantec) 등등이 있었다. 1970년 9월에는 이 투사들 중 29명이 정치범으로서의 '특별대우'를 해달라고 단식투쟁을 했다. 왜냐하면 이때까지 그들은 단순한 '보통법' 침해 사범으로서 다른 죄수들과 같은 조건으로 수감되어 있었기 때문이다. 그 투쟁은 거의 한 달을 끌었지만 결과는 아주 미미했다. 사안이 분명하게 정치적인 것, 다시 말해서 공안재판소에 회부되는 사람들만이 친지 방문이나 책, 신문의 반입 등 일련의 완화조치의 혜택을 입을 수 있었다. 그들 외에 당시 용어로 단순히 '기물파괴자'(casseurs)——그들에게 불리한 법이 통과되었는데 그것은 '파괴방지법'이라 불렀다——로 간주된 사람들은 여전히 보통법 침해 사범의 지위에 귀속되었다. 그러나 그 투쟁은 잠정적으로 중단되었다.

　이 운동은 1971년 1월 몽파르나스역의 생베르나르 교회에서 열린 단식투쟁의 지원을 받아 재개되었다. 소르본과 알르 오 뱅에서 열린 이 단식투쟁에는 다른 그룹들도 합류했다. 몇몇 유명인사들이 단식 장소에 나타나 지원했는데 그중에는 이브 몽탕과 시몬 시뇨레, 블라디미르 얀켈레비치와 모리스 클라벨 등이 있었다. 한편 국회에서는 니에브르 지역구 출신인 프랑수아 미테랑이 법무장관 르네 플레벤에게 "비록 그 행동이 가끔 비난받을 만하더라도 그것이 이데올로기 선택에서 나온 것에 틀림없는” 정치적 투사를 다루는 방식이 틀렸다고 호되게 질책을 하고 있었다. 2월 8일 르네 플레벤은 후퇴하기 시작했다. 단식자들이 요구하는 완화조치를 검토할 위원회의 설치를 발표한 것이다. 그러나 이에 아랑곳 않고 반(反)억압 투쟁을 위해 결성된 ‘붉은 구원대’는 그 다음 날 시위를 벌이기로 결정했다. 파리 시 경찰청은 즉각 이 집회를 불허했고 시위대를 가혹하게 진압했다. 10여 명이 연행되었고 부상자가 속출했으며 그중의 한 청년은 최루탄을 정면으로 맞아 얼굴이 심하게 일그러졌다. 2월 8일에도 여전히 생베르나르 교회에서 기자회견이 있었다. 좌파 투사의 변호사들인 조르주 키주만과 앙리 르클레르는 그들의 ‘고객들’이 이 중요한 문제에서 만족할 만한 결과를 얻어 냈다고 강조했다. 이어서 ‘붉은 구원대’의 대변인인 피에르 알박스가 미셸 푸코에게 마이크를 건네주자 그는 감옥정보그룹 선언문을 낭독했다.

결과적으로 좌파 감옥운동은 행형조건에 대한 좀더 광범위한 조사를 세상에 내놓았다. 9월부터 좌파 투사들이 특별대우를 요구하는 것이 역설적이라는 사실을 의식하기 시작한 단식투쟁자들은 “프랑스의 감옥 안에서” 9월 1일자에 쓰여진 다음과 같은 성명서를 발표했다. “우리는 정치범으로서 실질적인 인정을 받기를 요구한다. 그렇다고 해서 다른 일반범과 다른 특별대우를 요구하는 것은 아니다. 우리가 보기에 그들은 한 사회제도의 희생자들이다. 사회는 그들을 만들어 낸 후 재교육을 거부하고 단지 그들을 몰아내고 있을 뿐이다. 이에 더해서 우리는 현재 감옥의 한심한 체제를 비판함으로써 우리의 투쟁이 모든 수감자들에게 봉사할 수 있게 되기를 바란다.”

모든 수감자들이라! 푸코는 고문서 보관소의 두터운 먼지 너머로 들려오던 목소리들, 그리고 정신의학·경제학·사법적 개념들의 좀더 두터운 장막 너머에서 들려오던 목소리들의 환각적인 기억을 떠올리게 하는 이 선언문에 결코 무감각할 수 없었다. 결국 70년대에 그의 관심을 끌게 될 모든 주제가 이미 『광기와 비이성』 속에 들어 있었던 것이다(1960년대 초 클레르몽페랑에서의 그의 강의들이 이것을 증명하고 있다). 60년대 초부터 70년대까지, 그리고 이어서 80년대까지 푸코의 작품이 어떻게 발전되고 또 어떻게 변화했는지를 살펴보면 매우 이상한 느낌이 든다. 그의 주제와 용어들의 변화 또한 그러하다. 그의 연구와 행동 속의 아주 새로운 것들이 사실은 그의 내적 필연성 속에 이미 잉태되어 있는 듯하다. 매년 푸코 자신이 작성했던 그의 『콜레주 드 프랑스 강의 요약』[3]을 읽어 보면 그것을 분명히 알 수 있다. 주제들은 서로 연계되어 있고, 회고적인 시선으로 매번 거기에 가해진 수정은 사실상 앞의 것들의 부름에 호응하는 것이며 동시에 나중에 올 것들의 예고였다. 단절, 사실 단절은 있었다. 곤란, 어려움이 없지도 않았다. 후회, 이것이 큰 역할을 했다. 이 모든 것들이 결국 마지막에 가서는 모든 것을 한데 묶는 유기적 일관성의 인상을 주는 데 기여했다.

그의 최초의 선언이 나온 지 얼마 지나지 않아 감옥정보그룹은 예고된 조사를 시작했다. 방문시간에 감옥 문 앞에 장사진을 이루고 있는 수감자 가족들에게 질문지가 나누어졌다. 미셸 푸코는 감방 생활의 조건과 죄수들의 과거에 대한 생생한 증언을 들을 수 있는 이 직접적인 접촉의 기회를 오래전부터 노리고 있었다. 그는 사회 변두리에서 일어나는 이 모든 개인적 역사의 단편들, 그 비장한 인생 역정들, 비참한 현실 속의 한평생에 대단한 관심을 보였다. 질문지에는 감옥의 상황을 비난하는 짤막한 견해가

---

3 이것들은 출간연도에 따라 『말과 글』에 재수록되어 있다.

붙어 있었다. "감옥에서는 사람들을 개처럼 다룬다. 죄수들이 가진 얼마 안 되는 권리는 지켜지지 않는다. 우리는 이러한 부조리를 만천하에 알리고자 한다." 이를 위해서는 조사를 진행해 증언을 수합하는 일밖에는 다른 해결책이 없다. "우리가 정보를 수집하는 일을 도와주기 위해 현재의 수감자들, 그리고 과거의 수감자들이 이 질문지에 답을 써 주어야만 한다."

첫번째 소책자는 1971년 5월에 『20개 감옥에서의 조사』(*Enquête dans 20 prisons*)라는 제목으로, 샹 리브르 출판사에서 간행되었다. 위에서 우리가 인용한 '참을 수 없는 것들'의 리스트와 함께 이 운동의 목표를 알리는 간단한 선언문이 곁들여져 있었다. "감옥정보그룹은 여러 감옥에 수감되어 있는 죄수들의 이름을 빌려 그들 대신 그들의 이야기를 하려는 것이 아니다. 그와는 반대로 우리는 그들에게 그들 자신과 감옥에서 일어나는 일들을 스스로 말할 기회를 주려고 한다. 감옥정보그룹의 목적은 개량주의가 아니다. 우리는 이상적인 감옥을 원하는 것이 아니다. 죄수들이 억압적 형벌제도 속에서 당하는 도저히 참을 수 없는 것들을 말할 수 있기를 바랄 뿐이다. 우리는 죄수들 자신이 폭로한 이 사실들이 가능한 한 광범위하고 빠르게 널리 확산되기를 원한다. 그것이야말로 감옥 안팎의 동시적인 투쟁 속에서 정치적·사법적 투쟁을 효과적으로 통합시키는 유일한 방법인 것이다."

소책자는 ('감옥정보그룹'으로 서명되었지만 푸코가 쓴) 다음과 같은 글에서 감옥정보그룹의 목표들을 좀더 자세히 설명해 놓았다. "재판소, 감옥, 병원, 정신병원, 노동의학, 대학, 언론기관, 이 모든 제도들을 통해 그리고 각기 다른 가면 밑에서 억압은 자행되고 있는데 그것은 결국 정치적 억압의 뿌리다. 피착취계급은 이 억압을 언제나 잘 알고 있었다. 그 계급은 억압에 항거하기를 그친 적이 없으나 역부족으로 그것을 당할 수밖에 없었다. 그런데 이제 지식인, 기술자, 사법인, 의사, 기자 등 새로운 사회계층이 그 억압을 참을 수 없다고 느끼기 시작했다. 정의와 건강과 정보의 배포를 책임진 사람들이 그들이 하는 일 속에서 정치권력의 억압을 느끼기 시작했다. 이 새로운 '참을 수 없음'이 이미 오래전부터 프롤레타리아에 의해 행해졌던 투쟁과 조우했다. 그리고 이처럼 합쳐진 두 참을 수 없음은 19세기 이래 프롤레타리아가 형성해 온 수단들을 재발견했다. 그것은 우선 노동자들 자신에 의한 노동조건의 조사다. 그래서 지금 우리는 '**참을 수 없는 것의 조사**'를 시행하는 것이다.

① 이 조사들은 하나의 억압체제를 좀더 참을 만하게 만들거나 그것을 부드럽게 하거나 완화시키려는 목적을 갖고 있지 않다. 다만 전혀 다른 이름 밑에서, 예컨대 사법·기술·지식·객관성의 이름으로 억압이 자행되고 있는 곳에서 그 제도를 공격하려는 것이다. 따라서 하나하나의 조사가 곧 **정치활동**인 것이다.

② 이 조사는 분명한 대상을 겨냥하고 있다. 이름과 장소를 갖고 있는 기관들, 관리자, 책임자, 운영자들이 그것이다. 이들은 희생자를 만들어 내고 저항을 야기시킨다. 그것을 책임지고 있는 사람들 안에서조차 저항을 불러일으킨다. 그러니까 **모든 조사는 투쟁의 첫번째 사례**인 것이다.

③ 조사는 지배계급이 사회적 등급과 다양한 경제적 이해관계로 분리시켜 놓았던 상이한 층위들을 재조정할 것이다. 권력에게 반드시 필요했던 장벽들을 허물어 수감자, 변호사, 판사들을 한데 모아야 한다. 또는 의사, 환자, 병원 종사자들을 한데 모아야 한다. 각기 중요한 전략적 **지점**에서 각 조사는 **공격의 전선**을 형성해야만 한다.

④ 이것은 한 기술 집단에 의해 외부에서 실시되는 조사가 아니다. 여기서 조사자는 동시에 조사 대상이기도 하다. 발언을 하고, 칸막이를 허물

고, 참을 수 없는 것, 더 이상 참을 수 없는 것의 리스트를 작성하는 것은 바로 그들이 할 일이다. 억압이 더 이상 행사되지 못하도록 막는 일도 그들이 할 일이다."[4]

20개 감옥의 수감자들에게 실시한 조사의 결과가 나왔다. 구체적인 제안 중에는 '범죄기록 철폐' 캠페인도 들어 있었다.

전부 네 권의 소책자가 나왔다. 두번째 권도 역시 샹 리브르에서 나왔다. 그것은 '표본 감옥'인 플뢰리 메로지스 감옥에 대한 조사였다. 그 뒤의 두 권은 갈리마르 출판사에서 나왔다. 세번째 권은 1971년 8월 21일 미국의 세인트 퀸틴 감옥에서 벌어진 '조지 잭슨 살해사건'[*]에 관한 것이었다. 이 책자는 장 주네의 긴 서문을 담고 있었다(여기서 그는 자신이 카타리나 폰 뷜로우Catherine Von Bulow의 소개로 푸코와 투사적 관계를 맺었음을 밝히고 있다).[5] 마지막 권인 네번째 책자는 1973년 1월에 나왔는데, 1972년 한 해 동안 감옥에서 일어난 자살사건을 다루고 있다. 미셸 푸코와 그의 친구들은 집단 행동의 필사적인 도약에 발맞추어 개인적인 저항이 아주 극적인 형태로 이어지고 있음을 보여 주고 싶어 했다. 수많은 사례가 소개되었지만 이 별책에서 가장 특기할 만한 것은 H.M.이라는 이니셜로만 표시된 한 젊은이가 1972년 가을 자살하기 직전에 쓴 편지들이었다. 그는 32세

---

4 『참을 수 없는 것』, n° 1.(『감옥정보그룹』*Le Groupe d'information sur les prisons*, Paris: Champ libre, 1971, pp.80~82 참조.)

* 조지 레스터 잭슨George Lester Jackson(1941~1971)은 미국의 흑인 좌익 활동가로 맑시스트이며, 블랙팬더당의 일원이었다. 세인트 퀸틴 감옥에 수감 중 탈옥을 시도하다가 감옥 수비대에 사살되었다.

5 장 주네, 「서문」Préface, 『조지 잭슨의 살해』*L'Assassinat de George Jackson*, Paris: Gallimard, 1971; 주네, 『공표된 적: 텍스트와 회견』*L'Ennemi déclaré: textes et entretiens*, Paris: Gallimard, 1991, pp.111~117에 재수록.

였는데 절도와 강도를 저질러 감옥에서 15년 남짓 보냈다. 쓰고 또 쓴 편지 속에서 H.M.은 자신의 강박감과 불안을 반추했고, '꺾이고 싶지' 않다는 의지를 확인했으며, 반정신의학에 대한 쿠퍼의 책을 읽고 그 독후감을 밝혔고, 사르트르의 『성자 주네』를 읽고 싶다고 했다……. 동성애 '현행범'으로(실제로 그는 한 번도 자신이 동성애자임을 감추지 않았다) 독방에 갇혔고, 거기서 목을 매 자살했다.[6] "고독함 속에서, 지인과 친구들에게 편지를 쓰고자 하는 강한 욕구로 쓰여진 이 글들은 공적인 것과 사적인 것, 성적(性的)인 것과 사회적인 것 사이의 전통적인 구분을 지워야 한다는 새로운 정치적 성찰에 많은 생각거리를 준다"고 이름을 밝히지 않은 한 편집자는 논평했다. "이 편지는 매우 예시(例示)적이다. 높은 수준의 영혼과 사유를 지닌 한 사람의 수인(囚人)이 어떤 생각을 가지고 있는지 정확히 보여 주고 있기 때문이다"라고 다른 저자들은 말했다. 그리고 "감옥이 무슨 권리로 동성애를 재판하고 처벌할 수 있는가"라고 분노하면서 "이 수감자의 죽음에는 일부 몇몇 사람들이 직접적으로 그리고 개인적으로 책임이 있다"라고 결론지었다.[7]

감옥정보그룹은 70년대 초에 미셸 푸코의 큰 사업이었다. 이것은 진정 그의 운동이었다. 그 자신의, 그리고 다니엘 드페르의 운동이었다. 수많은 뱅센 시절의 동료들이 이들과 합류하여 함께 일했다. 물론 분명한 형태가 없는 막연한 동조였다. 왜냐하면 이것은 정당이 아니므로 가입이나 당원증이 있는 것도 아니었기 때문이다. 그들 중에는 장 클로드 파스롱, 장

---

6 이 편지들은 『감옥정보그룹』, pp.276~306에 재수록되었다.
7 이 텍스트는 들뢰즈가 다니엘 드페르Daniel Defert와 함께 편집했다. 들뢰즈, 『버려진 섬과 다른 텍스트들』*L'Île déserte et autres textes*, Paris: Minuit, 2002, pp.340~343에 재수록되었다.

가테뇨, 로베르 카스텔, 질 들뢰즈, 자크 랑시에르와 그의 아내 다니엘 랑시에르, 자크 동즐로(Jacques Donzelot) 등등이 있었다. 그리고 조금 후에 클로드 모리악이 합류했는데, 그의 이름은 이 운동에서 가장 뜻밖이지만 결코 덜 중요하다고 할 수 없는 것이었다.

클로드 모리악은 프랑수아 모리악(François Mauriac)의 아들로 종전 직후 드골 장군의 특별비서였다. 1971년 푸코가 이미 극좌운동의 영역에 속해 있었을 때 클로드 모리악은 『르 피가로』지의 기자였다. 그들의 '만남' 을 예고해 주는 것은 아무것도 없었다. 작가는 수백 페이지에 걸친 일기에 서 그 만남이 자기 생애에 끼친 영향을 기록했다(『움직이지 않는 시간』이라 는 제목으로 출간된 이 일기는 그러니까 70년대에 일단의 지식인들이 벌였던 투쟁적 활동에 관한 매일매일의 기록이며 우정의 연대기였다).[8]

시위 와중에서 흔히 그렇듯이 그것은 우연히 시작되었다. 1971년 5월 29일 『르 누벨 옵세르바퇴르』 기자였던 알랭 조베르(Alain Jaubert)는 시위 중에 부상으로 병원에 옮겨지는 사람을 동행 취재하려다가 경찰차 안에서 심한 구타를 당했다. 이어서 그는 반란죄와 경찰에 대한 폭력 혐의를 받았 다. 신문기자였으므로 그의 사건은 큰 반향을 불러일으켰다. 미셸 푸코와 질 들뢰즈, 변호사인 드니 랑글루아, 의사 팀시트 그리고 몇 명의 신문기자 들이 한데 모여 '반대-조사'를 전개하고 진실을 밝힐 것을 천명했다. 그들 은 첫번째 기자회견을 열었다. 클로드 모리악이 『르 피가로』를 대표하여 거기에 참석했는데, 그의 취재가 매우 인상적이었다. 그래서 미셸 푸코는

---

8 클로드 모리악Claude Mauriac, 『그리고 희망은 어찌 그리 강렬한지: 움직이지 않는 시간 3』*Et comme l'espérance est violente: Le Temps immobile 3*, Paris: Grasset, 1977. 그 외 『움직이지 않는 시간』*Temps immobile*의 다른 책들.

그에게 전화를 걸어 "우리 조사위원회에 참여하지 않겠는가?"라고 물었다. 클로드 모리악은 그것을 받아들였다. 그는 며칠 후 파리의 아랍인 거주 지역인 구트 도르의 한 카페에서 푸코와 가진 토론을 기사로 썼다. "만일 일주일 전에 내게 이 카페를 보여 주고 여기서 내가 푸코와 토론을 하게 될 것이라고 누군가 말해 주었더라면 아마도 나는 믿지 않았을 것이다. 그(푸코)는 내게, 당신을 이런 함정에 끌고 들어와 미안하다고 말했다."[9] 푸코는 클로드 모리악을 몇 년간 이 함정에 잡아 두었고, 모리악은 오늘까지도 그에 대한 매우 감동적인 기억을 갖고 있다.

조베르 사건은 전혀 만날 가능성이 없던 두 사람을 갑작스럽게 맺어준 것 말고도 다른 많은 결과를 가져왔다. 진실에의 욕구와, 정보를 수합하고 그것들을 널리 확산시키려는 의지, 그리고 대(大) 통신사나 대 신문사에서 호응을 얻는 일의 어려움이 결국 『자유 통신』(APL) 창간의 계기가 되었다. 모리스 클라벨에 의해 창설된 이 통신은 나중에 일간지 『리베라시옹』(*Libération*)의 발기에 중요한 역할을 하게 된다.

감옥정보그룹의 모임은 몽수리 공원 근처의 엘렌 시수의 아파트에서 주로 열렸다. "완전히 행동 지향적이었던" 그들의 토론을 그녀는 기억한다. "푸코는 정말로 실용주의적인 사람이었다. 그는 항상 효율성을 우선했다." 이 그룹의 각 구성원들은 그를 리더로 간주했다. 한편 장 마리 도메나크는 푸코가 보여 주었던 믿기지 않는 정력과 끈질긴 열성을 떠올렸다. "나는 그가 어떻게 그 모든 것을 조직하고 이끌었는지 알 수가 없다. 그는 다니엘 드페르와 함께 모든 것을 직접 했다. 우편물을 보내고 사람들과 접촉하고 전화를 수천 통씩 하고…… 여하튼 필요한 장소에는 언제나 그가

---

9 모리악, 『그리고 희망은 어찌 그리 강렬한지: 움직이지 않는 시간 3』, p.283.

있었다." 그리고 사실 그것이 필요하기도 했다. 왜냐하면 행동을 취해야 할 경우가 너무나 많았기 때문이다. 1971년 11월부터 프랑스 전 지역 감옥에서 일련의 저항운동이 전개되었다.

상황은 폭발적으로 되었고, 1971년 12월 5일과 13일에 툴의 네이 형무소에서 일어난 것 같은 격렬한 사건들이 줄을 이었다. 경찰이 포위 공격했고, 수감자 15명 정도가 부상했다. 미셸 푸코와 감옥정보그룹은 당국의 탄압과 저항의 원인을 제공한 감방의 조건들을 고발하기 위해 행동을 개시했다. '진실-정의 위원회'(Comité Vérité-Justice)가 그 도시에 개설되어 정보 수합을 시작했다. 가끔 간부들이 와서 발언할 때에는 집회가 소란스러웠다.

푸코는 몇 번에 걸쳐서 기자회견에 참석했다. 첫번째 회견은 이 사건의 원인과 처방을 검토하기 위해 장관이 조사위원회를 임명한 지 이틀 후인 12월 16일에 열렸다. 논쟁의 하이라이트는 감옥의 정신과의사인 에디트 로즈 박사가 법무장관 및 대통령에게 보내는 보고서였다. 수감자들의 생활조건과 그들이 병들었을 때 치료받는 방식을 자세히 묘사한 충격적인 보고서였다. 그것은 글자 그대로 끔찍했다. 툴의 집회에서 낭독된 이 보고서는 센세이션을 일으켰다. 푸코는 며칠 후 그것을 요약해 『르 누벨 옵세르바퇴르』에 실었다.

그녀가 소개한 단순한 사실들 속에서 무엇이 폭로되었는가? 아니 무엇이 터졌는가? 어떤 불특정인의 불성실성인가? 또 다른 사람의 부정인가? 얼마간 그렇기도 하다. 그러나 진짜는 권력관계의 폭력성이다. 당국은 왜곡된 통계 숫자만을 가지고 말한다. 노조는 노동조건, 예산, 신용대부만을 이야기한다. 여기저기서 사람들은 악의 '근원'을 공격하려 한다. 다시 말하면 아무도 악을 보지 못하고, 아무도 악을 느끼지 못하는 곳——사건과 멀리 떨어져 있고, 서로 대치하는 세력들에서도, 그리고 지배행위에서도 멀리 떨어져 있는 곳에서 악을 공격한다. 그런데 툴의 여자 정신과의사가 입을 열었다. 그녀는 판을 뒤흔들었고, 커다란 금기를 넘어섰다. 그녀 자신이 권력체제 안에 있었으므로 체제의 기능을 비판하기보다는 단지 어느 날 어느 장소 어떤 상황에서 일어난 일만을 냉정하게 고발했다. ……툴 보고서는 아마도 행형제도와 정신의학의 역사에서 중요한 사건이 될 것이다.[10]

1972년 1월 5일 푸코는 또 새로운 발언을 했다. 감옥정보그룹이 수감자들에게 행한 설문조사의 결과를 소개한 후 그는 "일반 여론이 감옥에서 일어나는 일들을 잘 알고 있어야 할 필요성"을 역설했다. 그리고 "플레벤 씨에게 진실을 말할 것을" 촉구했다. 바로 이 집회에서 사르트르의 메시지가 낭독되었는데, 그는 이 메시지에서 툴의 저항을 "우리 모두를 강제수용소의 상황 속에 몰아넣고 있는 억압체제에 대한 투쟁의 시작"이라고 규정했다.

또 다른 폭동이 릴, 님므, 플뢰리 메로지스, 낭시 등등에서 일어났다. 법무장관인 르네 플레벤은 감옥정보그룹과 좌파 그룹의 활동을 비난했다. "체제 전복적 인사들이 수감자들을 이용하려는 것은 분명하다. 그것은 수많은 형벌기관에서 위험한 소요를 야기시키고 고무하는 결과를 낳게 된다." 한편 공산당 신문인 『에손의 마르세예즈』(*La Marseillaise de*

---

10 푸코, 「툴 강연」Le Discours de Toul, 『르 누벨 옵세르바퇴르』*Le Nouvel Observateur*, 27 décembre 1971.(『말과 글』*Dits et écrits*, tome1, texte n° 99, pp.1104~1106.)

l'Essonne)는 이 '불한당 노조'의 소요를 종식시키라고 공권력에 요구했다. 그러나 감옥정보그룹은 낭시의 샤를 3세 감옥에서 일어난 경찰의 가혹한 개입에 항거하기 위해 기존의 활동을 그냥 밀고 나가면서, 법무부에서 기자회견을 갖기로 결정했다. 그리고 1972년 1월 18일 카스티글리온느 가 인터컨티넨탈 호텔 앞에는 클로드 모리악, 질 들뢰즈와 그의 부인 파니 들뢰즈, 미셸 푸코, 다니엘 드페르, 그리고 미셸 비앙이 부축하고 온 장 폴 사르트르와 10여 명의 다른 인사들이 있었다.

그들은 방돔 광장 쪽으로 행진하여 법무부의 원형 로비 안에 들어갔다. 바리케이드가 쳐져 더 이상의 진입을 막았다. 그래서 그 자리에서 미셸 푸코는 믈룅 감옥의 수감자들이 작성한 보고서를 읽었다. 시위자들이 "플레벤 사임", "플레벤 살인자"의 구호를 외치기 시작하자 시위 진압대가 들어와, 클로드 모리악의 말에 의하면 "이 유명한 지식인 부대를 가차 없이 밖으로 밀어붙였다. 그들은 밖에서 경찰의 저지에 필사적으로 항거했는데, 푸코는 온몸에 힘을 주어 경찰과 몸싸움을 벌이느라 얼굴은 벌개지고 근육에 힘줄이 솟았다."[11]

건물 밖으로 쫓겨난 후 약간의 소란이 현장에서 벌어졌고, 알랭 조베르, 마리안 메를로-퐁티(Marianne Merleau Ponty) 등등 몇 명이 연행되었다. 사르트르와 푸코는 그것을 막으려고 사이에 끼어들었으나 허사였다. 클로드 모리악은 자기 신분과 『르 피가로』의 소속을 밝힘으로써 좀더 효과적으로 일을 처리할 수 있었다. 그는 시위자 두 명이 풀려나면 집회를 곧 해산하겠다고 약속했다. 그래서 기자회견장은 자유통신(APL) 건물로 옮겨졌으며, 푸코는 거기서 새롭게 믈룅의 보고서를 읽고 낭시의 대치를 환

---

11 모리악, 『그리고 희망은 어찌 그리 강렬한지: 움직이지 않는 시간 3』, p.334.

기시켰다. 사흘 뒤 감옥정보그룹은 세바스토폴 가에서 데모를 소집하여 거의 천 명의 군중을 모았다.

이처럼 떠들썩하게 사람들의 이목을 끌지는 못했어도 감옥정보그룹은 많은 소규모의 활동을 조직했다. 수감자들에게 그들이 세상과 단절되지 않았다는 것을 알려 주기 위해 크리스마스 이브, 또는 생실베스트르 저녁[12월 31일 밤]에 감옥 앞에 모여서 폭죽을 터뜨리거나 확성기로 메시지를 낭독하기도 했다. 예를 들면 푸코는 1971년 12월 31일 프레느의 감옥 앞 집회에 참여했다. 또는 아리안 므누슈킨(Ariane Mnouchkine)이 이끄는 태양극단 배우들이 형무소 문 앞에서 간단한 연극을 하기도 했다. 물론 경찰에 의해 몇 분 만에 해산되기는 했지만……. 왜냐하면 파리, 낭시, 또는 다른 지역에서 경찰의 곤봉 세례가 비 오듯 했기 때문이다. "낭시에서 나는 정말로 경찰에게 얻어맞았다"고 엘렌 시수는 말한다. 미셸 푸코와 장 마리 도메나크도 예외는 아니었다. 1971년 5월 1일 파리의 요양감옥 앞에서 10여 명의 다른 사람들과 함께 범죄기록의 철폐를 요구하는 유인물을 나눠 주던 중 그들은 거칠게 연행되었다. 푸코는 "불법연행, 공적인 자유 침해, 공권력의 불법행위, 고의적 폭력" 등의 죄목으로 당국을 고발했다. 이 형사사건은 경찰 쪽에 유리하게 면소(免訴)판결 되었다.[12]

감옥정보그룹은 계속해서 새로운 형태의 행동을 고안했다. 1972년 6월 낭시 폭동의 주모자 6명의 재판이 열렸을 때 감옥정보그룹은 이 문제를 널리 알려 논쟁을 일으키고자 했다. 뱅센에 있는 탄약통제조소에서 아리안 므누슈킨 극단의 연극 「1793년」이 끝나자 주최측은 짤막한 막간극

---

12 푸코, 「도처에 감옥」La prison partout, 『콩바』*Combat*, n° 8335, 5 mai 1971.(『말과 글』*Dits et écrits*, tome1, texte n° 90, pp.1061~1062.)

이 있으니 남아서 관람해 달라고 관중에게 부탁했다. 대본은 속기 타자기로 작성된 재판기록이었다. 푸코와 들뢰즈가 경찰 역을 맡았다.[13] 수감자들이 필요로 하는 법률구조를 확보하기 위해 푸코는 협회의 창설도 제안했다. 그는 질 들뢰즈와 함께 폴 엘뤼아르(Paul Eluard)의 미망인에게 찾아가 수감자의 권리를 보호하기 위한 이 협회를 후원해 줄 것과 숙소를 제공해 줄 것을 요청하여 승낙을 받아 냈다. 이 협회의 회장은 작가 베르코르(Vercors)가 되었다.

감옥정보그룹은 대단한 성공을 거두었다. 거의 프랑스 전역에 지부가 결성되었다. 그 운동을 주도한 사람들은 주로 마오이스트 투사들이었지만 그 반향은 '좌파'의 서클을 훨씬 넘어섰다. 변호사, 의사, 성직자들이 이 운동에 참가하여 비공식적인 방식으로 2천~3천 명의 회원을 만들었다. 그러나 그 성공도 잠시뿐이었다. 최초의 원칙에 충실했던 푸코는 수감자들과 과거의 수감자들에게 발언권을 주고 싶었다. 1972년 12월부터 죄수행동위원회는 그 첫번째 소책자를 발간했다. 죄수행동위원회(CAP)의 주도적 인물은 세르주 리브로제였는데 그는 플뢰리 감옥에서 몇 년간을 살았고, 그의 증언서인 『감옥에서 저항으로』는 푸코가 서문을 썼다. "세르주 리브로제의 책은 몇 년 전부터 감옥을 대상으로 하는 운동의 일부가 되었다. 그가 수감자 전체, 또는 수감자의 절대 다수가 생각하는 바를 '대표'한다고는 생각지 않는다. 나는 단지 그가 이 투쟁의 한 일원이며, 그가 이 투쟁에서 태어났고, 거기서 하나의 역할을 할 것이라는 말만 하고 싶다. 그는 법과 불법성에 대한 민중적인 생각과 경험을 개인적으로 강렬하게 표현했다. 민

---

13 이 '작품'의 원고는 『에스프리』*Esprit*, octobre 1972에 수록되었음. 그리고 『감옥에 대한 개입 모임: 한 투쟁의 기록』, pp.237~254.

중의 철학인 것이다."[14]

죄수행동위원회는 곧 이 유명한 대부(代父)들과 헤어져 독립할 것을 요구했다. 세르주 리브로제는 한 인터뷰에서 미셸 푸코가 범법과 불법에 대해 익명의 글을 『리베라시옹』지에 썼다고 거칠게 항의했다. 그는 1974년 2월 19일 이렇게 선언했다. "분석의 전문가들은 이제 지겹다. 내가 누구인지를 설명하고 말하기 위해 나는 누군가를 필요로 하지 않는다."[15] 그 순간에 감옥정보그룹은 이미 주도권을 포기했다. 그러나 활력도 또한 함께 꺾였다. "그들은 계속한다. 그러나 어떤 메아리가 있는가?"라고 다니엘 드페르와 자크 동즐로는 1976년의 한 기고문[16]에서 죄수행동위원회의 투사들에 관해 이렇게 말하며 감옥정보운동을 결산했다.

쓸쓸함, 실패의 감정, 이것이야말로 감옥정보그룹의 자동해체 이후 푸코가 느꼈던 감정이었다. "미셸은 이 모든 것이 무위로 끝났다는 감정을 가졌다"고 질 들뢰즈는 1986년에 가진 한 인터뷰[17]에서 말했다. 들뢰즈는 그러나 지식인의 참여에 대한 새로운 개념을 시험해 볼 수 있었던 이 '모험', 이 '경험'이 푸코에게는 매우 중요했다고 강조했다. 이것은 더 이상 고상한 가치의 이름으로 행해지는 참여가 아니라 이때까지 알려져 있지 않았던 현실에 시선을 돌리는 참여였던 것이다. 참을 수 없는 것들을 보여 주

---

14 푸코, 「서문」Préface, 세르주 리브로제Serge Livrozet, 『감옥에서 저항으로』*De la prison à la révolte*, Paris: Mercure de France, 1973, p.14.(『말과 글』*Dits et écrits*, tome2, texte n° 116, pp.1262~1267.)

15 리브로제, 「발언할 권리」Le Droit à la parole, 『리베라시옹』*Libération*, 19 février 1972.

16 드페르와 자크 동즐로Jacques Donzelot, 「감옥의 돌쩌귀」La Charnière des prisons, 『르 마가쟁 리테레르』*Le Magazine Littéraire*, n° 112~113, 1976.

17 들뢰즈, 「푸코와 감옥」Foucault and the Prison, 『히스토리 오브 더 프레전트』*History of the Present*, n° 2, printemps 1986.(이후 『광인들의 두 체제: 텍스트와 대담, 1975~1995』*Deux régimes de fous: Textes et entretiens 1975~1995*, Paris: Minuit, 2003, pp.254~262에 재수록)

는 것은 참을 수 없는 상황 속에서 정말로 그것들을 참을 수 없게 만드는 것이었다. 그러나 감옥정보그룹은 또한 '언표(énoncés) 생산'의 한 방식이기도 했다고 들뢰즈는 덧붙였다. 푸코 자신의 생각과는 달리 그가 보기에 감옥정보그룹이 성공했다고 생각하는 이유가 바로 그것이다. "감옥에 대한 새로운 유형의 언표가 여기 있다. 직접 감옥에 갇혔던 사람들과 그렇지 않은 사람들에 의해 말해진 이 언표들은 과거에는 결코 말해질 수 없었던 것들이었다."[18]

*　　*　　*

콜레주 드 프랑스 강의에서 미셸 푸코는 형법 제도와 사법 일반의 문제에 시선을 집중시켰다. 1973년에 소규모의 연구원들과 함께 그는 19세기 초에 자기 어머니와 형과 누이를 죽인 죄로 재판을 받고 형을 선고받은 젊은 살인자 피에르 리비에르에 관한 책을 냈다. "우리는 정신의학과 형벌제도의 관계의 역사를 연구하고 싶었다. 그 연구 과정에서 우리는 리비에르 사건을 만났다"라고 그는 책의 서문에서 썼다.[19] 미셸 푸코는 그 서류에 묻혀 있던 살인자 자신의 범죄 이야기, 모든 기록과 조서, 의학 및 법률 전문가들의 견해, 판결문, 그리고 수감과 자살 등을 모두 출판하기로 결정했다. 그는 자기 관심을 끈 것이 무엇인지를 설명했다.

리비에르 사건과 같은 그런 자료들은 제도들과의 관계 속에서의 앎(의학,

---

18 들뢰즈, 「푸코와 감옥」, 『히스토리 오브 더 프레전트』 *History of the Present*, n° 2, printemps, n° 2, printemps 1986.

19 푸코, 「서문」, 『나, 피에르 리비에르: 내 어머니와 누이와 남동생을 죽인』 *Moi Pierre Rivière, ayant égorgé ma mère, ma soeur et mon frère,* Paris: Gallimard-Julliard, 1973, p.9.

정신의학, 정신병리학 등)의 형성과 작용 및 거기에 부여된 역할(피고인, 정신이상 죄수, 전문가들과 함께 모든 행형제도)을 분석하도록 허용해 준다. 그것은 또 권력, 지배, 투쟁의 관계들을 판독하게 해주는데, 이 관계들 안에 담론이 자리 잡고 고유의 기능을 하고 있다. 그러니까 그것은 사건의 서술이면서 동시에 정치적이고 따라서 전략적인 담론(학문적 담론이라고 해도 좋다)의 분석을 허용해 준다. 요컨대 피에르 리비에르의 것과 같은 담론에서 우리는 사회를 교란시키는 힘을 파악할 수 있고, 또 그것을 한갓 미치광이, 죄인의 담론으로 몰아붙인 후 그것을 은폐하여 사회질서 속에 끼워 넣으려는 전술의 총체를 파악할 수 있다.[20]

그후에도 많은 출판 작업이 이어졌다. 감옥과 사법제도에 관한 서문, 기고문, 인터뷰, 논쟁, 심포지엄 발표문들이었다. 사형제도 반대 운동에도 푸코는 열성적으로 참여했다. 예를 들어서 그는 1976년에 자신의 어린 딸을 살해한 죄로 사형이 선고된 크리스티앙 라누치에게 특사를 베풀 것을 거부한 발레리 지스카르 데스텡과의 점심식사를 거부했다.

*   *   *

푸코의 책들 중에서 아마 가장 훌륭한 책일 『감시와 처벌』이 1975년에 나왔다. '감옥의 탄생'이라는 부제가 붙어 있었다. 푸코는 사회문제에 대한 그의 개입의 장을 바꾼 것이다. 더 이상 감옥 문 앞에 있지 않고, 역사적 연구의 무대에 오른 것이다. 그는 이 연구에서 사람들이 너무나 당연히 생각하는 관습들을 환기시킨다. 이 책은 역사 속에서가 아니라 현재의 상황

---

20 같은 책, p.13.

속에서 태어났다고 그는 책의 서문에서 밝혔다. 그리고 그의 기획은 바로 "현재의 역사를 쓰는 것"[21]이었다.

감옥 주위에서 문제가 되는 것은 인체에 가해지는 권력의 기술(技術)이다. 감옥이란 무엇인가? 왜 요란한 옛날의 공개 고문에서 현재의 조용한 가둠으로 넘어왔는가? "중세 지하독방의 계승인가? 아니 오히려 새로운 기술인 것 같다. 개인을 분할하고 통제하고 측정하고 길들이고, 여하튼 그들을 '유순하면서도 쓸모 있게' 만들기 위해 16세기부터 19세기까지 사람들이 고안해 낸 모든 절차들의 결정판이다. 감시·훈련·조련·점수 매기기·등급 정하기·분류·시험·기입 등, 인체를 복종시키고 많은 인원수를 통제하고 그들의 힘을 조종하기 위한 이 모든 방식이 고전주의 시대의 병원·군대·학교·교단, 또는 작업장에서 발전되었다. 한마디로 규율(displine)이다. 18세기는 물론 자유를 발명해 냈다. 그러나 그 시대는 우리들에게 또한 깊고 견고한 지하감옥을 주었다. 규율사회인 것이다. 지금도 우리는 그 속에 살고 있다. 감옥은 이 감시사회의 교육 수단으로 재등장한 것이다."

푸코는 이 과정에서 '인간과학'이 맡은 역할을 분명히 밝히려고 애썼다. "근대의 형벌제도는 더 이상 감히 죄를 벌한다고 말하지 않는다. 다만 범죄자를 사회에 재적응시킨다고 말할 뿐이다. 형벌제도가 '인간과학'과 이웃하게 된 지도 벌써 2백 년이 되어 간다. 인간과학은 형벌제도의 자부심이며, 형벌제도가 자신을 부끄럽게 생각하지 않기 위한 방법이다. '나는 물론 완벽하게 정의롭지는 않다. 그러나 조금만 참고 기다려, 내가 학자가 되는 과정을 지켜보라' 이런 식이다. 그러나 심리학·정신의학·범죄학 등이 오늘날의 사법제도를 어떻게 정당화할 수 있는가? 이 학문들이 형성된 바

---

21 푸코, 『감시와 처벌』*Surveiller et punir*, Paris: Gallimard, 1975, p.35.

로 그 지점에서 사법제도의 역사도 똑같은 정치적 기술(技術)을 보여 주고
있다. 인간에 대한 인식, 그리고 징벌의 인간화 밑에는 인체의 규율, 예속
과 객관화의 혼합된 형태인 '앎-권력'이 똑같이 들어 있다. 우리는 인체의
정치학의 역사로부터 근대 도덕의 계보를 만들 수 있을까?"[22]

　『광기의 역사』나『임상의학의 탄생』속에서처럼 푸코는 전통적 철학
의 정전(正典) 텍스트를 버리고 탐정소설이나 개혁안들을 '샅샅이 뒤지'고
있다. "부르주아지가 직접적인 방식으로 이야기를 한 것은 헤겔 안에서도
오귀스트 콩트 안에서도 아니다. 그 성스러운 텍스트의 옆에 실제의 정치
적 행동을 야기한 하찮은 서류 더미 속에 진짜로 의식적이고 조직적이고
반성적인 전략이 분명하게 드러난다."[23]『감시와 처벌』은 대단한 성공을
거두었다. 사람들은 흔히 책의 서두를 장식하는 다미앵의 고문과 18세기
의 가혹한 형벌의 묘사를 거론한다. 밀폐된 환경 속에서 범죄를 생산해 내
는, 그리고 권력의 통제장치가 행해지는 감옥의 역할에 관한 관념의 힘도
자주 인용된다. 푸코에 의해서 길게 묘사된 판옵티즘(panoptism), 다시 말
하면 제러미 벤담이 고안한, 감시자가 한 지점에서 일목요연하게 모든 것
을 바라볼 수 있도록 중앙의 감시대를 중심으로 원통 모양의 건물이 들어
선 감옥은 70년대의 '산별 노조 투쟁'이 내내 고발했던 제도의 통제, 또는
'권력의 시선'의 상징이 되었다. 투쟁의 우여곡절 속에서 사유되고 성숙된
『감시와 처벌』이 운동에 봉사하게 되었다. 위에서 인용한 인터뷰에서 푸코
는 이렇게 말했다. "『광기의 역사』건 이 책이건 간에 나의 모든 책들은 자

---

22 같은 책, 뒤표지 문안.
23 푸코,「독방 고문」Des supplices aux cellules,『르 몽드』*Le Monde*, 21 février 1975.(『말과 글』
　　Dits et écrits, tome1, texte n° 151, pp.1584~1588.)

그마한 연장통이다. 사람들이 권력 제도를 단락시키거나 그 가치를 떨어뜨리거나 혹은 완전히 분쇄하기 위해서는 이 연장통의 뚜껑을 열고 마치 드라이버나 펜치를 찾듯이 거기서 어떤 문구(文句), 어떤 관념, 어떤 분석을 찾아볼 수 있을 것이다.……나에게는 그보다 더 좋은 일이 없겠다."[24]

315페이지에서 이 책은 마치 중단하듯 갑작스럽게 끝을 맺었다. 그 페이지 아래 각주에는 다음과 같은 설명이 붙어 있었다. "근대 사회에서의 앎의 형성, 그리고 규격화의 권력에 대한 다양한 연구의 역사적 배경이 될 이 책을 나는 여기서 중단한다."[25]

---

24 푸코, 「독방 고문」, 『르 몽드』*Le Monde*, 21 février 1975.
25 푸코, 『감시와 처벌』, p.315.

4장

민중의 정의와 노동자의 기억

"이봐, 저기 푸코가 있다." 그러자 모든 사람들이 그가 지나가는 것을 보기 위해 몸을 돌렸다. 푸코의 실루엣, 천 명의 사람 중에서도 능히 알아볼 수 있는 그의 독특한 체구가 시위 현장을 찍은 사진마다 반드시 나타나게 되었다. 70년대 초에 푸코의 인생은 완전히 바뀌었다. 그리고 아마도 이 시기야말로 그를 떠올리기가 가장 어려운 때다. 그보다 앞선 시기는 자료가 없기 때문에 어려웠다. 서류가 있는지를 아무도 알 수가 없었고, 있는 서류도 찾아내고 발굴해야만 했다. 대학에 몸담고 있던 시절을 증언해 줄 수 있는 사람도 매우 드물었다. 모든 것을 찾아내고 새로 정립해야만 했다(오랜 추적 끝에 내가 발견하고 정립한 모든 것들이 다른 저자들에 의해 베껴졌다. 표절되었다고 말하는 게 옳겠다. 스스로를 '전기 작가'로 자처하면서 그들은 무슨 권리로 내 자료를 출처도 밝히지 않은 채 가로챘는지. 내가 인터뷰한 사람들을 자기들은 한 번 만나거나 질문을 한 적도 없으면서 그들과의 대화 내용을 마구 발췌해 인용하곤 했다).

1970년부터 모든 게 달라졌다. 푸코는 유명 인사가 되었다. 그는 알려지고 또 알려져 신문과 책에 자주 이름이 나왔다……. 논문, 신문기사, 현대사의 책들이 무수하게 그를 언급했다. 그 시초는 물론 클로드 모리악의 일기였으며, 그것은 매우 귀중한 자료였다.

그러나 이 자료의 풍부함은 또 다른 문제를 낳았다. 그 증언들은 유명인사, 투사로서의 푸코만을 선호했다……. 그러나 뒤메질은 이런 모습의 푸코를 '믿을 수가 없다'. 왜냐하면 그 시절의 푸코의 존재는, 감히 말해 보자면, '파편화되었기' 때문이다. 예를 들면 그가 관계를 맺은 서클은 매우 광범위했으며, 특히 ——이것이 중요한데 ——아주 다양했다. 가장 극단적인 정반대의 지적·문화적 경향들을 한데 모으는 정도로 다양했다. 한데 모은다는 표현은 적당하지 않다. 푸코는 자기와 교류를 맺고 있던 상이한 경향의 사람들과 그룹들 사이에 엄격한 칸막이를 유지하고 있었다. 그리고 언젠가 장 다니엘이 말했듯이 푸코는 지금 말하고 있는 상대방과만 특별한 관계를 맺고 있는 듯한 인상을 풍기는 교묘함을 갖고 있었다.

그래서 이 시절 푸코에 대한 사람들의 회상에는 가끔 왜곡된 관점 혹은 왜곡시킬 소지가 있는 관점들이 자주 나타난다. 왜냐하면 그들은 각기 푸코의 다양하고 다차원적인 성격을 단 하나로 축소시켜 보는 경향이 있었기 때문이다. 게다가 상이한 서클 사이의 비(非)삼투성이야말로 그 서클들이 존재하기 위한 필수적 조건이었다. 예를 하나만 들어 보자면 뒤메질이 글뤽스망을 어떻게 생각했는지, 캉길렘이 클라벨을 어떻게 평가했는지를 우리는 알고 있다.

개인적 인간관계에서 확인할 수 있는 이 '분산'과 '파편화'는 모든 층위에서 다 발견된다. 거기에 두번째 어려움이 있다. 콜레주 드 프랑스에서의 강의, 책들의 출판, 투쟁적 활동, 해외여행 등, 이 모든 것들이 이러저러한 현상을 어느 시기에 놓는가, 또는 그것에 의미를 부여하기 위해 어떤 시퀀스 안에 놓는가의 문제가 되면 전부 뒤죽박죽이 되고, 비늘 모양으로 한데 겹치거나 상자 속에 넣은 듯 한데 포개지고, 서로 단절되거나 중첩되는 것이었다. 여기서 열리는 이야기의 형태는 이 모든 파편적 양상을 감안해야만 한다. 서술은 가끔 끊기고 연대는 헝클어진다. 나는 시간적인 선후연결을 무시하고 주제와 문제별로 글을 쓰기로 결심했다. 그저 동시성이라는 끈밖에는 아무것도 없는 사실들을 인위적으로 한데 묶기는 싫었기 때문이다. 또는 그 반대로 서로 연관성이 있는 사건들을 몇 년간의 격차가 있다고 해서 분리하고 싶지는 않았다.

＊　　＊　　＊

때는 1971년 11월 27일, 장소는 이주노동자들이 많이 몰려 살고 있는 파리 18구 마르카데 가, 에드리크 목사가 운영하는 녹색의 집이었다. 홀에는 벌써 '촘촘한 흰색 수염을 깎지 않은' 장 주네와 미셸 푸코가 자리 잡고 있었다. 클로드 모리악은 그때를 이렇게 회상한다. "시위의 마지막 세부사항을 조정하기 위해 오후 2시경 우리가 모인 마르카데 가의 그 홀 안에 자그마하고 신중한 모습의 한 노인이 모습을 나타냈다. 그는 거의 아무 말도 하지 않았는데, 바로 장 폴 사르트르였다. 그는 주네와 푸코 사이에 앉아 있는 내 앞에 앉았다. 내가 잘못 보았는가? 또는 잘못 알았는가? 그러나 사람들은 그들을 서로에게 인사시켰다. 장 폴 사르트르와 미셸 푸코는 그때 난생처음으로 만난 것이다……."[1] 1971년 11월 27일 전개된 이 장면은 결코

---

1 클로드 모리악, 『그리고 희망은 어찌 그리 강렬한지: 움직이지 않는 시간 3』, p.291. 젤랄리 위원회의 기록을 알기 위해서는 『모리악과 아들: 움직이지 않는 시간 9』*Mauriac et fils: Temps immobile 9*, Paris: Grasset, 1986, 그리고 카타리나 폰 뷜로우Catherine Von Bülow·파지아 벤 알리Fazia Ben Ali, 『구트 도르와 뿌리의 고통』*La Goutte d'Or ou le mal des racines*, Paris: Stock, 1979. 『르 몽드』 색인판note suivante을 참조할 것.

중요성이 없다고 할 수 없다. "이렇게 해서 나는 장 폴 사르트르와 장 주네, 즉 성인전(聖人傳) 작가와 성자(聖者)가 마주 앉아 있는 것을 볼 수 있었다. 이렇게 해서 위대한 늙은 철학자와 젊은 위대한 철학자, 즉 장 폴 사르트르와 미셸 푸코의 대면을 지켜보았다."

물론 사르트르와 푸코 두 사람은 모두 1969년 2월 10일 경찰의 뱅센 실험대학 소탕 작전에 항의하기 위해 뮈튀알리테에서 열린 집회에 참가했으나, 서로 마주치거나 말을 건네지는 못했다. 그래서 클로드 모리악은 당연히 그 두 사람이 처음으로 만났다고 썼을 것이다.

지식인들의 관심을 집중시켰던 두 사상가 사이의 격렬한 논쟁이 있은 지 5년이라는 세월이 흘렀다. 그 5년은 한 세기에 맞먹는 것이었다. 1968년 5월은 프랑스 사회를 온통 뒤집어 엎는 거센 바람을 불러일으켰기 때문에 그 이전의 모든 기준들은 완전히 쓸모없게 되었다. 게다가 옛 드골주의자인 클로드 모리악은 만일 그가 좌파 학생들과 어깨를 나란히 하고 '전투 일선'에서 싸우지 않았다면, 즉 그 당시 유행어로 기존 질서의 근원적 전복을 주장하는 지식인들 옆에서 전투를 벌이지 않았다면 아마도 이 모든 역사의 기록 작가가 되었을 것이다.

그러니까 사르트르와 푸코의 만남은 결코 놀라운 일이 아니다. 그 만남은 '반인종주의' 활동의 테두리 안에서 이루어졌다. 알제리 청년 젤랄리 벤 알리가 파리의 아랍인 거주지역인 구트 도르의 한 아파트에서 여 경비원에게 난폭한 행동을 했다. 이 여자의 남자친구가 총을 갖고 있었다. 총이 오발되었고, 알제리 청년은 죽었다. 만일 몇 년 후 같았으면『르 몽드』사회면이 법조기사로 조그맣게 다룰 사건이었다. 그러나 1971년의 분위기 속에서 이 드라마는 전혀 다르게 받아들여졌다. 수천 명이 '반인종주의' 데모를 벌였고, 미셸 푸코는 이 지역의 생활 조건을 조사하기 위한 위원회의 설치를 주도했다. 질 들뢰즈, 장 주네, 클로드 모리악, 장 클로드 파스롱 그리고 다른 몇몇 사람들이 이 젤랄리 조사위원회에 참여했다.

1971년 11월 27일 클로드 모리악이 보고문을 읽은 직후 소규모의 집회가 구트 도르 가와 폴롱소 가 모퉁이에서 열렸다. 이 지역은 경찰에 의해 포위되었다. 언제나 그렇듯이 경찰은 사르트르를 건드리지 말라는 명령을 내려 놓고 있었다. 따라서 시위대는 마음 놓고 플래카드를 내걸 수 있었다. 거기에는 '권력에 기댄 인종주의자들의 조직망'이 구트 도르를 내리누르고 있는 위협을 비난하면서 '이 지역의 노동자들이 총궐기할 것'을 호소하는 격문이 쓰여져 있었다. 그 호소문에는 질 들뢰즈, 미셸 드라크(Michel Drach), 클레르 에체렐리(Claire Etcherelli), 미셸 푸코, 장 주네, 모니크 랑주(Monique Lange), 미셸 레리스, 미셸 망소(Michèle Manceaux), 마리안 메를로-퐁티, 티에리 미뇽, 이브 몽탕, 장 클로드 파스롱, 장 폴 사르트르, 시몬 시뇨레 등이 서명했다. 서명자들의 일부와 마오이스트 정예부대가 시위 진압대의 감시를 받으며 인적이 끊긴 이 거리로 전진해 들어갔다. 사르트르와 푸코가 각기 확성기를 하나씩 들고 시위대 속에서 함께 걷고 있는 유명한 사진이 바로 이때의 것이다. 그들은 다음 날부터 생브뤼노 교회의 후원회 강당에 상설기구를 설치하겠다고 예고했다. 그들의 목표는 도움이 필요한 모든 사람들에게 법률구조를 제공하거나 아니면 단순히 이민자들에게 그들이 항상 제출해야 하는 서류, 서식, 행정적 증명서 등을 작성하는 일을 도와주는 것이었다. 이미 병이 깊고 쉽게 피곤해 하는 사르트르는 소집회가 끝나자 곧장 집으로 갔고, 다른 사람들은 에드리크 목사가 기다리고 있는 녹색의 집으로 가서 새로 모임을 가졌다. 다음 날 푸코는 클로드 모리악에게 이렇게 말했다. "어제 저녁 늦게 남아 있다가 그 거리의 레스토랑에 식사를 하러 들어갔는데 누군가가 '저기 장 폴 사르트르가 있다'

고 소리를 질렀어." 그리고 푸코는 이렇게 덧붙였다. "그게 칭찬인지 어쩐지 나는 잘 모르겠어."

장 클로드 파스롱, 클로드 모리악, 미셸 푸코, 장 주네 등등이 번갈아가며 근무를 했다. 젤랄리 위원회는 곧 확대되어 이민자 권리보호 위원회가 되었고, 이 기구에서 여러 시위를 주동했다. 1973년 3월 31일 거주증과 취업증의 발급을 제한하는 '퐁타네 회람장'에 항의하여 수천 명의 데모대가 벨빌 가와 메닐몽탕 가에서 시위를 벌인 것도 그 한 예다. 미셸 푸코와 클로드 모리악은 시위대의 선두에 서있었다. 위원회의 모임은 가끔 팽팽하게 긴장되기도 했다. 거기 참여하는 아랍 노동자들은 대부분 '팔레스타인 위원회' 멤버였기 때문에, 그들은 인종주의 비난의 대상을 이스라엘 비난으로까지 확대시키기를 원했다. 그러나 사르트르와 마찬가지로 푸코도 언제나 변함없이 친이스라엘이었다. 그후에도 그는 계속 그랬다. 이것이야말로 적극적으로 친팔레스타인 계열이고 또 가끔 이 위원회의 의미를 '조작'하기 일쑤인 마오이즘 운동과 그를 근본적으로 갈라놓는 차이점이기도 했다. 인종주의에 항거하는 이 운동이 사르트르와 푸코를 만나게 해준 기회였다면 이것은 또한 푸코와 주네의 짧은 만남의 기회이기도 했다. 푸코는 이 작가를 오래전부터 존경해 왔다. 스웨덴에 있을 때 벌써 웁살라 대학 강의에서 이 작가의 신랄한 작품을 언급했었다. 주네는 오래전부터 소수인종을 지원해 왔으며, 인종주의 비슷한 것에는 언제나 심한 불쾌감을 보였다. 1970년에 그는 미국에서 '블랙 팬더당'과 두 달간 함께 지냈다. 팔레스타인 지원에도 깊숙이 개입하고 있었고, 몇 번이나 난민촌에 머물기도 했다. 이 관심, 이 열정은 헛되지 않아서, 그가 죽은 후 1986년에 출판된 그의 마지막 저서 『사랑의 포로』(*Un captif amoureux*)는 넓은 의미에서 그의 팔레스타인 난민촌 경험에 바쳐진 것이었다.

그는 어떻게 해서 젤랄리 위원회에 들어와 푸코 옆에 있게 되었는가? 그 둘의 중개자 역할을 한 것은 카타리나 폰 뷜로우였다. 독일 태생으로 미국에 오래 살았던 그녀는 뉴욕의 메트로폴리탄 오페라단의 무용단원이었다. 그후 프랑스에 와서 정착하고 갈리마르 출판사에 취직했다. 여기서 그녀는 푸코와 주네를 알았다. 그녀는 주네와 매우 가까웠고, 그가 파리에 올 때면 그를 보살폈다. 그녀는 '붉은 구조대' 소속으로 투쟁에 참여했고 극좌파 신문인 『인민의 대의』에서 일했으며, 따라서 젤랄리 위원회 주변에서 일이 터졌을 때 그녀는 '현장'에 있었던 셈이다. 그녀는 나중에 아주 놀랍고도 감동적인 회고록[2] 속에서 그녀의 인생 역정을 말한 바 있다.

그녀의 회고에 의하면 푸코와 주네는 어느 날 구트 도르 가를 함께 걷다가 카페로 들어갔다. 푸코보다는 주네가 훨씬 더 편안한 모습이었다. 카타리나 폰 뷜로우도 말했듯이 주네는 아랍 세계에 매료되어 있었다. 그가 파리의 떠들썩한 시위 현장에서 몸을 빼고 싶어 했던 이유도 바로 그것이었다. "그의 유일한 관심사는 팔레스타인인들의 투쟁이었다"고 카타리나 폰 뷜로우는 말한다. 그가 어디에 사는지는 아무도 몰랐다. 파리나 모로코 또는 그 외의 다른 어떤 곳이었다. 바람처럼 나타났다가 또 바람처럼 사라졌다. 그게 언제인지 그리고 얼마 동안인지는 아무도 몰랐다. 그런 식으로 가끔 언제나 즐겨 입는 가죽점퍼를 입고 푸코는 파리의 좌파 투사들 앞에 나타났다. 그러고는 곧 '잠적'해 버렸는데 그가 어디로 갔는지 또는 다시 올 것인지를 아는 사람은 아무도 없었다. 젤랄리 위원회 시절에 푸코와 주네 사이에는 일종의 공모관계가 있었다. 적어도 그들의 운동 속에서 그랬다. 카타리나 폰 뷜로우에 의하면 그들은 투쟁적 활동 이외의 분야에서

---

2 폰 뷜로우·벤 알리, 『구트 도르와 뿌리의 고통』.

는 공통점이 거의 없었고, 공통의 화제도 없었다. 그러나 푸코는 주네를 높이 평가했다. 이 작가에 대한 최고의 존경의 표시로서 그는 주네에게 뒤메질을 만나 줄 것을 원했다. 주네는 기꺼이 동의했다. 그러나 뒤메질이 원치 않았다. 그는 이 사람을 좋아하지 않았고, 그의 소설도 좋아하지 않았다. "그 사람은 뭐하러 만나?"라고 뒤메질은 푸코에게 말했다. 주네와 푸코의 관계는 곧 소원해졌고, 그들은 이 일련의 투쟁 후에는 거의 만나지 않았다. 몇몇 증인들에 의하면 주네는 푸코에 대한 신랄한 비판을 마다하지 않았다. 그들이 함께 나란히 정치 운동에 참여했을 때 푸코는 이미 그가 젊은 시절에 품고 있던 『도둑 일기』(*Journal du voleur*)의 저자에 대한 존경심을 갖지 않고 있었다.[3]

＊　　＊　　＊

1972년 12월 16일 토요일 오후 4시 르 렉스 건물 앞 대로에서는 시위대의 구호소리가 쩌렁쩌렁 울렸다. "경찰, 인종주의자, 암살자들……." 수십 명의 사람들이 본 누벨 지하철 역 앞에 모였다……. 136명의 지식인들이 '조의와 항의 표시'로 시위를 벌일 것을 촉구했다. 알제리 노동자 모하메드 디

---

3 푸코는 70년대에 주네와의 친분을 상기시켰고, 1973년의 한 인터뷰에서는 청소년 시절에 주네의 작품에 열광했었다고 말했다.(「고고학에서 왕국까지」De l'archéologie à la dynastie, 『말과 글』*Dits et écrits*, tome1, texte n° 119, pp.1273~1284.) 파트리스 셰로Patrice Chéreau가 주네의 작품 『병풍』 *Les Paravents*을 낭테르 대학 아망디에 극장에서 공연했을 때 그는 다니엘 드페르, 마티유 랭동 Mathieu Lindon, 에르베 기베르Hervé Guibert 그리고 그의 친구인 테에리 쥐노Thierry Junot와 함께 공연을 관람하러 갔는데, 연극 내용에 분노하여 1막이 끝나자 자리를 뜨려 했다. 그러나 셰로와 함께 영화 '상처받은 인간'L'Homme blessé의 시나리오 작업을 같이 했던 에르베 기베르가 끝까지 남아 있기를 고집했다. 그후 며칠간 푸코는 주네의 작품에 대한 분을 삭이지 못했다. 내가 그에게 "주네의 연극은 당신의 말이 옳지만 그의 소설들은 아주 훌륭해요"라고 반박하자, 그는 웃으면서 이렇게 말했다. "그의 소설을 오랫동안 다시 읽지 않았군요. 다시 한번 읽어 보세요. 그럼 내 말이 이해될 겁니다!"

아브가 며칠 전 경찰서에서 의문의 죽음을 당한 것이다. 경찰청은 이 집회를 금지했고, 열을 지으려는 시위대를 해산시키기 위해 시위 진압대가 투입되었다. 격렬한 접전은 불과 몇 분밖에 지속되지 않았다. 경찰은 현장에 있는 유명인사들을 연행하는 일은 피했다. 그러나 푸코와 클로드 모리악이 경찰로부터 연행자들을 잡아 빼내려고 했으므로 마침내 그들도 다른 보통 사람들과 똑같은 대우를 받게 되었다. 곤봉으로 얻어맞고 욕설을 듣고 거칠게 다루어지며 연행된 클로드 모리악, 미셸 푸코, 장 주네 등은 보종 본서로 끌려가서 신분 조사를 받았다. 클로드 모리악은 일기에 이렇게 썼다. "젊은 동지들이 꽉 들어찬 구치소를 몇 개 지나서 미셸 푸코와 나는 독방에 들어가게 되었다. 장 주네는 어딘가 알 수 없는 방으로 갔는데 우리와 잠시 마주쳐 몇 마디 나눌 기회가 있었다."[4] 그들은 모두 그날 자정에 풀려나왔다. 그러나 그 다음 날부터 신문들은 이 사건을 떠들썩하게 다루기 시작했다.

*　*　*

푸코는 아무런 정치적 운동에도 가담하지 않았다. 그러나 이 동안에는 다니엘 드페르가 밀접하게 관련을 맺고 있던 『인민의 대의』지의 마오이스트들과 매우 가깝게 지냈다. 감옥운동그룹이건 젤랄리 위원회건 간에 푸코가 이끈 운동에서는 마오이스트들의 활동이 매우 두드러진다. 그리고 그 자신도 프랑스 전역에서 마오이스트들이 설치한 '진실-정의 위원회'의 집회에 기꺼이 참여했다. 예를 들면 1972년 11월 말 1,500명이 모인 그르노

---

4 모리악, 『상상의 공간: 움직이지 않는 시간2』*Les Espaces imaginaires: Le Temps immobile 2*, Paris: Grasset, 1975, pp.293~294.

블 집회에도 참석했다. 그것은 1970년 거의 150명의 사망자를 낸 생 로랑 뒤 퐁의 '5-7 나이트클럽 화재'(Incendie du 5-7)의 행정적 책임을 비난하기 위한 집회였다.

푸코는 발언을 통해 보잘것없는 봉급에 물품관리 같은 하찮은 일자리만이 주어지는 젊은 노동자들의 상황을 환기시켰다. 그는 이렇게 덧붙였다. "이 젊은이는 잠잘 곳이 없으므로 밖에서 떠돌아다녀야만 한다. 그래서 밖에 나가면 또 곤봉 세례를 받아야 한다. 춤을 추러 가려면 12~15프랑이 필요하다. 오렌지주스를 시키면 벌써 8~10프랑이다. 나는 이 사회가 그 소년 소녀들을 착취하고 강탈한다고 감히 말하고 싶다……." 그리고 그는 '깡패들의 세금', 다시 말해서 나이트클럽들이 예속되어 있는 폭력배 조직을 비난한 후 경관과 폭력배와의 부패한 관계를 고발했다. 그리고 이렇게 끝을 맺었다.

국가 전체에서 눈에 띄게 혹은 은밀하게, 떠들썩하게 혹은 낮은 소리로 도처에 통제가 자리 잡고 있다. 금배지를 단 국회의원이나 정당 간부들, 밤의 경찰이나 정식 경찰, 이 모든 것들이 국민을 틀 속에 가두고 그들에게 똑같은 보조로 행진하게 하거나 아니면 침묵을 강요한다. 이런 상황에서 당국은 무슨 일을 하고 있는가? 할 일은 단 하나뿐. 당국은 아주 잘하고 있다. 즉 눈을 감고 되는 대로 내버려 두는 것이다. 그래서 '5-7 나이트클럽'의 건설을 허용했고, 그것의 개장과 화재를 그저 팔짱을 끼고 바라보았을 뿐이다. 누군가가 이익을 챙기는 일을 하고 싶어 할 때는 언제 어디서나 당국은 그것을 묵인한다.[5]

1972년에 푸코는 『현대』에서 피에르 빅토르와 함께 민중적 사법에 관해 긴 대화를 나누었다. 이 대담은 앙드레 글뤽스망, 장 피에르 르 당텍 (Jean Pierre Le Dantec), 알랭 제스마르(Alain Geismar) 등등이 참여하고, "마오이스트 투사들이 기획한" 특별호에 실렸다. 본명이 베니 레비(Benny Lévy)인 피에르 빅토르(Pierre Victor)는 마오이즘 운동의 리더 중 한 명이었으며 1973년부터는 사르트르의 마지막 비서가 되었다. 그는 특히 사르트르가 죽기 직전 1980년에 출판된 『조반유리』(On a raison de se révolter 造反有理; '반항하는 것이 옳다')라는 마오이즘 용어의 공동 대담자였다. 필립 가비와 함께 사르트르를 인터뷰한 것을 내용으로 하고 있는 이 책은 나오자마자 사르트르의 친지들, 특히 시몬 드 보부아르의 분노를 샀다. 그녀는 이 책이 사르트르가 더 이상 알지 못하는 주제 쪽으로 그의 사상을 몰고 갔다고 비난했다.[6] 그후 피에르 빅토르는 프랑스식 마오이즘의 투쟁 공동체를 떠나 정통 유대교에 들어가 종교생활에 심취해 있다는 것을 말해 두어야만 하겠다. 60년대와 70년대의 옛 좌파 투사들의 역정은 우리를 매우 어리둥절하게 만들거나 그 이상이다(아마도 착란에 가까웠던 그 시대의 지나친 과격성이 그후의 그토록 근원적이고 또한 환각적인 전향으로 이어지지 않았을까).

---

5 푸코, 「진실-정의 집회: 1,500명의 그르노블 시민들이 고발한다」Meeting Vérité-Justice: 1500 Grenoblois accusent, 『론-알프의 진실』La Vérité Rhône-Alpes, nº 3, décembre 1972; 푸코, 「피 튀기기 혹은 방화」Une giclee de sang ou un incendie, 『인민의 대의』La Cause du peuple, nº 33, 1 décembre 1972. 「나는 고발한다」J'accuse에도 역시 실려 있음. 이 발췌는 본문과 약간 다름. 집회 연단에 올라 있는 푸코의 사진이 곁들여 있음.(『말과 글』Dits et écrits, tome1, texte nº 112, 113, pp.1252~1253.)
6 장 폴 사르트르와 피에르 빅토르Pierre Victor의 대담, 그리고 이에 대한 시몬 드 보부아르의 반응에 대해서는 아니 코엔 솔랄Annie Cohen Solal, 『사르트르, 1905~1980』Sartre, 1905~1980, Paris: Gallimard, 1985, pp.628~656을 볼 것. 또 보부아르, 『작별의 예식』La Cérémonie des adieux, Paris: Gallimard, 1981을 볼 것.

그러나 1972년은 아직 그럴 때가 아니었다. 빅토르는 모든 증인들이 입을 모아 말하듯 여전히 소규모 '저항' 그룹의 '카리스마적인 우두머리' 였다. 70년대 초 마오이스트 투사들의 생각과 삶의 방식을 요약하자면, 종주국의 권력과 그 경찰력에 점령당하고 있는 나라에서의 저항운동이었다. 푸코와 대담을 갖겠다는 생각은 조베르 사건의 반대-조사에서 푸코가 중요한 역할을 한 후인 1971년 6월의 일이었다. 마오이스트들은 1970년 랑스에서 몇 명의 광부가 죽은 사건 직후 경찰이 보여 준 행동을 비난하고 또 해당 탄광회사를 문제 삼기 위해 인민재판소를 하나 설치하고 싶어 했다. 『현대』지에서 가진 빅토르와 푸코의 대담은 자연히 인민재판의 개념으로부터 시작되었다. 푸코는 재판이라는 개념 자체에 혐오감을 갖고 있었다.

"이러한 민중적 사법의 활동이 재판의 형식으로 정리되어야 하는가부터 생각해 보아야 합니다. 재판은 민중적 사법의 자연스러운 표현이 아니라는 것이 나의 가설입니다. 오히려 그것은 국가기구의 가장 특징적인 제도 내부에 그것을 다시 등록시킴으로써 민중적 사법을 몰수하고 통제하고 압살해 버린 역사적 기능을 갖고 있습니다"라고 그는 선언했다. 1792년 9월의 학살을 환기시키면서 그는 다음과 같이 덧붙였다.

푸코 9월 학살은 내부의 적에 대한 전쟁행위이고, 권력자들의 술수에 대한 정치적 행동이며, 지배계급에 대한 보복행위였습니다. 그 격렬한 투쟁의 시기에 그들이 했던 것이 바로 민중적 사법행위 아니었습니까? 전술적으로 유용하고, 정치적으로 필요한 억압의 복제가 아니었을까요? 그런데 학살은 파리 코뮌 출신 혹은 파리 코뮌에 가까운 사람들이 행동을 개시하고 재판을 주선한 9월부터 시작되지 않았습니까? '복수를 외치는' 민중과 '유죄' 혹은 '무죄'의 피고인 사이의 제3심급을 대표하는 재판관이 책상 뒤에 앉아 있는 모습이 그것입니다. 그들은 '진실'을 확립하거나 '자백'을 받아 내기 위해 심문을 했고, 무엇이 '정당'한가를 알기 위해 심리(審理)를 했으며, 독재적인 방식으로 그 모두에게 심급이 할당되었습니다. 거기에서 비록 희미하게나마 하나의 국가장치가 다시 나타난다고 보지 않으십니까? 계급적 억압의 가능성과 함께 말입니다. 참과 거짓, 유죄와 무죄, 정당과 부당 사이의 분할을 확립하려는 하나의 중립적 심급을 민중과 그 적들 사이에 설치하는 것은 민중적 사법과 대립되는 방식이 아닐까요? 또는 이상(理想)의 전횡을 위해 투쟁을 무장해제시키는 것이 아닐까요? 재판이 민중적 사법의 한 형태이기는커녕 그것의 왜곡된 형태가 아닐까라고 내가 생각하는 이유가 바로 그것입니다.

피에르 빅토르 네, 그렇습니다. 그러나 부르주아 혁명에서 예를 들지 말고 프롤레타리아 혁명에서 예를 들어 보십시오. 예컨대 중국을 봅시다. 첫번째 단계는 대중의 이데올로기적 혁명화입니다. 촌락이 봉기하고, 농민 계급이 그들의 적에 대항하여 사법행위를 벌입니다. 폭군을 처단하고, 수세기 동안 벌어진 착취에 대한 온갖 종류의 대응이 이어집니다. 인민의 적에 대한 처단이 실시되는데 이것을 민중적 사법행위라고 부르는 데에는 누구나 동의할 것입니다. 이 모든 것이 아주 원활하게 진행됩니다. 농부의 눈은 사태를 정확히 보고, 시골에서는 모든 일이 순탄하게 되어 갑니다. 그러나 좀더 높은 단계, 다시 말해서 적군(赤軍)이 결성되는 시점이 오면 이제는 단순히 봉기하는 대중과 그 적들만이 있는 것이 아닙니다. 대중과 적, 그리고 대중의 통일기구로서의 적군이 있게 되는 것이죠. 이 시점에 이르면 모든 민중적 사법행위는 규율화되고 지지를 받습니다. 그리고 여러 가지 보복 행위가 낡은 봉건적 재판권과는 아무 상관이 없는 민중의 법에 부합되도록 하기 위해 새로운 재판제도가 필요하게 됩니다.

그러한 단죄, 그러한 보복행위가 단순한 앙갚음, 즉 모든 억압장치에 대한 이기적인 보복이 되지 않도록 확실히 할 필요가 물론 있습니다. 이 예화에서도 물론 당신이 민중과 억압자 사이의 제3자적 심급이라고 부른 것이 있습니다. 이 단계의 민중 재판까지도 사법의 형태가 아니라 민중적 사법의 왜곡이라고 계속 고집하시겠습니까?

푸코 제3의 심급이 민중과 억압자 사이에 자연스럽게 미끄러져 들어왔다고 당신은 확신하십니까? 나는 그렇게 생각하지 않습니다. 오히려 개인적 원한을 충족시키기 위해 민중, 민중의 의지로부터 유리된 어떤 사람, 인민의 적일 수도 있지만 여하튼 개인적인 적으로만 찍힌 어떤 사람 사이에 민중이 중개자로서 끼었을 뿐입니다……

40여 페이지에 걸친 이 대담에서 푸코는 재판 형식과 사법제도의 역사를 설명했다. 두 대담자 사이에 인상적이었던 것은 두 사람의 자세가 정반대로 달랐다는 점이었다. 피에르 빅토르는 질서의 인간이고, 조직과 기구의 인간인 반면, 푸코는 모든 움직임과 소요를 몰래 엿보는 제도를 뼛속부터 싫어했으며, 그 제도 속에 다시 떨어지는 모든 과정에 심한 반감을 보였다. 재판이 물리적으로, 물질적으로 과연 무엇인가를 설명하는 푸코의 다음과 같은 묘사를 읽어 보기 바란다.

푸코 재판의 공간적 배치, 재판에 종사하는 사람 그리고 재판을 받는 사람들의 자세를 꼼꼼히 관찰해 보십시오. 이것은 적어도 하나의 이데올로기를 함축하고 있습니다. 이 배치는 무엇입니까? 하나의 책상이 있고, 두 소송인을 따로 떼어 앉혀 놓은 이 책상 뒤로 재판관들이 앉아 있는 제3의 책상들이 있습니다. 그 배치는 우선 그들 상호 간의 관계가 중립적이라는 것을 나타내 주고, 두번째로는 그들의 판결이 미리 정해진 것이 아니라 두 당사자의 의견을 청취한 뒤 진실의 기준에 따라, 그리고 정의와 불의에 대한 어떤 관념에 따라 판결이 내려질 것임을 함축하고 있습니다. 세번째로는 그들의 결정이 권위의 무게를 갖게 될 것임을 함축하고 있습니다. 이 단순한 공간적 배치가 결국 이렇게 많은 것을 의미합니다. 그런데 두 당사자와 관련하여 완전히 중립적인 사람이 있을 수 있다는 생각, 그리고 그들이 절대적 가치가 있는 정의의 관념에 입각하여 판결을 내릴 수 있고, 또 그 판결은 반드시 집행되어야 한다는 생각은 민중적 사법의 개념에 너무나 동떨어진 것이라고 나는 생각합니다. 진정한 민중적 사법의 경우에는 세 요소가 아니라 민중과 적이라는 두 요소가 있을 뿐입니다.

여전히 중국의 예를 들며 혁명재판의 관념을 들먹이는 빅토르의 말에 푸코는 다음과 같이 자신의 생각을 설명했다. "우리 사회와 같은 사회에서 사법장치는 너무나 중요한 국가장치 중의 하나인데 그것의 역사는 항상 은폐되어 왔습니다. 법의 역사, 경제사 등은 연구하지만 사법의 역사, 사법의 실천의 역사, 다시 말해서 실제로 억압의 제도였던 형벌체계에 관한 역사는 별로 연구를 하지 않고 있습니다. 그런데 나는 국가장치로서의 사법은 특별히 자본주의의 역사에서 중요성을 갖고 있다고 생각합니다. …… 중세까지 근본적으로 징세(fiscal)의 기능을 갖고 있던 형벌제도가 어느 시기에 갑자기 폭동을 방지하는 수단으로 자리 잡았습니다. 민중 봉기에 대한 억압은 그때까지는 군인의 임무였습니다. 그런데 그후에는 사법-경찰-감옥이라는 복합적인 제도에 의해 그 임무가 수행되었습니다. 사법장치를 근본적으로 제거하지 않고는 혁명은 성공할 수 없습니다. 사법장치나 이데올로기를 연상시키는 모든 것, 그리고 이 이데올로기가 민중적 실천에 은근히 스며 들어가게 허용하는 모든 것을 몰아내야 한다고 내가 주장하는 이유가 바로 그것입니다."

이 대화는 70년대 초의 프랑스 좌파의 이데올로기적·정치적 지평을 우리에게 자세히 알려 주고 있다. 여기서 우리는 푸코가 자신이 가담한 그룹의 정치사상에 전혀 동조하지 않는다는 것을 확인할 수 있다. 예를 들어서 다음과 같은 예가 그것이다.

> **푸코** 당신이 '프롤레타리아 이데올로기의 통제하에서'라고 말했을 때 프롤레타리아 이데올로기란 도대체 무엇을 뜻합니까?
>
> **빅토르** 마오쩌둥(毛澤東)의 사상을 뜻합니다.
>
> **푸코** 좋습니다. 그러나 프랑스의 프롤레타리아가 생각하는 것은 마오쩌둥의 사상이 아니고, 반드시 혁명 이데올로기도 아니라는 것은 동의하시겠지요.

이 논쟁 동안 내내 푸코가 민중 봉기와 혁명 과업의 주역으로서 '비 프롤레타리아적 인민'을 강조하고 있다는 것에 주목해야겠다. 요컨대 재판에 대한 푸코의 생각은 그것이 부르주아 이데올로기의 복제물이라는 것이었다. "재판은 또한 소송당사자들 사이에 공통적인 카테고리(절도·사기 같은 형사 카테고리와 성실·불성실 같은 도덕적 카테고리)가 있으며, 소송당사자들도 거기에 승복할 것을 전제로 한다. 그런데 이 모든 개념들은 부르주아지가 권력 행사를 위해 사용했던 무기들이다. 인민재판, 특히 지식인이 검사나 판사 역할을 하는 인민재판이 나를 불쾌하게 만드는 이유가 그것이다. 왜냐하면 부르주아지가 위에서 방금 내가 말한 주제들을 강요하고 퍼뜨린 것은 다름 아닌 지식인을 매개로 해서이기 때문이다."

그래서 피에르 빅토르가 토론 내용을 요약하기 위해 "첫 단계인 이데 올로기 혁명의 단계에서는 나는 약탈에도 찬성이고, '과격행위'에도 찬성입니다. 몽둥이를 반대 방향으로 비틀어야 합니다. 계란을 깨뜨리지 않고 이 세상을 뒤집을 수는 없는 것이죠"라고 말했을 때, 푸코는 짤막하게 이렇게 대답했다. "몽둥이를 꺾어 버리면 됩니다."[7]

그 후에도 몇 번이나 푸코는 '인민재판'에 대한 '마오이스트들과의 대화'에서 비슷한 입장을 유지했다. 바로 같은 해인 1971년에 네덜란드 TV 방송사에서 노엄 촘스키와 가진 대담에서도 마찬가지였다. 대화는 '자연' (nature)이라는 관념이 무엇이고, '과학적 이론'(théorie scientifique)이란 무엇인가라는 문제에서부터 시작되었다. 마침내 두 사상가는 상대방의 입장에 대해 자신의 입장이 무엇인지 밝혀야 했고, 이것이 이 대담의 가장 중요한 부분이었다.[*] 과학의 역사에 대한 문제에서 우리는 푸코가 1960년대 말에 가지고 있던 자신의 생각을 여전히 견지하고 있음을 알 수 있었다. "창의성이란 규칙의 체계에서부터 생겨나는 것이다"라고 그는 말했다.

그러나 촘스키가 개진하는 개념에 맞서서 그는 마치 『광기의 역사』에서처럼 경제적·정치적 차원에서의 변화를 차근차근 설명했다. "학문을 가능하게 하는 규칙과 강제의 체계는 생산관계, 계급투쟁, 사회형태 속에, 다시 말하면 인간 정신의 밖에 있는 것이 아닐까라고 나는 생각한다. 예컨대 서구 문명에서 어떤 특정 시기에 광기가 과학적 연구와 앎의 대상이 되었

---

7 푸코, 「민중의 사법에 대하여: 마오이스트들과의 논쟁」Sur la justice populaire: Débat avec les maos, 「새로운 파시즘, 새로운 민주주의」Nouveau Fascisme: nouvelle démocratie, 『현대』Les Temps modernes, n°310, 1972, pp.336~366.(『말과 글』Dits et écrits, tome2, texte n°109, pp.1237~1248.)

* 이하에 나오는 이때의 대담 내용은 국역본 노엄 촘스키·미셸 푸코, 『촘스키와 푸코, 인간의 본성을 말하다』, 이종인 옮김, 시대의창, 2010의 1장을 참고하라.

다는 것은 특정 사회 및 경제적 상황과 밀접한 관련이 있을 것이다”.

정치 문제가 나오자 촘스키는 푸코의 근본주의에 당혹감을 보였다. 촘스키가 ‘정의’를 말하면서 자신의 비판적 태도는 ‘더욱 정의로운 정의’의 이상을 따르는 것이라고 말하자 푸코는 이렇게 대답했다. “경찰에 대한 전쟁이 정의롭지 않다고 생각되면 그것을 하지 않을 것이라고 당신은 말했다. 나는 스피노자의 용어를 빌려 말하겠다. 프롤레타리아는 지배계급에 대한 전쟁이 정의롭다고 생각해서 이 전쟁을 수행하는 것이 아니다. 역사 속에서 그들이 이런 전쟁을 벌인 것은 우선 권력을 잡고 싶었기 때문이다. 지배계급의 권력을 타도하고 싶었기 때문에 그들은 이 전쟁을 정의롭다고 생각한 것이다”. 촘스키가 “나는 동의할 수 없다”고 반박하자, 푸코는 이렇게 다시 주장했다. “우리가 전쟁을 하는 것은 이기기 위해서 하는 것이지, 그것이 정의롭기 때문에 하는 것은 아니다.” 이어지는 발언에서 푸코는 미국의 언어학자를 당혹하게 만드는 주장들을 계속 쏟아 냈다.

프롤레타리아가 권력을 잡으면 그들이 방금 승리한 계급에 대해 폭력적이고, 독재적이고, 유혈적이기까지 한 권력을 휘두를 수 있다. 이것에 대해 어떤 반박도 있을 수 없다고 나는 생각한다. 만일 프롤레타리아가 자기 자신에 대해 피비린내 나고, 전제적이고, 부당한 권력을 행사한다면, 이라고 당신은 말하고 싶을 것이다. 그건 프롤레타리아가 정말로 권력을 잡지 못했을 때 일어나는 일이다. 프롤레타리아 외부의 계급, 또는 프롤레타리아 내부의 일단의 사람들, 또 혹은 프티 부르주아의 관료층이나 그 나머지 사람들이 권력을 잡았을 때 일어나는 일이다.[8]

몇 년 후 촘스키는 둘 사이의 논쟁을 떠올리며 이렇게 말했다. 푸코는 정의의 개념 또는 '인간 본질의 실현'을 단순히 부르주아 사회나 우리 계급 제도의 산물로 생각하는 것 같은데, 자기는 사회적 투쟁이란 좀더 정의로운 사회를 지향하는 이념에 기댈 때만 정당화될 수 있다고 생각한다. 그리고 폭력의 문제에 있어서도 그것이 인권을 확대하는 데 기여하는 모습을 보일 때만 진정성이 있다. 그리고 그는 방영 당시 푸코와 자기 사이의 의견이 일치하지 않은 부분을 이렇게 요약했다. "나는 정의를 말했는데, 그는 권력을 말했다."[9]

1973년에 벨기에의 한 잡지와 가진 인터뷰에서 사르트르는 푸코가 『현대』지에 기고했던 민중적 사법에 대한 입장을 해설했다(그는 촘스키와의 대화를 알지 못하고 있었다. 이 대화가 인쇄물로 발표된 것은 1974년이었기 때문이다). 『말과 사물』을 쓴 구조주의자로서의 푸코를 부르주아지의 마지막 보루라고 비난했던 인터뷰를 한 지 7년 만에 사르트르는 이제는 자신보다 훨씬 좌파로 기운 푸코의 주제들을 논하고 있는 것이다. 푸코의 시점은 그로 하여금 "민중적 사법을 단순한 폭력행위로 인식하게 만든다"고 그는 설명했다. 그리고 그는 이렇게 덧붙였다. "우리 둘은 서로 견해가 일치되지는 않습니다. 나는 마오이스트들과 한편이고 그는 또 다른 사람들과 한편입니다. 우리는 민중이 재판소를 창설할 수 있다고 생각합니다. …… 푸코는 아주 급진적입니다. 봉건적이건 부르주아적이건 모든 형태의 사법은 재판, 법정, 그리고 책상 뒤의 판사들을 전제로 하는 것이므로 그것

---

8 푸코와 노엄 촘스키Noam Chomsky의 대담, 「인간성에 대하여: 권력에 대항하는 사법」De la nature humaine: justice contre pouvoir, 1971년 아인트호벤에서 녹음. 폰스 엘더스Fons Elders 엮음, 『반사하는 수면: 인류의 기본적 관심』*Reflexixe Waters: The Basic Concernes of Mankind*, London: Souvenir Press, 1974. (『말과 글』*Dits et écrits*, tome2, texte n° 132, pp.1339~1380.)
9 촘스키, 『언어와 책임: 미추 로나와의 대화』*Language and Responsibility: Conversations with Mitsou Ronat*, Sussex: Harverster Press, 1979, p.80.

을 폐기해야 한다는 것이죠. 정의란 우선 제도들을 전복시키는 거대한 운동이 전제되어야 한다는 것입니다. 그러나 이 거대한 운동의 한가운데에서 혁명적 사법의 형태가 나타난다면, 다시 말해서 사람들이 자신들이 당한 침해를 그 가해자들에게 사법의 이름으로 묻게 된다면 책상 뒤에 사람들이 있건 없건 무방하다고 생각합니다.”[10]

푸코의 관심과 전후 사정을 보면, 피에르 빅토르와 회견을 가진 지 두 달 후 발생하여 1972년 내내 신문 사회면을 장식했던 브뤼에 안 아르투아 범죄사건에 그가 깊이 관심을 가졌으리라는 것을 우리는 이해할 수 있다. 프랑스 북부 자그마한 광산도시의 으슥한 공터에서 어느 날 밤 16세의 한 소녀가 피살되었다. 예심판사는 그 도시의 한 유명인사, 즉 탄광회사의 부동산 거래를 맡고 있는 공증인에게 혐의를 두고 있었다. 그래서 그는 피에르 르루아를 고발하고 그를 구속시켰다. 검찰청이 피고인의 보석을 요구했을 때 이 ‘하급 판사’는 상부의 청을 거절했다. 그리고 그 도시의 모든 노동자들이 ‘계급적 사법’의 의지에 대항하는 그의 용기를 지지했다. 파스칼 판사는 말을 많이 했다. 너무 많이 했는가? 여하튼 그는 1972년 7월 20일 재판의 비밀을 지키지 않았고 서류를 무단 공개한 죄로 중죄재판소에 의해 고발되었다.[11]

물론 이보다 훨씬 앞서 마오이스트들은 이 사건에 개입했다. 투사와 신문기자들이 등사판으로 만든 신문『해적』(*Le Pirate*)이 기사에서 썼듯이

---

10 사르트르 인터뷰, 「민중의 사법에 대하여」*À propos de la justice populair*, 『프로쥐스티카』*Pro justica*, Première année n° 2, 1973, pp.22~23.

11 브뤼에 안 아르투아Bruay en Artois 사건에 대해서는 앙리 파스칼Henri Pascal 판사의 『사법의 어떤 이념』*Une certaine idée de la justice*, Paris: Fayard, 1973을 읽어 볼 것. 또한 자크 바티뉴Jacques Batigne, 『브뤼에: 당신을 재판하는 판사』*Bruay: Un juge vous fait juge*, Paris: Plon, 1972를 볼 것.

소위 '부르주아지에 의해 날조된 계급적 정보'를 고발하기 위해 5월 4일부터 '진실-사법 위원회'가 설치되었다. 이 위원회는 데모, 행진, 집회, 단식투쟁 등등을 주도했다. 북부의 마오이스트 투사들이 편집한 유인물이 흐름을 주도했다. "평화스럽게 할머니를 만나러 가던 한 노동자의 딸이 갈기갈기 찢겼다. 그것은 식인과도 같은 잔학행위다. 부르주아 사법의 판결이 어떠하든 간에 르루아는 인민재판의 판결을 받아야 할 것이다." 5월 초에 나온 『인민의 대의』지는 표지에 "이제 그들은 우리 아이들을 죽이고 있다"라는 제목과 함께 이 사건을 대대적으로 다루었다. 그 안에는 "그런 짓을 할 사람은 부르주아밖에 없다"라는 제목도 있었다. '분노에 찬 브뤼에'의 주민들이 쓴 한 기사에는 격앙된 현지의 반응이 실려 있었다. "그에게 조금씩 고통을 가해야 한다." 또는 "내 차 뒤에 그를 매달고 시속 100킬로미터로 달리겠다."[12]

그러나 『인민의 대의』의 사장이었던 사르트르는 그런 기사의 취재를 원치 않았다. 다음 호 신문에서 그는 "린치인가 민중의 정의인가?"라고 물었다. "계급의 증오", 그리고 "착취가 모든 피착취자에게 불러일으키는 근본적인 감정"에 대한 자신의 깊은 동의를 예비적으로 담보한 뒤 그는 증거 없이 한 사람을 죄인으로 몰고 가는 것을 반대한다는 자신의 입장을 단호하게 밝혔다. 사르트르는 이렇게 썼다. "민중의 정당한 증오는 계급의 적으로서의 공증인의 사회적 활동을 표적으로 삼아야지 어린 브리지트의 살해범으로서의 르루아를 향해서는 안 된다."[13] 자기 '동지들'에게 이성을 되찾아 주려는 사르트르의 시도는 아무런 효과가 없었다. 피에르 빅토르는 기

---

12 『인민의 대의』, n° 23, 1 mai 1972.(nouvelle série)
13 같은 책, n° 24, 17 mai 1972.(nouvelle série)

사 작성자를 단순히 '인민의 대의'라고만 밝히고, 사르트르의 글과 나란히 실린 글 속에서 이렇게 말했다. "이번에는 우리가 문제를 제기할 차례다. 만일 르루아가 궁지에 몰려 있다면 민중은 그의 인격을 압수할 권리가 있는가? 우리는 그렇다고 대답한다. 부르주아 계급의 권력을 전복시키기 위해 모욕받은 민중은 짧은 기간 동안 공포정치를 실시해야 하며, 가증스럽고 경멸할 만한 사람들의 인격에 위해를 가하는 것이 옳다. 지배계급의 구성원 몇 명의 머리를 창끝에 달고 거리에 돌리지 않는 한 그 계급의 권위를 공격하는 일은 매우 어렵다."[14] 1972년 8월에 브뤼에 사건 특집을 한 번 더 실었는데 이 신문의 방침은 전혀 변하지 않았다. 여하튼 사르트르도 '진실-정의 위원회'의 초청에 따라 현장에 갔다.

푸코도 역시 그리로 갔다. 법정문제로 한 도시 전체가 들끓고 있는 현장에서 그는 민중 투쟁의 한 전형을 보았다. 사상 처음으로 민중은 사회면 사건 하나를 가지고 정치투쟁을 벌이고 있었다. 정치투쟁은 급료의 요구에 의해서만이 아니라 사법제도 전체를 문제 삼는 것으로도 가능한 것이다.[15] 푸코가 브뤼에 사건에 어느 정도로 개입했는지는 정확히 가늠하기 어렵다. 예를 들어서 당시 브뤼에 고등학교 교사로서, '진실-정의 위원회'의 주도적 멤버(『인민의 대의』지에 실린 사진을 보면 그가 시위대의 선두에 서 있다)였던 프랑수아 에발드(François Ewald)에 의하면 푸코의 이름을 브뤼에 사건과 연결 짓는 것은 커다란 과오라는 것이다. 그에 의하면 사

---

14 『인민의 대의』, 『인민의 대의』에서 공동 기명된 답변문의 실제 작성자는 피에르 빅토르로 지목됨. 에르베 아몽Hervé Hamon과 파트리크 로트망Patrick Rotman, 「화약의 시대」Les Années de poudre, 『세대』Génération, tome2, Paris: Seuil, 1988, p.434.
15 녹음된 대담. 내가 알기로는 이 원고는 한 번도 인쇄되거나 방송되지 않았다. 그 카세트테이프를 버클리대 고문서 보관소에서 찾을 수 있을 것이다.

르트르나 클라벨이 나쁜 의미로 유명해진 이 공터를 '보러' 갔듯이 모든 사람들이 그곳에 갔기 때문에 푸코도 현장에 한 번 가 보았다는 것이다. 필립 가비도 이 견해에 동의한다. 그 당시 그는 푸코와 자주 만났는데, 푸코가 마오이스트들을 극도로 비판했었던 것이 기억난다고 했다.

클로드 모리악은 전혀 다르게 푸코의 자세를 일기에 써 놓았다. 1972년 6월 23일의 대화에서 그는 푸코의 급진성에 깜짝 놀랐다. "나도 거기에 갔었소. 현장에 가 보는 것만으로 충분해. ——산사나무가 아니라 소사나무 생울타리가 시체가 발견된 바로 그 앞에서 베어져 있더군……." 클로드 모리악은 공증인과 그의 애인이 유죄냐 아니냐("그 또는 그녀 혹은 그들이 물론 유죄일 수도 있다"라고 그는 말했다)가 중요한 것이 아니라, 증거도 없이 유죄선고를 외부에서부터 내리는 것이 문제라고 불만을 표시했다. 그러자 푸코는 이렇게 대답했다. "그 개입이 없었다면 르루아는 석방되었겠지요. 파스칼 판사는 상부의 압력에 굴복했을 겁니다. 항상 보호만 받고 있던 북부의 부르주아지가 이처럼 보호벽 밖에 내던져진 것은 난생처음일 겁니다. 브뤼에 안 아르투아의 사건이 그토록 중요성을 갖는 이유가 바로 그것입니다."[16] 클로드 모리악은 브뤼에에 관해 푸코와 나눈 또 다른 대화를 적어 놓았다. 그것은 훨씬 뒤 1976년 2월에 있었던 일이다.

<u>**모리악**</u> 그러니까 당신은 이제 더 이상 그 공증인을 범인이라고 생각하지 않는다는 말씀이군요.

<u>**푸코**</u> 그렇습니다.

<u>**모리악**</u> 그러나 현장에 다녀온 후 당신이 말했던 추론이 생각나시겠지요.

---

16 모리악, 『그리고 희망은 어찌 그리 강렬한지: 움직이지 않는 시간 3』, pp.373~374.

푸코 생각납니다. 그걸 토대로 거대한 이론을 하나 만들어 내기까지 했는 걸요…….[17]

그러니까 비록 그가 오랫동안 그 공증인을 범인이라고 생각했고, 또 브뤼에 사건에 깊은 관심을 갖고 있었다 하더라도 푸코는 『인민의 대의』 지에 실린 대부분의 기사들에 공감하지 않았고, 이런 점에서 장 폴 사르트르와 같은 파장에 속해 있었다는 것을 우리는 결론적으로 말할 수 있다. 새로운 신문 『리베라시옹』의 창간 추진 토론회에서 그가 강조한 것도 바로 이런 것이었다.

회의 참석자 중 한 사람이 "우리의 계획은 '민중의 통제하에서' 기사를 쓰는 것이다"라고 말했다. 그러자 푸코는 브뤼에 사건에 대한 『인민의 대의』 기사를 환기시키면서 이 '통제'라는 것이 정확히 무슨 뜻이냐고 되물었다. 기사의 최종판은 그 기사가 겨냥하고 있는 사람들에게 사전에 미리 그리고 정직하게 노출되어 있어야 한다고 그는 말했다. 기자들이 그들의 말을 그대로 인용해 줄 의향을 가지고 있다는 것을 그들에게 알려 주어야 한다는 것이다.

"말을 들어 주는 것, 그것이 중요하다. 모든 사람들은 자신이 말을 통해 편집에 참여할 수 있음을 알아야 한다. 그런데 『인민의 대의』의 경우 우리는 기자들이 기사를 자기 취향에 맞게 선별했다는 인상을 받는다. 그러니까 나는 그런 식의 통제에는 '아니다'라고 말하고 싶다."[18]

왜 그토록 길게 브뤼에 사건을 거론했는가? 왜냐하면 증인들의 말

---

17 모리악, 『어떤 분노』*Une certaine rage*, Paris: Robert Laffont, 1977, p.73.
18 모리악, 『그리고 희망은 어찌 그리 강렬한지: 움직이지 않는 시간 3』, pp.418~419.

에 의하면 이 사건이 만들어 낸 알력이 좌익의 한 분파의 몰락을 가져오는 계기가 되었기 때문이다. 이것은 브뤼에 사건에서 가장 격렬한 투사로 활동했고, 가장 많은 비난을 받았던 기사들의 내용 제공자였던 세르주 쥘리(Serge July;『리베라시옹』의 책임자가 되기 전에 그는 조금씩 변하여 몇 년 후에는 전형적인 신문사 사장이 되었고, '투쟁'으로 창간된 이 신문을 조금씩 프랑스식 신보수주의의 방향으로 인도했으며, 비판적 사유 혹은 비판적 사상가들에 대한 적대감을 드러냈다)가 하는 말이다.

우리는 1971년 6월 조베르 사건 때 푸코가 클로드 모리악과 함께 진상 조사위원회를 구성했다는 것을 기억한다. 그리고 기자들도 그들의 작업상의 권리를 수호하기 위해 대대적인 활동을 벌였었다. 그들 중 일부는 새로운 통신사를 창설하려는 생각을 갖고 있었다. 에블린 르 가렉(Evelyne Le Garrec), 클로드 마리 바드로(Claude Marie Vadrot), 장 클로드 베르니에(Jean Claude Vernier) 등등이 1971년 6월 18일『리베라시옹』의 이름으로 탄생한『자유통신』사의 전무이사를 맡아 달라고 모리스 클라벨에게 부탁했다. 클로드 모리악과 마찬가지로 모리스 클라벨도 원래 드골주의자였는데 1968년 이후 좌익 진영에 합류했다. 그는 2차대전 후 맑시즘이 한창 맹위를 떨치고 있을 때『정신의 자유』라는 잡지에 고정 칼럼을 쓰기도 했다. 클로드 모리악이 이 잡지에서 "자기기만과 어리석음을 자행하는 데 자기 명성을 이용하는"[19] 좌파 지식인들을 맹공격하는 동안 클라벨은 소설, 희곡 등을 쓰고 있었다. 당시 그는 고등학교 철학교사였는데 신중하지 못한 행동이 장학관의 눈에 거슬려 파면당했다. 그 장학관은 여러분들도 눈치챘겠지만 조르주 캉길렘이었다. 직장을 잃은 클라벨은 그럭저럭 살다가

---

19 모리악,『정신의 자유』*Liberté de l'esprit*, n° 1, février 1949.

드골의 기술고문으로 있는 고등사범학교 입시준비반(카뉴) 동기생에게 구원을 요청하여 결국 교육부에 복직되었다. 이 사람이 바로 푸코의 고등교육 부국장 임명에 반대했던 사람이다.

그리고 1966년 어느 날 메흐디 벤 바르카(Mehdi Ben Barka) 사건*으로 드골 장군과 사이가 틀어지자 그는 행정부를 떠나 『르 누벨 옵세르바퇴르』의 기자로 들어갔다. 여기서 그는 필명을 날리는 스타가 되었다. 『말과 사물』이 발간되자마자 그는 푸코의 작품을 하늘까지 치켜세웠다. "그는 우리 시대의 칸트다"라고 장 다니엘에게 거듭 말하는가 하면 자기 기사[20]에서도 그렇게 썼다. 그러고 나서 클라벨은 다른 많은 사람들과 마찬가지로 1968년의 충격을 겪었다. 이 열렬한 가톨릭 신자는 TV용으로 만든 「동등한 무기로」(À armes égales)라는 제목의 단편영화에서 시적인 좌파에 대한 주제들을 펼쳤다. 1971년 12월 13일 마침내 국회의원이며 투르 시장인 골수 보수주의자 장 루아예와 정면으로 대결하게 되었다. 영상에 더해진 그의 흥분된 해설 속에서 클라벨은 퐁피두 대통령이 레지스탕스 운동에 대해 반감을 갖고 있다는 이야기를 했다. 방송 프로듀서가 놀라 이 부분을 삭제했다. 그가 직접 출연한 스튜디오에서 이 단편영화의 방영이 끝나자 그는 수백만 명의 TV 시청자들 앞에서 일어나 "검열관 여러분들, 안녕하

---

* 모로코의 좌익정당 당수였던 메흐디 벤 바르카는 모로코 국왕에 반대운동을 펼치다 1962년에 망명했다. 이후 1965년 10월 바르카는 파리에서 경관에게 끌려간 뒤 실종되었고 두 번 다시 그의 모습을 볼 수 없었다. CIA와 프랑스의 정보기관이 관여했다고 알려져 있다.

20 예컨대 『르 누벨 옵세르바퇴르』 1968년 4월 3일자에서 클라벨은 '구조주의' 유행에 반대하여 인간주의적 가치를 옹호하는 듯이 보이는 미켈 뒤프렌Mikel Dufrenne의 『인간을 위하여』(Pour l'homme, Paris: Seuil, 1968)라는 책을 소개하고 있다. 클라벨은 뒤프렌을 아주 우호적이고 따뜻하게 말하고 있지만 그러나 한편으로는 푸코의 책이 폭파시켜 버린 낡은 철학적 가치들을 복원시키려 한다고 그를 공공연히 비난했다.

십니까!"라고 소리를 지르고는 스튜디오를 떠났다. 다음 날 신문에 이 사건이 떠들썩하게 기사화되었음은 물론이다.

『자유통신』(APL)의 목표는 투쟁과 운동에 대한 뉴스를 수합하여 배포하고, 다른 통신사들의 검열을 통과하기 어렵거나 신문 지면에 자리를 차지하기도 어려운 사진이나 성명서를 배포하는 것이었다. 푸코는 처음부터 이 통신사와 관계를 맺었다. 예를 들면 클라벨, 사르트르와 함께 비앙쿠르의 르노 공장 앞에서 1972년 2월 25일 피살된 마오이스트 투사 피에르 오베르네 사건의 진상 조사에 착수했다. 그러나 그 당시에는 도처에서 긴장이 너무나 심했기 때문에 노동자들과의 대화가 불가능했다.

자유통신은 곧 다른 단체들과 합작을 하게 된다. 『인민의 대의』지의 마오이스트들은 그들이 너무 폐쇄되어 있는 것이 아닌가, 또는 분파적 고립과 폭력적 모험만이 아닌 다른 해결책을 찾아야 할 것이 아닌가 하는 느낌을 갖고 있었다. '붉은 구조대'가 이미 이런 역할을 하고 있었다. 즉 모든 좌파 운동에 대한 탄압에 맞서서 투쟁을 확대하고 '민주적 인사들'을 결집시키는 일이었다. 푸코는 거기에도 적극적으로 참여했다. 1972년 말에 수립된 계획은 아주 단순하면서도 야심적이었다. 한 정치적 사조의 기관지가 아니면서 투쟁을 반영할 수 있는 민중지를 창간한다는 것이었다. 사르트르가 사장 자리를 수락했다. 그리고 나쁜 건강상태에도 불구하고 그는 나중에 프랑스의 주요 신문 중의 하나가 될 이 신문의 힘든 경영에 오랫동안 관여했다.[21] 사르트르는 또한 자크 샹셀(Jacques Chancel)의 초청에도

---

21 『리베라시옹』*Libération*의 창간에 대하여는 프랑수아 마리 사뮈엘슨François Marie Samuelson, 『옛날 옛적에 역사적 르포 신문인 리베라시옹이 있었다』(*Il était une fois Libération: reportage historique*, Paris: Seuil, 1979)를 참조했다.

응하여 1973년 2월 7일 '라디오스코피'라는 방송 프로그램에도 나갔다. 그는 알제리 전쟁이 한창이던 1960년에 「121 선언문」(Manifeste des 121)을 낸 뒤로는 국영방송에는 한 번도 나가지 않았다. 그러나 새 신문의 창간에 가능한 한 많은 반항을 얻어 내기 위해 그는 질문과 대답의 형식으로 한 시간 동안 자신의 삶과 작품에 대해 이야기했다. 물론 자신이 방송에 응한 목적인 『리베라시옹』의 선전을 위해 끊임없이 그 문제로 이야기를 끌고 가는 노력을 아끼지 않으면서 말이다.

새 신문의 창간 선언문은 "정보 정글 속에서의 매복"이라는 표현으로 자신을 소개했다. "민중에게 말할" 기회를 주는 일간지라는 것이었다. 1972년에서 1973년 초에 그들이 새롭게 정립할 언론상에 대한 토론을 위해 제3구 브르타뉴 가에서 회합을 가졌다. 마오이스트를 대표하여 피에르 빅토르, 세르주 쥘리가 참석했고, 필립 가비는 비(非)마오이스트에 대한 문호 개방의 상징으로 초청되었다. 그리고 일단의 지식인들이 있었는데 그들은 장 폴 사르트르, 클로드 모리악, 미셸 푸코, 알렉상드르 아스트뤽(Alexandre Astruc) 등등이었다. 이 지식인들은 돈을 출자하는 것만으로 만족하지 않았다. 그들은 신문 제작에 직접 참여하기를 원했다.

예를 들어서 푸코는 거의 프랑스 전역에 설치된 『리베라시옹』 지부에서 중요한 역할을 하기를 원했다. 각 지부는 단순히 신문을 배포하는 일만이 아니라 정보를 수집하고 그것을 재편집하는 일, 다시 말해서 민중을 위한 대필 작가의 역할을 하게 될 것이다. 그리고 그가 생각하기로는 소위 '민중의 통제'란 범죄자, 동성애자, 여성 등의 외부 그룹을 매개로 하여 수행되어야 했다.

푸코는 또한 '노동자의 기억을 위한 한 연대기'를 맡고 싶어 했다. 그래서 n° 00^{22}의 신문에서 그는 호세라는 이름의 레지 르노 공장 노동자와 인터뷰를 했다. 그리고 일종의 연재소설처럼 이것을 고정란으로 만들겠다는 구상을 밝혔다. "노동자들의 머릿속에는 인민전선이나 레지스탕스 같은 위대한 투쟁에서 겪은 근본적인 체험들이 있다. 그러나 신문이나 책 또는 노조들은 그들이 기억하고 있는, 그리고 그들 마음에 드는 것들만을 간직하고 있을 뿐이다. 이 모든 망각 때문에 노동계급의 경험과 지식을 활용할 수 없는 것이다. 그 기억들을 말하기 위해서, 그리고 특히 그것을 활용하고, 그것들을 출발점으로 하여 가능한 투쟁의 도구들을 규정하기 위해 이 모든 기억들을 신문 주변에서 재수합하는 것은 매우 흥미로운 일일 것이다."[23] '연재소설'이라는 발상은 흐름을 단숨에 19세기로 되돌려 놓는 것이며, 더 나아가 민중운동의 역사를 복원하는 것이 될 것이다.

한 달 후 미셸 푸코는 다시 르노의 포르투갈 노동자와 대담했다. 기사 제목에 이 철학자는 '콜레주 드 프랑스의 교수이며 투사'로 소개되었다.

호세 민중에 봉사하는 지식인들의 역할은 피착취자들로부터 나오는 빛을 좀더 잘 반사시키는 일일 수도 있다. 지식인은 거울의 역할을 하는 것이다.

푸코 나는 당신이 지식인의 역할을 너무 과장하는 게 아닌가 생각한다. 물론 노동자들은 자신들이 무엇을 하는지를 알기 위해 지식인을 필요로 하지 않는다. 그들 자신이 너무나 그것을 잘 알고 있기 때문이다. 내 생각에 지식인이란 생산장치가 아니라 정보장치에 접속되어 있는 사람이다. 그

---

22 프랑수아 마리 사뮈엘슨에 의하면 모두 5회가 있었다.

23 푸코, 「노동자의 기억을 위한 한 연대기」Pour une chronique de la mémoire ouvrière, 『리베라시옹』Libération, n° 00, 22 février 1973.(『말과 글』Dits et écrits, tome1, texte n° 117 pp.1267~1268.)

는 자신의 생각을 남에게 설득시킬 수도 있고, 신문에 글을 쓰거나 자신의 견해를 밝힐 수도 있다. 그는 또한 과거의 정보장치에도 접속되어 있다. 그는 다른 사람들이 직접 소유하지 못하는 어떤 종류의 책들을 읽고 그 독서가 제공하는 지식을 갖게 된다. 따라서 그의 역할은 노동자의 의식을 형성하는 것이 아니다. 왜냐하면 노동자의 의식은 이미 존재하기 때문이다. 그의 역할은 노동자의 이 의식, 이 지식이 정보체계 안에 들어와 널리 유포되도록 돕는 것이다. 그리하여 결국 현재 진행 중인 사태를 제대로 이해하지 못하는 사람들 또는 노동자들이 이런 의식을 가질 수 있도록 도와주는 것이다. 거울을 전달수단으로 이해한다면 당신의 거울론에 나도 동감이다. …… 우리는 이렇게 말할 수 있다. 지식인의 앎이란 노동자의 앎에 비하면 언제나 부분적이라는 것을. 프랑스 사회의 역사에 대해 우리가 알고 있는 것은 노동계급이 소유하고 있는 그 거대한 경험에 비해 보면 너무나 왜소하고 국부적이다.[24]

푸코는 단지 이 신문의 권위적 '대부'가 되기를 원치 않았으며, 그렇다고 가끔 기사를 한 편 쓰는 것만으로 만족하지도 않았다. 그는 르포 기사를 쓰고 회의에 참석하고 결정에 참여하는 등 적극적인 참여를 원했다. 그러나 그는 곧 기자로서의 이런 참여는 매일같이 신문사에 있어야만 의미가 있다는 것을 깨달았다. 그러나 그는 물론 신문을 만드는 사람들이 하듯이 그렇게 자기 생활 전체를 편집국에서 보낼 수는 없었다. 게다가 기자들은

---

24 푸코, 「지식인은 이념을 수합한다. 그러나 그의 지식은 노동자의 지식에 비하면 단편적이다」 L'Intellectuel sert à rassembler les idées mais son savoir est partiel par rapport au savoir ouvrier, 『리베라시옹』*Libération*, n° 16, 26 mai 1973. (『말과 글』*Dits et écrits*, tome1, texte n° 123, pp.1289~1291.)

이처럼 지식인들이 편집국에 나와 있는 것을 별로 달가워하지도 않았다. 오늘날 필립 가비가 말하듯이 그들은 푸코가 상상할 수 없을 정도로 '음모적'이었다.

그래서 『리베라시옹』에 대한 푸코의 참여는 예비선언의 단계를 넘지 않았다. 1974년에 세르주 리브로제의 강력한 항의를 받은, 불법성에 관한 익명의 글을 포함하여 한두 개의 기사를 제외하고는 푸코는 『리베라시옹』에 글을 쓰지 않았다. 게다가 『리베라시옹』에서의 생활은 바람 잘 날이 없었다. 모리스 클라벨은 나중에 이렇게 썼다. "열렬하고 용감하고 단결이 잘 된 맑시스트 그룹과 함께 나는 좌익 신문 『리베라시옹』의 창간에 참여했다. 그런데 그들은 곧 서로를 사랑하기를 그쳤다. 몇 달 지나지 않아서 그들은 각기 세속 재판권으로 무장하고 서로서로를 죽이기 시작했다."[25]

1975~80년 사이에 미셸 푸코는 『리베라시옹』보다는 『르 누벨 옵세르바퇴르』에 더 많이 기고했다. 그는 1980년경부터 다시 『리베라시옹』에 정기적으로 글을 쓰기 시작했다.[26]

클로드 모리악은 1975~76년 사이에 『리베라시옹』에 관련하여 푸코와 가진 대화를 우리에게 전해 주었다. 푸코는 가장 철저한 우익 신문이 사실을 변질시키는 것과 꼭 마찬가지로 이 신문이 매일같이 거짓말을 쓰고 있는 것을 보고 슬픔을 느꼈다.

이 시기에 정치에 대한 푸코의 발언에는 하나의 주제가 등장한다. 신

---

25 모리스 클라벨Maurice Clavel, 『내가 믿는 것』*Ce que je crois*, Paris: Grasset, 1975, p.98.

26 대학에서 철학을 전공한 후 나는 1979년 말 『리베라시옹』의 기자가 되었다. 그리고 1980년에 우리 공동의 친구인 마티유 랭동을 통해 푸코를 알게 되었다. 나는 푸코와 몇 번 인터뷰를 했고, 정기적으로 원고도 청탁했다. 예를 들면 1982년에 출간된 케네스 제임스 도버Kenneth James Dover의 『그리스의 동성애』(*Homosexualité grecque*, Grenoble: Pensée sauvage, 1982)에 대한 서평 같은 것이었다.

뢰를 얻기 위해서는, 그리고 효율성을 갖기 위해서는 우선 무엇보다도 진실을 알고 진실을 **말해야만** 한다는 것이다. 사회운동의 언론이 가져야 할 가장 중요한 원칙은 진실을 말할 것과 '정직성'이라는 것이다.

푸코는 계속해서 모리스 클라벨과 친밀한 관계를 유지했다. 모리스 클라벨은 1976년 베즐레의 자기 집에서 TV 프로그램를 찍는 일에 착수했을 때 푸코에게 참여해 달라고 부탁했다. 푸코는 수락했다. 크리스티앙 장베(Christian Jambet), 기 라드로(Guy Lardreau), 앙드레 글뤽스망 등이 참석했다.

정치적 선택은 많이 뒤바뀌어 있었다. 좌익은 죽었고, 옛 마오이스트들은 신(Dieu)을 연구하거나 전체주의의 성격을 연구하고 있었다. 그러나 2차대전 직후 스탈린주의로 맺어진 우정이 그들의 우익 선회 후에도 계속 기능하듯이 좌익 시대, 특히 마오이즘 운동으로 맺어진 우정도 여전히 계속되었다. 서로 돕고 서로 추천해 주는 우정의 망이었다. 클라벨은 푸코를 열렬하게 존경했다. 그는 언제나 푸코 애기를 한다. 1975년에 출판한 『내가 믿는 것』이라는 제목의 책에서도 10여 페이지를 푸코에게 바쳤다. 그는 『말과 사물』의 의도를 잘 이해했고, 또 자신의 이론작업을 잘 분석해 주어 고맙다는 1968년 4월의 푸코의 편지를 거기서 인용했다.[27]

1976년 푸코의 『앎의 의지』가 나왔을 때 그는 푸코에 대한 자신의 강박관념을 이렇게 고백했다. "사람들은 내가 푸코를 칸트와 비교하고, '그의 출현 이후에는 이제 좀처럼 다시 그전처럼 사유할 수 없으리라'고 말할 정도로 내가 푸코에 대한 편집증세를 보인다는 것을 알고 있다. 그런데 칸트는 곧 잠이 들었지만 푸코는 계속 증폭되는 움직임으로 끊임없이 우리

---

27 클라벨, 『내가 믿는 것』. 특히 pp.122~148을 볼 것. 푸코의 편지는 pp.128~130에 있음.

를 부추겨 언제까지나 우리를 깨어 있게 할 것이라고 나는 믿는다."[28]

1979년에 모리스 클라벨이 죽었을 때 푸코는 이 투쟁 동지에게 감동적인 조사를 바쳤다. 『르 누벨 옵세르바퇴르』에 실린 짧은 글에서 그는 클라벨을 블랑쇼에 비교했다. ——우리는 푸코에게 있어서 블랑쇼가 무엇을 의미하는지를 잘 알고 있다! "블랑쇼. 창백하고, 부동의 자세로 대낮보다 더 투명한 대낮을 엿보며, 표시를 지우는 움직임 속에서만 표시를 하는 그런 표시들에 세심한 주의를 기울이는 사람. 클라벨. 참을성이 없이, 조그만 소리에도 펄쩍 뛰어오르고, 어슴푸레한 어둠 속에서 소리를 지르고, 폭풍을 부르는 사람. 이 사람들이 ——이 이상 더 상이한 점을 어떻게 찾아낼 수 있을까? ——우리가 살고 있는 이 목표 없는 세계 속에 유일한 긴장을 끌어들였다. 시간의 줄을 끊는 이 긴장을 우리는 비웃거나 부끄러워해서는 안 된다." 그리고 푸코는 이렇게 글을 끝맺었다. "우리 시대에 아마도 가장 중요한 어떤 것의 한가운데에 클라벨은 있었다. 다시 말하면 서구 사회가 시간에 대해 조금씩 형성하기 시작하는 의식의 매우 깊고도 넓은 변화 속에 있었던 것이다. 이 의식을 형성했던 모든 것, 이 의식에 지속성을 주고 그 완성을 허용했던 모든 것들이 찢겨 나가고 있다. 어떤 사람들은 그것을 다시 기울이려고 한다. 그러나 그는 우리에게 말한다. 오늘날에도 시간을 다른 식으로 살아야 한다고. 아니 특히 오늘날에 우리는 다른 식으로 살아야 한다고."[29]

---

28 클라벨, 「당신은 세 번의 묵주신공을 드릴 것이다」Vous direz trois rosaires, 『르 누벨 옵세르바퇴르』Le Nouvel Observateur, 27 décembre 1976.

29 푸코, 「시대를 다르게 살기」Vivre autrement le temps, 『르 누벨 옵세르바퇴르』Le Nouvel Observateur, 30 avril 1979.(『말과 글』Dits et écrits, tome2, texte n° 268, pp.788~790).

*　*　*

"이게 도대체 어떻게 된 겁니까?" 1971년 어느날 콜레주 드 프랑스의 한 교수(쥘 비유맹이다!)가 질겁을 하며 조르주 뒤메질에게 전화를 했다. 그는 푸코의 선출에 힘을 많이 써 준 사람인데 신임교수의 무훈담이 신문에 실린 것을 보고는 당혹감을 금치 못했다. 사르트르와 좌파 인사들 옆에 나란히 있는 푸코, 이민자들의 시위대의 선두에 서 있는 푸코, 감옥 문 앞에 있는 푸코……. 이것이 신문을 장식한 표제들이었다. 학문적으로나 도덕적으로 그 권위를 누구나 인정하고 있는 뒤메질의 동의를 구하기 위해 이 교수는 "이게 뭡니까?"라고 소리쳤던 것이다. 그러나 뒤메질은 조용히 그의 동료를 안심시켰다. "우리의 선택이 옳았습니다."

뒤메질이 푸코의 정치적 선택에 동조를 한 것은 결코 아니었다. 단지 그는 자신의 피후견인이 '지나친 행동'을 하는 것을 너무 비극적으로 생각하지 않았을 뿐이었다. 그것을 심각하게 생각하지 않았다고 말하는 게 옳겠다. 그에게 있어서 푸코의 행동은 누구나 자기에게 또는 타인에게 해보일 수 있는 연기에 불과했다. 그리고 그는 벌써 70세가 넘었다. 정치적인 문제로 깊은 우정에 금이 가게 하고 싶지 않았다. 그도 옛날에는 정치적 열정에 사로잡힌 적이 있었다. 푸코가 그를 찾아왔을 때 그들은 이 주제를 애써 피했다. 기껏해야 가끔 그냥 지나가는 말인 듯 무심하게 "그래 감옥문 앞에서는 뭐가 그렇게 할 일이 있는가"라고 재담을 던지는 정도였다. 북구의 얼어붙은 거리에서 또는 카롤리나 레디비바의 복도에서 15년 전에 맺었던 두 사람 사이의 본질적이고도 깊은 의기투합을 해칠 만한 말은 전혀 아니었다.

뒤메질이 옳았다는 것을 역사가 증명해 주었다. 별로 대학지식인답지 못한 미셸 푸코의 활동에 불안감을 느꼈던 교수가 잘못 생각한 것이다. 미셀 푸코는 유능한 교수였을 뿐만 아니라 다른 동료들과 똑같이 학교생활에 열심히 참여했다. "두 사람의 푸코가 있었다"라고 르 루아 라뒤리는 회상한다. "시위대 안의 푸코와 콜레주 드 프랑스 강의실 안의 푸코. 그는 대학에서의 자기 역할을 매우 진지하게 받아들였다." 푸코는 끝까지 아카데믹한 역할을 잘 수행했다. 다만 피에르 불레즈를 지원자로 추천할 때처럼 가끔 일탈적인 행동을 하기는 했지만 말이다. 그는 토론에 참석하여 콜레주 드 프랑스가 선출하게 될 지원자들에 대한 자신의 견해를 밝혔다. 그러고는 자신이 절대로 원하지 않는 후보는 교묘히 제거했고, 자신이 호감을 갖는 후보를 위해서는 온갖 정성을 다 기울였다.

우리가 앞에서 보았듯이 1975년에 그는 바르트를 콜레주 드 프랑스 지원자로 추천했다. 그리고 1981년에는 부르디외에 찬성표를 던졌다. 부르디외가 작성한 '연구계획'의 한 구절에 그는 깊은 공감을 느꼈다. 그 구절은 이러했다. "복제에 대해 말해야만 할까? 아니다. 동일한 것을 재생산하는 거의 생물학적 능력을 말하는 것이라면, 절대 아니다. 그러나 순수하게 사회적인 '유전의 두번째 체계'가 문제다. 이 체계는 축적된 자본의 의식적·무의식적 전이에 의해 사회 구조의 영속화를 꾀한다. 또 혹은 '사회적 질서'라는 질서의 관계를 영속화한다. 끊임없이 '돌연변이'의 요구가 나오는 것은 개인들 그리고 차이들의 끊임없는 변화와 영속적 쇄신을 통해서이다. 사회적 역동성과 사회적 정체성을 구별하는 구태의연한 아카데미즘은 사회적 삶이 구조를 보존하거나 혹은 전복시키는 작용과 반작용의 총체에 다름 아니라는 사실을 흔히 잊게 만든다. 다시 말하면 그것은 보존과 전복의 투쟁 속에서 사용되는 전략과 힘을 매순간 정하는 힘의 배분이다. 이것이야말로 구조를 변형시키거나 영속화시키려는 투쟁들이 갖는 기회들이다."[30]

푸코는 부르디외에게 투표했을 뿐만 아니라, 늦게 도착하여 "누구에게 투표해야 할까요?"라고 묻는 불레즈에게 "부르디외에게 하세요"라고 대답하기까지 했다. 그리고 나중에 작곡가로 하여금 사회학자에게 표를 주도록 했다고 자랑했다.[31]

부르디외는 1982년 4월 23일 개강 연설의 첫 부분에서 푸코의 말을 인용하며 그에게 고마움을 표시했다. "역사만이 우리에게 역사를 제거해 줄 수 있다. 사회과학의 역사가 역사에서 빠져나올 수 있는 가장 강력한 수단인 것은 사회과학이 무의식의 과학으로 인식되는 한에 있어서 그러하다. 조르주 캉길렘이나 미셸 푸코에 의해 부각된 역사적 인식론이 바로 그

---

30 부르디외, 「연구 업적」Travaux et projets, 1980, pp.7~8. 미발표 자료.

31 이 에피소드를 얘기해 준 것은 푸코 자신이었다. 그는 이 선출에서 부르디외의 경쟁자로 알랭 투렌Alain Touraine이 거론되는 것을 불쾌하게 생각했다. 푸코는 부르디외의 저서들은 열심히 읽은 반면 알랭 투렌의 연구성과들은 전혀 평가하지 않았다. 그러나 이상하게도 폴 벤느가 2008년에 쓴 푸코 관련 책에 보면 "푸코는 부르디외도 읽지 않았고, 『르 피가로』도 읽지 않았다"는 것이다.(폴 벤느, 『푸코, 그의 사상, 그의 성격Foucault, sa pensée, sa personne, Paris: Albin Michel, 2008, p.201 참조) 『르 피가로』를 읽지 않았다는 것은 사실이지만 부르디외의 책을 읽지 않았다는 것은 틀린 말인 것 같다. 부르디외가 콜레주 드 프랑스에 지원서를 내고 관례대로——지원자는 자신의 과거 업적과 미래의 연구 계획을 밝히기 위해 심사위원들을 방문하는 것이 관례였다——푸코에게 전화를 했을 때 푸코는 그들 사이에 이런 절차는 필요 없으며 자신은 그에게 투표할 것이라고 대답했다는 것이다. 부르디외에 대한 정식의 전기, 특히 콜레주 드 프랑스 교수직 선출과 관련된 전말을 밝혀 줄 전기가 없다는 것은 유감이다. 부르디외는 조르주 뒤비의 강력한 지원을 받으며 앙드레 미켈에 의해 추천되었다. 그리고 푸코, 벤느, 불레즈, 베르낭이 모두 그에게 투표했다. 그러나 부르디외의 『구별짓기』La Distinction, 『실천 감각』에서 자신이 심하게 공격받았다고 느꼈던 레비 스트로스는 그에게 투표하지 않았다. 1981년 2월 22일 이 첫번째 선거에서 미켈이 발의하고 조르주 뒤비와 질베르 다그롱Gilbert Dagron이 지지했던 '사회학' 교수직(부르디외를 내정) 창설 제안은 총 43표 중 22표를 얻었다. 한편 자크 베르크Jacques Berque와 알프레 조스트 Alfred Jost, 앙드레 리히네로비츠André Lichnérowicz의 지원으로 장 들뤼모Jean Delumeau가 제안했던 '사회행동 분석' 교수직(투렌 내정)은 11표를 얻는 데 그쳤다. 10장의 투표지가 백색으로 남겨 있거나 × 표시가 되어 있었다(지원자 모두가 마음에 안 든다는 표시였다). 지원자의 이름을 거명한 1981년 6월 28일 2차 투표에서 부르디외는 총 39표 중 35표를 얻었다(3표가 × 표시, 한 표는 무효표였다). 2차 투표에서는 언제나 '제2선의 지원자'(다시 말해 '유령 지원자')가 있어야 했으므로, 과히 기분 좋지 않은 이 역할은 뤽 볼탕스키에게 돌아갔다.

러한 과학이다. 지적 양식들로서의 역사는 현재까지 살아남았거나 혹은 나타남과 동시에 사라진 무형적 과거다."[32]

콜레주에서 푸코는 매주 수요일에 강의를 했다. 첫해에는 아직 책의 제목이 아니라 연구의 제목인 '앎의 의지'를 강의했다. 여기서 그는 '사유체계의 역사'에서 이 '의지'의 '역할을 정의'하고 '그것의 위치를 정해'주었다. 그리고 두 철학적 모델을 대비시켰는데, 하나는 아리스토텔레스식의 모델과 니체의 『즐거운 학문』에서 전개되고 있는 모델이다. 이어서 1971~72년에는 '형벌제도와 이론'을 다뤘으며, 1972~73년에는 '형벌사회'를 강의했다. 1973~74년에는 '정신의학적 권력'을 강의했고, 그 다음해에는 '비정상인들'을 강의했다. 마침내 1975~76년에는 따옴표 속에 "사회를 보호해야 한다"라고 쓴 암시적인 제목으로 정치사상이 전쟁의 도식을 차용하고 있음을 다루었다. 1976~77년, 1년간은 강의를 하지 않았다. 1977~78년에는 강의를 재개하여 '안전, 영토, 인구'라는 제목으로 국민의 관리를 분석했다. 그리고 '생명관리권력(Bio Povoir)의 탄생'이라는 제목의 강의에서 '자유주의적 통치 형태'로 넘어갔다. 1978~79년. 이때부터 그의 연구는 방향을 바꾸어 우리가 나중에 보게 될 『성의 역사』의 족적을 따라가게 된다. 이때부터 그의 연구를 시대를 조금씩 거슬러 올라가면서 1979~80년에는 '생명체의 통치'라는 제목의 강의와 함께 초기 기독교 사회로 시선을 이동시켰다. 여기서 그는 고백성사와 '고백'의 기술(技術)에 흥미를 보였다. 그런 다음에 1980~81년에는 '주체의 해석학' 속에서 '자기 숭배'와 '자기에 대한 배려'의 문제를 추적했다. 그리고 1982~83년에는 '자기와 타인에 대한 통치' 강의에서 고대 그리스에서의 철학적 삶

---

32 부르디외, 「개강 연설」Leçon inaugurale, 23 avril, 1982, Paris: Collège de France, p.6.

과 정치적 삶 사이의 관계와 '진실을 말하기'(parrhesia)에 대해 성찰했다. 1983~84년에는——이것이 그의 마지막 강의였다——'진실의 용기'를 강의했다. 1970년대 말까지 푸코는 또한 월요일마다 한 시간씩 세미나 강의를 했다. 그는 수업 준비를 충실히 해오는 학생만 받아들이겠다고 사전에 예고했다. 그러나 매번 강의실에는 100명 이상이 몰려들었다. 강의실 '입장 자격'을 철저히 제한하려 했으나 그럴 때마다 학교 측의 주의를 들었다. 콜레주 드 프랑스의 원칙은 이곳의 강의가 모든 사람에게 개방되어 있어야 한다는 것이기 때문이다. 하는 수 없이 푸코는 세미나를 포기하고 1981년 1월부터 수요일 아침에 2시간씩 강의하기로 했다. 1984년에 그는 당시의 문제를 이렇게 환기했다.

> 원칙적으로 비공개 세미나를 할 수 없다는 규정이 있었다. 그리고 내가 비공개 세미나를 했을 때——예를 들어 피에르 리비에르에 대한 강의——불평들이 있었다……. 그런데 어떤 특정의 주제에 대해서는 비공개 강의를 하지 못하게 하면서 교수들에게 현재의 자기 연구 내용을 공개적으로 강의하라는 것은 모순인 것 같았다……. 왜냐하면 학생들과 함께 연구를 하려면 비공개의 소규모 그룹이어야만 하기 때문이다. 그래서 나는 수업을 두 부분으로 나눌 수 있도록 교무과로부터 허가를 받았다. 하나는 규정을 따른 공개 수업이고, 또 하나는 연구를 위한 비공개 그룹이었다. 이것만이 공개 강좌를 최신의 연구 내용으로 할 수 있는 조건이라고 나는 생각했다.[33]

---

33 푸코, 『진실의 용기: 1984년 콜레주 드 프랑스 강의록』*Le Courage de la vérité : Cours au Collège de France, 1984*, Paris: Gallimard/Seuil, p.30.

그는 공동연구를 수행할 일부 학생과 연구자들을 자기 연구실이나 카페로 불러 모았다. 방에 불러 세미나 강의가 시작되는 1월에 와서 발표할 주제를 각자에게 맡겼다. 그 윤곽이 매우 유동적인 이 작은 '푸코 사단'의 멤버들을 정확히 다 열거하기는 매우 어렵다. 거기서도 서로 간의 알력과 불화가 있었고, 가끔은 그것이 요란한 절교로 이어지기도 했다. 그런 서클이 흔히 '궁정'의 모습을 띠고, 그 기능이 구성원들의 서열과 상석 다툼을 전제로 한다는 것은 놀라운 일이 아니다. '거물급 인사' 주변의 모든 세미나가 비슷할 것이다. 푸코의 세미나라고 해서 예외는 아니었을 것이다. 푸코도 이런 상황을 모르지 않았고 가끔 그것을 걱정하기도 했다. 몇몇 친구들에게 그것을 말하기도 했다. 한 편지에서 그것을 드러내 놓고 걱정했는데, 거기서 그는 상호 간의 역할이 무엇인지를 묻고 '내가 없을 때 그들 사이에 무슨 일이 일어나는가?'라고 자문했다.

매 학년 말이면 푸코는 학칙에 따라 강의초록을 '콜레주 연감'에 실었다. 여기서 가끔 그는 강의 주제 및 세미나에 참석하여 발표한 학생들의 이름을 리스트로 작성해 놓기도 했다. 이 리스트는 물론 모든 사람을 빠짐없이 실은 것은 아니고 어느 해에는 아예 리스트가 없기조차 했다. 1970년의 세미나는 19세기 프랑스의 '형벌제도'를 다루었고, 1971~72년에는 피에르 리비에르 '사건'을 다루었는데 푸코는 여기에 로베르 카스텔, 장 피에르 페테르, 질 들뢰즈, 알렉상드르 퐁타나, 필립 리오 그리고 마리본 살송이 참여했다고 써 놓았다. 1972~73년의 세미나는 피에르 리비에르 사건 자료를 기초로 한 책의 출판 준비에 바쳐졌다. 1973~74년의 세미나는 두 주제로 나뉘었다. '정신의학 분야에서의 법률-의학 감정(鑑定)'과 '18세기의 병원 건물과 그 제도의 역사'가 그것이다. 이 마지막 연구로 또 다른 공동저서인 『치료기계』가 출판되었다.[34] 1974~75년에는 범죄 정신의학에서의 의학-정신의학적 평가에 대한 연구가 계속되었다. 1975~76년에는 범죄 정신의학에서의 '위험한 개인'의 개념을 공부했다. 1977~78에 세미나는 "국가의 힘을 증대시키려는 모든 것"과 "특히 질서, 규율, 규칙의 유지를 도모하는 모든 것……"을 분석했다. 1978~79년은 19세기 말의 사법사상을 연구하는 것으로 지냈다. 1979~80년에 세미나는 19세기 자유사상의 어떤 측면에 할애되었다.[35] 푸코는 팀을 짜서 하는 공동연구 작업을 좋아했다. 미국 대학이 그를 매료시킨 것 중의 하나가 바로 이것이었다. 즉 자기가 원하는 대로 세미나를 구성할 수 있는 가능성이었다. 그는 폴 라비노에게 자주 그런 이야기를 했다.

*　*　*

우리는 푸코가 좌익 시대를 지나면서 여러 사람과 맺은 우정을 끝까지 간직했음을 보았다. 그러나 1975년 후 그의 정치적 선택이 달라지면서 더 이상 살아남지 못한 우정이 하나 있다. 참으로 이상하게 보이겠지만 그것은 가장 오래되고 가장 진실한 우정 중의 하나였다. 그러나 사실은 그랬다. 둘 사이에 절교가 있었다고는 말할 수 없다. 그저 단지 어느 날부터 더 이상 서로 만나지 않았을 뿐이다. 또는 푸코가 그에게 그토록 소중했던 이 관계를 멀리하고 싶어 했다는 것이 더 정확할 것이다. 1962년 이래 질 들뢰즈와 맺어 왔던 관계였다.

---

34 푸코 외,『치료기계: 근대의학의 기원』*Les Machines à guérir. Aux origines de l'hôpital moderne*, Bruxelles: P. Mardaga, 1979.

35 이 모든 사실들은『콜레주 드 프랑스 연감』*Annuaire du Collège de France*에서 인용한 것임. 『강의 요약』*Résumés des cours de Michel Foucault*, Paris: Julliard, 1989에 모두 수합되어 있음. 그리고『말과 글』에도 수록되었음.

우정은 클레르몽페랑에서 니체의 그림자 속에서 생겨났다. 이 우정은 발전되고 지속되어 서로 상대방이 책을 낼 때마다 그 책을 칭찬하는 일련의 기사들을 교환하면서 사람들에게 알려졌다. 들뢰즈는 『예술』(Arts)지[36]에서 루셀에 관한 푸코의 책을 열광적으로 소개했다. 그리고 1966년에는 『말과 사물』에 대한 대한 해설을 『르 누벨 옵세르바퇴르』에 실었다.[37] 1970년에는 『크리티크』에 『지식의 고고학』에 대해서 더 길게 해설문을 썼다. 그의 기사 제목은 나중에 유명하게 된 '새로운 고문서학자'였다.[38] 여전히 『크리티크』에서 1975년에는 '『감시와 처벌』, 작가가 아니라 새로운 지도제작자'라는 제목으로 글을 썼다.[39]

푸코는 '아리안은 스스로 목을 매었다'라는 제목으로 재빠르게 응답했고, 1969년에는 『르 누벨 옵세르바퇴르』에서 『차이와 반복』(Différence et répétition)을 찬양했다.[40] 그리고 1970년에는 『크리티크』에 '테아트룸 필로소피쿰'이라는 제목으로 『의미의 논리』와 『차이와 반복』을 훨씬 길게 해설했다. 그는 이 글의 서두에서 이렇게 썼다. "위대한 작품 중에서도 가장 위대해 보이는 이 두 작품에 대해 말해야겠다. 너무나 위대해서 그에 대해 말하기가 어렵고 또 그래서 그것을 말한 사람들이 별로 없었다. 오랫동

---

36 들뢰즈, 「레몽 루셀, 혹은 비어 있음에 대한 공포」Raymond Roussel ou l'horreur du vide, 『예술』Arts, 23 octobre 1963.

37 들뢰즈, 「인간, 그 의심스러운 존재」L'homme, une existence douteuse, 『르 누벨 옵세르바퇴르』Le Nouvel Observateur, 1 juin 1966.

38 들뢰즈, 「새로운 고문서학자」Un nouvel archiviste, 『크리티크』Critique, n° 274, mars 1970. (들뢰즈, 『푸코』Foucault, Paris: Minuit, 1986에 재수록[이 책의 국역본은 『푸코』, 허경 옮김, 동문선, 2003].)

39 들뢰즈, 「작가가 아니라 새로운 제작자」Écrivain non: Un nouveau cartographe, 『크리티크』Critique, n° 343, décembre 1975. (들뢰즈, 『푸코』에 재수록.)

40 푸코, 「아리안은 스스로 목을 매었다」Ariane s'est pendue, 『르 누벨 옵세르바퇴르』Le Nouvel Observateur, 31 mars 1969. (『말과 글』Dits et écrits, tome1, texte n° 64, pp.795~799).

안 이 작품은 또 다른 과격하고 주요한 징후인 클로소프스키의 작품과 수수께끼 같은 공명(共鳴)을 일으키면서 우리의 머리 위를 선회할 것이라고 나는 생각한다. 언젠가 아마도 금세기는 들뢰즈의 세기가 될 것이다."[41] 그는 물론 '세기'(siècle)라는 말을 아우구스투스적 의미에서 썼다. 즉 우리가 살고 있는 이 현세(現世)라는 의미 말이다. 나중에 그는 자기 말의 문맥 속에서 '세기'라는 말은 나쁜 의미로, 다시 말해 엘리트에 반대되는 일반적 견해라는 의미로 이해되어야 한다고 밝혔다. 1978년 일본에서의 인터뷰에서 푸코는 들뢰즈가 자신에게는 '매우 중요한' 사람이고, 자신은 그를 '현재 프랑스에서 가장 위대한 철학자'로 생각한다고 말했는데, 대담자가 "세기는 들뢰즈의 것이 될 것이다"라고 여전히 생각하느냐고 묻자 푸코는 다음과 같이 자신의 생각을 분명하게 표현했다.

내가 어떤 의미에서 그 문장을 사용했는지 정확히 기억한다. 그것은 이런 의미였다. 때는 1970년이었는데, 들뢰즈를 아는 사람들이 별로 없었고, 몇몇의 전문가만이 그의 중요성을 인식하고 있었다. 그러나 "세기(世紀)가 들뢰즈의 것이 될" 날이 올 것이다. 다시 말하면 기독교적 의미에서의 '세기', 즉 엘리트의 생각과는 반대되는 일반인들의 견해라는 의미에서의 '세기'이다. 그렇다고 해서 이 말이 들뢰즈가 중요한 철학자가 아니라는 뜻은 아니다. 다만 내가 이 말을 사용한 것은 그 단어의 경멸적인 의미에서였다.[42]

---

41 푸코, 「테아트룸 필로소피쿰」, 『크리티크』*Critique*, n° 282, septembre 1972.(『말과 글』*Dits et écrits*, tome1, texte n° 80, pp.943~967).

42 푸코, 「철학의 무대」*La scène de la philosophie*, 『세카이』世界, juillet 1978.(『말과 글』*Dits et écrits*, tome2, texte n° 234, pp.571~595.)

　푸코와 들뢰즈, 그러니까 그것은 처음에는 철학적인 우정이었다. 그리고 정치적 우정이었다. 1971년에 푸코가 감옥정보그룹을 창설했을 때 들뢰즈는 물론 제일 처음으로 합류한 사람 중의 하나다. 그는 조베르 사건 진상 조사위원회에도 참여했다. 젤랄리 위원회에서도 적극적으로 활동했다. 지식인의 역할에 대한 긴 대담은 그들의 깊게 일치된 견해를 보여 준다. 이 대화는 '지식인과 권력'에 대한 것이고, 1972년 들뢰즈를 특집으로 낸 『아르크』지에 실렸다. 푸코와 들뢰즈는 거기서 그들의 전세대가 '참여' (앙가주망)라고 부른 것과 지식인들과의 새로운 관계를 정의했다. 이제는 더 이상 투쟁을 '전체화'하고 그 이론을 수립하며 그것의 의미를 말하는 단계가 아니었다. 사르트르식의 '전체적 지식인'(l'intellctuel total)에 맞서 그들은 '특정한 지식인'(intellectuel spécifique)을 대립시켰다.

　다시 말하면 투쟁은 정확한 지점, 한정된 장소에서만 행해진다는 것을 의미했다. 이런 국지적인 투쟁은 그것이 '급진적'이기만 하면 다시 말해 "타협도 개량주의도 없고, 또 기껏해야 권력자의 이름을 바꾸는 것에 만족하여 똑같은 권력을 그럭저럭 유지해 나가려는 시도만 없다면 충분히 혁명 운동의 일부"가 될 수 있다고 푸코는 말했다. 그리고 "이러한 운동들은 도처에서 똑같은 권력을 유지시키고 있는 모든 강제와 통제를 분쇄해야 한다는 점에서 프롤레타리아의 혁명 운동과 연결된다"고 했다. 부분적인 투쟁들에게 통일성과 일반적 성질을 부여하는 것은 "권력의 체제 그 자체, 다시 말하면 모든 형태의 권력의 행사와 적용"이라고 푸코는 덧붙였다. 그러자 들뢰즈는 이렇게 대답했다. "가장 작은 요구에서부터 출발하여 결국 전체를 폭파시키려는 것이 우리의 의도인데, 이 넓은 전체와 대결하지 않는다면 우리는 결코 작전 개시 지점에 도달하지 못할 것이다. 그러니까 모든 부분적인 혁명적 방어와 공격은 노동계급의 투쟁과 합류한다."[43]

1975~77년의 정치적 풍경 속에서는 많은 것이 바뀌어 있었다. 이 두 대담자 중 그 누구도 그후에는 똑같은 용어를 사용하지 않았다. 비록 이 시기에 나온 『감시와 처벌』 같은 푸코의 책들이 이 주제에 상당히 물들어 있기는 해도 말이다. 그러나 책이란 그 책이 구상되고 쓰여지던 순간의 작가의 생각을 표현하는 것이다. 연구서의 출판에는 언제나 구성적인 지연이 있다. 『앎의 의지』가 출판된 후 1976년과 1977년에 푸코가 겪은 '위기'는 아마도 이러한 시차에 기인하는 듯하다. 그가 들뢰즈와 멀어지게 된 것을 이 정신적 위기에 돌려야 할까? 왜냐하면 그들은 이때 이후 만나지 않았기 때문이다.

그러나 진정한 이유는 좀더 정치적인 데 있는 것 같다. 들뢰즈와 푸코는 1977년에 프랑스에 정치적 망명을 요청한 클라우스 크로이산트의 범인 인도에 반대하여 함께 투쟁을 벌였다. '바더'(Andreas Baader) 사건[*]의 변호사인 클라우스 크로이산트는 피고인에게 물질적 도움을 줌으로써 변호사법을 어긴 혐의로 독일에서 유죄선고를 받을 위기에 놓여 있었다. 그는 막 독일 정부에 인도될 참이었고 푸코가 이에 문제를 제기하고 나섰다. 1977년 11월 14일 그는 『르 누벨 옵세르바퇴르』에 이렇게 썼다. "당신이

---

43 푸코·들뢰즈, 「지식인과 권력」Les Intellectuels et le pouvoir, 『아르크』L'Arc, n° 49, 1972.(『말과 글』Dits et écrits, tome1, texte n° 106, pp.1174~1183.)

* 안드레아스 바더Andreas Baader(1943~1977)는 흔히 바더-마인호프Baader-Meinhof 갱으로 알려진 독일 좌익 투사 그룹 적군파(赤軍派)의 초기 리더이다. 1968년에 여자 친구인 구드룬 엔슬린Gudrun Ensslin과 함께 베트남전의 대량 학살에 대한 사람들의 무관심에 항의하기 위해 프랑크푸르트 백화점에 폭약을 터뜨려 불을 질렀다. 그후 프랑스 스위스 등으로 도망쳤고, 몰래 독일에 돌아와 은행을 강탈하거나 건물을 폭파했다. 1974년 사르트르는 바더, 울리케 마인호프Ulrike Meinhof, 엔슬린 등 세 사람이 단식 투쟁을 벌이던 감옥을 방문했다. 그는 바더의 행동에 찬성하지는 않았지만 가혹한 감옥의 조건에 대해서는 비판했다. 세 투사는 나중에 집단 자살로 생을 마감했다.

법에 걸렸을 때 당신을 위해 말해 주고 당신과 함께 말해 주며 당신이 말하도록 주선해 주고 당신의 생명과 신분, 그리고 저항의 힘을 지켜 주는 변호사를 갖는 것은 당신의 권리다. …… 이 권리는 추상적인 사법이 아니며 몽상가의 이상도 아니고, 우리의 역사적 현실의 일부이며 결코 무시되어서는 안 된다."[44]

클라우스 크로이산트가 추방되기 위해 감방에서 끌려 나왔을 때 미셸 푸코는 10여 명의 사람들과 함께 감옥문 앞에서 상징적 바리케이드를 쳤다. 경찰은 그들을 난폭하게 해산시켰으며, 푸코는 늑골이 하나 부러지기까지 했다. 며칠 후 여전히 『르 누벨 옵세르바퇴르』에서 푸코는 좌파 지도자들을 강한 톤으로 힐난하면서, 그들에게 좀더 강경한 자세를 취할 것을 요구했다. 특히 클라우스 크로이산트가 파리에서 체포되기 전 그를 '숨겨 준' 것으로 기소된 두 여인을 위해 변론해 줄 것을 요구했다.[45] 법무장관 알랭 페르피트가 고등사범의 옛 동창에게 답하려 했을 때 푸코는 매몰차게 반격을 가했다.[46] 크로이산트가 독일에 인도된 후 푸코는 장 폴 사르트르, 시몬 드 보부아르, 마르그리트 뒤라스 등과 함께 11월 18일 레퓌블리크 광장에서 시위를 주도했다. 우리가 보았듯이 푸코는 독일 변호사에 대한 지지에 몸을 아끼지 않았다. 그는 정말로 참여를 했다. 그러나 그는 자신의

---

44 푸코, 「클라우스 크로이산트를 범죄인으로 인도할 것인가?」Va-t-on extrader Klaus Croissant?, 『르 누벨 옵세르바퇴르』*Le Nouvel Observateur*, 14 novembre 1977.(『말과 글』*Dits et écrits*, tome2, texte n° 210, pp.361~365.)

45 푸코, 「일부 좌익 지도자들에게 보내는 편지」Lettres à quelques leaders de la gauche, 『르 누벨 옵세르바퇴르』*Le Nouvel Observateur*, 28 novembre 1977.(『말과 글』*Dits et écrits*, tome2, texte n° 214, pp.388~390.)

46 푸코, 「알랭 페르피트는 해명한다……. 그리고 미셸 푸코는 답한다」Alain Peyreffitte s'explique……. Et Michel Foucault répond, 『르 누벨 옵세르바퇴르』*Le Nouvel Observateur*, 23 janvier 1978.(『말과 글』*Dits et écrits*, tome2, texte n° 226, pp.505~506.)

투쟁을 법률문제에만 국한시키고 싶어 했다. 변호사는 지지했지만 그의 고객까지 지지할 마음은 아니었다. '테러리스트'로 간주되는 사람들을 옹호한다는 것은 말도 안 되는 것이었다.

그가 들뢰즈를 비난한 것이 바로 이 점이었던 것 같다. 들뢰즈도 클라우스 크로이산트를 옹호했다. 그러나 두 철학자는 서로 다른 청원서에 서명했다. 푸코의 것이 피고인의 권리와 범인 인도 거부에 국한된 반면, 들뢰즈가 펠릭스 가타리와 함께 서명한 청원서는 서독을 경찰 독재국가로 치닫는 나라로 제시했다. 푸코와 들뢰즈의 '반목'이 시작된 것은 아마도 이때부터인 것 같다. 또는 좀더 정확히 말하면 들뢰즈에 대한 푸코의 반감이라고 하는 편이 옳겠다. 왜냐하면 둘 사이에는 감정의 폭발도, 싸움도, 자기 입장의 변명도 없었기 때문이다. 단지 그들의 오랜 공모관계가 끊겼을 뿐이다.

이러한 해석은 1984년 3월 10일자 클로드 모리악의 일기 한 구절이 확인해 주고 있다. 당시 클로드 모리악과 푸코는 구트 도르의 집에서 쫓겨난 이주노동자들 문제에 개입할 방도를 찾고 있었다. 그들은 파리 시장에게 보내는 편지에 서명할 사람을 물색했다. "X라면 적당할 텐데(푸코가 말했다). 그러나 그 사람은 안 돼." 클로드 모리악이 놀란 표정을 짓자 푸코는 이렇게 대답했다. "우린 서로 만나지 않은 지 오래됐어.…… 클라우스 크로이산트 이후부터지. 나는 테러리즘과 유혈을 받아들일 수 없었고, 바더와 그 도당을 인정할 수가 없었어……."[47] 다른 사람 이름은 다 실명으로 거론했음에도 클로드 모리악은 푸코가 언급한 사람만은 이름을 대지 않았다. 그러나 그가 X라고 부른 사람은 질 들뢰즈임에 틀림없다. 나 자신도 푸코

---

47 모리악, 『모리악과 아들: 움직이지 않는 시간 9』, p.388.

가 들뢰즈를 고의적으로 멀리했던 깊은 정치적 동기를 증언할 수 있다. 그는 1980년대 초 몇 번이나 내게 그 얘기를 했었다. 여하튼 푸코와 들뢰즈는 더 이상 만나지 않았다. 그들의 길이 서로 갈렸던 것이다. 각자는 물론 상대방의 기고문과 책을 계속해서 읽었다. 그것이 그들의 유일한 접촉 수단이었다. 푸코가 들뢰즈의 콜레주 드 프랑스 선임에 대한 고려를 거부한 것은 둘 사이의 거리감 때문이었을까? 1982년 콜레주 드 프랑스에 막 진입한 부르디외가 이런 가능성을 떠올리자 푸코는 이렇게 대답했다. "아니야. 그건 말도 안 돼. 나는 들뢰즈를 들여 놓지 않기로 쥘 뷔유맹과 약속했어." 부르디외는 푸코가 경쟁자를 영입하는 것을 피하려 한다고 결론을 내렸다. 이 사회학자는 푸코가 지적인 영역에서의 자신의 위치에 강박감을 느끼고 있었으며, 잠재적 경쟁자에 시선을 고정시키고 있었다고 묘사했다 (틀린 말은 아니다. 그러나 이 말은 부르디외 자신에게도 해당되는 말이었다). 아마도 푸코는 1969년에 자신을 뽑아 주었으므로 그 약속을 지켜야만 하는 어떤 사람에게 충실하기 위해 그렇게 했는지도 모른다.

(몇 년 뒤 푸코가 죽었을 때 부르디외는 콜레주 드 프랑스의 교수회의에서 들뢰즈를 불확정의 지원자로 거론하고, 정식 지원 절차를 밟기 시작했다. 그러나 강한 반발에 부딪쳐 이 단계에는 이르지도 못했다. 잔뜩 기대하고 있던 들뢰즈는 매우 실망했다. 아마 씁쓸함을 느꼈을 것이다. 그는 자기를 생각해 주고, 최소한 후보 지원을 시도했던 부르디외에게 따뜻한 고마움을 표시했다.[48] 그후 1990년대 중반 부르디외가 데리다의 이름을 거론했을 때에도 똑같

---

48 그때 나는 부르디외와 들뢰즈 사이를 중재했다. 부르디외의 노력이 허사로 돌아가는 것이 분명했을 때 들뢰즈는 부르디외에게 고마움을 전해 달라고 내게 전화했다. 이 대화에서 들뢰즈가 극도의 실망감을 느끼고 있음을 감지하고 나는 적잖이 놀랐다.

은, 아주 동일한 불상사가 일어났다.[49])

클라우스 크로이산트가 추방된 지 한 달 후에 푸코는 독일에서 아주 이상한 낭패를 당한다. 1977년 12월 그는 다니엘 드페르와 함께 베를린에 있었다. 그들은 동베를린으로 가고 싶어 했다. 무뚝뚝한 경찰이 그들의 서류를 뒤지고 문서를 복사하면서, 수첩에 적힌 책들의 인용문을 설명하라고 요구했다. 그들은 푸코가 말했듯이 아주 '무서운 느낌'을 받았다. 이틀 후, 이번에는 동베를린에서 그들이 호텔 문을 나오는 순간 경찰차 세 대가 그들 앞에 멈춰 섰다. 그들은 기관총으로 무장된 경찰에 둘러싸였다. 두 팔을 올린 채 몸수색을 당했다. 아침식사 중 울리케 마인호프(Ulrike Meinhof)에 대한 책 이야기를 한 것이 잘못이었다. 누군가가 그들을 밀고한 것이다. 그리고 그들은 신원조사를 받기 위해 경찰서 건물로 끌려갔다.

"우리는 아무것도 한 것이 없었다"라고 푸코는 『슈피겔』지에서 말했다. 우리는 단지 지식인의 모습을 풍겼을 뿐인데 그것이 잠재적 용의자가 된 것이다. 지식인이란 모든 권력에게 있어서 '더러운 종족'에 속한다.[50] 한 달 후 푸코는 금서를 지지했다는 이유로 대학에서 쫓겨난 교수 페터 브루크너를 변호하기 위해 하노버의 얼어붙은 거리를 걷고 있었다(푸코는 나중에 브루크너 팸플릿의 프랑스어판 『국가의 적』에 서문을 썼다).[51] 그러나

---

49 들뢰즈의 지원에 가장 격렬하게 반대한 사람 중에는 몇 년 전 푸코와 폴 벤느의 적극적인 지지로 콜레주 드 프랑스 교수가 된 고대철학 전공자 피에르 아도Pierre Hadot가 있었다. 그는 이 문제로 부르디외와 한바탕 싸움을 벌이기도 했다. 푸코가 그리스 로마 시대의 사상을 연구하기 시작한 것은 고대철학을 '정신적 훈련'으로 규정한 아도의 논문을 읽고 난 후부터였다. 몇 년 전 교수 임용 투표에서 푸코가 아도의 이름을 벤느에게 거론한 것은 바로 이것 때문이었다. 그 당시 폴 벤느도 (장 볼락Jean Bollack의 선출을 막기 위해) 내심 아도를 생각하고 있던 참이었다. 그러나 아도는 매우 보수적인 사람이어서 들뢰즈의 선출에 반대했고, 나중에 데리다의 선출에도 반대했다.
50 푸코, 「우리는 자신을 더러운 동물로 여겼다」Nous nous sentions comme une sale espèc, 『슈피겔』Der Spiegel, 19 décembre 1977. (『말과 글』Dits et écrits, tome2, texte n° 217, pp.415~418.)

지금 이 순간에 그가 만나러 온 것은 아직 '직업에서 쫓겨난' 사람이 아니라 항상 웃음기를 잃지 않는 상냥한 독일 여인이었다. 그는 1978년 1월 서베를린에서 열린 TUNIX 회의(Tunix-Kongress)*에 카타리나 폰 빌로우와 함께 참석했다. 사흘 동안 3천 명의 사람들이 '연대의' 움직임 앞에 열려 있는 모든 투쟁의 가능성을 열렬하게 토의했다. 크로이산트 사건에 대한 들뢰즈와 푸코의 상이한 평가는 결국 정치문제에 대한 그들의 근본적으로 다른 생각이 표출된 것이었다. 푸코와 들뢰즈의 대립은 '신철학파' 논쟁에서 분명하게 드러났다. 들뢰즈는 조그만 책자 안에서 글뤽스망과 그의 떼거리들의 논거가 공허하고 공소한 개념이라고 한마디로 깎아내리며, 그들을 TV에 출연하기만 좋아하는 연예인들이라고 혹평했다. 그는 그들의 말 뒤집기, 그들의 '순교자전' 앞에서 '공포'를 느낀다고 했다. 독설로 가득 찬 그의 글 앞에서 "그들은 시체를 먹고 산다"라고까지 말했다. 이 심한 말들은 1977년 6월 5일자에 나온 것이다.[52] 들뢰즈는 한 달 전에 푸코가 『르 누벨 옵세르바퇴르』에서 글뤽스망의 『사상의 거장들』을 찬양했다는 것을 모르지 않았다. 과거의 과격 마오이스트였던 글뤽스망은 1974년에 현란하게 급선회하며 굴락[Gulag; 소련의 강제수용소]과 전체주의, 그리고 소련을 그토록 전체주의로 이끈 철학자들을 조직적으로 공격하는 일에 나섰다. 푸코는 "이 도망자들, 희생자들, 그러나 항상 고개를 빳빳이 쳐드는 이

---

51 푸코, 「서문」Préface, 페터 브루크너Peter Bruchner와 알프레트 크로보자Alfred Krovoza, 『국가의 적』*Ennemis de l'Ennemi de l'Etat: Mise à l'index de l'ennemi intérieur en R.F.A.*, Claix: La Pensée sauvage, 1979.

* 독일 적군파에 대한 서독 정부의 강력한 경찰력 행사에 대해 자율주의자와 새로운 사회운동 그룹이 조직했던 대회.

52 들뢰즈, 『신철학자들에 대하여, 그리고 좀더 일반적인 문제에 대하여』*A propos des nouveaux philosophes et d'un problème plus général*, 5 juin 1977. 『미뉘』*Minuit*, n° 24, mai 1977의 부록.

불굴의 반항자들 ──다시 말해서 그 '피투성이의 머리들'과 헤겔이 세계의 밤에서 지워 버리고 싶어 했던 다른 백색의 형태들을"[53] 철학적 담론 속에 들여온 것에 대해 그를 치하했다. 이때의 푸코의 선택이 철학적이라기보다는 좀더 정치적 고려에서 나온 것임은 의심의 여지가 없다(그는 글뤽스망을 철학적으로 별로 존중하지 않았기 때문이다![54]). 그러나 그는 미국의 가장 비타협적인 우익 단체 모임 ──소위 '신자유주의' 운동 ──에도 글뤽스망과 함께 동행할 정도였다. 로널드 레이건 대통령 당시 주 UN 미국 대사였던 진 커크패트릭(Jeane Kirkpatrick)이 연사로 나온 강연회가 그것이었다. 그녀는 서구 국가들이 모든 반공 국가들을 지원해야 한다고 역설했다.

푸코는 그러니까 피에르 빅토르와의 대담에서 '병세가 악화된 좌익'이라고 말했던 그런 좌익과는 근본적으로 거리를 두고 있었다. 이 좌익은 실제로 그후 몇 년도 더 지속하지 못했다. 그때 이후 그는 '혁명'이니 '프롤레타리아'니 하는 말을 더 이상 하지 않았고, 예전에 폴란드의 고물가 정부 밑에서 형성되었던 반소비에트주의, 반공산주의의 바이러스가 그의 안에서 더욱 증가하여 나타났다("나는 일차적인 반공주의자다. 왜냐하면 '이차적인' 반공주의는 너무 늦은 것이기 때문이다"라고 그는 농담하기를 즐겨 했다).

들뢰즈에 대한 새로운 불신은 거기서 유래했다. 그는 내게(1980년대

---

53 푸코, 「사실들의 커다란 분노」La Grande colère des faits, 『르 누벨 옵세르바퇴르』*Le Nouvel Observateur*, n° 652, 9 mai 1977. (『말과 글』*Dits et écrits*, tome2, texte n° 204, pp.277~281.)

54 1981년 혹은 1982년 어느 날 저녁 나는 푸코와 함께 저녁식사를 하고 있었는데, 갑자기 전화벨이 울렸다. 글뤽스망의 전화였다. 그는 반응이 별로 좋지 않은 자신의 신간 저서에 대해 서평을 써 달라고 푸코에게 부탁했다. 그 무례함에 당황한 푸코는 (상대방이 끈질기게 부탁해서인지) "아뇨, 그렇게 할 수 없어요……. 그런 일을 하면 오해를 받습니다"라는 말만 되풀이했다. 아닌 게 아니라 1979년에 그의 기고문은 심한 비판을 받았었다. 물론 정치적 이유 때문이지만, 그것은 그가 생각하기에도 기준 미달인 저서의 서평을 약속했던 대가였다.

초였다) "당신도 알다시피 들뢰즈의 모든 입장은 친소비에트적이에요"라
고 말했다. (내가 이 이야기를 부르디외에게 하자, 그는 이렇게 논평했다. "그
건 사실이에요. 하지만 푸코의 모든 입장은 친미국적입니다.") 그럼에도 불
구하고 푸코는 들뢰즈가 프랑스의 "유일한 철학적 두뇌"라고 말했다(물론
1981년에 나온, 프랜시스 베이컨을 다룬 들뢰즈의 『감각의 논리』*Logique de la
sensation*를 도저히 이해할 수 없다는 고백과 함께). 그리고 아마도 그가 죽
기 얼마 전 그의 가장 간절한 소망 중의 하나는 들뢰즈와 화해하는 일이었
을 것이다. 다니엘 드페르가 그것을 잘 알고 있었다. 그는 푸코의 장례식에
서 들뢰즈에게 다가가 그 이야기를 했다. 물론 들뢰즈도 그것을 간절히 원
했을 것이다. 그래서 그는 나중에 지성과 애정이 섬세한 떨림을 보이는 감
동적인 책을 푸코에게 바쳤다. 왜 이 책을 썼는가? "나의 필요성 때문에"라
고 들뢰즈는 대답한다. "그에 대한 존경심으로, 그의 죽음과 그 중단된 작
품에 대한 애석함으로."[55]

---

55 들뢰즈, 「예술작품으로서의 인생」La Vie comme une œuvre d'art, 『르 누벨 옵세르바퇴르』*Le
   Nouvel Observateur*, 29 août 1986.

5장

우리는 모두 지배받는 자들이다

1975년 9월 25일. 마드리드의 커다란 호텔의 로비에서 이브 몽탕이 선언문을 읽는다. "11명의 남녀가 사형선고를 받았다. 특별법원에서 선고를 받았기 때문에 그들은 재판의 권리를 갖지 못했고, 선고의 법적 근거를 따져 물을 권리도 갖지 못했다. 그리고 아무리 무거운 죄를 진 사람에게도 보장되는 법의 보호가 주어지지 않았다. 죄수에 대한 가혹행위를 금지하는 법의 보호도 받지 못했다. 유럽에서는 이러한 권리를 위해 사람들이 항상 투쟁해 왔다. 오늘날에도 그것이 위협받을 때마다 그것을 지키기 위해 투쟁해야만 한다. 우리는 그들의 무죄를 주장하는 것이 아니다. 그럴 수단도 갖고 있지 못하다. 우리는 뒤늦게 관용을 요구하는 것도 아니다. 스페인 체제의 과거가 우리에게 더 이상 이런 참을성을 허용해 주지도 않는다. 우리는 다만 사법의 기본적 규칙이 다른 곳의 사람들과 마찬가지로 스페인 사람들에게도 지켜져야 한다는 것을 요구하는 바이다." 가장 유명한 인사인 이 배우 주위에는 레지 드브레(Régis Debray), 코스타 가브라스(Costa Gavras), 장 라쿠튀르(Jean Lacouture), 로두즈 신부, 클로드 모리악 그리고 미셸 푸코 등이 앉아 있었다. 이 선언문을 기초한 이는 푸코였다.

이 일이 있기 며칠 전에 카타리나 폰 뷜로우가 푸코에게 전화를 걸었다. "뭔가 해야만 해요. 프랑코 독재정부가 이 젊은 투사들을 처형하도록 내버려 두어서는 안 됩니다……." 푸코도 동감이었다. "뭔가 해야만 한다." 하지만 무엇을? 우선 생각해 보는 것이다. 그러나 빨리 생각해야 한다. 바로 다음 날 아침 카타리나 폰 뷜로우의 집에서 모이기로 했다. 거기에는 클로드 모리악, 장 다니엘, 『기독교 증언』(*Témoignage chrétien*)지를 대표한 로두즈 신부, 레지 드브레 그리고 코스타 가브라스가 자리를 함께했다. 이 영화인은 선언문, 시위, 청원서 등이 제대로 표현하지 못하는 연대감을 스페인으로 직접 가서 물리적인 현전성을 통해 효과적으로 증명해 보이자고 제안했다. "푸코는 약간 어처구니없는 이 생각에 매료되었다. 그는 곧 나를 설득하기 시작했다. 그리고 우리는 그 자리에는 없었으나 우리와 생각을 함께할 것이 틀림없는 이브 몽탕의 승낙을 받아 냈다"[1]라고 클로드 모리악은 말한다.

그러나 미셸 푸코는 레지 드브레, 장 다니엘, 코스타 가브라스 등이 제안한 기자회견에 대해서는 별로 내켜 하지 않았다. "우리의 행동을 극적으로 보이게 할 아이디어가 부족하다. 그것이 내포하는 위험성(그렇게 큰 것은 아니지만 그러나 여하튼 그것은 존재한다)에도 불구하고 스페인에 우리가 직접 가는 것은 매우 중요하다. 새롭고, 과거에 한 번도 해본 적이 없는 것이다. 그러나 그것이 고작 기자회견으로 끝난다면……."[2]

푸코는 차라리 거리에서 유인물을 나눠 주는 편을 선호했다. 많은 토론과 주저 끝에 서로 다른 견해의 주역들이 의견의 일치를 보았다. 기자회

---

1 클로드 모리악, 『그리고 희망은 어찌 그리 강렬한지: 움직이지 않는 시간 3』, p.540.
2 같은 책, p.542.

견은 좋다. 그러나 사르트르를 포함한 유명인사들이 서명한 선언문을 길에서 배포하는 일도 병행하는 것이다. 그 유명인사 중에는 아라공도 있었다. 클로드 모리악은 앙드레 말로를 섭외하는 일을 맡았다. 카타리나 폰 뷜로우는 시몬 드 보부아르의 이름을 거론했다가 푸코가 벼락 치듯 화를 내는 것을 보고 깜짝 놀랐다. 지금은 웃으며 말하지만 그 순간에는 그것이 너무나 놀라웠다. "아, 안 돼. 그 여성 인사는. 차라리 내가 빠지겠어." 그는 그때까지도 『망다랭』(*Mandarins*)의 작가가 『말과 사물』의 출판 당시 했던 공격적인 말에 대한 분을 삭이지 못하고 있었던 것이다.

클로드 모리악은 말로의 서명을 받아 냈다. 푸코는 아라공의 것을 받아 냈고……. 마침내 다섯 명의 이름이 호소문 뒤에 나오게 되었다. 앙드레 말로, 피에르 망데스 프랑스, 루이 아라공, 장 폴 사르트르, 프랑수아 자코브(François Jacob)이 그들이다. 그리고 일곱 사람이 이 메시지를 스페인 당국에 전달하는 책임을 맡았다. 장 다니엘은 『르 누벨 옵세르바퇴르』의 기구를 이 민감한 행동에 활용했다. 그러나 그는 이 그룹에 참여할 수는 없었다. 신문사에서 정신없이 바쁜 날인 월요일에 몸을 뺄 수가 없었기 때문이다. 장 라쿠튀르가 여기에 참여하여, 아직 여전히 살기등등한 힘을 발휘하는 파시즘 말기의 나라에서 이 급조된 그룹이 펼치는 활동을 르포 기사로 보도했다. 일곱 시간. 그들은 일곱 시간 이상을 더 버틸 수 없었다. 그것만으로도 이미 상당한 공적이었다. 그들은 유죄선고를 받은 사람들을 구할 수 있다는 희망은 갖지 않았다. 스페인의 수도에서 그들의 분노를 말하는 것으로 족하다고 생각했을 뿐이다.

공항에서 비행기를 타기 직전 푸코는 클로드 모리악과 그의 부인 마리 클로드에게 이렇게 말했다. "앙드레 말로를 학생 때 무척 좋아했었지, 그의 소설 구절들을 줄줄 외울 정도였어……."

마드리드 도착은 아무 문제없이 진행되었다. 기자회견이 시작되었고, 이브 몽탕은 신문기자들 앞에서 프랑스어로 선언문을 낭독했다. 그리고 다음과 같이 끝을 맺었다. "우리는 이 메시지를 전달하기 위해 마드리드에 왔습니다. 문제의 중대성이 우리를 여기로 불렀습니다. 우리가 여기 온 것은 이곳의 위협받는 사람들과의 연대감이 우리의 마음속에서 불러일으킨 분노를 보여 주기 위한 것입니다." 이어서 레지 드브레가 스페인어로 이 선언문을 읽으려는 순간 사복경찰들이 들이닥쳐 그들에게 꼼짝 말고 앉아 있으라고 명령했다. 코스타 가브라스가 통역을 했다. 푸코가 물었다. "우리는 지금 구금상태에 있습니까?" 경찰이 대답했다. "아니요. 하지만 모두 앉아 있어야 합니다." 푸코는 손에 유인물을 들고 있었고, 그것을 뺏으려는 경찰에 저항했다. 반항적 철학자와 질서유지 세력 간에 잠시 동안 승강이가 벌어졌다. 천의 얼굴을 가진 푸코의 또 하나의 얼굴이다.

"창백하고 긴장되고 파르르 떨리고 금방이라도 몸을 솟구쳐 뛰어들 자세로 가장 쓸모없으면서도 멋진 위험한 공격을 감행할 태세였다. 그 거부의 몸짓과 공격성, 용감성은 육체적 반응인 동시에 정신적 원칙에 입각한 것이어서 더욱 위엄 있게 보였다. 그것은 경찰관과의 육체적 접촉은 참을 수 없다는 것, 그리고 경찰로부터 명령을 받을 수는 없다는 결연한 표시였다……."[3] 클로드 모리악의 회상이다.

푸코는 며칠 후 『리베라시옹』에서 이 사건을 다음과 같이 언급했다. "물리력을 행사하는 것이 물론 경찰관의 일이다. 그러나 경찰과 맞서는 사람은 자신의 폭력을 모든 사람이 반드시 복종해야만 하는 질서유지 행위라고 생각하는 그들의 위선을 허용해서는 안 된다. 그들이 표방하는 신념

---

3 모리악, 『그리고 희망은 어찌 그리 강렬한지: 움직이지 않는 시간 3』, p.561.

을 끝장내야 한다."[4] 푸코는 클로드 모리악이 재빨리 제지하면 그제서야 과격한 행동을 멈췄다. 그러고는 그에게 이렇게 투덜거렸다. 왜냐하면 폭력적인 운동에도 불구하고 푸코는 유머를 잃지 않았기 때문이다. "물론 그들이 기관총을 갖고 있었다면 나는 더 빨리 포기했겠지."[5] 이브 몽탕이 스페인 원정에 대해 갖고 있는 가장 생생한 기억도 푸코의 육체적 용기였다. 그 폭발적인 거부의 몸짓, 경찰력과 억압의 행위에 대항해, 다시 말해서 '규율'에 대항해 감연히 일어나려는 그 의지 등은 푸코의 투사적 행위를 말하는 모든 증인들의 한결같은 증언이다.

몇 분 후 기관총으로 무장한 경찰 분대가 대부분이 외국인인 현장의 기자들을 연행하기 시작했다. 그들은 모두 손에 수갑을 찬 채 연행되어 일부는 두 시간 뒤, 다른 사람들은 초저녁에 석방되었다……[6] 똑같은 경찰의 호송을 받으며, 그러나 수갑은 차지 않은 채, 프랑코파 신문 『아리바』(*Arriba*)가 다음 날 아침 그렇게 불렀듯이 그 일곱 명의 프랑스 '외국인 용병'은 호텔을 떠났다. 푸코는 『리베라시옹』에서 그 장면을 이렇게 묘사했다. "이브 몽탕이 마지막으로 나왔다. 그가 호텔 정문의 맨 윗계단에 도착하자 경관들이 계단의 여기저기에 배치되었고, 아래서는 경찰이 자리를 비켜 공간을 만들었다. 호송차가 멀리 보였다. 호송차 뒤에서 수백 명의 사람들이 그들을 지켜보고 있었다. 그것은 램브라키스(Grigoris Lambrakis) 좌익 정당의 의원들이 곤봉에 맞으며 늘상 벌이는 그 「Z」[*][평화운동, 호모

---

4 푸코, 「마드리드로 가자」Aller à Madrid, 『리베라시옹』*Libération*, 24 septembre 1975.(『말과 글』 *Dits et écrits*, tome1, texte n° 158, pp.1628~1630.)

5 모리악, 『그리고 희망은 어찌 그리 강렬한지: 움직이지 않는 시간 3』, p.562.

6 장 라쿠튀르Jean Lacouture, 「시체가 조롱한다」Le Cadavre bafouille, 『르 누벨 옵세르바퇴르』*Le Nouvel Observateur*, 29 septembre 1975.

섹슈얼, 언론의 자유에 대한 운동을 의미하는 램브래키스 운동의 상징] 장면의 반복이었다. 위엄에 가득 찬 몽탕은 머리를 약간 뒤로 젖힌 채 천천히 내려왔다. 우리가 파시즘의 존재를 느낀 것은 바로 그 순간이었다. 마치 수백 번 그런 장면을 보았다는 듯이 무심하게 우리를 바라보고 있는 군중들의 시선이 그것이다. 뭔가 말할 수 없는 슬픔…… 그리고 그 침묵."7

　메시지 전달자들은 공항에 강제호송되었고, 끝이 없을 듯 오랫동안 세밀하게 계속된 몸수색 끝에 파리행 비행기에 태워졌다. 이 순간에 사고가 터졌다. 한 경관이 스페인어로 로두즈 신부에게 욕설을 했다. 그러자 코스타 가브라스가 소리쳐 이렇게 대답했다. "파시즘 타도, 프랑코 타도……." 경관은 그에게 달려들었고 따라오라고 명령했다. 코스타 가브라스는 거부했고, 비행기는 이륙하지 못했다. 지루한 기다림이 시작되었고, 마침내 일이 해결되었다. 비행기는 활주로를 달려 10여 명의 기자와 카메라맨이 기다리고 있는 파리를 향해 날기 시작했다…….

　며칠 후 처형이 임박하게 되자 미셸 푸코, 다니엘 드페르, 클로드 모리악은 조르주 5세 가에 있는 스페인 대사관 앞에 가서 시위를 했다. 그리고 처형이 예정된 날짜인 1975년 9월 29일, 이번에는 각기 분산된 채, 그들은 레퓌블리크 광장에서부터 바스티유까지 이어지는 대규모 시위 행렬에 참가했다. 클로드 모리악이 『드골, 말로, 푸코』(*De Gaulle, Malraux, Foucault*)라는 제목을 붙이고 싶어 했던 그의 일기는 이 행렬 장면에서 끝이 난다. 최루탄이 터지고 기동경찰대가 돌격하던 그 한가운데에서 옛 드

---

* 코스타 가브라스가 1969년 감독한 영화 「Z」는 그리스의 진보 정치인 램브라키스의 암살을 다룬 실화 영화이다.
7 푸코, 「마드리드로 가자」, 『리베라시옹』*Libération*, 24 septembre 1975

골주의자이며, 드골의 비서관이었던 그는 수천명의 극좌 투사들과 함께 주먹을 치켜 들며 구호를 외치고 있었다…….

스페인 대사관 앞에서 한 젊은 투사가 푸코에게 자기들 서클에서 맑스에 대해 이야기해 달라고 청했다. 그러자 푸코는 화를 벌컥 내며 "맑스 얘기는 더 이상 하지도 말게! 그 사람 이름은 듣고 싶지도 않아. 그게 직업인 사람한테나 가 보게. 그걸로 돈 버는 사람들, 거기에 복무하는 사람들한테나. 나는 이제 맑스와는 완전히 손을 끊었어."[8]

그 철학자에게 그런 부탁을 하기에는 때를 잘못 선택한 것 같다. 그러나 이 사건에 대한 클로드 모리악의 말은 그것이 단순한 에피소드가 아님을 알 수 있다. 맑시즘은 파리의 지식인사회에서 격렬한 토론의 주제였다. 1974년에 프랑스에서 나온 솔제니친의 『수용소 군도』(*Arkhipelag Gulag*)는 그 무엇도 막을 수 없는 반맑시즘의 전복세력이 되었다. 지난 30년간 프랑스의 지식사회에서 전지전능의 힘을 갖고 있던 맑시즘, 모든 이론적·정치적 성찰이 거쳐 가지 않으면 안 되는 지점이며 이 시대의 극복할 수 없는 지평이었던 맑시즘은 70년대에 속절없이 허물어져 갔고, ——장기적으로——지식 현장에서 사라져 가는 중이었다.

푸코는 솔제니친의 책에 매우 깊은 인상을 받았다. 1976년 티에리 뵐첼과의 대화에서 그는 "솔제니친을 읽어 봤나요?"라고 물었다. 그 당시 매우 중요하게 된 강제수용소 문학이 화제로 떠올랐을 때였다. "그것이 중요한 이유는 첫째 소련에서부터 온 유일한 문학작품이고, 둘째 아주 짜임새 있게 정치 현실을 다루고 있어서 우리에게 사회주의의 기능이 무엇인지 생각하게 해주기 때문이죠……. 이것은 지난 20년의 기간 동안 일어난 가

---

8 모리악, 『그리고 희망은 어찌 그리 강렬한지: 움직이지 않는 시간 3』, p.581.

장 큰 문학적 사건입니다."[9]

1년 전에 푸코는 『감시와 처벌』의 한 장의 제목을 '감옥 군도(群島)'라고 붙였다. 한 인터뷰에서 밝혔듯이 "솔제니친 때문에"였다. 그리고 "일종의 형벌 체계가 한 사회에 널리 퍼져 있고 동시에 완전히 뒤덮고 있다는 것을 나타내기 위해서"였다.[10]

＊　＊　＊

우정은 어떻게 생겨나는가! 푸코와 몽탕 사이에 시작된 우정은 이 철학자가 죽는 날까지 계속되었다. 그리고 그 우정은 시몬 시뇨레*와의 좀더 각별한 우정으로 한층 두터워졌다. 그들은 자주 만났고 전화도 자주 했다. 그리고 청원서의 서명자 명단에 그들의 이름이 나란히 들어 있는 모습도 자주 볼 수 있었다. "내 꼬마 여자친구"라고 푸코는 이 여배우를 불렀다. "내 여자친구와 점심을 먹었어" 또는 "여자친구한테 전화해야지"라고 말할 때면 사람들은 그것이 '라 시몬'인 줄 알았다. '라 시몬'은 푸코가 그녀에게 붙인 또 다른 별명이다. 1982년에 미셸 푸코와 시몬 시뇨레는 억압받는 나라의 심장부에 들어가 그들의 연대감을 과시하기 위해 베르나르 쿠슈네르(Bernard Kouchner)와 함께 폴란드로 갔다.

이브 몽탕은 자신과 이 철학자와의 관계를 말할 때면 복받치는 감정

---

9 뷜첼, 『20년 후』, p.141.

10 푸코, 「미셸 푸코에게 지리에 대해 묻다」Questions à Michel Foucault sur la géographie, 『에로도트』Herodote, n° 1, janvier-mars 1976.(『말과 글』Dits et écrits, tome2, texte n° 169, pp.28~40.) 푸코는 자기 책의 증보판에서 이 표현을 삭제했다.

＊ 이브 몽탕의 아내이자 연기파 여배우였던 시몬 시뇨레Simone Signoret는 1959년 「다락방」 Room at the Top으로 아카데미 여우주연상을 수상하기도 했고, 말년에는 소설가로 성공적으로 활동하기도 했다.

을 억제하지 못했다. 특히 1981년 올랭피아 회관에서의 공연 직후 푸코가 시몬 시뇨레에게 보낸 편지를 공개할 때 더욱 그러했다. 따뜻한 어조의 편지 속에서 푸코는 이런 멋진 밤을 마련해 준 것에 대해 그들에게 감사하고 이 기회를 빌려 그들에 대한 자신의 커다란 우정을 표현했다. "단순한 회상들에 바쳐진 그 치밀한 완벽성, 그것은 참으로 놀랍고도 감동적이었습니다."라고 푸코는 1981년 10월 14일 몽탕의 공연에 대해 썼다. 이어서 그는 이렇게 말했다. "과거에 맺은 우정들이 많이 있지만 우리의 우정은 그 무엇보다 특별합니다. 몇 년 전부터 그 우정은 내게 매우 소중하게 느껴집니다. 어제 이후로 당신은 몽탕과 함께 나로 하여금 나의 과거, 나의 현재 속의 좀더 많은 것들을 사랑하도록 허용해 주었습니다. 저의 따뜻한 포옹을 보냅니다."

1975~1984년 사이에 그들은 '세계의사회'(Médecins du Monde)의 주도적 인물 중 하나인 베르나르 쿠슈네르와 함께 많은 활동을 조직하고 계획했으며, 많은 청원서와 선언문에 서명했다. 이브 몽탕이 기억하기에 유일하게 그들 사이에 의견이 엇갈렸던 것은 1983년 여름이 끝나 가던 무렵이었다. "앙드레 글뤽스망, 베르나르 쿠슈네르와 내가 카다피에 반대하여 차드 정부에 좀더 강경한 정책을 펴도록 프랑스 정부에 촉구하는 선언문을 기초하던 날이었다. 푸코는 거기에 서명하기를 원치 않았다. 그리고 시몬도 그를 따랐다. 그들은 우리가 전쟁을 요구한다는 인상을 줄지도 모른다고 우려했다."

이브 몽탕, 시몬 시뇨레, 미셸 푸코. 이들은 항상 불의를 고발할 준비가 되어 있었고, 하나의 대의를 위해 싸울 태세가 되어 있었다. 로제 크노벨스피스가 감옥에서 자신의 무죄를 주장했을 때도 이 그룹은 이 죄수를 옹호하는 운동을 폈다. 무장강도 혐의로 15년형을 선고받았는데 이 사람은 자신의 범죄 사실을 부인했다. 800프랑을 강탈한 죄로 15년형을 받은 것이다. 거기에는 충분히 문제를 제기할 만한 근거가 있었다. 외출허가를 받고 잠시 나와서 그대로 탈옥해 버린 그는 몇 번의 무장강도를 저질렀고, 이것은 그도 인정했으며 1981년에 이 건으로 재판을 받았다. 그러나 크노벨스피스는 반항적인 수감자였다. 사법기구에 욕설을 퍼부으며 고래고래 소리를 지르곤 했다. 고등감시구역(Quartiers de Haute Sécurité)에 수감될 만한 죄수였다. 게다가 그는 자기 주장을 널리 알리기 위해 책을 여러 권 쓰기도 했다. 그중 한 권인 『고등감시구역』(QHS)이 1980년에 나왔다. 그 첫 페이지에서 밝히고 있듯이 그것은 "특히 미셸 푸코, 장 주네, 앙드레 글뤽스망, 클로드 모리악, 이브 몽탕, 시몬 시뇨레, 폴 티보의 요청에 의해, 그리고 사법관 노조, 변호사 노조, 민주법학자연합의 도움으로" 출판되었다.

그 책은 미셸 푸코의 서문으로 시작된다. "여기 생생한 자료가 있다. 10여 년 전부터 프랑스에서 하나의 논쟁이 다양한 목소리로 전개되고 있다. 일부 사람들은 이 논쟁에 대해 화를 내고 있다. 그들은 일반인들이 조용히 있는 가운데 법원 자체가 어떤 안을 내어 스스로를 개혁하기를 원하고 있다. 그러나 그것은 바람직하지 않다. 진정한 깊은 변화는 근본적 비판, 단호한 거부 그리고 약해지지 않는 목소리들에서 나오는 것이기 때문이다. 크노벨스피스의 책은 이런 투쟁에 속한다." 그리고 푸코는 감옥과 투옥의 무자비한 논리를 반박한다. "그는 자신이 완강하게 부인하는 혐의사실로 형을 선고받았다. 자신이 유죄라는 것을 인정하지 않는 그가 감옥을 인정할 수 있을까? 그러나 감옥의 메커니즘은 그가 반항을 하므로 그를 고등감시구역에 이감시켰다. 고등감시구역에 이감되었다는 것은 그가 위험하다는 의미다. 감옥에서 '위험'하다는 것은 그가 더 이상의 자유를 갖고 있지 못함을 뜻한다. 그가 부인해 보았자 소용없다. 그가 범죄를 저질렀을 것이라고 그들은 생각하는 거다. 고등감시구역이 그 증거들을 전달해 준다. 예심판사가 충분히 보여 주지 못한 것을 감옥이 보여 주고 있다."[11]

로제 크노벨스피스의 두번째 책인 『악착스러움』(*L'Acharnement*)의 서문은 클로드 모리악이 썼다. 본인이 자백한, 1976년과 1977년에 저지른 여섯 건의 강도 사건으로 그가 1981년에 재판을 받은 것도, 『르 몽드』가 썼듯이 차라리 1972년의 사법적 오류를 바로 세우기 위한 것이었다. 그는 5년형을 선고받았지만 중죄재판소는 대통령 특사를 촉구했고 그것은 이루어졌다. 프랑수아 미테랑 대통령에 의해서였다. 자유의 몸이 된 이 죄수가 1983년에 장갑 화물 운송차를 습격한 혐의로 옹플뢰르 근처에서 다시 체포되었을 때 우익 신문들은 "이 강도를 옹호했던 선언문 서명자들은 다 어디에 갔는가?"라고 빈정거렸다.

대답은 즉각 나왔다. 시몬 시뇨레와 미셸 푸코가 포대 위에 올랐다. 『리베라시옹』에서 푸코는 이렇게 선언했다. "놀랍기로 말하면 나도 놀랐다. 일어난 사건 때문이 아니라 그것에 대한 반응 때문에, 그리고 그 반응이 사건에 덧칠한 외양 때문에 놀랐다. 한 사람이 강도죄로 15년을 선고받았다. 9년 후에 루앙의 중죄재판소는 판결이 너무 지나쳤다고 선언했다. 석방되자마자 그는 또다시 다른 죄목으로 기소되었다. 그러자 모든 언론이 오류, 기만, 속임수라고 외치고 있다. 누구에 반대하여 외치는 것인가? 좀더 이성적인 사법을 요구하는 사람들, 감옥이 원천적으로 죄수를 교화하는 장소가 아니라고 확인하는 사람들에 대해서다. 단순한 몇 개의 문제를 제기해 보자. 어디에 오류가 있는가? 몇 년 전부터 감옥의 문제를 심각

---

11 푸코, 「서문」Préface, 로제 크노벨스피스Roger Knobelspiess, 『고등감시구역』*QHS*, Paris: Stock, 1980, pp.13~14.

하게 제기하는 사람들은 감옥이 '처벌하고 교화하기 위해 설치되었다'라고 말하고 있다. 벌을 준다? 아마 그럴 수 있겠다. 교화한다? 그건 아닌 것 같다. 직업 교육도 없고, 재취업의 교육도 없으며, 그저 '범죄 환경'의 강화가 있을 뿐이다. 수천 프랑의 돈을 훔친 죄로 감옥에 들어온 사람은 감옥에서 큰 도둑이 되어 나갈 가능성이 훨씬 크다. 크노벨스피스의 책은 그것을 잘 보여 주고 있다. 그리고 감옥 안의 감옥인 고등감시구역은 과격파를 만들어 내기에 적격이다. 크노벨스피스도 그것을 말했고 우리도 그것을 말했다. 모든 사람들이 그 사실을 분명히 알고 있어야 한다. 우리가 알고 있는 한 모든 사실들이 그것을 확인해 주고 있다."

무책임한 지식인이라고 말하는 사람들에게 푸코는 단호하게 대답한다. "당신들, 오늘의 범죄가 어제의 처벌을 정당화할 수 있다고 생각하는 당신들은 이성적인 추론의 능력이 없다. 그러나 더 나쁜 것은 우리와 마찬가지로 당신들도 위험한 존재라는 사실이다. 최소한 우리처럼 당신들도 자의적인 힘에 도취되어 잠자고 있는 사법의 피해자가 되기를 원치 않는다면 말이다. 당신들은 또한 역사적 위험물이다. 왜냐하면 스스로의 제도에 대한 연구 없이 한 사회가 지속적으로 생명을 유지할 수 없듯 사법제도도 끊임없이 자신에 대한 성찰을 하지 않는 한 살아남기 어렵기 때문이다."[12]

*　　*　　*

1975년 봄에 출판된 『감시와 처벌』은 대단한 반향을 일으켰다. 그 무엇보

---

12 푸코, 「당신들은 위험하다」Vous êtes dangereux, 『리베라시옹』Libération, n° 639, 10 juin 1983. (『말과 글』Dits et écrits, tome2, texte n° 335, pp.1341~1333.) 1983년에 고발된 이 안건에 대하여 크노벨스피스는 1986년에 무죄선고를 받았다. 그러나 은행강도 사건에서 경찰들과 총격전을 벌임으로써 1987년에 다시 체포되었다.

다도 『르 몽드』 중간의 양면 전체와 『르 마가쟁 리테레르』의 특집호는 특히 중요한 두 지표였다. 만세의 환호성이 채 가라앉기 전에 푸코는 무대 전면에 등장했다. '감옥의 탄생'에 대한 이 위대한 책을 출판한 지 1년 반 뒤 그는 『성의 역사』(*Histoire de la sexualité*)의 출판을 서두르고 있었다. "그 둘 사이에는 무슨 관계가 있는가?"라고 사람들은 물을 수도 있겠다. 그 관계는 분명했고 푸코 자신이 그것을 선언하기도 했다. 그 두 저서에서 그는 '권력'과 그 행사의 양식들에 대해 말하고 있다. 『감시와 처벌』에서 권력이 인체를 강제하는 '규율'의 방식으로 사회 전체를 관통한다는 것을 보여 주었으므로, 이어서 성과 권력의 메커니즘 및 그물망을 연결하는 '장치들', 더 정확히 말해 근대 사회에서 섹슈얼리티가 곧 특정한 개인의 삶의 형태 자체가 되는 방식을 고찰하는 것은 그리 놀라운 일이 아니다. 규율과 함께 이 방식이야말로 권력을 작동시키는 중요한 기능들 중의 하나다.

『성의 역사』는 과거의 연구와 '시사성'이라는 두 종류의 관심이 교차하는 지점에서 생겨났다. 과거의 연구, 우리는 이미 그것을 알고 있다. 1960년에 쓰여진 『광기와 비이성』의 서문에서부터 푸코는 이 주제에 대한 저작을 예고하고 있다(게다가 『광기와 비이성』의 한 장에서는 17세기 사회가 '동성애'적 개인을 만들어 내는 과정에 대해 길게 기술하고 있다. 내가 『게 이 문제에 대한 고찰』에서도 말했듯이 이 기획의 기원이 되는 깊은 동기의 실마리를 거기서 찾아낼 수도 있을 것이다. 오랫동안 발표되지 않았던 한 긴 인터뷰에서 푸코도 그것을 강조하고 있다).[13]

1963년에 바타유에 대해서 쓴 「위반에의 서문」에서도 그 메아리를 찾

---

13 푸코, 「나는 불꽃 제조인이다」Je suis un artificier, 로제 폴 드루아Roger Pol Droit, 『미셸 푸코: 인터뷰』*Michel Foucault: Entretiens*, pp.94~95.

아볼 수 있다. 그 시기에 그는 아직 섹슈얼리티를 금기와 위반의 차원에서만 생각했다. 1965년 브라질에 강연하러 갔을 때 제라르 르브룅에게도 그렇게 이야기했다. 상파울루의 친구에게 『말과 사물』의 원고를 보여 주면서 그는 다음번에는 성의 역사에 대해 쓰고 싶다고 말했다. 그러고는 "하지만 그것은 거의 불가능한 일일 거야. 그에 관한 고문서를 찾기가 어려울 테니까 말이야"라고 덧붙였다. 1969년의 『지식의 고고학』과 1970년의 『담론의 질서』 등에서도 우리는 새로운 메아리를 찾아볼 수 있다.

이 관념은 그러므로 푸코의 초기의 이론적(개인적) 관심에 뿌리가 있으며, 그의 모든 태도를 결정하는 요인이었다. 68년 이후와 1970년대 초의 상황과 맞닥뜨리면서 비로소 그 관념은 끝나게 된다. 이 문제에 대한 푸코의 시선은 더 이상 앞선 10년간의 그것이 아니었다. 이때까지 그의 분석의 중심에 있던 금기, 터부, 억압, 배제, 침묵은 더 이상 섹슈얼리티를 설명하는 단어가 되지 못했다. 오히려 말하라는 명령, 담론화, 담론적 카테고리 설정 등이 성문제와 밀접한 연관이 있게 되었다. 그리고 '억압'과 '터부'의 주체는 결국 섹슈얼리티 장치의 톱니바퀴에 불과한 것으로 간주될 정도였다(이것은 일종의 자가비판으로 읽는 것이 좋겠다). 다시 말하면 '위반적'임을 자처하는 말들이 사실은 사람들을 예속시키는 기술을 작동시키기 위한(즉 성적 개인화의 과정 속에서 복종하는 주체들을 생산해 내는) 권력 쪽의 효과적인 간계라는 것이다.

라이히와 마르쿠제의 영향을 받은(이들의 저서들이 이 시기의 사상에 얼마만큼의 영향을 미쳤는지에 대해서는 오늘날 측정하기가 매우 어렵다) 성적 해방의 이데올로기가 만연했던, 그리고 모든 사유 방식과 행동의 방식에 아마추어적 정신분석의 개념이 침투해 있던 이 시기에 푸코는 이 두 사유의 흐름을 근본적으로 뒤집는 비판 방식을 택했다.

이 두 현상에는 공통점이 있는데 그것은 성에 대한 끊임없는 언급이다라고 푸코는 확인한다. 언제 어디서나 성에 대한 중단 없는 이야기가 있다. 모든 사람들이 성을 이야기한다. 성에 대해 많이 말할 수 없다는 둥, 성은 부르주아 도덕·부부 혹은 가족 모델에 의해 억눌리고 억압되었다는 둥…… 이 도덕으로부터 프로이트는 우리를 조금 해방시켰다고 사람들은 말한다. 그러나 너무 조금, 너무 조심스럽게, 그리고 너무 순응주의적으로 해방시켰기 때문에 정신분석학의 규격화 기능을 또한 비판해야 한다고 또 다른 사람들은 말한다. 그러나 그 방식이 어떠하든 간에 모든 사람들은, 인간의 본질적 진실을 드러내고, 인간에게 미래의 행복의 전망을 제공하기 위해 성에 대해 말해야 한다고 믿고 있다.

이 '억압 가설'에 대해 푸코는 "성을 말할 때 우리는 모두 다소간 어떤 포즈를 취하면서 말한다. 기존 질서에 도전한다는 의식을 갖거나, 자신이 전복적임을 과시하는 어조를 취하거나, 아니면 시대를 앞당기기 위해 현실을 회피하고 미래를 재촉하는 열기를 보이는 것이다. 반항, 약속된 자유, 현재와는 다른 법이 지배하는 새 시대의 도래 같은 것들이 성의 억압이라는 담론 속에 손쉽게 끼어들어 온다. 예언이라는 과거 시대의 기능이 거기서 되살려진 듯이 보인다. 그 잘난 성이여, 안녕."[14]

첫 페이지부터 푸코는 이 '억압 가설'과 그 주위에 무성했던 이론적·정치적 공식들을 날려 버렸다. 그는 무엇을 하고 싶었던가? "한 세기 전부터 떠들썩하게 자신에게 위선의 매질을 가하면서, 자신의 침묵을 장황하게 이야기하고, 자신이 말하지 않는 것을 세세하게 묘사하며, 자신이 행사하는 권력을 비판하고, 자신을 기능하게 해주는 법으로부터의 해방을 약

---

14 푸코, 『앎의 의지』*La Volonté de savoir*, Paris: Gallimard, 1976, pp.13~14.

속하는 그런 이상한 사회를 연구해 보는 것이다. …… 내가 제기하고자 하는 문제는 왜 우리가 억압을 당했느냐는 것이 아니라 왜 우리는 방금 전의 우리의 과거와 현재, 그리고 우리 자신을 부인하면서까지 우리가 억압당했다는 것을 그토록 원망 섞인 어조로 열렬하게 말하는가? 하는 문제이다. 도대체 어떤 나선적 형태의 경로를 통해 우리는 성이 부정되었다고 단정하게 되었으며, 우리가 그것을 감추고 있으며 그것에 대해 침묵을 지키고 있다고 공공연하게 말하게 되었는가? 그것도 명백한 말로, 가장 적나라한 현실 속에서 그것을 드러내 보이면서, 그리고 그 힘과 효과를 실증적으로 증명하면서 말이다. 왜 그토록 오랫동안 우리가 성과 범죄를 연결했는가를 물어보는 것은 매우 정당한 일이다. …… 그러나 또 한편 우리는 오늘날, 예전에 그것을 죄악시했다는 사실에 대해 왜 그토록 죄악감을 느끼는지에 대해서도 자문해 보아야 한다."[15]

그러나 이 '억압 가설'을 자명한 것으로 받아들이지 않는다 해서 그것이 이 가설을 완전히 부정한다는 뜻은 아니다. 푸코는 자신의 작업이 한번 더 역사적·비판적·고고학적·계보학적이기를 바라고 있는 것이다. "우리 사회에서 인간의 성에 대한 담론을 떠받치고 있는 '권력-앎-쾌락'의 체제가 어떤 기능과 존재 이유를 갖고 있는지 알아보아야 할 것이다. 가장 중요한 것(적어도 최초의 심급)은 성에 대해 사람들이 긍정을 했는지 부정을 했는지, 또는 금지시켰는지 아니면 허락했는지, 그것의 중요성을 인정했는지 아니면 그것의 효과를 부정했는지, 성을 지칭하기 위해 사용하는 말들을 벌주었는지 아닌지 등이 아니다. 사람들이 성에 대해 말한다는 사실, 성에 대한 사람들의 관점, 성을 말하도록 부추기는 기관들, 그 말들을 잔뜩

---

15 같은 책, pp.13~17.

쌓았다가 널리 퍼트리는 기관들, 즉 성의 담론화, 전면적인 '담론적 사실'을 고찰하는 것이 중요하다. 그러므로 담론의 생산과 권력의 효과가 성에 대한 진실을 형성했는지 아니면 반대로 그것을 은폐하는 거짓말을 만들어 냈는지를 아는 것은 별로 중요한 문제가 아니다. 중요한 것은 이 담론들의 내용이며 동시에 도구 역할을 했던 '앎의 의지'를 밝혀내는 것이다."[16]

『지식의 고고학』과 『담론의 질서』에서 담론의 희소화 원칙을 조사했던 푸코는 여기서 그 접근방식을 완전히 뒤집었다. 지금 그가 관심을 갖고 있는 것은 '성의 담론화', 말을 하라는 독촉이며 그 독촉의 형태다. 또 (말의) 증식의 역사와 그 역사를 떠받치고 있는 원칙들, 그리고 그 역사가 기대고 있는 심급들이다. 왜냐하면 17세기 이래로 성은 속박의 희생물이기는커녕 '부추김의 메커니즘'에 속해 있었기 때문이다. "앎의 의지는 도저히 제거될 수 없는 금기 앞에서 멈추는 것이 아니라 더욱더 악착같이 앞으로 나아가 결국 성 과학을 형성하기에 이르렀다."[17] 정신분석에 대한 공격은 분명해 보였다. "하급담당자가 다른 사람의 성 고백을 들어 주는 것으로 돈을 버는 직업이 있는 유일한 문명 안에 우리는 살고 있다"[18]고 그는 말했다.

『앎의 의지』는 작은 작품이다. 포켓판과 비슷한 판형으로 200페이지도 채 넘지 않는다. 그러나 그것이 다룬 주제나 언급한 문제들은 그 각각을 분석하기에도 책 한 권씩이 필요할 정도다.[19] 푸코는 콜레주 드 프랑스 지

---

16 푸코, 『앎의 의지』, pp.19~20.

17 같은 책, pp.21~22.

18 같은 책, p.14.

19 이 책 그리고 푸코의 진행 상황에 대해서는 에리봉, 『게이 문제에 대한 고찰』*Réflexions sur la question gay* 제3장 「미셸 푸코의 헤테로토피아」를 참조할 것.

원 당시 자기소개서에서 예고했던 유전에 관한 연구를 거기에 재투입했다. 그는 또한 자유주의, 인구관리, '생명관리-정치학'에 대한 연구의 가설들을 이 증류기 안에 쏟아부었다. 물론 여기서도 정상과 병적인 상태의 분리에 대해 끊임없이 질문을 던지고 있고, 정신의학의 시선 밑에 몸을 웅크린 '변태'를 여전히 환기시키고 있다. 권리와 법과 규범을 논한 몇 페이지는 그 재기발랄함에 찬탄을 금할 수 없다.

그후 수천 번이나 족히 주석의 대상이 되었던 충격적인 경구인 "권력은 밑에서부터 올라온다"도 이 책에서 나온 말이다. 이 문장과 이것이 야기시킨 오해에 관해 푸코는 그것을 거두절미하여 읽어서는 안 된다고 수차 강조해야만 했다. "권력은 밑에서부터 올라온다. 사회가 지배자와 피지배자라는 큰 덩어리로 나뉘어, 위에서 아래로 서로 반항을 일으키며 점차 제한적인 그룹으로까지 내려와 결국 사회조직의 가장 깊숙한 밑바닥까지 내려가는 그러한 전면적 이분법적 대립은 권력관계의 원칙이 아니며 그것의 일반적인 모태도 아니다. 차라리 생산기구나 가족, 또는 제한된 그룹이나 제도들 안에서 형성되고 행사되는 다양한 힘의 관계가 사회조직 전체를 둘로 쪼개는 단절의 효과를 대신하고 있다고 생각해야 한다."[20]

푸코는 『감시와 처벌』의 연장선상에서 이 책에서도 맑시즘의 권력이론을 해체하려 시도했다. 맑시즘은 이 책을 쓸 당시까지만 해도 아직 견고한 삶을 누리고 있었고, 이 책이 출간된 순간부터 동요되기 시작했다.

억압 가설에 대한 비판이 그의 초기 저작들, 특히 『광기의 역사』의 주제에 대한 자가비판으로 여겨지듯이, "권력은 밑에서부터 올라온다"라는 관념도 그의 좌파 시대의 '자발적 혁명론', 또는 '민중의 앎'과 단절하기 위

---

20 푸코, 『앎의 의지』, p.124.

한 도구가 될 수 있었다. 그러나 이 책의 출발점이며 원동력은 정신분석과 푸코의 결별이었다. 특히 라캉적 정신분석과의 결별이었다. 푸코는 "당신은 적수를 잘못 설정했다"는 반박이 나올 것도 잘 알고 있었다.

다시 말하면 억압과 금지를 말하면서 성을 그 굴레로부터 해방시켜야 한다고 말하는 사람들(프로이트와 맑스의 추종자들)과, 법의 차원에서 말하면서 사실은 "법은 욕망과 그 욕망을 성립시키는 결핍을 구성한다"(이것은 푸코가 한 말이지만 누구나 여기서 라캉을 연상하게 된다)라고 생각하는 사람들을 혼동하고 있다는 반박이다. 그러나 사실상 이 두 형태는 서로 밀접하게 연관되어 있다고 푸코는 설명한다. 비록 서로 다른 결론과 정반대의 선택으로 귀결된다고는 하나 그것들이 똑같은 '권력의 표상'을 나눠 갖고 있다. 다시 말하면 유일한 중앙집권적 권력이라는 왕권적 모델에 집착하는 사법-정치적 개념이다.

『말과 사물』이래 얼마나 많은 길을 지나왔는가! 거기서는 세 개의 인문과학이 푸코의 학살을 피할 수 있었다. 민족학, 언어학, 그리고 라캉적인 정신분석이다. 그에게 명성을 안겨 준 이 작품에서 푸코가 고고학적 작업을 진행할 수 있었던 것은 라캉(그리고 레비 스트로스)에서 출발했기 때문이다. 그런데 오늘 그는 『앎의 의지』에서 라캉에 반하여 계보학적 추적을 하고 있는 것이다. 그가 출판하려는 일련의 연구를 '정신분석의 고고학'[21]이라고 제시할 정도였다. 라캉과의 결별인 동시에 그의 분석작업과 반대되는 모든 것들, 예컨대 해방 이데올로기, 프로이트식 맑시즘, 사드와 바타유에서 유래하는 욕망이론 등등과의 결별이었다. 일견 서로 모순되는 원리지만 사실은 이들 사이에 깊은 연관성이 있다고 푸코는 설명한다. 그것

---

21 푸코, 『앎의 의지』, p.172.

들은 한결같이 앎과 권력의 '장치'(dispositifs) 안에 사로잡혀 있다는 것이다. 결국 『말과 사물』이라는 괄호를 지나 푸코는 『광기의 역사』에서 자신이 발전시킨 정신분석을 근본적으로 다시 문제 삼고 있는 것이다.[22]

그의 서로 대립되는 담론들을 푸코는 도대체 어떤 역사적 지점으로 끌고 가 닻을 내리려고 하는가? 그는 시간을 거슬러 올라가는 이 여행이 고백과 고해라는 기독교적 원리에까지 닿을 것이라고 예고한다. "고백은 성에 대한 사실적 담론의 생산을 주관한 일반적 모태였었고 또 지금도 그러하다. 그러나 그것은 세월이 지남에 따라 상당히 변질되었다. 오랫동안 그것은 속죄의 고행 속에 들어 있는 것이었다. 그러나 청교도 혁명, 반-종교개혁, 18세기의 교육학, 19세기의 의학 이래 그것은 조금씩 널리 교회 밖으로 퍼져 나가기 시작했다……."[23] 고해성사 대(臺)에서부터 정신과 병원의 의자에 이르기까지 수세기가 걸렸다고 모리스 블랑쇼는 푸코 작품의 주해에서 말했다. 그러나 고해성사건 정신과의사의 치료 현장이건 간에 성에 관한 고백을 끌어내고, 성 안에서 개인의 비밀 ——그러니까 진실 ——을 해독하려는 악착같음은 똑같았다.[24]

결국 『앎의 의지』에서 우리는 초기부터 푸코의 책에 강박적으로 보이는, 과학의 개념에 대한 회의를 볼 수 있다. 왜냐하면 중세와 16세기의 속죄고행서에 묘사된 단순하고도 독특한 고백의 실천이 나중에 "인구학·생물학·의학·정신의학·심리학·도덕·교육학·정치비평 등의 각기 다른 형

---

22 이 점에 대해서 나는 다음 책들에서 자세히 썼다. 『소수파의 도덕』*Une morale du minoritaire*, Paris: Fayard, 2001; 『정신분석에서 도망치기』*Échapper à la psychanalyse*, Paris: Leo Scheer, 2005.

23 푸코, 『앎의 의지』, p.84.

24 블랑쇼, 『내가 상상하는 미셸 푸코』, p.58.

태를 띠고 담론으로 폭발하는"[25] 현상을 보였기 때문이다. 푸코에 의하면 "근대 서구를 특징짓는, 성에 관련된 이 앎의 의지가 과학적 규칙성이라는 도식 속에서 고백의 의식을 작동시킨 방식들을 표시해 보아야 한다. 성에 관한 고백을 어떻게 해서 이처럼 전통적으로 엄청나게 왜곡시켜 과학의 형태를 만들게 되었을까?"[26] 고백을 과학이라는 새로운 형태 속에서 가능하게 하는 이 모든 '권력장치'에 대한 그의 연구조사에서 가장 중요한 것은 지난 수세기 동안 서구 문화가 이룩한 인간 예속의 거대한 작업이 어떤 것이었는가를 보여 주는 일이다.

예속화, 그것은 두 가지 의미에서의 '주체'(sujets에는 주체와 신민臣民이라는 두 가지 뜻이 있다)의 형성이다. 여기서 우리는 『감시와 처벌』에서 그리 멀지 않음을 느낄 수 있다. 『앎의 의지』는 아주 얇은 책이지만 그 안에는 푸코의 모든 것이 압축되어 들어 있다. 그러나 그의 눈에는 이것이 그의 초기 가설을 증명할 수 있는 일련의 역사적 조사의 서문에 불과한 것이었다. 이 책이 출판되었을 때 그 뒤표지에는 다음과 같은 리스트가 인쇄되어 있었다.

성의 역사

1. 앎의 의지

속편 예고

2. 살과 육체(*La Chair et le corps*)

3. 어린이 십자군(*La Croisade des enfants*)

---

25 푸코, 『앎의 의지』, p.46.
26 같은 책, p.87.

4. 여자, 어머니, 히스테리 환자(*La Femme, la mère et l'hystérique*)

5. 변태(*Les pervers*)

6. 인구와 종족(*Populations et races*)

그리고 책 안에서는 이 모든 것을 마무리하기 위해 『진실의 힘』(*Le Pouvoir de la vérité*)이라는 작품을 앞으로 내겠다고 예고하고 있다.

언제나 그렇듯이 푸코는 이 역사적 조사를 자기 혼자서 직접 할 생각이었다. 그의 역사 연구 방법은 그런 것이었다. 즉 어떤 문제나 어떤 시기에 대한 기존의 연구를 읽는 것만으로는 만족할 수 없고, 자신이 직접 가서 보는 식이었다. 이것이야말로 아마도 푸코가 철학적 사유방식에 도입한 가장 큰 단절일 것이다. 한 인터뷰에서 그는 이렇게 말했다. "오랫동안 '사변적'·이론적 성찰은 역사에 대해서 소원한, 어쩌면 약간 오만한 관계를 유지했다. 철학자들은 생생하고 '정밀한' 1차자료로 간주되는, 그리고 가끔은 매우 수준 높은 역사서를 읽고는 잠시 성찰한 후 자신이 직접 얻은 것이 아닌 진실과 의미를 거기에 부여하기 일쑤였다. 다른 사람의 연구 성과를 자유롭게 사용하는 것은 당연하게 용납되는 관행이었다. 너무나 손쉽게 용납되었으므로 그 누구도 이미 되어 있는 연구 결과를 기초로 자신이 연구를 한다는 것을 감추려 하지 않았고 아무런 부끄러움 없이 그것을 인용했다. 그러나 이제 세상은 달라졌다."

아마도 '맑시즘 쪽에서' 일어나고 있는 변화 때문이었을까? 이제는 더이상 "남들이 저 아래 내려가서 본 사실을 위에 앉아 머리로만 알고 있는 사람들을 신뢰하지 않게" 된 것 같다. 여하튼 그와 똑같은 식의 변화가 "모든 사유의 대상을 손쉽게 역사학자들의 손에서 건네받지 않으려는 풍조를 일으켰다. 역사적 대상에 직접 접근하여 그것을 자신이 정의하기 위해 스스로 찾아나서야 했다. 그것이야말로 우리 자신, 우리의 사상, 우리의 행동에 대한 성찰에 실질적인 내용을 부여하는 유일한 수단이었다. 그것은 또 반대로 역사의 암묵적인 가설에 우리도 모르게 포로가 되지 않기 위한 하나의 방법이었다. 그것은 또한 성찰에 새로운 역사적 대상을 주는 한 방식이기도 했다. …… 이제는 더 이상 역사에 대한 성찰이 아니라 역사 속에서의 성찰인 것이다. 우리의 사유에 역사연구라는 훈련을 부과하는 방법이며, 또 한편으로는 역사연구에 개념적·이론적 테두리의 변화라는 시험을 부과하는 방식이기도 하다." 어떻든, 그리고 이것이 가장 중요한 점인데 "그것은 자기 자신이 해야 할 일이다. 자기가 광산의 밑바닥까지 내려가야 한다. 그것은 많은 시간과 고통을 요하는 일이다."[27]

자신들의 영역에 대한 푸코의 침입에 역사학자들의 반응은 다양했다. 어떤 사람들은 열광했고, 다른 사람들은 회의적인 시선을 보냈으며, 공동 연구가 필요하다는 사람이 있는가 하면 푸코의 생각을 단호하게 반박하는 사람들도 있었다.[28]

『성의 역사』 후속편이 예고되었고, 자료는 이미 다 준비가 되었다. 그의 책상 위에는 각기 정해진 제목과 함께 두툼한 마분지로 덮인 자료 더미가 결정적인 손질의 시간, 즉 푸코의 꼼꼼한 손길이 그것을 집어 들어 그의 특이하고도 아름다운 산문으로 그것을 변형시켜 줄 순간을 기다리고 있었다. 푸코의 원고는 거의 판독이 불가능한 일종의 그래픽과도 같았다. 게다

---

27 푸코, 「역사 제조자들에 대하여」À propos des faiseurs d'histoire, 『리베라시옹』, n° 521, 21 janvier 1983. (『말과 글』*Dits et écrits*, tome2, texte n° 328, pp.1231~1234.)

28 그 반응, 그리고 역사학자들과 미셸 푸코의 논쟁을 알아보려면 미셸 페로Michelle Perrot 편저, 『불가능한 감옥: 19세기 형사제도 연구』*L'Impossible prison. Recherches sur le système pénitentiaire au XIXe siècle*, Paris: Seuil, 1980을 참조할 것. 푸코의 기고문은 『말과 글』*Dits et écrits*, tome2, texte n° 277, n° 278, n° 279, pp.829~853에 재수록되어 있다.

가 빈자리가 없을 정도로 들어찬 덧붙임과 깎아 냄. 그가 말했듯이 "시작, 또 시작"이다. 그러나 그는 빨리 끝내고 싶었다. 일정표를 친구에게 보여 주기까지 했다. 그 일정표에 따르면 석 달에 한 권씩 나와야 했다.

그가 자기 작품에 준 유일한 니체적 제목인 『앎의 의지』는 타는 듯이 생략적이고 냉소로 가득 차 있는, 칼같이 날카로운 글이었다. 푸코가 놀랍게도 글쓰기를 아낀 이 책이야말로 우리 시대의 사유를 가장 많이 '뒤흔들어 놓은' 작품이었다. 푸코가 생각하기에 사람들이 좀 완화적이고 유보적인 듯싶은 반응을 이 책에 대해 보인 것도 그런 이유에서였다.

이 책은 1968년 5월 이후의 좌파 이데올로기에 도전하고 있었다. 푸코는 유행 사조를 거스르고, 당대의 지배 사조에 정면으로 부딪쳐, 사람들에게 그들의 행위와 말의 역사적 진실을 말해 주고 싶었다. 그는 기대 이상의 성공을 거두었다. 자기가 난폭하게 대했던 사람들이 자기에게 와서 고맙다고 말하는 일이 생길지 그가 어떻게 예상이나 했겠는가? 언론의 반응은 대체로 호의적이었다. 너무 호의적이었다는 것이 옳은 말일 것이다. 그는 수많은 인터뷰에서 작품 설명을 했고, 10여 편의 기고문이 푸코의 책을 해설했다. 기껏해야 우리는 거기서 푸코가 말하지 않고 남겨둔 몇 개의 유류분을 간파해 냈을 뿐이지만 말이다.

그러나 그는 자기 주변에서 뭔가 분명치 않은 실망을 감지했다. 특히 자신이 이해받지 못한다는 기분을 느꼈다. 그는 들뢰즈에게 그것을 털어 놓았다.──이때는 1977년 초이므로 두 사람은 아직 결별 상태가 아니었다──들뢰즈는 그냥 혼자서 보기 위해 열다섯 장 정도의 독서 후기를 썼고, 그것을 푸코에게 전달했다. 이 책이 기여한 모든 것, 이 책을 풍요롭고 힘 있게 만들어 주는 모든 것, 그리고 이 새로운 연구와 관련해 자신은 어떤 위치에 있는지, 둘 사이의 차이점은 무엇인지 푸코에게 말하기 위해서였다. 들뢰즈는 거기서 푸코와 나눈 한 대화를 인용하고 있다. "우리가 마지막으로 만났을 때 푸코는 아주 부드럽고 상냥하게 이렇게 말했다. '나는 욕망이라는 말을 참을 수가 없어. 당신이 그 말을 다르게 사용한다 해도 나는 '욕망=결핍' 혹은 '욕망은 곧 억압'이라는 생각과 느낌을 피할 수가 없어.' 그리고 푸코는 이렇게 덧붙였다. '내가 쾌락이라고 부르는 것을 당신은 욕망이라고 부르지. 하지만 여하튼 나는 욕망이 아닌 다른 말이 필요해.'" 이어서 들뢰즈는 다음과 같이 자신의 생각을 써 놓았다. "물론 다시 한번 이것은 단순히 말의 문제가 아닌 다른 문제다. 왜냐하면 나는 '쾌락'이라는 단어를 참을 수 없기 때문이다. 하지만 왜? 내게 있어 욕망은 아무런 결핍도 함축하지 않는다. …… 나는 쾌락에 아무런 실증적 가치를 부여할 수 없다. 왜냐하면 쾌락은 욕망의 내재적 과정을 단절시키는 것으로 보이니까. 나에게 쾌락은 지층(地層)과 생체구조 편에 있는 것으로 보인다……."[29]

이런 지지의 제스처에도 불구하고 푸코는 의기소침해 보였다. 격렬한 공격이 공개적으로 나왔다면 그는 머리를 꼿꼿이 쳐들고 반항하며, 50여 페이지로 "푸코를 잊게"[30] 만들었다고 생각하는 반대자를 촌철살인의 한 문장으로 박살을 낼 수도 있었으리라. 『푸코 잊기』라는 제목의 보드리야르(파시스트적 욕설을 자주 퍼붓던 이 사람이 푸코가 죽었을 때 에이즈에 대한 좀더 일반적인 글에서 평소와는 정반대로 아첨의 언사를 사용한 것은 매우 혐오스럽다[31])의 책이 나왔을 때 푸코는 멋진 일격으로 그를 몰아냈었다. "보드리야르를 기억한다면 그게 바로 나의 결점일 것이다." 그는 보드리야르

---

29 질 들뢰즈, 「욕망과 쾌락」Désir et plaisir, 『광인들의 두 체제: 텍스트와 대담, 1975~1995』, pp.112~122. 인용문은 p.119.
30 장 보드리야르Jean Baudrillard, 『푸코 잊기』Oublier Foucault, Paris: Galilée, 1977.

의 비판에서 거꾸로 자신의 중요성과 영향력을 보았다. "내 이름 옆에 누구 이름을 갖다 놓아도 좋다. 그리고 그 책 옆에서 그 어떤 책이 성공을 거두어도 좋다." 그는 장 폴 아롱과 로제 켐프가 함께 쓴 『페니스 혹은 서구의 타락』에 대해서도 같은 반응을 보였다. 모든 비평가들이 그 책을 반 푸코적[32]이라고 했고, 그 평가가 그 책의 성과를 높여 주었다. 푸코는 그것을 신랄하게 비판했다(장 폴 아롱에 대해서는 교수자격시험 준비 때부터 그를 잘 안다고 말하면서 "아그레가시옹은 정말 웃기는 거야!"라고 웃음을 터뜨리며 말하던 그가 생각난다고 했다).

그러나 결과적으로 그는 상처를 입었다. 환상에서 깨어났다고나 할까. 도대체 무엇이 그토록 푸코를 약하게 만들었는가? 저서와 그 저서들에 대한 공격 때문만은 아니었다. 아마도 그의 측근들의 침묵 때문이었을까? 아무튼 그는 아직 본문의 서문 격인 이 첫 권을 본문 없이 출판한 것을 후회했다. 독일어판 서문에서 그는 그렇게 이야기하고 있다.

후속 출판물의 암시만 하고 있는 책을 마치 조명탄처럼 먼저 불쑥 내놓은 것이 나의 부주의였다는 것을 나는 잘 안다. 그것이 자의(恣意)와 도그마티즘의 인상을 주므로 더욱 위험했다. 가설들은 문제를 일도양단하는 주장처럼 들리고, 분석의 기준은 오해를 불러일으키며, 마치 새로운 이론으로 비칠 수도 있다. 그래서 프랑스에서는 억압 가설 반대투쟁 쪽으로 갑

---

31 반동적 이데올로그로서의 보드리야르, 그리고 그의 의심스러운 글들(추잡한 반여성주의, 병리학적 반동성애 등등)에 대해서는 토마 플로리앙Thomas Florian의 명료하고 가차없는 해설을 참조할 것. 토마 플로리앙, 『보드리야르씨 안녕: 시뮬라크르 없는 보드리야르』*Bonjour Baudrillard: Baudrillard sans simulacres*, Paris: Cavatines, 2004.

32 장 폴 아롱Jean Paul Aron·로제 켐프Roger Kempf, 『페니스 혹은 서구의 타락』*Le Pénis ou la démoralisation de l'Occident*, Paris: Grasset, 1977.

자기 선회한 비평가들(이때까지 이 분야에서 별다른 열성을 보이지 않았던)이 나에게 성의 억압 가설을 부정했다고 비난했다. 그러나 나는 성의 억압이 없었다고 주장한 적은 한 번도 없다. 다만 권력·지식·성의 관계를 판독해 내기 위해 분석 전체를 억압의 개념 쪽으로 향하게 하지 않을 수 없었다. 그리고 또 성의 금지·방해·거부·은폐 등을 좀더 복합적이고 좀더 전면적인 전략에 삽입시켜 생각하지 않는다면 우리는 진실을 잘 알 수 없을 것이라고 생각했을 뿐이다. 이런 현상들의 가장 기본적이고 주요한 목표가 단순히 억압에만 있다고 생각해서는 안 되기 때문이다.[33]

푸코는 독자가 자신의 책을 잘못 읽고, 잘못 이해했다는 씁쓸한 감정을 느꼈다. 그리고 아마도 독자의 애정을 받지 못하고 있다는 생각도. "왜 책을 쓰는지 아는가?"라고 그는 클레르몽페랑의 조교였던 프랑신 파리앙트에게 언젠가 말했다. "사랑받기 위해서야." 1976, 1977년에 그는 정말로 '사랑받지 못했는가?' 『앎의 의지』는 책으로서는 엄청난 성공을 거두었다. 푸코의 책 중 가장 발행부수가 많은 책 중의 하나였다. 1989년 6월 그 부수는 10만 부에 육박한다. 반 포켓판이 나온 현재는 정기적으로 상당량이 팔린다. 출판된 지 몇 년 후 전 세계적으로 알려졌고, 가장 큰 영향력을 행사한 책이기도 하다. 그러나 성공은 가끔 해로운 것일 수도 있다. 이 성공은 푸코를 '위기'로 몰고 갔다. 개인적인 위기, 지적인 위기…….

푸코가 예고한 제목 중 그 어떤 것도 빛을 보지 못했다. 책 뒤표지에 나왔던 리스트는 사문서가 되고 말았다. 들뢰즈가 암시했듯이 그는 아마

---

33 푸코, 독일어판 서문, 「섹슈얼리티와 진실」Sexualité et vérité, 『앎의 의지』Der Wille zum Wissen, Frankfurt: Suhrkamp, 1983.(『말과 글』Dits et écrits, tome2, texte n° 190, pp.138~140.)

도 권력 분석에 너무 함몰돼 있었던 것일까? 그가 일단 자기 계획을 다시 손질해서 이 첫 권의 후속편을 낼 수 있으려면 우선 이 권력과의 대결이라는 주제부터 탈피해야 했다. 그러나 그는 앞에 내세웠던 주제들을 모두 연구하기 시작했고, 몇 개의 저서가 그 흔적을 간직하고 있다.

예를 들어서 그는 알렉시나 B.[34]라는 이름으로 알려진 양성동체의 에르퀼린 바르뱅의 『추억』(*Souvenirs*)을 편집 출판했다. 영어 번역판에 긴 해설문——분명 반(反)정신의학적이다——을 썼는데, 거기서 그는 "우리는 본래 우리가 타고난 성별을 간직할 필요가 있을까?"[35]라고 썼다.

이 책은 프랑스에서 1978년에 『평행 인생』(*Les Vies parallèles*)이라는 제목으로 갈리마르 출판사에서 나왔다. 그 책의 서문에서 푸코는 이렇게 썼다. "고대인들은 뛰어난 인물들의 삶과 비슷한(parallèle) 삶을 살고자 했다. 우리는 수세기를 가로질러 그 예화적 그림자들의 말을 듣고 있다. 평행선(les parallèles)이란 무한대 저편에서 합류하기 위해 만들어진 것이다. 그러나 끊임없이 사이가 벌어지는 또 다른 평행선들을 상상해 보자. 그것들이 한데 만나는 지점은 없고 그것들을 회수할 자리도 없다. 가끔 서로를 비판하는 메아리만 들려올 뿐이다. 그들을 분리시키는 운동 속에서 그들을 포착해야만 할 것이다. 그들이 어둠 속으로 치닫고 있을 때, 또는 '더 이상 이야기할 수 없다'의 단계로 향하고 있을 때, 그리고 '모든 평판'이 사라진 곳에서 그들이 남긴 흔적, 그 한순간의 반짝임을 재발견해야만 한다. 그

---

34 푸코, 「발문」Présenté, 『알렉시나 B.라고 불리는 에르퀼린 바르뱅』*Herculine Barbin dite Alexina B.*, Paris: Gallimard, 1978.

35 푸코, 미국판의 서문, 「진짜 섹스」Le vrai sexe, New York: Pantheon Books, 1980. 프랑스 잡지 『아르카디』*Arcadie*, n° 323, novembre 1980에 "진짜 섹스"라는 제목으로 내용이 약간 추가되어 재수록.(『말과 글』*Dits et écrits*, tome2, texte n° 287, pp.934~942.)

것은 마치 『플루타르크 영웅전』의 이면과도 같다. 그토록 평행선을 긋는 삶이어서 누구도 그것들을 더 이상 한데 합칠 수 없다.”[36]

그는 또한 『앎의 의지』에서 여러 번 언급했던 19세기 영국의 한 방탕자의 수기 『나의 비밀스러운 인생』의 서문도 썼다.[37] 잡지 『카이에 뒤 슈맹』에는 「치욕스러운 인간들의 삶」이라는 제목의 글도 기고했다. 그는 이 글을 같은 제목의 책에 서문으로 사용할 요량이었다. 이 책에서 그는 이상한 사람들, ‘거의 허구적인’ 존재들을 등장시키고, “어둠 속 인간들의 전설을 만들기 위해 몇 가지 기초 자료를 수합”하고 싶다고 예고했다.[38] 이 책도 출판되지 않았다. 적어도 예고된 형태로는 나오지 않았다. 글은 “재가 되어 버린 치욕적 인생”의 유일한 흔적인데, 그러한 글 뒤에 숨은 비장한 유령들에게 말을 시키겠다는 것이 그의 의도였기 때문이다.

우리가 들어서 그들의 속마음을 간파할 수 있는 유일한 말은 그들이 분노와 절망의 몸짓 속에서 권력과 나눈 말일 뿐이다. 즉 ‘이 불행한 사람들’이 다른 ‘불행한 사람들’로부터 자신들을 보호해 달라고, 또는 가족이나 이웃 등 자신의 세계에서 뒤죽박죽이 된 모든 것에 질서를 바로 잡아 달라고 왕에게 청원하는 때의 말일 뿐이다. 그런 서류 중의 일부를 우리는 『가족들의 무질서』에서 찾아볼 수 있다. 이 책은 1982년 아를레트 파르주와의 공동편저로 나온 것인데 ‘바스티유 고문서실’에서 발굴한 ‘봉인장’의 모음이었다.[39] ‘바스티유 투옥자들’에 대한 책을 쓰겠다는 계획을 세운 지 20년

---

36 『알렉시나 B.라고 불리는 에르퀼린 바르뱅』에 미셸 푸코가 쓴 뒤표지 소개문.(『말과 글』*Dits et écrits*, tome2, texte n° 223, p.499.)

37 푸코의 「서문」*Préface*, 『나의 비밀스러운 인생』*My Secret Life*, Paris: Les Formes du secret, 1977.(『말과 글』*Dits et écrits*, tome2, texte n° 188, pp.131~132.)

38 푸코, 「치욕스러운 인간들의 인생」La Vie des hommes infâmes, 『카이에 뒤 슈맹』*Cahiers du chemin*, n° 29, 15 janvier 1977.(『말과 글』*Dits et écrits*, tome2, texte n° 198, p.237~253.)

만에 '아카이브' 총서에서 결국 그것은 나왔다.

＊　＊　＊

1976년 12월 17일 루브르 박물관에서 특별히 마련된 TV 프로그램 '아포스트로프'의 공개강좌에서 베르나르 피보는 깜짝 놀라며 이렇게 말했다. "아니 당신의 책에 대해 정말로 말하고 싶지 않다는 겁니까?" "네. 그렇습니다"라고 미셸 푸코가 대답했다. "글을 쓰는 것은 다소간 그렇게 생각하고 있기 때문이기도 하고 또한 더 이상 그것을 생각하지 않기 위해서이기도 하지요. 책을 한 권 끝낸다는 것은 더 이상 그것을 볼 수 없다는 뜻이기도 합니다. 그 책을 사랑하는 동안 책을 쓰지요. 그러나 일단 그것을 사랑하기를 그치면 그때 그 책을 쓰는 일도 그칩니다." 그러고 나서 더 주목받아야 할 다른 책이 있다고 말했다. "내가 사랑하는 책은 말해진 것, 행위들, 자료, 슬픔, 고난 등등 요컨대 현실의 단편들이 짜깁기된 그런 책입니다."

　　저자? 찾을 필요도 없다. 그것은 단순히 용의자 스테른(Mikhaïl Stern) 박사 자녀들의 용기 덕분에 서방세계로 나올 수 있었던 소련 재판기록을 담은 녹음테이프일 뿐이다. 책의 제목이 말하듯이 '일상적인 재판'(procès ordinaire)일 뿐이다. 이 사람에게는 이스라엘로 이민 가고 싶어 하는 두 아들이 있었다. 전후(戰後)부터 공산당원이 된 스테른 박사에게 KGB는 이 망명을 막아 달라고 요구했고, 그가 거부하자 그는 소위 '사법적으로 해석' 되었다. 뇌물죄로 기소된 것이다. 10여 명의 검찰 측 증인이 이것을 확인

---

39 아를레트 파르주Arlette Farge와 미셸 푸코 편저, 『가족들의 무질서: 바스티유 감옥 고문서 보관소의 봉인 문서』*Le Désordre des familles. Lettres de cachet des archives de la Bastille*, Paris: Gallimard-Julliard, 1982.

했다. 그러나 공판 도중 그들은 말을 뒤집어 스테른 박사의 무죄를 입증했다. 그러나 그는 이미 8년간의 강제노동형을 선고받은 뒤였다.[40] 이것이 푸코가 말하고자 하는 책이었다. 소련의 '일상적' 현실에 대한 결코 평범하지 않은 자료였다. 방송은 '인간의 미래'를 주제로 하지 않았던가? 물론이다. 그러나 달 위에 처음으로 내딛은 인간의 발자국도 중요하지만 "진실이 무엇인지를 말해 주는 남자와 여자들의 발자국도" 잊어서는 안 된다. 인체를 내리누르는 국가권력에 맞서 '아니요'라고 말할 줄 아는 개인들의 저항을 또한 잊어서는 안 된다. 『나, 피에르 리비에르: 내 어머니와 누이와 남동생을 죽인』에 관한 토론에 참석해 줄 것을 요청한 『라 누벨 크리티크』지에게 푸코는 이렇게 대답했다. "나는 이 책에 대해 토론하고 싶지 않다. 차라리 스테른 박사 사건에 대한 글을 하나 쓰고 싶다." 그러나 이 제안에 대한 답은 없었다. 미셸 푸코는 '동구권 국가의 반체제 인사들'을 돕기 위한 노력에 힘을 아끼지 않았다. 1977년 6월 레오니트 브레즈네프(Leonid Brejnev)가 파리에 왔을 때 언제나 그렇듯이 그는 '뭔가 하기를' 원했다. 피에르 빅토르와 함께 프랑스 지식인과 소련의 반체제 인사들을 한데 모으려는 계획을 추진했다. 푸코가 놀라운 추진력으로 이 모든 것을 주선했다. 초대장에는 12명이 서명했는데 그중에는 사르트르, 프랑수아 자코브, 롤랑 바르트 등이 있었다. "레오니트 브레즈네프가 프랑스에 발을 딛는 순간 6월 21일 오후 8시 30분 레카미에 극장에서 동구권 반체제 인사들과 회합을 갖는 장소에 귀하를 초대합니다." 정해진 시간에 사르트르가 시몬 드 보부아르의 부축을 받으며 홀에 들어섰을 때 이미 이오네스코가 자리에 앉아 있

---

40 미하일 스테른 외Mikhaïl Stern et al., 『소련의 일상적인 재판: 비밀 기록』*Un procès ordinaire en URSS*, Paris: Gallimard, 1976.

었다. 이것은 모든 증인들에게 강한 인상을 남겨 준 장면이다. 거의 장님이 된 병든 노인이 전설적 여인의 안내를 받으며 들어오는 광경. 레오니트 플리우츠(Léonid Pliouchtch), 앙드레 시냐프스키(André Siniavski), 앙드레 알말리크(André Amalrik), 블라디미르 부코프스키(Vladimir Boukovski) 등 수많은 반체제 인사들이 그 자리에 모습을 보였다. 그리고 소련 탈출에 성공한 미하일 스테른도 나왔다. 극장 안으로 사람들을 안내한 것은 푸코였다. 청중의 수는 상당히 많았고, 프랑스 및 외국의 TV 방송 카메라맨의 수도 상당했다. 푸코는 또 플레벨 관에서 열린 집회에도 참가했다. '예술작품 불법 거래와 동성애'의 죄목으로 소련 법정에서 몇 년간의 감옥형을 선고받은 아르메니아 영화인 안드레이 파라자노프(Andreï Paradjanov)를 지지하는 가두 시위에도 참가했다.

＊　　＊　　＊

1979년 3월 푸코는『현대』지가 피에르 빅토르의 제안으로 주최한 이스라엘-팔레스타인 심포지엄을 위해 자기 아파트를 빌려 주었다. "그의 거실에는 책상, 의자, 녹음기 등이 배치되었다"고 시몬 드 보부아르는 썼다. "몇 가지 기술적인 어려움에도 불구하고 첫 모임이 3월 14일에 열렸다. 사르트르의 짧막한 연설로 회의가 시작되었다……."[41] 그러나 푸코는 회의에 참석하지 않았다. "그는 우리에게 집을 내어 주었지만 토론에 참가하는 것은 원치 않았다"라고 에드워드 사이드는 말했다.[42] 게다가 시몬 드 보부아르와 에드워드 사이드의 말을 믿는다면 이 심포지엄은 '엉망'이었다.

---

41 보부아르, 『작별의 예식』, p.144.
42 솔랄, 『사르트르, 1905~1980』, p.650에서 인용.

＊　　＊　　＊

푸코와 사르트르. 1979년 6월 20일, 이들은 다시 또 만났다. 이번에는 **보트 피플**을 구하는 문제였다. 베르나르 쿠슈네르와 일단의 의사들이 자기 나라에서 도망치려는 베트남인들을 돕기 위해 비동 섬 앞에 '빛의 섬'이라는 이름의 배를 정박시키는 데 성공했다.

그러나 쿠슈네르와 그의 친구들은 말레이시아와 타이의 수용소 사이에 항공편을 마련하기를 원했고, 서구 국가들에 통과 수용소를 설치하기를 원했다. 뤼테시아 호텔에서 기자회견이 있었다. 연단 위에서는 장 폴 사르트르와 레몽 아롱의 재회가 글뤽스망의 중개로 이루어지고 있었다. 30년간의 결별이 끝나는 장면이었다. 특히 1968년에 사르트르가 고등사범 동창인 아롱에게 심한(그러나 충분히 받을 만한) 욕설을 퍼부으며 결별한 지 10년 만이었다. 며칠 후 사르트르와 아롱은 나란히 지식인 사절단의 일원으로 발레리 지스카르 데스탱 대통령을 만나러 갔다. 대통령은 그들에게 "공허한 약속만을 했다"고 시몬 드 보부아르는 썼다(그러나 그녀는 "신문들이 그처럼 떠들썩하게 대서특필했던 아롱과의 만남에 사르트르는 아무런 중요성도 부여하지 않았다"[43]고 덧붙여 말했다).

뤼테시아 호텔 회의장에서 기자회견이 진행되는 동안 미셸 푸코는 로비에서 이브 몽탕, 시몬 시뇨레와 함께 "프랑스에 정식 피난민 수용소를 설치할 것을 지스카르 데스탱에게 촉구하는" 메시지를 낭독하고 있었다. 아롱과 사르트르가 약간 실망하여 엘리제궁에서 나온 후 새로운 기자회견

---

43 보부아르, 『작별의 예식』, p. 146. 다음 책들도 참조할 것. 레이몽 아롱, 『회고록』(*Mémoire*, Paris: Julliard, 1983), pp. 711~712. 모리악, 『어린아이 눈 속의 아버지의 웃음: 움직이지 않는 시간 7』(*Le Rire des pères dans les yeux des enfants: Le Temps immobile 7*, Paris: Grasset, 1981), pp.503~505.

을 위해 그들을 콜레주 드 프랑스로 맞이한 것도 푸코였다.

그는 이 활동에 많은 노력을 기울였다. 1978년 11월에 '베트남을 위한 배 한 척' 운동의 발기위원이기도 했다. 1981년에는 '해적 행위를 반대하는' 기자회견을 제네바에서 열었다. 그는 거기서 일종의 인간권리장전이라고 할 수 있는 선언문을 낭독했다.

"그것이 누구에 의해 저질러지든, 그리고 그 희생자가 누구이든 간에 모든 권력 남용에 반대하여 분연히 일어나 의연하게 자신의 권리와 의무를 주장할 수 있는 국제 시민권이 이 지구상의 모든 사람들에게 주어져 있습니다. 결국 우리는 모두 피지배자며, 그런 점에서 강한 연대감을 느낍니다. 사회의 행복을 책임진다는 미명하에 모든 나라 정부들은 자신들의 결정이 야기한, 그리고 자신들의 태만이 허용한 사람들의 불행을 손익계산으로만 따지는 권력 남용을 저지르고 있습니다. 그들의 책임이 아니라고 결코 말할 수 없는 많은 사람들의 불행을 그 정부들의 눈과 귀가 보고 들을 수 있도록 만드는 것이 우리 세계 시민의 의무입니다. 사람들의 불행이 결코 말없는 정치적 쓰레기가 되어서는 안 됩니다. 권력자에 대항하여 말할 수 있는 절대적 권리의 기초가 바로 그것입니다. 흔히 사람들이 우리에게 제안하는 임무의 분산, 즉 개인들은 분노하고 말하며, 정부는 숙고하고 행동하는, 그런 식의 임무 분산을 거부합시다. 피지배자들의 성스러운 분노를 사랑하는 착한 정부가 있는 것도 사실입니다. 다만 그 분노가 서정적일 때만 그러하다는 것이 문제이지만. …… 정부가 독점하고자 하는 현실 속에 개인들의 의지를 새겨 넣읍시다. 정부로부터 이 독점을 매일같이 조금씩 빼앗아 내야 하겠습니다."[44]

---

44 푸코, 「정부들에 대적하는 인권」*Face aux gouvernements, les droits de l'homme*, 『리베라시옹』

＊　　＊　　＊

1980년 4월 19일 토요일 아침 카타리나 폰 뷜로우가 푸코에게 전화를 했다. "사르트르의 장례식에 갈 건가요?", "물론이지"라고 푸코가 대답했다. 몇 시간 후 거대한 장례행렬 속에서 그들은 나란히 걷고 있었다. 2만 혹은 3만 명의 사람들이 몽파르나스 묘지까지 영구차를 따라갔다. 사람들이 흔히 말하듯이 "68년 5월의 마지막 데모"인 셈이다. 푸코는 카타리나 폰 뷜로우 그리고 클로드 모리악과 이야기를 하며 걷고 있었다. "우리는 사르트르 이야기를 하고 있었는데 그는 '젊었을 때 그와 그가 대표하는 모든 것, 예컨대 『현대』지의 테러리즘 같은 것에서 나는 거리를 두고 싶었어'라고 말하는 것이었다."[45] 카타리나 폰 뷜로우의 말이다.

Libération, 30 juin 1984.(『말과 글』*Dits et écrits*, tome2, texte n°355, pp.1526~1527.)

45 다니엘 드페르가 '클로드 랑즈만Claude Lanzmann에게 보낸 편지'에 의하면, 푸코는 사르트르의 장례식에 갈 거냐고 묻는 드페르의 질문에 퉁명스럽게 "왜, 나는 그럴 의무가 없는데"라고 대답했다는 것이다. 사르트르가 국제적 차원에서 프랑스의 참여 지식인을 대표하는 인물이라는 점을 들어 그에게 장례식에 참석하도록 종용한 것은 바로 드페르 자신이었다고 한다.(「사르트르를 증언하다」Témoins de Sartre, 『현대』*Les Temps Modernes*, tome2, octobre-décembre 1990[특별호], pp.1201~1206.)

6장

맨손으로 하는 저항

테헤란으로 가는 비행기 안에서 미셸 푸코와 티에리 뵐첼은 불안해지기 시작했다. '검은 금요일' 사건이 일어난 지 며칠 되지 않은 그 나라에서 그들은 무엇을 발견할 것인가? 1978년 9월 8일 군대가 군중에 발포했다. 거의 4천 명이 죽었다. 동요하는 왕정이 저지른 학살은 전 세계의 경악과 분노를 야기시켰다. 파리에서는 인권단체, 노조, 좌익 정당들을 중심으로 항의시위가 벌어졌다.

푸코는 이번의 이란 여행을 언론 취재 차원에서 성사시켰다. 1977년에 이탈리아의 일간지 『코리에레 델라 세라』(*Corriere della sera*)지의 사장이 푸코에게 칼럼을 맡아 달라고 부탁했다. 그러나 푸코는 철학이나 문화에 대한 칼럼을 쓸 생각이 전혀 없었다. 그래서 그는 기사의 방식을 현장취재로 바꾸면 어떻겠느냐고 제안했다. 일부에서 말하듯이 그것은 그가 원고 청탁을 거절하는 한 방식이었을까? 아니면 또 다른 사람들이 생각하듯이 『앎의 의지』가 실패라고 느끼고 있던 그가 몸을 좀 움직여 파리를 벗어나고 싶은 욕구를 느꼈던 것일까? 여하튼 『코리에레 델라 세라』지는 그의 제안을 받아들였다. 언론의 경험은 그에게 낯선 것이 아니다. 앞에서 우리가 보았듯이 그는 『리베라시옹』의 창간에 깊이 관여했고 『르 누벨 옵세르바퇴르』에도 오랫동안 정기적으로 기고했었다. '취재'에 대해서는 그의 '좌익' 시기, 특히 감옥정보그룹 활동을 하는 동안 충분히 익힌 바 있다.

우선 해야 할 일은 작은 팀을 구성하여 가동시키는 일이었다. 왜냐하면 그는 집단적 작업을 좋아했기 때문이다. 그는 티에리 뵐첼에게 그것을 주선하도록 했다. 티에리 뵐첼 말고도 푸코는 그 당시 자기와 친하게 지내던 몇몇 사람들을 불렀다. 그중에는 앙드레 글뤽스망과 젊은 평론가인 알랭 핑켈크로트(그도 역시 옛 마오이스트다)[1]가 있었다.

『코리에레 델라 세라』에서 그가 밝힌 르포 기사에 대한 생각은 이러했다. "현대 세계는 어디선가 생겨나 활동하다가 사라져 버리고는 또는 어느 땐가 다시 나타나 사람과 사물을 뒤흔들어 놓는 이념들이 우글거리고 있다. 그것은 단지 지식인사회에서만 생겨나는 것도 아니고, 서유럽의 대학에서만 생겨나는 것도 아니다. 그것은 전 세계적인 차원에서, 특히 이때까지 말하는 습관이 없었고, 남에게 자기 말을 듣게 만들 줄 몰랐던 소수파

---

[1] 마오이즘에서 전향한 수많은 푸코의 제자들(앙드레 글뤽스망André Glucksmann, 프랑수아 에발드 François Ewald, 알랭 핑켈크로트Alain Finkielkraut 그리고 그 외 수많은 사람들)의 공통적인 궤적을 따라가 보는 것도 무용한 일은 아닐 것이다. 그들 중 일부는 반동에 가까운 우파가 되거나 지적 능력이 하락하여 지식인에 합당한 수준에서 한참 떨어져 내려갔는데, 그 우울한 현상을 감추기 위해 그들은 푸코와의 관계를 내세우기를 좋아한다(그들을 '사상가'라고 굳이 불러야 한다면 제5지대의 사상가라고 하는 게 좋겠다). 푸코는——그가 1984년에 죽었다는 것을 상기하자——이 두번째의 양상을 일찍이 감지하고 있었음에 틀림없다. 그가 섣부르게 신뢰를 표했던 에발드가 공부를 소홀히 한다고 자주 화를 냈으며, 핑켈크로트의 저서들에 대해 가혹하게 비판하곤 했다. '부정(否定)주의' (négationnistes) 이론이 좌파에서 빠져나온 사람들에 의해 주창되고 있다는 데 대해 많은 사람들이 놀라고 있을 때 푸코는 특정의 좌파 전통과——특히 19세기의——반유대주의의 연관성을 연구하는 책을 하나 쓰라고 핑켈크로트에게 종용했다. 몇 달 후 그 책이 나왔을 때 그는 내게 이렇게 말했다. "진지한 연구를 하는 줄 알았지. 그런데 이런 날라리 속임수라니!" 『르 몽드』가 이 논문을 극찬하는 기사를 쓰자 푸코는 이렇게 코멘트했다. "만일 내가 그런 책을 썼다면 『르 몽드』는 '무슨 이런 형편없는 글이 있는가?'라고 썼겠지."

그룹에서 생겨나고 있다."

그리고 그는 덧붙여 말한다. "지식인들이 생각하는 것 이상으로 많은 이념들이 있다. 그리고 그 이념들은 '정치가들'이 생각하는 것 이상으로 적극적이고 강하며 저항적이고 열정적이다. 이념이 생겨나는 곳, 그것들이 폭발하는 현장을 목격해야만 한다. 그것을 말하는 책 속에서가 아니라 그것들의 힘이 표출되는 사건들 속에서, 그리고 그 이념들의 주변에서, 그것들에 찬성하며 또는 반대하며 펼쳐지는 투쟁들 속에서 그것을 직접 보아야 한다. 지금 세계를 움직이는 것은 이념들이 아니다. 그러나 세계를 지배하는 사람들, 또는 하나의 생각만을 가르치려는 사람들에 의해 세계가 수동적으로 움직이지만은 않는 것은 이 세계가 이념을 가지고 있기 때문이다(또는 끊임없이 이념들을 만들어 내고 있기 때문이다). 이것이 '르포르타주'에 대한 우리의 생각이다. 이 르포르타주에서는 사람들의 생각에 대한 분석이 현장에서 실제 일어나는 사건에 대한 분석과 깊이 연결될 것이다. 지식인들은 이념과 사건이 교차되는 지점에서 기자들과 함께 작업을 벌일 것이다."[2]

이란으로 떠나기 전에 푸코는 1965년에 파리로 망명 온 이란인 아흐마드 살라마티안(Ahmad Salamatian)과 여러 차례 만났다. 그는 '제3공화국'풍의 자유주의적이며 비종교적인 중도 좌파 정당 민족전선 운동에 속해 있었다. 그 자신의 정의로는 "민족해방 차원에서의 급진 사회당"적 성

---

2 푸코, 「사상의 르포르타주」Les Reportages d'idées, 『코리에레 델라 세라』*Corriere della sera*, 12 novembre 1978. 알랭 핑켈크로트가 카터의 미국에 대해 쓴 기사를 소개하는 텍스트다.(『말과 글』 *Dits et écrits*, tome2, texte n° 250, pp.706~707.) 『말과 글』에서 이 기사를 제시하는 도입부에 의하면 수전 손택Susan Sontag의 베트남 르포, 조르주 상프룅Jorge Semprun의 스페인 르포 등 일련의 르포르타주가 예정되어 있었다고 한다. 그런데 푸코의 기사 말고는 핑켈크로트의 미국 르포와 글뤽스망의 보트 피플 르포만 게재되었다.

격이라는 것이었다. 그것은 1953년 민주화의 경험이 실패했을 당시의 모사데크(Mohammad Mossadegh)의 당이었다. 푸코와 사라마티앙은 변호사인 티에리 미뇽(Thierry Mignon)과 그의 부인 실비 미뇽의 도움으로 만났다. 그들은 자신들이 적극적으로 참여했던 감옥정보그룹과 이민자 옹호운동 시기에 푸코를 알게 되었다. 그들은 또한 이란의 정치범 옹호운동에도 참여했는데, 여기서 미뇽 변호사는 인권단체를 위해 몇 가지의 정보를 얻어내는 임무를 수행했었다.

1971년 이래 푸코는 이 위원회의 활동에 직접 참여하지는 않았지만 성명서의 서명자 중 한 사람이 되었다. 특히 1966년 이 위원회를 창설한 장 폴 사르트르의 이름 옆에 나란히 그의 이름이 보였다. 예를 들면 1976년 2월 4일 『르 몽드』에는 "18명의 반파쇼 혁명투사들이 방금 처형된 이란에서의 명백한 인권침해에 대해 프랑스 정부가 침묵을 지키는 것에" 항의하는 성명서가 나왔다. 그 서명자 중에는 장 폴 사르트르, 시몬 드 보부아르, 프랑수아 미테랑, 미셸 로카르, 리오넬 조스팽, 장 피에르 슈벤망, 이브 몽탕, 클로드 모리악, 질 들뢰즈 그리고 미셸 푸코 등이 있었다. 1978년 한 해 동안 내내 샤 체제(Reza Shah; 샤는 페르시아왕의 존칭)에 대한 봉기가 엄청난 규모로 확대되었고, 9월 초에 정부의 탄압은 대학살로 이어졌다.

아흐마드 살라마티안은 푸코에게 책과 자료를 주고, 거기서 만나야 할 사람들의 명단과 주소, 접촉 장소 등을 알려 주었다. 그리고 며칠 후 푸코는 이란 땅에 발을 디뎠다. "만일 당신이 등화관제가 내려진 공항에 도착하면 택시 한 대가 쏜살같이 달려와 당신을 태우고 갈 것이다. 거리는 텅 비어 있을 것이다. 자동차는 자동소총으로 무장한 사람들이 지키고 있는 바리케이드 앞에서만 속도를 늦출 것이다. 운전수가 그것을 보지 못하고 지나가면 큰일 난다. 총알이 날아올 것이기 때문이다. 완전히 정적 속에 잠긴 레자 샤 대로에는 마치 죽은 사람의 손목시계가 그렇듯이 초록색, 빨간색의 교통신호등이 쓸데없이 깜박거리고 있을 것이다. 이것이 샤의 분할 없는 통치의 현장이다."[3]

푸코는 다음 날부터 작업에 착수하여 취재를 시작했다. 그러나 반체제 종교지도자들과의 접촉은 매우 어려웠다. 그래서 그는 우선 반체제 민주투사들을 만났고, 앞으로 예고되고 있는 힘의 시련 속에서 군대가 담당할 역할을 알아내기 위해 군인들도 만났다.

"친구들이 테헤란 교외의 고도로 안전한 지역에서 나에게 반체제 군인들과의 만남을 주선해 주었다. 혼란이 심해질수록 정부는 질서유지를 군대에 맡길 수밖에 없겠지만 군대는 그럴 준비도, 그럴 역량도 없다고 그들은 내게 말했다. 그리고 군인들은 곧 자기들이 진압해야 하는 대상이 국제 공산주의가 아니라, 만일 군인이 아니었다면, 자신들도 그들의 일원이 되었을 거리와 시장의 장사꾼, 하급 종업원, 실업자들이라는 것을 곧 깨닫게 될 것이다."[4] 푸코는 리포터로서의 작업을 계속했다. '체제'를 강력하게 비판하는, 다시 말해서 "근대화-독재-부패의 전체"를 비판하는 야당 지도자 중 한 사람과 이야기를 하면서 그는 2~3일 전의 거리 산책을 떠올렸다. "8일간의 파업 후 간신히 문을 연 시장을 거닐고 있을 때 갑자기 주위 경치가 미세한 부분으로 내 주의를 끌었다. 가게 앞 진열대에 괴상한 모습의 재봉틀이 높고 부자연스럽게 10여 대씩 줄지어 있었는데, 거기에는 마치 19

---

3 이 구절은 『코리에레 델라 세라』 10월 1일자에 게재된 기사의 끝 부분이다. 그러나 이것은 (너무 길었기 때문에) 기술적인 이유로 인해서 (푸코의 동의하에) 삭제되었다.

4 푸코, 「군대: 땅이 흔들릴 때」L'armée: Quand la terre tremble, 『코리에레 델라 세라』*Corriere della sera*, 28 septembre 1978. 여기서는 프랑스어 원본 원고를 인용했음.(『말과 글』*Dits et écrits*, tome2, texte n° 241, pp.662~669.)

세기 신문 광고에서 볼 수 있을 것 같은 당초문 장식의 테두리와 고대 페르시아 세밀화를 거칠게 모사한 덩굴풀과 꽃봉오리가 그려져 있었다. 서구의 구시대적 표지와 오리엔트의 낡은 표지를 간직하고 있는 이 물건들은 모두 '메이드 인 사우스 코리아'라고 표기되어 있었다. 그때 나는 이란의 최근 사태가 그 나라의 가장 뒤떨어진 그룹이 근대화 앞에서 뒷걸음질을 치는 것이 아니라 근대화 자체가 구시대로의 회귀이며, 온 국민과 온 문화가 그것을 거부하고 있다는 것을 알게 되었다. 샤의 불행은 이 구시대로의 회귀와 일체를 이루고 있다는 점이었다. 그의 범죄는 더 이상 과거를 원치 않는 현재 속에서 과거의 조각들을 부패와 독재의 힘으로 유지시키려는 것이었다."

푸코는 자기가 듣고 본 모든 것에서 교훈을 끌어냈다. "사회 개혁과 정치적 구호로서의 근대화는 이란에서는 과거회귀다. …… 임종의 순간에 이른 현재의 이란 사태에서 우리는 60년 전에 첫선을 보였던 시도를 다시 볼 수 있다. 즉 이슬람 국가를 유럽식으로 근대화시키려는 시도다." 푸코는 다음과 같은 말로 기사를 끝맺었다. "유럽에 앉아서 이 오래된 나라의 너무 현대적인 군주의 행, 불행을 말하지 않기 바란다. 이란 현지에서 낡은 것은 바로 샤이다. 그는 50년, 1백 년 뒤떨어져 있고, 약탈 군주 시대의 나이를 갖고 있다. 자기 나라를 세속화와 근대화에 의해 개국시키려는 낡은 꿈을 간직하고 있다. 오늘날 과거회귀(archaisme)는 바로 그의 근대화 계획이며, 독재의 무기이고, 부패의 체계다."[5]

---

5 푸코, 「샤는 100년 늦었다」Le shah a cent ans de retard, 『코리에레 델라 세라』Corriere della sera, 1 octobre 1978. 프랑스어 원본 원고. 제목은 『코리에레 델라 세라』 신문이 붙인 것. 푸코는 기사 머리에 「근대화의 사중(死重)」Le Poids mort de la modernisation이라는 제목을 붙였음.(『말과 글』Dits et écrits, tome2, texte n° 243, pp.679~683.)

푸코는 야당 지도자들과 정치인을 만나는 데 만족하지 않았다. 학생들, 거리의 사람들, 그리고 죽을 각오가 되어 있다고 선언하는 젊은 이슬람 신도들의 이야기를 듣고 싶어 했다. 집회가 허가된 유일한 장소인 묘지와 대학 그리고 회교 성당 문앞을 찾아 다녔다. 그는 아야톨라(Ayatollah; 회교 지도자) 샤리아트 마다리(Shariat Madari)를 만나기 위해 티에리 뵐첼과 함께 길을 나섰다. 콤에 있는 그의 집은 '인권옹호위원회'[6] 투사들의 은신처이기도 했다. 거기서 그는 메흐디 바자르간(Mehdi Bazargan)과도 애기를 나누었는데 그는 나중에 아야톨라 호메이니(Ayatollah Ruhollah Khomeini)가 이란에 돌아온 후 수상이 된 사람이다. 아야톨라 마다리의 집은 접근이 그리 용이하지 않았다. 권총과 소총을 두 손에 움켜쥐고 있는 군인들이 집 앞 거리를 감시하고 있었다. 일주일 내내 푸코는 듣고 보며 정보를 수집했다. 보는 것마다 꼼꼼하게 기록했고 끊임없이 걸어다녔다. 그는 모든 것을 보고 모든 것을 알고 싶어 했다. 그토록 피곤한 나날을 지낸 후 푸코는 완전히 지쳐 떨어졌다고 티에리 뵐첼은 회상한다.

그들이 도착하기 며칠 전에 탄압으로 희생된 사람들을 추모하는 예식이 전국의 모스크에서 열렸다. 그날 몰라(Mollah; 회교 종교 지도자의 호칭)들이 예배식에서 말한 저주의 설교들은 녹음테이프에 수록되어 전국에 유포되었다. 그래서 푸코는 "마치 플로렌스의 사보나롤라, 뮌스터의 재침례 교파들, 그리고 크롬웰시대의 장로파 신도들의 목소리처럼 무시무시한"[7] 그 목소리들의 메아리를 도처에서 들을 수 있었다. 만나는 사람마다 푸코

---

6 푸코, 「이란인들은 무엇을 꿈꾸는가?」À quoi rêvent les Iraniens?, 『르 누벨 옵세르바퇴르』*Le Nouvel Observateur*, 16 octobre 1978. 10월 22일자 『코리에레 델라 세라』*Corriere della sera*에 게재될 기사를 수록하면서 9월 28일과 10월 8일자 기사 중 일부를 덧붙였다.(『말과 글』*Dits et écrits*, tome2, texte n° 245, pp.688~694.)

는 이렇게 질문했다. "당신은 무엇을 원하십니까?" 그러면 어김없이 대답은 "이슬람 정부요"라는 것이었다.

푸코는 이란에서 일주일간을 보냈다. 파리로 돌아오자 그는 꼼꼼한 사실과 일화를 깊은 성찰과 함께 유려한 문장으로 엮어 낸 기사를 네 편 썼다. 그것은 1978년 9월 28일부터 10월 22일까지 『코리에레 델라 세라』지에 실렸다.[8] 10월 16일자 『르 누벨 옵세르바퇴르』지에는 그것을 요약하여 실었는데 그 기사는 다음과 같이 끝을 맺고 있다.

"역사의 여명기에 고대 페르시아는 나라를 구상하여 그 방법을 이슬람교도들에게 가르쳐 주었다. 그래서 이슬람의 행정관들이 칼리프에서 상급관리가 되었다. 그러나 바로 이 이슬람에서 페르시아는 국가의 권력에 항거할 무한한 수단을 자기 국민에게 주는 또 하나의 종교가 생겨나도록 했다. '이슬람 정부'라는 이 의지 속에서 우리는 화해와 모순을 보아야 할까, 아니면 새로운 시대를 향하는 문턱을 보아야 할까? …… 그 땅과 지하를 차지하기 위해 전 세계가 전략적 각축을 벌이고 있는 이 지역 사람들에게 있어서 그들의 생명의 희생까지도 감수하며 **정치적 영성**(spiritualité politique)을 추구한다는 것은 어떤 의미를 갖고 있는 것일까? 이런 영성 정치의 가능성을 우리 서구인들은 르네상스 시대 이래, 그리고 기독교가

---

7 푸코, 「테헤란: 샤에 대항하는 신념」Téhéran: La foi contre le shah, 『코리에레 델라 세라』 *Corriere della sera*, 8 octobre 1978. 푸코가 붙인 제목은 「이란, 이맘(Imam, 회교국 주권자의 존칭)을 기다리며」Iran: Dans l'attente de l'Imam였다.(『말과 글』*Dits et écrits*, tome2, texte n° 244, pp.683~688.)

8 푸코, 「군대: 땅이 흔들릴 때」, 『코리에레 델라 세라』*Corriere della sera*, 28 septembre 1978; 「샤는 100년 늦었다」, 『코리에레 델라 세라』, 1 octobre 1978; 「테헤란: 샤에 대항하는 신념」, 『코리에레 델라 세라』, 8 octobre 1978; 「선지자로의 회귀」, 『코리에레 델라 세라』, 22 octobre 1978.(『말과 글』*Dits et écrits*, tome2, texte n° 241, n° 243, n° 244, n° 245.)

커다란 위기를 맞았던 역사적 사건들 이래 완전히 잊어버리지 않았는가. 벌써 나는 프랑스인들의 조롱 섞인 웃음소리를 듣는 듯하다. 그러나 나는 그런 프랑스인들이 잘못 생각하고 있음을 잘 알고 있다."[9]

＊　　＊　　＊

위엄에 가득 찬, 늙은 한 종교지도자가 천천히 걸어나와 정원의 사과나무 밑에 자리를 잡고 앉았다. 그의 주위에는 10여 명이 둘러앉아 그의 말을 듣고 있었다. 아주 조용한 음성이지만 그것은 전 세계에 수천 번의 반향을 울리며 메아리치고 있었다. 아야톨라 호메이니는 1978년 10월 7일부터 파리 교외의 한 작은 동네인 노플 르 샤토에 정착했다. 이란에서 10년간의 망명 생활을 한 지 14년 만이었다. 유럽 전체에서 모든 성향의 이란 반체제 학생들과 망명객들이 그를 보러 왔다. 유럽인들도 있었는데 그들은 대부분 신문기자들이었다. 비교적 초기에 그를 찾은 기자들 중에는 『리베라시옹』기자 시절의 피에르 블랑셰와 클레르 브리에르가 있었다. 그들과 함께 미셸 푸코도 왔다. 피에르 블랑셰와 클레르 브리에르는 아야톨라가 파리에 도착하기 며칠 전에 벌써 그 소식을 귀띔받을 수 있었다. 그들에게 그것을 알려 준 사람은 망명정부의 지도자 중 한 사람이며, 호메이니의 '정신적 아들' 중의 한 사람이고, 당시 파리 교회 카샹에서 오랫동안 살고 있던 아볼 핫산 바니사드르(Abol Hassan Bani Sadr)였다. 그는 일련의 사건들 후에 이슬람 공화국의 과도 대통령이 되었었고, 아야톨라 호메이니에 의해 해임된 후 다시 파리 근처에 와 살았다. 피에르 블랑셰와 클레르 브리에르는,

---

9 푸코, 「이란인들은 무엇을 꿈꾸는가?」, 『르 누벨 옵세르바퇴르』*Le Nouvel Observateur*, 16 octobre 1978.

역시 르포 기사 취재를 위해 이란에 갔을 때 사귄 푸코에게 전화했다. 그리고 그들은 그와 함께 아야톨라를 기다리기 위해 카샹에 있는 바니사드르의 집으로 갔다. 푸코는 바니사드르와 이런저런 이야기를 나누다가 아야톨라가 샤를 비판하는 너무 요란한 성명서를 내지 않는 게 좋겠다고 부탁했다. 왜냐하면 그가 프랑스에서 즉각 추방될 염려가 있기 때문이었다. 그날 저녁 푸코는 아야톨라의 모습을 먼발치에서만 보았다. 다음 날 노플에서도 마찬가지였다. 신문기자들이 몰려들었기 때문이다. 며칠이 지나서야 그들은 호메이니를 만날 수 있었다.

이란에서 사람들의 열광을 확인한 후 미셸 푸코가 이 사람을 얼마나 만나고 싶어 했을지 우리는 짐작할 수 있다. 이 사람의 이름 하나만으로 이란의 수많은 도시에서 수백 만의 사람들이 움직였으며, 그 밀물과도 같은 사람들의 물결은 독재의 기관총도 막을 수 없었다. 새로운 정착지에 자리를 잡자마자 호메이니는 곧 푸코가 『르 누벨 옵세르바퇴르』지에 썼듯이 "모든 걸 뒤집어 엎었다." 그는 "안 돼"라고 말했다. "일체의 화해도 안 되고, 일체의 타협도 안 돼"였다. 선거도 필요 없고 연립정부도 필요 없었다. 샤가 떠나야만 했다. 그게 전부였다. 그리고 그는 샤가 자기 체제를 살리기 위해 내놓은 해결 방안에 동조하는 모든 정치인을 자신의 운동에서 제외시키겠다고 위협했다. 노플 근처의 활기와 '이란의 중요 인사들'의 부산한 왕래가 이 자명성을 증명해 주었다. 아야톨라 호메이니의 강경성은 전혀 그를 주변으로 소외시키지 않았다. 소외시키기는커녕 모든 사람들이 "15년 전부터 망명생활을 하고 있는 이 노인과 그를 간구하는 민족 사이에 흐르는 신비한 흐름을" 분명하게 확인할 수 있었다. 이란의 상황은 "전통적인 두 가문(家紋)을 가슴에 단, 다시 말해서 왕과 성자 사이의 대결전에 달려 있는 듯했다. 무기로 무장한 군주와 아무것도 없는 유배자, 맨주먹을 쳐

들고 자신에게 대항하는 사람들 앞에 선 군주와 자기 국민들로부터 갈채를 받는 지도자. 이 이미지는 그 자체의 매력을 갖고 있지만 그러나 이것은 엄연히 수천 명의 죽음이 방금 날인 서명한 현실이다."[10]

푸코가 아흐마드 살라마티안, 티에리 미뇽과 함께 노플을 방문했을 때 조그만 사건이 하나 일어났다. 호메이니 측근의 한 몰라가 베일을 쓰지 않았다는 이유로 독일의 여기자를 들어오지 못하게 했다. 아흐마드 살라마티안이 항의했다. "우리 운동에 그런 이미지를 주려는 거요?" 아야톨라의 아들과 사위가 중간에 끼어들어 몰라의 지나친 행동을 나무랐다. 그렇게 해서 그 여기자는 들어올 수 있었다. 돌아오는 차 안에서 아흐마드 살라마티안과 티에리 미뇽 그리고 미셸 푸코는 그 사건에 대한 이야기를 했다. 푸코는 이란에서 베일의 착용이 정치적 행동과 직결되어 있는 것을 보고는 깜짝 놀랐었다고 말했다. 베일을 착용하는 습관이 없던 여성들이 시위에 참여하기 위해 반드시 베일을 썼다는 것이다.

*　　*　　*

얼마 후 푸코는 이란에 다시 가기로 결심했다. 그전에 바니사드르와 한참 의논을 했다. "미셸 푸코가 카샹의 내 집으로 찾아와 우리는 같이 작업을 했다. 그는 어떻게 해서 이 혁명이 외세에 대한 의존 없이 전개되는지, 그리고 도시들이 서로 멀리 떨어져 통신에 어려움이 있는데도 불구하고 어떻게 온 나라가 일시에 봉기할 수 있는지를 알고 싶어 했다. 그는 권력의 개념에 대해 깊이 생각했다"라고 바니사드르는 회상한다.

---

10 푸코, 「이란인들은 무엇을 꿈꾸는가?」, 『르 누벨 옵세르바퇴르』*Le Nouvel Observateur*, 16 octobre 1978.

첫번째 방문을 마친 지 한 달 후 푸코는 두번째로 테헤란에 갔다. 여전히 티에리 뷜첼과 동행했다. 그러고는 곧 취재를 시작했다. 그는 파업 중에 있는 다양한 범주의 직업인들을 만났다. 테헤란의 현대적 아파트에 살고 있는 이란 항공의 비행기 조종사처럼 중간계급의 '특권층'도 만나 보고, 또는 수천 킬로미터 떨어진 남쪽 아바단 정유소의 노동자도 만나 보았다.

이 일련의 르포 기사.——1978년 11월, 『코리에레 델라 세라』에 실렸던 기사 네 개[11]를 끝마친 후 푸코는 '거의 신비로운 인물'인 호메이니의 역할에 대해 다음과 같이 고찰했다. "자기 나라의 온갖 언론매체의 지원을 받는 그 어떤 국가원수, 그 어떤 정치 지도자도 오늘날 자신이 그와 같이 강렬하고도 친밀한 애착의 대상이라고 자부할 수 없다. 이 끈끈한 애정의 관계는 아마도 다음과 같은 세 가지 사실에 기인하는 것 같다. 우선 호메이니가 현장에 **없기** 때문이다. 15년 전부터 그는 망명생활을 하고 있으며 왕이 하야하기 전까지는 귀국하지 않을 생각이다. 두번째는 호메이니가 **아무런 말도 하지 않기** 때문이다. 그는 '안 돼'라는 말 이외의 아무 말도 하지 않는다. 샤도 안 되고, 정부도 안 되고, 외세 의존도 안 된다. 마지막으로 호메이니가 **정치인이 아니기** 때문이다. 호메이니 당은 없을 것이고 호메이니 정부도 없을 것이다. 호메이니는 집단의지를 결집시키는 하나의 구심점일 뿐이다."

---

11 푸코, 「맨손으로 하는 저항」Une révolte aux mains nues, 『코리에레 델라 세라』*Corriere della sera*, 5 novembre 1978.(『말과 글』*Dits et écrits*, tome2, texte n° 248, pp.701~704.); 「반대에 대한 도전」Défi à l'opposition, 『코리에레 델라 세라』*Corriere della sera*, 7 novembre 1978.(『말과 글』*Dits et écrits*, tome2, texte n° 249, pp.704~706.); 「이란의 저항이 카세트테이프로 널리 유포되다」La révolte iranienne se propage sur les rubans des cassettes, 『코리에레 델라 세라』*Corriere della sera*, 19 novembre 1978.(『말과 글』*Dits et écrits*, tome2, texte n° 252, pp.709~713.); 「저항의 신비한 지도자」Le chef mythique de la révolte, 『코리에레 델라 세라』*Corriere della sera*, 26 novembre 1978.(『말과 글』*Dits et écrits*, tome2, texte n° 253, pp.713~716.)

그리고 푸코는 다음과 같이 이란의 운동을 정의했다. "자신들을 내리 누르는 엄청난 무게를 맨손으로 들어 올리려는 사람들의 봉기다. 세계 전체의 질서라는 그 무게는 우리 모두를 짓누르고 있지만 특히 제국 국경의 농부며 석유 노동자인 그들을 더욱 힘겹게 짓누른다. 아마도 지구 전체의 체제에 대항하는 역사상 처음의 봉기가 아닐까. 그야말로 가장 현대적인 형태의 저항이다. 그리고 가장 무모한 저항이기도 하고."[12]

두번째 르포 기사가 나가기도 전에 프랑스 신문들에는 격렬한 반대의 견이 실렸다. 『르 누벨 옵세르바퇴르』에는 푸코가 그 주간지 10월 16일자에 쓴 기사를 보고 격분한 이란 여자의 편지가 실렸다. "25년간의 침묵과 억압 후에 이란 국민은 겨우 사박(Savak; 비밀경찰)과 광신 사이에서 하나를 선택해야만 한다는 말인가?" 그리고 그녀는 이렇게 계속해서 썼다. "영성(spiritualité)이라고? 민족의 근원으로의 회귀라고? 사우디아라비아도 이슬람이라는 똑같은 근원에 물줄기를 대고 있다. 도둑과 연인들의 손과 머리가 땅에 떨어지고 있다. 휴머니즘 병에 걸린 서구의 좌익들은 이슬람을 바람직한 것으로 생각하는 듯하다. ……그럼 우리들은! 나와 같은 많은 이란 사람들은 '이슬람 정부'라는 생각에 당혹하고 실망한다. 그들은 그게 무엇인지 잘 알기 때문이다. 이란 주변국가 어디서나 이슬람이 봉건적 억압과 유사 혁명의 바람막이 역할을 하고 있다. 튀니지, 파키스탄, 인도네시아 그리고 이란에서 이슬람교가——오호 통재라——재갈 물린 민중의 유일한 표현수단이 되고 있는 것은 사실이다. 서구의 자유주의적 좌익들은 약동의 욕구로 몸부림치는 이 사회에서 이슬람의 법칙이 얼마나 납덩이

---

12 푸코, 「저항의 신비한 지도자」. 푸코가 붙인 제목은 「이란의 광기」La folie de l'Iran. 여기서는 프랑스어 원고에서 인용.(『말과 글』*Dits et écrits*, tome2, texte n° 253, pp.713~716.)

처럼 숨 막히는 덮개가 될 것인지를 알아야 하며, 현재의 상태보다 훨씬 더 나쁜 처방에 유혹되지 말 일이다.”

푸코는 이에 대해 즉각 대답을 했으며 그것은 바로 다음 호인 1978년 11월 13일자에 실렸다. “이란에서 사람들이 ‘이슬람 정부’를 외치며 시위를 하고 또 죽어 갔으므로 이 말에 주어진 내용이 무엇인지, 그리고 어떤 힘이 이 말에 영혼을 불어넣고 있는지를 알아보는 것은 나의 기본적인 임무였다. 게다가 나는 별로 설득력이 없는 듯이 보이는 몇 개의 요소를 지적하기도 했다. 마담 H의 편지를 보면 그녀는 내 문맥을 잘못 읽은 것 같다. 나는 그것에 대해서 답하지 않겠다. 그러나 그 편지는 두 가지의 참을 수 없는 사실을 담고 있다. ① 이슬람의 모든 측면, 모든 형태, 모든 잠재적 가능성들을 광신이라는 해묵은 비난 속에 싸잡아 거부하며 그것을 한꺼번에 경멸하고 있다. ② 모든 서구인들이 이슬람교에 관심을 보이는 것은 회교도들에 대한 경멸 때문이다라고 의심한다(그럼 이슬람교를 무시하는 서구인에 대해서는 어떻게 말할 것인가?). 정치 세력으로서의 이슬람교의 문제는 우리 시대와 미래의 아주 근본적인 문제다. 손톱만큼의 지성이라도 가지고 그 문제에 접근하려면 첫번째 조건은 아무런 증오도 개입시키지 않는 것이다.”[13]

푸코는 계속해서 이란에 관심을 가졌다. 아야톨라 호메이니가 2월 1일 파리를 떠났을 때 몇몇 신문기자들이 함께 비행기를 탔다. 그들 중에는 세르주 쥘리와 클레르 브리에르도 있었다. 세계적 차원의 이 사건을 지켜

---

13 「한 이란 여인이 편지를 쓰다」Une Iranienne écrit, 『르 누벨 옵세르바퇴르』*Le Nouvel Observateur*, 6 novembre 1978; 푸코, 「한 이란인 여성 독자에게 보내는 답장」Réponse à une lectrice Iranienne, 『르 누벨 옵세르바퇴르』*Le Nouvel Observateur*, 13 novembre 1978.(『말과 글』*Dits et écrits*, tome2, texte n° 251, p.708.)

보기 위해 푸코는 공항에 나갔다. 1979년 2월 13일 그는 『코리에레 델라 세라』지에 새로운 기사를 썼다. 왕은 하야했고 아야톨라 호메이니는 조국에 돌아갔다. 수백만 명의 이란인들이 "호메이니, 마침내 귀국"을 외치며 공항에서 테헤란 시내 중심까지 그를 호송했다. 푸코는 미래를 점쳐 보았다. 그는 앞선 기사에서 다음과 같이 썼었다. "나는 미래의 역사를 쓸 자신이 없다. 과거를 미루어 미래를 예견하는 일도 서툴다. 그러나 나는 현재 일어나고 있는 일을 포착해 보려 한다. 왜냐하면 지금 결말이 난 것은 아무것도 없고, 주사위는 아직도 구르고 있기 때문이다. 아마도 이것이 신문기자의 작업일 것이다. 그러나 나는 그것도 역시 신참자임에 틀림없다."[14]

이란에 대한 마지막 기사에서 그는 자기 눈앞에서 전개된 운동에 대한 다음과 같은 고찰로 그의 긴 연재 기사의 끝을 맺었다. "이 사건이 역사적으로 중요한 것은 그것이 기존의 '혁명적' 모델에 부합해서가 아니다. 차라리 그것은 중동의 정치적 조건, 다시 말해서 세계 전략의 균형이라는 조건을 뒤흔들어 놓을 가능성 때문이다. 이때까지 운동에 강한 힘을 불어넣어 주었던 그 독자성은 앞으로 다른 지역에까지 확장시키는 힘이 될 것이다. 가장 허약한 체제를 뒤엎으면서, 그리고 가장 강력한 체제를 위협하면서 앞으로 이 지역 전체를 불 지르게 될 운동은 아마도 '이슬람' 운동일 것이다. 단순히 종교만이 아니라 삶의 방식이며 역사와 문명의 산물인 이슬람교는 수많은 사람들의 거대한 화약이 될 것이다. 바로 어제부터, 이제 모든 무슬림 국가는 그들의 유구한 전통에서 출발하여 내면으로부터의 혁명을 이룰 수 있을 것이다."[15]

푸코가 이란 혁명을 분석하기 위해 저널리즘의 외도를 감행한 일은

---

14 푸코, 「저항의 신비한 지도자」, 『코리에레 델라 세라』*Corriere della sera*, 26 novembre 1978.

그 당시에도 그리고 그 이후에도 수많은 논쟁의 대상이었다. 그러나 그 당시 푸코의 이 참여(engagement)를 논평한 사람들 중에서 이탈리아 신문에 연재된 그의 기사를 전부 다 읽은 사람은 찾아보기 쉽지 않았다. 그것은 1994년 『말과 글』 속에 수록되기 전까지는 프랑스어로 번역되지 않았기 때문이다. 그리고 원본은 『코리에레 델라 세레』의 문서보관소(1989년 이 책의 초판을 준비할 때 나는 거기서 이 원고를 찾아냈다. 그리고 내가 발췌한 부분이 나중에 거의 미발표 원고의 전부가 되었다)에서 오랫동안 잠자고 있었다. 푸코 자신이 이 기사가 이탈리아에서 단행본으로 나오는 것을 반대했다. 그의 생각에 그것은 어디까지나 르포 기사일 뿐 저서를 위한 것은 아니었다. 오늘날 그것을 다시 읽어 보면 이란 혁명이 그를 얼마나 매혹시켰는지를 알 수 있다. 그것은 정치를 벗어난 혁명이었고, 최소한 서구적 정치의 카테고리에서 벗어나는 혁명이었다.

그 운동은 모든 관찰자들을 매혹시켰었다. 푸코가 죽었을 때 장 다니엘은 "우리가 함께 나누었던 오류"라고 떠올렸으며, 세르주 쥘리는 자신도 푸코와 똑같이 쓰고 생각했다고 말한다. 그러나 그는 덧붙여서 "그때 이미 앞으로 일어날 일의 조짐이 보였다"고 말하고 있다. 샤 체제가 깊은 반감을 불러일으켰고, 시위대를 피로 물들인 상상조차 할 수 없는 탄압이 이란 민중에 대한 광범위한 공감을 형성했다는 것을 우리는 기억해야만 하겠다. 샤가 패배하여 이란을 떠나 줄 것을 모든 사람들이 원했었다. 그후에 무슨 일이 일어날지는 별로 생각하지 않고서였다.

---

15 푸코, 「이슬람이라는 화약고」Une poudrière nommée Islam, 『코리에레 델라 세라』*Corriere della sera*, 13 février 1979. 프랑스어 원고.(『말과 글』*Dits et écrits*, tome2, texte n° 261, pp.759~761.)

푸코는 이 나라가 쉽게 전통적인 정치형태로 돌아가지 않을 것이며, 봉기의 원동력이 되었던 종교적 힘이 일단 승리를 쟁취한 뒤에 곧 사라지지는 않을 것이라고 사태를 정확하게 보았다. 그렇다. 몰라들은 얌전히 그들의 모스크로 돌아가지 않을 것이다. 푸코는 그것을 분명하게 말한 바 있다. 자신을 비방하는 사람들과 대결하기 위해 그가 제시했던 것도 이런 논리였다. 무슨 일이 일어날지는 나도 예견했다는 것이다. 그는 이런 단순한 통찰의 확인 이외의 다른 말은 하지 않았던가? 그때 일어나고 있는 일을 관찰하고 이해하는 데 만족했던가? 아니면 이 봉기에 대한 그의 관심이 도가 지나쳐 부주의한 지지로까지 이어지지 않았던가? 그리하여 처음부터 모습이 보이던 문제점에 대한 명석한 통찰의 부재를 노정시켰던 것은 아닐까?

그러나 회고적으로 사태를 고려하는 것은 매우 민감한 일이다. 왜냐하면 역사적 순간의 열기와 깊은 정치적 판단 사이에서 정확하게 판단하고 옥석을 구분해 내는 일, 그리고 진행 중인 사건을 파악하겠다는 의지와 거기에서 논리를 포착하고 의미를 복원하는 일은 저널리스틱한 르포 기사에서는 매우 어려운 문제이기 때문이다. 푸코가 최소한의 비판적 거리도 없이 받아들였다고는 생각할 수 없는 그 현상에 그가 얼마만큼 밀착되어 있었는지도 가늠하기 어려운 문제다. 푸코는 그냥 단순한 기자의 역할을 하고 싶었다고 티에리 뵐첼은 말한다. 그는 항상 이란에서 취재활동을 벌이는 다른 기자들과 함께 취재를 하고 그들과 함께 움직였다. 특히 『리베라시옹』지 특파원이었던 클레르 브리에르와 피에르 블랑셰와 같이 다녔으며 얼마 후 이란에 대한 책의 출판을 위해 그들과 긴 대담을 나누기도 했다(『렉스프레스』의 한 칼럼니스트는 이 책을 혹독하게 비판했다. 그는 푸코가 혁명의 미래에 대해 환상을 갖는 전형적 지식인의 예라고 하면서 그를 비난했다).[16] 단순한 기자라고? 만일 그랬다면 오늘날 그 누구도 그가 쓴 것에 대해 그토록 비난을 하지는 않았을 것이다. 그러나 푸코는 결코 그냥 단순한 기자일 수가 없었다. 아마도 그는 자기가 미셸 푸코라는 사실을 잊었거나 또는 잊고 싶었던 것인가? 다른 사람들은 그에게 그 사실을 환기시켜 줄 수 있었다는 것에 자부심을 갖는다. 새 권력이 그 진정한 얼굴을 보여 주었을 때, 다시 말해서 1979년 2월 아야톨라 호메이니가 귀국한 직후 투옥과 처형 그리고 피비린내 나는 탄압이 재연되었을 때 미셸 푸코는 가끔 아주 난폭하기까지 한 일련의 공격 대상이 되었다. 과거의 마오이스트였다가 다시 전통적 도덕으로 복귀한 클로디와 자크 브루아옐은 『르 마탱』지의 칼럼에서 그를 비난했다. '이란인들은 무엇을 꿈꾸고 있는가?'라고 푸코는 자문했는데, '철학자들은 무엇을 생각하는가?'라고 브루아옐은 응수했다. 이에 대해 푸코는 그들의 질의에는 대답하지 않겠다고 하면서 아주 단호하게 응수했다.

"사람들은 나에게 '나의 오류를 인정'하라고 다그친다. 그들이 사용하는 표현과 그 표현이 지시하는 행동은 내게 많은 것을 상기시킨다. 그것들에 대해 나는 싸웠었다. 형식과 효과가 가증스러운 그런 게임에 대해선 비록 '언론을 경유'해서라도 나는 대응하지 않겠다." 그러나 그는 진정한 토론의 조건이 마련되기만 한다면 "이란 문제에 대해 싸울 용의가 있다"고 선언했다.[17]

며칠 후 그는 '이슬람 정부' 수상인 메흐디 바자르간에게 보내는 공개

---

16 푸코, 「정신 없는 세계의 정신」L'Esprit d'un monde sans esprit, 클레르 브리에르Claire Briere 와 피에르 블랑셰Pierre Blanchet, 『이란. 신의 이름으로 행해지는 혁명』*Iran. La revolution au nom de Dieu*, Paris: Seuil, 1979.(『말과 글』tome2, texte n° 259, pp.743~755.) 그리고 1979년 4월 20일자 『렉스프레스』의 서평.

편지를 『르 누벨 옵세르바퇴르』지에 실었다. 1978년 9월 콤에서의 만남을 환기시킨 후 그는 이렇게 말했다.

우리는 인권을 말하면서 국민을 억압하는 모든 체제들에 대해 같이 이야기를 나누었다. 당신은 그때 당시 이란인들이 애타게 바라고 있던 이슬람 정부가 실현되면 거기서는 실질적인 인권이 보장될 것이라는 희망을 피력했다. 그리고 그 이유를 세 가지 들었다. 구성원 각자가 전혀 다른 세계의 건설을 위해 모든 것을 희생시킬 각오가 되어 있는(많은 사람들에게 있어서 이 '모든 것'이란 더함도 덜함도 없이 바로 그들 자신이었다) 그런 국민의 저항운동에는 정신적인 차원이 들어 있다. 그것은 결코 '몰라들의 정부'에 의해 지배받겠다는 그런 의지가 아니다. 당신의 표현은 대강 이런 식이었다. 테헤란에서부터 아바단에 이르기까지 내가 본 것도 이런 생각에서 과히 떨어진 것이 아니었다. 전혀 그렇지 않았다. 당신은 또한 그 역사적 두께로 보나, 오늘날의 역동성으로 보나 이슬람교는 인권의 차원에서 사회주의가 자본주의보다 취약하다는 무서운 가설에 정면으로 대결할 수 있을 것이라고 말했다. '말도 안 돼'라고 오늘, 이슬람 사회와 모든 종교의 성질을 잘 알고 있다고 자부하는 사람들은 말한다. 나는 그들보다 훨씬 온건하다. 도대체 무슨 보편성의 이름으로 그들은 무슬림이 이슬람교 속에서 자신들의 미래를 찾는 것을 방해한다는 말인가. 무슬림들은 자기들 손으로 이슬람교의 새로운 얼굴을 만들어 낼 수 있을 것이다.

---

17 클로디와 자크 브루아옐Claudie et Jacques Broyelle, 「철학자들은 무슨 생각을 하고 있는가?」 À quoi pensent les philosophes?, 『르 마탱』*Le Matin*, 24 mars 1979. 그리고 미셸 푸코의 답변, 「미셸 푸코와 이란」Michel Foucault et l'Iran, 『르 마탱』*Le Matin*, 26 mars 1979.(『말과 글』*Dits et écrits*, tome2, texte n° 262, p.762.)

그리고 푸코는 이 나라 전역에서 일어나는 재판에 대해 불안감을 느
낀다고 그에게 말했다. "한 인민의 역사에서 그들이 더 이상 견딜 수 없는
체제를 무너뜨리기 위해 온 인민이 일어서는 그 드문 순간보다 더 중요한
것은 아무것도 없다. 또 그들의 일상생활에서 공적인 힘이 한 개인을 공격
하기 위해 돌아서서 그를 적으로 선언하고 그를 죽이겠다고 결정하는 그
런 순간들보다 더 중요한 순간은 없다. 이때 권력은 더 이상 지켜야 할 본
질적인 의무가 없게 된다. 정치 재판은 언제나 시금석이다."[18]

푸코는 한 달 뒤 『르 몽드』지 1면에 실린 「저항해 보았자 소용없는 것
인가?」라는 긴 칼럼에서 '이란 문제'를 다시 언급했다. "한 사람이 다른 사
람에게 행사하는 권력은 항상 위험하다. 권력에 대해 우리는 넘어설 수 없
는 법, 제한 없는 권리로 맞서야 한다"는 평소의 지론을 확인한 후 이때까
지 자신을 이끌어 온 원칙을 지지하고 자신의 행동을 정당화하면서 자신
을 공격하는 사람들에게 반박했다. 그 기사는 지식인의 역할과 그것의 기
초를 이루는 도덕에 대한 정의로 끝맺고 있었다.

요즘에 지식인이라는 말은 별로 '인기'가 없다. 나는 이 말을 아주 정확한
의미에서 쓸 수 있다고 생각한다. 지금은 '내가 지식인이 아니다'라고 말
할 계제가 아니다. 그렇게 한다면 사람들이 웃을 것이다. 나는 지식인이
다. 사람들은 내가 나의 행동을 어떻게 생각하는지를 물을 것이다. 그럼
나는 이렇게 대답하겠다. '전체의 커다란 필연성에 비해 볼 때 그런 식의

---

18 푸코, 「메흐디 바자르간에게 보내는 공개 서한」Lettre ouverte à Mehdi Bazargan, 『르 누벨 옵
세르바퇴르』Le Nouvel Observateur, 14 avril 1979.(『말과 글』Dits et écrits, tome2, texte n° 265,
pp.780~782.)

죽음, 그런 식의 함성, 그런 식의 봉기가 무슨 상관이란 말인가, 내게는 우리가 살고 있는 이 상황 속에서의 일반원칙이 중요할 뿐이다'라고 말하는 사람이 전략가라면, 그 전략가가 정치인이든 역사가든 혁명가든, 또는 샤 나 아야톨라의 추종자든 나는 개의치 않는다. 나의 이론적인 도덕은 그와 정반대다. 그것은 '비전략적'이다. 개인이 봉기할 때는 그것을 존중하고, 권력이 보편적 법칙을 위반할 때는 단호하게 반대한다. 간단한 선택이고 불안한 작업이다. 왜냐하면 역사의 밑에서 역사를 단절시키고 뒤흔들어 놓는 어떤 것을 엿보아야 하고 동시에 정치의 뒤에서 무조건적으로 정치 를 제한하는 어떤 것을 감시해야만 하기 때문이다. 결국 그것은 나의 일 이다. 나는 그런 일을 하는 첫번째 사람도 아니고 유일한 사람도 아니다. 나는 다만 그것을 선택했을 뿐이다.[19]

미셸 푸코는 그후 아흐마드 살라마티안을 돕기 위해 백방으로 애를 썼다. 살라마티안은 1979년에 외무차관이 되었다가 몇 달 동안 쫓기는 생 활을 한 후 1981년에 이란에서 도망쳐 나왔다.

그후 오랫동안 푸코는 아주 예외적인 경우를 빼고는 정치적인 활동이 나 언론에 글 쓰는 일을 피했다. 세르주 쥘리는 그가 푸코에게 청했다가 거 부당한 몇 가지의 제안을 기억한다.

"즉흥적으로 기자가 될 수는 없어. 더 공부를 많이 하고 더 많은 것을 알아야 해……." 대체로 이런 식의 대꾸였다. 이 당시 장 다니엘의 『단절의 존재』(L'Ère des ruptures)를 소개한 긴 기고문은 단순히 우정에 의한 것만

---

19 푸코, 「저항해 보았자 소용없는 것인가?」Inutile de se soulever?, 『르 몽드』Le Monde, 11 mai 1979.(『말과 글』Dits et écrits, tome2, texte n° 269, pp.790~794.)

은 아니었다. 그것은 좌절된 소명감에 대한 고백이고, 자신의 신념을 포기하지 않은 채 확신을 수정하고 자신에게 충실한 채로 남아 있으면서 판단의 전환을 해야 하는 그런 작업을 수행하는 사람들에 대한 존경심의 토로였다. 그것은 "자기 자신의 확신에 완전히 편안함을 느끼지는 말 것"을 충고하는 메를로-퐁티의 교훈을 매일매일 지켜 나가는 사람들에 대한 존경심이었다. 그 기사의 제목은 '불편함의 도덕을 위하여'였다.[20]

한마디만 더 붙이자. 이 책의 수정판을 위해 텍스트를 다시 읽어 보고(2010년 9월) 나는 그것이 오늘날에도 여전히 유효하다는 사실에 매우 놀랐다. 방금 내가 인용한 구절은 30년 전이 아니라 불과 몇 주 전에 쓰여진 것만 같았다. 이 일련의 기사를 생생하게 만든 다소 흥분된 어조는 잠시 무시하기로 하자.——푸코는 당시의 사태를 보고 큰 충격을 받았음에 틀림없다——이란 혁명을 전 지구적 체제에 대한 첫번째 대규모 봉기라고 해석한 것, 국제무대에서 이슬람이 맡게 될 정치적 역할에 대한 강조 등은, 사람들이 그에게 비난했듯이 맹목적이기는커녕, 거의 예언적인 통찰력을 보여준다. 특히 과격한 공격으로 표출되는 무슬림 세계의 전면적 거부 등 매 단계마다 그가 보여 주었던 우려는 오늘날의 문제를 그대로 반영하고 있는 듯하다(특히 무슬림 국가들에서의 지식인들의 문제).

그러나 그는 자신들의 과거에서부터 열린 미래를 창조하고, 전통에서부터 새로운 역동성을 이끌어 내고, 고유의 원칙만으로도 개인의 권리를 충분히 보호할 수 있는 이슬람 국가의 가능성에 주목했다. 아마도 푸코는 자신이 가능하다고 생각했던 이 과정들이 이미 진행되고 있거나, 혹은

---

20 푸코, 「불편함의 도덕을 위하여」Pour une morale de l'inconfort, 『르 누벨 옵세르바퇴르』*Le Nouvel Observateur*, 23 avril 1979.(『말과 글』*Dits et écrits*, tome2, texte n° 266, pp.783~787.)

막 실현되고 있는 순간이라고 착각한 것 같다. 그런데 전혀 그렇지 않았다! 그의 과도한 낙관주의는 잔인하게 배반당했다. 상당히 오랫동안. 그럼에도 불구하고 생각보다 그리 오래된 것은 아닌 그의 분석들은 지금도 매우 유용한 것으로 증명될 수 있다. 왜냐하면 그가 그토록 믿고 싶어 했던 것이 정확히 우리가 바라는 모습과 일치하기 때문이다.

우리가 그의 분석으로 되돌아가는 것은 결국 비판으로 되돌아가는 것이다. 다만 블랑쇼가 말했듯이 '비판'은 관심, 현장의 확인, 관용으로부터 시작되어야만 할 것이다.[21] 그가 자신을 공격하는 사람들에게 주문했던 것도 바로 이런 것이었다.

*　*　*

이란에 대한 이와 같은 '오류' 이후에 당한 수많은 야유와 비판에 푸코가 큰 충격을 받았다고 생각하는 사람들이 많다. 『앎의 의지』에 대한 은근한 비판에서 받았던 충격에 덧붙여 그는 이 새로운 개인적인 시련을 극복하는 것이 매우 어려웠던 듯하다. 그러나 그는 연구를 계속했다. 『성의 역사』의 예고된 속편은 쓰지 않았으며, 그 계획을 완전히 뒤집었다. 그가 예상했던 일련의 연구주제들은 빛을 보지 못했다. 그는 초기 기독교 시대의 문학을 판독하려는 방대한 작업에 착수했다. 이를 위해 그는 즐겨 찾던 국립도서관을 떠났다. 그곳의 서비스가 너무 형편없어져서 책 한 권을 찾기 위해 줄을 오래 서야 하고, 하찮은 자료를 찾아보기 위해서도 수많은 신청서와 장애물을 건너야만 했기 때문이다…….

그는 마침내 자신에게 흥미가 있는 책을 모두 볼 수 있는 장소를 하나

---

21 푸코, 「미셸 푸코와 이란」Michel Foucault et l'Iran, 『르 마탱』*Le Matin*, 26 mars 1979.

발견했다. 13구 글라시에르 가에 있는 솔슈아르 도서관이었다. 그것은 파리의 성 도미니크회 수도사들이 운영하는 도서관으로 관장은 1979년 6월에 푸코가 로제 스테판과 함께 저녁식사를 할 때 만난 적이 있는 미셸 알바릭이었다. 그 얼마 후 푸코는 국립도서관에서 미셸 알바릭을 만나 도서 열람과 대출의 어려움을 불평했다. "솔슈아르로 오시지요"라고 사제는 말했다. '솔슈아르'는 사각형의 작은 안뜰 쪽으로 원형 유리창이 나 있는 작은 열람실이었다. 푸코는 거기 창가에 앉기를 좋아했고 매일같이 그 자리에서 하루 종일 책을 보았다.

그러나 푸코는 자기가 현재 쓰고 있는 책의 자료와 내용에만 관심을 갖고 있지는 않았다. 그것이 유통되는 형식, 그리고 더 일반적으로 판본의 변형 문제에도 관심을 기울였다. 1980년대 초인 그 당시에는 그것이 그의 근본 관심사 중의 하나였다. 그 이유는 여러 가지다. 그는 연구서가 너무 많이 팔린다는 것은 책의 정당한 수용을 위해 불길한 일이며 수많은 오해를 불러올 소지가 있다고 생각했다. 한 작품이 그 진정한 수취인, 즉 이것이 다루고 있는 문제와 그 근거의 전통적 이론을 알고 있는 연구자들의 테두리를 넘어설 때 이 책은, 푸코의 말을 그대로 인용하자면, '앎의 효과'만이 아니라 '여론의 효과'를 발생시킨다. 여론의 반응을 피해 보자는 것, 그것이 그 당시 그의 주요 관심사였던 것 같다. 좀더 '진지하게'라는 것이 그의 구호였다. 그는 잠시, 앞으로는 엄격하게 학술서적만을 출판하는 소르본 광장의 브랭 출판사에서만 책을 낼까 하는 생각도 했었다.

푸코가 피에르 노라와 갑작스럽게 절교를 했을 때 편집 방식은 그의 가장 중심적이고 첨예한 문제가 되었다. 1966년 『말과 사물』의 출판 이래 그들은 절친한 우정의 관계를 유지하고 있었다. 그러나 피에르 노라는 1980년대 초에 『르 데바』(*Le Débat*)라는 잡지를 기획했다. 푸코는 이 잡지의 첫 호에 나타난 노라의 편집 방침을 별로 좋게 평가하지 않았다. 그것은 갈리마르사에서 이때까지 나온 '인문과학 총서'라든가 '역사학 총서' 같은 일련의 저서들의 저자를 모두 공격하고 있었다. 푸코 자신도 이 잡지의 어떤 구절에서 비판의 대상이 되고 있었다. 게다가 노라는 잡지 편집의 가이드 북을 내고 있었는데, 이 책이 푸코를 가혹하게 비판했다.[22] 두 사람 사이에 격렬한 말다툼이 있었다. 노라는 전화로 사과했고, 푸코는 경멸과 모욕의 언사를 감추지 않았다. 그후 푸코는 오랫동안 그의 편집자였던 사람을 '배반자'라는 말을 써 가며 나쁘게 이야기했다. 그는 '대리 역사학자'가 아니라, 자기가 책을 출간해 주는 저자들을 미워함으로써만 스스로 '역사학자'가 될 수 있었다고 말했다. 그러고는 『성의 역사』 속편을 다른 출판사에서 내기로 결심했다. 그는 곧 다른 곳을 물색했고, 소문이 빠르게 퍼져 몇몇 출판사들이 그를 만나러 왔다. 그의 결정은 쇠이유 출판사로 내려졌다. 바르트의 친구이며 편집장인 프랑수아 발과 계약을 맺었다.

그러나 우리가 알다시피 푸코의 작품들은 여전히 갈리마르에서 나왔

---

22 마르셀 고셰Marcel Gauchet의 『인간 정신의 실천』(*La pratique de l'esprit humain*, Paris: Gallimard, 1980)을 말하는 것이다(노라가 이 책을 푸코에게 보내며 『르 몽드』*Le Monde*에 서평을 써 달라고 부탁했다. 그는 물론 이 부탁을 들어 주지 않았다. 언젠가 내 앞에 그 책이 있는 것을 보고 그는 '아롱 식의 쓰레기 같은 책'이라고까지 말했다). 그러자 이 반동적 이데올로그는 잡지 『르 데바』 *Le Débat*를 이용해 68년의 사상과 구조주의에 반대하는 책들의 출판을 교사하거나 부추기면서 60~70년대의 좌파 지식인과 비판적 지식인들에 대한 히스테리까지는 아니더라도 강박적이며 조직적인 전쟁을 수행했다. 저술의 질은 전혀 고려되지 않아 사상의 천박성이 문체의 천박성과 어우러진 이 쓰레기 같은 책들을 시장에 내놓은 후 그는 자신의 잡지에서 그것들을 프로모션하기 바빴다. 그의 명령에 따라 움직인 꼬마 병정들은 도스François Dosse, 요네Paul Yonnet, 페리Luc Ferry, 르노Matthieu Renault 그 외 그 비슷한 수준의 저자들인데, 그들은 강력한 미디어망을 통해 1980년대와 1990년대를 특징짓는 지식인사회의 구조를 와해시키는 데 기여했다. 나는 이런 사실을 다음의 저서에서 환기시킨 바 있다.(에리봉, 『보수 혁명과 그것이 프랑스 좌파에 미친 영향』*D'Une révolution conservatrice et de ses effets sur la gauche française*, Paris: Leo Scheer, 2007.)

다. 어떻게 된 것인가? 쇠이유가 벌써 예고까지 했는데 왜 이런 선회가 일어났을까? 그 이유는 아주 간단하다. 클로드 갈리마르가 푸코의 책 『나, 피에르 리비에르: 내 어머니와 누이와 남동생을 죽인』을 영화로 제작하는 르네 알리오에게 갈리마르 출판사가 재정지원을 했다는 것을 푸코에게 상기시켰기 때문이다(비상업용인 이 영화에서 푸코는 판사 역을 맡았다). 그 대가로 푸코가 자기의 모든 책을 갈리마르 출판사에서 출판하기로 결심했다. 이때까지는 아무것도 그의 생각을 꺾을 수 없었다. 갈리마르와 손을 끊겠다는 그의 생각도 확고부동했었다. 계약으로 묶여 있었던가? "소송을 하라지"라고 그는 여러 사람에게 말했었다. 그러나 이번 일에서 그는 도의적인 책임을 느꼈다. 그래서 피에르 노라에게 자기 책을 주기로 결정했다.

하지만 끝까지 화해하지는 않았다. 푸코는 일단 한 번 화가 나면 쉽게 가라앉지 않는 성질이었다. 푸코에게는 '고대인의 지혜'가 있었지만 희랍 비극에 걸맞은 분노와 열정을 갖고 있던 것도 사실이었다. 그것이 그의 존재의 한결같은 성격이었다. 가깝게 사귀던 사람들과 틀어진 경우가 한두 번이 아니었다. 그는 타인과의 우정에서 절대적인 성실성을 요구했고(이건 아마도 중복 화법이 되겠다! 우정이라는 게 원래 성실성과 의리에 근거해 있는 것이 아닌가?), 배신이나 배반이라고 여겨지는 것에 대해서는 결코 용서하지 않았다. 피에르 노라와의 절교(그리고 기회 있을 때마다 푸코가 그에게 가한 언어적 폭력)는 푸코의 말년의 삶 중에서 가장 의미 있는 사건이다. 그러나 푸코의 전설적 분노의 화를 입은 것은 노라만이 아니었다. 푸코 앞에서 언급해서는 안 되는 이름들이 상당히 많았다.

그래서 푸코는 다시 갈리마르에서 책을 냈고, 1983년에는 『르 데바』지에서 프랑스 노동민주동맹(CFDT)의 총서기인 에드몽 메르(Edmond Maire)와 대담을 하기도 했다. 로베르 바댕테(Robert Badinter)와 대담을 하는 기획도 있었다. 그러나 쇠이유 출판사의 프랑수아 발과도 여전히 접촉하고 대화를 나누었다. 푸코는 자신의 책들이 새로운 총서의 첫 권이 되어 현재의 출판 상황과 사상의 유통체계에 의해 약간 위축된 학술서적 출판에 활기를 줄 수 있게 되기를 원했다. 그 총서가 드디어 나왔다. 제목은 마치 선언문과도 같은 '연구'였다. 총서의 기획자는 프랑수아 발, 폴 벤느, 그리고 미셸 푸코였다. 그들은 푸코가 기초한 발기문에서 다음과 같이 말했다.

프랑스의 출판은 현재 대학과 다양한 연구장소에서 행해지고 있는 연구 업적들을 제대로 반영하지 못하고 있다. 같은 수준으로 외국에서 행해지고 있는 연구도 역시 반영하지 못하고 있다. 여기에는 제작비, 번역비, 책의 판매 가격 등 경제적인 이유가 있다. 여론의 구미에 맞는 책만 팔리고 그것들만이 언론에 언급된다는 문제도 있다. 이 총서의 목적은 그런 자리를 차지하겠다는 것이 아니다. 학술 서적을 대량 유통의 경로에 내맡기려는 것이 아니다. 우리의 목적은 다만 동질적인 요소들, 즉 공부하는 사람들로부터 공부하는 사람들에 이르는 그 사이의 관계를 수립하려는 것이다. 어려운 책의 독서가 널리 확대된다는 것은 좋은 일이다. 그러나 각기 다른 출판양식이 서로 혼동되어서는 안 된다. 이 총서에서는 세 차원의 책들이 출판될 것이다. 다른 출판사들이 뒤로 물러서는 긴 호흡의 연구서, 전체 연구를 불과 몇십 페이지에 압축했거나 혹은 그것을 몇 개의 시리즈로 나눈 짧은 호흡의 연구서, 그리고 프랑스의 학문 확대를 위해 필요한 외국 연구서의 번역 등이다.[23]

---

23 푸코, 「업적」Des travaux, 『말과 글』*Dits et écrits*, tome2, texte n° 324, pp.1185~1186 참조.

1983년 2월에 총서의 첫 권이 나왔다. 그것은 폴 벤느의 『그리스인들은 그들의 신화를 믿었는가?』라는 책이었다. 이 책의 마지막 페이지에는 '곧 발행될' 저서의 목록이 나와 있었는데, 그것은 샤를 멜라(Charles Méla)의 『여왕과 성배(聖杯)』,(*La Reine et le Graal*) 그리고 미셸 푸코의 『자기와 타인에 대한 통치』(*Le Gouvernement de soi et des autres*)였다.[24]

80년대 초에 푸코를 만난 사람들은 그가 이 문제들을 거의 강박적으로 말하는 것을 들었다고 말한다. 그는 지적 작업의 조건과 연구의 상황에 강박관념을 가지고 있었다. 이념의 유통, 그리고 특히 일반화된 가치의 혼동현상에서 신문이 담당하는 역할에 관심을 가졌다. "현재 이론과 정치 분야에서 전개되고 있는 논쟁이 충분한지 의심스럽다. 그것은 좀더 나은 방식으로 되어야 하며, 반드시 그래야만 한다. 왜냐하면 우리는 이론적·정치적 논쟁의 활기와 생명력이 그 어느 때보다 필요한 시대에 살고 있기 때문이다. 흔히 사람들이 말하는 것과는 달리 오늘날 프랑스의 어떤 분야에서 일어나는 운동들은 매우 흥미롭다. 생명, 증식, 젊음 등이 모두 완전히 다른 양상을 보이고 있다. 문학에서도 그렇고, 인간과학이건 철학이건 간에 학술 분야도 마찬가지다. 요즘 20~30대의 세대는 진지함에 있어서나 노동의 질 혹은 참신함에 있어서 괄목할 만한 일을 해내고 있다. 미래를 업그레이드 시키기 위한 수단으로 증오밖에 갖지 못했던 세대가 이제 완전히 청산되었다고 나는 생각한다(그가 죽은 후의 사태로 보건대 이 점에서 그는 잘못 생각한 듯하다). 그러니까 좀더 나이 든 학자들은 이 새로운 사조들이 자

---

24 폴 벤느, 『그리스인들은 그들의 신화를 믿었던가?』*Les Grecs ont-ils cru à leurs mythes?*, Paris: Seuil, 1983. 여기서 예고된 푸코의 책은 나중에 『성의 역사』 중 한 권이 된다. 푸코는 처음에 이 책을 분리하여 출판하려 했으나 나중에 전체 계획 안에 편입시켜 출판했다. 이 관점에 대해서는 이 책의 3부 9장을 볼 것.

리 잡을 수 있도록 자리를 비켜 주는 것이 좋을 듯하다"라고 그는 한 인터뷰에서 말했다.

그리고 그는 이렇게 덧붙였다. "논쟁의 조건들에 대해 토론해야 한다. 대학에서 이루어지는 모든 진지한 작업들이 출판에 어려움을 겪고 있다. 몇 년 전만 해도 연구서들을 쉽게 출판하던 출판사들이 요즘에는 더 이상 그렇게 하지 않고 있다. 아주 심각한 문제다. 왜냐하면 의도적이건 비의도적이건 간에 세계 역사에 대해 아무것이나 이야기하고, 또 고정관념의 문구나 슬로건으로 근대사를 재구성하는 성급한 책들이 쇼윈도의 전면을 차지하고 있기 때문이다. 이것이 바로 진정한 논쟁이 이루어지지 못하는 이유 중의 하나다."

미셸 푸코는 '비판 기능'의 소멸을 특히 개탄했다. "서로 다른 이념들 사이의 교환, 토론, 요컨대 활발한 논쟁이 더 이상 이루어지지 않고 있다. 특히 잡지를 생각해 보라. 그것은 폐쇄적인 동인들의 잡지거나, 아니면 미적지근한 혼합의 형태일 뿐이다. 지금 우리 시대에 잊혀지고 있는 것은 비판적 연구의 기능이다. 블랑쇼와 바르트가 활동하던 50년대에는 비평이 하나의 훌륭한 연구였다. 책을 한 권 읽고 그 책에 대해 말하는 것은 자기 자신을 위해, 또는 자신을 변화시키기 위한 일종의 훈련이었다. 자신이 좋아하지 않는 책에 대해 성실하게 말하거나 또는 자신이 너무 좋아하는 책을 충분한 거리를 두고 말하려는 그 노력은 글에서 글로, 책에서 책으로, 작품에서 평론으로 어떤 교류가 이루어지는 것을 가능케 한다. 블랑쇼와 바르트가 50년대의 프랑스 사상에 기여한 것은 대단한 것이었다. 그런데 비평은 이 기능을 잊어버리고 정치적·사법적 기능으로만 향하고 있다. 정적(政敵)을 비난하고 상대방을 판단하여 유죄선고를 내리거나 아니면 상대방을 잘 봐주면서 그에게 월계관을 엮어 준다. 참으로 빈약하며 재미없는 기능이다. 나는 아무도 비난하지 않는다. 개인들의 반응이 제도의 메커니즘과 밀접하게 연결되어 있다는 것을 잘 알기 때문이다. 책임은 바로 거기에 있다. 여하튼 오늘날 진정으로 비판의 기능을 담당하는 출판물이 하나도 없다는 것은 분명한 사실이다."

이런 빈곤화의 상황에 대한 처방은 무엇일까? 푸코는 이렇게 대답한다. "같은 이야기 안에 여러 문제가 얽혀 있다. 대학이란 도대체 무엇인가, 그중에서 최소한 내가 잘 알고 있는 부분, 즉 문학·인간과학·철학을 가르치는 대학의 의미가 무엇인지를 다시 생각해 보아야 한다. 지난 20년간 그곳에서 이룩한 연구는 참으로 대단한 것이다. 그것을 말라죽게 내버려 두어서는 안 된다. 두번째로 대학 출판과 학술서적 출판의 문제를 재검토해 보아야 한다. 세번째는 잡지와 소책자를 포함한 출판 현장을 점검해 보아야 한다."[25]

그리고 푸코는 여담으로 대학에서 행해지는 교육과 입시체계의 비합리성을 비판했다. 앞의 문제에 대해서도 다음과 같이 대답했다. "나는 학문이 폐쇄적으로 학문에만 관심을 가져야 한다는 생각에 동의하지 않는다. 현실적인 작업과 소통하는 것이 대학과 대학 교육에 활력을 불어넣을 것이라고 생각한다. 오늘날의 대학은 시대에 뒤떨어지고 우스꽝스러운 학사일정에 아직도 얽매여 있다. 철학교수자격시험 수험생의 논술을 보면 눈물이 날 정도다. 학문 연구가 지향해야 할 목표와는 완전히 동떨어진 사이비 연구일 뿐이다." 그가 제기한 이런 문제는 1980년대 초 프랑스의 지적 상황(그가 날카롭게 그리고 매우 우려 섞인 목소리로 사회에 대해 또는 자신에 대해 제기한 문제였고, 사적인 대화에서도 끊임없이 재론하던 문제였다)과

---

25 푸코, 「업적」, 폴 벤느, 『그리스인들은 신화를 믿었는가?』, p.9.

밀접하게 연관이 있는, 대학의 일반적 '폐쇄성'의 문제다.

1960년대 중반에 그는 제라르 들라델에게 제대로 된 글을 쓰려면 "교수자격시험은 잊어야 한다"[26]고 말하지 않았던가. 그리고 이 인터뷰 안에서도 지적 견습의 다른 형식을 암시하지 않았던가. "책을 집필하거나 주석서를 내거나 혹은 외국 서적을 번역하거나, 아니면 국내외의 학술서적에 대한 해설문을 완벽하게 쓸 수 있는…… 학생들을 나는 꽤 많이 알고 있다. 다시 말하면 자신을 위해서나 남들을 위해서 유익한 연구를 할 수 있는 학생들이다. 대학이 출판 활동을 활성화하거나 거기에 직접 참여하는 것이 학술 연구의 내실화에 도움이 될 것이라고 내가 생각하는 이유다." 그리고 푸코는 다음과 같은 말로 끝을 맺었다.

"내가 어떤 꿈을 꾸고 있는지 아는가? 학술서적을 내는 출판사의 설립이다. 하나의 연구를 그 역동적 운동 속에서, 그리고 그 문제적 형태 속에서 드러낼 방법을 나는 열심히 찾고 있다. 하나의 연구가 그 잠정적 가설적 성격 안에서 제시될 수 있는 그러한 장소 말이다." 이렇게 푸코는 1960년대와 1970년대의 시기가 사유의 영역에서 기여한 부분을 정확히 지적했다. 그 시대의 기여는 곧 이어 전개된 보수혁명의 추진자들에 의해 격렬하게 문제시되었다. 이 보수혁명은 '68년 5월'이 편리한 이름과 상징을 제공해 주었던, 당시 들끓던 이론들에서 생산된 모든 것을 뿌리 뽑겠다고 선언했다.

조프루아 드 라가스느리 이 인터뷰를 시작하면서 당신은 이론적 논쟁과 정치적 논쟁을 이야기했다. 그 둘의 조건이 같다고 생각하는가?

---

26 제라르 들라델이 필자에게 보낸 편지, 1991년 5월 11일.

푸코 지난 20년간 정치적 풍경은 별로 바뀌지 않았다고 대답하겠다. 정치적이 아닌 문제들에 대해서만 지적인 연구가 있었고, 분석 작업도 그 문제들이 정치와 어떤 점에서 연관이 있는지만 보여 주었기 때문이다. 그것에 대해 대학이 우리의 귀를 막게 한, 정치의 범주는 완전히 소멸되었다. 존재의 문제이며 동시에 제도의 문제이고, 또 사유의 문제인 수많은 문제들이 제기될 수 있었던 것은 정치적인 규정을 통해서가 아니었다. 사유의 운동과 제도들을 분석하고, 일상적·인격적·개인적 삶의 문제를 서로 소통시키는 것만이 '정치'라는 카테고리가 세워 놓은 장막을 찢어 버리는 일이 될 것이다. 사상과 제도들을 변화시키는 운동에 힘을 주는 것은 바로 이 소통이다. 우리가 미리 기호화하고, 정치적인 것을 미리 결정해 버리면, 지적인 삶과 정치적인 논쟁은 불모화된다.[27]

---

27 푸코, 「더 이상 거짓말하지 않기, 1983년의 인터뷰」Pour en finir avec les mensonges, entretien réalisé en 1983, 『르 누벨 옵세르바퇴르』Le Nouvel Observateur, 21 juin 1985. 인터뷰의 시점과 내용에 대해서는 조프루아 드 라가스느리Geoffroy de Lagasnerie, 『대학이라는 제국: 부르디외, 지식인, 저널리즘에 대하여』L'Empire de l'université. Sur Bourdieu, les intellectuels et le journalisme, Paris: Editions Amsterdam, 2007을 볼 것. 같은 저자의 『창작의 논리』Logique de la création, Paris: Fayard, 2010도 참조할 것.

7장
아깝게 놓친 만남

바스티유 광장에 사람들이 새카맣게 모여들었다. 거기서 사람들은 「인터내셔널가」(L'Internationale)를 불렀고 붉은 깃발을 흔들었다. 나중에 크게 유행하게 된 표현인 소위 '좌익의 민중'이 자신들의 후보가 대통령에 당선된 것을 요란하게 축하하고 있었다. 프랑수아 미테랑이 발레리 지스카르 데스텡을 누르고 승리했다. 미셸 푸코는 사회당 후보 지지 호소문에 서명하기를 원치 않았다. "투표하는 순간 스스로 정하고, 만일 필요하다면 나중에 그 결과를 기뻐할 만큼 사람들이 성숙했다고 생각해야 한다."[1] 그리고 1981년 5월 10일 봄기운이 부드럽게 감도는 파리 시내에서 그는 사회당 후보의 승리 소식을 듣고 몰려나와 거리를 메운 사람들 사이를 몇몇 친구들과 함께 걷고 있었다.

머칠 후 "이제는 현 사태에 대해 어떤 반응을 보일 때"[2]라고 간주한

---

1 미셸 푸코, 「그러니까 사유는 중요한 것인가?」Est-il donc important de penser?, 『리베라시옹』 *Libération*, 30~31 mai 1981.(『말과 글』*Dits et écrits*, tome2, texte n° 296, pp.997~1001.)
2 같은 글.

푸코는 『리베라시옹』에 실린 인터뷰에서 새 정부를 공개적으로 지지했다. "세 가지가 나를 놀라게 한다. 20여 년 전부터 일련의 질문이 사회 안에서 제기되었다. 그런데 그 질문들은 제도적이고 '진지한' 정치 안에 당당하게 자리를 차지하지 못했다. 사회당원들은 그 문제의 실체를 직시하고 거기에 호응한 유일한 사람들인 것 같다. 그들의 승리가 이와 무관하지 않을 것이다. 두번째로 그 문제들(특히 나는 사법과 이민자들의 문제를 생각한다)과 연관된 초기의 대책과 선언들이 소위 '좌익의 논리'와 정확하게 일치된다. 그것 때문에 미테랑은 당선되었다. 세번째로, 이것이 가장 주목할 만한 것인데, 그 대책들은 다수 여론의 방향으로 가지 않았다. 사형제도의 문제에서도, 이민자의 문제에서도 선택은 가장 상식적인 견해를 따르지 않았다."[3]

마치 미래를 예견하는 놀라운 통찰력에 고무되기라도 한 듯 그는 이렇게 덧붙였다. "이 선거는 많은 사람들에게 일종의 승리로, 다시 말해 통치하는 자와 통치받는 자의 관계가 수정된 것으로 체험된 듯하다. 그렇다고 통치받는 자가 통치하는 자의 자리를 차지한 것은 아니다. 결국 정치계급 안에서의 자리바꿈이 있었을 뿐이다. 우리는 사회당이 포함하고 있는 위험과 함께 사회당 정부 안에 진입했다. 그것을 결코 잊어서는 안 된다. 그러나 이 수정의 순간부터 문제가 되는 것은 사회당 정부에서의 통치-피통치 관계가 과연 일방적인 복종의 관계가 아니라 그 안에서 기능이 중요한 역할을 하게 될 관계인지를 아는 일이다. …… 그럴 수도 있고 아닐 수도 있다. 한 정부에 협력하여 일하는 것은 전면적인 수락이나 복종을 의미하지 않는다. 협력하면서 동시에 비협조적일 수도 있다. 그 두 가지가 짝을 이룬다고까지 나는 생각한다."[4]

---

3 푸코, 「그러니까 사유는 중요한 것인가?」, 『리베라시옹』*Libération*, 30~31 mai 1981.

그러나 사회당 정부는 푸코에게 이런 공동의 '작업'을 제안하지 않았다. 물론 어떤 직책을 제의했던 것은 사실이다. 뉴욕의 문화담당 참사관과 국립도서관의 관장 자리였다. 뉴욕의 문화담당 참사관 자리는 그가 거부했던 듯하다. 대사라면 몰라도 문화담당 참사관은 그의 나이에도 맞지 않고, 또 그를 예우한다는 정부의 태도에도 걸맞지 않았다. 그러나 국립도서관장은 그가 충분히 받아들일 수 있는 자리였다. 그는 벌써 관장에게 주어지는 멋진 아파트와 훌륭한 사무실에 대해 언급했다. 물론 농담이었지만 그것은 그가 이 자리를 수락할 수도 있음을 보여 주는 농담이었다. 그러나 실제로 임명된 것은 프랑수아 미테랑의 측근이었다. 2년 후 이 자리가 다시 비었을 때 푸코는 하마평에도 오르지 못했다. 이때 발탁된 것은 그의 콜레주 드 프랑스 동료교수인 앙드레 미켈이었다.

왜 푸코와 사회당 정부의 관계는 그토록 급속도로 악화되었는가? 그 이유는 이란 사태 이후 현실 개입에서 약간 거리를 두고 있던 푸코가 폴란드에서 쿠데타가 발생하자 또다시 벼락 치듯 청원서 서명을 하기 시작했기 때문이다. 그것이 비록 좌익이라 할지라도 여하튼 권력에 대한 그의 '드잡이'였던 것이다.

1981년 12월 13일 온 세계는 폴란드의 꿈이 와르르 무너지고 있으며, 야루젤스키(Wojciech Witold Jaruzelsk) 장군이 몇 달 동안의 소요와 '연대' 노조운동을 무자비하게 진압했다는 것을 알고 망연자실했다. 야당 지도자들은 체포되고 탱크가 대도시의 거리를 순찰했다. 사회당 출신의 외무장관 클로드 셰송의 반응은 바르샤바와 그단스크에 민주적 절차가 회복될 것을 희망했던 많은 사람들을 경악시켰다. 외무부장관은 이것이 폴란드의

---

4 같은 글.

내정 문제며 프랑스 정부는 전혀 개입할 의사가 없다고 말했던 것이다.

다음 날 이른 아침 미셸 푸코의 집 전화가 울렸다. 아직 8시도 채 안 된 시간이었다. 전화를 건 사람은 피에르 부르디외였다. 그가 생각하기에 말도 안 되는 이 담화를 어떤 식으로든 공박해 보자는 말을 하기 위해서였다. 푸코는 주저 없이 이에 동의했다. 그리고 몇 분 후 보지라르 가에서 이 사회학자와 철학자는 항의문을 기초했다. 두 사람은 비교적 서로를 잘 알고 있었다. 1951년 부르디외가 입학했을 때 그들은 윌름 가에서 서로 마주쳤다. 그후 별 교류는 없었지만 그들을 접근시키는 많은 공통점이 있었다. 예를 들면 캉길렘에 대한 똑같은 존경심이었다. 그들은 자기들이 함께 그의 제자라고 말하곤 했다. 1981년 초에는 푸코가 부르디외의 콜레주 드 프랑스 선출을 도왔다. 각기 프랑스 대학의 스타 사상가였던 그 두 사람이 경력이나 관심 분야가 서로 상이함에도 불구하고 가까워지기 시작한 것은 이때부터였다.

그들이 함께 운동에 투신한 것은 아마도 이번이 처음이었을 것이다. 사실 부르디외는 1968년 5월 이후 비교적 운동에서는 멀리 떨어져 있었다. 그는 투사가 아니었으며, 50년대에 공산당에 한 번도 가입한 적이 없듯이 60년대와 70년대에도 좌파 그룹들과 항상 얼마간의 거리를 유지하고 있었다. 여하튼 12월 14일 아침, 푸코와 부르디외는 같은 파장 위에 서 있었다. 그들의 호소문은 매우 급히 쓰여졌기 때문에 어조가 거칠고 격했다. 폴란드에서 솔리다르노시치(Solidarność ; 자유 노조)와 대학인, 문화인들 사이에 맺어졌던 관계와 비슷한 관계를 노조와 지식인들 사이에 맺기 위해 프랑스 노동민주동맹(CFDT)과 접촉하자는 부르디외의 제안에 푸코도 동감이었다.

그러나 그들이 지금 막 기초한 호소문에 서명할 사람들을 모아서 그것을 공표해야만 했다. 일은 신속하게 처리되어 몇 시간 뒤 프랑스 좌익을 대표하는 상징적 인물들의 이름과 함께 성명서는 『리베라시옹』과 자유통신(AFP)에 전달되었다. 그중에는 프랑수아 미테랑의 측근으로 알려진 마르그리트 뒤라스, 영화감독 파트리스 셰로, 시몬 시뇨레와 이브 몽탕이 있었고, 이들 집에서 함께 점심식사를 한 영화인 클로드 소테(Claude Sautet)와 작가 조르주 상프룅도 의기투합하여 서명했다. 질 들뢰즈도 연락이 됐으나 그는 방금 들어선 사회당 정부를 곤경에 빠뜨리지 않기 위해 서명에서 빠지겠다고 했다.[5] 이렇게 해서 호소문은 12월 15일자 『리베라시옹』에 '아깝게 놓친 만남'이라는 제목으로 실렸다.

"모스크바나 워싱턴과 마찬가지로 프랑스 정부도 폴란드의 독재정권 수립이 자신의 운명을 스스로 결정하는 한 나라의 국내문제일 뿐이라는 믿음을 주어서는 안 된다. 그것은 부도덕하고 거짓에 가득 찬 주장이다. …… 1936년의 사회당 정부는 스페인의 군사반란과 마주쳤고, 1956년의 사회당 정부는 헝가리 탄압 사태에 직면했다. 그리고 1981년에 다시 사회당 정부는 바르샤바 정변을 맞이했다. 현 정부의 태도가 앞의 두 정부와 같지 않기를 우리는 바란다. 우리는 현실 정치의 당위보다 국제적 도덕의 당위를 앞세우겠다고 약속한 그들의 태도를 상기시키는 바이다." 계속 이어

---

5 그 당시 나는 부르디외와 푸코 두 사람 다와 자주 연락하는 사이였다. 내가 근무하던 『리베라시옹』 *Libération*에 실어 달라고 그들이 작성한 원고를 내게 전했다는 것을 나는 오늘에야 말할 수 있다. 나는 마르그리트 뒤라스와 파트리스 셰로에게 전화해 그들도 서명하겠느냐고 물었다. 나는 들뢰즈에게도 전화했는데, 그가 거절하는 것을 보고 매우 놀랐다. 푸코도 화를 냈다. 그는 들뢰즈와 가타리처럼 1년 전만 해도 모든 정치 체제를 문제 삼기 위해 콜뤼슈Michel Coluche를 지원해야 한다고 해놓고서 곧이어서 미테랑 정부를 비판하는 데 난색을 표하는 사람들을 강하게 비판했다. "태도를 분명히 해야지. 이것도 아니고 저것도 아닌 사람들은 참 이해하기 힘들어"라고 그는 내게 말했다.

진 서명자의 수는 그리 많지 않았지만 그 면면은 상당히 무게 있는 인사들이었다. "콜레주 드 프랑스 교수 피에르 부르디외, 영화감독 파트리스 셰로, 작가 마르그리트 뒤라스, '세계의사회' 소속 베르나르 쿠슈네르, 콜레주 드 프랑스 교수 미셸 푸코, 작가 클로드 모리악, 배우 이브 몽탕, 연출가 클로드 소테, 작가 조르주 상프룅, 여배우 시몬 시뇨레."[6]

12월 15일자 『리베라시옹』에는 이 호소문이 한 귀퉁이에 조그맣게 실렸다. 신문의 편집진이 이 기사를 눈에 띄게 할 의도는 없었던 것 같다. 그누구도, 서명자들까지도, 몇몇 이름이 붙여진 이 짤막한 호소문이 그처럼 엄청난 반향을 불러일으킬 것이라고는 상상조차 하지 못했다. 그러나 아침 방송에 '유럽1'이라는 한 시간짜리 TV 인기 프로그램을 맡고 있는 언론인 이반 르바이가 12월 16일 미셸 푸코와 이브 몽탕을 스튜디오에 불러 호소문을 내게 된 경위를 설명해 달라고 부탁했다. 다음 날 『리베라시옹』은 배우 기 브도, 조각가 이푸스테기, 영화인 장 루이 코몰리, 역사학자 피에르 비달 나케 등의 이름을 추가하여 이 항의 호소문을 새로 게재했다. 지지와 서명을 보내고 싶은 사람들은 피에르 부르디외의 제자인 여성 사회학자 자닌 베르데스 르루에게 보내라는 안내 주소와 함께.

그건 정말로 홍수 같았다. 며칠 사이에 수백 통의 편지가 배달되었다. 새로운 서명자를 매일 게재하겠다고 예고했던 『리베라시옹』은 곧 그것을 포기해야만 했다. 폭주하는 우편물의 양이 엄청났기 때문이다. 예술계와 대학사회에서 유명한 클로드 루아, 롤레 벨롱(Loleh Bellon), 쉬잔 플롱(Suzanne Flon), 르네 알리오(René Allio), 에마뉘엘 르 루아 라뒤리, 조르주 캉길렘, 장 볼라크, 폴 벤느 등등이었다. 그리고 10여 명의 연구원, 대학

---

6 『리베라시옹』 *Libération*, 15 décembre 1981.

생, 고교생, 노조원들이 원형강의실, 학교 교실, 연구실, 사무실 등에서 받은 서명자 명단을 보내 왔다. 거기에는 편지도 곁들여졌는데 그것은 단순한 공감의 표시에서부터 실제적 행동으로 봉사하겠다는 제의까지 다양한 내용이었다. 이 청원서의 메아리는 대단하여 5만 명이 거리로 나와 폴란드의 정변에 항의했다. 이 시위 도중 사회당 지도부는 야유와 고함을 받았다. 사람들은 "집에 가서 아이나 보아라. 안녕 세숑"이라고 소리질렀다. 프랑스에서는 폴란드 사태로 엄청난 여론의 환기가 있었으며 신문들은 연일 이 문제에 많은 페이지를 할애했다. 이 운동의 대변인처럼 된 『리베라시옹』의 판매 부수가 껑충 뛰어올랐고, 이 신문은 매일같이 이 운동과 관련된 기사와 해설들을 따로 모아 특집호를 냈다.

사회당의 반응도 푸코와 부르디외가 성급하게 작성한 이 분노의 성명서가 일반인들에게 일으킨 반응의 강도와 비슷했다. 당시 사회당 제1서기였던 리오넬 조스팽은 한 라디오 방송에서 이브 몽탕을 격렬하게 비난하며, 1956년에 이 배우-가수가 소련에서 순회공연을 했음을 상기시켰다. 이브 몽탕은 다음 날 즉각 공개서한을 보냈다. "1956년에 내가 그곳에 갔다고 해서 '반 혁명'이니, '형제 당의 내정 불간섭'이니 혹은 '어쩔 수 없지 않느냐'는 말을 묵묵히 삼키고 있을 수만은 없다."[7] 문화장관 자크 랑도 반격을 위해 서둘러 포대에 올라갔다. "이 무슨 어릿광대 같은 뻔뻔스러움이란 말인가." 그는 『레 누벨 리테레르』[8]에서 서명자들에 대한 분노로 숨이 막혀 말했다. 이어서 『르 마탱』지와 가진 회견에서 그는 자기 눈에 "전형적인 구조주의자들의 경망함"(그러나 정치에서는 농담이 사람을 죽이지

---

7 『리베라시옹』*Libération*, 18 décembre, 1981.
8 『레 누벨 리테레르』*Les Nouvelles littéraires*, n° 2817, décembre 1981, 폴란드 특집호 부록.

는 않는다!)을 여지없이 드러내 보인 이 일단의 지식인들을 가차 없이 공격했다. 그리고 그는 덧붙여서 "그 서명자들은 폴란드 국민들에 도움을 주기 전에 프랑스의 여당을 우선 와해시키고 싶어 한다는 것을 우리는 확인하지 않을 수 없다"[9]고 말했다.

좌파연합이 폭발 직전에 이르렀고, 우익은 정부 내 공산당 각료들의 사임을 떠들썩하게 요구하고 있었던 게 사실이다. 그러나 자크 랑의 극단적인 공격적 어조가 모든 사람들을 놀라게 했다. 사실 그의 발언의 독기는 프랑수아 미테랑이 대통령으로 당선된 후 당시 프랑스 사회를 지배했던 분위기의 반영이었다. 자크 랑은 자신을 스스로의 행동에 책임질 줄 아는 지식인 장관으로 간주했고, 모름지기 좌익의 인정을 받은 사람이면 누구나 그의 말마따나 소위 '구체제'를 청산하고 우익을 몰아낸 새 권력을 한결같이 찬양해야 한다고 성급하게 결론을 내렸다. 문화부장관은 기꺼이 좌익으로의 정권 교체를 '암흑'에서 '광명'으로의 전환이라고 정의했다. 이런 문맥에서 좌익인사들이 바로 자기들 편의 권력에게 청원서를 내는 것은 그로서는 용납할 수 없고 생각조차 할 수 없으며 있을 수도 없는 일이었다.

그러나 그런 일은 일어났다. 그는 그의 옛 여자동료가 말했듯이 소위 '맞불'을 지피기 위해, 그리고 자신과 자신이 존경하는 대통령 뒤에 많은 지식인들이 포진하고 있다는 것을 보여 주기 위해 자기가 쓸 수 있는 모든 수단을 동원했다. 그것은 문화부 예산으로 지출한 광고의 형태로 『르 몽드』에 반 페이지에 걸쳐 나온 또 다른 성명서였다. 그것은 글자 그대로 자크 랑의 재정 지원을 받아 그의 친구인 작가 장 피에르 파예가 글을 쓰고 서명을 받아 낸 성명서였다. 이 성명서는 프랑수아 미테랑의 행동을 단호

---

9 『르 마탱』*Le Matin*, 21 décembre, 1981.

하게 지지하면서 폴란드의 억압을 비난하는 내용이었다. 이 성명서는 많은 사람들의 호응을 받았는데 그들 중 대부분은 이 성명서의 전략이 무엇인지 잘 모르고 있었다. 서명자 중에는 프랑수아 자코브, 장 라쿠튀르, 알프레드 카슬러(Alfred Kastler), 블라디미르 얀켈레비치, 앙투안 비테즈(Antoine Vitez)와 장 다니엘 등등이 있었다. 피에르 비달 나케의 이름도 있었는데 그는 자신의 서명수락 사실을 부인했다. 그리고 질 들뢰즈도 있었다.

자크 랑과 장 피에르 파예는 12월 22일 파리의 오페라 극장에서 폴란드 국민을 지지하는 대규모 집회도 열었는데 여기에 2천 명의 인사가 초대되었다. 미셸 푸코, 시몬 시뇨레, 이브 몽탕, 파트리스 셰로는 거기에 가기로 결정한 후 함께 입장하기 위해 근처 카페에서 만나기로 약속했다. 다른 사람들과는 달리 푸코는 초청 카드를 받지 못했다. "코스타 가브라스와 내가 우리의 초청장을 빌려 주겠다고 아무리 말해도 허사였다"라고 클로드 모리악은 회상한다. "그는 소리를 지르고, 그럴 리가 없다고, 만일 그를 입장시키지 않는다면 곧 가서 전화를 하겠다고 말했다(시몬 시뇨레, 코스타 가브라스, 셰로 그리고 나는 우리가 함께 가겠다고 말했다). 그런데 어디로 전화를 하겠다는 것인가? 아마 『리베라시옹』일 것이다. 그것이 큰 물의를 일으킬 것이라는 것은 불을 보듯 뻔했다. 그는 그런 사태를 미리 즐거워했고, 우리는 일이 잘 될지는 모르겠지만 여하튼 그와 함께 가서 우연히 표를 잊고 온 듯이 꾸미려고 했다."[10] 그러나 아무런 사고도 없었다. 푸코는 오페라 극장에 들어가는 데 아무 문제가 없었다.

이러는 중에도 논쟁은 계속되었다. 도전자를 대표하여 피에르 부르디외가 자크 랑과 리오넬 조스팽을 가혹하게 코너로 몰아붙였다. 그는 당 기

---

10 모리악, 『모리악과 아들: 움직이지 않는 시간 9』, pp.359~360.

구와 당 간부들에 의해 숨통이 막힌 '좌익 자유주의'의 전통으로 되돌아가야 한다고 역설하기 전에 모든 권력에 대한 지식인들의 독립성을 요구했다.[11] 그런 예절 바른 교류가 이루어진 뒤 사회당 정부와 프랑스 문화계의 유수한 대표자들 사이의 관계는 완전히 단절되었다. 그러나 그런 겉모습과 독기 어린 반응에도 불구하고 사회당은 사람들의 항의에 귀를 막고 있지는 않았다. 미셸 푸코와 이브 몽탕이 라디오에 출연했을 때에는 엘리제궁에서 파견한 사람이 방송테이프를 가지러 오토바이를 타고 왔다. 그리고 리오넬 조스팽이나 자크 랑은 서명한 지식인들에게 공격적으로 응수하는 한편으로 클로드 셰송의 발언이 그 자신의 견해일 뿐 사회당의 공식 견해는 아니라는 것을 강조하며 사태를 수습하려 애썼다.

그러나 여하튼 치명적인 비난을 받은 미셸 푸코는 이 에피소드를 결코 쉽게 잊지 못했다. 그는 사회당의 수많은 시도에도 불구하고 사회당이나 그 정부와 화해할 생각이 전혀 없었다. 자크 랑이 자기 사무실로 그를 불러 함께 이야기를 나누자고 하면 그는 다녀와서 친구들에게 "그를 바보 취급을 해주고 왔지"라고 말하곤 했다. 대화가 그토록 거친 것은 아니었지만("당신은 바보처럼 행동했어요" 정도였다) 한 가지 사실은 확실했다. 1982년 12월 시몬 드 보부아르, 피에르 비달 나케, 그리고 장 다니엘과 함께 푸코가 프랑수아 미테랑 대통령의 점심식사 초대에 응하긴 했지만 그들 사이의 다리는 거의 완전히 끊겨가고 있었다. 그 점심을 "도저히 피할 수 없었다"고 그는 가까운 친구들에게 말했다. 앞으로 푸코는 사회당 사람들과 더 이상 아무런 관계도 맺지 않게 될 것이다. 특이한 몇 개의 예외는 있었는데 그것을 살펴보기로 하자. 푸코는 자크 포베 사장이 "5월 10일을 떠맡

---

11 『리베라시옹』*Libération*, 23 décembre, 1981.

을 능력이 없는" 지식인들을 강력하게 비난한 이래『르 몽드』를 보지 않기로 결정했다. 그는 기회 있을 때마다 자기가 이 신문을 읽지 않는다는 사실을 상기시키고 친구들과 학생들에게도 그렇게 하도록 종용했다.

결국 그저 단순한 돌발사건에 불과했을 이 '성명서'가 가장 중요한 정치적 이슈가 되었다. 우선 사회당에게 있어서 그랬다. 다음에는 미셸 푸코에게 있어서도 그랬다. 왜냐하면 피에르 부르디외의 생각이 그대로 실행되어 프랑스 노동민주동맹과의 연대가 지체 없이 이루어졌기 때문이다. '아깝게 놓친 만남' 호소문의 서명을 받는 날 이 만남을 성사시키려고 단단히 결심한 피에르 부르디외는 에드몽 메르의 동지들에게 전화를 걸었다. 프랑스 노동민주동맹 노조의 총서기인 에드몽 메르는 12월 15일자『리베라시옹』, 다시 말해서 그 떠들썩한 반향을 일으켰던 성명서의 또 다른 이름인 '푸코-부르디외' 항의서가 게재된 특집호에 실린 인터뷰에서 그 첫번째 회동을 암시했다. "우리는 이때까지 프랑스 노동민주동맹과 특별한 관계가 없던 일부 지식인들을 오늘 아침에 만났다. 그들은 프랑스에서 연대세력 중의 하나이며 상호 교직(交織) 관계에 있는 노동자-지식인의 단결이 표출될 수 있기를 원했다."[12]

첫번째 만남이 파리 제9구 카데 가에 있는 프랑스 노동민주동맹 본부에서 마련되었다. 노조 지도부의 몇몇 간부들이 이 자리를 함께 했는데 그 중에는 에드몽 메르도 끼어 있었다. 그러나 그는 잠시 후 수상을 만나러 가기로 약속이 되어 있었기 때문에 오래 머물러 있지 못했다. 미셸 푸코, 피에르 부르디외, 수학자 앙리 카르탕(Henri Cartan), 그리고 프랑스 노동민주동맹과 가까운 대학인인 알랭 투렌, 자크 쥘리아르, 피에르 로장발롱

---

12 『리베라시옹』*Libération*, 15 décembre, 1981.

(Pierre Rosanvallon) 등등이 참석했다. 부르디외는 긴급한 경우에 신속하게 대응하기 위해, 모처럼 함께 모인 기회를 이용하여 노조와 지식인들 사이에 상설 연락기구를 설치하자고 역설했다. 한편 푸코는 폴란드 사태에 대한 사법적·정치적 정보를 포함한 모든 정보를 수합하고 침투시키고 재배급해 줄 통신사나 정보 센터의 설치를 주장했다.

다음 날 또 다른 회합이 열린 자리에서 며칠 후 공개될 공동성명서가 기초되었다. 12월 22일의 이 회합은 역시 9구 몽톨롱 광장에 있는 노조지부 건물에서 열렸다. 왜냐하면 이번에는 한정된 위원회 모임이었기 때문이다. 약 100여 명이 들어찬 강당에는 연단에 에드몽 메르, 피에르 부르디외, 미셸 푸코, 자크 셰레크(Jacques Chérèque) 등이 나란히 앉아 있었다. 수학자 로랑 슈바르츠(Laurent Schwartz)가 며칠 전에 기초한 발기문을 낭독했다. "힘의 행사를 고발하는 것만으로 충분치 않다. ……폴란드 민중의 투쟁과 연대해야만 한다." 이어서 '배지' 달기 행사가 시작되었다. 자그마한 장방형의 흰색 바탕에 '솔리다르노시치'라는 빨간 글씨가 새겨진 배지가 이제 사람들의 자켓과 코트깃 위에 꽃처럼 장식될 것이다. 푸코도 그후 몇 달 동안 이 배지를 착용했다. 그날 아침 푸코는 긴 연설을 했다. "우리는 장기적으로 그리고 지속적인 방법으로 일해야 한다. 첫번째는 정보의 문제다. '솔리다르노시치'의 목소리가 위축되어서는 안 된다. 그러니까 매일같이 뉴스레터를 공급해 줄 수 있는 통신을 우리 '연대'가 소유하는 일이 매우 중요한 일이다." 그는 또한 폴란드에 법률가와 의사를 파견하는 문제를 제안하고 '세계의사회' 기구의 계획과 그 '바르샤바 살리기' 작전을 환기시켰다.

프랑스 노동민주동맹 본부에서 열린 그 시위 이후 쥐시외 대학에서 일련의 회합이 열렸는데, 그것은 결국 2월 20일 '동-서 관계 조명'을 중심

테마로 한 학술 심포지엄으로까지 이어졌다. 푸코는 아주 열심히 그 준비 모임에 참석했고, 100여 명의 청중이 모인 심포지엄 당일에도 참석했다.

그러나 패널 토의에 참가한 몇몇 참석자들은 프랑스 노동민주동맹과의 관계를 질문했고 어떤 사람은 그것을 심각하게 문제 삼기도 했다(노조는 다른 조직이나 다른 정당처럼 행동하는 경향이 있다. 다시 말하면 함께 행동하는 사람들을 도구화하고, 자기들의 전략을 지지하도록 한다고 그들은 말했다). 심포지엄 바로 며칠 전에 불안감이 적나라하게 노출되었다. "우리는 프랑스 노동민주동맹의 동반자가 되기를 원치 않는다"라고 그들은 선언했다. 그리고 노조 대표들에게 이렇게 말했다. "당신들은 조직을 가지고 있고 우리는 개인들이다. 결국 우리는 위성(衛星)이 될 것이다." 미셸 푸코는 사람들을 진정시키려 애썼고 다음과 같은 유화적인 말로 양측의 격한 대화를 끝맺으려 했다. "동반자가 되는 것이 아니다. 옆에 나란히 걷는 게 아니라 함께 일하는 것이다." 그가 이 운동을 이끌고자 하는 방향을 아주 정확하게 나타낸 말이다. 그러나 그는 그들의 '씨족적' 측면에 지쳐서, 특히 효율성이나 유용성이 전혀 없는 것에 실망하여 결국 쥐시외 집회에는 불참하게 된다. 같은 이유로 부르디외도 오래전부터 손을 떼었다. 조심스레 출발한 이 운동은 별로 오래 지속되지 못했다.

그러나 몇 달 동안 푸코는 파리의 폴란드 사람들이 조직한 '솔리다르노시치' 위원회에 계속 참여했다. 그 위원회의 책임자였던 스베린 블룸스차인은 이 철학자의 모습을 다음과 같이 묘사했다. "그는 헌신적으로 우리를 도와 지극히 반복적이고 관료적인 일을 몇 시간이고 묵묵히 해냈다. 우리는 항상 그를 든든하게 생각하고 의지했다. 나는 그의 귀중한 시간을 우리가 빼앗고 있다는 인상을 받았다. 예를 들어 그는 우리 위원회의 재정담당이었다. 숫자로 가득 찬 그의 보고서가 아직도 기억 난다. 나는 그가 이런 일 말고 더 가치 있는 다른 일을 해야 할 사람이라는 생각을 지울 수가 없었다."[13]

해야 할 더 가치 있는 일? 여하튼 푸코는 폴란드인들을 위한 이 운동에 아주 진지하게 참여했으며 그 활동에 자기 몸을 아끼지 않았다. 예컨대 1982년 9월에 그는 '세계의사회'가 조직한 '바르샤바 살리기 운동'의 마지막 임무를 띠고 바르샤바에 가는 베르나르 쿠슈네르를 시몬 시뇨레와 함께 동행했다. 장 피에르 모베르, 자크 르바 등 다른 두 명의 의사가 더 동행했다. 의약품을 가득 실은 소형 트럭을 그들은 서로 교대로 운전하며 폴란드까지 3천 킬로미터를 달려갔다. 베르나르 쿠슈네르가 나중에 썼듯이 이 의약품들은 "폴란드인들이 전혀 필요로 하는 것이 아니었다." 그것은 다만 "새장 속에 갇힌 거대한 유럽 절반에 희망을 거는 사람들을 포기하지 않기 위한 유일한 수단이었다."[14] 이 트럭에는 인쇄기구도 조심스럽게 숨겨져 있었다.

바르샤바에서 그들은 지식인, 학생, 투사들을 만났다……. 쿠슈네르가 계속해 말했다. "우리는 교회 문앞에 놓인 솔리다르노시치의 촛불과 꽃의 십자가 앞에서 오랫동안 멈춰 서 있었다. 그리고 브리스톨 호텔의 건물 앞을 지날 때 미셸이 널판으로 막힌 창문 하나를 가리켰다. 프랑스 문화원장으로 와서 촛불을 밝혀 놓고 『고전주의 시대 광기의 역사』를 쓰던 방이었다." 이 작은 그룹은 감옥에 있는 바웬사(Lech Walesa)를 방문할 계획도 세워 놓았다. 그러나 그들에게 면담허가가 나지 않았다. 이 짧은 체류기간

---

13 스베린 블룸스차인Seweryn Blumsztajn, 『미셸 푸코: 진실의 역사』*Michel Foucault, une histoire de la vérité*, Paris: Syros, 1985, p.98.
14 베르나르 쿠슈네르, 「진짜 사무라이」Un vrai samouraï, 『미셸 푸코: 진실의 역사』.

동안 강렬한 인상을 준 것은 아우슈비츠 방문이었다. "우리는 우리 앞의
그 단순한 화장터가 어떤 충격적인 증거가 될 수 있도록 한 사람씩 따로 떨
어져 내려가 그 짧고도 긴 순간을 고요히 기다려 보았다."[15] 베르나르 쿠슈
네르의 회고담이다.

폴란드 여행에서 돌아와 푸코는 자신이 방금 마친 이 여행의 이유를
밝혔다. "폴란드 사람들은 다른 나라 사람들이 그곳에 와서 자기들에게 말
해 주기를 원하고 있습니다. 그러나 또한 그들이 자기 나라로 돌아가 폴란
드의 이야기를 널리 해줄 것을 원하고 있습니다. 지금 현재 프랑스에는 폴
란드를 돕는 문제와 그들의 빚을 갚아 줄 재정문제를 논의하는 사람들이
하나도 없습니다. 폴란드의 문제는 언제나 소비에트 블록과 유럽 분할이
라는 유럽의 문제를 제기하고 있습니다. 그런데 ──소련군 침공이나 쿠데
타 같은 사건이 터지는── 짧은 기간을 제외하고는 사람들은 폴란드 이야
기를 별로 하지 않습니다. …… '우리를 느슨하게 놓아두는 것은 당신들 자
신도 무기력하게 이완되는 것이다'라고 그들은 말합니다. 그들을 버려둠
으로써 우리는 우리 자신의 일부를 버리는 것입니다."[16]

폴란드를 위한 이 활동이 푸코로서는 마지막 정치적 참여였다. 이 정
치적 참여가 25년 전 그가 일하며 살다가 서둘러 떠나지 않을 수 없었던 바
르샤바로 그를 다시 데리고 갔다. 그는 이 추억의 도시로 돌아와 『광기와
비이성』 서문에서 "폴란드의 자유라는 그 완강하고 위대한 태양"이라고

---

15 같은 글.

16 푸코, 「폴란드인들을 포기하는 것은 우리 자신의 일부를 포기하는 것이다: 베르나르 쿠슈네르, 시
몬 시뇨레, 미셸 푸코의 대담」En abandonnant les polonais, nous renonçons à une part de
nous-mêmes: Entretien avec Bernard Kouchner, Simone Signoret et Michel Foucault, 『르
누벨 옵세르바퇴르』Le Nouvel Observateur, 9 octobre 1982. (『말과 글』Dits et écrits, tome2, texte
n° 320, pp.1159~1162.)

불렀던 것에 대해 마지막 경의를 표했다.

　푸코는 그후에도 프랑스 노동민주동맹과 에드몽 메르와의 관계를 계속 유지했다. 그는 노조운동, 민중운동, 정치, 좌익과 그 역사 등에 관한 주제로 에드몽 메르와 긴 대화를 나누었다. 언론에 실린 이 대화의 제목은 '폴란드 그리고 그 이후?'였다. 이 인터뷰의 서두에서 푸코는 이렇게 말했다. "그러니까 문제는 폴란드였습니다. 그곳에서 일어난 일은 얼핏 보기에 노조운동 같지만 그러나 사실은 그 모든 측면과 활동과 효력이 결국 정치적 차원을 갖는 그러한 운동의 본보기를 우리에게 보여 주었습니다. 그곳에서 일어난 일은 (새로이 그러나 참으로 오랜만에) 유럽의 문제를 제기해 주었습니다. 그리고 프랑스에서 그것은 동시에 내각에의 공산당 참여가 어떤 무게를 갖고 있는가를 알게 해주는 시금석이 되었습니다. 당연히 프랑스 노동민주동맹과의 만남이 이런 시점에서 이루어졌습니다. 당신들이 먼저 우리를 찾은 것이 아닙니다. 한 줌의 지식인들과의 '연대'가 당신들에게는 아무런 전략적 가치가 없었을 것입니다. 그리고 백만 회원을 가진 노조의 무게가 반드시 우리를 안전하게 지켜 주는 것도 아니었습니다. 그런데 우리는 바로 이 순간에 만났습니다. 더 빨리 만나지 않은 것을 놀라워하면서 말입니다. 왜냐하면 일부 지식인들이 이런 문제에 짓눌리고, 프랑스 노동민주동맹이 정치·경제·사회적 성찰이 가장 활발하게 이루어지는 장소가 된 것이 꽤 오래전부터이기 때문입니다……"[17]

　여기서 잡지에 실린 이 대화에 피에르 부르디외가 약간 화를 냈다는

---

17 푸코, 에드몽 메르, 「폴란드와 그 이후: 에드몽 메르와의 대담」Pologne et après: Entretien Edmond Maire, 『르 데바』*Le Débat*, n° 25, mai 1983, pp.5~6. (『말과 글』*Dits et écrits*, tome2, texte n° 334, pp.1315~1341.)

사실을 감출 필요는 없다. 이 인터뷰에 대해 부르디외는 얼마간 모욕감을 느꼈다. 처음에 공동 발의였던 것(더 정확히 말하면 부르디외가 발기하고 그것이 공동작업이 되기를 바랐던 것)을 푸코가 개인적으로 상징적 이득을 끌어내려 하는 것처럼 보였기 때문이다. 사실 나는 이 에피소드 내내 두 사람 모두 자신의 카드 게임을 했다는 인상을 받았다. 당시에 푸코보다 상대적으로 덜 유명했던 부르디외의 전략은 두 이름('푸코와 부르디외' 또는 '부르디외와 푸코')을 고의적으로 연결시키는 것이었고, 푸코의 전략은, 좀더 큰 전체 속에 용해시키기 위해서건('지식인 그룹') 아니면 자신이 노조 지도부의 유일한 상대가 되기 위해서건, 이 두 이름의 연합을 깨는 것이었다.

"그는 집단적으로 움직이기보다는 개인적으로 움직이기를 더 좋아했다"고 부르디외는 내게 몇 번이고 얘기했다. 아마도 틀린 얘기는 아니다. 그러나 부르디외도 '개인적' 이해를 위해 '집단적'으로 움직였음에 틀림없다. 여하튼 그들은 서로를 불신했다. 그리고 끊임없이 서로를 염탐했다. 그러면서도 여전히 공동의 기획을 환기시켰다.

제도적 좌익과는 이루어지지 않았던 이 '동반작업'을 푸코는 프랑스 노동민주동맹과 함께 수행하려 했다. 그래서 그는 노조와 함께 사회보장의 문제에 대한 공동저술에도 참여했던 것이다.[18] 프랑스 노동민주동맹은 이 공저를 기억했고, 이 철학자가 죽은 후 전시회와 단행본 발행으로 그를 추모했다. 이 단행본에는 에드몽 메르, 베르나르 쿠슈네르, 피에르 부르디외 등의 글들이 실려 있었다.[19]

---

18 푸코, 「무한한 요구 앞의 한정된 제도: 로베르 보노와의 대담」Un système fini face à une demande infinie: Entretien avec Robert Bono, 『사회 안전, 위험』Sécurité sociale, l'enjeu, Paris: Syros, 1983. (『말과 글』Dits et écrits, tome2, texte n° 325, pp.1186~1201).
19 블룸스차인, 『미셸 푸코: 진실의 역사』.

푸코가 투사적 열기에 다시 한번 빠져든 것은 1983년 여름에 사회당에 대한, 또는 사회당을 공격하는 작은 책을 쓰기로 했을 때다. 그는 그해 7월과 8월 내내 "좌파 지식인들의 침묵"이라는 주제로 프랑스 사회가 발칵 뒤집힌 것에 당혹감과 분노를 느꼈다. 성명서에 서명하는 좌파 지식인들이 사라져 가고 있는 현상에 대한 광범위한 논쟁이 『르 몽드』에 기획기사로 실렸다. 그 발단은 신문기자며 작가 출신으로 사회당 정부의 대변인이 된 막스 갈로(Max Gallo; 2000년대에 군주적 우파와 합류했지만 당시에 그는 좌파였다)의 신문 기고문이었다. 매우 균형 잡힌, 화해의 제스처를 보이는 글이었다. 옛날의 지드, 말로, 알랭, 랑즈뱅 같은 인물이 어디 있는지를 묻고, 지식인 숫자를 세기 위해 연단을 꼼꼼하게 살펴보는 사람들에게 막스 갈로는 다음과 같은 분석으로 답했다.

"68년 5월과의 관계가 분명한 81년 5~6월은 좌익의 승리인 것처럼 보이는데, 여기에 지식인들은 상대적으로 덜 참여했다. 적어도 적극적인 참여는 하지 않았다. 지식인 그룹과 새 권력 사이의 어려움은 여기서 기인하는 듯하다. 그들 사이에는 상호적인 이해가 없었고, 정부는 막연한 박탈감을 느끼며, 이때까지 정치적으로는 단호하게 지지를 했으나 연구분야에서는 반드시 '선두 그룹'이라고는 할 수 없는 지식인들에게 호소를 했다. 수많은 지식인들이 잊혀졌거나 잘 알려지지 않았거나 혹은 단순히 정권의 찬양과 칭찬만을 위해 불려 나온 듯한 감정을 느끼게 된 것은 바로 그런 이유 때문이다. 이런 상황의 결과는 매우 심각하다." 그리고 그는 1년 반 전에 사회당이 공격했던 지식인들 ——특히 부르디외와 푸코—— 을 정당화하는 듯한 다음과 같은 말로 글을 끝맺었다. "나라가 우선적으로 필요로 하는 것은 정치적 참여를 하는 유명인사들이 아니다. 우리가 진정 필요로 하는 것은 완전한 독립성과 진정성 속에서의 구체적인 성찰이다."[20]

이 입장 표명 이후 수많은 글——10여 명의 인사들에게 질문지를 보 낸『르 몽드』에 의해 촉발되었다——과 논쟁이 이어졌다. 그러나 부르디외 도 푸코도 그 논쟁에 참여하지 않았다. 그에게 편지를 보낸 편집국장에게 부르디외가 작은 카드에 손으로 이렇게 짤막한 답을 써서 보냈을 뿐이다. "지식인의 침묵은 많은 것을 말하게 한다. 특히 침묵하는 게 차라리 나은 지식인들의 침묵은." 푸코도 아무 말도 하지 않았다. 사적으로 이렇게 빈정 거렸을 뿐이다. "1981년 12월에 내가 말하려 했을 때는 말을 못하게 하더 니, 내가 침묵을 지키니까 사람들은 내 침묵에 놀라고 있다. 그 결론은 한 가지뿐이다. 그들은 내가 자기들과 같은 견해일 때에만 내게 말할 권리를 준다."

전보다 더욱 진지하게 그는 프랑스 노동민주동맹과의 공동 작업을 추 진했다. "다른 사람들이 지식인의 침묵에 대해 문제를 제기하는 동안 나는 노조운동가들과 사회보장에 대해 성찰하고 있다." 그러나 마음속 깊이 그 는 자기가 진짜 명령이라고 해석하는 그런 미디어적 질서('지식인의 침묵' 같은 주제는 신문사 경영진을 매혹하기에 충분한 주제였다. 좋은 '논쟁'과 '사 건'의 소재기 때문이다)에 휘둘리는 것을 별로 좋게 평가하지 않았다. 그리 고 '정치적 질서에 소환되는 것도 좋아하지 않았다. 그가 여러 번 입에 올 렸던 표현("미테랑은 페탱이다")에 따르면 그는 거기서 잠재적 페탱주의' 의 싹을 간파했음에 틀림없다.

얼마 후 죽기 한 달 전에 잡지에 실린 마지막 인터뷰에서 그는 이 논쟁 에 대한 자신의 생각을 밝혔다. "우리가 당신들에게 담론을 바꾸라고 말했 을 때 당신들은 시대에 뒤떨어진 구호를 내세우며 우리를 비판했다. 그리

---

20 『르 몽드』*Le Monde*, 26 juillet 1983.

고 이제 과거에 당신들이 감지할 능력이 없었던 현실의 압력으로 할 수 없이 전선을 바꾸게 되자 당신들은 우리에게 사상을 제공하라고 요구하고 있다. 그러나 당신들은 현실에 대적할 사상이 아니라 당신들의 변화를 은 폐시킬 가면을 원하는 것이다. 사람들은 공산주의자들이 권력을 잡았을 때 지식인들이 더 이상 맑시스트가 아닌 것이 문제라고 말한다. 그러나 사실은 지식인들과 연대하는 것을 꺼리는 망설임 때문에 적당한 시기에 당신들의 통치 작업에 유용할 수도 있는 사유의 작업을 지식인들로부터 받지 못하는 것이 문제다."[21]

자기가 침묵을 지키고 있다는 사람들의 비난에 대한 답으로, 그러나 발표할 시점과 방식을 스스로 정하면서, 푸코는 1983년 늦여름에 '다른 식으로 통치하기'라는 주제로 소책자(나와 함께 대담을 하고 그것을 책의 형식으로 내는 것)를 하나 출간할 계획이었다. 그 책에서 그는 프랑스에서 좌파 정부가 연달아 실패한 깊은 이유를 분석하고 싶어 했다. 사회당에게 부족한 것은 정확히 '통치기술'이라고 생각하고, 역사를 거슬러 올라가 그것을 증명해 보이고자 했다. 그는 조레스와 블룸의 글들을 읽고 또 읽었다. '사회주의자들의 머리'("너무 대중적인가? 이 제목을 유지할지 아니면 더 좋은 제목으로 바꿀 것인지 좀더 생각해 봐야겠군"이라고 그는 내게 말했다)라는 책의 제목(물론 잠정적인 제목이지만)까지 정해 놓았다. 왜냐하면 그가 하고 싶었던 것이 사회당 사람들의 의식구조의 탐사였기 때문이다. 그 몇 년 사이에 여기저기서 발표된 전체주의 현상에 대한 간략한 분석들을 보고 그는 몹시 화를 냈다. "'전체주의'라는 것은 적절한 개념이 아니다. 그런

---

21 푸코, 「진실에 대한 배려」Le souci de la vérité, 『르 마가쟁 리테레르』*Le Magazine littéraire*, n° 207, mai 1984. (『말과 글』*Dits et écrits*, tome2, texte n° 350, pp.1487~1497.)

조잡한 도구를 가지고는 아무것도 이해할 수 없다. 연구해야 할 대상은 당 (Parti)이며 당으로서의 기능이다."

그가 보기에 당은 19세기의 발명품 중 가장 불길한 것이었다. 그리고 정치 분야에서 가장 위험한 제도 중의 하나였다. 이 작은 책은 폴 오차코 프스키 로랑이라는 작은 출판사에서 하기로 했다(출판사는 도서관 열람작 업을 돕기 위한 자료보조원을 그에게 파견해 주기까지 했다). 그러나 몇 번의 작업 끝에 푸코는 이 기획을 포기하기로 했다. 이 복잡하고도 까다로운 주 제에 대해 몇 년간을 착실히 바치지 않고는 제대로 책을 쓸 수 없다는 것을 깨달았기 때문이다. 더욱 중요한 다른 임무가 그를 기다리고 있기도 했다. 『성의 역사』가 새로이 순조롭게 진행되었고 앞으로 몇 달만 지나면 그것 을 끝마칠 수 있을 것이라고 그는 낙관했다.

*　　*　　*

베르나르 쿠슈네르, 앙드레 글뤽스망, 피에르 블랑셰, 클레르 브리에르, 미 셸 보비야르 등과 함께 미셸 푸코는 1983년 가을에 연구회를 조직했다. 그 는 거의 장난기로 이 연구회의 명칭을 그들에게 장소를 빌려 준 병원의 이 름을 따서 '아카데미 타르니에'라고 붙였다. 그것은 폴란드 문제로 캠페인 을 벌이던 당시 푸코가 생각했던 활동, 다시 말해서 정보활동과 실제 행동 의 가능성 모색을 위해 비정치적인 사람들을 한데 규합하려는 시도였다. 모임은 언제나 레바논, 아프가니스탄, 폴란드 등 구체적인 문제를 안건으 로 다루었다(모임에는 이브 몽탕도 참석했다). 푸코는 이 모임에서 언제고 한 번은 프랑스의 좌파를 주제로 다룰 생각이었다. 미셸 푸코와 베르나르 쿠슈네르는 간단히 '아카데미 타르니에'라는 제목으로 그들의 연구조사와 토론을 잡지에 발표할 계획을 세우기도 했다.

이 그룹은 푸코가 죽자 더 이상 존속하지 못했다. "우리가 모였던 것은 그를 중심으로 해서였다. 그는 이 작은 그룹의 지적·도덕적 권위였다. 그가 죽은 후 계속 모인다는 것은 의미가 없었다. 내 생각에 그것은 말도 안 되는 것이었다"라고 클레르 브리에르는 말했다.

그 당시 피에르 부르디외와 가진 긴 대화를 가지고 책을 낼 계획도 있었다. 피에르 부르디외의 말에 의하면 미셸 푸코는 "만일 우리가 아무것도 안 한다면 나중에 만일 우파가 정권에 복귀했을 때 사람들은 우리를 가혹하게 비난할 것이다"라고 몇 번이고 말했다는 것이다. 그 두 사람은 사회당이 아무것도 안 했거나 너무 적게 했거나 아니면 잘못한 것을 모두 지적하면서 가능한 한 '좌파의 논리'에 접근하는 성찰을 해보자고 합의했다. 그러니까 그들의 대화를 기초로 우선 『백서』(Livre Blanc)를 발간하는데, 이 책의 공동집필자인 전문가들은 해결책과 행동의 제시를 병행하면서 각자 자기 분야에서의 문제점과 불만을 기술한다는 것이다. 문화, 교육, 학술연구 등이 중심 주제가 되기로 준비되어 있었는데, 이 책 역시 세상에 나오지 못했다.

당시 기획청 장관이던 미셸 로카르가 시몽 노라를 의장으로 내세워 구성한 연구 위원회의 주제도 바로 이런 문제였다. 이 위원회에는 피에르 부르디외와 미셸 푸코도 참석을 수락했다. 미셸 로카르는 그들과 단절되지 않은 유일한 사회당 인사였다. 장 다니엘의 주선으로 빅투아르 광장 근처 한 레스토랑에서 그들은 몇 차례 점심을 함께했는데 여기에는 미셸 로카르, 미셸 푸코, 에드몽 메르, 피에르 부르디외, 그리고 프란츠 올리비에 지스베르나 자크 쥘리아르 같은 『르 누벨 옵세르바퇴르』의 책임자들이 한데 모였다. 1981년의 성명서 서명자들과 사회당 정부가 진정으로 화해하기 위해서는 우파 정권이 들어선 지 2년 후인 1988년 5월 미셸 로카르가 수상이 되기까지를 기다려야만 했다. 베르나르 쿠슈네르는 인권문제 담당 대통령 비서관이 되었고, 피에르 부르디외는 리오넬 조스팽 교육부장관이 가동시킨 교육개혁위원회의 의장이 되었다. 아마도 오늘날 피에르 부르디외가 생각했듯이 ──그러나 그리 오래 생각한 것은 아니다. 그는 곧 생각을 바꾸었다── 그 '아깝게 놓친 만남'의 사건이 사회당 지도부의 의식 속에 고통스러운 단절을 각인시켰고, 권력이 지식인과 맺을 수 있는 관계의 이미지를 완전히 변모시켜 놓았기 때문일까? 아니면 자신들에게 주어진 교훈을 그들이 경청하기로 했던 것일까? 만일 푸코가 아직 살았다면 그가 오늘날 형법개혁위원회 의장쯤 되지 않았다고 누가 자신 있게 말할 수 있겠는가?

* * *

1984년에 푸코는 자신에게 임무를 하나 맡겨 달라고 베르나르 쿠슈네르에게 부탁했다. 그들은 함께 토론하고 몇 개의 가능성을 생각해 본 뒤 마침내 의사 쿠슈네르는 그에게 '베트남을 위한 배 한 척' 운동의 발기인 겸 책임자가 되어 달라고 부탁했다. 푸코는 그것을 수락했다. 그는 『성의 역사』만 끝나면 현지로 달려갈 참이었다.

8장

선(禪)과 캘리포니아

"붉은 사제복을 입은 추기경이 미사를 집전했다"라고 미셸 푸코는 말했다. "추기경이 신도들 앞에 나아가 머리를 숙이며 '샬롬, 샬롬' 하고 외쳤다. 광장 주변에는 무장 경찰과 사복형사들이 쫙 깔려 있었다. 경찰은 뒤로 물러섰다. 어찌할 도리가 없었던 것이다. 그것은 참으로 장엄하고 강렬한 광경이었다. 그곳에는 거대한 역사의 무게가 내리누르고 있었다." 1975년 10월 푸코가 대학 강의를 위해 브라질에 갔을 때 공산당 지하조직원인 한 신문기자가 경찰서 건물 안에서 죽음을 당했다. 그는 유대인이었다. "그러나 유대인 거류민들은 감히 성대한 장례식을 치를 엄두를 내지 못했다"라고 푸코는 덧붙였다. "그러자 상파울루의 대주교가 상파울 성당에서 이 신문기자를 추모하는 미사를 마련했고, 그 광장에 수천 명의 사람들이 몰려든 것이다."[1] 당시의 브라질은 폭력과 투옥 등으로 점철된 억압의 시기였다. 푸코는 이런 분위기 안에서는 강의를 하고 싶지 않았다. 자유가 존재하지 않는 나라에서 가르치고 싶지 않다는 자신의 생각을 알리기 위해 그는 대학

---

1 티에리 뷜첼, 『20년 후』, p.157.

에서 공개 선언문을 발표했다. "그 당시에 우리는 경찰의 감시를 받고 있었다"라고 푸코를 자기 집에 머물게 했던 제라르 르브룅이 말했다. 푸코는 그 사건 후 곧 브라질을 떠났다.

그는 1965년에도 상파울루에 간 적이 있고, 1973년에는 리우의 가톨릭대학 초청으로 다시 갔으며, 1974년에는 리우의 의과대학 및 의학협회 초청으로 한 번 더 갔었다. 그때 그는 이 나라의 오지 깊숙이 벨로 호리존테까지 여행했다. 틀림없이 브라질은 푸코가 깊은 애착을 가지고 마음껏 즐겼던 나라였다. 1975년 사건 이후 그는 자신이 그 나라에서 기피인물이 되었다는 것을 알았다. 1976년 알리앙스 프랑세즈의 초청으로 바히아 지역의 수도인 살바도르나 헤시피, 벨렝 등에 강연하러 간 것은 아마도 이러한 비공식적 금지를 짐짓 어겨 보자는 의도에서였을 것이다. 그러나 아무런 문제도 일어나지는 않았다.

튀니지에서 귀국한 후 푸코가 프랑스에 아주 정착했다고는 하나 세계여행을 포기한 것은 결코 아니었다. 콜레주 드 프랑스 강의가 그의 시간을 거의 빼앗은 것은 사실이다. 강의 준비에 엄청난 노력과 정력을 소비해야 했다. 그러나 교수들은 1년에 24시간의 수업(강의 12시간, 세미나 12시간)만 하면 되었다. 그러니까 주당 2시간씩 한다고 치면 3개월만 봉사하면 되었다. 푸코는 청강생을 만족시키기 위해 거의 탈진하다시피 애를 썼다. 그러나 이 교수직의 시간 여유가 그에게 여행의 기회를 주었다. 1970년에서 1983년 사이에 그는 브라질, 일본, 캐나다, 그리고 물론 미국 등지에서 여러 번 체류했다.

1978년 4월 일본에서는 아주 재미있는 체험을 했다. 그가 선(禪)의 의식을 배우고 싶어 하자 우에노하라(上野原)의 절 세이온지(靑苔寺)에서 국제 도장(道場)을 운영하고 있는 선사 오모리 소겐(大森曹玄)이 며칠간 수도승 생활에 참여해 보라고 제의했다. 프랑스 대사관 문정관이며 잡지『슌주』의 기자였던 크리스티앙 폴락이 그와 동행했다. 그들은 나중에 함께 이철학자의 종교 여행에 대한 르포 기사를 썼다. "나는 불교철학에 매우 흥미가 있습니다"라고 미셸 푸코는 자기를 받아 준 승려에게 말했다. "그러나 내가 여기 온 것은 그것 때문이 아닙니다. 가장 내 흥미를 끄는 것은 선사(禪寺)에서의 생활 그 자체입니다. 다시 말하면 선의 실천이라든가 그 수행이나 계율 같은 것이죠." 승려가 선과 기독교 신비주의의 차이점이 무엇인 것 같으냐고 묻자 그는 이렇게 대답했다. "기독교적 영성과 그 테크닉에서 아주 인상적인 것은, 거기서는 항상 개인화를 추구한다는 것입니다. 개인의 영혼 밑바닥에 있는 것을 포착하려고 끊임없이 노력을 하지요. '네가 누구인지 내게 말해 달라' 이것이 바로 기독교의 영성주의입니다. 그런데 선에서는 영성과 연결된 모든 테크닉이 개인을 지우는 경향이 있는 것처럼 보입니다."

이 예비토론과 절의 답사가 끝난 후 직접 행동으로 옮겨 가야만 했다. 푸코는 참선을 행하려 애썼으나 그가 나중에 말했듯이 "그것은 매우 어려운 일이었다." 승려는 그에게 앉는 방법과 숨 쉬는 방법을 설명해 주었다. 좌선의 종료를 알리는 작은 종소리가 들릴 때까지……[2] 푸코는 일본에 깊은 흥미를 느꼈다. 그건 틀림없는 사실이다. 서구의 합리성과 그 한계에 대해 회의하는 "사람으로서 그는 '매우 판독하기 어려운 수수께끼'인 듯이 보이는 이 문명을 어찌 피해 갈 것인가?"라고 설명한다. 그러나 바르트나 레비 스트로스와는 달리 일본에 대한 그의 호기심 어린 시선은 열렬한 애

---

2 푸코, 「미셸 푸코와 선(禪)」Michel Foucault et le Zen, 『슌주』春秋, n° 197, 1978.(『말과 글』*Dits et écrits*, tome2, texte n° 236, pp.618~624.)

정으로 변하지는 않았다.

　푸코가 가장 강렬한 관계를 맺은 나라는 미국이었다. 뉴욕 주 북부, 나이아가라 폭포 근처의 버펄로 대학 프랑스어학과가 그를 몇 번에 걸쳐 초청했다. 그는 그곳에 1969년 그리고 1970년과 1972년에 갔다. 비자를 받는 데에 약간 어려움이 있었다. 비자 발급을 위해 담당관이 의례적으로 하는 "공산당에 가입한 적이 있습니까?"라는 질문에 그가 "네"라고 대답했기 때문이다. 프랑스 대사관 문화국이 개입해서 결국 그는 미국 땅을 밟을 수 있었다. 초기 강의 때는 미국 대학에서의 그의 명성이 아직 미미하여 수강생의 수는 100명을 넘지 않았다. 게다가 그는 프랑스어로 강의했다. 1970년에는 교환과 화폐에 대해, 1972년에는 고대 그리스의 사법제도에서 출발하여 진실의 역사에 대해 강의했다. 첫번째 체류 때에는 대학의 '클럽'에서 묵었는데, 이곳은 좀 부자연스럽게 멋을 부리는 곳이어서 투숙자들에게 저녁식사 때마다 반드시 넥타이를 매라고 요구했다. 터틀넥 스웨터를 좋아했던 그는 그것이 별로 마음에 들지 않았다. 그가 언제나 즐겨 입었던 흰색 터틀넥 스웨터는 10여 장의 사진으로 인해 유명하게 되었다.

　1972년 프랑스어과 교수인 존 K. 시몬이 감옥 개혁 전공의 법학과 교수의 소개로 버펄로에서 60킬로 떨어져 있는 아티카 관광을 조직했다. 1년 전에 그 형무소는 격렬한 소요와 유혈 탄압의 무대였었다. 그 사태로 50여 명이 죽었다. 푸코는 외관이 중세의 성을 방불케 하는 이 거대한 성채에 깊은 인상을 받았다. 그는 또, 나중에 존 시몬과의 대담에서 말했듯이 뒤에는 '거대한 기계'가 숨겨져 있는데 건물 입구는 흡사 '디즈니랜드' 같은 분위기를 풍기는 것을 보고 큰 충격을 받았다. 그 뒤에 이어지는 깨끗하고 청결한 복도들은 보행자의 선택에 따라 아주 효과적이고 직접적인 관람의 도정(道程)을 이루고 있었다. 당연히 이 대담에서 푸코는 형벌제도에 대한 자신의 관심을 환기시켰다. "전통 사회학, 다시 말해 뒤르켐식의 사회학은 '사회가 어떻게 개인들을 한데 응집시키는가? 개인들 사이에 수립되는 관계의 형태 또는 감정적이고 상징적인 소통의 형태는 무엇인가? 사회가 하나의 전체를 이룰 수 있도록 하는 조직의 체계는 무엇인가?'라는 등등의 질문을 제기했다. 나는 그 반대의 질문에 관심이 있다. 또는 그 문제의 반대 대답에 관심이 있다. 즉 '누구를 제외하고, 어떻게 분리를 하면서, 그 어떤 배제의 체계를 통해, 그리고 어떤 부정과 거부의 작용을 통해 사회는 기능하는가?'이다. 그러나 이제부터 나는 반대의 질문을 하겠다. 감옥은 배제라는 수동적 기능으로만 축소되기에는 너무나 복잡한 조직이다. 그 비용과 규모, 그리고 그것을 관리하는 데 들이는 노력과 그것을 정당화시키기 위한 이론들, 이 모든 것은 감옥이 포지티브한 기능을 갖고 있다는 것을 지시하고 있는 듯하다. 문제는 자본주의 사회가 자신의 행형 제도를 작동시키는 데에 어떤 역할을 하며, 어떤 목적을 추구하는지, 그리고 처벌과 배제의 이 모든 절차로부터 어떤 효과가 생겨나는지를 알아야 하는 것이다. 그것이 경제 영역에서 어떤 자리를 차지하고 있으며, 권력의 행사와 유지에서 어떤 중요성을 갖고 있으며, 또 사회적 갈등…… 속에서 어떤 역할을 하는지도 알아야 한다."[3]

버펄로에 머물고 있던 1972년에 푸코는 올브라이트 녹스 미술관에서 마네에 대한 강연도 했다.

이때부터 푸코의 미국여행은 아주 빈번해진다. 1973년에는 뉴욕에서 강의를 했고, 1975년 봄에는 버클리의 프랑스어과 학과장인 레오 베르

---

3 푸코, 「아티카 교도소에 대한 미셸 푸코의 견해」Michel Foucault on Attica, 『텔로스』*Telos*, n° 19, 1974.(『말과 글』*Dits et écrits*, tome1, texte n° 137, pp.1393~1404.)

사니의 초청을 받았다. 그는 약 100명의 청중들에게 나중에 『앎의 의지』가 될 내용의 대강을 펼쳐 보였다. 그후 그를 성대하게 맞이할 캘리포니아에 이렇게 첫발을 딛은 것이다.

1975년 11월에 푸코는 컬럼비아 대학 교수인 실베르 로트랭제가 주도하는 잡지 『세미오텍스트』(*Semiotext(e)*)가 뉴욕에서 주최한 '반-문화' 심포지엄에 참여했다. 수천 명의 청중이 몰려들었다. 푸코는 섹슈얼리티에 관해 이야기했다. 그리고 그는 매우 '급진적인' 청중, 다시 말해서 과격-좌익 성향의 청중 앞에서 반 정신의학 운동의 주창자 중의 한 사람인 로널드 렝과 대담했다. 이런 분위기였으므로 그의 이야기가 그런 어조와 그런 내용을 갖고 있었다는 것을 우리는 충분히 이해할 수 있다. 그는 우뢰 같은 힘찬 목소리로 웅변을 토했으나 이론적인 시각과 분석을 여유 있게 유지했다. "파시즘의 새로운 형태, 파시즘적 의식의 새로운 형태, 파시즘의 묘사에 대한 새로운 형태, 그리고 반파시즘 투쟁의 새로운 형태가 생겨난 것이 1960년 이래의 새로운 현상이라고 나는 생각한다. 그러니까 60년대 이후 지식인의 역할은 자기 경험과 능력 그리고 개인적인 선택과 욕망에 따라 그 파시즘의 형태들을 드러내게 할 수 있는 지점에 자리 잡는 것이다. 그 지점에서 그는 불행하게도 잘 알려지지 않았거나 또는 너무 쉽게 용인된 파시즘의 형태들을 드러내고, 묘사하고, 참을 수 없는 것으로 부각시키며, 그것들을 타도하기 위한 투쟁의 적당한 형태가 무엇인지를 규정해야 한다." 푸코는 정신의학과 감옥의 예를 들고 이렇게 결론지었다. "'당신은 글을 쓸 것인가, 아니면 투쟁을 할 것인가'라는 문제는 완전히 시대에 뒤떨어진 질문이라고 나는 생각한다. 여하튼 최근에 지식인들이 행하는 특정 지점에서의 참여는 이론적·역사적 분석이 구체적 투쟁과 별개의 것이 아님을 보여 주고 있다."[4]

조그마한 사건이 푸코를 분노에 떨게 했다. 섹슈얼리티에 대한 강연—통역자가 영어 원고를 읽었다—이 끝난 후 누군가가 불쑥 일어나서 영어로 푸코가 감옥 관련 정부기구에 속해 있으며, 뉴욕에 온 것도 미국의 급진적 활동의 정보를 프랑스 당국에 건네주기 위한 것이라고 그를 비난했던 것이다. 렝과의 원탁회의에서는 또 누군가가 "렝과 푸코 모두 CIA에 고용된 사람들이다"라고 소리질렀다. 이번에는 냉정을 유지하면서 푸코는 이렇게 대답했다. "그렇습니다. 모든 사람들이 CIA에 고용되었습니다. KGB에 고용된 나만 제외하고 말입니다." 여하튼 이 심포지엄은 이 프랑스 철학자가 미국사회에 뚫고 들어가는 중요한 계기가 되었다.

또 다른 중요한 계기는 대학의 규칙이라는 좀더 고전적인 테두리 속에서였다. 푸코는 1979년 10월 스탠퍼드 대학에서 '테너 기념강의'(Tanner Lecture)를 맡아 '사목(司牧) 권력'을 다루었다. 강의 제목은 '전체와 개체: 정치이성 비판을 위하여'였다. 300명 이상이 청강했다. 철학과 교수들 대부분이 불참한 것은 좀 특이했다. 푸코에게 불만이어서라기보다는 그들 생각에 별로 '추론적'이지 못한 '프랑스 사상'에 관심이 없었기 때문이다. 그에 대한 책을 준비하고 있는 버클리의 두 교수 허버트 드레이퓌스와 폴 라비노를 푸코가 처음으로 알게 된 것도 바로 이때였다.

드레이퓌스는 하이데거 전공 철학자였으나 인공지능 및 컴퓨터에도 관심을 가지고 있었고, 라비노는 민족학자로서 인류학과 교수였다. 그들은 푸코에게 전화를 걸어 면담을 요청했고 그것은 곧 받아들여졌다. 샌프란시스코의 호텔로 그를 찾아왔을 때 그는 그들에게 "내 암살자들이 왔군"이라고 말했다. 그는 그들과 8시간을 함께 작업했고, 그것이 우정 어린

---

4 이 문서는 실베르 로트랭제Sylvère Lotringer가 내게 전해 준 것이다.

관계와 지적 교류로 이루어진 공동 작업의 시작이었다. 이 두 미국 저자의 책은 푸코와의 대담을 몇 개 포함하고 있다.[5] 또 다른 인터뷰는 얼마 후 라비노가 편집한 『푸코 읽기』에 나오게 될 것이다. 이것은 푸코 작품의 발췌와 미발표 기고문, 강연, 서문 등을 한데 모아 놓은 책[6]이었다.

1980년 10월에 푸코는 다시 버클리에 왔다. 언제나처럼 프랑스어과의 초청으로 '교환교수'의 자격으로 왔다. 거기서도 역시 아주 권위 있는 '호위슨 기념강의'(Howison Lecture)를 맡았다. 그가 택한 강의 주제는 '진실과 주체성'이었다. 이 강의들은 벌써 캠퍼스에서 많은 화제를 불러일으켰고, 키스 갠덜과 스티븐 코트킨이 '팡파르'[7]라고 불렀던 대접을 받고 있었다. 강의를 들으러 오는 사람들이 너무나 많았기 때문에 문을 닫기 위해 경찰이 와서 정리해야 할 정도였다. 1980년 11월에는 뉴욕 대학 '인문학 연구소'의 초청으로 뉴욕에 다시 와 600~700명의 청중 앞에서 강연했다.

이번 방문은 대학 밖의 사회적 관심까지 끌어서, 『타임 매거진』이 두 페이지나 할애하여 ――매우 드문 일이다―― 이 프랑스 철학자 주변에서 벌어진 '숭배'의 현상을 전하면서 그의 '불투명한' 이론을 빈정거렸다. 그에 대한 묘사는 그리 부드러운 것이 아니었다(이 대 신문의 반지성적 천박성은 모든 사람이 알고 있는 바와 같다). 그리고 기자는 미국 대학에 푸코를

---

5 허버트 드레이퓌스Hubert Dreyfus·폴 라비노Paul Rabinow, 『미셸 푸코: 철학 산책』*Michel Foucault: un parcours philosophique*, Paris: Gallimard, 1984; 『미셸 푸코: 구조주의와 해석학을 넘어서서』*Michel Foucault" Beyond Structuralism and Hermeneutics*는 1982년 시카고 대학 출판사에서 출판됨.

6 라비노, 『푸코 읽기』*The Foucault Reader*. 프랑스어로 된 미발표 원고는 『말과 글』*Dits et écrits*에 수록되었다.

7 키드 갠달Keith Gandal·스티븐 코트킨Stephen Kotkin, 「버클리에서의 푸코」Foucault in Berkeley, 『히스토리 오브 더 프레전트』*History of the Present*, nº 1, février 1985.

완강하게 반대하는 적이 많으며, 그의 저서는 거기서 때로 아주 가혹하게 평가되고 과격하게 공격된다고 썼다.[8]

그중에서도 특히 역사학자 피터 게이(Peter Gay), 인류학자 클리퍼드 기어츠(Clifford Geertz) 같은 사람들은 푸코의 파도를 막는 방파제를 쌓는 데 노력을 아끼지 않았다. 보수주의자들은 그의 급진적 입장을 비난했고, 맑시스트들——꽤 많이 있었다——은 그의 절망적인 '허무주의'를 비난했다. 푸코는 자기 사상을 밝히기 위해, 그리고 자기 글에 대한 오독을 교정하기 위해, 또는 어떤 신랄한 대답에서 그 자신이 말했듯이 소위 '비평의 괴물'[9]과 맞서 싸우기 위해 최소한 한 번 이상 자기 작품의 해명 작업을 했다. 사람들은 또 그의 요양소 분석이 뉴욕 거리의 여성거지들(bag ladies)의 존재에 책임이 있다고 비난하기도 했다!

그러나 모든 사람들이 수락하는 분명한 사실 하나는 강의계획표 위의 푸코의 이름이 수많은 학생을 불러 모아 원형강의실이 터져 나갈 지경이었다는 것이다. 1981년 11월 로스앤젤레스의 남캘리포니아 대학에서 일어난 일이 그것이며, 일주일 후에 『타임 매거진』에 그 기사가 실렸다. 3일 간의 토론회가 푸코 연구에 바쳐졌고, 역사학자들과의 원형 토론회가 열렸는데 거기에는 미셸 드 세르토(Michel de Certeau)도 참석했다.

---

8 오토 프리드리히Otto Friedrich, 「프랑스의 권력의 철학자」France's Philosopher of Power, 『타임 매거진』*Time Magazine*, 16 novembre 1981.

9 푸코, 「비판에서의 악마성」Monstrosities in Criticism, 『디아크리틱』*Diacritics* I, n° 1, automne 1971. 푸코는 특히 거기서 조지 스타이너Georges Steiner가 1971년 2월 28일자 『뉴욕 리뷰 오브 북스』*New York Review of Books*에 쓴 「오늘날의 유명인사, 미셸 푸코」The Mandarin of the Hour, Michel Foucault에 답하고 있다. 스타이너의 답변에 대한 푸코의 해명으로 논쟁은 계속되었다.(『디아크리틱』 I, n° 2, hiver 1971.) 1982년 12월 16일자 『뉴욕 리뷰 오브 북스』에 실린 로렌스 스톤Lawrence Stone의 글에 대한 1983년 3월 31일자 푸코의 답변도 역시 참조할 것.

1982년에 푸코는 벌링턴의 북부지역 숲 지대의 한적한 버몬트 대학에서 6주를 보냈다. 그리고 1983년 봄에는 다시 버클리를 찾았다. 이번에는 영광의 절정에 있었다. '자기 숭배'라는 제목의 공개강좌에는 청중이 강당을 가득 메웠다. 이것은 은유적 표현이 아니다. 그는 대학 강의실이 아니라 극장에서 강연을 해야 했고, 그곳에는 2천 명 이상이 몰려들었다. 3천 명 이상의 청중을 모은 레비 스트로스만이 푸코보다 성공한 케이스였다. 푸코는 이때부터는 영어로 강연했다. 이런 '쇼'를 별로 높이 평가하지는 않았지만 그는 열심히 연구 팀, 또는 연구 그룹을 조직했다.

마지막 여행은 1983년 가을이었다. 역시 버클리였다. 푸코는 프랑스어과와 철학과의 초청을 받았다. 그 지역의 철학자들의 대부분 그를 잘 몰랐고, 그들의 연구도 푸코의 것에 비하면 수십 광년이나 떨어져 있는 것이었다. 그들 중의 한 유명한 교수는 프랑스의 사상을 지칭하기 위해 '개구리 안개'[frog fog ; frog는 개구리를 먹는 프랑스인들을 비하해서 부르는 말]라고 말했다. 인종주의가 간결하게 압축되어 있는 이 표현은 번역하기가 쉽지 않다. 여하튼 시도해 보자. 이것은 "개구리를 먹는 사람들의 안개"를 의미한다. 요컨대 그것은 '대륙적'이고 모호하다는 의미다. 그들이 보기에 프랑스의 언어이론 및 논리학 전문가들은 그저 한갓 '소설'을 쓰고 있을 뿐이다. 베르그손이나 사르트르가 그랬듯이 이처럼 철학을 문학처럼 하는 것은 프랑스의 전통이다. 그들은 이 전통을 손등으로 밀어내고 있었다.

푸코의 청중은 대부분 고대 후기 사학자 피터 브라운(Peter Brown)의 강의를 들은 역사학 전공 학생이었다. 성 아우구스티누스에 대한 이 역사학자의 강독식 저서를 푸코는 아주 좋아했다. 또는 라비노의 강의를 들은 인류학과 학생들이었다. 푸코는 자유주의에 대해 강의했고, 1920년대의 '통치술'에 대한 좀더 작은 규모의 세미나도 했다. 그의 학생들은 시대와 나라별로 나뉘어 독일·영국·미국·소련 등의 사례 발표를 했다. 고대 그리스에서의 '진실-말하기'의 중요성에 대해서도 강의했다. 그것은 모든 시대를 관통하여 진실의 개념이 어떻게 진화했는지를 알아보기 위해 '자신에 대한 배려' 또는 윤리와의 관계 속에서 '진실성'을 분석하는 것이었다. 그는 이 주제를 콜레주 드 프랑스 강의에서도 다루었는데, 아마도 그의 마지막 주요 연구 방향 중의 하나였을 것이다.[10]

학생들은 자기들과 얘기하기를 좋아하는 이 권위 있는 교수를 매우 존경했다. 푸코는 전혀 접근이 어려운 교수가 아니었다. 모든 교수에게 의무적으로 부과된 '학생 면담시간'을 충실히 지켜서, 그를 찾아오는 모든 학생들과 자유롭게 토론했다. 학생들은 언제나 그를 손쉽게 만날 수 있었다. 언제나 학생들의 질문과 부탁을 받아들일 태세가 되어 있는 채, 그리고 언제나 그들에게 충고와 설명을 해줄 태세를 갖춘 채 그는 프랑스어과 드위넬 관(館)의 자기 연구실에 앉아 있었다. "처음에는 감히 갈 생각을 못했죠"라고 데이비드 혼은 말한다. "그러나 곧 우리는 가 보기로 했습니다. 그다음에는 일이 아주 잘 풀렸죠. 그와 함께 점심이나 저녁식사를 하기까지 했으니까요……."

푸코는 많은 시간을 도서관에서 보냈다. 프랑스에 돌아올 때마다 그는 유능한 수많은 직원들이 보물 같은 수천 권의 장서를 완벽하게 정리해놓은 미국의 도서관에 대해 침이 마르도록 칭찬했다. 그것은 웁살라의 카롤리나 레디비바를 10제곱해 놓은 것과 같았다. 푸코는 끊임없이 읽고 노트하고 색인 카드를 만드느라고 몇 시간이고 앉아 있었다. 『성의 역사』는

---

10 버클리에서의 이 강연은 녹음 테이프로부터 문서로 옮겨져 「두려움 없는 강연」Fearless Speech 이라는 제목으로 학술지에 게재되었다.(『세미오텍스트』Semiotext(e), New York, 2001.)

다 끝냈지만 또 다른 계획이 있었다. 그는 자유주의에 대한 연구를 계속하고, 자신이 드레이퓌스와 라비노에게 말했듯이 "최소한 한 번 이상 초안을 잡아 놓은" 책을 본격적으로 쓰겠다는 계획을 세워 놓았다. 이 책은 16세기의 성 윤리, 가톨릭과 프로테스탄트 교회에서의 양심지도, 정신 수련, '자기 테크닉'(technique de soi)의 역할을 다룰 예정이었다.

미셸 푸코에게 있어서 미국은 연구의 즐거움을 주는 곳이었다. 그러나 그곳은 그냥 즐거움 그 자체이기도 했다. 그는 동성애 잡지, 신문, 동성애자들의 바와 나이트클럽 등이 번창하고 있는 뉴욕과 샌프란시스코에서 자유를 만끽했다. 그곳들에는 게이들의 공동지역이 무수하게 많고, 잘 조직되어 있었으며, 자신들의 권리를 당당하게 주장할 결연한 의지를 갖고 있었다(비록 이 모든 것이 그후 유럽 특히 프랑스에서도 널리 실현되었지만, 푸코가 개인적으로나 지적으로 미국의 게이 천국에 열광했던 이 시기에는 아직 그렇지 못했다. 미국에서 그는 새로운 생활 양식, 개인들간의 새로운 관계, 다시 말해 존재의 '미학' 또는 존재의 '문체화'文體化, 그리고 개인적 혹은 집단적 자기 형성에 대한 고찰에 진력하며 즐겁게 푹 빠져 있었다).

프랑스에서는 공공연히 내세우기가 매우 어려운, 그러나 뉴욕이나 샌프란시스코에서는 백주 대낮에 그저 하나의 생활방식, 또는 하나의 문화로서 무심하게 펼쳐지는 이 동성애를 푸코는 이제부터 완전히 즐기기로 결심했다. 로스앤젤레스의 동성애 잡지 『애드버케이트』와 가진 인터뷰에서 그는 단도직입적으로 이렇게 말했다. "섹슈얼리티는 우리 행동의 한 부분이다. 그것은 이 세계에서 우리가 향유하는 자유의 한 부분이다. 섹슈얼리티는 우리 스스로 창조하는 어떤 것이고, 우리 욕망의 비밀스러운 양상의 발견일 뿐만 아니라 바로 우리 자신의 창조다. 우리는 우리의 욕망과 함께, 그 욕망을 넘어서서 새로운 형태의 관계, 새로운 형태의 사랑, 새로운 형태의 창조가 창시된다는 것을 알아야만 한다. 성은 숙명이 아니다. 그것은 창조적 삶에 접근하는 한 가능성이다 ……. 우리는 우리가 동성애자라는 것을 발견하는 것만으로 충분치 않다.…… 게이의 생활양식을 창조해야 한다."[11]

자신의 섹슈얼리티를 자유롭게 살 권리를 쟁취하기 위한 투쟁을 지지하면서("섹슈얼리티에 대한 개인의 권리는 매우 중요하다. 그런데 그것이 지켜지지 않는 곳이 아직도 꽤 많이 있다"), 그리고 '1970년대 초의 해방의 과정'을 매우 긍정적으로 소개한 후 "우리는 한 걸음 더 앞으로 나아가야 한다"고 그는 덧붙였다. 그리고 이 '한 걸음 앞으로 나아간다'는 것은 "새로운 형태의 삶·관계·우정을 창조하는 것이고, 이와 같은 우리의 성적·윤리적·정치적 선택을 통해 새로운 형태의 예술과 문화가 정립될 수 있을 것이다"라고 말했다. 이어서 그는 "우리를 방어하기만 할 게 아니라 우리의 정체성과 창조적 힘을 확고하게 주장해야 한다"고 그는 말했다.

그러고 나서 그는 'SM 하위문화', 다시 말해서 사도마조히스트(가학-피학) 하위문화에 대해 길게 얘기했다. "SM의 실천은 쾌락의 창조이고 SM은 정말로 하위문화다. 그것은 발명의 과정이고, 전략적 관계를 육체적 쾌락의 근원으로서 사용한다." 그렇다. "우리의 육체를 수많은 쾌락의 가능한 근원으로 사용할 수 있는 이 가능성은 정말로 중요한 것이다." 그는 거리낌 없이 SM의 섹슈얼리티에 빠져서 샌프란시스코의 폴섬 스트리트의 클럽들에서 수많은 밤을 보냈다("그들이 내게 요구하는 것을 나는 다 했어"

---

11 푸코, 「섹스, 권력 그리고 동일성의 정치」Sex, Power and the Politics of Identity, 1982년 로스
　　앤젤리스의 『애드버케이트』The Advocate와 가진 대담. 1984년 8월에 사후 게재되었다.(『말과
　　글』Dits et écrits, tome2, texte n° 358, pp.1554~1565.)

라고 그는 레오 베르사니에게 털어놓았다). '퍼펙토'(양쪽이 뾰족한 모양의 엽 궐련) 모양의 가죽 점퍼를 입기 시작하여 파리에서까지 입었다. 가끔은 낮에도 입었지만 주로 밤에 퀼러 바(바스티유 광장 근처 같은 이름의 거리에 있었다. 그러나 그는 미국에서 손쉽게 얻었던 익명성이 여기서는 어려울 것에 두려움을 느꼈다. 게이들의 사우나에서 남자들끼리 이루어지는 이 섹슈얼리 티에서 그가 좋아한 것은 자신의 신분증을 옷 보관소에 맡겨 놓는다는 사실이 었다[12])에 갈 때 즐겨 입었다. 그는 또, 같은 인터뷰에서 마약이 쾌락의 문 화에 추가시킬 수 있는 것을 상기시켰다. "우리는 마약을 시도해 봐야 한 다. …… 마약은 현재 우리 문화의 일부다. 좋은 음악 나쁜 음악이 있듯이, 좋은 마약, 나쁜 마약이 있을 뿐이다. 그러므로 음악에 '반대'한다고 말할 수 없듯이 마약에 '반대'한다고도 말할 수 없다"

푸코에게 있어서는 '좋은 마약'의 체험이 위에 인용한 『타임 매거진』 에서 썼듯이 파리의 그의 아파트 발코니에서 그가 키웠던 '마리화나 풀'에 만 한정된 것이 아닌 것 같다. 클로드 모리악은 1975년 푸코와 함께 나눈 대화를 전하면서 다음과 같이 말했다. "LSD, 코카인, 아편, 이 모든 것을 그 는 다 해보았다. 헤로인만 안 했는데, 현재와 같은 혼미한 상황 속에서 그 것마저 손대지 않을까."[13] 푸코로부터 직접 이야기를 들은 폴 벤느에 의하 면 1978년 7월 파리 보지라르 가 자기 집 앞에서 푸코가 차에 치었을 때 그 는 아편 복용으로 몽롱한 상태였다는 것이다. 병원에 옮겨졌을 때 그는 시 몬 시뇨레에게 연락해 달라고 부탁했다. 그녀에게 청원서의 원고를 전달

---

12 언젠가 그는 퀼러에서 한 소년과 만난 얘기를 내게 했다. 그 소년을 자기 숙소에 데리고 오고 싶 어서, 운전대를 잡기 위해 안경을 쓴 순간 그 소년이 "그런데…… 혹시 선생님은……"이라고 말 하더라는 것이다. 이 말이 그에게서 성적 욕망을 싹 가시게 했다고 한다.
13 모리악, 『모리악과 아들: 움직이지 않는 시간 9』, p.227.

해야만 했기 때문이다. "푸코 씨라는 분이 사고가 났다고 부인에게 알려드리랍니다"라는 말을 경찰관으로부터 전화로 들은 이 여배우의 놀라움은 상상하고도 남음직하다. "아니 당신은 그가 누구인지도 모른다는 말인가요? 프랑스에서 제일 위대한 철학자랍니다!"라고 그녀는 소리를 질렀다.

한편 에드먼드 화이트(Edmund White)는 자신의 자서전인 『나의 인생』에서 자기 친구 중의 두 명이 어느 날 새벽 4시에 뉴욕의 사우나로 푸코를 데리러 가야만 했다고 썼다. 거기서 그는 LSD로 향하는 '나쁜 여행을 하고 있었다'. "그들은 한 밀실 구석에 몸을 둥그렇게 구부리고 환각 상태로 앉아 있는 그를 발견했다. 영어를 완전히 잊어버리고 전화번호도 그를 데리러 온 사람 중 한 명의 것만 가까스로 기억하고 있었다. 그들이 그를 그의 아파트로 데리고 가 진정제를 투여하고 그후 14시간 동안 옆을 지키고 있었다."[14] 티에리 뵐첼과 대담할 때 푸코와 그 젊은 대담자는 "쾌락의 국소화를 다시 무감각하게 만드는" 마약에 대해 오래 이야기했다. "라이히의 추종자들이 그랬듯이 오르가즘 예찬은 성적인 것에서 쾌감의 가능성들, 예컨대 옐로필(yellowpills)이나 코카인이 우리 몸 전체에 퍼지게 만드는 그런 쾌감을 국지화(局地化)하는 한 방식인 듯하다. 그때 몸은 전면적 쾌감의 전면적 장소가 된다. 그렇게 함으로써 이것은 섹슈얼리티를 제거해 버린다". 그러니까 마약은 푸코가 실행하고 발전시키려 했던 쾌락의 '증식과 강화'에 기여하는 조작자(opérateur)였다. 이것은 그가 『성의 역사』에서 '성 과학'(Scientia sexualis)에 대비시켰던 그 성애의 기술(ars erotica)을 말하는 것이다.[15]

---

14 에드먼드 화이트Edmund White, 『나의 인생』*Mes vies*, Paris: Plon, 2006, p.207.
15 뵐첼, 『20년 후』, pp.117~120.

『애드버케이트』지와 가진 인터뷰에서 가장 중요한 것 중의 하나는 아마도 동성애적 우정의 역사에 대한 주제화일 것이다. "오늘 내가 관심을 갖고 있는 것은 우정에 관한 것이다. 고대 이래 수세기 동안 우정은 매우 중요한 사회적 관계의 양식이었다. 그 우정의 한가운데에서 사람들은 얼마만큼의 자유를 누리고 일종의 선택(물론 제한적이기는 하지만)을 할 수 있었는데 그것은 동시에 강렬한 애정의 관계이기도 했다. 이 우정은 자신의 동성 애인을 도와주어야 하는 등 경제적 사회적 함의를 갖고 있기도 하다. 이런 종류의 우정이 16세기와 17세기에 적어도 남성 사회에서부터 서서히 사라지기 시작했다고 나는 믿는다. …… 내 가설 중의 하나는——우리가 이것을 좀더 연구하면 그것을 증명할 수 있으리라고 나는 확신한다——동성애(즉 남자들 사이에서의 성적 관계)가 18세기부터 문제로 떠올랐다는 것이다. 그것이 경찰, 사법제도 등과 갈등관계에 들어갔음을 우리는 볼 수 있다. 그것이 사회적으로 문제가 된 이유는 이 시기에 우정이 사라졌기 때문이라고 나는 생각한다. 우정이 사회적으로 인정되는 중요한 일일 때에는 아무도 남자들 사이의 성적 관계를 알아채지 못했다. 그들 사이에 그 관계가 없다고도 말할 수 없었지만 단지 그것은 전혀 중요한 문제가 아니었다. 전혀 중요하지 않았다. 문화적으로 인정되는 관계로서의 우정이 사라지자 '도대체 남자들 사이에서 무슨 일이 일어나고 있는 것이지?'라는 문제가 제기되기 시작했다. 그리고 오늘날 남자들이 사랑을 하고 성적 관계를 맺을 때 그것이 문제로 인식되고 있는 것이다. 사회적 관계로서의 우정의 사라짐과 동성애를 사회·정치·의학의 문제로 선언하는 현상은 똑같은 과정이라고 나는 확신한다."[16]

---

16 푸코, 「섹스, 권력, 그리고 동일성의 정치」, 『말과 글』, tome2, texte n° 358, pp.1554~1565.

푸코는 미국에서 행복을 느꼈다. 자신과의 화해가 마침내 실현된 것이다. 일하는 것도 즐거웠고 육체적 쾌락에서도 행복했다. 80년대 초부터 그는 점점 더 숨 막히는 파리와 프랑스를 떠나 미국에 정착하려는 계획을 진지하게 생각하기 시작했다. 천국 같은 캘리포니아에서 살고 싶다는 꿈을 공공연히 사람들에게 말하기도 했다. 태양이 빛나는 멋진 캘리포니아…….

그러나 시간이 없었다. 새로운 페스트가 그 끔찍한 참화를 퍼뜨리기 시작했고 푸코는 그 희생양이 되었다.

9장
예술작품으로서의 인생

"이 일련의 연구는 내가 예상했던 것보다 훨씬 늦게 그리고 전혀 다른 형태로 나왔다."[1] 총 다섯 권의 저서의 서문 격인 『앎의 의지』[성의 역사 1권]에서부터 『쾌락의 활용』[성의 역사 2권], 『자기에의 배려』[성의 역사 3권] 등 두 권의 속편이 출판된 1984년 6월까지에는 8년이 흘렀다. 이 8년 동안 푸코는 자신의 계획을 완전히 뒤죽박죽으로 만들었다. 여러 번 원고를 수정하거나 구상을 바꾸기도 했다. 『성의 역사』라는 전체적 계획에 착수한 이래 그가 부딪혔던 문제들을 극복하는 데 그는 큰 어려움을 겪었다. 우선 자기가 예고한 기획을 그대로 따랐다. 한편으로는 정신의학에 대해, 특히 정신의학이 진단적 시선으로 조사하는 대상, 예컨대 자신이 그 기록을 소개한 적이 있는 19세기 자웅동체(雌雄同體) 인간인 에르퀼린 바르뱅에 대해 연구했고, 또 한편으로는 기독교 및 고백의 교리 안에서 '성 담론'의 탄생지를 찾으려 했다. 우리가 기억하는 한 그것은 '정신분석의 고고학'을 하는 것이었다. 고백 교리서를 읽기 시작했고 기독교 문학 속에 푹 빠져들었

---

1 미셸 푸코, 「서문」Introduction, 『쾌락의 활용』*L'Usage des plaisirs*, Paris: Gallimard, 1984, p.9.

다. 그러나 '3세기에 걸친' 조사를 하려면 처음에 생각했던 시대보다 훨씬 더 옛날로 거슬러 올라가야 한다는 것을 깨달았다. 1979~80년의 콜레주 드 프랑스 강의는 '생명체의 통치에 관하여'였는데 그것은, 그의 콜레주 드 프랑스 강의 연감 '요약'에 따르면, 특히 "원시 기독교에서의 고백과 양심 지도의 방법에 할애"되어 있었다. 여기서 제기된 문제는 다음과 같은 것이다. "서구 기독교 문화에서 인간에 대한 통치는 왜 사람들에게 단순한 복종과 순종만이 아니라 '진실의 작업'을 요구하게 되었을까? 여기서 주체는 단순히 진실을 말하도록 요구받을 뿐만 아니라 자기 자신에 대해, 자신의 과오에 대해, 자신의 욕망에 대해, 그리고 자신의 영혼의 상태 등에 대해 말하도록 요구되는 것이다. 단순히 복종하는 것만이 아니라 자기 자신이 누구인지를 드러내고 그것을 말로 표현하도록 요구하는 그런 유형의 인간에 대한 통치는 도대체 어떻게 형성된 것일까?" 푸코는 여기서 수도원에서의 양심지도 규칙을 분석했다. 이것이 상급자 혹은 스승에게 모든 것을 말해야 하는 의무와 밀접하게 연관이 있기 때문이다. "이러한 고백 청취는 사람들 마음속의 '비밀'을 끊임없이 밖으로 끄집어내는 효과가 있다. 순순히 복종하여 남김없이 고백하는 것은 결국 두 개의 서로 다른 요소를 내포하고 있는 전체를 형성한다. 마음속 깊이 숨겨져 있는 진실을 언어로 표현하는 것은 인간 관리에 있어서 필수적인 부분으로 보인다. 수도원에서 이루어졌던 것이 바로 그것이었다."[2]

이 연구는 구체화되어서 푸코는 이 시기에 『육욕(肉慾)의 고백』(*Les Aveux de la chair*)이라는 책을 완성했다. 그러나 이처럼 기독교 도덕과 오

---

2 푸코, 『강의 요약: 1970~1982』*Résumés des cours: 1970~1982*, Paris: Julliard, 1989, pp.123~128. (『말과 글』*Dits et écrits*, tome2, texte n° 269, pp.1032~1037.)

랫동안 대적하는 동안 그는 원시 기독교 이전의 시대(그는 끊임없이 수도원 안에서 일어난 일과 고대철학학교에서 있었던 일을 구별했다. 그는 이 고대 시대로 시선을 돌리게 될 것이다)를 연구하지 않고는 이 시대의 성찰이 어렵다는 것을 알아차렸다. 다시 말하면 '육(chair, 肉)의 원칙'이 과오와 죄악 이론 속에서 방향을 바꿔 다시 다듬어 낸 '자기와의 관계'라는 형태가 과연 어디서부터 온 것이냐를 추적하지 않고는 그것이 불가능하다는 것을 알게 된 것이다. 왜냐하면 원시 기독교에는 좀더 엄격하고 금욕적인 삶의 방식이 자리 잡았을 것이라고 생각하며 분석을 시작했으나 그의 생각과는 달리 새로운 '자기 테크닉'의 형태가 나타나고 있음을 발견했기 때문이다. 따라서 그가 성급하게 고대철학과 이교도 도덕을 환기시켰던 『육욕의 고백』 서문을 포기하지 않을 수 없었다. 왜냐하면 그는 이 서문에서 그 시대를 다룬 책들 속에 나타나는 '공통점'을 그대로 옮기는 데 그쳤기 때문이다. 그 책들은 한결같이 이교도 문화가, 그것이 남겨 준 자료들이 확인해 주는 이상으로 훨씬 자유롭고 관용적인 성 도덕을 갖고 있었을 것이라고 상정했다. 사실상 '금욕'이라는 기독교적 주제가 이미 그 문화에 광범위하게 들어 있었던 것이다. 그러나 이교 문화 속에서 중요한 문제는 금욕의 엄격한 규칙이 아니라 '자기 수양'(formation de soi)과 '자기 테크닉'……이었다. '자기에의 배려'와 '쾌락의 활용'을 고대철학 속에서 찾으러 떠나는 모험을 해야만 하는 이유가 바로 거기에 있다. 기독교 문화가 발전하기 이전에 이교 문화가 어떻게 '예속의 양식'(즉 주체의 형성)을 형성했는지를 알아보기 위해서다.

1980~81년의 콜레주 드 프랑스 강의 제목은 '주체성과 진실'이었다. 강의 '요약'에서 푸코는 이렇게 썼다. "자기 인식의 양식과 그 역사에 대한 조사를 시작하려 한다. 즉 주체는 상이한 시기, 상이한 제도적 맥락 안에서

어떻게 가능하고 바람직하고 불가피하기까지 한 대상으로 정립되었는가?
사람들이 자기 자신에 대한 체험과 자기 자신에 대해 형성하는 앎은 어떤
특정의 도식을 통해 형성될 수 있었는가? 이 도식들은 어떻게 결정되고,
가치가 부여되고, 추천되고, 부과되었는가?" 그는 계속 이렇게 말했다. "우
리는 헬레니즘과 로마 문화 안에서 '삶의 기술'로서 발전된 것, 다시 말해
서 기원전 1세기부터 기원후 2세기까지 철학자, 도덕가, 의사들이 가졌던
'삶의 테크닉' 혹은 '존재의 테크닉'이 어떤 것인지를 연구했다. 이 삶의 기
술 중에서도 고대 그리스인들이 '아프로디지아'(aphrodisia, 우리가 '섹슈
얼리티'라고 번역하지만 섹슈얼리티와는 너무나 다른 개념이다)라고 불렀던
그런 행위와 연관된 기술만을 대상으로 삼았다." 드디어 그의 새로운 기획
과 새로운 방법이 결합되었다. 그는 이렇게 덧붙였다. "여기서 우리는 낡은
억압 가설과 그 상투적인 질문(왜 그리고 어떻게 욕망은 억압되었는가?) 주
변에 성의 역사를 설치하는 것이 얼마나 진실에서 동떨어져 있는 것인가를
알 수 있다. 행동과 쾌락이 문제이지, 욕망의 문제가 아닌 것이다. 삶의 기
술을 통한 자기 수양의 문제이지, 억압이나 법의 금지는 아니다. 성이 어떻
게 멀리 배제되었는가를 보여 줄 것이 아니라 우리 사회에서 성과 주체를
연결 짓는 그 오랜 역사가 어떻게 시작되었는지를 보여 주어야만 한다."[3]

　　1981~82년에 푸코는 역사 속으로 좀더 멀리 거슬러 올라갔다. 그의
강의는 '주체의 해석학'을 다루었다. "자기에의 배려를 다루는 연구의 출
발점은 당연히 『알키비아데스』[*Alkibiades* ; 알키비아데스라는 젊은이와 소
크라테스의 대화를 다룬 대화편으로 플라톤의 저서로 알려져 있다]다. 거기

---

3 푸코, 『강의 요약: 1970~1982』, pp.136~137.(『말과 글』*Dits et écrits*, tome2, texte n° 304,
　　pp.1032~1037.)

서는 자기에의 배려가 정치·교육·자기인식과 맺는 관계에 대한 세 개의 질문이 나온다." 그리고 푸코는 알키비아데스에 대한 소크라테스의 충고를 더 후대의 스토아학파의 도덕과 대비시킨다. 플라톤에서 스토아 학파에 이르기까지 달라진 것은, "알키비아데스는 자기가 타인에 대한 배려를 원하는 것과 꼭 마찬가지로 자기에의 배려도 해야 한다는 것을 알았다. 이제는 자신을 보살펴야 한다. 그리고 평생 동안 자기가 자신의 대상이 되어야 한다……."[4]

몇 년을 거치는 동안 푸코의 계획이 '발견의 논리'라는 우여곡절 끝에 크게 변화하게 됨을 우리는 확인할 수 있다. 거기서 주저와 오류, 회한과 방황이 이어지다가 그것들이 새로운 직관과 새로운 발견물에 의해 지양되고 극복되었다. 『성의 역사』는 자기 테크닉의 역사가 되었고, 서구 문화의 여명기에 주체가 형성되는 방식과 그 '주체'의 계보가 되었다. 1983년 봄에 푸코는 허버트 드레이퓌스와 폴 라비노가 그에게 제기한 일련의 질문에 대답했다. 버클리의 이 두 교수는 그가 쓰고 예고했던 수많은 저서의 제목들 속에서 갈피를 잡고 좀 정리를 하고 싶어 했다. 그는 그들에게 아주 명료하게 설명했다.

『성의 역사』는 앞으로 두 권 더 출간될 것이다. 그 첫째 권은 『쾌락의 활용』이라는 제목으로, 이교도의 도덕과 이 도덕이 기독교 탄생 직전에 성적 윤리와 관련하여 규정해 놓은 자기 테크닉을 다루게 될 것이다. 둘째 권은 '육욕의 고백'이라는 제목인데, 원시 기독교를 다룰 것이다. 그러고는

---

4 같은 책, p.150.(『말과 글』*Dits et écrits*, tome2, texte n° 323, pp.1172~1184.) 이 강의록 전문은 『주체의 해석학: 1981~1982년 콜레주 드 프랑스 강의록』(*L'Herméneutique du sujet. Cours au Collège de France, 1981~1982*, Paris: Seuil/Gallimard, 2001)에 실려 있음.

『성의 역사』의 일부가 아닌 또 다른 책이 있을 것이다. 그것은 '자기'(soi)에 대한 일련의 연구, 특히 자기에의 배려라는 주제가 처음으로 표명된 고대 원전인 『알키비아데스』 주해를 수록하게 될 것이다. 이 책을 『자기에의 배려』라고 이름 붙이는 이유가 그것이다. 앞의 두 책이 갈리마르에서 나오고 이 책은 쇠이유 출판사에서 나오느냐고 라비노가 푸코에게 묻자 그는 "그렇다"[5]고 대답했다. 이 책은 '자기와 타인의 통치'라는 제목으로 '연구' 총서에 예고되어 있었다. 푸코가 폴 라비노의 『푸코 읽기』에 준 『쾌락의 활용』 서문 초고에 이 계획이 강하게 암시되어 있다. 『쾌락의 활용』은 '후기 고대사회'를 다루게 될 것이라고 했다. "섹슈얼리티가 형성되는 문턱에 자리 잡기보다는(『앎의 의지』는 이런 의도였다) 육체의 체험 속에서 자기와의 어떤 관계가 형성되는 것을 분석하려 했다. 이렇게 하기 위해서는 상당한 연대기적 자리 이동이 필요했다. 왜냐하면 육체에 대한 기독교적 윤리의 주요 요소가 형성되는 것은 후기 고대 사회에서이기 때문이다."[6] 『성의 역사』 속편을 전반적으로 소개하는 이 자리에서는 고대 희랍이 전혀 거론되지 않았다.

---

5 푸코, 「『성의 역사』 서문」Preface to *The History of Sexuality*, 폴 라비노, 『푸코 읽기』, pp.333~339. (『말과 글』*Dits et écrits*, tome 2, texte n° 340, pp.1397~1403.)

6 허버트 드레이퓌스와 폴 라비노는 푸코와 장시간 대담했다. 특히 1983년 4월 푸코가 버클리에 체류하고 있을 때 많이 했다. 내가 여기서 언급하는 사실들은 4월 19일에 녹음된 토론에서 뽑은 것이다. 대담의 원고 전체(수백 페이지에 이른다)를 내게 건네준 데 대해 허버트 드레이퓌스와 폴 라비노 그리고 데이비드 혼에게 감사를 드린다. 라비노와 드레이퓌스는 그들 책의 프랑스어판(*Michel Foucault*, Paris: Gallimard, pp.323~346)에 실린 대담에서 이 기록을 일부 인용했다. 그들은 여기서 모든 일화적인 측면을 배제했지만, 이 대화에서 우리는 푸코가 『성의 역사』를 두 권으로 나누고 별도의 책 한 권을 더 쓰려는 계획을 확정지었음을 알 수 있다. 1982년 평론문 「순결의 싸움」Le Combat de la chasteté을 잡지에 게재하면서 푸코가 그것을 『성의 역사』 제3권의 발췌라고 소개한 이유도 이렇게 설명이 되는 것이다. 그것은 분명 『육욕의 고백』*Aveux de la chair*을 암시한 것이었다. 『코뮈니카시옹』*Communications*, n° 35, 1982 참조.

그러나 얼마 후 계획이 새롭게 수정되었다. 푸코는 이 두 계획을 한데 합치기로 결정했다. 그래서 제목들의 상호 교환을 시도했다. 『알키비아데스』를 한옆에 치워 놓을 정도로(단 한 번밖에 언급되지 않는다) 플라톤 연구를 확대한다. 그리고 고대 그리스가 그가 『쾌락의 활용』이라고 이름 붙인 책의 중심 주제가 된다. 한편 플루타르크, 에픽테토스, 세네카, 갈레누스 등은 『자기에의 배려』라는 제목을 되찾은 후속 책에서 다시 나타난다. 마침내 마지막 책이 있는데 그 제목은 변함없이 『육욕의 고백』이다.

이 단계에 이르러 푸코는 과연 이 책을 여러 권으로 나눌 필요가 있을까 하는 의구심을 느낀다. 그러고는 '이 모든 것을 8백여 페이지의 두꺼운 책 속에 한데 합치는 것이 더 간단하지 않을까?'라고 자문해 본다. 그러나 여하튼 전체가 완전히 끝나는 것을 기다려야만 했다. 왜냐하면 문제는 전체를 마감하는 책이 이 전체의 구상이 나오기도 전에 다른 책들보다 먼저 쓰여졌다는 점이다. 푸코는 그래서 불가피한 조정 작업을 다시 하기로 했다. 이미 쓰여진 것을 가능한 한 빨리 독자들에게 선보이고, 책의 출판이 늦어지는 것을 최대한 피하기 위해 그는 해당 시대의 연대기적 순서를 따라 세 권으로 나누어 '낱권 배포'를 하기로 했다. 그것은 별로 곤란한 일이 아니었다. 왜냐하면 아직 끝나지 않은 다음 작품은 일련의 연계 작업의 마지막 시기를 다루는 것이었기 때문이다. 상이한 역사적 시기를 분석하는 일련의 연구 작업에서 이 책은 앞서 나온 저서들의 조명을 받으며 그 주제들을 다시 점검하게 될 것이었다. 1984년 5월, 다음 달에 나올 두 권의 교정이 끝났으므로 그는 친구들에게 한두 달만 있으면 『육욕의 고백』이 끝나고 모든 작업이 마무리될 것이라고 말했다. 마지막 권은 10월 학기 초에 나올 것으로 그는 예상했다.

그러니까 『성의 역사』는 1984년 6월에 배포된 책 속에 끼워진 안내문에 의하면 다음과 같은 짜임새가 된다.

제1권 : 『앎의 의지』(1976년 출간)

제2권 : 『쾌락의 활용』

제3권 : 『자기에의 배려』

제4권 : 『육욕의 고백』(출간 예정)

푸코 자신이 기초한 이 '안내문'(물론 푸코 자신이 작성한 것이다)은 그가 그토록 정력을 기울여 집필한 작품의 전체를 다음과 같이 제시한다.

• 이 일련의 연구 작업의 주 계획은, 『앎의 의지』에서 밝혀진 대로, 성의 실천이나 행동의 역사를 재구성하거나 이 행동들이 나타나게 하는 이념(과학적·종교적·철학적)들을 분석하는 것이 아니다. 그것은 우리에게 낯익은, 그러나 19세기 초 이전에는 없었던 '섹슈얼리티'라는 개념이 서구 근대사회에서 어떻게 형성되었는지를 이해하려는 것이다.

• 섹슈얼리티가 역사적으로 특이한 '체험'이라는 것을 말하려면 우선 욕구하는 주체의 계보학을 작성해야 하며, 기독교 전통의 초기만이 아니라 고대철학으로까지 거슬러 올라가야만 한다.

• 이처럼 근대사회에서부터 기독교를 거쳐 고대까지 거슬러 올라가면서 미셸 푸코는 아주 단순하면서도 총체적인 의문에 부딪쳤다. 그것은 왜 성적 행동이, 다시 말해서 성에 관련된 쾌락과 행동이 도덕적 관심의 대상이 되었는가 하는 점이다. 시대에 따라서 이 윤리적 관심이 음식을 먹는 행위나 혹은 공민적 의무의 수행 같은 개인이나 집단의 다른 생활 영역에 대한 관심보다 훨씬 중요하게 보였던 이유는 무엇인가? 그리스-로마 문화에 적용된 이 실존의 문제화는 우리가 '실존(existence)의 기술', 또는

'자기 테크닉'이라고 이름 지을 수 있는 행위의 총체와 연결되는 듯이 보인다. 그리고 이러한 기술들은 매우 중요하여 거기에 책 한 권의 연구를 바칠 만하다.

• 결국 이 방대한 연구의 중심 주제가 고대에서 기독교 초기까지의 욕망의 인간의 계보학이 된 이유가 거기에 있다. 그리고 세 권의 분리가 하나의 전체를 이루고 있는 이유이기도 하다.

•『쾌락의 활용』은 고대 그리스 사상이 성적 행동을 도덕적 선택과 평가의 영역으로 생각했던 방식과 이 방식이 참조했던 주관화의 양식, 즉 윤리의 실체, 예속의 유형, 그리고 도덕적 목적론과 자기 계발의 형태를 연구하고 있다. 또한 의학, 철학 사상이 이 '쾌락의 활용'(chrèsis aphrodision)을 어떻게 세련화시켰으며, 경험의 네 개의 커다란 축, 다시 말해서 육체와의 관계, 아내와의 관계, 남자와의 관계, 그리고 진실과의 관계 등에 언제나 들어 있는 금욕의 주제를 어떻게 형성했는지도 연구하고 있다.

•『자기에의 배려』는 기원 후 초기 2세기 동안의 그리스어, 라틴어 텍스트 속에 나타난 이 주제의 문제화를 분석하고, 자신에의 관심에 의해 지배되는 삶의 기술 속에서 그 문제화가 겪는 굴절을 분석하고 있다.

•『육욕의 고백』은 초기 기독교 시대의 육(肉)의 체험과, 그 시대에 욕망의 정화적(淨化的) 판독 및 해석학이 수행하는 역할을 다루게 될 것이다.

오래전부터 예고되었던 이 시리즈에 종지부를 찍기 위해 푸코는 많은 노력을 기울였다. 그의 오랜 침묵은 무성한 소문을 낳았다. 푸코는 끝났다, 그는 더 이상 할 말이 없다, 궁지 속에 몰려 있다 등등. 항상 흠을 찾고 쇠퇴를 엿보고 실패를 선언할 준비가 되어 있는 신문과 잡지들, 그리고 기쁨에 떠는 적수들, 초조한 숭배자들, 불안한 친구들은 모두 한결같이 애를 태우며 "언제 속편을 읽게 될 것인가?"라는 질문을 던졌다. 정말로 '정신 사냥'(사람 사냥과 비슷한 뜻으로)이라고 블랑쇼는 말했다.[7] 이 말은 좀 과장되었을 수도 있다. 여하튼 푸코는 상황을 이런 식으로 받아들였다. 1984년 봄에 그는 거의 패닉에 가까운 두려움을 호소하며 그에 대한 사람들의 적대감이 고통스럽다고 내게 말했다. "선생님의 다음 작품을 사람들이 애타게 기다리고 있는데요"라고 내가 말했더니 그는 "숲길 모퉁이에서 나를 기다리고 있는 거지"라고 대답했다.

그때는 그가 '콜레주 드 프랑스'를 떠나고 싶어 하던 시기였다. "한 가지는 확실해. 내년부터는 강의를 하지 않겠어"라고 그는 1984년 초에 피에르 부르디외에게 말했다. 부르디외는 그때 그의 말을 어떻게 들었어야 했는지를 지금도 의아해하고 있다. 푸코는 여러 번에 걸쳐서 글쓰기를 중단하겠다는 이야기도 했다. 결국 우연히 글쓰기에 손을 대었고, 타성에 의해 계속 글을 쓰고 있다고 그는 폴 벤느와 다른 여러 사람들에게 말했었다. 글쓰기는 자신이 정말로 선택한 행위가 아니었다고 그는 여러 번 말했다. 어릴 때부터 글쓰기를 소명으로 생각했다고 『말』(*Les Mots*)에서 밝혔던 사르트르와는 정반대다. 특히 푸코는 '명성'을 위해 치러야 할 대가가 너무 값비싸다고 생각했다.

그러나 무엇을 할 것인가? 60이 가까운 나이에 어떻게 인생을 바꿀 것인가? 그는 언론에 종사할 생각도 해보았다. 지정학 관계의 기사를 쓰고 싶었다. 그러나 과거의 관성이란 끈질긴 것이어서 그것을 떨쳐 버린다는 것은 쉬운 일이 아니었다. 게다가 그는 10년간의 인생과 10년간의 중단 없

---

7 블랑쇼, 『내가 상상하는 미셸 푸코』, p.62.

는 노고를 바쳤던 책을 예정대로 끝내고 싶었다.

"그는 자기 책들을 끝마쳐야만 했다"라고 그의 가까운 친구 중의 한 사람인 에르베 기베르가 한 철학자의 임종의 고통과 죽음을 다룬 중편소설에서 그렇게 말했다. "그는 10년 동안 이 책을 쓰고, 다시 쓰고, 파기하고, 부정하고, 다시 파기하고, 다시 생각하고, 다시 만들고, 축소하고, 늘렸다. 의심과 새로운 탄생 그리고 장엄한 겸손으로 점철된 영원한 책이었다. 그는 영원히 이 책을 파기하고도 싶었다. 그리하여 자기 적수들에게 바보 같은 승리를 안겨 주고, 그들로 하여금 이제 그는 더 이상 책을 쓸 능력이 없다, 그의 정신은 벌써 오래전에 죽었다, 그의 침묵은 실패의 고백일 뿐이다……라는 소문을 마구 퍼뜨리고 다닐 수 있게 하고 싶기도 했다."[8]

그러나 그의 기획은 종착점에 도달했다. 근대 인간의 탄생과 자기의식의 탄생을 판독해 내려는 그 엄청나고 놀라운 야심은 마침내 결실을 맺었다. 책들은 곧 나올 것이고, 푸코는 자신의 침묵을 조롱했던 모든 사람들에게 매서운 일격을 가했다. 『쾌락의 활용』 첫 부분에 그는 이렇게 썼다.

무진 애를 쓰면서, 시작하고, 다시 시작하고, 시도하고, 실패하고, 모든 것을 처음부터 끝까지 다시 시작하고, 그러면서 한 걸음 한 걸음 주저하는 발걸음을 떼는 그런 사람들, 그리고 똑같이 불안과 망설임 속에서 작업하면서도 결국은 자기 의무를 포기하는 사람들, 그렇다. 우리들은 같은 별 위에 사는 사람들이 아니다.[9]

---

8 에르베 기베르Hervé Guibert, 「한 사람의 비밀」Les Secrets d'un homme, 『보라색의 성모 마리아』Mauve le Vierge, Paris: Gallimard, 1988, p.108.
9 푸코, 『쾌락의 활용』, p.13.

*　　*　　*

『앎의 의지』 후편 세 권 중에서 가장 마지막 것이 제일 처음으로 쓰여졌다. 그래서 그것은 출판되지 못했다. 푸코는 『육욕의 고백』을 다시 손질하기 시작했다. "한 달 남았어. 두 달, 아니 더…… 하여튼 곧 끝날 거야"라고 푸코는 거듭 말하곤 했다. 다른 계획들이 그의 서랍 속에서, 그의 자료더미 속에서, 그리고 버클리의 세미나 등에서 그를 기다리고 있었다. 그리고 특히 그는 쉬고 싶었다. "책을 다 쓰고 나면? 그때는 우선 내 자신을 보살피고 싶다"라고 그는 1983년 4월 드레이퓌스와 라비노에게 대답했다.

그러나 끔찍한 병이 무섭게 진행되어 그는 1984년 6월 초에 입원하지 않을 수 없었다. 그는 싸웠고 끝까지 싸웠다. 그러나 이번의 싸움은 처음부터 지고 들어가는 게임이었다. 그리고 아마도 그는 '사후 출판'을 원치 않는다는 유언을 남긴 듯하다. 그의 가족이 그 유언을 존중하고 싶어 하기 때문에 이 마지막 책은 아직까지는 출판되지 않았다. 오랜 친구며 연로한 조르주 뒤메질은 이런 관점에 동의하지 않는다. "이 책의 상태를 독자들에게 설명하는 '알림말'을 곁들이는 것만으로 충분하다"고 그는 말했다. 그 책을 출판하지 않는 것을 그는 이해할 수 없다고 했고, 가능한 한 빨리(뒤메질은 1986년 10월에 사망했다) 그것을 독자들이 읽을 수 있도록 해야 한다고 말했다. 푸코의 모든 기획의 열쇠가 거기에 있기 때문이라고 했다.

1986년 9월에 피에르 노라가 한 인터뷰에서 밝힌 것은 다음과 같다.

병들기 전에 쓴 사적인 편지에서 그는 '사후 출판'을 원치 않는다고 말했다. 완벽을 추구하는 그의 성질을 잘 알고 있는 그의 상속자들은 그래서 몹시 망설였다. 그것은 해석하기 나름이었다. 나의 입장은 매우 분명하다. 우선 세 부분으로 나눌 수 있다. 마네에 대한 원고 혹은 편지 같은 미완성

원고나 버려진 텍스트들. 이 부분에 대해서는 의심의 여지가 없다. 그것은 출판을 해서는 안 된다. 콜레주 드 프랑스의 강의는? 그것은 논란의 여지가 있다. 그 자신도 이 문제에 대해서는 확고한 입장을 밝히지 않았다. 나는 그가 이렇게 말하는 것을 들은 적이 있다. '쓰레기도 많이 있다. 그러나 젊은 학생들에게 도움이 될 작업이나 연구의 흔적들도 있다.' 이 네번째 책에 대해서는 애매할 것이 하나도 없다. 이것은 『성의 역사』의 한 부분이고, 더군다나 그것의 열쇠에 해당하는 중요한 부분이며 푸코 자신이 가장 애착을 갖고 있는 작품이기도 하다. 그가 일단 그 원고의 퇴고를 시작하여 그것을 완전히 다시 쓰게 되었을 때, 언제나 그랬듯이 이 다시 쓰기가 두 달 후면 그를 자신도 예측하지 못하는 곳으로 데리고 갈 것이라는 것을 나는 속으로는 수긍한다. 그러나 그렇다 하더라도 이 원고는 최소한의 편집으로 매만져서(예를 들면 인용문을 복원한다든가) 출판되어야 한다고 생각한다. 이것은 푸코의 생각, 다시 말해서 완벽한 논리적 상태를 반영하고 있기 때문이다. 그렇다면 출판을 하지 않는 것이야말로 우둔한 책임 수행인 듯이 보인다. 그러나 나로서는 그 책임을 준수하지 않을 수 없다.

폴 벤느의 생각도 그러했다. 뒤메질은 미발표 원고에 제한을 두어서는 안 된다는 입장이고, 폴 벤느도 "모든 것을 출판해야" 한다고 일관되게 생각하고 있음을 여기서 덧붙여 두어야겠다.

미셸 푸코가 옛날에 쓴 한 원고가 그들의 주장을 입증하는 듯이 보였다. 그것은 1965년에 쓰여져 1967년에 질 들뢰즈에 의해 발표된 것으로, 갈리마르에서 나오기 시작한 니체 『전집』의 서문이다. 두 철학자는 거기서 저작의 모든 사후 출판과 원고 및 노트의 자유로운 접근을 옹호하고 있었다.

"그 누구도 위대한 책의 형식(또는 만일 니체가 자기 계획을 포기했을 때 만들어 냈을 다른 형식들)과 내용을 미리 재단할 수는 없다. 기껏해야 독자는 '그가 그런 방법을 썼어야 하는데'라는 정도의 꿈을 꿀 수 있을 뿐이다."[10]

한 10여 년 전부터 푸코의 콜레주 드 프랑스 강의록의 상당 부분이 출간되고 있고, 아직 출간되지 않은 것도 '근간'······ 이라는 말로 곧 출간이 예고되고 있는 작금의 상황도 염두에 두어야겠다. 게다가 그가 한 번도 출판을 고려하지 않았던 칸트의 『인간학』에 대한 '소논문'까지 2004년 브랭 출판사를 통해 세상에 나오지 않았는가. 그건 사후 출판이 아니고 무엇이란 말인가? 당연하다! 이것에 대해서는 아무도 불평하지 못할 것이다.

콜레주 드 프랑스의 수백 명의 청강생들 앞에서 행한 강의 혹은 소르본 도서관 문서보관고에 잠자고 있던 타자기로 친 원고들이 이처럼 '유언'이라는 엄격한 법을 가볍게 넘어서는데, 푸코가 거의 완성한 책에 대해서는 왜 그런 엄격한 법을 적용하려 하는 것일까? 원고를 미발표로 남겨 놓거나 혹은 그것의 접근을 자의적으로 통제하려는 후손의 권리보다는 독자의 텍스트 접근권을 더 우선시켜야 하지 않을까?

그리고 푸코의 텍스트에 대해 혹은 그의 텍스트를 가지고 연구하려는 전 세계 사람들의 욕망──즐거움은 물론이거니와──이 더 우선적으로 고려되어야 하지 않을까? (이 글을 쓰는 지금 푸코가 죽은 지도 이미 26년이 지났다. 그의 마음을 그토록 사로잡았던, 그리고 병마가 그의 몸을 사로잡고 있을 때 그토록 그가 끝마치려 했던 그 작품을 공개하는 것은 결코 그의 기억을 욕되게 하는 것이 아닐 것이다! 아니 오히려 정반대일 것이다!)

---

10 푸코·질 들뢰즈, 「일반 서론」Introduction générale, 『즐거운 학문』*Le Gai Savoir*, Paris: Gallimard, 1967, p.11.

*　　*　　*

1984년 6월 2일 미셸 푸코는 보지라르 가 자기 아파트에서 갑자기 쓰러졌다. 15구의 한 개인병원에 옮겨져 며칠간 있다가 6월 9일 살페트리에르 병원에 입원했다. 『광기의 역사』에서 그 역할과 발전을 자세히 묘사했던 바로 그 병원이었다. 몇 달 전부터 미셸 푸코는 그를 한없이 피로하게 만들어 그의 작업을 방해하는 그 지독한 '감기'를 자주 불평했었다. 끊임없이 기침을 했고 가끔은 심한 편두통에 시달렸다.

1981년부터 사람들은 동성애 집단을 강타한 치명적인 새로운 병에 대해 이야기했다. 신문들은 이것을 '게이 암(癌)'이라고 불렀다. 그 원인에 대해서는 아무도 몰랐다. 전염 상황이라든가 전달되는 방식 등에 대해서도 알려진 것이 없었다. 그것이 바이러스에 의한 것인지도 알 수 없었고, 작은 약병 속에 담긴 흡입식의 최음제 '포퍼스'(poppers)가 원인이라는 이야기까지 있었다. 초기의 일련의 죽음이 보도되었을 때 거의 모든 사람들이 그랬듯이 푸코도 놀라고 반신반의하면서 래리 크레이머(Larry Kramer)와 함께 '동성애자 건강 위기'(Gay Men Health Crisis) 단체를 조직한 에드먼드 화이트를 조롱했다. 그들은 이 설명할 수 없고 불안한 상황에 대처하기 위해 이런 단체를 만들었다. "오 맙소사! 에드먼드, 게이에게만 걸리는—또는 죽이는—병을 창안하는 일은 미국 청교도들에게나 맡기게. 너무나 말이 잘 들어맞잖아. 그게 미국의 흑인들도 제거해 주겠군……"이라고 푸코는 말했다. 에드먼드 화이트가 바로 이 '문제'에 대해 대답하려 하자 그는 계속 짓궂게 장난쳤다. "아니, 아니지! 너무 완벽해. 게이 그리고 흑인들!"[11]

---

11 화이트, 『나의 인생』, p.212.

같은 시기에 에르베 길베르와 대화를 나누면서도 박장대소를 하며 웃었다. "동성애자만 골라서 공격하는 암이라고, 아니야. 사실이기에는 너무나 그럴듯한 걸, 우스워 죽겠어."[12] 1982년에 그는 비극적 사태의 심각성을 깨닫고──물론 이 병이 무엇인지, 그리고 어떤 경로로 감염이 되는지는 여전히 알 수 없었지만──미국에서 성적인 자유에 반대하는 캠페인이 벌어질 것에 대해 우려했다. "미국의 동성애 집단은 매우 심각한 위기와 이중의 죄의식에 시달리고 있다. 외부적으로는 몇몇 주에서 새로운 억제 법안이 마련되고 있고, 내부적으로는 '게이 암'이라는 이 거부할 수 없는 세계적 현상에서부터 지난 10년간 성적 관계를 강화시키는 추진력이 되었던 모든 운동과 언론, 그리고 모든 동력이 반대 방향으로 선회하여 자발적이고 조직적으로 일부일처제의 구호를 외치거나 또는 섹스보다는 차라리 스포츠의 필요성을 역설하고 있다. 많은 사람들이 이 문제를 신의 징벌이라는 차원으로 생각하고 살고 있다."[13]

1983년 가을, 아니 1984년 초부터 푸코는 심한 피로감을 느꼈다. 마치 오래전부터 그의 속에 웅크리고 있던 병이 드디어 고통스러운 증세를 내보이는 것 같았다. "마치 안갯속에 있는 것 같아"라고 그는 말하곤 했다. 그러나 그는 계속해서 『쾌락의 활용』과 『자기에의 배려』 등의 교정에 몰두했고, 『육욕의 고백』 원고도 다시 손보았다. 그는 작업을 중단하지 않았고, 잠

---

12 에르베 기베르, 『내 생명을 구해 주지 않은 친구에게』*À l'ami qui ne m'a pas sauvé la vie*, Paris: Gallimard, 1990, p.21.

13 『리베라시옹』*Libération*, 12 juillet 1982. 푸코는 당시 아르카디Arcadie 연합을 해체시킨 앙드레 보드리André Baudry의 인터뷰에 대해 코멘트하고 싶어 했다. 그래서 나는 그가 준비한 짤막한 원고를 녹음했다. 그러나 그는 거기에 자기 이름을 붙이고 싶어 하지 않았고 내가 쓴 기사인 것처럼 실어 주기를 원했다. 그 전문은 에리봉, 『미셸 푸코와 그의 동시대인들』, pp.274~281에 실려 있다.

시도 휴식을 취하려 하지 않았다. 연구를 끝까지 진행하여 10년 전에 시작한, 서구 문화에서의 '섹슈얼리티'의 탄생과 '욕망의 인간'의 도래에 대한 역사적 이론적 탐험을 끝내고 싶어 했다. 에르베 기베르가 말했듯이 "얼마 남지 않았다는 의식이 그의 의지를 떠받쳤던 듯"하다.[14]

그러니까 그는 자신이 죽음의 문턱에 있음을 알고 있었던 것일까? 에이즈에 걸렸다는 사실도? 푸코가 정기적으로 참석했던 '타르니에 아카데미'가 열렸던 병원의 한 과장이 그에게 몇 가지 의료 검사를 해보라고 말했으나 그는, 에르베 기베르의 말에 의하면, '병의 성질을 재빨리 추론'하곤 했다는 것이다. 그가 푸코에게 에이즈라는 것을 알려 주었을까? "아마 그럴 것이다"라고 기베르는 섬뜩하고 장엄한 그의 소설에서 말하고 있다. 이 소설에서 그는 푸코가 죽는 순간 바이러스가 어떻게 그의 몸에 완전히 퍼졌는지를 잘 묘사하고 있다. "주치의는 그가 자신의 병명을 알고 싶어 하지 않는다는 것을 알았다. 더 급한 것은 책을 마저 쓰는 일이었기 때문이다." 나중에 다니엘 드페르는 그렇게 말했다. 그는 1983년 말에 이것이 에이즈일 가능성을 푸코와 함께 이야기했었으나 곧 그 가능성을 배제했다고 말한다. 친구에게 보낸 편지에서 푸코는 자기가 에이즈가 아닐까 생각했으나 결국 아니라는 것을 알았다고 말하기까지 했다.[15] 그러나 푸코는 의사가 그에게 해준 '일반적인 이야기'를 적어도 부분적으로는 간파했을 것이고, 자신이 치명적인 병에 걸렸다는 사실을 알아차렸음에 틀림없다. 에르베 기베르의 소설에 의하면 그는 아마도 "얼마나 오래 살 수 있소?"라고

---

14 기베르, 『내 생명을 구해 주지 않은 친구에게』, p.36.
15 1996년 다니엘 드페르의 인터뷰를 볼 것. 그는 푸코의 죽음과 그 몇 달 후에 결성된 에이즈 연합에 대해 이야기했다.(『리베라시옹』*Libération*, 19 juin 2004.)

의사에게 물었을 것이다. 막연하고, 불분명하고, 불확실하게 우리는 그저 추정할 뿐이다. 그러나 유예의 시간, 그것이 그에게는 중요했을 것이다. 자기 책을 다 끝마칠 수 있을까? 그는 자기 몸에 항생제가 다량으로 투여되는 것을 보았다. 그리고 그는 작업을 다시 시작했다. 친구나 친지들에게 이 유죄판결에 대해 전혀 이야기하지 않은 채. 간헐적으로 자기가 알고 있는 사실을 스스로 모르는 체하면서.

많이 쇠약해져 학기 초에 개강을 3주나 연기한 후에도 그는 1984년 2월과 3월에 여전히 콜레주 드 프랑스에서 강의했다. 2월 1일 학생들에게 그는 이렇게 개강이 연기된 이유를 설명했다. "평소처럼 1월 초에 강의를 시작할 수 없었습니다. 몸이 아팠어요. 정말로 아팠습니다. 강의 일정을 마구 뒤섞은 것이 청강생의 일부를 내몰기 위한 것이라는 소문이 돌고 있어요. 아니, 아닙니다. 나는 정말로 아팠어요. 정말 사과 드립니다."[16]

자기 소설에 쓴 사실을 사후에 알게 된 에르베 기베르는 자신에 대한 이런 침묵을 대단한 용기라고 칭찬한다. "뮈질(이 소설에서 이 이름은 푸코를 지칭한다)처럼 나도 그런 것을 아무에게도 고백하지 않는 힘과 대단한 자존심과 관대함을 가질 수 있으면 좋겠다. 그리하여 친구들의 우정을 바람처럼 가볍고 영원하게 유지시킬 수 있으면 좋겠다".[17]

그러나 푸코는 당시 86세였던 조르주 뒤메질에게 속내를 털어놓았다. 죽기 전인 1984년 초, 겨울에 그는 이 나이 많은 친구에게 전화로 그리스어의 어원을 질문하며 콜레주 드 프랑스 강의 중에 나오는 마지막 두 권의 책

---

16 푸코, 『진실의 용기, 자기와 타인에 대한 통치 II: 1983~1984 콜레주 드 프랑스 강의록』*Le Courage de la vérité, Le gouvernement de soi et des autres II, 1983~1984 Cours au Collège de France*, Paris: Gallimard/Seuil, 2009, p.3.
17 기베르, 『내 생명을 구해 주지 않은 친구에게』.

에 대해 이야기했다.[18] 대화 도중에 그는 자신의 '정신적 스승'이고 여러 번 그에게 '신앙지도 사제'의 역할을 했던 뒤메질에게 "에이즈에 걸린 것 같아요"라고 말했다. "같아요"라는 표현이 뒤메질의 머리를 세게 내리쳤다. 그 말에서 그는 결코 스스로 거짓말을 하지 않는 인간인 푸코가 인생의 이 마지막 몇 달을 무시무시한 확신에 사로잡혀 살았다는 결론을 내렸다.[19]

『크리티크』지 1986년 9월 특집호에 기고한 폴 벤느는 그가 1984년에 푸코와 가졌던 대화를 거기에 삽입시키고 싶어 했다. 편집장인 장 피엘은 그 두 장을 삭제했다. 여기 폴 벤느의 이야기를 옮겨 본다.

푸코는 죽음의 공포를 느끼지 않았다. 자살이 가끔 화제로 떠오를 때 그는 그렇게 말하곤 했다. 그리고 좀 다른 방식이기는 하지만 그것이 단순히 허풍만은 아니라는 것이 사실로 입증되었다. 고대의 지혜가 그의 개인적인 것으로 체화되었다. 마지막 8개월간 책 두 권의 집필이 고대철학에서의 일기 또는 철학적 글쓰기의 역할을 했다. 다시 말하면 자기 자신에 대한 수양이자 문체 다듬기였던 것이다. 아주 영웅적인 모습으로 내게 각인된 하나의 사건이 있다. 그 8개월간 푸코는 책 두 권을 쓰고 또 썼으며, 마침내 그 오래된 부채를 갚았다. 그 책에 대해서 내게 끊임없이 말했고, 거기 인용된 번역문이 맞는지를 내게 확인해 달라고도 했다. 그러나 그의 작업을 지연시키는 그 끈질긴 기침과 항상 몸을 떠나지 않는 미열에 대해

18 푸코는 1984년 2월 22일 강의 첫 부분에서 epitemeleia의 어원에 대해 이야기했다는 것을 상기시켰다.(푸코, 『진실의 용기, 자기와 타인에 대한 통치 II: 1983~1984 콜레주 드 프랑스 강의』, p.109.)
19 푸코의 하관식을 마친 후 나는 뒤메질을 모시고 그의 집으로 함께 가 몇 시간 동안 이야기했다. 뒤메질은 오래전 혹은 최근의 푸코에 대한 추억을 떠올렸고, 특히 푸코가 에이즈에 대해 언급하던 전화 통화를 상기했다. 그는 푸코에 대해서, 그를 직접 알기 이전의 일까지 소상히 알고 있었다. 푸코가 그에게 자신의 과거, 유년 시절과 청소년 시절에 대해 모두 이야기했다는 것이다.

불평하기도 했다. 그러고는 의사인 내 아내에게 조언을 받아 달라고 예의상 내게 부탁했는데, 아내는 더 이상 거기에 대해 어떤 조언도 해주지 못했다. "당신 주치의들이 보면 에이즈에 걸린 줄 알겠는걸"이라고 내가 어느 날 농담을 했다(서로의 성적 취향에 대한 농담은 우리 둘 사이의 우정의 의례 중 하나였다). "벌써 그렇게 생각하고 있는걸. 의사들이 내게 묻는 질문에서 알아차렸지"라고 그가 웃으면서 내게 대답했다.

지금 이 시점에서 독자들은 1984년 2월에 미열과 기침이 왜 아무에게도 의심을 불러일으키지 않았는가를 의아하게 생각할 것이다. 에이즈는 그때만 해도 아직 너무 멀게 느껴지고 또 너무 알려져 있지 않은 재앙이었기 때문에 그것은 현실적이기보다는 상상적·전설적인 것이었다. 그의 친지 중 그 누구도 그것을 눈치채지 못했다. 우리는 나중에야 그것을 전해 들었다. "좀 쉬어야 되지 않겠어. 그리스어, 라틴어 공부를 너무 많이 하느라고 몸이 완전히 탈진한 것 같아"라고 나는 계속 말했고, 그는 "나중에 쉬지. 이 두 권을 우선 끝내 놓아야 하니까"라고 대답하곤 했다.

나는 그저 단순한 호기심으로(왜냐하면 의학의 역사는 내 관심분야가 아니므로) 그에게 이렇게 물었다. "그런데 에이즈라는 건 정말 있는 거야, 아니면 교훈을 주기 위해 꾸며진 소문이야?" 그러자 그는 잠시 생각한 뒤 조용히 "나도 그 문제를 생각해 보았어. 그것에 대한 자료도 많이 읽어 보았고. 그래, 틀림없이 그건 존재해. 소문이 아니야. 미국인들이 아주 자세히 연구를 해놓았어." 그리고 그는 두세 마디의 정확한 의학적 표현으로 설명을 했으나 나는 그 말의 내용은 잊어버렸다. 요컨대 '그는 의학사가이고 철학자로서 시사 문제에도 관심이 많구나'라고 생각했을 뿐이다. 왜냐하면 '게이 암'(그 당시에는 그것을 그렇게 불렀다)에 대한 미국발 단신 기사들이 신문에 정기적으로 실리고 있었기 때문이다. 돌이켜 보면 내 바보 같은 질문에 대한 그의 침착함은 지금도 숨이 막히도록 놀랍다. 그 자신이 그렇게 될 것이라고 생각했음에 틀림없고, 언젠가 내가 그것을 기억해 낼 것이라는 계산에서 씁쓸한 위안감과 함께 심사숙고 끝에 그런 대답을 생각해 냈음에 틀림없다. 살아 있는 '모범'을 보이는 것은 고대철학의 또 하나의 전통이었다…….[20]

*　　*　　*

넓은 정원 한가운데에 위치한 병원에는 벌써 파리의 여름이 빛나기 시작했다. 병동에 가려면 한참 걸어야만 했다. 푸코는 아주 명랑한 기분으로 친구들을 맞이했다. 그는 웃고, 농담도 했다. 방금 서점에 깔린 두 권의 책에 대한 언론의 논평들에 대해 자기 생각을 말하기도 했다. 건강이 호전되는 듯이 보였다. 여행 계획도 이야기했다. 지난해 다니엘 드페르와 함께 갔던 안달루시아가 아주 좋다면서 그곳에 다시 가고 싶다고 했다. 신문들도 이 건강상태의 호조를 기사로 다루었다. 보고 싶은 사람이 있다고, 그들에게 통보해 달라고 그는 부탁했다. 질 들뢰즈, 조르주 캉길렘 등. 그러나 때는 이미 너무 늦었다. 며칠 만에 그의 건강은 악화되었다. 6월 25일 오후 한중간에 텔레비전과 라디오가 "미셸 푸코 사망"이라는 AFP의 속보를 내보내자 온 언론사 편집국과 문화계가 경악했다.

『르 몽드』는 의사들의 성명서를 실었다. "살페트리에르 병원 신경과

---

20 『크리티크』*Critique*, n°417~472, août-septembre 1986에 실린 폴 벤느의 기사 마지막 부분. 그의 요청에 따라 이 부분을 그대로 옮겼다. 그것을 밝혀야 할 필요가 있는지……. 그는 이 부분을 약간 수정하여 자신의 책에 재수록했다. 벤느, 『푸코, 그의 사상, 그의 인격』*Foucault, sa pensée, sa personne*, Paris : Albin Michel, 2008, pp.210~211.[국역본 『푸코, 사유와 인간』, 이상길 옮김, 산책자, 2009.]

과장인 폴 카스테뉴 교수와 브뤼노 소롱 박사는 미셸 푸코 씨 가족의 동의를 얻어 다음과 같은 성명서를 발표한다. '미셸 푸코 씨는 패혈증의 합병증과 함께 신경계통 증상을 보였으므로 그에 필요한 보충검사를 하기 위해 1984년 6월 9일 살페트리에르 병원 신경계통 의학과에 입원했다. 그 결과 뇌에 화농의 병소(病巢)가 있음을 발견했다. 항생제 치료가 처음에는 효과가 있었다. 그 일시적인 호전으로 미셸 푸코 씨는 그의 마지막 책들에 대한 반응도 살펴볼 수 있었다. 병세가 갑자기 악화되어 이 효과적인 치료의 모든 희망을 앗아 갔다. 그는 6월 25일 13시 15분 숨을 거두었다.'"

"미셸 푸코 사망"은 다음 날 모든 신문들의 머리기사였다.『리베라시옹』은 1면 전면에 그의 사진을 실었고 이 철학자의 죽음에 8페이지를 할애했다. 세르주 쥘리가 사설을 썼고, 애도와 증언(에드몽 메르, 피에르 불레즈, 자크 랑, 로베르 바댕테 등)의 기사가 지면을 뒤덮었다. 실소를 자아내는 해명기사와 함께. 지면 아랫부분에 조그만 박스 기사로 편집자는 푸코가 에이즈로 죽었을지도 모른다는 '소문'을 부인하려 애썼다. 기자의 이름이 서명되지 않은 이 기사는 이렇게 주장했다. "우리는 이 소문의 악랄함에 착잡한 심정이다. 마치 푸코는 치욕스럽게 죽어야만 된다는 듯한 이 소문에."[21]

그 다음 날 이 신문이 받은 항의편지의 정확한 숫자는 알 수 없지만 그건 정말 홍수 같았다. '어떻게『리베라시옹』(해방)이라 불리우는 신문이 에이즈로 죽는 것을 치욕이라 말할 수 있는가?'라고 독자들은 분노했다.

푸코가 죽은 다음 날『르 마탱』지도 역시 1면을 이 슬픈 기사로 가득 채웠다. 그리고『르 몽드』는 1면에 큰 제목과 함께 피에르 부르디외의 글을 실었고, 속 페이지도 두 면 전체를 그의 기사로 채웠는데, 거기서 몇몇

21「어제 13시에······」Hier à 13 heure ······,『리베라시옹』*Libération*, 26 juin 1984.

기고가들은 정치 현장과 이론의 현장에서 푸코가 절정에 이르렀던 시기를 이야기했고, 폴 벤느는 "푸코의 작품은 우리 세기의 가장 중요한 사상적 사건이다"[22]라는 말로 작고한 친구의 작품을 논했다. 부르디외는 "하나의 철학을, 특히 그것이 섬세하고, 복합적이고, 불순한 것일 때, 그것을 교과서 같은 하나의 문구로 요약하는 것처럼 위험한 일은 없다"라고 전제하며 "그래도 나는 푸코의 작품이 인식 및 권력과 불가분의 관계를 맺고 있는 사회적 한계를 뛰어넘고 위반하는 긴 탐험이라고 말하고 싶다"고 썼다. 이 사회학자는 다음과 같은 말로 그의 기사를 끝맺었다. "더 정확히 말하자면 자신에 대한 통제, 즉 자신의 역사에 대한 통제, 다시 말해서 범주와 사유의 역사, 의지와 욕망의 역사에 대한 통제를 쟁취하려는 끈질긴 사유였던 것이다. 그리고 또한 엄격함에 대한 배려였고, 지식에서건 실천에서건, 또 혹은 삶의 방식이나 정치적 선택에서나 기회주의에 대한 단호한 배격이었다. 이것이 푸코를 그 누구로도 대치시킬 수 없는 독보적인 존재로 만들어 준다."[23] 부르디외는 이탈리아 잡지 『지표』(*L'Indice*)(이 책에 실린 「부록 5」를 볼 것)에도 긴 추모 기사를 썼다.

며칠 후 불안한 표정의 푸코의 사진이 『르 누벨 옵세르바퇴르』의 표지를 장식했다. 장 다니엘이 '미셸 푸코의 열정'이라는 사설을 썼다.[24] 이 주간지는 그 외에도 몇 개의 기사와 증언을 더 실었다. 페르낭 브로델이 '국장'(國葬)을 거론하며, "프랑스는 자기 시대의 가장 눈부신 두뇌, 그리고

---

22 벤느, 「형이상학 25세기의 종말」La Fin de vingt-cinq siècles de métaphysique, 『르 몽드』*Le Monde*, 27 juin 1984.

23 부르디외, 「앎의 기쁨」Le Plaisir de savoir, 『르 몽드』*Le Monde*, 27 juin 1984.

24 장 다니엘Jean Daniel, 「미셸 푸코의 열정」La Passion de Michel Foucault, 『르 누벨 옵세르바퇴르』*Le Nouvel Observateur*, 29 juin 1984.

가장 관용적인 지식인 중의 하나를 잃었다"[25]고 말했다.

　그러나 독자들에게 푸코에 대한 모든 글 중 가장 감동적인 것은 『르 누벨 옵세르바퇴르』에 실린 조르주 뒤메질의 글이었다. 그는 입버릇처럼 "내가 죽으면 미셸이 내 사망부고를 써 줄 것이다"라고 말했었다. 그러나 나이의 순서는 지켜지지 않았고 신화학자의 예상은 반대가 되고 말았다. 상심하고 낙담한 이 노인은 서둘러 몇 장을 썼다. 여기서 그는 자신이 푸코를 어떻게 만났는지, 수십 년간 한 번도 흐려지지 않고, 단 한 번의 폭풍도, 단 한 조각의 구름도 방해하지 않은 그런 우정을 어떻게 변함없이 지속시킬 수 있었는지를 밝혔다. 그리고 그는 웁살라의 도서관에서 자기가 그 첫발을 함께 내디뎠던 이 철학자의 작품을 말했다.

　"푸코의 지성은 글자 그대로 한계가 없다. 너무 기발하다고까지 말할 수 있다. 그는 육체와 정신, 본능과 이념 등의 전통적인 구분이 무의미하게 보이는 살아 있는 존재의 영역에 관찰대를 설치했다. 광기·성·범죄가 바로 그것이다. 거기서 그의 시선은 마치 등대처럼, 아무리 불확실한 것이라도 발견할 준비가 되어 있는 채, 그리고 정통이라는 교조에 머무르는 것만을 제외하고는 무엇이든지 받아들일 태세가 되어 있는 채, 역사에서 현재로 서서히 빛을 비추었다. 수많은 중심점을 갖춘 지성, 자유자재로 움직이는 거울이 달린 그의 지성 안에서 생겨나는 판단들은 그 반대 이론에 부딪혀도 파괴되거나 물러남 없이 오히려 더욱 두터워졌다. 이런 경지에 이르면 누구라도 그러하듯이, 이 모든 것은 극도의 호의와 선량함의 기초 위에 놓여져 있었다." 그리고 뒤메질은 이렇게 결론지었다. "우리는 단숨에 의

---

25 페르낭 브로델Fernand Braudel, 「페르낭 브로델의 증언」Le témoignage de Fernand Braudel, 『르 누벨 옵세르바퇴르』*Le Nouvel Observateur*, 29 juin 1984.

기투합하여 친구가 되었다. 이제 미셸 푸코가 슬쩍 빠지고 나니 나는 인생의 부속적 장식물이 아니라 인생의 실체 그 자체를 박탈당한 기분이다."[26]

＊　　＊　　＊

6월의 이른 아침, 파리에는 아직 해가 뜨지 않았다. 그러나 피티에 살페트리에르 병원의 좁은 뒤뜰에는 미셸 푸코에게 마지막 경의를 표하기 위해 수백 명의 사람들이 모여들었다. 오랜 기다림, 무거운 침묵이었다. 마침내 슬픔으로 갈라지고 억눌리고 변질된 목소리가 갑자기 정적을 찢었다.

"내 작업의 동기는 아주 간단했다. 어떤 사람들은 그 자체로 충분하다고 생각할 것이다. 그토록 끈질기게 작업에 몰두했던 나의 수고는──단지 호기심, 그렇다. 일종의 호기심 때문이었다. 반드시 알아야 할 지식을 자기 것으로 만들고자 하는 호기심이 아니라 자기가 자신으로부터 떨어져 나가는 것을 허용해 주는 그러한 호기심이다. 지식의 습득만을 보장해 주고 인식 주체로 하여금 길을 잃고 방황하도록 도와주지 않는 그러한 지식욕이란 무슨 필요가 있을까? 우리 인생에는 '성찰과 관찰을 계속하기 위해서 자기가 현재 생각하는 것과 다르게 생각할 수도 있으며, 자기가 지금 보고 있는 것과 다르게 지각할 수도 있다'라는 의문이 반드시 필요한 그런 순간들이 있다. …… 그렇다면 철학이란──철학적 행동이란──도대체 무엇일까? 그것은 사유에 대한 비판작업, 바로 그것이 아닐까? 그것은 자기가 이미 알고 있는 것을 정당화시키는 것이 아니라 어떻게, 그리고 어디까지

---

26 뒤메질, 「행복한 사람」Un homme heureux, 『르 누벨 옵세르바퇴르』*Le Nouvel Observateur*, 29 juin 1984. 뒤메질은 1986년 '미셸 푸코를 기념하여' 나와 함께 가진 대담에서 푸코와의 우정에 대해 좀더 자세하게 말했다. 뒤메질, 『디디에 에리봉과의 대화』, 1987 참조.

우리는 이미 알고 있는 것과 다르게 생각할 수 있는가를 알아내려는 노력, 바로 그것이 아닐까.” 이것은『쾌락의 활용』서문에 나오는 푸코 자신의 말이었다. 질 들뢰즈가 읽었고 조문객들은 묵묵히 듣고 있었다. 대학에서 혹은 정치투쟁에서, 또 혹은 동시에 두 곳에서, 우정과 애정으로 점철된 수천 갈래의 길 속에서 푸코의 수천 개의 얼굴과 마주쳤던 사람들이었다. 저 안쪽에 조르주 뒤메질과 조르주 캉길렘이 감정을 억제한 담담한 슬픔을 띠고 벽에 기대어 서 있었다. 폴 벤느, 피에르 부르디외, 피에르 불레즈 등 콜레주 드 프랑스의 몇몇 교수들도 장례식에 참석했다. 시몬 시뇨레, 이브 몽탕, 그리고 법무장관인 로베르 바댕테의 모습도 눈에 띄었다. 알랭 조베르, 장 다니엘, 베르나르 쿠슈네르, 클로드 모리악도 보였고, 그 외 그와 청원서에 같이 서명을 했거나 단순히 수요일마다 그의 강의를 들으러 갔던 유명, 무명의 수많은 사람들이 그를 애도하러 왔다…….

그로부터 몇 시간 후, 6월 29일 오후에 관은 방되브르의 작은 묘지에 안장되었다. 이번에는 애도객이 별로 없는 조촐한 모임이었다. 가족과 가까운 친구들만이 참석했다. 관 위에는 파리에서부터 얹혀져 있던 장미 다발이 놓여 있었다. 장미 다발에는 마티외, 에르베, 다니엘 등 세 명의 이름이 쓰여져 있었다. 푸코의 어머니가 종교예식을 원했으므로 솔슈아르 도서관장인 성 도미니크 수도회의 미셸 알바릭 신부가 간단한 장례미사를 집전했다. 이렇게 모든 것이 끝났다.

*　　*　　*

삐걱리는 철문을 밀고 들어가 사이프러스 나무 사이길로 몇 미터 들어가면 비석이 하나 나온다. 회색 대리석의 수수한 석판이다. 거기에는 이렇게 쓰여져 있다.

피에르 지로도

마리 보네의 남편

1800~1848

그리고 그 밑에 똑같은 금빛 글자로 이렇게 쓰여져 있다.

폴 미셸 푸코

콜레주 드 프랑스 교수

1926~1984

도로 건너편에 커다란 저택이 눈에 들어온다. 피루아르의 오래된 건물이다. 미셸 푸코는 죽기 두 달 전에 『자기에의 배려』의 교정을 위해 마지막으로 이 집에 왔었다.

* * *

그의 마지막 두 권에서 푸코의 글쓰기는 많이 변했다. 좀더 조용하고 열정이 없어졌으며 '침착'[27]해졌다고 모리스 블랑쇼는 말했고, 훨씬 간결해졌다고 질 들뢰즈는 말했다.[28] 거의 중성화되었다고 말하는 편이 좋겠다. 그 옛날의 '타는 듯한' 글쓰기, 불꽃 같은 문체와는 거리가 멀었다.[29] 아마도 다가오는 죽음이, 그리고 몇 달 후에 그것이 닥치리라는 예감이 푸코로 하

---

27 블랑쇼, 『내가 상상하는 미셸 푸코』, p.63.
28 들뢰즈, 「예술작품으로서의 인생」, 『르 누벨 옵세르바퇴르』*Le Nouvel Observateur*, 29 août 1986.
29 블랑쇼, 『내가 상상하는 미셸 푸코』, p.63.

여금 자신이 그토록 열심히 읽었던 세네카의 '철학적 삶'을 본떠서 평온의 길을 택하게 했던 것 같다. 푸코는 자기 문체에 변화를 일으킬 만큼 고대의 지혜를 내면화시킨 것 같다. 작가의 문체는 결국 그 사람의 문체인 것이다. 왜냐하면 그의 문제가 된 것은 결국 '존재의 문체화'이며 '삶의 미학'이었기 때문이다. 물론 그는 자료들을 통해 역사적 문제를 형상화했다. 그러나 그가 느꼈던 문제는 항상 자신의 느낌과 밀접하게 연결된 것들이었다. 질 들뢰즈가 그것을 아주 정확하게 집어냈다. 그 당시 푸코가 관심을 가졌던 것은 고대로의 회귀가 아니라 '오늘날의 우리들'[30]이었다는 것이다. 푸코는 드레이퓌스와 라비노에게 이렇게 말하지 않았던가. "나를 놀라게 하는 것은 오늘날 우리 사회에서 예술이 더 이상 개인들 혹은 인생과 관계를 맺지 않고 오로지 사물과만 관계를 맺는다는 사실이다……. 개인의 인생은 모두 하나의 예술작품이 아닐까?"[31]

＊　　＊　　＊

죽기 3개월 전인 1984년 3월 28일 푸코는 콜레주 드 프랑스에서 마지막 강의를 했다. 이 마지막 학기에서 그는 자기가 준비한 것을 모두 말할 시간이 없었다. 그러나 학기는 끝이 났다. 그래서 그는 청강생들에게 짤막한 몇 마디만 말했는데, 이것이 그의 최후(그는 그것을 예감했을까?)의 작별 인사였다. "자, 이 분석 작업에서 여러분들에게 아직도 할 말이 많은데, 하지만, 너무 늦었군요. 고맙습니다."

---

30 들뢰즈, 「예술작품으로서의 인생」, 『르 누벨 옵세르바퇴르』*Le Nouvel Observateur*, 29 août 1986.
31 허버트 드레이퓌스·폴 라비노, 『미셸 푸코: 철학 산책』, p.331.

부록

문학박사학위 취득을 위한 논문 인쇄허가를 얻기 위해 함부르크의 프랑스 문화원장인 미셸 푸코 씨가 제출한 원고에 대한 조르주 캉길렘의 보고문

『광기와 비이성: 고전주의 시대 광기의 역사』, 이것이 그 밀도와 부피에서 서로 다투는(타이프 용지로 943페이지, 참고문헌과 자료의 부록만도 40페이지 이상) 방대한 작업을 통해 미셸 푸코 씨가 다룬 주제입니다. 참고자료의 엄청난 분량에도 불구하고(고문서, 증언, 이론서) 이 작품의 논지는 아주 정확하게 세워져 있습니다. 틀에 박힌 말투를 쓰지 않으며, 그러나 필요할 때는 그것을 피해 가지도 않는 그의 문체는 아주 신랄합니다. 우리 앞에는 정신의학의 역사 분야에서 관념의 쇄신만이 아니라 사실의 포착과 제시의 기법에서도 새로운 방법을 보여 준 하나의 논문이 놓여져 있습니다.

*　　*　　*

푸코 씨는 유럽의 역사 속에서 17세기와 18세기, 더 정확히 말하면 16세기 말에서부터 19세기 초까지를 고전주의 시대로 정의하고 있습니다. 이 시기에 한편으로는 과학의 위엄을 주장하는 정신의학이, 또 한편으로는 이론 적용의 효율성을 주장하는 정신의학적 실천이 형성되었습니다. 푸코 씨는 차이와 대조라는 방법을 통해 제도와 행동 및 개념의 의미를 포착하기 위해 자기가 설정한 시대의 한계를 넘어 더 멀리까지 거슬러 올라가므로 결국 그의 사회구조 도표와 정신구조 분석은 르네상스 문예부흥기에서부터 정신분석의 탄생에까지 걸치게 됩니다.

푸코 씨는 광기가 역사를 통해 다양하게 구조화된 '사회적 공간' 안에서의 지각의 대상이라는 것, 다시 말하면 집단적 감수성에 의해 포착되거나, 특히 사변적 오성에 의해 분석적으로 해체되기보다는 사회적 관행에 의해 자극받는 인식의 대상이라는 것을 보여 주려 애썼습니다. 광기는 처음에는 재앙의 점진적 축소가 남긴 빈자리를 차지했습니다. 나병이 정신병원에 할당되면서 사람들은 전에 나병에서 느꼈던 공포를 광기에서 느끼게 되었습니다.

고전주의 시대 특유의 '발명품'은 수용소의 발명(프랑스에서는 1657년)입니다. 광인도 노동이 불가능하므로 거지, 유랑자, 실업자와 함께 수용되었는데, 이들은 경제적 위기가 그들에게 자유스러운 노동을 박탈한 시기에 의무노동을 할 수 있도록 수용된 것입니다. 이 행정적·경찰적 실천은 또한 윤리적 행동이기도 합니다. 수용시설은 배척의 제한된 공간 안에 게으름뱅이, 탕아, 난봉꾼을 한데 뒤섞었습니다. 광기는 이제 그 개별성을 잃었습니다. 고전주의 이성(논리적 혹은 사회적인 가치)이 비이성이라는 집합적 이름으로 자신과 대립시켰던 광기를 다른 것들과 무차별적으로 뒤섞었기 때문입니다.

'실성한 자'들의 수용은 오랫동안 그들을 무력화하거나 '벌금'을 겨냥한 것이었을 뿐, 치료를 목적으로 한 것은 아니었습니다. 그러나 영국의 튜크, 프랑스의 피넬, 독일의 라일의 개선치료법이 나오기 훨씬 전인 18세기 중엽부터 광기는 특유의 독자성을 다시 찾았습니다. 하지만 광인 전용 수용시설의 개설을 광기에 대한 심리병리학의 전(前)과학적 파악으로 간주해서는 안 됩니다. 오히려 일부류의 수용자들이 항의함에 따라 수용 공간의 새로운 분할이 이루어졌습니다. 그 전 시대는 광기를 비이성의 범주에 넣었습니다. 광기를 특별한 공간으로 한정시키면서 비이성이 좀더 세분화된 것은 바로 이성에 의해 행해진 이 첫번째 분할의 공간 속에서였습니다.

새로운 경제구조와 새로운 차원의 인구학적 요구(식민지 이주)가 빈곤과 원조의 개념을 수정하게 만들었습니다. 수용에 대한 비현실적이고 무조건적이며 견고한 자명성은 부스러졌고, 무차별적 징역의 공간 속에서 광기는 그 무엇보다도 특별한 사회적 문제로 부상했습니다. 요컨대 비정상의 카테고리가 실체적 인식의 대상으로 떠오르기 위해서는 경찰과 사법의 수행, 그리고 '**수용이라는 사회적 경험**'이 역사적으로 구성되어야만 했습니다. 비록 과학적 의도에서 출발한 것이라 하더라도 광기에 대한 의학 지식은 자신도 모르게, 저주에 바탕을 둔 사회적 분리의 적극적 경험 위에 자리 잡고 있습니다.

근대 정신의학의 초기 역사는 광기가 ——비록 감지되지는 않는다 하더라도—— 이미 인간성 안에 **주어져 있다**는 소급성의 환상에 의해 왜곡되어 있습니다. 푸코 씨에 의하면 광기는 처음에는 비이성의 형태로 **구성되어** 이성과 멀리 거리를 두게 되었는데, 그것은 광기가 연구 대상으로 우리 눈앞에 놓이기 위한 필요조건이라는 것입니다. 공정하며 객관적이라고 스스로 믿고 있는 이 냉혹한 이성의 시선은 그러니까 은밀한 분리의 반사적 행동입니다. 새로 태동한, 실증주의 학문이며 인간 사랑의 자세인 정신의학이 매우 비합리적이라고 간주했던 이 반사적 행동이 광기에 대한 과학적 관심의 깊은 이유였습니다.

문명의 역사 속에서 공포는 관찰의 대상을 오려 냈습니다. 르네상스 시대의 광기 ——(죽음에서처럼 끝에 나타나는 것이 아니라) 존재론적 분리,

즉 존재 한가운데에서의 무(無)의 나타남의 징후——와 포지티브한 상태의 광기——정신병의 경험적 현상——사이에는 도덕화라는 역사적 과정이 끼어 있습니다. 광기의 개념을 마술에서 과학으로 넘긴 것은 바로 사회적 윤리였습니다.

*　　*　　*

그러나 고전주의 시대의 모든 광기의 체험을 수용의 행사로만 상징할 수도 또는 요약할 수도 없습니다. 푸코 씨도 광기가 언제나, 그리고 어느 정도는 의학적 관심의 대상이라는 것을 모를 리가 없습니다. 그러나 이 의학적 관심은 자율성을 몰랐습니다. 수용이 의학적 평가에 거의 기초하지 않은 행정적 결정의 결과인데도, 금지에 대한 '사법적' 고찰은 수용의 문제를 다루지 않고 여전히 의학적 정의의 기준만을 강요했습니다. 이 의학적 기준이 나중에 심리병리학적 분석으로 발전하게 됩니다.

정신의학이 생겨나기 전 시대에는 법적 주체로서의 인간이 허약하고 병든 인간보다 훨씬 더 중요했습니다. 의학이 정신병의 형태와 양상에 대한 지식에 가까워진 것은 사법적 정신병의 길을 통해서였습니다. 그래서 19세기까지 광기에 대한 의학 지식은 그 기준의 양식을 법의 세계에서 받아들인다는 점에서 결코 자율적인 의식이 될 수 없었습니다. 그러니까 정신병리학은 범위에 있어서는 박물학자의 분류 방식을 모방하고, 내용에 있어서는 사회적 체험인 그러한 작업 속에서 여기저기 발이 걸려 난처하고 당황할 수밖에 없었습니다. 광기는 언제나 자연과 사회로 양분되었습니다. 따라서 대혁명 당시 순전히 '보호적' 수용시설의 기술과 제도가 공고해져 '수용자의 해방'이 이루어졌을 때 광기가 의학적 판단을 위한 이론의 대상이 되면서 윤리적 행동의 대상으로 머물러 있었던 것은, 그리고 또 환자-의사의 짝이 지식의 관계라기보다 실존적 '상황'에 속하게 된 것은 놀라운 일이 아닙니다.

튜크와 피넬의 교훈과 치료 혁신은 17세기와 18세기의 사회관습이 은폐시킨 것을 결국 자연의 진실 속에서 드러낸 개념적 혁명이라기보다는 광기에 대한 이성의 실천적 태도의 진화를 표현하는 것입니다. 19세기 초의 광기의 기본적 세 양상, 즉 전신마비·**정신허약**·편집증 등은 18세기의 실증주의가 자신도 모르는 사이에 계승했던 광기의 체험의 구조를 다루는 것이 아니라 은폐하고 있습니다. 그러니까 푸코 씨의 작업에서 문제가 되는 것은 프로이트 혁명 이전의 실증적 정신의학 초기의 의미입니다. 그리고 이 정신의학을 넘어서서 수정의 대상이 된 것은 새로 대두된 실증적 심리학의 의미입니다. 이 연구가 야기한, 심리학의 '과학적' 지위의 근원에 대한 문제제기는 전혀 놀라운 주제가 아닙니다.

＊　　＊　　＊

우리는 벌써 이 논문의 장점이 무엇인지 짐작할 수 있습니다. 푸코 씨는 르네상스에서 우리 시대에 이르기까지 광기가 조형예술·문학·철학의 거울 속에서 근대 인간에게 비추어 보여 주었던 수많은 얼굴들을 하나도 놓치지 않았으며, 수많은 길잡이 끈들을 어느 때는 뒤섞고 어느 때는 풀었으므로 그의 논문은 분석과 종합의 동시적인 작업인 듯이 보입니다. 그 엄격함 때문에 결코 읽기가 쉽지 않지만 읽고 나면 틀림없이 우리의 지적 노력을 보상해 줄 것입니다.

참고자료로 말할 것 같으면 푸코 씨는 엄청난 분량의 고문서들을 한편으로는 다시 읽고 재검토를 했으며, 또 한편으로는 처음으로 읽고 발굴했습니다. 1차자료에 접근하는 이 젊은 철학자의 노력에 그 어떤 전문적 역사학자도 공감하지 않을 수 없을 것입니다.

한편 그 어떤 철학자도 푸코 씨가 역사의 근원적 정보를 존중하여 철학적 판단의 자율성을 양보한 것을 비난할 수 없을 것입니다. 상당한 분량의 자료를 작품화하는 데 있어서 푸코 씨는 처음부터 끝까지 변증법적 활기를 간직했는데, 그것은 헤겔적 세계관에 대한 그의 공감과 『정신현상학』에 대한 그의 깊은 지식에 기인하는 듯합니다. 이 논문의 독창성은 지금까지 모든 철학자나 정신의학사가들로부터 버려졌던, 그리고 일부 정신과의사들의 독단에 맡겨졌던 주제를 높은 철학적 수준으로 다시 성찰하고 있는 데 있습니다. 이 정신과의사들은 자기 '전공'의 역사 및 전사(前史)에 관심을 가졌지만 대부분 방법과 관례의 문제에 대한 관심이었습니다.

고급 심리학 연구 및 강의(그는 릴 대학 인문대의 심리학 조교였으며, 고등사범학교의 심리학 조교였습니다)로 다져진 철학적 소양을 바탕으로 푸코 씨는 일관되게 심리병리학 및 그 역사에 관심을 가져왔습니다. 푸코 씨가 그의 논문을 쓰면서 오늘날 '비정상의 사회심리'라고 불리는 것의 역사에 기여하려는 의도가 조금이라도 있었는지 본인은 알 수 없습니다. 다만 결과적으로 그는 그렇게 했습니다. 동시에 그는 많은 심리학자들이 근원에 대한 질문의 테크닉을 그 테크닉의 의미와 단절시키려 하는 오늘날, 심리학과 철학 사이에 유용한 대화의 가교를 놓는 데 기여했습니다. 따라서 본인은 푸코 씨의 연구의 중요성을 확신하면서 그의 논문이 인문과학대학의 심사위원들에게 제출될 만한 자격이 있다고 결론지으며, 학장님이 이 논문의 인쇄를 허가해 주시기를 앙망하는 바입니다.

1960년 4월 19일

조르주 캉길렘

미셀 푸코의 연구업적[1]

『광기의 역사』에서 나는 한 특정 시기의 정신병에 대해서 알 수 있는 것을 규정하려 했다. 그러한 앎은 물론 다양한 유형의 병리적 현상을 명명하고 분류하며, 그것들을 설명하려는 의학이론 속에 들어 있다. 우리는 또한 광인들이 야기시키는 오래된 공포, 그들에 관한 소문을 손쉽게 믿어 버리는 관행, 연극이나 문학에서 그들을 제시하는 방법 등 속설(俗說)의 현상 속에서도 그것이 나타나고 있음을 볼 수 있다. 여기저기 다른 역사학자들이 해놓은 분석도 나의 지침이 되었다. 그러나 단 하나의 차원이 아직 발굴되지 않은 듯이 내게 생각되었다. 그것은 광인들이 어떻게 광인으로 인식되며 사회에서 제외되고 배척되었는지, 그리고 어떻게 수용되고 어떤 대우를 받았는지, 또한 어떤 기관이 그들을 받아들여 수용하고 가끔은 치료도 했는지, 어떤 심급이 어떤 기준으로 광기를 결정했는지, 그들을 강제하고 벌

---

1 푸코, 『콜레주 드 프랑스 교수 채용심사용 소책자』(*Plaquette rédigée pour la candidature au Collège de France*), 미셸 푸코의 저작권자와 갈리마르 출판사는 고맙게도 이 텍스트의 공표를 허락해 주었다.

주고 치료하기 위해 사용된 방법은 어떠한 것인지, 요컨대 광인은 어떤 제도와 실천의 그물망 속에 사로잡혔으며 동시에 규정되었는지의 차원이다.

그런데 이 그물망은 그 기능과 당시 사람들이 거기에 부여한 정당화의 이론을 검토해 보면 매우 논리정연하고 적합한 듯이 보인다. 아주 정교하고 분명한 앎이 거기에 적용되어 있다. 그러자 내게 하나의 대상이 떠올랐다. 제도라는 복합적 체계 속에 투입된 앎, 바로 그것이었다. 그것을 연구하는 방법은 분명해 보였다. 흔히 하듯이 학술서적만을 답파할 것이 아니라 포고문, 규제, 병원이나 감옥의 기록, 재판 판결문 등을 포함하는 고문서 전체를 살펴보는 것이다. 그 외양이 이론적·과학적 담론이 아니고 문학은 더더욱 아니며, 그저 일상적이고 규칙적인 실천에 불과한 앎의 분석을 내가 시도한 것은 국립고문서보관소와 군사문서보관소에서였다.

광기의 문제는 이상하게도 충분히 공론화되지 않은 듯이 보였다. 17세기와 18세기에 심리병리학은 아직 너무나 초보적이어서 그것을 단순한 전통적 속설과 구별하기조차 어려웠다. 그런데 임상의학은 그 태동의 순간에 훨씬 더 엄격한 용어로 문제를 제기한 것 같았다. 예컨대 19세기 초에 그것은 생물학·생리학·해부학·병리학 등 이미 형성되었거나 그때 한창 형성되고 있는 과학들과 연결되어 있었다. 그러나 또 한편으로 그것은 병원·보조기관·의료학원 같은 기관들의 전체와 연결되었고, 행정조사 같은 실천에도 연결되어 있었다. 이때까지 눈에 띄지 않았던 대상과 전혀 새로운 문제들, 그리고 새로운 관찰의 장을 과학 이론에 제공하면서 하나의 앎이 어떻게 그 두 표시 금 사이에서 태어나 변화하고 발전하는지를 나는 자문해 보았다. 뿐만 아니라 반대로 어떻게 과학적 이론이 거기에 도입되어 윤리적 규범과 명령의 가치를 갖게 되었는지도 의아하게 생각하게 되었다. 의료 행위는 유동적인 혼합물 속에서 정밀과학과 불안정한 전통을 조합하는 것에 그치지 않는다. 그것은 자체적 일관성과 균형을 가진 앎의 체계로서의 골격을 갖추었다.

따라서 우리는 과학과 정확하게 일치하지 않으면서, 그러나 단순한 정신적 관습도 아닌 앎의 영역이 있음을 인정해야 한다. 그래서 나는 『말과 사물』에서 정반대의 실험을 시도했다. 언제고 다시 연구 대상으로 삼을 것이라는 계획을 포기하지 않은 채 모든 제도적·실천적 측면을 중립화하기, 그리고 한 특정의 시기에 몇 개의 앎의 영역(17~18세기의 박물학적 분류, 일반문법, 부의 분석)을 대상으로 검토하고, 그것들이 제기하는 문제, 그것들이 시험해 본 이론, 그리고 그것들의 기본 개념의 유형을 차례차례로 정의하기가 그것이었다. 하나씩 선택된 그 각개 영역의 내적 '고고학'을 한정 지을 수 있을 뿐만 아니라 그들 상호 간의 동일성, 유사성, 차이성의 전체를 우리는 감지할 수 있다. 그것을 우리는 묘사해야만 한다. 전체적인 윤곽이 드러났다. 그것은 물론 고전주의 정신의 전체를 특징짓는다고 말할 수는 없다. 그러나 실증적 인식의 모든 영역을 정연하게 조직해 준다고는 말할 수 있다.

그러므로 나는 매우 뚜렷하게 구별되는 두 그룹의 결과를 얻어 냈다. 첫째, '투입된 앎'의 비교적 자율적이고 전문적인 성격을 확인했다. 둘째, 그것들 각자의 고유한 구조 속에 있는 체계적 관계에 주목했다. 조정작업이 불가피해졌다. 그것을 나는 『지식의 고고학』에서 시도했다. 일반적인 견해와 과학적 인식 사이에서 우리는 앎의 차원이라고 부를 수 있는 한 특별한 차원의 존재를 확인할 수 있었다. 이 앎은 단지 이론적 텍스트나 경험의 도구 안에서만 구체화되는 것이 아니라 모든 실천과 제도의 총체로 구체화된다. 그렇다고 해서 그것이 실천이나 제도의 반쯤 의식적인 표현이나, 또는 순전히 그 결과만은 아니다. 결국 이것은 자신의 존재, 기능, 역사를 특징짓는 자기 고유의 규칙들을 포함하고 있다. 그것들 중 어떤 규칙은 한 분야에만 고유한 것이고, 다른 것들은 여러 분야에 공통적으로 들어 있다. 또 어떤 것들은 한 시대에 일반적인 현상일 수도 있다. 결국 이 앎의 발전과 변모는 인과성의 복잡한 관계를 위태롭게 만든다.

강의계획

앞으로 할 연구는 반드시 두 가지 사항을 지킬 것이다. 즉 분석을 위한 실험의 장으로 쓰일 수 있는 구체적 예를 반드시 참조할 것이다. 그리고 과거에 우연히 마주친, 또는 앞으로 접할 기회가 있는 이론적 문제들에 치밀하게 천착할 것이다.

① 앞으로 얼마 동안 내가 몰두할 특별한 사례는 유전에 대한 지식이다. 그것은 동물 사육의 기술, 개량종(種)의 시험, 다모작 재배법의 시도, 동식물의 전염병 퇴치를 위한 노력 등이 시작된 19세기 이래 유전학이 대두된 20세기 초에 이르기까지 계속 발전되었다. 한편으로 이 앎은 특정의 역사적 조건과 경제적 요구에 부응하게 되었다. 토지 개발의 형태와 차원, 시장의 균형, 수익성의 기존 규범, 식민 농업체계 등에서의 변화는 이 앎을 깊이 변모시켰다. 이 변화들은 그 정보의 성격만을 수정한 것이 아니라 정보의 양과 차원까지 변모시켰다. 또 한편으로 이 앎은 화학이나 동·식물 생리학의 지식을 손쉽게 받아들였다(그 증거로는 질소비료의 사용이나, 18세기에 발견된 인공수정 이론으로 가능하게 된 잡종교배 기술의 사용이 그것이다). 그러나 이 두 의존이 그 내적 규칙의 형식이나 성격까지 박탈한 것은 아니다. 이 앎은 응용기술(종의 개량을 위한 빌모랭Vilmorin 기술)을 낳았을 뿐만 아니라 인식론적으로도 풍부한 개념(노댕Nodin에 의해 정의되지는 않았다 하더라도 최소한 분명하게 밝혀진 유전 특성의 개념 같은 것)을

낳았다. 유전의 인간 적용을 통해 종(種)들의 자연 진화를 이해할 수 있는 모델을 발견했던 다윈은 잘못 생각한 것이 아니다.

② 앞으로 내가 발전시킬 이론의 문제들은 세 그룹으로 나뉜다.

우선 이 앎에 지위를 부여해야겠다. 어떤 한계 속에 그것을 표시해 넣어야 할지, 또 그것을 묘사하기 위해 어떤 도구를 선택해야 할지를 결정해야 한다(전통적으로 내려오는, 거의 말없는 관습에서부터 적절하게 전사轉寫된 실험과 규범에 이르기까지, 제기된 사례 안에 자료는 엄청나게 많다). 또한 그것이 유포되는 수로와 도구가 무엇이었는지, 그리고 그것이 모든 사회 그룹, 모든 영역 안에 고르게 퍼졌는지도 알아보아야 하며, 마지막으로 그런 앎의 상이한 차원, 의식의 등급, 조정과 교정의 가능성 등을 규정해야만 할 것이다. 이쯤에서 개별적이고 의식적인 인식을 근거나 모델로 삼지 않는 익명의 사회적 앎이라는 이론적인 문제가 떠오른다.

또 다른 문제군은 이 앎을 과학적 담론으로 구성하는 것에 관한 것이다. 이런 이동, 변화, 경계선 등이 어떤 의미에서 바로 과학의 탄생이다. 그러나 현상학적 유형의 어떤 연구에서 했듯이 한 과학의 최초의 근원, 그 기본적 계획, 그 가능성의 근본적 조건을 찾아 나서기보다는 한 과학의 은근하면서도 다양한 시작을 그냥 지켜보려 한다. 한 과학의 출생증명서, 혹은 기초 헌법의 역할을 하는 결정적인 텍스트를 발견하고 그 정확한 날짜까지 확정 짓는 일이 가끔은 가능하다(내가 예로 든 영역에서는 노댕, 멘델, 드 브리스, 또는 모르간이 차례로 그런 역할을 맡을 수 있을 것이다). 그러나 중요한 것은 하나의 앎이 과학적 인식으로서의 지위와 기능을 획득하기 위해서는 어떤 변화가 그 텍스트들 앞에서, 주위에서, 혹은 안에서 일어났는지를 아는 것이다. 한마디로 하나의 과학을 초월적인 용어가 아니라 역사적인 용어로 분석하려 할 때 제기되는 과학의 구성에 대한 이론적인 문제다.

　　세번째 문제군은 앎의 순서에 대한 인과성의 문제이다. 우리는 오래 전부터 사건과 발견, 혹은 경제적 필연성과 인식 영역의 발전 사이의 전체적 상관관계를 수립했었다(예컨대 19세기의 광범위한 식물 질병이 얼마나 그 방면의 연구를 다양하게 했고 적용범위를 넓혔으며 그 지위를 확고하게 했는지를 보면 알 수 있다). 그러나 하나의 앎이 어떻게——그리고 어떤 운반 수단과 법칙을 통해——그때까지 완전히 관심 밖에 있던 현상들을, 물론 약간의 수정과 선택은 했지만, 자기 영역 안에 기입하는지, 또 어떻게 해서 자신과 별 관계가 없는 과정들을 받아들이게 되었는지, 마지막으로 어떻게 해서 한 영역 혹은 다른 차원 안에서 일어난 변화가 다른 곳으로 전이되어 효과를 발생할 수 있게 되었는지를 확정 지어야만 한다.

　　이 세 그룹의 문제들에 대한 분석은 아마도 앎을 그 세 겹의 양상 밑에서 드러내 보일 것이다. 앎은 실천과 제도의 총체를 특징짓고 재배치하고 재조정한다. 그것은 과학들이 구성되는, 끊임없는 유동의 장이다. 과학의 역사가 사로잡혀 있는 복잡한 인과성의 한 요소이다. 한 특정의 시대에 그것이 아주 확연한 형태와 영역을 갖고 있다는 점에서 우리는 그것을 몇 개의 사유체계로 해체시킬 수 있다. 다시 말하거니와 그것은 한 특정 시기의 사유체계를 결정하려는 것도 아니고, 그 사유체계의 '세계관' 같은 것을 규정지으려는 것도 아니다. 오히려 개별적 앎의 유형을 모두 떠맡고 있는 각기 다른 전체의 위치를 표시해 보려는 것이다. 그 전체는 행동·행위의 규칙·법·관습이나 명령을 한데 연결짓고 있으며, 그렇게 함으로써 안정적이면서 동시에 변화 가능한 윤곽들을 형성하는 것이다. 그 상이한 영역들 사이의 갈등·인접성·교환도 정의해 놓아야 한다. 사유체계, 바로 그 안에서 한 특정 시기의 여러 앎들은 개별화되고 균형을 유지하고 상호 소통관계에 들어간다.

내가 마주친 문제를 대강 말해 본다면 그것은 10여 년 전에 철학이 제기한 문제와 전혀 유사성이 없지는 않다. 반성적 순수의식이라는 전통과 감각의 경험주의 사이에서 철학은 그것들의 기원, 관계, 또는 접촉의 표면을 발견하려 하기보다는 제3의 차원, 즉 지각과 육체의 차원을 찾으려 애썼다. 아마도 오늘날의 사상사는 바로 그 질서의 재조정을 요구하고 있을 것이다. 이미 구성된 과학(흔히 우리는 그것의 역사를 쓴다)과 속설적 현상(역사학자들은 이것도 다룬다) 사이에 있는 사유의 체계의 역사를 써야 할 것이다. 그러나 그런 식으로 앎의 특수성을 부각시키면서 우리는 단지 이때까지 소홀히 다루어졌던 역사 분석의 차원만을 규정하는 것이 아니라 인식과 그 조건, 그리고 인식 주체의 지위를 재검토하게 될 것이다.

콜레주 드 프랑스 1969년 11월 30일 교수회의
—'사유체계의 역사' 강좌 개설을 위한 쥘 뷔유맹의 보고서

친애하는 학장님, 그리고 동료 교수 여러분들,

2년 전인가, 장 이폴리트(전임자)가 이 자리에서 우리들에게 연구계획을 펼쳐 보였고 저도 그것을 전폭적으로 지지했습니다. 오늘날 저는 혼자 남았습니다. 그리고 그의 죽음이 남긴 빈자리에 '사유체계의 역사'라는 강의를 개설할 것을 제안하는 바입니다.

1

제가 보기에 참신하고 독창적이어서 추천하고자 하는 이 연구를 소개하기 전에 우선 일반적인, 특히 콜레주 드 프랑스에서의 철학의 전통을 언급하는 것을 용서해 주십시오.

데카르트가 정신과 육체, 사유와 연장(延長) 사이에 수립해 놓은 이원론을 비판할 때 근대인들이 끈질기게 사용하는 본원적 이성에 되돌아오면 우리는 이 전통의 성질을 훨씬 분명하게 파악할 수 있을 것입니다.

그러나 우선, 우리 동료 중의 한 사람이 쓴, 지금은 고전이 된 한 책이 주장했듯이 데카르트를 이처럼 이원론으로 환원시키는 것은 그를 제대로 이해하지 못한 결과일 수도 있습니다. 그것은 사유와 연장 사이의 실체적 결합이라는 이론을 모르기 때문일 수도 있습니다. 『성찰』의 저자가 주장한 모든 것, 그것은, 만일 개별적으로 간주된 모든 실체가 분명하고 확연한 개념으로 인지된다고 해도 그것들의 결합의 결과인 감각과 감정은 진정 객관적인 재현이 아니라 한갓 '생명체의 안내자'이기 때문에 그 결합은 원칙적으로 이성의 빛에 거역한다는 것, 그리고 그 성질은 우리를 이성적으로 깨우침이 없이 다만 감각에 의해 느끼게만 할 뿐이라는 것입니다.

제가 추천하는 연구계획이 속해 있는 철학 전통이 데카르트적 결합 이론을 배척하는 것은 무지와 불성실에 의한 것이다라고 말하기 위해 지금 제가 이렇게 말하는 것일까요? 결코 그것이 아니라고 여러분들은 쉽게 납득하실 겁니다. 사실상 데카르트가 사유의 분별력과 감각의 몽매성을 구분한 이분법은 그 둘의 결합, 즉 생명 그 자체를 인식의 구체적 발전과 무관한 것으로 간주하기를 거부하는 사람들, 그리고 정신과 물질의 분리 이전에 그 둘을 공통적으로 떠받치고 있는 경험의 통일체를 발견하려 노력하는 사람들에게 불쾌감을 주기만 할 뿐입니다.

이런 노력이 우리 시대 유럽 대륙의 일반적인 철학의 특징입니다. 특히 그것은 콜레주 드 프랑스에서 꽃핀 경향입니다. 그리하여 『의식에 직접 주어진 것들에 관한 시론』(*Données immédiates de la conscience*)에서부터 『도덕과 종교의 두 원천』(*Deux sources de la morale et de la religion*)에 이르기까지 베르그손의 형이상학은 지속의 직관을 한정 짓고 묘사하기를 그치지 않았습니다.

그런데 이 직관은 공간 속에서 그것을 분산시키고 물질화시키는 사람들이나 그것을 영원한 관념 속에서 성찰하고 정화시키는 사람들에게 똑같이 접근 불가능한 것입니다. 모리스 메를로-퐁티의 저서도 다시 읽어 보기 바랍니다. 『지각의 현상학』은 단숨에 이 철학자를 육체(Corp) 그 자체의 경험 속에 위치시켰는데, 이때 육체는 생리학자들이 실험실 안에서 그렇게 환원시킬 수 있었다고 믿었던 사고(思考)의 덩어리도 아니고, 철학적 관념론이 그 안에서 육체를 승화시켰던 초월적 의식도 아닙니다. 바로 이번 달에 출간된 그의 사후 유고집은 수많은 변용 중에 유일하게 이 주제를 다루고 있습니다

저자는 이렇게 말하고 있습니다. "사고는 지각된 것이 아니고 인식은 지각이 아니다. 말은 수많은 몸짓 중의 하나가 아니라, 진실을 향한 우리 운동의 운반 수단이다. 마치 육체가 세계 내 존재의 운반 수단이듯이." 마지막으로 저는 장 이폴리트가 철학사상사 강의계획서에서 자신의 성찰을 청년 헤겔의 '인생을 사유한다'라는 말로 대신하고, "인간 경험이라는 문맥 안에서 진실의 의미를 측정"하겠다는 약속으로 그의 강의계획 발표를 끝맺었던 것을 상기시키고자 합니다.

제가 여러분들에게 그 개설을 제안하고 있는 사유체계의 역사 강의는 방금 얘기한, 그리고 비슷하게 그것을 제시한 철학자들을 인용함으로써 제가 굳이 그 중요성을 증명할 필요도 없었던, 그 비(非)데카르트적 전통을 쇄신하면서 계승할 것입니다.

이제는 관례에 따라 본 강의가 어떤 점에서 생기론, 현상학, 그리고 헤겔 사상과 구별되는지를 말씀드려야겠습니다. 그것은 강의계획서의 실증적 분석으로 충분할 것입니다. 저는 이 계획의 구체적 주제나 그 주제에 적용시킬 특별한 방법, 다시 말하면 유전학·범죄행위·범죄학 등의 형성을 여기서 소개하지는 않겠습니다. 다만 그 주제들의 일반적인 철학적 의도를 묘사하고, 그것의 정신을 드러내 보이는 것으로 만족하겠습니다.

2

우선 '사유'라는 말은 무엇을 뜻하는 것일까요?

한편에는 정신물리학 혹은 정신생리학이 있고, 또 다른 편에는 반성적 의식이 있는데, 그 사이에서 지각현상학은 육체에 대한 경험의 차원에 적합한 하나의 대상을 정했습니다. 마찬가지로 사람들의 견해를 조사 기록한 연대기와, 표출된 이념의 형성을 정확하고 전문적인 용어로 연구하는 전통적 과학사 사이에 사유의 묘사가 자리 잡았습니다. 여기서는 과학적 이론이나 예술, 혹은 문학의 질료인 재현 속에서 아직 객관화되거나 반성되지 않은 행동과 행위들이 문제가 되고 있습니다. 묘사의 목적은 그 사유가 제도·기술·실천과 맺는 긴밀한 관계가 어떤 개인적 혹은 사회적 경험의 원인이 되는지를 보여 주기 위한 것입니다.

그리하여 감금의 연구는 미슐레(Jule Michelet)의 역사에도 없고, 칸트의 형이상학에도 없는 불빛을 자유의 개념에 비출 것입니다. 마찬가지로 병원과, 거기서 환자들을 다루는 방식에 대한 연구는 의학의 역사와 철학이 삶과 죽음에 대해 보여 주지 못했던 것을 두드러지게 보여 줄 것입니다. 우리는 우리가 살고 있는 제도에 너무나 친숙하기 때문에 그것이 우리의 세계 인식에 아무런 영향도 미치지 않는 자연 현상인 것처럼 생각하는 경향이 있습니다. 개념들로 말할 것 같으면, 이론서들이 그것을 너무나 추상적으로 기술했기 때문에 그것의 기원과 탄생이 그것의 성질과는 무관한 것으로 생각하기에 이르렀습니다. 그래서 우리는 마치 그것이 관념의 하늘에 애초부터 들어 있다가 어떤 현자가 세계의 무대에 그것을 끌고 내려오기까지 거기서 얌전히 기다리고 있던 어떤 것으로 생각하게까지 되었습니다. 그러나 사유란, 강의계획자가 여기서 의미하는 바에 의하면 우선 이론과 실제 사이, 그리고 제도와 개념 사이의 생생하게 체험된 관계입니다.

또한 우리는 사유가 그 제도와의 연결에 의해, 생기론 및 현상학이 대상으로 삼았던 매개적 현실, 또는 근원 추구와 어떻게 구별이 되는지 볼 수 있습니다. 헤겔적 수사와 그것을 구분하기 위해서는 그 연구가 요구하는 방법을 단숨에 보여 주는 것만으로 충분합니다.

합리적 총체성과 개인의 역사적 화해를 주장했던 헤겔의 방법은 언제나 한 방법이 가질 수 있는 독특하고 특별한 것을 다른 방법 속에서 파기시킬 위험이 있습니다. 그러나 사유란 다원적이고 우연적인 것입니다.

개념들의 연계나, 혹은 시대정신이 필연적 법칙에 따라 구현되는 헤겔적인 거대한 문명의 단위보다는 인간 행동의 유형들을 분석하려 할 때 어떻게 이와 다른 방식을 취할 수 있겠습니까? 사유들은 언제고 사라져 버릴 다양한 고문서들에 연결되어 있습니다. 이 연결이 사유를 연구하는 철학을 새로운 방법에 복속시킵니다. 자료의 입증이라는 면에서 이 새로운 방법은 역사의 방법입니다. 글과 담론에서와 마찬가지로 병원·경찰·수용소의 영역에도 고문서가 있습니다. 그에 따라 사유들은 특정의 경험적 내용과 연결되고, 그 내용의 형성과 진화라는 개념의 짧은 역사나 견해들의 급작스러운 변화를 넘어서서 깊고 유장한 리듬에 만족하는 것입니다.

3

사유가 실천과 제도에 가장 깊숙이 관여하고 있는 곳, 또는 학문이라기보다는 앎으로서, 이론적 개념에 가장 근접하지만 그러나 그 개념과 완전히 뒤섞이지는 않는 그러한 곳에서 사유들을 생각해 봅시다. 그 어떤 경우에도 사유는 고립된 상태에서 파악할 수 있는 실체가 아닙니다. 사유들은 체계를 형성합니다. 우리가 가까이 조사 연구해 보아야 할 것이 바로 그 체계입니다.

고전적인 과학사는 연속성의 연구에 바쳐졌습니다. 그래서 한 개념의 기원을 고전주의와 전 고전주의의 그리스, 로마시대에 위치시키고, 그 쇠퇴, 부흥, 변형을 그대로 취하여 그것을 하나의 과학 속에 자리 잡게 하는 것으로 한 개념의 발전을 추적해 보았다고 믿고 있습니다. 그런 식으로 파편화된 역사학이 레우시페와 데모크리토스에서 출발했고, 철학적 유물론, 연금술적 원자이론, 유클리드의 균질 물체 개념, 기약분수 계산법, 원소의 화학이론, 다시 말해서 에피쿠로스의 '클리나멘'(clinamen)과 양자비약(quantum jump) 같은 잡다한 논거들을 모두 포함하는 총체적 사변·관찰·계산·실험·이론들을 한 줄 위에 정렬해 놓게 되었습니다.

사람들은 마치 근대 이념이 과거의 혼돈스럽고 모색적인 논거들을 갑자기 밝혀 줄 수 있다는 듯이, 또 혹은 과거의 논거들이 제외시킨 것에 어떤 객관적 근거와 과학적 지위를 확보해 줄 수 있다는 듯이 고대 시대의 파편화된 이론들을 근대의 이념을 통해 해석하는 것은 매우 위험한 일이라는 것을 잘 알고 있습니다. 그러나 사람들은 똑같은 학문이라고 간주하는 것의 매우 유사한 두 양상을 비교하고, 이어서 베르그손이 소급적 환상이라고 불렀던 것에 자연스럽게 빠져드는 것이 위험하다고는 별로 생각하지 않고 있습니다. 하나의 주어진 담론적 체계의 경계선을 뛰어넘는 것은 언제나 이런 위험한 과정을 감수하고서입니다. 우리는 흔히 하나의 말, 하나의 관념을 포함하면서 그것을 정의하고 있는 관념들의 총체를, 그것을 감당할 능력이 없는 그 하나의 말, 하나의 관념에 덮어씌웁니다. 경계선이 확정 짓는 체계의 내부에 살고 있는 우리가 그 경계선을 의식한다는 것은 매우 어려운 일입니다. 그 경계선은 우리에게 친숙한 지평선이며, 따라서 우리 눈에 지각되지 않습니다. 그리고 그것은 사람들의 실천과 사변에, 즉각 보이지는 않지만 어떤 규칙적인 흐름을 마련해 주고 있습니다.

말과 관념들을 체계와의 연관 속에서, 그러니까 그것들을 한데 모으거나 구분 짓는 법칙 안에서 다시 포착하는 것이 바로 그것들을 사유로서 인지하는 것입니다. 다시 말하면 제도화된 실천이나 경험적 앎은 우리가 자리 잡은 바로 그 관점에서 진정한 역사적 선험성을 나타내 보여 줍니다. 이 역사적 선험성은 어떤 유일한 기준으로 환원될 수 없고, 각각의 개별적인 시대, 개별적인 지식에 대한 특수한 조사만이 다른 그룹들과의 관련이나 내적 연관을 보여 줄 것입니다.

좀더 제도에서 벗어난 경험적 앎을 대상으로 삼을 때, 이 사유체계의 역사는 그 체계들을 지배하는 관계의 성질들을 더욱 잘 보여 주는 비교인식론을 탄생시킬 것입니다. 결국 일반문법, 박물학, 18세기의 부(富)의 분석 등의 상이한 체계 사이에는 그들을 떠받치는 논거가 전혀 공통점이 없음에도 불구하고 유사관계가 성립됩니다. 그러니까 우리는 그 체계들 사이의 상관관계와 차이점들을 표시해 볼 수 있습니다. 따라서 요소들의 분류를 가능케 하는 분류학적 규칙을 넘어서 파생의 규칙을 되찾게 됩니다. 그 용어들은 규칙에 이르기까지는 반드시 사용할 필요가 있지만 아직 요소의 단계에서는 주어져 있지 않습니다. 그 체계들을 연결시키는 통사적 연계는, 교육학이 포기한 후 과학이 채택한 모델입니다만, 우리가 학교에서 한 문장을 문법적으로 분석하는 것을 배울 때 하는 일련의 작업과 같습니다. 그 결과 그 추상적 규칙들의 순서와 전체가 변화를 일으키게 되고, 그 과정을 통해 우리는 구체적이며 피상적인 요소들 사이의 관계를 전체적으로 완성시킬 수 있습니다.

우리와 좀더 가까운 예를 원하신다면 현재 어떤 특정 인문과학 분야의 발전을 관찰해 보시기 바랍니다. 언어학·민족학·신화학·종교사가 차별적 대립, 대립의 체계, 체계들 사이의 비교 등의 개념을 사용하는 관행을 검토해 보시기 바랍니다. 이런 관행에서 우리는 우리가 연구하고자 하는 사유체계의 모습이 더욱 선명하게 부각됨을 볼 수 있을 것입니다. 그리고 아마도 우리 선조의 체계들이 비슷한 성질과 유사성을 부각시켰던 것보다 훨씬 더 분명하게 우리 시대의 체계들은 체계들 간의 차이점을 부각시키고 있음을 알 수 있습니다.

4

이제 그러면 특정한 시대 안에서 이 사유체계들을 고찰하고, 그것들이 나타나는 방식, 그것들이 수립되었다가 폐기처분된 방식을 기술하고, 그것들 사이의 특수한 역사를 비교하는 일이 남았습니다. 예를 들면 제도적 실천에 좀더 밀접하게 연결되어 있거나 예속되어 있는 체계는 그 실천과 비교적 자유스러운 거리를 유지했던 체계들과 다른 방식으로 발전하게 될 것입니다. 설사 그 체계들 사이의 상관관계와 유사성이 드러난다 하더라도 제도적 실천에 대한 예속이냐 자유냐에 따라 그 체계들은 각기 독특한 방식으로 자기 시대를 살 것입니다. 전자(제도적 실천에 좀더 가까운 체계들)는 그것들을 우선 구성하고 있는 실천적 지식이 이론작업 속에서 체계화되고 정당화되려면 시간이 한참 걸리는 데 반해, 후자(제도적 실천에 비교적 자유스러운 체계들)는 그 두 계기 사이의 격차가 그리 크지 않을 것입니다. 마찬가지로 하나의 체계가 어떻게 다른 체계를 대체하는지, 예컨대 생물학이 어떻게 박물학 대신 들어섰는지를 검토해 보면 분할 경계선의 작품에서 우리는 단절·파기·보존·재해석·원용 등의 방식들을 알아볼 수 있습니다. 이 방식들은 그 체계들에만 고유한 듯이 보이며, 인접체계 혹은 유사체계에 대한 일련의 연구 속에서 그것을 다시 발견할 것이라고 우리에게 보장하거나 암시해 주는 그 어떤 선험성도 없습니다.

시간과 관련된 그 가설들의 총체에 의해서 사유체계의 한 역사는 다른 역사들을 환기시킵니다. 그리고 이 사유체계의 역사가 다른 역사들과 구분되는 것은 그것이 연대적 순서와 리듬에서 한 부분을 오려 내는 일에 섬세한 주의를 기울인다는 점과 그것들의 영역이 각기 다르다는 것입니다. 그러나 좀더 자세히 들여다보면 그 차이점들은 좀더 깊고 계시적인 다른 차이, 즉 애초의 철학적 계획이 다르다는 차이를 숨기고 있습니다. 제 이야기의 출발점으로 다시 돌아가 그의 주제를 짤막하게 개관하는 것으로 저의 이야기를 끝마칠까 합니다.

역사학자가 자신의 자료들을 해석하면서 —— 이것은 비석의 명문이고 이것은 결혼증서이며 또 이것은 매매계약서라는 식으로 —— 소위 그것들의 내적 의미를 규정하는 순간에조차 그는 일반적으로 그것들이 표출하는 인간의 의도, 다시 말해서 그 자료들이 나타내 주는 개인, 개인적 유형, 그룹, 사회계급 등의 행동의 사회적 의미를 추론하고 복원하려는 시도를 합니다.

지표로 선택된 자료의 성질에 따라 역사는 그 문체가 달라져, 여기서는 개인과 사건을 강조하고 또 저기서는 집단과 장기적인 시대를 강조합니다. 그러나 변함없는 것은 하나의 자료가 판독대상 주체의 운동을 표현해 준다는 사실입니다. 그래서 인간은 항상 말과 사물의 한가운데에 위치해 있는 제3자이며, 어떤 새로운 관념이 떠올랐을 때 우리는 언제나 '누가, 어떤 개인, 혹은 어떤 그룹이 그것을 발명했는가?' 또는 '누가 그것을 퍼뜨리고 이용했는가?'라고 물을 권리가 있습니다. 그러니까 창조적 주체의 개념을 우리가 배제한다고 해서 그것이 혁신의 책임을 집단으로 확대했다는 의미는 아닙니다.

사유체계의 역사에 있어서 그 역사를 만들었다고 믿는 당사자들은 더 이상 무대 전면에 나와 있지 않습니다. 말하고 담론하는 것은 "물론 행동입니다. 그것은 자기 생각을 표현하는 것도 아니고 자기가 아는 바를 말로 옮겨 놓는 것도 아니며 언어구조를 드러내는 것도 아닙니다". 그때부터 "담론의 질서에서의 변화는 화자(話者)의 새로운 관념, 발명, 창조성을 전제하는 것이 아니라" 담론의 차원에서 확인할 수 있는, 그리고 익명의 실천 속에서 갑자기 나타나는 변화를 전제로 합니다.

그러니까 사유체계의 역사는 전혀 사유하는 인간, 또는 인간들의 역사가 아닌 것입니다. 결국 유물론과 유심론의 갈등은 양자택일의 용어의 문제일 뿐, 그들의 문제는 똑같습니다. 다시 말해서 사유 주체로 개인을 취하느냐 아니면 그룹을 취하느냐의 문제일 뿐, 여하튼 그들은 항상 선택하는 것은 주체입니다. 그것이 믿기지 않는 분이라면, 극히 단순화시킨 것이기는 하지만, 건축가는 먼저 머릿속에서 집을 짓는 것이 꿀벌과 다른 점이라고 주장한, 자주 인용되는 맑스의 말을 다시 읽어 보시기 바랍니다. 우리가 잘 알 수 있듯이 이원론을 포기하고 비(非)데카르트적 인식론을 구성하는 것은 훨씬 많은 것을 요구합니다. 즉 사유를 보존하면서 주체를 삭제할 것, 그리고 인간성을 배제한 역사를 구축할 것 등입니다.

콜레주 드 프랑스 1970년 4월 12일 교수회의
—'사유체계의 역사' 강의를 맡을 미셸 푸코의 업적 소개를 위한 쥘 뷔유맹의 보고서

존경하는 학장님,

존경하는 동료 교수님들,

여러분들이 그 강좌 개설을 결정해 주신 '사유체계의 역사' 강의 후보자 중 미셸 푸코 씨가 제1순위에 올라 있습니다. 그는 여러분들을 방문하고, 이력서와 저서목록, 그리고 강의계획서를 제출했습니다.

　따라서 본인은 그를 특징지어 주는 주요 작품들을 분석하면서 간략하게 그의 지적 이력을 여러분들께 소개하는 데 그칠까 합니다. 이어서 여러분들의 투표에 맡겨진 그의 강의계획서의 몇 부분을 검토해 보겠습니다.

1

한 15년쯤 전에 푸코 씨가 17세기와 18세기의 『광기의 역사』 속에서 추적하고자 했던 것은 사유의 역사의 한 에피소드입니다. 이 책이 그를 유명하게 만들었습니다. 독자들은 단숨에 이 저자가 어떤 기본적인 점에서 이 역사의 전통을 바꾸고 뒤흔들었다는 느낌을 가졌습니다.

　그는 우선 분석대상의 소재의 선택을 재검토했습니다. 한 개념이나 이론의 역사를 쓰는 데 만족한다면 과학 논문이나 철학적 또는 종교적 문학을 참조하면 될 것입니다. 그러나 광기는 하나의 의학적 개념이기에 앞서 한 사회에서 사람들의 편을 가르는 양식이며, 그 자체의 기준과 의식(儀式)과 제재를 갖춘 배제의 수단입니다. 의학은 이 분할의 효과를 설명하고 수정하기 위해 2차적으로 개입했습니다. 그러니까 고전주의 시대에 사람들은 어떻게 광인을 적발하고 인지했는지, 그들의 지위와 단속법규와 수용기관은 어떠한 것인지를 밝혀내야만 합니다. 경찰과 수용시설의 고문서, 법적이거나 관행적인 규제, 공소장 등이 이 저자의 자료가 되었습니다. 그는 '감금'을 요구했던 경제적·사회적 필요성을 연구했습니다. 왜냐하면 그 시대 사람들은 실업자, 게으름뱅이, 가난한 노인들을 정신병자들과 같은 자격으로 나란히 분류했기 때문입니다. 이들을 억류한 수용소들은 그 당시의 사회가 어떻게 분류하고 강제하고 억압하고 보호했는지를 잘 보여주고 있습니다.

그렇게 구상된 역사는 주요 자료로서 텍스트보다는 고문서, 이론보다는 기술(技術)과 제도를 채택했습니다. 그 결과 우리는 개별적 변용이 없는 집단적 형태의 사유를 발견하게 되었습니다. 이런 전망 속에서 느린 변화가 원래의 계획에서부터 분리되어 모습을 보이게 되었고, 경제적·정치적·사회적 결정의 작용이 논리적 일관성보다 중요하게 되었습니다.

이제 우리는 그러한 분석이 '광기' 같은 막연한 개념을 떠나서 좀더 체계적인 다른 사유형태에 적용될 수 있을 것인지를 생각해 보아야 합니다. 이러한 확대는 이 저자로 하여금 사유의 전통적 역사를 두번째로, 다시 말하면 '분석의 영역' 안에서 수정하게 만들 것입니다. 그것이 『임상의학의 탄생: 의학적 시선의 고고학』(1963)의 목적입니다. 흔히 우리의 관심은 경험적 인식이라는 매개적 영역을 포기한 채 일반적 견해와 엄격한 과학의 두 방향으로 갈립니다. 그런데 이 경험적 인식은 과학의 차원까지는 주장하지 못하지만 그러나 역사를 거치는 동안 어떤 규칙을 갖는 것이 사실입니다.

이 목적을 위해서 임상의학은 특별한 예를 제공해 주었습니다. 우선 두 사실이 이 역사학자에게 깊은 인상을 주었습니다. 임상의학은 외부적 요소의 총체에 예속되어 있는 듯이 보입니다. 그리고 그 존재와 발전에 있어서 제도들, 또는 사회적·경제적 조건에 연결되어 있는 듯이 보입니다. 또 한편으로는 화학·생리학·생화학 같은 다른 과학의 발전에 종속되어 있고 끊임없이 실험실의 기술에 의존하고 있습니다. 따라서 그것은 다양한 과학과 실제적 행동이 만나는 장소인 것 같습니다. 만일 최초의 임상의학자들(비샤, 레넥, 베일)의 발견이 거의 전부 수정되지 않고 그저 단지 폐기처분되었다면 우리는 어떻게 거기서 한 과학의 시작을 찾아볼 수 있을까요? 그러나 임상의학의 역사는 그것이 고유의 개념들(예컨대 '세포조직', '병소' 病巢 같은 개념들)로 구성된 전문적인 지식이고 특징적인 방법(질병적 징후의 도표 같은 것)이며 확인과 파기를 거듭하는 관찰이라는 것을 우리에게 보여 주고 있습니다. 임상의학이 한 부분을 이루고 있는 그 모든 오류들에도 불구하고 임상의학은 벌써 새로운 진실을 수립하고 이어서 그것을 멀리하도록 허용해 주는 방법의 원칙들을 간직하고 있습니다. 왜냐하면 임상의학은 19세기 초부터 어떤 상대적인 자율성과 과학적 풍요성을 소유하고 있었기 때문입니다. 이렇게 해서 사유의 역사는 우리가 '앎'이라고 부를 수 있는 인식과 방법의 총체를 특성에 따라 한데 묶는 작업에 착수하여 그것을 단순한 견해와 구별되는 동시에 엄밀한 과학과도 구별했습니다.

이 앎을 어떻게 분석하고 또 어떻게 개별화시킬 것인가? 여기서도 전통적인 사상사는 그에 필요한 분석도구를 제공해 주지 못하는 듯합니다.

고작 학문의 전통적인 분류를 수락하여 그 각각의 지속적인 발전을 따라가거나, 아니면 한 시대의 정신을 기술함으로써 그 학문들 사이를 잇는 끈을 포착할 뿐입니다. 그러니까 새로운 사상사를 위해서는 '분석의 관점'을 수정해야만 합니다. 단지 비교연구만이 여기에 숨어 있는 장애물, 즉 개별 문제연구 또는 형이상학을 피하게 해줄 것입니다.

이 비교는 두 방향에서 이루어질 수 있습니다. 왜냐하면 몇 개의 동시적인 앎을 서로 대조할 수도 있고, 또는 연속적인 몇 개의 앎의 형태를 서로 대비시킬 수도 있기 때문입니다. 첫번째 방법은 앎의 속(屬)을 확인하게 해주고, 두번째 것은 그 변형의 과정들을 파악하게 해줍니다. 『말과 사물』(1966)은 이 이중의 비교를 수행하는 데에 바쳐졌습니다.

고전주의 시대에 일반 문법, 박물학, 부(富)의 분석은 몇 개의 공통적인 요소들, 즉 표시와 순서 등의 개념들, 기원을 그 최초의 상태로 복원하는 방법들, 그리고 재현의 이론들을 포함하고 있었습니다. 푸코 씨는 연구대상이 된 그 각각의 학문들이 이 공통의 요소들을 어떻게 사용하는지, 어떤 특별한 도식에 따라 그것들을 분배하는지, 그리고 그 각각의 학문들은 어떤 점에서 유사하고 어떤 점에서 다른지를 밝혀내고자 했습니다. 이렇게 해서 특수한 인식과 일반적인 사유형태 사이의 매개적 사유체계가 각기 그 양극으로 확대되면서 모습을 드러냈습니다.

그뿐만 아니라 각각의 학문들은 18세기 말에 아주 중요하고, 또 두 가지 점에서 주목할 만한 변화를 겪었습니다. 그 첫번째는 일련의 새로운 학문들이 형성되었다는 것입니다. 역사적 문법은 일반 문법을 분리시켰고, 박물학은 생물학에 자리를 내주었으며, 정치경제학이 부의 분석을 대신해 들어섰습니다. 두번째 변화는 개념과 방법들의 일반적인 쇄신에 의해 아주 갑자기 일어났는데, 그 쇄신이 학문의 유사성이라는 전통적 개념을 단절시켰습니다. 그러므로 한 사상, 한 이론의 운명이 아니라 그 동시적 변화와 위계질서, 그리고 그것의 결과인 새로운 배치들을 연구해야 합니다.

이 세 분야의 조사는 우리가 사상사를 '체계들'의 연구로 전환할 수도 있음을 시사해 줍니다. 이 체계들은 정밀과학 혹은 즉흥적 견해들이 아니라 앎들을 형성하며, 제도·기술·행동 등에 투입된 것입니다. 이런 식으로 사유체계의 역사의 임무가 정의되어 있습니다.

2

푸코 씨는 그것의 몇몇 특별한 양상을 추적하고자 합니다. 우선 시작된 조사를 계속하고 새로운 체계들을 표시하고 그것들을 그 고유의 조직과 변형 속에서 분석하는 것입니다. 다음에는 그런 분석에 어떤 도구가 필요한지, 어떤 방법과 개념이 앎의 역사에 가장 적합한지를 시험해 보고, 마지막으로 이 연구에서 파생되는 이론적인 문제들을 제기해 보는 것입니다. 콜레주 드 프랑스에서의 강의는 이와 같은 세 차원의 연구의 일부가 될 것입니다.

매년 한 주제의 강의가 역사 조사의 연구에 바쳐질 것입니다. 그것들 중 하나는 벌써 준비가 되었습니다. 그것은 19세기의 유전의 앎에 대한 것입니다. 그것은 우리가 위에서 이미 말한 의미에서의 '투입된' 앎입니다. 생물학과 유전학으로 발전되기 이전에 흥미로운 변종(變種)의 추구나 고정, 순종의 보존, 일부 돌연변이의 유지 같은 방법을 이미 실제 농업에서 허용했던 것은 바로 이것입니다. 19세기 농업기술의 발전은 얼마간은 이 앎의 발전과 관계가 있습니다. 그것은 또 현대 유전학의 관점에서 보면 과학이 아니지만 그렇다고 해서 단순히 전통적 속설도 아닌, 스스로의 논리성을 갖춘 '앎'을 형성하고 있는 그러한 인식의 총체입니다. 다윈이 인간의 동물 사육을 종(種)의 진화의 모델로 삼은 것에서 우리는 그 증거를 볼 수 있습니다. 또는 겉에 드러나지 않는 열성유전의 개념이 생리학적 지위를 얻기 전에 이미 이 실제의 차원에서 습득되었다는 사실도 그것을 증명합니다. 결국 이 앎은 차별적 방식으로 특수화될 수 있습니다. 우리는 그것을, 기본성격의 변화 이전, 대대적인 농업개발의 형성 이전, 다모작으로의 전환 이전, 식민지 경작의 발전 이전, 농업 연구 및 교육의 발전 이전 등, 한 세기 전의 앎과 비교할 수도 있습니다. 당시의 생리학이 생식의 메커니즘에 대해서 알 수 있었던 것, 그리고 의학이 유전병의 전달에 대해서 알 수 있었던 것을 이것과 비교해야 할 것입니다. 마지막으로 변화를 포착해야 하는데, 이 변화에 의해 앎과 다양한 과학지식은 20세기 초에 유전과학으로 통합되었던 것입니다.

두번째 조사의 목표가 설정되었습니다. 그것은 어떤 점에서 『광기의 역사』의 연속이라고 할 수도 있지만, 그러나 다른 시대의 조금 다른 대상을 겨냥하고 있습니다. 19세기에 어떻게 사람들은 일탈에 관한 앎(범죄, 그리고 동시에 신경증, 사회 부적응증에 대한 병리학, 심리학, 사회학)을 형성했는지, 반대로 이 앎이 어떻게 사람들의 관습을 바꿔 놓았는지를 밝히는 것이 문제입니다. 또 한편으로 이 앎은 통계학·정신분석학·유전학 같은 지식에 기대고 있었습니다. 이 앎은 이때까지 과학이 되지 못했고 앞으로도 결코 되지 못할 것입니다. 그러나 우리 사회가 자신의 몇몇 기본적 가치를 확인하고, 또 사회를 보호하는 분할을 확보할 수 있었던 것은 바로 이 앎을 통해서였습니다. 강의의 나머지 절반은 ─격년으로─ 방법의 문제, 혹은 이론적인 문제들에 할애될 것입니다.

푸코 씨에 의하면 방법의 문제는 팀 연구의 대상이 되어야 한다고 합니다. 사유체계의 역사는 텍스트의 주석에 만족할 수 없고, 다른 학문들의 예에서 고무받는 것이 유익할 것입니다. 푸코 씨는 어떤 자료 문집을 대상으로 해야 할지, 어떤 고문서가 의미가 있는지, 어떤 균등한 시리즈가 성립될 수 있는지, 그리고 또 그것들은 어떤 양적인 처리에 속해 있는 것인지(유전의 앎에 대한 연구와 관련하여 우리는 예컨대 19세기의 농업 기술과 그 유포 및 전달을 확인할 수 있는 일련의 자료들을 확정지을 수 있을 것입니다)를 역사학자들의 도움으로 밝혀내고자 합니다. 그는 또 언어학자들의 도움을 받아, 내용의 의미론적 분석과 담론의 상이한 형태들의 유형학을 수립하는 데 필요한 방법들을 찾을 것입니다(예를 들면 19세기의 사법적 문서와 문학작품, 그리고 의학논문 등에서 범죄를 어떻게 규정했는지를 연구할 수 있을 것입니다). 마지막으로 그는 우리 문명과 다른 문명들의 연구 속에서 어떻게 기술과 인식들의 일람표를 작성할 수 있는지, 그리고 그 기술과 인식들을 어떤 경제조건과 사회형태와 관련지을 것인지(우리는 한 특정 시대 유럽 사회나 회교 아랍 문명권의 의학적인 앎에 대해서 이와 같은 대조작업을 벌일 수 있을 것입니다)를 검토해 볼 것입니다. 사상사가 이때까지의 해석적 방식을 탈피하려면 이런 방법에 의존해야 합니다.

이론적인 문제도 역시 검토되어야 합니다. 그 첫번째가 인식에 대한 이론입니다. 앎들이 있었다는 것을 인정한다면 앎에게 합당한 자리를 마련해 주지 않았던 이 고전적 인식 이론을 어떤 방향으로 수정해야 할까요? 요컨대 앎이란 감각적 경험의 차원도 아니고 순수 사유의 차원도 아닙니다. 푸코 씨에 의하면 그것은 한편으로는 인식들의 가능성의 조건이 됩니다. 인식들은 그 앎이 없다면 이 세상에 나타날 수도, 조정될 수도 없습니다. 그러나 이 앎 자체도 역사적으로 제한된 존재를 갖고 있습니다. 그것은 어떤 한정된 조건들에서부터 출발하여 오랜 세월 동안 형성됩니다. 그리고 얼마 동안 기술적·경제적·물질적 맥락과의 영원한 상관관계 속에서 지속적으로 기능합니다. 그리고 마침내 내적 조직과 외적 조건에 관계되는 얼마간의 변화에 뒤이어 소멸하고 맙니다. 그런 식의 관점에 입각하여 푸코 씨는 인식의 선험적 조건이라는 형식주의적 개념은 물론 경험에 연루된 의미작용이라는 현상학적 개념까지 검토하게 될 것입니다.

그가 다루고자 하는 두번째 문제는 주체의 문제입니다. 앎의 집단적·익명적 성격은 철학이 통상적으로 주체와 의식에 부여했던 역할을 재검토하게 만들지 않습니까? 앎은 물론 개인적 의식의 차원에서, 그리고 한 시대 인간들의 실천 속에서, 또는 그들의 행동, 결정, 담론 속에서 포착해 내야 합니다. 그러나 또 한편, 이 앎의 다양한 요소들을 연결시키는 체계는 이 앎에게 생명을 주는 포괄적 체계에서 벗어나는 경향이 있습니다. 개인들은 인식들을 소유하고, 개념들을 사용하며, 새로운 발견을 하고, 이 앎이 가능하게 해준 새로운 고안품들을 생활 속에 도입할 수 있습니다. 그러나 그들은 이 앎의 규칙성의 원칙이나 그 변화의 조건들을 의식적으로 소유하고 있지는 않습니다. 따라서 그것이 개인적이든(정신분석학이 연구하는 것 같은), 혹은 집단적이든(언어학이나 민족학이 연구하는 것 같은) 간에 다른 무의식적 규칙성과 이것을 대립시킴으로써 이 '무의식'에 지위를 부여해야 할 것입니다.

끝으로 푸코 씨는 사유의 질서 속에서의 인과성의 문제를 연구할 것입니다. 앎의 변화는 기원의 규칙적 발전을 따르지는 않지만 외부과정의 직접적인 결과도 아닙니다. 그것은 인간의 의식에 영향을 미치고, 그 속에 기입됩니다. 인식의 역사성에 대한 전통적 문제들은 한 문명의 물질적 요소들 속에 투입되고 발전하는, 한정된 체계로서의 앎의 존재에서부터 새로이 접근되어야만 합니다.

자유로운 사상[1]

피에르 부르디외

객관적인 인접성이 객관적인 이해나 평가로 이어지지는 않는다. 인식의 문제에서 같은 나라 사람, 동시대인, 동창, 동문이 특권을 갖고 있다고는 전혀 생각하지 않는다. 프랑스인이고, 실존주의가 극에 달했던 45년대에 고등사범학교 학생이었으며, 철학교수자격시험 취득자, 미셸 푸코의 출발·참조·단절은 이런 역사적 뿌리에서 시작되었다. 그의 이정표, 등대(燈臺), 두려움, 여하튼 하나의 지적 기획을 구성하는 모든 것이 이 역사적 시점에 뿌리 박고 있다. 간발의 차이로 나도 그 모든 **결정적** 자산들 그리고 특히 지적 세계의 전망 속에서 이어졌던 다른 많은 것들을 그와 공유했다. 우리가 그토록 자주 같은 진영에 속했던 것은, 다시 말해 같은 적들 앞에서 연합하고, 또 가끔은 같은 적들의 적으로 여겨졌던 것은 결코 우연이 아니다. 그의 사유가 그 안에서 혹은 그것에 반대하여 형성되었던 한 세계의 지적인 역사를 그려 봄으로써 미셸 푸코와 그의 작품의 정확한 이해에 기여

---

1 피에르 부르디외, 「내가 누구인지 내게 묻지 말라」Ne me demandez pas qui je suis, 『지표』 *L'Indice*, Rome, octobre 1984.

하겠다는 나의 시도는 허구의 동일시 혹은 자기를 드러내기 위한 고의적 차별화의 혐의를 받는 것도 사실이다. 그 대상이 유명한 사상가일 때 이런 행위는 두 사람 모두에게 아주 큰 상징적 이익을 가져다주기 때문이다.

그러나 미셸 푸코 같은 지식인일 때 이런 의도는 정당화된다. 그는 예언적 지식인이라는 나르시스적 자기만족과 끊임없이 단절하여 자신이 개별성으로가 아니라 총칭적(總稱的)으로 인식되기를, 다시 말해 사유할 수 없음을 사유하는 '사상가'로 인식되기를 원했기 때문이다.

우리 각자의 지적 이정표에서 결정적 전기가 무엇이었는지 길게 이야기했던 최근의 만남에서 우리는 공동의 친구인 디디에 에리봉과 함께 사유라는 기획의 사회적이고 지적인 기층(基層)을 진지하고 객관적으로 환기시키는 대담을 해보자고 계획했었다. 그 기층이란 결정적인 만남들, 사유를 결정짓는 독서들, 원초적인 거부들, 예시적인 인물들이 될 것이다. 완전히 사적인 것들, 가끔 친밀한 사람들에게조차 아주 조심스럽게 숨겨진 것들을 우리는 모두 드러내고 공표하는 것이 좋겠다고 생각했다. 이런 것들이 지적 작업을 해명하는 지적 작업에 기여할 것이기 때문이었다(개인적 고백이라는 형태에 대해 우리 둘 다 심한 공포감을 갖고 있기는 했지만).

흔히 위대한 작품을 다룰 때 사람들이 그렇게 하듯이, 나는 푸코 작품의 '중심 직관'과 일치하는 나의 모든 직관을 동원하여 푸코의 작품을 내 것으로 만들 생각은 없다. 나는 다만 그의 수많은 속성을 한 개 혹은 두 개의 성질로 환원시키는 작태에 맞서서 그를 보호하는 데 기여하고 싶다. 이것은 미셸 푸코의 특성인 잠재적인 반 순응주의, 모든 범주화와 분류에 대한 반감을 환기시킴으로써 가능할 것이다. 인식사학자, 과학사학자, 사회학 역사가, 사회과학자, 철학자, 철학사가, 역사철학자, 과학사의 철학자 등 오용에 가까운 이 한정적 꼬리표 중 어떤 것도 그를 정확히 정의 내릴 수 없다. 맑시즘과의 관계 또는 프랑스의 전통적 인식론(바슐라르, 캉길렘), 역사 철학 혹은 학문사(게루, 뷔유맹), 인류학 혹은 구조적 역사(레비 스트로스, 뒤메질), 또는 니체, 아르토, 혹은 바타유와의 관계를 상기시키는 것은 '근원'이나 '영향'으로 환원시키는 것이 아니라 그를 형성해 준 거리를 포착할 수단을 주는 것이다.

이것은 그를 분류의 감옥 속에 가두는 것이 아니라 그가 늘 그러했듯이 그리고 그가 살아 있었다면 앞으로도 그러할 것처럼, 스스로에서 도망치도록 그를 돕는 것이다. 그것은 ——예컨대 푸코는 맑시스트였던가 아니었던가, 진짜 철학자였나 아니었나? 등의 질문처럼 ——모든 것을 분류하여 정리하는 구청 관리 같은, 사유의 분류자 또는 관료에 저항하는 것이다. 그는 마지막 에너지가 다할 때까지 그리고 마지막 순간까지 자기 사유의 한계(그것이 지적이건 사회적이건 간에)를 탐험하고, 자기 자신 그리고 자기 고유의 사유, 더 나아가 자기 사유에 대한 사회적 이미지에 대해서 얼마간 거리를 두려고 노력했다.

우선 맑스와의 관계에서부터 시작해 보자. 인식의 문제를 유물론적 용어로 제기하는 것(푸코의 작업에 대한 부분적 정의들 중의 하나다)은 맑시즘이냐 반 맑시즘이냐의 택일이 아니라, 이것도 아니고 저것도 아닐 수 있으며, 혹은 양쪽 다 일 수도 있다. 그가 맑스를 인용하거나 맑스의 구절이나 개념들을 차용했다 해도, 그것은 결코 맑시스트로 간주되기를 바라는 사람, 다시 말해 맑스를 존경하는 어떤 사람, 또는 맑시스트 신문이나 잡지가 유명하게 만드는 어떤 사람의 방식으로서가 아니었다. 신앙의 논리에서 가장 결정적인 인용이나 참조는 무상적(無償的)인 것이다.

다시 말하면 오로지 신앙을 드러내고 공표하고 선언하기 위한 것일 뿐이다. (맑스의 이론을) 사용하여 작품화하는 이론의 성찬식에서 푸코는 신중한 봉헌, 다시 말해 **비밀스러운** 봉헌을 더 좋아했다. 이 비밀스러운 측면 ─ 비록 그가 맑시스트였다 해도 그는 맑스의 이름을 거론하지 않고 또 맑시즘을 표방하지 않은 채 그것을 사용하는 것을 부끄러워했는지 모른다 ─ 과, 보통의 예배에 대해 거리 두기 ─ 알튀세르 추종자들은 이런 거리 두기에 지적 정당성을 부여했다 ─ 그리고 맑스를 다른 모든 저자들 중의 한 저자로 간주하는 방식, 이 모든 것이 그 신도들을 당혹하게 하고, 불안하게까지 만들었다. 철학자들도 마찬가지였다. 푸코는 자신의 지적 기획이 니체의 진정한 발견물에서 결정되었음을 밝혔으면서도 어느 대목에서는 '니체 같은 사상에 경의를 표하는 유일한 방식은 비록 그것을 왜곡시킨다 해도 그것들을 쓸모 있게 **사용**하는 것'이라고 말했는데, 이것이 그 연구자들을 분노하게 만들었다.

분류적 정체성에서 해방된 이 보고문은 사람들에게 쉽게 받아들여지지 않을 것이다(맑시즘을 '우리 시대의 극복할 수 없는 철학'으로 신성시했던 사르트르를 생각하는 것만으로 충분하다). 그리고 여기서 파생되는 지적 이윤은 손실과 사회적 비용을 감수해야만 한다(물론 반대로, 당대의 상징적 권위, 즉 맑스의 합법적 유산의 안정적인 연금으로 살거나 살았던 사람들 그리고 대학의 경계 안에서 칸트, 하이데거 혹은 군소 사상가들의 안정적 연금으로 살았던 사람들도 마찬가지다).

이야기가 좀 횡설수설이 될 위험성을 무릅쓰고 나는 여기서 정치와의 관계, 자세의 심충적 차원, 그리고 대의의 수호라는 이윤을 싼값으로 확보할 수 있게 해주는 모든 정치적 위선의 형태에 대한 두려움을 환기시키려 한다. 좌파가 권력을 잡았을 때 자신이 좌파라고 말하는 것이 아주 쉬운 그런 사람들이 있다. 지식인 중에도 물론 많이 있다. 미셸 푸코 또는 그 외 다른 사람들에게 있어서, 그것은 불가능한 일까지는 아니라 하더라도 매우 어려운 일이다. 비록 '지식인의 침묵'을 비판하는 기회주의자들의 분노를 사는 한이 있더라도 말이다.

그러나 우리가 맑스와 (그리고 2차적으로는 '맑시스트들'과)의 대화를 추적해야 하는 것은 작품 속에서이다. 그 어떤 사회과학 작품도 맑스가 언급되지 않는 작품은 없다. 『광기와 비이성: 고전주의 시대 광기의 역사』와 『임상의학의 탄생: 의학적 시선의 고고학』에서 푸코는 광인들의 수용소 감금과 가난한 사람들의 구빈원 감금을 생산관계 그리고 빈곤의 정치경제학과 명시적으로 연결 지었다. 광인들이 특별한 대우를 받았던 것은 그들이 인구 중 가장 비생산적인 구성원이기 때문이다. 마찬가지로 자유주의 시대 초기에 구빈원과 병원이 생겨난 것은 가난한 사람들의 사용가치 때문이었다. "병원이라는 제도 속에서 부자와 가난한 자들이 이런 식으로 계약을 맺었다. 자유경제 체제 시대에 병원은 임상의학이라는 제도 속에서 부자의 관심을 끌 만한 가능성을 발견했다. 임상의학에서부터 계약 당사자의 점진적인 반전이 시작되었다. 그것은 가난한 사람들의 부담비율이고, 부자들이 동의한 병원 자본화를 위해 지불된 이자였다." 문체의 정교함이 가져오는 완곡어법도 이 냉혹한 경제주의 형태를 은폐할 수는 없었다. 병원은 육체를 구경거리로 바라보는 의사들의 시선과 질병의 고통을 완화해 주는 치료가 상호 교환되는 불평등한 교환의 장소다. 『감시와 처벌』에서 푸코는 근대 감옥이 규율 권력의 도구라는 것을 설명하기 위해 고정자본과 가변자본에 대한 맑스의 분석을 공공연하게 환기시킨다. 그리고 인간의 축적을 자본의 축적과 연결시킨다. 『성의 역사』에서는 육체에 대한 권력이 자본 축적과 경제 발전의 한 조건임을 명시하면서 규율과 성 규제를 생산의 요구와 결합시킨다. 사유 방식에 있어서나 언어에 있어서나 강한 맑스적 함의를 풍기는 텍스트는 무수하게 많이 있다.

‘앎-권력’ 개념을 순수 상태의 정치와 연결시키는 것은 맑스의 지배 이론과 근본적으로 단절되는 것으로 보일 수 있다. 또는 생산수단의 소유를 지배의 배타적(또는 주요) 원칙으로 삼는 경제주의와도 결별하는 것으로 보일 수 있다. “권력은 아래서부터 온다”라는 푸코의 말이 그것이다. 더 이상 중심부를 차지하지는 않지만 가족·소그룹·담론·기관 등 권력이 있는 곳이면 어디서나 이 원칙은 발견된다. 이 발견은——미셸 푸코 자신도 이것을 부정하지 않을 것인데——1968년 5월 운동이 구성한 일종의 사회적 체험과 무관하지 않다.

그러나 사실상 푸코는 『감시와 처벌』 훨씬 이전에, 그리고 아마도 처음부터 알튀세르주의자들이 그토록 활성화시킨 위계적 심급들(이것이 아날학파의 모든 사유를 지배했다)의 건축술 이론과 단절했다. 정신의학적 수용의 분석에서부터 성적 규격화의 분석에 이르기까지 그는 경제적 관점에서만 바라보는 사람들에게는 별로 중요하지 않은 현상들이 정치 질서의 유지에 중심적 역할을 한다는 것을 보여 주고자 했다. 이것이야말로 경제적 질서의 기능에서 가장 은폐되고 가장 결정적인 조건일 수 있다. 앎은 권력의 도구이고, 사회적 테크놀로지이다. 개인들을 감시하기 위한 분류의 인지적 조작(操作)인 모든 억압과 금지, 배제와 거부가 모두 앎과 관련이 있다. **앎의 대상인 리비도**(libido sciendi)는 곧 **지배의 대상인 리비도**(libido dominandi)이다. 임상의학의 경우에 보았듯이 이것은 앎에의 의지라는 나무랄 데 없는 외부에서 행사되고 있다.

인식론의 역사를 정치학의 차원으로 만들면서 푸코는 바슐라르나 캉길렘의 아주 새롭고 특이한 의도까지 근원적으로 변형시켰다. 그 두 사람은 오류의 역사 혹은 착오의 학문 속에서 학문 연구의 진실을 찾았다(예컨대 1977년에 나온 캉길렘의 『삶의 학문에서의 이데올로기와 합리성』*Idéologie et rationalité dans les sciences de la vie*). 이미 행해진, 완결된 학문에 대해서 칸트적인 성찰을 할 수 없다는 것이 그들의 생각이었다. '앎-권력'으로서의 학문은 항상 오류를 찾으려는 유혹에 노출되어 있다. 즉 권력 의지가 담보된 앎에의 의지 속에서 자신의 원칙을 발견하려 한다. 사회과학에서 만큼 이것이 잘 드러나는 장소도 없다.

특히 사회과학이 벗어나지 못하고 거기서 맴돌고 있는 시작 단계, 즉 임상의학·정신병리학·법학·정치학에서 그러하다. 푸코는 진실과 오류의 경계가 가장 허약한 그런 학문들을 연구한다. 그 학문들은 매우 이데올로기적이다. 왜냐하면 그 학문들이 다루는 정치적 내용이 자연과학보다 훨씬 더 생명을 다루고 있기 때문이다. 역사학자들이 관심을 갖지 않는 영역, 즉 병원, 감옥 혹은 고해실 그리고 프랑스어로 '인간 쓰레기'(rebuts de l'humanit)로 불리는 반(反) 영웅들(범죄자, 양성兩性자 혹은 난폭한 어린이)에 집착하면서 푸코는 일반 학문에서 사유되지 못한 부분을 발견하려 했다. 이 기획은 사회과학의 사회사 안에서 논리적으로 훌륭하게 이루어졌다. '앎-권력'이 그것이다. 전체 작업의 방향을 결정하는 비판적 기획 ——미셸 푸코가 프랑스어로 번역했던 『인간학』의 저자인 칸트적 의미에서 ——이 드러난 것은 바로 이 지점에서이다.

인간학적 인식에 대한 비판은 사회적이며 논리적인 조건들의 분석, 다시 말하면 역사에 의해 인간이 발명된 그 역사 속에서 완성된다. 이 조건들이야말로 인간에 의한 인간의 과학을 가능하게 해준다. 고전 철학의 인간 중심주의와 단절하면서 근대인의 사회적 기원을 재구성하는 역사적 계보학은 인식의 능력을 인식하겠다는 칸트적 야망을 그와는 전혀 다른 방법으로 구현하고 있다. 그가 수단으로 선택한 대상은 정치와 인식에 불가분의 관계를 맺고 있는 테크놀로지이고, 또 산업화와 동시대에 태어나 개혁적 외관을 띠고 있지만 실은 경찰과 정치의 도구이며, 인식의 규칙 또는 삶의 규칙으로 간주되는 학문분야들, 다시 말해 심리학·임상의학·정신병리학·사회학·범죄학·인구학·정치경제학·정신분석·정신의학 등이다. 예를 하나 들어 보자면, 의학적 시선은 의학과 관계되는 앎의 체계에 의해서만 구조화되는 것이 아니라 의학이 그 안에서 수행되고 있는 사회의 지배 관계에 의해서도 구조화된다. 거기에는 "진실의 생산에 대한 정치적 역사"가 있다.

인간에 대한 진실을 생산하려는 투쟁 속에서 인간의 생산은 완성되었는데, 이와 같은 인간 생산의 사회사는 다름 아닌 자기 인식의 한 형식이다. 그리고 인식의 계보학은 '도덕의 계보학' 속에서 논리적으로 연장된다. 한편으로는 인식의 사회적 경계를 탐사하고, 혹은 결국 같은 얘기지만 '앎-권력'과 학문분야들이 우리에게 제공해 주는 인식의 가능성의 사회적 조건들을 탐사하는 것, 그리고 또 한편으로는 도덕의 사회적 경계, 고전 철학의 인간중심주의가 절대적 시작으로 받아들였던 이 '주체'의 역사적 기원을 탐사하는 것은 같은 비판적 의도의 서로 다른 두 실현이다. 이 두 경우에 있어서 경계에 대한 성찰은 성찰의 경계에 대한 성찰로 이어진다. 가장 내밀하고 가장 강제에서 해방되고, 모든 사회적 통제에서부터 해방된 영역, 즉 자신에 대한 반성적 인식 안에도 권력은 있다. 다시 말해 정치가 있다. '앎-권력'이라는 개념은 앎이 권력 안에 있고, 권력이 앎 안에 있다는 것을 의미한다. 인간중심주의를 파괴하는 것은 인간학적 경계를 인식하고 재인식하는 것이며, 죽은 신에 의해 텅 빈 채로 남아 있는 자리에 인간을 투사해 넣기를(한 가지 예를 들면 사르트르는 데카르트가 신에게 부여했던 가치와 진실의 창조력을 인간에게 복원시키려 했다) 스스로 금하는 행위이다.

『성의 역사』는 욕망의 자기의식인 '주체'가 의식의 기원임을 밝힌다. 불행한 의식이다. '자기에 대한 배려'는 우선 윤리적 배려인데, 이것은 고대시대에 오로지 ── 왜일까? ── 섹슈얼리티의 문제 주변에 형성되었고, 기독교와 함께 완성되었다. 성은 역사의 산물이고, 그 역사 동안에 육체는 규격화 담론이 제공하는 일탈된 인식에 의해 자신을 혐오하며 스스로 분열되었다. 히스테리, 자위, 페티시즘, 사정(射精) 없는 성행위, 이것들이 바로 정치적 규범이 지배했던 육체의 네 가지 내밀성이다. 주체성은 고해 신부의 딸이다(레비 스트로스가 구현했던, 주체를 파기한 새로운 인간과학이 개인주의적 어리석음에 물든 한 세대를 매혹시켰던 이유가 그것이다). 구 시대의 철학이 출발 선상에 놓았던 이 주체는 예속의 산물이다. 그것은 '섹슈얼리티'처럼 한계들의 내재화에서 태어났다. 이 한계들을 수락하느냐 위반하느냐에 따라 학문의 분과들이 생겨났다.

비판적 기획, 다시 말해 예속된 '주체'의 역사적 계보학은 불가분하게 학문적 기획이며 정치적 기획이다. 인간학적 인식은 아마도 우리가 '인간학적 잠'에서 깨어날 수 있는, 그리고 자기에 대한 배려에서 생겨나는 모든 형태의 자기 만족에서 벗어날 수 있는 유일한 기회일 것이다. 그리고 사유할 수 없음이 있다는 것을 알지 못하는 사유, 한마디로 우리의 주체들을 생산한다는 환상을 가진, 역사적 한계 없는 사유의 한계를 넘어설 좋은 기회이다. 권력을 폭로하고, 그것을 발가벗기는 비전, 그 이론은 하나의 실천이고, 정치적 실천이다. 이 이론은 모든 것을 말한다고 자부하지도 않고, 전체에 대한 전체적 진실을 말한다고 하지도 않는다. 그것은 다만 당연한 것으로 여겨지는 일상적 질서 속의 가장 하찮은 것 중의 하찮은 것 속에 감추어져 있는 권력을 찾아낼 뿐이다. 흔히 **호모 아카데미쿠스**(homo academicus), 특히 대학의 철학 교수들은 인생에서 두 가지 일을 하는데,

그 하나는 엄밀함이 요구되는 지식의 작업이고, 또 하나는 열정, 특히 관대한 열정이 투입되는 정치적 삶이다. 미셸 푸코는 이들의 특징인 표상 작업과 단절하면서 지적인 활동을 해방이라는 정치적 기획에 바쳤다. 정치의 진실을 발견하고 드러내는 작업 속에서 지식인 고유의 기능인 진실의 정치학이 완수되었다. 그것은 권력의 진실을 알려는 (일탈의) 욕망을 권력 욕망의 완강한 적수로 만드는 작업이었다.[2]

---

2 일 년 전 '지식인의 침묵'이라는 주제로 진지한 토론을 벌이면서 우리는 프랑스의 정치 상황에 대한 포괄적인 책을 하나 내기로 계획을 세웠다. 이 기획에서 미셸 푸코는 사회주의 담론의 역사를 맡을 예정이었다.

푸코 연보 및 상황 찾아보기

*연보 내용 끝에 대괄호[ ] 안에 들어 있는 쪽수는 해당 사건이 나오는 이 책 본문의 쪽수이다.

1926년   10월 15일, 프랑스 푸아티에(Poitiers)시에서 외과의사인 아버지 폴 푸코와 어머니 안느 말페르 사이에 장남으로 태어남. 본명은 폴-미셸 푸코(한 살 터울의 누나 프랑신이 있었고, 이후 1933년에 남동생이 태어남). [14]

1930년   앙리 4세 학교 유치부에 취학연령이 아님에도 입학. 누나와 함께 수업을 받음. [15]

1932~36년   앙리 4세 학교 초등학교 과정에 다님. [15]

1940년   생스타니슬라스 학교로 전학. [15]

1943년   6월, 대학입학자격시험(바칼로레아)에 합격. 고등사범학교(École normale supérieure) 입학준비반(이포카뉴)에 들어감. [24]

1945년   고등사범학교 시험에 불합격. 파리의 앙리 4세 학교의 준비학급(카뉴)에 입학. 이곳에서 철학을 가르쳤던 장 이폴리트(헤겔의 『정신현상학』의 프랑스어 번역자)와 만남. [34~36]

1946년   고등사범학교에 합격. [45]

1947년   리옹 대학의 교수인 모리스 메를로-퐁티가 고등사범학교에 심리학 수험 준비교사가 되어 학생들의 교수자격시험(아그레가시옹) 준비를 담당하게 됨. [61]
장 이폴리트의 박사논문 『『정신현상학』의 구조와 기원』이 출간됨. 이 논문은 롤랑 카유아에게 극찬을 받았으며, 프랑스 현대 철학에 큰 사건을 일으킨 논문으로 평가받음. [38]

1948년	소르본에서 철학학사학위 취득. [78]
	루이 알튀세르가 교수자격시험에 합격. 알튀세르는 고등사범학교 철학 카이만(교수자격시험 준비교사)으로 학생들의 교원시험 준비를 담당했음. 푸코와의 인연도 여기서 시작됨. [62]
	자살미수 사건을 일으킴. [48]

| **1949년** | 1947년에 창설된 심리학학사학위 취득. [78~79] |
| | 이폴리트의 지도하에 헤겔에 대한 석사논문 집필. 석사논문은 「헤겔의 『정신현상학』에서의 역사적 초월성 구성」이었음. [57] |

1950년	프랑스공산당 입당. [68]
	다시 자살미수 사건을 일으킴.
	교수자격시험에 실패. [71]
	이 시기에 실의와 정신적 혼란에 있던 푸코를 도운 사람이 고등사범에 철학 카이만으로 근무하고 있던 루이 알튀세르였음. [63, 69]

1951년	작곡가 피에르 불레즈와 만남. [115~116]
	교수자격시험에 합격. [72]
	좋은 성적으로 교수자격시험에 합격하여 티에르 재단에 들어감. [73]
	고등사범학교의 심리학 조교로 강의 시작. 이후 수년간 이 강의에 출석한 학생에는 폴 벤느, 자크 데리다, 모리스 팽게 등이 있었다. [91~92]

1952년	작곡가 장 바라케와 만남. [117]
	파리 심리학연구원에서 정신병리학 학위 자격증을 취득. [79]
	릴 대학의 심리학 조교가 됨. [76, 88, 96, 110, 111~112, 235]

1953년	생트 안 병원의 라캉 세미나에 출석. [129]
	자클린 베르도와 함께 빈스방거(하이데거의 Dasein분석을 정신분석과 정신의학의 실천에 도입한 인물)를 방문하러 스위스에 감. [82]
	니체를 읽고 열광함. [94~95]

| **1954년** | 푸코가 서문을 썼던 『꿈과 실존』의 출간. [84] |
| | 『정신병과 인격』을 간행. [114, 124] |

| **1955년** | 스웨덴 웁살라 대학의 프랑스문화원 강사 및 문화원장직을 수행. [131, 135, 139~147, 150~151] |
| | 웁살라 대학 도서관(「바레이르 문고」라고 불리는, 근대 의학사 관계의 중요서를 망라한 콜렉션이 있다)에 다니며 박사논문인 「광기와 비이성」을 저술. [151~154] |

| **1956년** | 웁살라에서 조르주 뒤메질을 만남. 이후의 생애 내내 지속될 두 사람의 특별한 우정이 시작됨. [131, 136, 138] |

1957년　프랑스보다 스웨덴에서 박사학위를 받는 편이 더 용이하리라 생각하고 린드로트 교수에게 초고를 보였으나, 보다 실증적 접근을 기대했던 린드로트로부터 거절당함. [155~157]
여름에 파리에 나와서 들른 조세 코르티의 서점에서 레몽 루셀을 발견함. [260~261]
스웨덴에 노벨상을 수상받으러 온 카뮈를 영접함. [146~147]

1958년　스톡홀름을 떠나 폴란드 바르샤바 대학의 프랑스문화원장으로 부임. [160~163]
1955년 스웨덴에서 쓰기 시작한 푸코의 박사논문『광기와 비이성: 고전주의 시대 광기의 역사』가 거의 완성되어 감. [157]

1959년　아버지 폴 푸코 박사 사망. [29, 271]
바르샤바를 떠나 독일 함부르크의 프랑스문화원장으로 부임. [164~165]

1960년　푸코의 박사논문 완료. 조르주 캉길렘은 푸코를 클레르몽페랑 대학 철학과장인 쥘 비유맹에게 추천. 뷔유맹은 심리학 전임교수직을 제안. 이것은 박사논문인『광기와 비이성』의 간행을 전제로 하고 있었는데 푸코가 염두에 두었던 출판사인 갈리마르에서는 출간을 거절당함.『구체제하에서의 어린이와 가족』으로 프랑스의 역사연구를 혁신했던 필립 아리에스가 플롱 출판사에서 내는 그의 총서에『광기와 비이성: 고전주의 시대 광기의 역사』라는 정확한 원제명 아래 받아들임.(간행은 1961년 5월) [189~190]
함부르크에서는 콕토(Jean Cocteau)의 연극 상연을 실현시켜 콕토로부터 감사 편지를 받기도 함.
클레르몽페랑 대학 심리학과 전임교수로 임명되어 프랑스에 귀국. 파리에 거주처를 마련함. [207, 238]

1961년　클레르몽페랑 대학에서는 쥘 뷔유맹 외에 미셸 세르, 앙리 졸리 등의 철학자들 및 페르트랑 질 등의 역사학자들과 교우함. [237, 240]
파리에서 사람들은 국립도서관의 열람실을 내려다보는 반구형의 지붕 아래서 묵묵히 작업하는 푸코의 모습을 몇 년간이나 보게 됨.
박사학위 논문 취득을 위해 소르본에 2개의 학위청구논문을 제출. 주논문『광기와 비이성: 고전주의 시대 광기의 역사』, 소논문「칸트의『인간학』서문」. 주논문의 보고자는 조르주 캉길렘과 다니엘 라가슈였고, 소논문의 보고자는 장 이폴리트였음. [185~186, 192~206]

1962년　　『정신병과 인격』(1954년 간행)의 제2부를 전면적으로 수정하여 『정신병과 심리학』으로 재출간함. [127]
들뢰즈가 『니체와 철학』을 출간하고 얼마 되지 않아 서로 알고 지내게 됨. [247~248]
조르주 바타유 사망. 이후 푸코는 『크리티크』 편집장인 장 피엘의 권유로 바타유를 추모하는 「위반에의 서문」을 씀. [265]
갑자기 사망한 메를로-퐁티(1961년 사망)의 후임으로 질 뷔유맹이 콜레주 드 프랑스의 교수가 되자 그 뒤를 이어 푸코가 클레르몽페랑 대학의 철학 과장이 됨. [247~248]

1963년　　롤랑 바르트와 함께 『크리티크』지(바타유가 창간)의 편집위원이 됨. [216~217]
자크 데리다가 『광기의 역사』에서 푸코가 데카르트의 『성찰』 중 제1권에 대해 쓴 부분을 비판. [215~218]
『임상의학의 탄생 : 의학적 시선의 고고학』과 『레몽 루셀』 출간. [259]
로베르 모지로부터 1960년에 소개받았던 다니엘 드페르와 평생의 동반자 관계를 맺기 시작. [346]

1964년　　플롱 출판사의 새로운 시리즈 "10/18"의 하나로 『광기의 역사』 축약본을 출간. [227]
클로소프스키, 뷔유맹, 드장티, 들뢰즈 등과 교류.
클레르몽페랑의 동료들과 함께 공산당 중앙위원이었던 로제 가로디가 철학과 교수에 임명되는 것에 반대함. [248~249]

1965년　　브라질 상파울루 대학의 초청으로 방문. [257, 277, 456]
알튀세르의 『맑스를 위하여』와 『『자본』을 읽자』 출간. [300]
크리스티앙 푸세 교육부 장관의 주도로 이루어지던 대학개혁위원회에 참여. [243~245]

1966년　　질 들뢰즈와 함께 니체 전집 프랑스어판의 편집책임위원이 됨. [268, 563]
『말과 사물』 출간. 출간 후 한 달 반 만에 초판이 모두 팔림. [277~279, 502]
튀니지의 튀니스 대학 철학과 교수로 부임. [309~315, 319~320, 324~325]

1967년　　『광기의 역사』 영문 번역판 출간(이때 번역된 건 1964년에 출간되었던 축약본임). 이후 영어권에서 이 책은 반정신의학의 깃발 아래 사람들을 모이게 함. [227~228]
헝가리에 초청을 받아 강연을 하러 감. [305]

1968년　　3월 튀니지에서 일어난 학생 운동을 여러 방면에서 지원함. [320~325]
파리 5월 혁명.

푸코에게 큰 영향을 미쳤던 철학 스승 장 이폴리트 사망. 이후 그를 위한 추모 문집을 발간하기도 함. [36~37, 42~43]
뱅센 실험대학 설립에 참여. [335]
12월에 뱅센 대학 철학과 교수로 임명됨. [339]

1969년   뱅센 실험대학 실제 개강. [339]
『지식의 고고학』 출간. [306]
처음으로 미국 버팔로 대학 프랑스문학과에서 초청을 받아 가게 됨. [537]
1968년 사망한 장 이폴리트의 후임으로 푸코를 콜레주 드 프랑스 교수로 선임하기 위한 쥘 뷔유맹과 조르주 뒤메질의 후원이 시작됨. [353~354]
정신의학적 진화그룹 연례회의에서 『광기와 비이성』이 반정신의학적 책이라고 간주됨. [231~232]

1970년   콜레주 드 프랑스 교수회의에서 '사유체계의 역사' 교수로 푸코를 선임. [362~363]
9~10월, 일본에 초대받아 감. 당시 일본에서 푸코는 도쿄 대학 프랑스문화과 교수인 마에다 요이치(前田陽一)의 누이인 정신과의사 가미야 미에코(神谷美恵子)가 일본어로 번역한 『임상의학의 탄생』과 『정신병과 심리학』 2권의 책에 의해 알려져 있는 정도였음.
일본에서 푸코는 도쿄, 나고야, 오사카, 교토 등에 체류하며 '마네', '광기와 사회', '역사로의 회귀' 등을 주제로 강연을 함.
12월 콜레주 드 프랑스 개강 강의를 함. 이후 매주 수요일 저녁 5시 45분부터 연 13회 강의를 함. [363~367]
이 첫해의 강의 주제는 '앎의 의지'(La volonté de savoir)였음.

1971년   『담론의 질서』 출간. [363~364]
감옥정보그룹(GIP) 창설, 활동 시작. [370~372, 374~388, 435, 480]
11월 아랍인 노동자들의 이민지원에 대한 지식인들의 시위에 푸코와 사르트르가 함께 참여함. [395~401]
11월 네덜란드 TV의 초청으로 노엄 촘스키와 푸코가 '인간적 본성의 문제'에 대해 대담을 벌임. [409~411]

1972년   르노 공장에서 마오이스트 운동가를 수위가 사살한 사건이 일어남. 이에 대한 항의 시위 중 푸코 체포됨.
미국 코넬 대학 로망어연구학과에 초대받아 '문학과 범죄', '형벌사회' 등을 주제로 강연.
파리에서 이주노동자 모하메드 디아브가 베르사유 경찰서에서 살해된 일에 대한 항의 시위가 일어남. 시위에 참가했던 장 주네, 클로드 모리악, 푸코는 경찰에게 폭행당하고 체포됨. [400~401]

좌파적 관점의 새로운 일간지 『리베라시옹』 창간 준비에 참여. 노동자의 기억에 대한 연대기 담당함. [416~417, 420]

1973년　　콜레주 드 프랑스에서 '형벌사회'(La société punitive)에 대한 강의. [429]
질 들뢰즈의 편집과 해설로 감옥정보그룹(GIP)의 네번째 책자인 『1972년의 형무소 내 자살』이 갈리마르 출판사에서 출간됨.
『리베라시옹』 창간준비호를 위해 해고된 르노-비앙쿠르의 노동운동가 호세 뒤아르테(José Duarte)와 대담. [420~422]
캐나다와 미국에서 연속 강의.
『이것은 파이프가 아니다』 간행. [308]

1974년　　'정신의학적 권력'(Le pouvoir psychiatrique)에 대한 강의. [429]
펠릭스 가타리가 발간을 주도했던 잡지 『르셰르셰』(*Recherche*)에서 발간한 『동성애대백과』(*Grande Encyclopédie des homosexualités*) 간행 때문에 '출판물 풍속 문란'으로 고소당함. 이 사건에 푸코와 들뢰즈가 보증인으로 소환당함.
브라질 리우데자네이루에서 '19세기 정신의학의 실천에 있어서 정신분석의 계보학' 등의 주제로 강연. [535]

1975년　　'비정상인들'(Les Anormaux) 강의. 이 해의 세미나 주제는 '정신의학 영역에 있어서 법의학 감정'에 대한 것이었음. [429]
『감시와 처벌』 출간. [389~391, 433, 455]
어바인 대학과 클레어몬트 대학의 초청을 받아 첫 캘리포니아 여행. [539]
스페인 프랑코정권의 인권탄압에 대해 프랑스 지식인 몇 명이 마드리드의 트레 호텔에서 기자회견 가짐. 이때 성명문은 배우 이브 몽탕이 낭독. [444~450]

1976년　　'사회를 보호해야 한다'(Il faut défendre la société)를 주제로 강의. 청강생이 너무 많이 몰리는 것을 피하려고 이 해에 강의 시작 시간을 저녁 5시 45분에서 오전 9시 30분으로 변경. [429]
다수의 지식인과 사회당 지도부가 서명했던 이란의 인권침해에 대한 프랑스 정부의 침묵을 고발하는 선언에 참가. [482]
뉴욕, 버클리, 스탠퍼드 등에서 강연.
『성의 역사』 1권 『앎의 의지』 출간. [424, 436, 458, 460, 462, 464, 466, 470, 558]

1977년　　양심적 병역거부의 법제화를 요구하는 운동의 지원을 위한 군법재판에 관한 조사에 서문을 씀.
레오니트 브레즈네프 소비에트 서기장이 발레리 지스카르 데스텡 대통령을 만나러 프랑스에 옴. 푸코는 브레즈네프가 방문하는 레카미에 극장에서 동구권 반체제 인사들과 회합을 갖는 모임을 개최. [474~475]

<table>
<tr><td>1978년</td><td>'안전, 영토, 인구'(Sécurité, territoire, populations)를 주제로 강의. 권력의 문제로 시작한 이 강의가 돌연 푸코에게도 청강생들에게도 새로운 '통치성'의 문제로 옮겨감. [429]
두번째 일본 체류. '성과 권력'에 대해 도쿄 대학에서 강연. 후쿠오카의 정신병원과 감옥 등을 방문. 우에노하라(上野原)의 절에서 좌선 배움. [535~536]
이탈리아 신문 『코리에레 델라 세라』의 제안으로 이란혁명에 관한 르포 작성을 위해 이란 방문.(첫번째 방문은 9월에, 두번째 방문은 11월에 함) [479, 481~486, 489~490]</td></tr>
</table>

1983년   ‘자기와 타인에 대한 통치’(Le Gouvernement de soi et des autres)라
         는 제목으로 고대문화에 있어서 진실을 말하는 것을 뜻하는 ‘파레지아’
         (parrhesia) 개념에 대해 강의. [429]
         4~5월, 10~11월 두 차례에 걸쳐 버클리 대학에서 강의. [543~544, 555~556,
         562]

1984년   건강이 악화된 상태에서 ‘파레지아’에 대한 강의 재개. [430, 568, 578]
         5월 『성의 역사』 2권인 『쾌락의 활용』 출간. [551, 561]
         6월 10일 집중치료실에 들어감. [565, 572]
         6월 20일 병상이 소강상태를 보인 사이 인쇄가 끝난 『성의 역사』 3권 『자기
         에의 배려』를 받아 봄. [571~572]
         6월 25일 살페트리에르 병원에서 사망. [571~572]

<h1 style="text-align:center">푸코 주요 저작 및 강의록 목록</h1>

주요 저작

1954 *Maladie mentale et la psychologie*, Paris: PUF.

『정신병과 인격』→ 국역본 없음.

※ 하지만 이 책을 1962년에 개정한 책『정신병과 심리학』의 국역본이 나와 있다.『정신병과 심리학』, 박혜영 옮김, 문학동네, 2002.

1961 *Folie et Déraison. Histoire de la folie à l'âge Classique*, Paris: Plon.

Histoire de la folie à l'âge classique, Paris: U.G.E., coll. "10/18", 1964.

Histoire de la folie à l'âge classique. Folie et déraison, Paris: Gallimard, coll. "Tel", 1972.

『광기의 역사』, 이규현 옮김, 나남, 2003.

※ 푸코의 박사학위 주논문의 제목은『광기와 비이성: 고전주의 시대 광기의 역사』였고, 이것이 1961년 플롱에서 처음 출간되었다. 그 다음 U.G.E.에서 발간하는 10/18총서의 하나로 축약본이 『고전주의 시대 광기의 역사』로 출간되었고, 이후 갈리마르에서 Tel총서로 원본 그대로 다시 출간했다.

1963 *Naissance de la clinique: Une archéologie du regard médical*, Paris: PUF.

『임상의학의 탄생: 의학적 시선의 고고학』, 홍성민 옮김, 이매진, 2006.

1963 *Raymond Roussel*, Paris: Gallimard.

『레몽 루셀』→ 국역본 없음

1966 *Les Mots et les Choses:Une archéologie des sciences humaines*, Paris: Gallimard, coll. "Bibliothèque des sciences humaines".

『말과 사물: 인간과학의 고고학』, 이광래 옮김, 민음사, 1986.

1969 *L'Archéologie du savoir*, Paris: Gallimard, coll. "Bibliothèque des Sciences humaines".
『지식의 고고학』, 이정우 옮김, 민음사, 2000.

1971 *L'Ordre du discours: Leçon inaugurale du Collège de France*, Paris: Gallimard.
『담론의 질서: 콜레주 드 프랑스에서의 개강 연설』, 이정우 옮김, 서강대출판부, 1998.
※ 이후에 2011년 새길 출판사에서 개정판으로 이 책을 재출간하였다.

1973 *Moi, Pierre Rivière, ayant égorgé ma mère, ma sœur et mon frère*, Paris: Gallimard-Julliard.
『나, 피에르 리비에르: 내 어머니와 누이와 남동생을 죽인』, 심세광 옮김, 앨피, 2008.

1973 *Ceci n'est pas une pipe*, Paris: Fata Morgana.
『이것은 파이프가 아니다』, 김현 옮김, 고려대출판부, 2010.

1975 *Surveiller et punir: Naissance de la prison*, Paris: Gallimard.
『감시와 처벌: 감옥의 탄생』, 오생근 옮김, 나남, 2003.

1976 *Histoire de la sexualité I: La volonté de savoir*, Paris: Gallimard.
『성의 역사 1: 앎의 의지』, 이규현 옮김, 나남, 2004.

1978 *Herculine Barbin dite Alexina B.*, Paris: Gallimard.
『알렉시나 B.라고 불리는 에르퀼린 바르뱅』 → 국역본 없음

1984 *Histoire de la sexualité II: L'Usage des plaisirs*, Paris: Gallimard.
『성의 역사 2: 쾌락의 활용』, 신은영·문경자 옮김, 나남, 2004.

1984 *Histoire de la sexualité III: Le souci de soi*, Paris: Gallimard.
『성의 역사 3: 자기에의 배려』, 이영목 옮김, 나남, 2004.

2001 *Dits et Écrits, tome1: 1954-1975*, Paris: Gallimard.
Dits et Écrits, tome2: 1976-1988, Paris: Gallimard.
『말과 글』 1, 2권 → 국역본 없음

콜레주 드 프랑스 강의록

1970~1971 *Leçons sur la volonté de savoir*, Paris: Gallimard, 2011.
『앎의 의지에 관한 강의 1970~71년』→ 국역본 없음

1973~1974 *Le Pouvoir psychiatrique*, Paris: Gallimard, 2003.
『정신의학의 권력 1973~74년』→ 국역본 없음

1974~1975 *Les Anormaux*, Paris: Gallimard, 1999.
『비정상인들』, 박정자 옮김, 동문선, 2001.

1975~1976 *Il faut défendre la société*, Paris: Gallimard, 1997.
『사회를 보호해야 한다』, 박정자 옮김, 동문선, 1998.

1977~1978 *Sécurité, territoire, population*, Paris: Gallimard, 2004.
『안전, 영토, 인구』, 오트르망 옮김, 난장, 2011.

1978~1979 *Naissance de la biopolitique*, Paris: Gallimard, 2004.
『생명관리정치의 탄생』→ 국역본 없음

1981~1982 *L'Herméneutique du sujet*, Paris: Gallimard, 2001.
『주체의 해석학』, 심세광 옮김, 동문선, 2007.

1982~1983 *Le Gouvernement de soi et des autres I*, Paris: Gallimard, 2008.
『자기와 타인에 대한 통치 I』→ 국역본 없음

1983~1984 *Le Gouvernement de soi et des autres II: Le Courage de la vérité*,
Paris: Gallimard, 2009.
『진실의 용기: 자기와 타인에 대한 통치 II』→ 국역본 없음

1971~72 Théories et institutions pénales
1972~73 La société punitive
1979~80 Du gouvernement des vivants
1980~81 Subjectivité et vérité
※ 이 강의록들은 프랑스어 판도 미출간 상태.

인명 찾아보기

샤르, 르네CHAR René 84, 105, 107~109, 195

샤르보넬, 장CHARBONNEL Jean 67, 73~74

샤무, 프랑수아CHAMOUX François 245

샤틀레, 프랑수아CHÂTELET François 63,
    286, 337, 342, 350

샵살, 마들렌CHAPSAL Madeleine 344

샹셀, 자크CHANCEL Jacques 419

세르, 미셸SERRES Michel 43, 210, 249~250,
    341~342

세르토, 미셸 드CERTEAU Michel de 542

셰러, 르네SCHERER René 349

셰레크, 자크CHÉRÈQUE Jacques 522

셰로, 파트리스CHÉREAU Patrice 400

셰송, 클로드CHEYSSON Claude 513, 520

소겐, 오모리SOGEN Omori(大森曹玄) 535

소테, 클로드SAUTET Claude 515

솔레르스, 필립SOLLERS Philippe 265, 270

솔제니친, 알렉산드르SOLJENITSYNE
    Alexandre 450~451

슈미트, 위르겐SCHMIDT Jürgen 165

슈바르츠, 로랑SCHWARTZ Laurent 522

슈발리에, 루이CHEVALIER Louis 189

슈벤망, 장 피에르CHEVÈNEMENT Jean-Pierre
    482

슐, 피에르 막심SCHUHL Pierre-Maxime 45,
    70

스베드베리, 테오도르SVEDBERG Theodor
    158

스테른, 미하일STERN Mikhaïl 473~475

스테판, 로제STÉPHANE Roger 501

스트렐레, 로베르STREHLER Robert 47

시뇨레, 시몬SIGNORET Simone 373,
    451~454, 477, 515, 519, 524, 576

시리넬리, 장 프랑수아SIRINELLI Jean-François
    36, 100, 101, 257, 310

시몽, 미셸SIMON Michel 102~103, 112~113

시몽, 클로드SIMON Claude 146

시수, 엘렌CIXOUS Hélène 338, 350, 381, 385

[ㅇ]

아귈롱, 모리스AGULHON Maurice 69

아라공, 루이ARAGON Louis 102, 279

아롱, 레몽ARON Raymond 39, 327, 329, 353,
    476

아롱, 장 폴ARON Jean-Paul 56, 71, 102, 115,
    117, 469

아리에스, 필립ARIÈS Philippe 189~192

아미오, 미셸AMIOT Michel 297

아스트뤽, 알렉상드르ASTRUC Alexandre 420

아쥐리아게라, 쥘리앙AJURIAGUERRA Julian
    59, 77

알리오, 르네ALLIO René 504, 516

알바, 앙드레ALBA André 33

알바릭, 미셸ALBARIC Michel 501~502

알튀세르, 루이ALTHUSSER Louis 42, 48,
    60~63, 68, 77, 91, 101, 103~104, 125, 215,
    235, 299~300, 304, 337, 616

앙리, 모리스HENRY Maurice 301

앙지외, 디디에ANZIEU Didier 79, 326~327

야콥슨, 로만JAKOBSON Roman 287, 305

얀켈레비치, 블라디미르JANKÉLÉVITCH
    Vladimir 334, 373, 519

에라르, 장ERHARD Jean 66

에발드, 프랑수아EWALD François 414, 480

에체렐리, 클레르ETCHERELLI Claire 397

엘레, 클레멘스HELLER Clemens 328~329

오방크, 피에르AUBENQUE Pierre 70, 73

오베르네, 피에르OVERNEY Pierre 419

오베리, 장 크리스토프OBERG Jean-Christophe
    140, 146~147, 157, 159

옹브르단, 앙드레OMBREDANE André 82, 130

위스망, 드니HUISMAN Denis 91

이폴리트, 장HYPPOLITE Jean 33~43, 60,
    128~129, 146, 180, 194, 204, 238, 270,
    313~314, 342, 354~355